Thomas Olechowski • Rechtsgeschichte

Rechtsgeschichte

Einführung in die historischen Grundlagen des Rechts

2., überarbeitete und erweiterte Auflage

von

Dr. Thomas Olechowski
ao. Universitätsprofessor in Wien

Wien 2008

facultas.wuv

ebenfalls erhältlich:
Thomas Olechowski
Rechtsgeschichte
Materialien und Übersichten
4. Auflage WUV 2006. 156 Seiten, broschiert
ISBN 978-3-85114-974-6
EUR 15,–

Bibliografische Information Der Deutschen Nationalbibliothek

Die Deutsche Nationalbibliothek verzeichnet diese Publikation in der Deutschen Nationalbibliografie; detaillierte bibliografische Daten sind im Internet über http://dnb.d-nb.de abrufbar.

Copyright © 2008 Facultas Verlags- und Buchhandels AG
facultas.wuv Universitätsverlag, Berggasse 5, A-1090 Wien
Alle Rechte, insbesondere das Recht der Vervielfältigung und der Verbreitung sowie der Übersetzung, sind vorbehalten.
Satz: Thomas Olechowski
Druck: Facultas AG
Printed in Austria
ISBN 978-3-7089-0203-6

Vorwort zur zweiten Auflage

Die erste Auflage dieses Lernbehelfs hat eine erfreulich positive Aufnahme bei den Studierenden gefunden; schon nach vierzehn Monaten war sie vergriffen und eine Neuauflage wurde erforderlich. Trotz dieser kurzen Zeit hat das Buch bereits eine ausführliche Besprechung in der Zeitschrift der Savigny-Stiftung für Rechtsgeschichte (ZRG GA 124 [2007] 348–350) erfahren, über die ich mich gleichfalls freuen durfte. Denn wenn ich der im Ganzen besehen sehr positiven Rezension auch eine negative Kritik entnehmen konnte, dann war es lediglich jene, dass nicht immer nachvollziehbar sei, weshalb manche Kapitel des Lehrbuches chronologisch, andere systematisch nach Rechtsmaterien geordnet sind. Es sei daher hier festgehalten, dass die im Vorwort zur ersten Auflage gemachte Ankündigung, das Werk versuche, trotz „Filetierung" der Rechtsgeschichte im Studienplan in verschiedene Teilbereiche (Pflicht-, Wahl-, Pflichtwahlbereich), „Grundlage für verschieden gestaltete Lehrveranstaltungen zugleich zu sein", ja keine Leerformel war: Die Erfahrung hat gezeigt, dass es in den meisten Lehrveranstaltungen zweckmäßig ist, den Studierenden zunächst einen chronologischen Überblick zu geben und sie danach in einzelne Sachgebiete vertiefend einzuführen. Demgemäß enthält das Buch mehrere chronologische und sachbezogene „Module", die für die entsprechenden Lehrveranstaltungen je nach Bedarf zusammengesetzt werden können. Ihre systematische Anordnung in diesem Buch soll nichtsdestoweniger die prinzipielle Einheit des Faches betonen.

Die Trennung von Ereignisgeschichte und Strukturanalyse war aber auch aus dem Grund geboten, als ich vermeiden wollte, in chronologischer Abfolge etwa das politische System des Autoritären Ständestaates vor jenem des Dritten Reiches und dieses vor jenem der DDR darzustellen: Denn in ideengeschichtlicher Hinsicht ist der Sozialismus älter als der Faschismus und der Faschismus älter als die dem Autoritären Regime zugrunde liegende Ideologie. Und erst in dieser Reihenfolge wird das Eine als Antwort auf das Andere begreifbar. Oder, um ein anderes Beispiel zu wählen: Der Reichstag des Alten Reiches stammt aus dem feudalen Zeitalter, aber er dauerte fort bis in eine Epoche, in der Frankreich den Absolutismus bereits wieder beseitigt und die Republik ausgerufen hatte! – Derartige Periodisierungsprobleme sind allen, die sich um eine Darstellung der Europäischen Rechtsgeschichte bemühen oder aber ein derartiges Unterfangen als unmöglich abtun, nur allzu gut bekannt.

Berechtigt war die erwähnte Kritik allerdings hinsichtlich des bisher nur chronologisch gegliederten Abschnitts über die Europäische Integration. Er wurde für die gegenständliche Auflage daher gründlich überarbeitet und nun nach sachlichen Gesichtspunkten gegliedert. Den korrespondierenden chronologischen Überblick enthält der gleichfalls überarbeitete Abschnitt über „Europa seit 1918", der nun bis zum Reformvertrag 2007 reicht.

Das Inkrafttreten des Unternehmensgesetzbuches mit 1. 1. 2007 gab Anlass für eine Neubearbeitung des Abschnittes über das Personenrecht; ebenfalls überarbeitet wurde das Schadenersatzrecht.

Auch sonst wurden überall im Text kleinere und größere Verbesserungen vorgenommen, wobei nicht zuletzt einzelne Ergebnisse meiner Studien zu HANS KELSEN in das Manuskript eingeflossen sind, sodass dieser nun wohl öfter, als es in vergleichbaren anderen Lehrbüchern der Fall ist, im Text genannt wird. Gleichwohl glaube ich, eine gewisse Betonung KELSENS angesichts seiner Bedeutung für die österreichische Verfassungsgeschichte rechtfertigen zu können und nicht meine eigenen Forschungsvorlieben über Gebühr in den Vordergrund gerückt zu haben. Für diesbezügliche Hilfestellungen danke ich jedenfalls meinen Projektmitarbeitern, Herrn Mag. JÜRGEN BUSCH, LL.M., und Frau Mag. MARIE CLARA BÜLLINGEN.

Der besseren Benützbarkeit dient nicht nur ein neues, handlicheres Buchformat, sondern auch ein umfangreiches Personen- und Sachregister. Ferner unterzog ich mich dem schwierigen Unterfangen, eine Auswahlbibliographie zur Rechtsgeschichte in den Anhang zu stellen. Bei diesen Arbeiten waren mir meine Institutsmitarbeiter, Frau cand.iur. KAMILA MARIA STAUDIGL-CIECHOWICZ und Herr cand.iur. JOHANNES DOMANIG eine wertvolle Hilfe, für die ich ihnen ebenfalls danke.

Wien, 9. Dezember 2007   THOMAS OLECHOWSKI

Aus dem Vorwort zur ersten Auflage

Dieses WUV-*manual* ist für Studierende der Rechtswissenschaften konzipiert. Es soll sie in die historischen Grundlagen und in die aktuellen Grundprobleme des österreichischen und europäischen Rechts einführen. Im Zentrum stehen dabei die Entwicklung des Verfassungsrechts sowie des Privatrechts, in die übrigen Rechtsbereiche werden punktuelle Einblicke geboten. Die Betonung der institutionengeschichtlichen Entwicklung soll Verständnis für die Bedingungszusammenhänge des modernen Rechts wecken und die Maximen unserer heutigen Rechtskultur deutlich machen. Denn auch diese sind ein Produkt der historischen Entwicklung – und ihrerseits in stetem Wandel begriffen!

Entstanden ist das *manual* aus meiner Lehrveranstaltungsunterlage „Grundlagen der österreichischen und europäischen Rechtsgeschichte" [...] sowie aus der von WERNER OGRIS begründeten und von mir fortgeführten Lehrveranstaltungsunterlage „Privatrechtsentwicklung" [...]

Anlass für den Zusammenschluss und die Überarbeitung der erwähnten Unterlagen ist der neue juristische Studienplan, der im Oktober 2006 in Wien in Kraft tritt. Dieser hat die Rechtsgeschichte in einen Pflicht-, einen Wahl- und einen Pflichtwahlbereich aufgesplittet, was die Erstellung geeigneter Lehrunterlagen nicht leicht macht. Das vorliegende *manual* versucht, va durch seine Gliederung in einen entwicklungsgeschichtlichen Allgemeinen Teil sowie zwei institutionengeschichtliche Teile zur Verfassungs- und zur Privatrechtsgeschichte, dieser Filetierung zu begegnen und Grundlage für verschieden gestaltete Lehrveranstaltungen zugleich zu sein. [...]

Das *manual* verweist in jedem Abschnitt auf weiterführende Artikel des von RICHARD GAMAUF und mir gemeinsam herausgegebenen „Studien-Wörterbuches Rechtsgeschichte und Römisches Recht" (1. Auflage, Wien: Manz 2006). [...] [Mein] Arbeitsbuch „Rechtsgeschichte. Materialien und Übersichten" (4. Auflage, Wien: WUV 2006) [...] enthält außerdem eine Zeittafel sowie die wichtigsten im gegenständlichen *manual* erwähnten Rechtsquellen und dient so als begleitende Arbeitsunterlage.

Mit den besten Wünschen für ein erfolgreiches Studium,

Wien, im September 2006   THOMAS OLECHOWSKI

Für Werner Ogris

Inhaltsverzeichnis

Abkürzungen 14
Verzeichnis der Graphiken 14
Einleitung 17

Erster Teil
Allgemeiner Teil

Erster Abschnitt: Österreich und Europa bis 1918 19
- A Mittelalter 19
  1. Frühmittelalter (ca 500–955) 19
  2. Hochmittelalter (955–1214) 22
  3. Spätmittelalter (1214–1492) 26
- B Neuzeit 30
  1. Frühe Neuzeit (1492–1618) 30
  2. Das Zeitalter des höfischen Absolutismus (1618–1740) 33
  3. Das Zeitalter des aufgeklärten Absolutismus (1740–1789) 39
  4. Französische Revolution und Napoleonisches Zeitalter (1789–1815) 43
  5. Der Vormärz (1815–1848) 45
  6. Die Revolution 1848 und ihre Folgen (1848–1867) 48
  7. Das Zeitalter des Konstitutionalismus (1867–1918) 57

Zweiter Abschnitt: Europa seit 1918 65
- A Zwischenkriegszeit und Zweiter Weltkrieg (1918–1945) 65
  1. Die Pariser Vororteverträge 65
  2. Europa zwischen Demokratie und Diktatur 67
  3. Der Zweite Weltkrieg 70
- B Die Zeit des „Kalten Krieges" (1945–1989) 71
  1. Die Teilung Europas 71
  2. Die Blockbildung in Ost und West 74
  3. Die wirtschaftliche Integration Westeuropas 77
  4. „Friedliche Koexistenz"? 79
  5. Erweiterung und Konsolidierung der EG 82
- C Europa seit 1989 83
  1. Die Überwindung der Teilung Europas 83
  2. Der Zerfall der Vielvölkerstaaten Mittel- und Osteuropas 85
  3. Die Europäische Union 87

Dritter Abschnitt: Österreich seit 1918 93
- A Die Erste Republik (1918–1933) 93
  1. Die Gründung der Republik 93
  2. Das Bundes-Verfassungsgesetz 1920 96
  3. Die Verfassungsentwicklung 1920–1933 99
- B Das Autoritäre Regime und die NS-Zeit (1933–45) 105
  1. Das Autoritäre Regime (1933/34–1938) 105
  2. Die NS-Zeit (1938–1945) 109

C Die Zweite Republik (seit 1945) 111
   1. Die Besatzungszeit (1945–1955) 111
   2. Österreich seit 1955 117

Vierter Abschnitt: Gesetzgebung und Rechtswissenschaft 123
   A Die Entwicklung bis zu den Kodifikationen 123
      1. Archaische Rechtskultur 123
      2. Römisches und byzantinisches Recht 124
      3. Die Volksrechte 126
      4. Das mittelalterliche Recht vor der Rezeption 127
      5. Kanonistik und Legistik 129
      6. Rezeption und usus modernus 131
      7. Das *common law* 135
   B Das Vernunftrecht 136
      1. Vom absoluten zum relativen Vernunftrecht 136
      2. Die Erste Europäische Kodifikationswelle 138
      3. Die Exegetik 144
   C Historische Rechtsschule, Pandektistik und
      Begriffsjurisprudenz 146
      1. Von SAVIGNY zur Begriffsjurisprudenz 146
      2. Die Zweite Europäische Kodifikationswelle 148
   D Neuere Strömungen 151
      1. Von der Zweck- zur Wertungsjurisprudenz 151
      2. Die Reine Rechtslehre 153
      3. Marxistische Rechtslehre 156
      4. Die NS-Rechtslehre 157
      5. Der Kodifikationsgedanke im 20. Jahrhundert 159

Zweiter Teil
Verfassungsentwicklung

Erster Abschnitt: Staatsformen 162
   A Feudalismus 162
      1. Allgemeines 162
      2. Grundherrschaft 163
      3. Lehnswesen 167
      4. Der dualistische Ständestaat 171
      5. Staat – Kirche – Gesellschaft 176
   B Absolutismus 179
      1. Allgemeines 179
      2. Formen 182
      3. Staat – Kirche – Gesellschaft 183
   C Konstitutionalismus 186
      1. Allgemeines 186
      2. Parlamentarismus und Wahlrecht 191
      3. Staat – Kirche – Gesellschaft 196
   D Demokratie 198
      1. Wesen und Wert der Demokratie 198
      2. Formen 201
      3. Wahlrecht und Parteien 206

    4. Staat – Kirche – Gesellschaft 209
E Sozialismus 211
F Faschismus und Nationalsozialismus 214
    1. Allgemeines 214
    2. Exkurs: Arisierungen und Rückstellungen 219
G Der Autoritäre Ständestaat 222
H Epilog: Die Wiederkehr der Demokratie 227

Zweiter Abschnitt: Die Europäische Integration 228
    1. Die Anfänge 228
    2. Die Materien 229
    3. Die Institutionen 234
    4. Das Recht 239

Dritter Abschnitt: Grundrechte 241
A Allgemeine Lehren 241
B Einzelne Grundrechte 247
    1. Der Gleichheitssatz 247
       a) Allgemeines *247*
       b) Ständeordnung *248*
       c) Die Frau im Recht *250*
       d) Gleichheitssatz und Staatsbürgerschaft *251*
    2. Glaubens- und Gewissensfreiheit 252
    3. Pressefreiheit 259
    4. Das Verbot der Folter 263

Vierter Abschnitt: Verwaltungs- und Verfassungskontrolle .. 267
A Die Verwaltungskontrolle 267
    1. Der Justizstaat 267
    2. Administrativjustiz und Verwaltungsgerichtsbarkeit 268
    3. Ombudsman und Prokuratursystem 272
B Die Verfassungskontrolle 273
    1. Allgemeines und Organisation 273
    2. Normenkontrolle 276
    3. Staatsgerichtsbarkeit 281

Dritter Teil
Privatrechtsentwicklung

Erster Abschnitt: Personenrecht 284
A Die Rechtsfähigkeit des Menschen 284
    1. Begriff und Allgemeines 284
    2. Beginn und Ende 286
B Geschäftsfähigkeit des Menschen 288
C Personenverbindung und Juristische Person 291
    1. Allgemeines 291
    2. Gemeinderschaft 293
    3. Körperschaft 294
    4. Anstalt, Stiftung 296

Zweiter Abschnitt: Familienrecht **297**
   A Familie und Verwandtschaft 297
   B Eherecht zwischen Staat und Kirche... 299
   C Eheschließung 303
      1. Verlöbnis... 303
      2. Eheschließungsform... 304
      3. Ehehindernisse 306
   D Eheauflösung... 308
      1. Allgemeines 308
      2. Nichtigerklärung und Aufhebung.. 308
      3. Scheidung 310
   E Ehewirkungen 312
      1. Persönliche 312
      2. Güterrechtliche.. 313
   F Kindschaftsrecht... 316
      1. Begriff und Allgemeines... 316
      2. Die Rechtstellung des ehelichen Kindes 319
      3. Die Rechtsstellung des unehelichen Kindes 321
      4. Adoption 323
      5. Vormundschaft.. 324

Dritter Abschnitt: Erbrecht **326**
   A Allgemeines 326
   B Gesetzliche Erbfolge 327
      1. Eheliche Blutsverwandtschaft 327
      2. Uneheliche, legitimierte, adoptierte Kinder 330
      3. Ehegatte.. 331
      4. Erbfolge in Sondervermögen 332
   C Gewillkürte Erbfolge 333
      1. Entwicklung bis zur Rezeption 333
      2. Entwicklung seit der Rezeption 334
   D Stellung des/der Erben 337
      1. Erbfähigkeit 337
      2. Erbschaftserwerb 338
      3. Erbenhaftung... 339
      4. Erbenmehrheit 340

Vierter Abschnitt: Sachenrecht **342**
   A Allgemeines 342
      1. Dingliche Rechte 342
      2. Sachbegriff... 344
      3. Sacharten.. 344
      4. Gewere und Besitz.. 346
      5. Grundbuch... 348
   B Eigentum 350
      1. Allgemeines 350
      2. Formen 351
      3. Eigentumsschranken 353

	4.	Eigentumserwerb	355
		a) Originärer Eigentumserwerb	*355*
		b) Derivativer Eigentumserwerb	*356*
		c) Erwerb vom Nichtberechtigten	*358*
	5.	Enteignung	359
C	Bodenleihe		359
D	Pfandrecht		362
	1.	Ältere Satzung	362
	2.	Jüngere Satzung	363
	3.	Hypothek	364
	4.	Modernes Pfandrecht	364
E	Dienstbarkeiten		366
	1.	Grunddienstbarkeit	366
	2.	Personaldienstbarkeit	367
F	Reallast		367
	1.	Allgemeines	367
	2.	Städtische Grundrente	368
G	Sonstige		369

Fünfter Abschnitt: Schuldrecht 371

A	Allgemeines		371
B	Vertragsrecht		373
	1.	Allgemeines	373
	2.	Kauf	375
	3.	Schenkung	377
	4.	Darlehen	378
	5.	Bestandvertrag (Miete und Pacht)	379
	6.	Arbeitsvertrag	380
	7.	Bürgschaft	383
C	Außervertragliches Schuldrecht		384
	1.	Schadenersatzrecht	384
	2.	Sonstige	388

Auswahlbibliographie 390

Personenverzeichnis 405

Sachverzeichnis 409

Abkürzungen

aA	anderer Ansicht
ABGB	Allgemeines bürgerliches Gesetzbuch für die gesammten Deutschen Erblande der Oesterreichischen Monarchie 1811
ALR	Allgemeines Landrecht für die preußischen Staaten 1794
BGB	[deutsches] Bürgerliches Gesetzbuch 1896
BGH	Bundesgerichtshof
BRD	Bundesrepublik Deutschland
BReg	Bundesregierung
BVerfG	[deutsches] Bundesverfassungsgericht
B-VG	Bundes-Verfassungsgesetz 1920
C	Codex Iustinianus 534
CC	Code Civil 1804
CCC	Constitutio Criminalis Carolina 1532
CCTh	Constitutio Criminalis Theresiana 1768
CDU	Christlich Demokratische Union
CMBC	Codex Maximilianeus Bavaricus Civilis 1756
COMECON	Council for Mutual Economic Assistance
CTher	Codex Theresianus 1766
D	Digesten 533
DDR	Deutsche Demokratische Republik
DelegationsG	Gesetz betreffend die allen Länder der österreichischen Monarchie gemeinsamen Angelegenheiten und die Art ihrer Behandlung 1867
ders	derselbe
EAG	Europäische Atomgemeinschaft
EEA	Einheitliche Europäische Akte 1986
EG	Europäische Gemeinschaft
EGKS	Europäische Gemeinschaft für Kohle und Stahl
EGMR	Europäischer Gerichtshof für Menschenrechte
EPZ	Europäische Politische Zusammenarbeit
EU	Europäische Union
EuGH	Europäischer Gerichtshof
EWG	Europäische Wirtschaftsgemeinschaft
EWR	Europäischer Wirtschaftsraum
FPÖ	Freiheitliche Partei Österreichs
FS	Festschrift
GASP	Gemeinsame Außen- und Sicherheitspolitik
GG	Grundgesetz für die Bundesrepublik Deutschland 1949
GP	Gesetzgebungsperiode
GS	Gedächtnisschrift
Hg, hgg	Herausgeber, herausgegeben
HGB	Handelsgesetzbuch 1897
HH	Herrenhaus
idR	in der Regel

JEV	Jahrbuch für Europäische Verwaltungsgeschichte
Jh	Jahrhundert
JosGB	Josephinisches Gesetzbuch 1786
JZ	[deutsche] Juristenzeitung
Kg, Kgr	König, Königreich
KNV	Konstituierende Nationalversammlung
KPÖ, KPD, KPdSU	Kommunistische Partei (Österreichs, Deutschlands, der Sowjetunion)
Ks	Kaiser
KSZE	Konferenz für Sicherheit und Zusammenarbeit in Europa
KwEG	Kriegswirtschaftliches Ermächtigungsgesetz 1917
MIÖG	Mitteilungen des Instituts für Österreichische Geschichtsforschung
MRK	Europäische Menschenrechtskonvention 1950
NotVO	Notverordnung
NR	Nationalrat
NS	Nationalsozialismus
öarr	österreichisches archiv für recht & religion
ÖJZ	Österreichische Juristen-Zeitung
ÖVP	Österreichische Volkspartei
PER	Parliaments, Estates & Representation
PNF	Partito Nazionale Fascista
ProvNV	Provisorische Nationalversammlung
Reg	Regierung
RG	Reichsgericht
RSJB	Recueils de la Société Jean Bodin
Rz	Randziffer
SBZ	Sowjetische besetzte Zone
SED	Sozialistische Einheitspartei Deutschlands
SPD	Sozialdemokratische Partei Deutschlands
SPÖ	Sozialdemokratische (1945–91: Sozialistische) Partei Österreichs
StERG	Studien zur Europäischen Rechtsgeschichte
StGB	Strafgesetzbuch
StGG-ARStB	Staatsgrundgesetz über die allgemeinen Rechte der Staatsbürger 1867
StGG-ARVG	Staatsgrundgesetz über die Ausübung der Regierungs- und Vollzugsgewalt 1867
StGG-ERG	Staatsgrundgesetz über die Einsetzung eines Reichsgerichts 1867
StGG-RiG	Staatsgrundgesetz über die richterliche Gewalt 1867
StGG-RV	Staatsgrundgesetz über die Reichsvertretung 1861/1867
StPO	Strafprozessordnung
TN	Teilnovelle zum ABGB (1914/15/16)
UGB	Unternehmensgesetzbuch 2007
UK	United Kingdom of Great Britain and (Northern) Ireland
UVS	Unabhängiger Verwaltungssenat

va	vor allem
VdU	Verband der Unabhängigen
VfGH	Verfassungsgerichtshof
VwGH	Verwaltungsgerichtshof
WGGB	Westgalizisches Gesetzbuch 1797
WK	Weltkrieg
ZfG	Zeitschrift für Geschichtswissenschaft
ZGB	Zivilgesetzbuch
ZNR	Zeitschrift für Neuere Rechtsgeschichte
ZPO	Zivilprozessordnung
ZRG GA / KA / RA	Zeitschrift der Savigny-Stiftung für Rechtsgeschichte, Germanistische / Kanonistische / Romanistische Abteilung
⚔	Schlacht von/bei
†	gestorben
⚭	verheiratet mit

Die Querverweise (zB ⇨ Rz 2301) beziehen sich auf die Randziffern in diesem Buch; diese folgen der Systematik des Inhaltsverzeichnisses, so bezeichnet zB die obige Nummer den 1. Absatz des 3. Abschnitts des 2. Teils.

Die mit „Studienwörterbuch" betitelten Verweise am Ende der einzelnen Absätze beziehen sich auf: TH. OLECHOWSKI / R. GAMAUF (Hg), *Studienwörterbuch Rechtsgeschichte und Römisches Recht* (2006).

Verzeichnis der Graphiken

1. Entwicklung der Zentralbehörden 1740–1848 41
2. Verfassungen in Österreich 1848–1867 53
3. Die Europäische Union 89
4. Nationalratswahlen in der Ersten Republik 101
5. Nationalratswahlen in der Zweiten Republik 118
6. Kodifikationen in Österreich 143
7. Das Lehnswesen 169
8. Der dualistische Ständestaat 173
9. Landtagskurien 173
10. Konstitutionalismus 189
11. Das Dreiklassenwahlrecht 194
12. Der Stufenbau der Rechtsordnung 277
13. Verwandtschaft und Schwägerschaft 298
14. Entwicklung des Eherechts für Katholiken 301
15. Eheliche Kindschaft 317

Einleitung

0001 Rechtsgeschichte ist eine interdisziplinäre Wissenschaft, die sowohl den Rechts- als auch den Geschichtswissenschaften angehört. Ihre Bedeutung für die Rechtswissenschaften liegt va darin, dass sie ein besseres Verständnis des geltenden Rechtes ermöglicht.

➢ Das Recht spiegelt in seiner historischen Entwicklung die Werthaltungen einer Kultur wider. Aufgabe der Rechtsgeschichte ist es, die weltanschaulichen, sozialen, wirtschaftlichen und sonstigen politischen „Triebkräfte" bloßzulegen, „die zur Fortbildung des Rechtes als der lebensbedingenden Ordnung jeder Gemeinschaft führen" (HEINRICH MITTEIS).

➢ Auf diese Weise ermöglicht die Rechtsgeschichte einen tieferen Einblick in das Recht und erhellt die Bedingungen seiner Abänderbarkeit. Inwieweit die Rechtsgeschichte damit konkret einen Beitrag zur Rechtspolitik leisten kann, ist eine vieldiskutierte Frage, die letztlich in der allgemeinen Frage mündet, inwieweit der Mensch überhaupt aus seiner Geschichte lernen kann. Jedenfalls aber bewahrt sie vor dem „Aberglauben, dass die Entwicklung der Rechtsordnung gleichsam automatisch stets zu einem höheren Grad der Vollkommenheit führe. Das Gegenteil ist der Fall: Keine Zeit und keine Rechtsordnung ist frei von Anfechtungen und der Möglichkeit von Rückfällen" (WERNER OGRIS).

➢ Voraussetzung für eine derart beschriebene Rechtsgeschichte ist freilich, dass Recht „überhaupt als historisches Phänomen erkannt werden kann" (MICHAEL STOLLEIS). Die Rechtsgeschichte setzt also an einem spezifischen Rechtsbegriff an. Diesen zu ermitteln, ist keine Aufgabe rechtsgeschichtlicher *Forschung*; die Rechtsgeschichte hat vielmehr jenen Rechtsbegriff zu *wählen*, der am *zweckmäßigsten* erscheint, damit sie ihren Aufgaben nachgehen kann. Es handelt sich also um eine (nicht falsifizierbare) Definitionsfrage.

0002 Wir definieren das **Recht** als ein „von Menschen für Menschen gesetztes (= positives), regelmäßig wirksames (= effektives), organisierten Zwang androhendes Regelungssystem" (ROBERT WALTER).

➢ Die Rechtsgeschichte untersucht das Recht als ein Deutungsschema sozialen/historischen Verhaltens: Viele soziale/historische Ereignisse ergeben erst dann einen Sinn, wenn man sie als Reaktion auf rechtliche Normen begreift. Insofern ist es zweckmäßig, auf jenes Recht abzustellen, das tatsächlich gelebt wurde, also effektiv wurde. Dabei ist es nicht notwendig, dass alle Normen durchwegs befolgt wurden, doch musste zumindest die „Chance" auf „Zwang durch ein auf Erzwingung der Innehaltung oder Ahndung der Verletzung gerichtetes Handeln eines eigens darauf eingestellten Stabes von Menschen" existieren (MAX WEBER).

➢ Die obige Definition des Rechts beschränkt den Rechtsbegriff auf das von Menschen gesetzte, positive Recht. Damit soll nicht verkannt werden, dass immer wieder vermutet wurde, dass es außer dem positiven auch ein von Menschen unveränderbares Recht, das sog *Naturrecht*, gebe (siehe noch ausführlich ⇨ Rz 1422). Da diese Vorstellung auf die Entwicklung des positiven Rechts einwirkte, ist sie eine Triebkraft des positiven Rechts und insofern, aber auch nur insofern, mit Gegenstand der Betrachtung.

➤ Die Definition verzichtet ferner auf das (oft an das positive Recht als Maßstab angelegte) Erfordernis der Gerechtigkeit, nicht nur, weil dies nach Meinung des Verfassers immer nur ein subjektiver Maßstab sein kann, sondern weil sogar Rechtssysteme, die von allen zivilisierten Menschen als ungerecht empfunden werden, zumindest zeitweise Effektivität erlangen können, wie va das Beispiel des Nationalsozialismus beweist, und auch an der Kenntnis derartiger Rechtssysteme Interesse besteht.

0003 Wir definieren den **Staat** (in Anlehnung an HANS KELSEN) „als eine Rechtsordnung", näher als den Inbegriff der von seinen Organen erzeugten Rechtsnormen. Ebenso ist eine Religionsgemeinschaft, wie etwa die **Kirche**, juristisch betrachtet, der Inbegriff der von ihren Organen erzeugten Normen und insofern einem Staat vergleichbar. Der Unterschied zwischen Staat und Religionsgemeinschaft besteht darin, dass diese im Gegensatz zu jenem einen primär religiösen Zweck hat.

➤ Diese gewählte Definition ist gerade für eine rechtsgeschichtliche Betrachtung sehr zweckmäßig, weil sie es erlaubt, auch ein Staatswesen, das sich vom modernen Staat wesentlich unterscheidet (zB den Feudalstaat), als solches zu erkennen. Die von KELSEN zu obiger Definition hinzugefügte Forderung, dass eine Rechtsordnung hinreichend zentralisiert sein müsse, um als Staat zu gelten, wird hier nicht aufrecht erhalten, da sie erst wieder auf einen modernen Staatsbegriff abstellt.

➤ Als *Kirche* wird eine christliche Religionsgemeinschaft bezeichnet, für nichtchristliche Gemeinschaften ist die neutrale Bezeichnung *Religionsgesellschaft* üblich. Namentlich die Katholische Kirche hat sich selbst bis ins 20. Jh mit einem Staat verglichen; seit dem II. Vatikanischen Konzil lehnt sie diese Sichtweise zwar ab, hat sich aber nichtsdestoweniger mit dem *Codex Iuris Canonici* 1983 erneut eine Verfassung gegeben, die der eines Staates, und zwar eines absolutistischen, gleicht.

➤ Das Verhältnis zwischen Staat und Religionsgemeinschaft ist – ähnlich wie das Verhältnis zwischen Staat und Völkerrechtsordnung – ein rechtliches, wobei für die gegenständliche Darstellung ein Primat der staatlichen vor den kirchlichen Normen angenommen wird; die bezüglichen Rechtsnormen wurden früher als Staatskirchenrecht und werden heute als Religionsrecht bezeichnet.

Erster Teil

Allgemeiner Teil

Erster Abschnitt

Österreich und Europa bis 1918

A Mittelalter

1. Frühmittelalter (ca 500–955)

1101 Die heutige europäische Völker- und Staatenordnung geht in ihren Grundzügen auf die **Europäische Völkerwanderung** zurück. Diese bildet zugleich den Übergang von der Antike zum Mittelalter.

➢ Die Völkerwanderung wurde um 375 n Chr durch den Einbruch der Hunnen in Europa ausgelöst; an ihr waren Germanen (Goten, Franken, Sachsen, Langobarden, Alemannen, Baiern...), Slawen und andere, nicht-indoeuropäische, Völker beteiligt.

➢ Das Römische Reich hatte bis dahin die gesamte Mittelmeerwelt und große Teile Europas beherrscht. Es wurde (endgültig) 395 in ein West- und ein Oströmisches Reich geteilt; noch heute ist die damals gezogene Grenze als jene zwischen römisch-katholischer und griechisch-orthodoxer Kirche sowie zwischen lateinischer und griechischer/kyrillischer Schrift auf der europäischen Landkarte erkennbar.

➢ Während das Weströmische Reich schon bald unterging (Absetzung des letzten weströmischen Kaisers 476), konnte das Oströmische (Byzantinische) Reich mit seiner Hauptstadt Konstantinopel (Byzanz, heute Istanbul) die Völkerwanderung und fast das gesamte Mittelalter überdauern (bis 1453, ⇨ Rz 1114).

➢ Das Ende der Völkerwanderung wird zumeist mit dem 6. Jh angenommen; doch können in einem weiteren Sinne auch noch die bis ins 10. Jh andauernden Züge der Normannen und der Magyaren dazu gerechnet werden.

➢ Unabhängig von der Europäischen Völkerwanderung begann im 7. Jh die Ausbreitung des Islam über den Vorderen Orient und Nordafrika (Arabische Völkerwanderung), womit neben der politischen auch die religiöse Einheit der Mittelmeerwelt zerbrach.

1102 Die Germanenstämme errichteten auf dem Boden des untergegangenen Weströmischen Reiches eigene Königreiche, wobei sie sowohl das Christentum als auch die Verwaltungsstrukturen des Imperium übernahmen. Am bedeutendsten war das **Frankenreich**, welches auf seinem Höhepunkt unter KARL I. „dem Großen" (768–814) praktisch ganz Mitteleuropa umfasste. Nach seinem Tod verfiel das Fränkische Reich; in einem lang gestreckten Teilungsvorgang im 9./10. Jh bildeten sich zwei Staaten heraus: das Westfränkische und das Ostfränkische Reich. Aus ersterem ging *Frankreich*, aus zweiterem *Deutschland* hervor.

➢ Als Begründer des Frankenreiches gilt der aus dem fränkischen Teilstamm der Salfranken stammende CHLODWIG I. (481–511), der 486 die Herrschaft im nördlichen Gallien erlangte und 496 zum katholischen Christentum konvertierte (⇨ Rz 2321).

➢ Die Westgoten errichteten bereits 418 im heutigen Südfrankreich das sog Tolosanische Reich, wurden aber 507 von den Franken nach Spanien abgedrängt. Das dort etablierte Toledanische Reich wurde 711 von den Arabern erobert. Deren Versuch, auch das Frankenreich und in der Folge ganz Europa vom Westen her zu erobern, schlug fehl (⚔ Poitiers 732).

➢ In Italien errichteten zunächst die Ostgoten ein Reich, welches 555 von Byzanz zerstört wurde; 568 drangen die Langobarden ein, die den nördlichen und mittleren Teil der Halbinsel eroberten. Das Langobardenreich wurde 774 von KARL dGr erobert. Süditalien blieb zunächst byzantinisch.

➢ Auf der britischen Hauptinsel siedelten im 5. Jh die germanischen Stämme der Angeln, Sachsen und Jüten; sie errichteten hier mehrere Kleinkönigreiche, die erst im 11. Jh endgültig zum Kgr England vereint wurden. Die auf dem Festland (Gebiet des heutigen Niedersachsens) verbliebenen Sachsen wurden 772–802 von KARL dGr unterworfen und zwangsweise christianisiert.

➢ In die von den Germanen verlassenen Gebiete wanderten Slawen nach, so auch in das Gebiet des heutigen Österreich. Diese Alpenslawen gerieten ab dem 7. Jh in Abhängigkeit von den aus Norden und Westen einwandernden Baiern und wurden gemeinsam mit diesen dem Frankenreich angegliedert (Absetzung des letzten Baiernherzogs TASSILO III. durch KARL I. dGr 788).

➢ Während so der Großteil des heutigen Österreich fortan das Schicksal Bayerns teilte, wurde das heutige Vorarlberg – ebenso wie das heutige Südwestdeutschland und die Deutschschweiz – von Alemannen besiedelt. Diese waren bereits um 496 von CHLODWIG unterworfen und dem Frankenreich eingegliedert worden.

➢ Unter den Nachkommen KARLS dGr, den Karolingern, wurde das Frankenreich mehrmals aufgeteilt (Vertrag von Verdun 843, Vertrag von Meersen 870 ua), ohne dass dies dem Gedanken der Reichseinheit Abbruch getan hätte. Erst allmählich stellte sich die Trennung als irreversibel heraus; ab 888 erlangten auch Nicht-Karolinger in Teilen des Reiches die Königswürde, womit die dynastische Klammer zerbrach.

> Grund für den Zerfall des Frankenreiches war ua die permanente Bedrohung durch die Normannen im Norden, die Magyaren im Osten sowie die Sarazenen (= Araber) im Süden und Westen. Auch diese Völker errichteten mit der Zeit eigene Staaten: die Normannen zunächst in der Normandie, die Magyaren in der pannonischen Tiefebene, die Sarazenen in Süditalien.

Studienwörterbuch: Franken, Frankenreich.

1103 Im mittelalterlichen **Königtum** vereinigten sich germanisch-heidnische, antik-christliche und biblisch-jüdische Vorstellungen (⇨ Rz 2119). Dem König wurden besondere charismatische Fähigkeiten zugeschrieben („Königsheil"), was auch bei der Frage der Thronfolge von ausschlaggebender Bedeutung war. Diese erfolgte nach dem Geblütsrecht, welches Ansätze sowohl zur Entwicklung einer Erb- als auch einer Wahlmonarchie bot.

> Auch wenn die Quellen von einer „Wahl" (*electio*) sprechen, ist darunter keine Wahl im modernen Sinn zu verstehen. Vielmehr hatte das Volk – vertreten durch die vornehmsten Adelsgeschlechter und die Bischöfe – die am besten geeignete Person zu „finden". Für diesen „Wahlakt" wurde Einstimmigkeit erfordert; konnte diese nicht erzielt werden, kam es womöglich zum Gottesurteil (Zweikampf) zwischen den Gewählten.

> Das „Königsheil", die übernatürliche Befähigung des Königs zu regieren, wurde in seiner Sippe vermutet. Daher besaßen die Verwandten des letzten Königs einen gewissen Anspruch darauf, dass sie auch den nächsten König stellten („Geblütsrecht"), woraus sich – vor allem in Zeiten ruhiger politischer Entwicklung – eine gewisse Tendenz zur Erblichkeit entwickeln konnte.

> Doch konnte ein König, wenn er sein Königsheil offensichtlich verloren und sich als unfähig herausgestellt hatte, auch abgesetzt werden, und das Königtum gelangte dann womöglich auch an eine andere Dynastie: So insbesondere 751, als der Karolinger PIPPIN der Jüngere (751–768) die bis dahin herrschende Dynastie der Merowinger stürzte und 888 beim Sturz des Karolingers KARL III. des Dicken, des letzten gesamtfränkischen Herrschers, der zum endgültigen Zerfall des Frankenreiches führte.

Studienwörterbuch: König; Königsgericht; Thronfolge.

1104 Die fränkischen Könige gingen eine enge Allianz mit dem Papst ein, der in jener Zeit seinen Primat (Vorrang) über die Abendländische Kirche begründete. Eine wesentliche Folge dieser Entwicklung war die **Kaiserkrönung** KARLS dGr im Jahre 800 durch den Papst.

> Nach dem Untergang des weströmischen Reiches 476 hatte zunächst der oströmische (byzantinische) Kaiser das alleinige Kaisertum und damit verbunden eine Oberhoheit über die germanischen Könige beansprucht, die er jedoch in der Praxis nicht durchsetzen konnte.

> Vielmehr entstand insbesondere in Italien ein Machtvakuum, in das der Papst ordnend eingriff und nun selbst die Herrschaft über Italien beanspruchte. Im Kampf gegen die Langobarden ging er ein enges Bündnis

mit den Franken ein; Kg PIPPIN der Jüngere übertrug dem Papst im Zuge seiner Langobardenfeldzüge 754 die weltliche Herrschaft über ganz Mittelitalien von Rom bis Ravenna (sog Pippinische Schenkung). Dieser Kirchenstaat bestand bis 1870 (⇨ Rz 1151).

▸ Im Gegenzug wurde PIPPIN, der die Dynastie der Merowinger gestürzt hatte (⇨ Rz 1103), vom Papst zum König gesalbt, was das fehlende Geblütsrecht kompensieren sollte; als *Patricius Romanorum* übernahm PIPPIN eine Schutzfunktion über die römische Kirche.

▸ Die rechtliche Bedeutung der Kaiserkrönung von PIPPINS Sohn KARL dGr 800 war umstritten. So behaupteten die Päpste später, dass sie jederzeit das Recht hätten, das Kaisertum – so wie im Jahre 800 von Byzanz auf die Franken – auf ein anderes Volk zu übertragen (*translatio imperii*).

▸ Tatsächlich aber hatte die Krönung von 800 nicht die Intention gehabt, den Byzantinern ihr Kaisertum abzuerkennen; und diese erkannten nach anfänglichem Zögern 812 auch das Kaisertum KARLS dGr an; sodass zwei gleichberechtigte Kaiser nebeneinander bestanden. KARLS Krönung wurde daher später rückblickend als Wiedererrichtung des weströmischen Kaisertums (*renovatio imperii*) gedeutet.

▸ Mit dem Zerfall des Frankenreiches verlor auch die Kaiserkrone vorübergehend an Bedeutung; sie fiel zumeist jenem König zu, der gerade die Herrschaft über Italien innehatte.

Studienwörterbuch: Kaiser.

2. Hochmittelalter (955–1214)

1105 Unter OTTO I. dem Großen (936–973) erlangte das deutsche Königtum eine hegemoniale Stellung über das christliche Abendland. Er vereinigte (Nord-) Italien mit Deutschland und wurde 962 zum römischen Kaiser gekrönt. Damit begründete er das **Heilige Römische Reich** (*Sacrum Imperium Romanum*); fortan erhoben die deutschen Könige regelmäßig den Anspruch, vom Papst zum Kaiser gekrönt zu werden.

▸ Zum Zweck des Erwerbs der Kaiserkrone musste jeder dt König zumindest einmal in seiner Herrschaft nach Rom ziehen, was die politischen Kräfte des Monarchen für lange Zeit in Anspruch nahm und dem Papst großes politisches Gewicht gab. Dennoch unternahm fast jeder dt König des Hochmittelalters diesen „Romzug".

▸ In der Kaiserwürde lebte der aus der Spätantike überlieferte Gedanke einer christlichen Weltherrschaft fort, ließ sich aber in der Realität schon allein wegen des daneben existierenden byzantinischen Kaisertums nicht durchsetzen (*Zweikaiserproblem*). Eher kann von einem Ehrenvorrang des römisch-deutschen Kaisers vor den übrigen Königen des Abendlandes gesprochen werden, der unter machtvollen Herrschern (OTTO I., HEINRICH VI.) aber dann doch wenigstens den Rechtstitel für europäische Hegemonialansprüche hergeben konnte.

▸ Ab 1033 bestand das Heilige Römische Reich (Römisch-deutsches Reich) aus drei *regna*: Deutschland, (Nord-) Italien und Arelat (im heutigen SO-Frankreich/Westschweiz gelegen). Bis ins 11./12. Jh waren auch Polen und Dänemark dem Imperium lehnsrechtlich unterstellt.

➢ Das Kernland des Hl Röm Reiches, das Deutsche Königreich, war ursprünglich nach Stämmen gegliedert. Ab dem 12. Jh kam es zur Neugliederung in (territorial festgelegte) Länder. Erstes derartiges Territorium wurde 1156 das Herzogtum Österreich unter der Dynastie der Babenberger (⇨ Rz 1106).

➢ Zahlreiche Länder standen nicht unter einem weltlichen, sondern unter einem geistlichen Fürsten, so zB Salzburg unter dessen Erzbischof. Der Streit um das Einsetzungsrecht der Bischöfe (Investiturstreit 1075–1122) brachte die erste große Machterschütterung für den röm-dt Kaiser (⇨ Rz 2120).

➢ Das Königtum war weiterhin nicht erblich, doch verblieb in der Zeit der Machtfülle der Könige die Krone kraft Geblütsrechts idR bei einer Dynastie bis zu ihrem Aussterben im Mannesstamm und ging danach an Abkömmlinge von Töchtern dieser Dynastie (Tochterstämme): Ottonen 919–1024; Salier 1024–1125; Staufer 1138–1208 u 1212–1254.

➢ Die Wahl der aus Schwaben stammenden Staufer zu dt Königen 1138 wurde von den Welfen, welche in Bayern und Sachsen herrschten, bestritten und führte in der Folge zu schweren Krisen. Die groß angelegte Versöhnungsaktion von 1156 zwischen dem Staufer Ks FRIEDRICH I. „Barbarossa" (1152–1190) und dem Welfen Herzog HEINRICH „dem Löwen" war nur von kurzem Bestand; 1180 wurde HEINRICH aufgrund seiner erneuten Opposition gegen den Kaiser all seiner Lehen verlustig erklärt (⇨ Rz 2108).

➢ Barbarossas Sohn Ks HEINRICH VI. führte die kaiserliche Macht zu einem letzten Höhepunkt (Eroberung Siziliens, Lehnseid des englischen Königs, beides 1194); sein Plan, das Reich zu einer Erbmonarchie umzuwandeln, scheiterte. Als es nach seinem Tod 1198 zu einer staufisch-welfischen Doppelwahl kam, stürzte dies das Reich in die bis dahin schwerste Krise (⇨ Rz 1107, 1110).

Studienwörterbuch: Heiliges Römisches Reich; Herzogtum.

1106 Das mit den Staufern eng verwandte Haus der **Babenberger** konnte mit deren Unterstützung die Mark Österreich 1156 in ein Herzogtum umwandeln und überdies 1192 ein zweites Herzogtum, die Steiermark, erwerben, die fortan in dynastischer Union mit dem Land Österreich verbunden war.

➢ Bereits OTTO I. d. Gr. hatte nach seinem Sieg über die Ungarn 955 (⚔ Lechfeld) an der Ostgrenze des Reiches eine Mark errichtet, mit der 976 LEOPOLD I. aus dem Hause der Babenberger belehnt wurde. Die älteste bekannte Urkunde, in der diese Mark als *ostarrîchi* bezeichnet wird, stammt aus dem Jahr 996.

➢ Die österreichischen Markgrafen waren zwar lehnsrechtlich den Herzögen v. Bayern untergeordnet, doch gelang es ihnen in der Folge, gestützt auf ihre markgräflichen Befugnisse (va militärischer und gerichtlicher Natur), eine weitgehend selbstständige Landesherrschaft aufzubauen.

➢ Im Zuge des welfisch-staufischen Konflikts wurden 1139 die Babenberger anstelle der Welfen mit Bayern belehnt und damit in den Herzogsrang erhoben. Aufgrund der welfisch-staufischen Versöhnung 1156 (⇨ Rz 1105) musste der Babenbergerherzog HEINRICH „Jasomirgott" (1141–1176) zwar zugunsten der Welfen auf Bayern verzichten, doch wurde Österreich nunmehr als selbständiges Herzogtum von Bayern gelöst und mit einer Reihe von Privilegien ausgestattet (sog *Privilegium minus*: Einschränkung der Heer- und Hoffahrtspflicht, Stärkung der Gerichtshoheit uva).

➢ Im Zusammenhang mit dem endgültigen Sturz HEINRICHS des Löwen 1180 wurde auch die Steiermark zu einem selbständigen Herzogtum unter dem Traungauer OTTOKAR IV. erhoben. Dieser setzte durch Erbvertrag die Babenberger zu Erben seines reichen Allodialbesitzes in der Steiermark ein (dokumentiert in der *Georgenberger Handfeste* 1186). Aus diesem Grund wurden die Babenberger nach dem Tod OTTOKARS IV. 1192 von Ks HEINRICH VI. auch formell mit der Steiermark belehnt.

Studienwörterbuch: Österreich; privilegium minus.

1107 Im Gegensatz zur Machtfülle des deutschen Königtums war in **Frankreich** das Königtum zunächst durch Machtschwäche gekennzeichnet. 1066 (⚔ Hastings) eroberte Herzog GUILLAUME v. d. Normandie das Kgr **England** („WILLIAM the Conquerer"), womit ein Vasall des französischen Kg zugleich König eines souveränen Staates wurde. Aus dieser eigenwilligen Konstruktion entstand eine Reihe von Konflikten.

➢ In Frankreich hatte sich die Dynastie der Capetinger in einem 99jährigen Ringen (888–987) gegen die Karolinger durchsetzen können; in dieser Periode stand das Wahlelement in der Thronfolge im Vordergrund. Von 987 bis 1316 gelang es den Capetinger jedoch, 13mal in ununterbrochener Folge die Krone vom Vater auf den Sohn zu übertragen, bis sich in Frankreich das Prinzip der Erblichkeit der Krone fest etabliert hatte.

➢ Die Wahl verkam schließlich zu einem bloßen Formalakt im Rahmen der Krönungszeremonie; in den capetingischen Nebenlinien Valois (⇨ Rz 1112) und Bourbon (⇨ Rz 1118) verblieb das französische Königtum bis 1848 (⇨ Rz 1139).

➢ Der hohe Machtanspruch der französischen Könige, die sich wie die deutschen Könige als Nachfolger KARLS d. Gr. sahen, stand im Gegensatz zu ihrer tatsächlichen politischen Stellung, die im Hochmittelalter kaum über die Umgebung von Paris (*Île-de-France*) hinausreichte, während das übrige Frankreich fest in der Hand mächtiger Vasallen war.

➢ Die normannischen Könige v. England fühlten sich auch nach 1066 primär als französische Fürsten und vermehrten ihren Festlandsbesitz stetig; der „anglonormannische" Kg HENRY II. v. England (1154–1189) herrschte über mehr als die Hälfte des französischen Königreiches und begann auch mit der Unterwerfung Irlands. Das von ihm begründete Haus Plantagenet regierte in England bis 1485.

➢ Das Machtstreben des mit den Welfen verschwägerten Hauses Plantagenet führte schließlich auch zum Konflikt mit den staufischen Kaisern;

1192 geriet der engl Kg RICHARD I. „Lionheart" (1189–1199) in dt Gefangenschaft, aus der er erst 1194 entlassen wurde, nachdem er ein hohes Lösegeld gezahlt und England von Ks HEINRICH VI. zu Lehen genommen hatte.

➢ Zurück in England schüttelte RICHARD I. nicht nur diese Vasallität rasch wieder ab, sondern half auch dem Welfen OTTO IV. nach dem Tod HEINRICHS VI. 1198, ein dt Gegenkönigtum gegen die Staufer zu etablieren.

1108 Nachdem die Magyaren im 10. Jh. ihre Raubzüge quer durch Europa beendet hatten, wurden sie in der pannonischen Tiefebene sesshaft und begründeten das Kgr **Ungarn**, welches alle Völker innerhalb des Karpartenbogens umschloss. Im Jahr 1000 nahm König ISTVÁN I. „der Heilige" (997–1038) das Christentum an.

➢ 906 vernichteten die Magyaren, aus der Uralgegend kommend, das bis dahin bestehende Großmährische Reich und schlugen in der Folge auch mehrmals deutsche Heere; erst 955 wurden sie von OTTO I. dGr auf dem Lechfeld besiegt, woraufhin sie sich in die pannonische Ebene zurückzogen und hier ihren Staat bildeten.

➢ Die nach ISTVÁN [STEPHAN] I. benannte Stephanskrone geht auf eine 1000 von Papst SYLVESTER II. gestiftete Krone zurück und bildete fortan das Symbol des ungarischen Königreiches, mit dem jeder rechtmäßige König gekrönt werden musste.

➢ Das Papsttum behauptete in der Folge, dass die ungarischen Könige Ungarn von ihm zu Lehen genommen hätten, konnte dies aber nicht durchsetzen. Auch eine deutsche Lehnshoheit über Ungarn (unter Ks HEINRICH III.) blieb Episode.

➢ 1102 erwarb König KÁLMAN I. (1095–1116) das Königreich Kroatien und machte es zu einem Nebenland (*pars adnexa*) Ungarns. Die ungarisch-kroatische Personalunion bestand bis 1918.

1109 Die **Kreuzzüge** ins Heilige Land (1095–1303) brachten für die Christen keinen dauerhaften territorialen Erfolg, hingegen wurde in der **Reconquista** (722–1492) die iberische Halbinsel von den Muslimen zurückerobert (⚔ Las Navas de Tolosa 1212).

➢ Der Kampf gegen „Ungläubige" zählte zu den Idealen des mittelalterlichen Rittertums. Dies wurde von den Päpsten gezielt eingesetzt, um ihren Einfluss auch im byzantinischen Machtbereich zur Geltung zu bringen.

➢ Das Byzantinische Reich profitierte zunächst von den Kreuzzügen, wurde jedoch 1204 selbst von Kreuzfahrern erobert und geplündert, die hier ein „Lateinisches Kaiserreich" (*Imperium Romaniae*) errichteten. Besonders diese Katastrophe machte die Kirchenspaltung von 1054 unumkehrbar.

➢ Seit der Vernichtung des Westgotenreiches 711 war nur mehr der äußerste Norden Spaniens christlich, während der größte Teil der Halbinsel ab 756 das Emirat v. Córdoba bildete. Es zerfiel 1031 in mehrere muslimische Kleinkönigreiche, die ihre Unabhängigkeit sowohl gegen die Christen als auch gegen ihre nordafrikanischen Glaubensgenossen behaupten mussten.

➢ Bereits 722 setzte die christliche Rückeroberung Spaniens (Reconquista) ein. Es entstanden mehrere christliche Königreiche (va Kastilien, Aragon, Portugal), die gemeinsam bei Las Navas 1212 einen entscheidenden Sieg errangen. Seitdem war nur mehr der äußerste Süden – das Kgr Granada – muslimisch (bis 1492).

➢ Das teils sarazenische, teils byzantinische Süditalien wurde Anfang des 11. Jh von den Normannen erobert, die hier einen modern organisierten Staat errichteten („Kgr Sizilien"; auch das neapolitanische Festland umfassend). 1194 eroberte Ks HEINRICH VI. – ua mit Hilfe des Lösegeldes aus der Gefangenschaft RICHARDS I. v. England – dieses Königreich, doch verhinderten die Päpste eine rechtliche Eingliederung Siziliens an das Römdt Reich, womit eine Umklammerung des Kirchenstaates, aber auch eine Einigung Italiens unterbunden wurde.

➢ Da die arabische Kultur der europäischen weit überlegen war, führte der intensive Kontakt – trotz der militärischen Konfrontation und gegen den Widerstand der Kirche – zu bedeutendem Wissenstransfer (arabische Zahlen!) und einem kulturellem Aufschwung des Abendlandes (Übermittlung der Philosophie des ARISTOTELES durch arabische Gelehrte ua).

3. Spätmittelalter (1214–1492)

1110 Unter Ks FRIEDRICH II. (1212–50) erlebte das **Heilige Römische Reich** noch einmal eine Blüte; mit seinem Tod jedoch setzte eine Periode des Niedergangs ein. Im Machtkampf gegen den Papst unterlegen, vermochte der deutsche Herrscher seinen Vorrang gegenüber anderen Monarchen nicht aufrechtzuerhalten und verlor auch im Inneren viele Rechte an die deutschen Fürsten.

➢ Bereits FRIEDRICH II. hatte sich nur mit französischer Waffenhilfe (⚔ Bouvines 1214) gegen den Gegenkaiser OTTO IV. aus dem Haus der Welfen (1198–1218) durchsetzen können. Von den Päpsten wurde FRIEDRICH II. nicht nur wegen seiner Zuneigung zu arabischer Kultur und Wissenschaft bekämpft, sondern auch, da er – wie sein Vater HEINRICH VI. – Reichsitalien und Sizilien in seiner Hand vereinte und somit das Papsttum erneut von Nord und Süd in die Zange nahm.

➢ 1246 starben die Babenberger aus, worauf Ks FRIEDRICH II. deren Länder einzog und eine Zeit lang erwog, sie zu einem Königreich (*Regnum Austriae*) zu erheben, wozu es allerdings nicht kam. Vielmehr löste sein eigener Tod 1250 ein neues Machtvakuum in ganz Mitteleuropa aus; in den Doppelwahlen der Folgezeit verblasste das Geblütsrecht und die Wahl wurde zu einem reinen Politikum.

➢ Obwohl – oder gerade weil – in der Folge meist mehrere Könige zugleich regierten, war deren Herrschaft so wirkungslos, dass die Zeit 1250–73 als königslose Zeit, als „Interregnum" bezeichnet wurde. Erst die Wahl RUDOLFS I. v. Habsburg zum dt König (1273–91) beendete die schlimmsten Missstände im Reich, doch konnte RUDOLF die vormalige Machtstellung der Staufer nicht mehr erreichen.

➤ Aufgrund ihrer schwachen Stellung im Reich konzentrierten sich die Könige des Spätmittelalters darauf, jene Länder, die sie selbst als Reichsfürsten erblich innehatten, zu stärken und zu vermehren: *Hausmachtpolitik*. Die Königswähler suchten dieser Politik gegenzusteuern und wählten Könige aus verschiedenen Dynastien (va Habsburger, Luxemburger, Wittelsbacher), um nicht eine von ihnen zu mächtig werden zu lassen: *Zeitalter der springenden Königswahlen*.

➤ In dieser Zeit kristallisierte sich ein Kreis von sieben Reichsfürsten heraus, die das Recht der Königswahl (der „Kur") für sich allein beanspruchten: die Kurfürsten. Wahlrecht und Wahlverfahren wurden 1356 von Ks KARL IV. (Luxemburger, 1347–78) in der *Goldenen Bulle* genau geregelt.

➤ Die Kurwürde war mit der Herrschaft über ein bestimmtes geistliches (Mainz, Köln, Trier) oder weltliches (Böhmen, Rheinpfalz, Sachsen, Brandenburg) Kurfürstentum verbunden (*radiziert*); die Goldene Bulle enthielt besondere Erbfolgeregelungen und Privilegien für die Kurfürstentümer, die sie vom Reich weitgehend unabhängig machten.

➤ Die Wahl erfolgte in Frankfurt am Main unter der Leitung des Erzbischofs von Mainz; anstelle der bisherigen Einstimmigkeit genügte Stimmenmehrheit (also vier von sieben Stimmen), doch durfte nicht bekannt werden, wer für und wer gegen den neuen König gestimmt hatte.

➤ Zu Romzügen und Kaiserkrönungen kam es in dieser Zeit nur mehr selten; der Versuch Ks LUDWIGS IV. d. Bayern (Wittelsbacher, 1314–1347), die Kaiserwürde von der Krönung durch den Papst zu lösen und unmittelbar mit der deutschen Königswahl zu verknüpfen (*constitutio licet iuris* 1338), scheiterte.

Studienwörterbuch: Constitutio licet iuris 1338; Goldene Bulle 1356; Kurfürsten.

1111 Mit der Zeit konnten die **Habsburger** eine so starke Stellung aufbauen, dass die Kurfürsten ihnen die Königswürde nicht mehr verweigern konnten und sie ab 1438 regelmäßig zu Königen wählten.

➤ Die Hausmachtpolitik der Habsburger nahm schon mit RUDOLF I. ihren Ausgang: In der Zeit des dt Interregnum hatte Kg OTTOKAR II. v. Böhmen die ehemals babenbergischen Länder Österreich und die Steiermark sowie auch Kärnten und die Krain erworben und damit einen Machtblock von den Sudeten bis zur Adria geschaffen. Seine Bemühungen um reichsrechtliche Anerkennung dieser Erwerbungen blieben jedoch mangels legitimen dt König erfolglos. Nunmehr verlangte RUDOLF I. als dt König diese Länder von OTTOKAR II. heraus, konnte seinen Anspruch auch militärisch durchsetzen (⚔ Dürnkrut 1278) und belehnte 1282 seine eigenen Söhne mit Österreich und der Steiermark (⇨ Rz 2108).

➤ Das aus dem alemannischen Raum stammende Grafenhaus (Stammsitz Habsburg im Aargau in der heutigen Schweiz) rückte mit der Belehnung von 1282 unter die mächtigsten Reichsfürsten auf und nahm den

Namen „Haus Österreich" an. Dementsprechend wurden auch die von ihnen beherrschten Länder als „österreichisch" (im Sinne von habsburgisch) bezeichnet.

➢ Mit Kärnten und der Krain belehnte RUDOLF I. 1286 seinen Waffengefährten MEINHARD II. v. Görz-Tirol. Die Grafen von Tirol, die dem König bis dahin nur mittelbar (nämlich über ihre unmittelbaren Lehnsherren, die Bischöfe von Brixen und Trient) unterworfen waren, wurden damit in den Stand von Reichsfürsten erhoben und konnten diesen auch behalten, als nach dem Aussterben der Meinhardiner in männlicher Linie die Habsburger 1335 Kärnten und die Krain annektierten.

➢ Im Gegensatz zu Kärnten erkannten die Tiroler Stände die weibliche Erbfolge an (Kunkellehen), weshalb hier die Tochter des letzten Meinhardiners, MARGARETE „Maultasch" (1335–1363) nachfolgen konnte. Um ihre Nachfolge bemühten sich abwechselnd Luxemburger, Wittelsbacher und Habsburger, bis Tirol 1363 letzteren zufiel.

➢ Die gesteigerte Machtstellung der Habsburger einerseits, ihr Ausschluss vom Kreis der Kurfürsten (⇨ Rz 1110) andererseits, bewogen den österr Herzog RUDOLF IV. „den Stifter" (1358–1365), eigenmächtig Privilegien zu behaupten und zu deren Rechtfertigung ältere Dokumente, ua das Privilegium minus, zu verfälschen (*Privilegium maius* 1358/59); doch wurde er von Ks KARL IV. zur Aufgabe der von ihm erhobenen Ansprüche gezwungen.

➢ Erfolgreicher noch als die Habsburger waren zunächst die Luxemburger, die 1310 das Königreich Böhmen, 1382 das Königreich Ungarn (⇨ Rz 1108) erwarben und wiederholt zu dt Königen gewählt wurden (so va KARL IV.). Nach ihrem Aussterben im Mannesstamm 1437 erwarben die mit ihnen eng verwandten Habsburger alle drei Königswürden, konnten zunächst jedoch nur die deutsche dauerhaft behalten, während Böhmen und Ungarn 1457 wieder verloren gingen.

➢ Einen Rückschlag erlitten die Habsburger auch im alemannischen Raum, wo sich 1291 die drei reichsunmittelbaren Territorien Uri, Schwyz und Unterwalden zu einer Eidgenossenschaft zusammengeschlossen hatten, die sich vor allem gegen die habsburgischen Machtbestrebungen richtete und der sich weitere Territorien anschlossen. Im Kampf gegen die Schweizerische Eidgenossenschaft gingen die meisten habsburgischen Stammlande (darunter 1415 die Habsburg selbst) verloren.

Studienwörterbuch: Habsburger; Österreich; privilegium maius.

1112 Der König von **Frankreich** konnte sukzessive seine Machtstellung ausbauen und insbesondere den Machtbereich des Königs von England innerhalb Frankreichs brechen.

➢ Bei Bouvines (⚔ 1214; ⇨ Rz 1110) entschied PHILIPPE II. „Augustus" von Frankreich (1180–1223) sowohl den englisch-französischen Konflikt als auch den deutschen Thronstreit zwischen dem Staufer FRIEDRICH II. und dem Welfen OTTO IV., wodurch der französische König erstmals in innerdeutsche Angelegenheiten Einfluss nahm.

➢ Der englische König JOHN „Lackland" (1199–1216) konnte nach 1214 nur mehr einige wenige Provinzen in Südfrankreich (Guyenne) behaupten, in dieser geschwächten Position wurde er 1215 von seinen englischen Vasallen gezwungen, die *Magna Charta* zu unterzeichnen, die die Macht des Königs dauerhaft begrenzte und zur Keimzelle des englischen Parlaments wurde.

➢ Das aufsteigende franz Königtum geriet bald auch in Konflikt mit dem Papsttum; durch ein geschlossenes Auftreten der franz Stände (1302 erste Versammlung der *états généraux*; ⇨ Rz 2115) konnte PHILIPPE IV. „le Bel" (1285–1314) seine Position gegenüber dem Papsttum behaupten und zwang den Papst 1309 sogar, seine Residenz in den franz Machtbereich zu verlegen („Babylonische Gefangenschaft" der Päpste in Avignon 1309–76).

➢ Als 1328 die capetingische Nebenlinie Valois aufgrund des Salischen Erbfolgeprinzips (⇨ Rz 3304) den französischen Thron bestieg, führten konkurrierende Ansprüche des Hauses Plantagenet zum sog *Hundertjährigen Krieg* mit England (1339–1453). Nach zunächst großen Erfolgen der Engländer (⚔ Azincourt 1415) führte die „Jungfrau von Orléans" JEANNE D'ARC das französische Heer zum Sieg. England verlor praktisch alle Besitzungen auf dem Festland.

➢ Im Verlauf des Hundertjährigen Krieges entstand das mächtige *Burgunderreich*, teils aus deutschen, teils aus französischen Lehen zusammengesetzt und fast die gesamte deutsch-französische Grenze umspannend. Es war zeitweise ein mächtiger Verbündeter Englands und blieb auch nach Ausgang des Krieges eine ständige Bedrohung für das franz Königtum.

Studienwörterbuch: Magna Charta 1215.

1113 Die Krise von Kaisertum und Papsttum einerseits, ökonomische Veränderungen und Seuchen andererseits, führten zu **religiösen und nationalen Unruhen** sowie zur Verfolgung von Ketzern, Juden und (vermeintlichen) „Hexen".

➢ Das Wort „Ketzer" stammt von der Sekte der Katharer in Südfrankreich. Indem der französische König in einem förmlichen Kreuzzug 1226 diese (christliche!) Glaubensgemeinschaft vernichtete, konnte er zugleich seine bis dahin geringe Macht in Südfrankreich stärken.

➢ 1376 kehrten die Päpste nach Rom zurück (⇨ Rz 1112), worauf sich jedoch in Avignon ein Gegenpapsttum etablierte. Diese Kirchenspaltung führte zu einem vorübergehenden Niedergang der päpstlichen Macht und zu einer Reihe von Konzilien, von denen erst dem Konzil von Konstanz (1414–18) die Beendigung des „Abendländischen Schismas" gelang.

➢ Die religiösen Reformbestrebungen des Prager Theologieprofessors JAN HUS (1369–1415) vermischten sich mit national-tschechischen Anliegen. Nach der Hinrichtung HUS' als Ketzer auf dem Konzil von Konstanz 1415 kam es zu blutigen Kämpfen seiner Anhänger mit den Katholiken (*Hussitenkriege* 1419–34).

➢ Juden und „Hexen" wurden insbesondere für den Ausbruch der Pest 1348 verantwortlich gemacht; es kam zu Verfolgungen (Pogromen), Massenhinrichtungen und Vertreibungen.

Studienwörterbuch: Hexenprozesse; Ketzer.

1114 Nach dem Machtrückgang des Heiligen Römischen Reiches und dem Niedergang Byzanz' machte sich auch in **Ostmitteleuropa** und in **Italien** ein westeuropäischer Einfluss bemerkbar.

➢ Das Byzantinische Reich wurde zwar 1261 wiederhergestellt, konnte aber seine einstige Großmachtstellung nicht wiedererlangen. Es ging 1453 im Kampf gegen die Türken unter.

➢ Nach dem Tod des Stauferkaisers FRIEDRICH II. eroberte der französische Prinz CHARLES I. v. Anjou das bis dahin staufische Sizilien (mit Neapel) und begründete hier ein eigenes Königreich, das zeitweise die Hegemonie über ganz Italien innehatte.

➢ Eine Seitenlinie des Hauses Anjou bestieg 1301 auch den ungarischen sowie 1370 den polnischen Thron, so dass das Reich von Kg LAJOS d. Gr. v. Anjou (1342–82) von der Adria bis an die Ostsee und an das Schwarze Meer reichte.

➢ Mit LAJOS' Tod 1382 zerfiel das ungarisch-polnische Großreich der Anjou. Ungarn ging nunmehr eine Personalunion mit Böhmen ein, die – mit Unterbrechungen und unter wechselnden Dynastien, zuletzt den Habsburgern – bis 1918 anhielt.

➢ Polen verband sich 1386 zu einer Personalunion mit Litauen; 1569 wurden beide Länder staatsrechtlich zu einer Adelsrepublik (*Rzeczpospolita*) vereint. Die politische Macht lag beim Parlament (*Sejm*); der König wurde ab 1572 von ihm gewählt und besaß nur geringe Macht.

➢ Die Hauptlinie Anjou hatte seit dem sizilianischen Volksaufstand 1282 („Sizilianische Vesper") mit dem spanischen Haus Aragon um die Herrschaft über Neapel-Sizilien zu kämpfen; nach dem Aussterben der Anjous 1435 wurde Neapel-Sizilien endgültig ein Nebenland Aragons bzw Spaniens.

B Neuzeit

1. Frühe Neuzeit (1492–1618)

1115 An der Schwelle vom Mittelalter zur Neuzeit gelang es den **Habsburgern**, ein dynastisch getragenes Imperium aufzubauen, in dem sprichwörtlich „die Sonne nicht unterging". Juristische Grundlage dieser der Ländererwerbungen waren zumeist Ehepakte, doch spielten Zufälle eine mindestens eben so große Rolle wie die gezielte Heiratspolitik. Zudem mussten die Erwerbungen immer auch militärisch behauptet werden können. Das ebenfalls geläufige Sprichwort *bella gerant alii, tu felix Austria, nube* („Kriege mögen andere führen, du, glückliches Österreich, heirate") ist daher irreführend. Im einzelnen erwarben sie im 15./16. Jh:

➢ 1. das Burgunderreich (1477);

➢ 2. die seit 1479 vereinigten Kgr Kastilien und Aragon (= Spanien mit Nebenländern in Italien und Kolonien in Übersee, 1506/16);

- ➤ 3. die ebenfalls in Personalunion vereinten Kgr Böhmen und Ungarn mit ihren Nebenländern (1526);
- ➤ 4. das Kgr Portugal mit dessen Kolonien in Afrika und Amerika (1580).
- ➤ Der Habsburger KARL V. verfügte kraft seiner Doppelstellung als röm-dt Kaiser (1519–56) und Kg v Spanien (als solcher: CARLOS I., 1516–56) über eine noch nie dagewesene Machtfülle; die zahlreichen damit verbundenen Probleme jedoch zehrten seine Kräfte auf.
- ➤ 1521/22 trat KARL V. die österreichischen Erbländer, dh die schon im Mittelalter zu Habsburg gehörenden Länder, an seinen Bruder FERDINAND I. ab, der auch 1526 die Königswürden von Böhmen und Ungarn erlangte. Letzteres ging jedoch 1529/41 großteils an die Türken verloren; nur ein schmaler Rand im Norden und Westen Ungarns (heute etwa heutige Slowakei und Burgenland) blieb bei Habsburg.
- ➤ Von KARL V. stammt die sog spanische Linie, von FERDINAND I. die sog österr Linie des Hauses Habsburg ab; sie blieben durch Wechselheiraten eng verbunden (Inzest!). Die Kaiserwürde ging 1556 an die österr Linie, doch blieb die spanische Linie vorerst politisch dominierend.

Studienwörterbuch: Burgund; Erbländer; Habsburger.

1116 Das aus der Vereinigung der Königreiche Kastilien und Aragon hervorgegangene Kgr **Spanien** brachte 1492 die Reconquista erfolgreich zum Abschluss und begann im selben Jahr mit dem Aufbau seines Kolonialreiches in Amerika (Entdeckungsfahrten des CHRISTOBAL COLOMB). Die spanischen Habsburger wurden so die mächtigsten Monarchen Europas.

- ➤ Schon Mitte des 15. Jh hatte Portugal mit dem Aufbau eines Kolonialreiches in Afrika und Indien begonnen. Doch geriet Portugal in der Folge gegenüber Spanien ins Hintertreffen und wurde 1580 von diesem annektiert.
- ➤ Das einst mächtige Burgunderreich, dessen wichtigster Teil die Niederlande waren, wurde als bloßes Nebenland Spaniens regiert. 1579 kam es zum Abfall der nördlichen, protestantischen Niederlande (Unabhängigkeit erst 1648 von Spanien anerkannt); die südlichen, katholischen Niederlande (heutiges Belgien) blieben spanisch.
- ➤ 1604 begann Frankreich, 1606 England mit dem Ausbau eigener Kolonialreiche in Nordamerika. Parallel dazu begann die Macht Spaniens, das im 16. Jh die Hegemonie in Europa innegehabt hatte, infolge Überbeanspruchung seiner Kräfte zu sinken.

1117 Im Heiligen Römischen Reich kam es unter Ks MAXIMILIAN I. (1493–1519) zu einer umfassenden **Reichsreform**, die jedoch alsbald von der Glaubensreformation überschattet wurde. Die Kämpfe zwischen Katholiken und Protestanten wurden durch den Augsburger Religionsfrieden 1555 (⇨ Rz 2325) vorläufig beendet.

- ➤ Durch die Reichsreform 1495 entstanden der *Reichstag* als institutionelle Versammlung der Reichsfürsten (⇨ Rz 2114) und das (von Reichstag und Kaiser paritätisch besetzte) *Reichskammergericht* (⇨ Rz 1415). Dem Kaiser/König waren nur mehr wenige Kompetenzen verblieben; diese waren in *Wahlkapitulationen* (verbindliche Versprechungen gegenüber den Kurfürsten) taxativ aufgezählt; die meisten von ihnen konnte er nur gemeinsam mit dem Reichstag ausüben (*iura Caesarea comitialia*).

➢ Der im Mittelalter noch vorherrschende Gedanke einer übernationalen Natur des Heiligen Römischen Reiches war angesichts des realen Bedeutungsverlusts des Kaisers verblasst; das Reich wurde zum Staat der Deutschen, was seit dem 15. Jh auch im Staatsnamen „Heiliges Römisches Reich deutscher Nation" zum Ausdruck kam.

➢ Norditalien blieb zwar formell weiterhin Bestandteil des Reiches, doch hatten die deutschen Könige ihre Italienpolitik fast vollständig aufgegeben; die italienischen Fürsten waren nicht am Reichstag vertreten. Italien wurde zum Spielball französischer und spanischer Machtkämpfe.

➢ Seit 1508 verzichtete der deutsche König auf die Kaiserkrönung durch den Papst, trug aber mit päpstlicher Zustimmung den Titel eines „Erwählten Römischen Kaisers". 1530 kam es ein letztes Mal zu einer Kaiserkrönung (KARL V.).

➢ Ks KARL V. versuchte zunächst, die va von LUTHER verbreitete neue Theologie gewaltsam zu unterdrücken, scheiterte jedoch an der Opposition der mit LUTHER sympathisierenden Reichsfürsten. Im Augsburger Religionsfrieden 1555 wurde die konfessionelle Einheit des Reiches aufgegeben; die Reichsfürsten konnten ihre eigene Konfession frei wählen und diejenige ihrer eigenen Untertanen bestimmen (Religionsbann; ⇨ Rz 2325).

Studienwörterbuch: Reichskammergericht; Reichsreform; Reichstag; Wahlkapitulationen.

1118 Sowohl in **Frankreich** als auch in **England** kam es zu konfessionellen Konflikten, die jeweils mit dynastischen bzw Thronfolgefragen verbunden waren und zu Religionskriegen führten. Ersteres blieb letztlich katholisch, letzteres wurde protestantisch.

➢ In Frankreich war zwar die seit 1328 regierende capetingische Seitenlinie Valois (⇨ Rz 1112) katholisch geblieben, doch hatte sich eine andere capetingische Seitenlinie, Bourbon, welche seit 1548 im kleinen Pyrenäenkönigreich Navarra regierte, den Protestanten (in Frankreich als „Hugenotten" bezeichnet), zugewandt. Nach dem bevorstehenden Aussterben der Valois sollte die Linie Bourbon auch in Frankreich nachfolgen, was der katholische Adel Frankreichs zu verhindern suchte.

➢ Die katholisch-protestantische Versöhnungshochzeit von 1572 zwischen der Schwester des französischen Königs, MARGEAUX DE VALOIS, und dem protestantischen Thronanwärter, HENRI DE BOURBON-NAVARRA, endete im Blutbad der „Bartholomäusnacht" (ca 20.000 ermordete Hugenotten). 1589 wurde HENRI Kg v. Frankreich (als solcher HENRI IV., 1589–1610). Um allgemein anerkannt zu werden, konvertierte er 1593 zum Katholizismus, gewährte jedoch im Edikt von Nantes 1598 den Protestanten Toleranz (⇨ Rz 2324).

➢ Der englische Kg HENRY VIII. (1509–47) aus dem seit 1485 regierenden Haus Tudor brach mit der katholischen Kirche, weil der Papst die Ehe

HENRYS mit einer spanischen Prinzessin, welche ihm bis dahin keine Söhne geboren hatte, nicht annullieren wollte. 1534 erklärte er sich selbst zum Oberhaupt der englischen Kirche (⇨ Rz 2324), nachdem er bereits 1533 seine Ehe eigenmächtig annulliert und eine englische Adelige, ANNE BOLEYN, geheiratet hatte.

➤ Als mit ELIZABETH I. (1558–1603) eine Tochter aus der Verbindung HENRYS VIII. mit ANNE BOLEYN auf den englischen Thron stieg, wurde diese von den Katholiken aufgrund ihrer – nach katholischer Ansicht – unehelichen Abstammung nicht anerkannt; vielmehr galt ihnen die schottische Kgn MARY STUART (1542–67), eine Großnichte HENRYS VIII., als rechtmäßige Kgn v. England.

➤ Als MARY STUART 1568 vor einer schottischen Adelsrevolte nach England fliehen musste, wurde sie von ELIZABETH gefangen genommen und nach Aufdeckung mehrerer auf den Sturz ELIZABETHS gerichteter Verschwörungen 1587 hingerichtet. Nach ELIZABETHS Tod 1603 wurde der Sohn von MARY STUART, JAMES VI. v. Schottland (1567–1625), als JAMES I. Kg. v. England und vereinte so Schottland mit England in Personalunion.

1119 Die türkischen Sultane aus der Dynastie der Osmanen unterwarfen auf europäischem Boden den Balkan, die Südukraine und den größten Teil Ungarns (**Osmanisches Reich**). Seit der Eroberung Konstantinopels 1453 beanspruchten sie kaiserlichen Rang, der jedoch in Europa zunächst nicht anerkannt wurde. Die ideologische Nachfolge Konstantinopels auf christlich-orthodoxer Seite trat vielmehr der russische Zar an.

➤ Das Vordringen der Osmanen auf dem Balkan begann bereits im 14. Jh (⚔ Amselfeld 1389); erst 1529 endete das Vordringen der Türken in Europa infolge der gescheiterten (1.) Belagerung Wiens.

➤ Parallel dazu unterwarfen die Osmanen fast die gesamte arabische Welt in Vorderasien und Nordafrika; ab 1517 führten sie auch den Titel eines Kalifen und beanspruchten damit auch eine geistliche Oberhoheit über die Muslime.

➤ Nach dem Fall Konstantinopels flohen viele Führer der orthodoxen Kirche an den Hof des Moskauer Großfürsten IWAN III. des Großen (1462–1505).

➤ 1478 nahm IWAN III. dGr den Titel „Zar" (von Caesar) an; schon zuvor hatte er die Nichte des letzten byzantinischen Kaisers geheiratet, um die damals aufkommende Theorie von Moskau als dem „Dritten Rom" zu unterstreichen (⇨ Rz 1123).

Studienwörterbuch: Kaiser; Türkei.

2. Das Zeitalter des höfischen Absolutismus (1618–1740)

1120 Ab 1614 wurde die französische Ständeversammlung (*états généraux*) nicht mehr einberufen; der König (1643–1715: LOUIS XIV., der „Sonnenkönig") besaß praktisch unbeschränkte Macht.

Nach diesem Vorbild etablierten auch zahlreiche andere Monarchen, wie etwa der „Große Kurfürst" FRIEDRICH WILHELM V. Brandenburg-Preußen (1640–88), eine **absolutistische Herrschaft** in ihren Ländern.

➢ Der französische Absolutismus war va ein Werk der beiden Premierminister ARMAND Kardinal DE RICHELIEU (1624–42) und JULES Kardinal MAZARIN (1642–60).

➢ Widerstand gegen die absolutistisch-zentralistische Politik kam von Teilen des Adels (Aufstand der Fronde 1648) und von den Hugenotten. Dem Kg gelang es in beiden Fällen, die Oberhand zu behalten; 1685 wurde das Toleranzedikt von Nantes wieder aufgehoben (Edikt von Fontainebleau; ⇨ Rz 2324).

➢ Basis des preußischen Staates waren zum einen das Kurfürstentum *Brandenburg* (Hauptstadt Berlin), zum anderen das unter polnischer Lehnshoheit stehende Herzogtum *Preußen* (Hauptstadt Königsberg, heute Kaliningrad/Russland). Beide Länder waren ab 1618 unter der Dynastie *Hohenzollern* vereint.

➢ Mit Hilfe des Absolutismus gelang es FRIEDRICH WILHELM V. Brandenburg-Preußen, aus seinen räumlich weit voneinander entfernten Ländern ein einheitliches Staatswesen zu formen; 1660 schüttelte er die polnische Lehnshoheit über Preußen ab. Dies ermöglichte seinem Sohn FRIEDRICH (I.) 1701 die Krönung zum preußischen König.

➢ Das Edikt von Fontainebleau LOUIS' XIV. beantwortete der „Große Kurfürst" mit dem im selben Jahr 1685 ergangenen Edikt v. Potsdam, das den aus Frankreich vertriebenen Hugenotten Zuflucht in Preußen gewährte.

Studienwörterbuch: Preußen.

1121 Der Versuch einer absolutistischen Herrschaft in **England** misslang: Nach Bürgerkrieg (1642–48) und republikanischem Zwischenspiel (1649–60) wurde England zu einer konstitutionellen Monarchie; der König musste dem Parlament in der *Bill of Rights* 1689 weitgehende Rechte, wie insbesondere das Gesetzgebungsrecht, zugestehen.

➢ 1629 löste CHARLES I. (1625–49) das Parlament auf und regierte für elf Jahre in absolutistischer Weise, die er jedoch aufgeben musste, als er für einen Aufstand in Schottland Geld benötigte. Das 1640 erneut zusammentretende Parlament tagte formell bis 1660 in Permanenz („Langes Parlament").

➢ In der Folge geriet das Parlament in immer schärfere Konfrontationen mit dem König; der Minister THOMAS STRAFFORD, der die absolutistische Herrschaft des Königs wesentlich mitgetragen hatte, hingerichtet (⇨ Rz 2425). 1642 kam es zum offenen Bürgerkrieg zwischen König und Parlament.

➢ Im Verlauf des Krieges gelang es dem Parlamentsmitglied und Heerführer OLIVER CROMWELL (1599–1658), das Parlament ganz unter seinen Einfluss zu bringen. Der König wurde 1647 gefangen genommen und 1649

hingerichtet. England wurde zur Republik („Commonwealth"); CROMWELL erhielt 1653 als „Lord-Protector" fast diktatorische Vollmachten.
➢ 1660 kam es zur Restauration der Monarchie unter den Söhnen des hingerichteten Königs. Als der zum Katholizismus übergetretene JAMES II. (1685–88) den Thron bestieg und mit der Rekatholisierung Englands begann, wurde das Haus Stuart in der *Glorious Revolution* 1688/89 erneut (und diesmal endgültig) gestürzt.
➢ Das Parlament übertrug nunmehr die Krone der Tochter JAMES' II., MARY II., und deren Gatten WILLIAM III. aus dem Haus Oranien, der die Anhänger JAMES II. auch militärisch besiegte (⚔ Boyne 1. 7. 1690 – bis heute immer wieder Anlass für Ausschreitungen zwischen Protestanten u Katholiken in Nordirland!), aber mit der *Bill of Rights* 1689 das konstitutionelle System anerkennen musste.

1122 Der *Dreißigjährige Krieg* 1618–48 verwüstete das Heilige Römische Reich und führte zu einem vorübergehenden Machtniedergang des Römisch-deutschen Ks. Durch den **Westfälischen Frieden 1648** wurde das dualistische System verfestigt; den Landesfürsten wurde in ihren Ländern Landeshoheit (⇨ Rz 2121) zuerkannt; Frankreich und Schweden wurden Garanten der inneren Ordnung Deutschlands.
➢ Der Dreißigjährige Krieg hatte als Konfessionskonflikt innerhalb des Reiches begonnen („Prager Fenstersturz": Aufstand der böhmischen Stände und Absetzung der Habsburger als Könige von Böhmen 1618; ⇨ Rz 2121, Rz 2325), der sich jedoch immer mehr ausweitete.
➢ Die protestantischen Fürsten erhielten Hilfe von den protestantischen Königen von Dänemark (bis 1629) und von Schweden, ab 1635 auch vom katholischen (!) Kg v. Frankreich. Auf katholischer Seite kämpften insbesondere auch die spanischen Habsburger. Der Krieg mutierte so zu einem europäischen Mächteringen zwischen Habsburg und Bourbon.
➢ „Westfälischer Frieden" ist eine zusammenfassende Bezeichnung für den Friedensvertrag des Kaisers mit Frankreich zu Münster und den Frieden mit Schweden zu Osnabrück. Er enthielt auch weit reichende verfassungsrechtliche (⇨ Rz 2114) und religionsrechtliche Bestimmungen (⇨ Rz 2325) für das römisch-deutsche Reich und wurde vom Reichstag 1654 ausdrücklich als Reichsgesetz angenommen.
➢ Frankreich konnte die Vorherrschaft Spaniens in Europa brechen, ua musste Spanien die Unabhängigkeit Portugals (1640) und der nördlichen Niederlande (1648) akzeptieren; endgültig endete der französisch-spanische Krieg erst 1660.
➢ Die Schweiz, die schon im Mittelalter weitgehende Selbständigkeit erlangt hatte, schied 1648, so wie die nördlichen Niederlande, auch de jure aus dem Römisch-deutschen Reich aus.
➢ Die ks Machtstellung war 1648 auf einem Tiefpunkt angelangt, doch erfolgte schon unter LEOPOLD I. (1658–1705) eine gewisse Wiederbelebung des Reiches, va infolge der Abwehrkämpfe gegen die Eroberungszüge LOUIS' XIV (⇨ Rz 1123).

Studienwörterbuch: Dreißigjähriger Krieg; Westfälischer Frieden 1648.

1123 Es bildete sich in Europa ein Kreis von Großmächten heraus, die einander in komplizierten Bündnissystemen die Waage hielten (**„Europäisches Gleichgewicht"**).

➢ Die Vormachtstellung erreichte nach dem Niedergang Spaniens zunächst Frankreich; die deutsch-französische Grenze wurde von LOUIS XIV. in zahlreichen Kriegen immer weiter nach Osten verschoben. Nach Aussterben der span Habsburger 1700 gelang es ihm, eine bourbonische Nebenlinie auf dem span Thron zu installieren (*Spanischer Erbfolgekrieg 1700–1714*).

➢ Die österr *Habsburger* hatten im span Erbfolgekrieg nur einige Nebenländer erwerben können, so va die „span Niederlande" (fortan österr Niederlande = heutiges Belgien) und zunächst auch die meisten span Besitzungen in Italien, mussten letztere aber mit Ausnahme Mailands schon bald an bourbonische Nebenlinien abtreten.

➢ Eine weitere Großmacht war England, das schon seit 1603 mit Schottland in Personalunion verbunden war (⇨ Rz 1118) und 1707 mit diesem auch eine Realunion durch Fusion der beiden Parlamente einging, woraus das Königreich *Großbritannien* hervorging. 1714 bestiegen die Welfen (⇨ Rz 1105), die seit 1692 Kurfürsten von Hannover waren, den britischen Thron (Haus Hannover, bis 1901). Unter ihm kam es 1801 zur Realunion mit Irland im *United Kingdom of Great Britain and Ireland* – UK (⇨ Rz 1135).

➢ Im Nordosten Europas errang zunächst Schweden eine Großmachtstellung, welche es jedoch im Großen Nordischen Krieg (1700–1720) an Russland verlor (⚔ Pultawa 1709; ⇨ Rz 2412). Als der röm-dt Ks KARL VI. 1718 die kaiserliche Würde des Sultans anerkannte (⇨ Rz 1119) nahm der russische Zar PETER I. d. Gr. (1682–1725) den Titel *Imperator* an, um die Gleichrangigkeit mit röm-dt Kaiser und Sultan zu dokumentieren.

Studienwörterbuch: Spanischer Erbfolgekrieg.

1124 Die Großmachtstellung der österr Habsburger beruhte nicht auf ihrer Kaiserwürde, sondern auf ihren Erbländern und Erbkönigreichen, somit einer Summe sehr verschiedenartiger Rechtstitel, die nur über die Dynastie miteinander verknüpft waren. 1713 wurde mit der **Pragmatischen Sanktion** die erste staatsrechtliche Klammer für die *Monarchia Austriaca* geschaffen.

➢ Als Röm-dt Kaiser besaßen die Habsburger die höchste weltliche Würde der abendländischen Christenheit, jedoch nur wenig reelle Macht. Die von jedem Kaiser vor seiner Wahl zu unterzeichnende Wahlkapitulation (⇨ Rz 1117) beschränkte seine Kompetenzen immer weiter; das Projekt einer „Beständigen Wahlkapitulation" 1711 kam nicht zustande.

➢ Die Habsburger nahmen im Reich jedoch eine Doppelstellung ein, indem sie nicht nur Kaiser, sondern zugleich auch – die mit Abstand mächtigsten – Reichsfürsten waren. Als solche beherrschten sie innerhalb des Reiches um 1740: 1. die bereits im Mittelalter (⇨ Rz 1111) erworbenen „österreichischen Erbländer" (Österreich ob und nid der Enns, Steiermark, Kärnten, Krain, Tirol, Vorarlberg etc); 2. die endgültig 1526 erworbenen (⇨ Rz 1115) „Länder der Wenzelskrone" (Böhmen, Mähren, Schlesien, bis 1635 auch die Lausitz), mit denen auch die Kurwürde verbunden war; 3. aus dem spanischen Erbe die österr Niederlande und Mailand (Lombardei; ⇨ Rz 1123).

➢ Nach der erfolgreichen Abwehr der 2. Türkenbelagerung Wiens 1683 konnte LEOPOLD I. im Großen Türkenkrieg 1683–1699 das Kgr Ungarn (mit Nebenländern Kroatien und Siebenbürgen) erobern und zu einer Erbmonarchie (außerhalb des Heiligen Römischen Reiches!) machen („Länder der Stephanskrone").

➢ Während des span Erbfolgekrieges war es innerhalb des Hauses Habsburg zu mehreren Hausverträgen gekommen, die die weitere Erbfolge regeln sollten. 1713 wurden diese Verträge vom letzten männlichen Habsburger, Ks KARL VI. (1711–1740) mit der Pragmatischen Sanktion veröffentlicht und bekräftigt: Die Erbländer wurden für unteilbar und untrennbar erklärt sowie eine einheitliche Erbfolge nach dem Prinzip der *Primogenitur* (= Recht der Erstgeburt) eingeführt; (erst) nach vollständigem Aussterben der männlichen Nachkommenschaft sollte weibliche Thronfolge stattfinden.

➢ Die weitere Politik KARLS VI. war in der Folge auf die allseitige Anerkennung der Pragmatischen Sanktion gerichtet; als letztes der habsburgischen Königreiche und Länder gab Ungarn 1723 seine Zustimmung (Gesetzesartikel I, II, III/1723). Für die internationale Anerkennung der Pragmatischen Sanktion musste KARL VI. große außenpolitische Zugeständnisse machen.

➢ Mit der Pragmatischen Sanktion, die bis 1918 Geltung hatte, wandelte sich die bisherige bloße historische Zufälligkeit des gemeinsamen Monarchen für die genannten Länder in eine rechtliche Notwendigkeit. Somit kann sie als das erste Grundgesetz für die Habsburgermonarchie (die noch bis 1804 keinen offiziellen Staatsnamen hatte, ⇨ Rz 1133) bezeichnet werden.

➢ Naturgemäß bezog sich die Pragmatische Sanktion nicht auf die römdt Kaiserwürde, da diese nach wie vor nicht erblich war, sondern aufgrund Wahl durch die Kurfürsten (deren Zahl durch den Hinzutritt Bayerns und Hannovers auf neun gestiegen war, ⇨ Rz 1110) vergeben wurde, wenn auch seit 1438 nur mehr Habsburger gewählt wurden.

Studienwörterbuch: Pragmatische Sanktion; Stephanskrone; Thronfolge; Wenzelskrone; Österreich.

1125 Die Vielfalt der habsburgischen Rechtstitel spiegelte sich in der Struktur ihrer **Zentralbehörden** wider. Während MAXIMILIAN I. und FERDINAND I. im 16. Jh wenigstens teilweise Behörden für die Gesamtheit der von ihnen regierten Reiche und Länder schufen, differenzierten sich im 17. Jh Behörden für das Heilige Römische Reich einerseits, für die Erbkönigreiche und -länder andererseits heraus. Sitz dieser Behörden war idR die Reichshaupt- und Residenzstadt Wien.

➢ An der allmählichen Vermehrung und Ausdifferenzierung der Behörden ist die beständige Ausweitung der Staatsaufgaben deutlich zu erkennen. Insbesondere die diversen Kanzleien entwickelten sich, da der Monarch nicht mehr alle Angelegenheiten persönlich wahrnehmen konnte, von reinen Schreibstuben zu Behörden mit eigenständiger Entscheidungsgewalt, die jedoch zumindest in „wichtigen" Angelegenheiten die Zustimmung („*placet*") des Monarchen einholen mussten.

➢ Schon seit dem Mittelalter bestand die kaiserliche *Reichskanzlei* (ab 1559: *Reichshofkanzlei*) unter der formellen Leitung des Kurfürsten und Erzbischofs von Mainz als Reichserzkanzler, der sich von einem Reichsvizekanzler mit Sitz in Wien vertreten ließ. Von ihr wurde 1620 eine eigene Österreichische Hofkanzlei für die österreichischen Erbländer abgetrennt, weshalb die Reichshofkanzlei für diese Länder nicht mehr zuständig war.

➢ Der 1498 eingerichtete *Reichshofrat* war ursprünglich als Beratungsorgan des Kaisers gedacht, entwickelte sich jedoch zu einem mit dem Reichskammergericht konkurrierenden, im Gegensatz zu diesem (⇨ Rz 1117) aber allein dem Kaiser unterstehenden Gericht. In ähnlicher Weise wie die Reichshofkanzlei war auch der Reichshofrat ab 1620 nur mehr für die die nicht-österreichischen Länder des Heiligen Römischen Reichs zuständig.

➢ Daneben entstanden verschiedene andere Beratungsorgane des Monarchen (*Geheimer Rat, Geheime Konferenz*), deren Bedeutung und Wirkungskreis je nach Regierungsstil des jeweiligen Monarchen schwankte.

➢ Für die Länder der böhmischen Wenzelskrone, in denen die römisch-deutschen Reichsbehörden aufgrund der Goldenen Bulle 1356 (⇨ Rz 1110) fast keine Kompetenzen besaßen, bestand in Prag ab 1527 eine eigene *Böhmische Hofkanzlei* als zentrales Rechtsprechungs- und Verwaltungsorgan. Infolge des böhmischen Aufstandes 1618 wurde sie 1620 nach Wien verlegt und der Einfluss der böhmischen Stände auf sie minimiert.

➢ Die *Österreichische Hofkanzlei* überstieg die Böhmische Hofkanzlei insofern an Bedeutung, als sie nicht nur für die politischen und judiziellen Angelegenheiten der österreichischen Erbländer, sondern auch für die Angelegenheiten des kaiserlichen Hauses und den größten Teil der auswärtigen Angelegenheiten zuständig war. Die Kanzleiordnung von 1720 trug diesem doppelten Wirkungsbereich Rechnung, indem sie für beide Bereiche je einen eigenen Hofkanzler bestellte.

➢ Für das Finanzwesen bestand ab dem 16. Jh die *Hofkammer*, für das Kriegswesen der *Hofkriegsrat*. Aus ihnen gingen 1848 das Finanz- bzw das Kriegsministerium hervor.

➢ Ein völlig eigenständiges Behördenwesen hatte Ungarn mit königlichem Statthalter (*Palatin*), oberstem Gericht (*Kurie*), eigener Hofkanzlei und Kammer. Ihren Sitz hatten sie teils in der damaligen ungarischen Hauptstadt Pressburg (Bratislava / Pozsony), teils in Wien.

Studienwörterbuch: Böhmische Hofkanzlei; Österreichische Hofkanzlei; Reichshofrat; Reichskanzlei.

3. Das Zeitalter des aufgeklärten Absolutismus (1740–1789)

1126 Die Philosophie der Aufklärung brachte bedeutende Neuerungen für das Verständnis von Staat und Recht; mehrere absolutistische Herrscher entwickelten ein neues Herrschaftsverständnis: **aufgeklärter Absolutismus** (⇨ Rz 2127).

➢ Der „Prototyp" des aufgeklärt-absolutistischen Herrschers war Kg FRIEDRICH II. von Preußen (1740–1786), dessen Herrschaft mit einer Reihe von Reformen im Sinne der Aufklärung verbunden war (zB religiöse Toleranz, ⇨ Rz 2326; Aufhebung der Folter, ⇨ Rz 2344).

➢ Unter ihm entwickelte sich Preußen zu einer Großmacht, die neben die vier „alten" Mächte (⇨ Rz 1123) trat und insbesondere den Habsburgern zu einer ernsthaften Konkurrenz wurde (Eroberung Schlesiens 1740–45).

Studienwörterbuch: Friedrich II.; Schlesien.

1127 Die gleichzeitig mit FRIEDRICH II. v. Preußen in Österreich zur Herrschaft gekommene **MARIA THERESIA** (1740–80) zählte noch zu den absolutistischen Herrschern alten Typs, auch wenn sich unter ihrer Herrschaft bereits erste Einflüsse der Aufklärung bemerkbar machten. Mit den zentralistischen Reformen machte sie aus der lockeren Verbindung der habsburgischen Länder einen zentral gelenkten Einheitsstaat.

➢ Mit MARIA THERESIAS Vater Ks KARL VI. war das Haus Habsburg 1740 im Mannesstamm erloschen. Trotz der Pragmatischen Sanktion wurde MARIA THERESIA ihre Erbfolge streitig gemacht und musste sie ihren Thron im *Österreichischen Erbfolgekrieg* 1740–48 verteidigen; 1745 ging Schlesien an Preußen verloren.

➢ Zum röm-dt Ks wurde 1742 ein Wittelsbacher (KARL VII.) gewählt, doch erreichte MARIA THERESIA nach dessen Tod 1745 die Wahl ihres Gemahls FRANZ STEPHAN V. LOTHRINGEN (1745–65) zum Ks. In der von ihnen begründeten Dynastie *Habsburg-Lothringen* verblieb die Kaiserkrone nunmehr bis zum Ende des Heiligen Römischen Reiches 1806.

➢ Aus MARIA THERESIAS Erfahrungen im Österr Erbfolgekrieg resultierten ihre Reformbestrebungen, die insbesondere eine Wiedergewinnung Schlesiens ermöglichen sollten (1756–63: Siebenjähriger Krieg – erfolglos). Jedoch blieben die ungarischen Länder von den meisten dieser Reformen ausgenommen, wodurch sich ein dualistischer Staatsaufbau der Habsburgermonarchie anbahnte.

➢ In den böhmischen und den österreichischen Ländern wurden neue Behörden geschaffen, die die innere und die Finanzverwaltung in sich vereinten (*Repräsentation und Kammern*) und nur mehr dem Landesfürsten unterstanden, womit der Absolutismus zu einem vorläufigen Höhepunkt gebracht wurde. Doch nahmen die Stände auch weiterhin – wenn auch in höchst bescheidenem Umfang – eigene Verwaltungsaufgaben durch einen *Landesausschuss* wahr. Daraus ergab sich eine „Doppelgleisigkeit" von zentralstaatlicher Verwaltung und autonomer Landesverwaltung, die letztlich bis 1925 fortwirken sollte (⇨ Rz 1308).

➢ Die Böhmische und die Österreichische Hofkanzlei wurden sukzessive entmachtet und 1749 gänzlich aufgehoben. Aus ihnen gingen hervor: 1742 die Haus-, Hof- und Staatskanzlei für die Besorgung der auswärtigen und die Angelegenheiten des Hauses Habsburg-Lothringen, 1749 das *Directorium in publicis et cameralibus* für die inneren und Finanzangelegenheiten sowie die Oberste Justizstelle für Rechtsprechung und Justizverwaltung. Wichtigster Berater MARIA THERESIAS in dieser Reformperiode war FRIEDRICH WILHELM Graf HAUGWITZ.

➢ Während des Siebenjährigen Krieges kam es unter maßgeblichem Einfluss des Staatskanzlers WENZEL ANTON Fürst KAUNITZ zu einer neuerlichen Reform, die aber lediglich eine Umgruppierung innerhalb der Zentralbehörden zum Ziel hatte: 1760 wurde ein Staatsrat als oberstes beratendes Organ der Monarchin geschaffen; 1761 das Directorium in publicis et cameralibus wegen Übergröße zerschlagen. Die inneren Angelegenheiten wurden fortan von der Böhmisch-Österreichischen Hofkanzlei, die Finanzangelegenheiten von der Hofkammer besorgt.

Studienwörterbuch: Böhmisch-Österreichische Hofkanzlei; Directorium in publicis et cameralibus; Habsburger; Haus-, Hof- und Staatskanzlei; Maria Theresia; Österreichischer Erbfolgekrieg.

1128 Die Söhne MARIA THERESIAS, **JOSEPH II.** (1765/80–90) und **LEOPOLD II.** (1790–92) wandten sich dem aufgeklärten Absolutismus zu. Viele der überstürzt vorgenommenen Reformen mussten jedoch wegen allzu großen Widerstandes, va des Adels, wieder zurückgenommen werden.

➢ JOSEPH II. war bereits 1765 nach dem Tod seines Vaters FRANZ I. im Heiligen Römischen Reich als Kaiser nachgefolgt und von seiner Mutter als Mitregent in den Erblanden eingesetzt worden, konnte bis 1780 innenpolitisch aber nur wenig mitreden (Ausnahme: Aufhebung der Folter 1776, ⇨ Rz 2344).

➢ Erfolgreicher war JOSEPHS Außenpolitik, die 1772 zum Erwerb Galiziens, 1775 der Bukowina führte. Seine Versuche, die Österr Niederlande gegen Bayern einzutauschen, blieben – abgesehen vom Erwerb des Innviertels 1779 – ebenso wie der von ihm 1788 begonnene Türkenkrieg erfolglos.

➢ Ab dem Zeitpunkt seiner Alleinherrschaft 1780 erließ JOSEPH II. zahlreiche Patente, mit denen er fast jeden Lebensbereich radikal verändern wollte (⇨ Rz 2130). Dabei ging er oftmals über die Bedenken seiner Berater hinweg und bezog vor allem auch Ungarn in die meisten seiner Reformen ein.

➢ Die Josephinischen Reformen stießen wegen ihrer Radikalität vielfach auf Ablehung, die sich gegen Ende der Regierungszeit JOSEPHS II. in Ungarn und den österr Niederlanden zu offenem Aufstand steigerte. Noch kurz vor seinem Tod 1790 musste JOSEPH II. daher zahlreiche Reformen rückgängig machen.

Übersicht 1: Entwicklung der Zentralbehörden 1740–1848

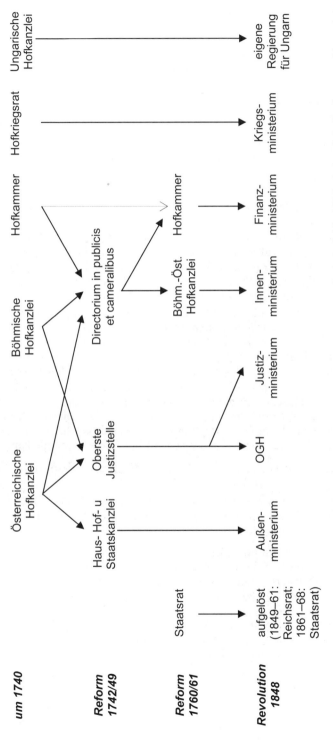

Anm: Ab 1782 erfolgten weitere Umstrukturierungen, die jedoch bis 1802 wieder rückgängig gemacht wurden.

➤ LEOPOLD II., der 1765 von seinem Vater die Toskana geerbt hatte, machte diese zu einem Musterland des aufgeklärten Absolutismus; seine kurze Regierungszeit in Österreich (1790–92) verhinderte dort große Reformen. Vielmehr konnten die unter JOSEPH II. entstandenen Unruhen nur durch die weitere Zurücknahme erreichter Reformen kalmiert werden.

Studienwörterbuch: Joseph II.; Leopold II.

1129 Die russische Kaiserin KATHARINA II. die Große (1762–96) begann ihre Regierung mit aufklärerischen Zielen, die dann aber großteils nicht verwirklicht werden konnten. Parallel dazu dehnte sie das **Russische Reich** nach allen Richtungen aus.

➤ So eroberte Russland in mehreren Kämpfen gegen das Osmanische Reich die Südukraine und drang – zeitweise von Ks JOSEPH II. unterstützt – auf den Balkan vor.

➤ 1764 gelang es KATHARINA, ihren ehemaligen Liebhaber STANISLAUS PONIATOWSKI zum polnischen König wählen zu lassen, wogegen sich eine polnische Adelsopposition bildete. Im Zuge der hieraus folgenden Konflikte einigten sich Russland, Preußen und Österreich 1772 darauf, Teile Polens zu annektieren (sog Erste Teilung Polens).

➤ In Polen setzten nun umfangreiche Reformen ein; mit der Verfassung vom 3. 5. 1791 wurde der Staat zu einer konstitutionellen Monarchie umgewandelt. Gerade dies führte aber dazu, dass die drei Großmächte in zwei weiteren Teilungen 1793/95 Polen zur Gänze unter sich aufteilten. Während Österreich dabei 1793 leer ausging, erwarb es 1795 Westgalizien.

➤ 1779 trat Russland in die bisher Schweden zustehenden Rechte aus dem Westfälischen Frieden und wurde so (gemeinsam mit Frankreich) Garant der inneren Ordnung des Röm-dt Reiches. Diese Position wurde insbesondere beim Reichsdeputationshauptschluss 1803 (⇨ Rz 1132), der aufgrund eines russisch-französischen Vorschlages zustande kam, aktuell.

1130 Frankreich verharrte im alten („höfischen") Absolutismus. Kostspielige Kriege und eine verschwenderische Hofhaltung verschuldeten 1788 den Staatsbankrott, was Kg LOUIS XVI. (1774–92) zur Wiedereinberufung der Stände zwang, womit die absolutistische Herrschaft zu Ende ging.

➤ So ging insbesondere im Siebenjährigen Krieg, in dem Frankreich auf österreichischer Seite kämpfte, die französische Kolonie Kanada an das mit Preußen verbündete Großbritannien verloren.

➤ Frankreich unterstützte die Unabhängigkeitsbestrebungen der amerikanischen Kolonien gegenüber Großbritannien (1776: Unabhängigkeitserklärung der USA); dadurch kam es aber auch zu intensivem Kontakt mit demokratischem Gedankengut, was wesentliche Folgen für die Französische Revolution haben sollte.

4. Französische Revolution und Napoleonisches Zeitalter (1789–1815)

1131 In der französischen Ständeversammlung (*états généraux*) riss der „Dritte Stand", das Bürgertum, am 17. 6. 1789 die Macht an sich und erklärte sich zur Nationalversammlung (*assemblée nationale*): Ausbruch der **Französischen Revolution**.

➢ Der Sturm auf die Bastille am 14. 7. 1789, der noch heute als franz Nationalfeiertag begangen wird, hatte demgegenüber nur symbolische Bedeutung.

➢ Am 4. 8. 1789 wurde das Feudalsystem abgeschafft, am 26. 8. 1789 die Menschen- und Bürgerrechte verkündet (⇨ Rz 2304); am 3. 9. 1791 erhielt Frankreich eine konstitutionelle Verfassung.

➢ Am 10. 8. 1792 wurde die Monarchie gänzlich beseitigt und Frankreich eine Republik. Der abgesetzte König („Bürger LOUIS CAPET") wurde 1793 hingerichtet; sein minderjähriger Sohn („LOUIS XVII.") kam vermutlich 1795 in Gefangenschaft ums Leben. Seinen blutigen Höhepunkt (über 1.000 Todesurteile in sechs Wochen) erreichte die Revolution 1794 unter der Terrorherrschaft MAXIMILIEN ROBESPIERRES. Nach dessen Sturz bildete ein fünfköpfiges Direktorium die Regierungsspitze (1795–99).

Studienwörterbuch: Französische Revolution; Generalstände.

1132 Die europäischen Monarchien verbündeten sich in mehreren **Koalitionskriegen** gegen das revolutionäre Frankreich, wurden jedoch nach Anfangserfolgen zurückgeschlagen. Der französische General NAPOLÉON BONAPARTE eroberte im Gegenzug weite Teile Europas und übernahm 1799 durch einen Putsch auch die alleinige Macht in Frankreich.

➢ Die Bedrohung der jungen Republik durch die alten Monarchien führte in Frankreich zu einer Welle des Nationalismus (blau-weiß-rote Trikolore und Marseillaise als nationale Symbole). Dies sowie die Einführung der allgemeinen Wehrpflicht 1793 ermöglichten die militärische Hegemonie Frankreichs in Europa.

➢ Der aufgrund seiner militärischen Erfolge populäre BONAPARTE wurde durch die neue Verfassung vom 12. 12. 1799 (nach dem Revolutionskalender: „Verfassung des Jahres VIII") zum „Ersten Konsul" mit diktatorischen Vollmachten (ua Gesetzgebungsrecht).

➢ In den Koalitionskriegen verlor das Römisch-deutsche Reich alle linksrheinischen Gebiete (Frieden von Luneville 1801), worauf eine tief greifende Umstrukturierung des Reiches durchgeführt wurde (*Reichsdeputationshauptschluss* 1803). Von größter Bedeutung war hierbei die *Säkularisierung* (= Verweltlichung) praktisch aller geistlichen Fürstentümer. So etwa Salzburg, das 1803 als weltliches Kurfürstentum zunächst an einen habsburgischen Prinzen fiel und 1805/16 Österreich angegliedert wurde.

➢ Obwohl der Reichsdeputationshauptschluss die Entschädigung der linksrheinischen Fürsten zum Ziel hätte haben sollen, waren die wahren Gewinner – neben Österreich und Preußen – va die deutschen Mittelstaaten (Bayern, Württemberg, Baden), während die meisten bisher immediaten Kleinstaaten von größeren annektiert *(mediatisiert)* wurden. Der Kaiser verlor mit ihnen und mit der Reichskirche seinen wichtigsten Rückhalt im Reich.

➢ Die Zahl der reichsunmittelbaren (immediaten) Territorien war von mehreren hundert auf 34 geschrumpft; von den verbliebenen Staaten hatten viele eine Größe erreicht, die es ihnen erlaubte, ganz ohne den Schutz des Kaisers auszukommen, weshalb sie an einem Fortbestand des Reiches nicht interessiert waren.

Studienwörterbuch: Mediatisierung; Reichsdeputationshauptschluss 1803; Säkularisierung; Salzburg.

1133 1804 krönte sich NAPOLÉON BONAPARTE zum Kaiser der Franzosen (NAPOLÉON I.). Der röm-dt Kaiser FRANZ II. beantwortete diesen Akt mit der Annahme des Titels eines **Kaisers von Österreich** (als solcher: FRANZ I.); 1806 legte er unter Druck NAPOLÉONS die röm-dt Kaiserkrone nieder und erklärte das **Heilige Römische Reich** für **erloschen**.

➢ Die Annahme des österr Kaisertitels war unmittelbare Reaktion auf die Annahme des französischen Kaisertitels durch NAPOLÉON. Der Ausdruck „Österreich" war hierbei zunächst im dynastischen Sinne zu verstehen (Dynastie Habsburg als „Haus Österreich"); doch führte die Titelkreierung dazu, dass nunmehr alle habsburgischen Erbländer als Kaisertum Österreich aufgefasst wurden.

➢ Das Ende des Römisch-deutschen Reiches war nach den Kaiserkreierungen von 1804 sowie nach NAPOLÉONS Sieg über den österreichischen und den russischen Kaiser bei Austerlitz (⚔ 1805) abzusehen. 1806 erklärten zahlreiche deutsche Fürsten ihren Austritt aus dem Reich und schlossen sich zum *Rheinbund* zusammen.

➢ Der Rheinbund war eine bloße völkerrechtliche Vereinigung souveräner deutscher Fürsten unter dem Protektorat NAPOLÉONS. Ihm traten nach und nach alle deutschen Fürsten mit Ausnahme des Kaisers v. Österreich, des Königs v. Preußen und der Könige von Dänemark u Schweden (welche vermöge ihrer deutschen Besitzungen ebenfalls Reichsfürsten waren) bei.

➢ Ob der röm-dt Kaiser zur einseitigen Erklärung des Erlöschens des Reiches berechtigt war, ist zweifelhaft, war aber angesichts der politischen Situation die wohl einzige sinnvolle Möglichkeit. Durch die Erklärung wurden auch die zu diesem Zeitpunkt noch nicht ausgetretenen Reichsfürstentümer souverän.

➢ Weitere Siege NAPOLÉONS über Preußen (⚔ Auerstedt und Jena 1806) und Österreich (⚔ Dt Wagram 1809) befestigten seine Herrschaft über Europa. In zahlreichen Staaten (Spanien, Neapel, Holland, Westfalen ua) setzte er Verwandte als Könige ein; selbst nahm er 1805 den Titel eines „Königs von Italien" an.

Studienwörterbuch: Heiliges Römisches Reich; Kaiser; Österreich.

1134 NAPOLÉONS **Russlandfeldzug** 1812 scheiterte, woraufhin sich die europäischen Monarchen gegen ihn erhoben und besiegten (⚔

Leipzig 1813). NAPOLÉON dankte zugunsten seines zweijährigen Sohnes ab („NAPOLÉON II."), doch erzwangen die verbündeten Mächte die Wiedereinsetzung der Bourbonen.

➢ Die napoleonische Herrschaft über Europa hatte auch bei den unterworfenen Völkern zu einem – von ihren Monarchen bewusst geschürten – Erwachen des Nationalismus geführt. Die Befreiungskriege sollten nach der Vorstellung va des liberalen Bürgertums zur Bildung von Nationalstaaten führen.

➢ Nach der Schlacht von Leipzig zerfiel auch der Rheinbund, ohne dass er formell aufgelöst wurde.

➢ NAPOLÉON erhielt zunächst die Insel Elba als selbständiges Fürstentum zugewiesen, versuchte jedoch 1815, die Macht in Frankreich wieder an sich zu reißen („Herrschaft der 100 Tage"). Nach seiner endgültigen Niederlage (⚔ Waterloo 1815) wurde NAPOLÉON auf die Insel St. Helena im Südatlantik verbannt, wo er 1821 starb.

5. Der Vormärz (1815–1848)

1135 Auf dem **Wiener Kongress** 1814/15 wurde die Neuordnung Europas beschlossen. Das Ziel einer Rückkehr zum *status quo ante* wurde nicht erreicht. Insbesondere wurde das Heilige Römische Reich nicht wiedererrichtet; an seine Stelle trat der *Deutsche Bund*, eine völkerrechtliche Vereinigung der souveränen deutschen Fürsten und Stadtrepubliken.

➢ „Seele" des Kongresses war der österr Staatsminister (ab 1821 Staatskanzler) CLEMENS WENZEL Fürst METTERNICH, dessen restaurative Politik der gesamten Zeit bis 1848 ihren Stempel aufdrückte.

➢ Hauptstreitpunkt auf dem Kongress war die polnische Frage. Der von NAPOLÉON geschaffene polnische Staat („Großherzogtum Warschau") wurde schließlich zwischen Russland und Preußen aufgeteilt, wobei Kernpolen („Kongresspolen") zu einem mit Russland in Personalunion verbundenen Kgr wurde. (Ost-) Galizien blieb bei Österreich. Krakau wurde souveräner Stadtstaat.

➢ Hauptgewinner des Kongresses waren Russland, das seine Grenzen weit nach Westen vorgeschoben hatte (Finnland, Polen, Moldawien), und Großbritannien, das seine Stellung als führende See- und Kolonialmacht behaupten und ausbauen konnte. Mit Irland (⇨ Rz 1107) war Großbritannien 1801 eine Realunion durch Fusion beider Parlamente eingegangen, wobei jedoch Irland benachteiligt blieb: *United Kingdom of Great Britain and Ireland* – UK.

➢ Auch Österreich konnte auf dem Kongress große Gebiete (zurück-) gewinnen (ua Kärnten, Tirol, Vorarlberg, Salzburg, Lombardo-Venetien); zudem erlangte es den Vorsitz im Deutschen Bund. Doch war Preußen endgültig eine ebenbürtige Macht in Deutschland, Österreich an dessen Südostrand gedrängt.

➢ Der auf dem Wiener Kongress mit der *Deutschen Bundesakte* 1815 gegründete Deutsche Bund umfasste im Wesentlichen das Territorium des vormaligen Röm-dt Reiches; mehrere Mitgliedsstaaten, wie va Österreich, gehörten ihm daher nur teilweise an. Einziges Organ war die Bundesversammlung in Frankfurt am Main, eine Versammlung weisungsgebundener Vertreter der einzelnen Regierungen, in der der österreichische Gesandte den Vorsitz führte.

➤ Die spanischen und die französischen Bourbonen wurden wieder in ihre vormaligen Thronrechte gesetzt. Frankreich konnte seine Stellung als Großmacht und den Gebietsstand von 1791 behaupten. Auf dem Kongress war es gleichberechtigter Verhandlungspartner.

➤ Italien war wiederum in eine Reihe von Kleinstaaten mit zumeist ausländischen Monarchen (habsburgische und bourbonische Nebenlinien) aufgeteilt worden; der von NAPOLÉON annektierte Kirchenstaat wurde wiedererrichtet.

➤ Dänemark, mit dem Norwegen seit 1380 (!) vereint war, musste dieses 1814 an Schweden abtreten (ohne Island und Grönland, die bei Dänemark verblieben). Schweden wurde auf diese Weise für das 1809 an Russland verloren gegangene Finnland entschädigt. 1905 wurde Norwegen, 1944 Island unabhängig.

Studienwörterbuch: Bundesstaat – Staatenbund; Bundestag; Deutscher Bund; Deutschland; Metternich, Clemens Wenzel; Wiener Kongress.

1136 Die Monarchien waren in der Folgezeit um Restauration und Unterdrückung revolutionärer Unruhen bemüht. Die Herrscher schlossen sich zu einer **Heiligen Allianz** zusammen, auf deren Grundlage es mehrmals zu militärischen Interventionen kam. Während der Vormärz für die Staatengemeinschaft eine lange Zeit des Friedens bedeutete, hatten sich die Monarchen nunmehr untereinander gegen ihre eigenen Völker verbündet.

➤ Die Heilige Allianz wurde 1815 vom (orthodoxen) Kaiser von Russland, dem (katholischen) Kaiser von Österreich und dem (evangelischen) König von Preußen auf der Grundlage des Christentums und der monarchischen Legitimität geschaffen. Ihr traten fast alle europäischen Staaten bei.

➤ Militärische Interventionen infolge von revolutionären Unruhen erfolgten 1821 in Neapel durch österreichische, 1823 in Spanien durch französische Truppen. Die Heilige Allianz zerbrach jedoch beim griechischen Unabhängigkeitskampf 1821–29 gegen die Türken infolge der Uneinigkeit der Großmächte. 1829 musste das Türkische Reich die Unabhängigkeit Griechenlands anerkennen.

➤ Im Inneren sorgten die Monarchen durch Spitzelwesen und strenge Zensur für eine möglichst umfassende Überwachung ihrer Untertanen. In Deutschland nahm diese Politik mit den von METTERNICH initiierten „Karlsbader Beschlüssen" 1819 (⇨ Rz 2336) ihren Ausgang.

➤ 1820 wurde die Deutsche Bundesakte um die *Wiener Schlussakte* ergänzt. Durch sie erhielt die Bundesversammlung das Recht, gegen revolutionäre Unruhen in einem Mitgliedsland vorzugehen (*Bundesintervention*), sowie auch militärisch gegen widerstrebende Bundesmitglieder selbst einzuschreiten (*Bundesexekution*).

Studienwörterbuch: Bundesexekution; Bundesintervention; Karlsbader Beschlüsse 1819.

1137 Das Bürgertum war von der Entwicklung enttäuscht und forderte die Bildung von Nationalstaaten (va Deutschland, Italien, Polen) und Verfassungen, die die absolutistische Herrschaft beenden und eine Beteilung des Bürgertums an der Staatsgewalt sicherstellen sollten (**Konstitutionalismus**).

➢ „Speerspitze" gegen die Restaurationspolitik der europäischen Monarchen waren insbesondere die Studenten, die ihre Anliegen auf mehreren Großveranstaltungen (Wartburgfest 1817, Hambacher Fest 1832) kundtaten. Im Vordergrund stand dabei die Pressefreiheit, da erst eine freie Presse alle übrigen Wünsche des Bürgertums wirksam einfordern konnte.

➢ Die Deutsche Bundesakte sah in Art 13 vor, dass alle Staaten eine „landständische Verfassung" haben sollten. Während Österreich davon ausging, dass seine „Verfassung" (im materiellen Sinn) mit absolutistisch regierendem Monarchen und (völlig machtlosen, aber nie aufgelösten) Landtagen den Erfordernissen des Art 13 vollauf genüge, gaben sich die süddeutschen Staaten Baden, Württemberg und Bayern formelle (frühkonstitutionelle) Verfassungen („Constitutionsurkunden").

➢ „Motor" dieser Entwicklung war Frankreich, welches 1814 unter LOUIS XVIII. (1814/15–24) eine Verfassung („Charte constitutionelle") erhalten hatte, die das Vorbild für die süddeutschen Verfassungen darstellte. In Frankreich selbst sollte die Konstitution eine Versöhnung zwischen Legitimisten (= Anhängern der „legitimen" Bourbonen-Dynastie), Bonapartisten und Republikanern ermöglichen, was jedoch scheiterte (Ermordung des franz Thronfolgers 1820).

➢ Der konservative franz Kg CHARLES X. (1824–30) ging mit dem aufgrund der Charte constitutionelle errichteten Parlament auf Konfrontationskurs. Als er die Deputiertenkammer am 26. 7. 1830 auflöste, eigenmächtig ein neues Wahlrecht, das das Industriebürgertum benachteiligte, festlegte und die Pressefreiheit beseitigte, wurde er in der *Julirevolution 1830* gestürzt.

➢ Auf den französischen Thron wurde nunmehr LOUIS PHILIPPE aus der Nebenlinie Bourbon-Orléans berufen, der als „König der Franzosen" („Bürgerkönig") eine ganz auf das Bürgertum gestützte konstitutionelle Monarchie begründete.

➢ Auch diese Julirevolution sorgte für Bewegungen in Europa: Das seit 1815 mit den Niederlanden vereinte Belgien riss sich von diesem los und erhielt 1831 eine Verfassung, die zum Vorbild für andere Staaten (Hessen-Kassel, Hannover, Sachsen) wurde. Insgesamt erhielten so bis 1848 alle deutschen Staaten mit Ausnahme von Preußen und Österreich Verfassungen.

➢ Der durch die Julirevolution initiierte polnische Aufstand gegen die russische Herrschaft scheiterte. 1832 wurde Kongresspolen dem Russischen Reich unmittelbar einverleibt, Krakau 1846 von Österreich annektiert.

Studienwörterbuch: Julirevolution 1830; landständische Verfassung.

1138 Die 1815 wiedererrichteten Schweizer Kantone schlossen sich zunächst nur zu einem losen Staatenbund zusammen. Erst mit der Bundesverfassung vom 12. 9. 1848 wurde die **Schweiz** zu einem Bundesstaat. Auf dem Wiener Kongress verkündete sie ihre „immerwährende Neutralität" und hält diese bis heute aufrecht.

➢ 1798 hatte NAPOLÉON die Schweizerische Eidgenossenschaft erobert und die „Helvetische Republik" mit zentralistischer Verfassung geschaffen. Der am 7. 8. 1815 geschlossene Bundesvertrag brachte demgegenüber eine weitgehende Föderalisierung der Schweiz.

➢ 1845 schlossen sich sieben katholisch-konservative Kantone zu einem „Sonderbund" zusammen, der in dem nur 27 Tage währenden Sonderbundkrieg 1847, dem bis heute letzten Krieg auf Schweizer Boden, aufgelöst wurde.

➢ Die Bundesverfassung 1848 stärkte die Bundeszentralgewalt (Bundesversammlung mit Zweikammernsystem), beließ jedoch den Kantonen eine verhältnismäßig starke Stellung und kannte zahlreiche Elemente der direkten Demokratie. Die Bundesverfassung wurde 1874 revidiert und blieb in dieser Form bis 1. 1. 2000 in Kraft.

6. Die Revolution 1848 und ihre Folgen (1848–1867)

1139 Ihren Ausgang nahm die Europäische Revolution von 1848 in Frankreich, wo im Februar jenes Jahres LOUIS PHILIPPE gestürzt und die (Zweite) Republik ausgerufen wurde („**Februarrevolution**").

➢ LOUIS PHILIPPE war der Ausgleich der verschiedenen Strömungen in seinem Land nicht gelungen; vielmehr bekriegten sich unter seiner Herrschaft seine Anhänger (Orléanisten) mit Republikanern, Bonapartisten und Legitimisten.

➢ Die Februarrevolution 1848 war wie ihre Vorgänger eine im Wesentlichen vom Bürgertum getragene Revolution, doch zeigten sich auch erste radikal-demokratische und sozialistische Tendenzen.

➢ Präsident der Französischen Republik wurde LOUIS NAPOLÉON BONAPARTE, ein Neffe NAPOLÉONS I., der rasch große Popularität gewann und am 2. 12. 1851 einen Staatsstreich durchführte. Eine Volksabstimmung befürwortete die Wiedereinführung der Monarchie; 1852 bestieg BONAPARTE als Ks NAPOLÉON III. den Thron („Zweites Kaiserreich", bis 1870).

1140 Die Nachricht vom Sturz des Bürgerkönigs verbreitete sich wie ein Lauffeuer in ganz Europa und entfachte überall die Fackel der Revolution. Im März 1848 brach sie auch im Deutschen Bund (einschließlich Österreichs) aus („**Märzrevolution**", daher „Vormärz" für die Periode davor); METTERNICH musste zurücktreten (13. 3. 1848). Eine in der Frankfurter Paulskirche tagende Verfassunggebende Nationalversammlung („Paulskirchenversammlung") bemühte sich um die Schaffung eines Deutschen Reiches anstelle des Deutschen Bundes.

➢ Bereits wenige Tage nach Ausbruch der Revolution in Frankreich war es auch in Süd- und Westdeutschland zu Erhebungen gekommen. Sie fordertern va die Abschaffung der Zensur sowie die Einberufung einer Deutschen Nationalversammlung. Tatsächlich trat schon am 30. 3. in Frankfurt das revolutionäre „Vorparlament" zusammen.

➢ Die Deutsche Bundesversammlung gab dem Druck der Ereignisse nach und forderte noch am 30. 3. die deutschen Staaten auf, Wahlen zu einer Nationalversammlung zu veranlassen. Diese trat am 18. 5. 1848 zusammen und wählte den populären Ehz JOHANN als „Reichsverweser" zum provisorischen Staatsoberhaupt; die Bundesversammlung übertrug ihm ihre Kompetenzen.

➢ Vordringlichstes Anliegen für die Paulskirchenversammlung war die Schaffung eines Grundrechtskatalogs, der bis Dezember beraten und am 28. 12. 1848 vom Reichsverweser sanktioniert wurde. Erst danach wollte man sich der Frage nach Organisation und Umfang des Deutschen Reiches widmen, wodurch kostbare Zeit verloren ging und die gegenrevolutionären Kräfte erstarken konnten.

➢ Ungelöst blieb daher vorerst das Problem, inwieweit Österreich dem Deutschen Reich angehören sollte. Während die Vertreter der „großdeutschen Lösung" eine Einbeziehung der deutschen Gebiete Österreichs zum Deutschen Reich propagierten, zielten die Vertreter der „kleindeutschen Lösung" auf einen gänzlichen Ausschluss Österreichs.

Studienwörterbuch: Großdeutsche Lösung; Märzrevolution 1848; Paulskirchenversammlung.

1141 In Österreich sowie auch in den übrigen Ländern des Deutschen Bundes bewirkte die Revolution großteils nur kurzfristige Erfolge. Eine bleibende Errungenschaft der Revolution in Österreich war va die Bauernbefreiung (⇨ Rz 2107) sowie die Einführung von monokratisch geführten Ministerien anstelle der bisherigen kollegialen Hofstellen. Am 25. 4. 1848 erhielt Österreich mit der – nach ihrem Hauptredakteur, dem Innenminister FRANZ V. PILLERSDORF, benannten – **Pillersdorfschen Verfassung** seine erste Verfassung im formellen Sinne und wurde so in eine konstitutionelle Monarchie umgewandelt.

➢ Zur Beruhigung der Revolutionäre hatten FERDINAND I. v. Österreich am 15. 3. und FRIEDRICH WILHELM IV. v. Preußen am 19. 3. Verfassungen versprochen. Das österr Verfassungsversprechen, welches zudem auch Pressefreiheit versprach und auf die bereits erfolgte Errichtung einer Nationalgarde verwies, erklärte, dass diese Verfassung durch Vertreter „aller Provinzial-Stände" beschlossen werden sollte, wobei namentlich das Bürgertum stärker als bisher vertreten sein sollte. Die tatsächliche Bedeutung dieses „Ständischen Zentralausschusses" war aber eher gering, die Verfassung namentlich in ihrem Grundrechtsteil va ein Werk PILLERSDORFS.

➤ Obwohl für den Gesamtstaat konzipiert, trat die Pillersdorfsche Verfassung nur in den sog Cisleithanischen Ländern (= den Ländern diesseits des Grenzflusses Leitha) in Kraft. Ungarn dagegen („Transleithanien") war bereits am 11. 4. 1848 mit einem Bündel von 31 Gesetzesartikeln zu einem konstitutionellen, mit dem Rest der Monarchie nur in Personalunion verbündeten Königreich umgewandelt worden. Dagegen wurde das am 8. 4. 1848 gegenüber Böhmen abgegebene Versprechen einer eigenen Verfassung niemals eingelöst, vielmehr Böhmen zu einem Kronland der österreichischen Monarchie herabgedrückt, das so wie die übrigen cisleithanischen Kronländer keine eigene Rechtspersönlichkeit besaß.

➤ Auch in Lombardo-Venetien trat die Verfassung nicht in Kraft, da diese Provinzen bereits offen von Österreich abgefallen waren, die österreichische Armee vertrieben hatten und sich um Eingliederung in ein (noch zu schaffendes) italienisches Königreich bemühten.

➤ Die Pillersdorfsche Verfassung war eine typisch frühkonstitutionelle Verfassung. Die Gesetzgebung sollte dem Kaiser in Verbindung mit dem Reichstag zukommen; dieser sollte nach englischem Vorbild in zwei Kammern, den Senat und die Kammer der Abgeordneten, gegliedert sein. Gegen Gesetzesbeschlüsse des Reichstages hatte der Kaiser ein absolutes Vetorecht (⇨ Rz 2135). Daneben sollten die Provinzialstände zur „Wahrnehmung der Provinzialinteressen" weiter bestehen, jedoch kein eigenes Gesetzgebungsrecht haben.

➤ Die am 9. 5. veröffentlichte Wahlordnung zur Abgeordnetenkammer, die ua Tage- u Wochenlöhner sowie Dienstboten vom Wahlrecht ausschloss, führte zu neuerlichen Unruhen in Wien (*Mairevolution*); nicht zuletzt, da die – auch in den zum Dt Bund gehörigen Provinzen Österreichs – stattgefundenen Wahlen zur Deutschen Nationalversammlung nach einem wesentlich fortschrittlicheren Wahlrecht stattgefunden hatten. Infolge der „Sturmpetition" vom 15. 5. wurde der Senat abgeschafft, der – nunmehr aus einer einzigen Kammer bestehende – Reichstag zu einem konstituierenden, dh die definitve Verfassung erst schaffenden, erklärt u am 30. 5. eine neue Wahlordnung erlassen.

➤ Auf dieser Grundlage trat am 22. 7. der Österreichische Reichstag in Wien zusammen. Seine erste und wichtigste Maßnahme war die Beschlussfassung über die Bauernbefreiung (⇨ Rz 2107); Hauptaufgabe sollte jedoch die Ausarbeitung einer definitiven Verfassung sein.

➤ Als der Kriegsminister THEODOR Graf BAILLET-LATOUR im Oktober 1848 Truppen in das aufständische Ungarn entsenden wollte, kam es in Wien zu einer neuerlichen Erhebung („Oktoberrevolution"), in deren Verlauf LATOUR ermordet wurde. Kaiser und Regierung flohen nach Olmütz (Olomouc), der Reichstag wurde in das benachbarte Kremsier (Kroměříž) verlegt. Dort wurden die Beratungen über eine Verfassung fortgesetzt.

➤ In Olmütz wurde FELIX Fürst ZU SCHWARZENBERG zum neuen Ministerpräsidenten ernannt; im Gegensatz zu seinen Vorgängern, die sich jeweils nur ein paar Wochen im Amt hatten halten könne, gelang es ihm, seine Regierung dauerhaft zu etablieren (bis 1852). Am 2. 12. dankte Ks FERDINAND I. zugunsten seines erst 18-jährigen Neffen FRANZ JOSEPH I. (1848–1916) ab.

Studienwörterbuch: Cisleithanien; Transleithanien; Minister; Pillersdorfsche Verfassung; Reichstag.

1142 Der 1848 überall offen ausbrechende Nationalismus führte beinahe zum Zerfall der Habsburgermonarchie, deren Armee jedoch die Revolution überall unterdrücken und so die Reichseinheit vorerst wahren konnte. „Paulskirchenversammlung" und „Kremsierer Reichstag" scheiterten. Die von Ks Franz Joseph I. am 4. 3. 1849 für die gesamte Monarchie **oktroyierte Märzverfassung** wurde nur zu einem geringen Teil wirksam; die Verfassungswirklichkeit war von militärischer Besetzung und Kriegs- („Belagerungs"-) zustand dominiert („Scheinkonstitutionalismus").

➢ So wurde insbesondere das bereits abgefallene Lombardo-Venetien von der österr Armee (Feldmarschall Johann v. Radetzky) zurückerobert, die Bildung eines italienischen Nationalstaates verhindert.

➢ Das aufständische Wien wurde am 31. 10./1. 11. 1848 von Feldmarschall Alfred v. Windisch-Graetz erobert; die den Wienern zu Hilfe eilende ungarische Revolutionsarmee wurde von Josip Jellačić zurückgeschlagen.

➢ Der vom österr Reichstag erarbeitete Kremsierer Verfassungsentwurf war ein fortschrittlicher, hochkonstitutioneller Entwurf, der das Prinzip der Volkssouveränität verankerte. Er stieß bei der Regierung Schwarzenberg auf Ablehnung, weshalb der Reichstag noch vor formeller Beschlussfassung über den Entwurf aufgelöst wurde. Als formales Argument diente va der Umstand, dass der Reichstag im Gegensatz zu Kaiser und Regierung nicht die gesamte Monarchie vertrete.

➢ Zugleich mit der Auflösung des Reichstages oktroyierte der Kaiser eine Verfassung für die gesamte Monarchie (Oktroyierte Märzverfassung vom 4. 3. 1849), die zwar den Kremsierer Entwurf zum Vorbild hatte, ihn jedoch in einigen Punkten abschwächte. Ergänzt wurde die Märzverfassung durch ein Grundrechtspatent, das nur in den nicht-ungarischen („cisleithanischen") Ländern galt (⇨ Rz 2304).

➢ Ungarn beantwortete den Verfassungsoktroi mit der Absetzung des Hauses Habsburg; Lajos Kossuth übernahm als „Reichsverweser" die Regierung. Erst mit russischer Waffenhilfe gelang die Niederschlagung der Ungarn (Kapitulation von Világos 13. 8. 1849); eine blutige Bestrafung der Revolutionäre folgte.

➢ In gleicher Weise wurden nationale Erhebungen in den tschechischen und polnischen Provinzen gewaltsam unterdrückt.

➢ In der Paulskirchenversammlung hatten die Vertreter der „kleindeutschen Lösung" letztlich die Oberhand gewonnen, die von ihr am 28. 3. 1849 verabschiedete *Verfassung des Deutschen Reiches* gestattete Österreich den Beitritt zum Deutschen Reich nur dann, wenn es sein Verhältnis zu Ungarn auf eine reine Personalunion beschränke, was der in Österreich eben in Kraft gesetzten, zentralistischen Märzverfassung zuwider lief.

➢ Offenbar in Erwartung einer Ablehung Österreichs wurde daher auch nicht Franz Joseph, sondern der preuß Kg Friedrich Wilhelm IV. von der Paulskirche zum „Kaiser der Deutschen" gewählt. Dieser hatte in der

Zwischenzeit die Revolution in seinem Land gleichfalls unterdrückt (Verfassungsoktroi vom 5. 12. 1848) und weigerte sich nun, die „Revolutionskrone" anzunehmen. Die Nationalversammlung war damit gescheitert und löste sich großteils auf; ein radikales Rumpfparlament in Stuttgart wurde im Juni 1849 durch württembergische Truppen aufgelöst.

➢ Nach längerem, letztlich ergebnislosem Tauziehen zwischen Preußen und Österreich wurde der Deutsche Bund 1850 in seiner alten Gestalt wiedererrichtet („Olmützer Punktation").

Studienwörterbuch: Kremsierer Verfassungsentwurf; Märzverfassung 1849.

1143 Der österr Ks FRANZ JOSEPH I. verfolgte zunächst eine zentralistische Politik und regierte – entgegen der Märzverfassung 1849 – ohne Reichstag. Am 31. 12. 1851 wurde die Märzverfassung 1849 auch formell aufgehoben (Sylvesterpatente); die Ära des **Neoabsolutismus** brach an.

➢ Infolge der Revolution herrschte über einem Großteil der Monarchie (Wien, Prag, ganz Ungarn, Galizien, Lombardo-Venetien) der „Belagerungszustand" (Ausnahmezustand); die Verwaltung lag in den Händen der Armee, Grundrechte galten nicht oder nur eingeschränkt.

➢ Da nach der Auflösung des „Kremsierer Reichstag" kein neues Parlament einberufen wurde, wurden Gesetze teils mit Hilfe von Übergangsbestimmungen, teils durch das in der Märzverfassung vorgesehene Notverordnungsrecht erlassen; die in der Verfassung vorgesehene Kaiserkrönung mit Schwur auf die Verfassung fand nie statt. Die Ära 1849–51 kann insofern als „scheinkonstitutionell" bezeichnet werden.

➢ Ab etwa 1850 versuchte der junge Kaiser, sich von seinem dominanten Ministerpräsidenten SCHWARZENBERG zu emanzipieren und initiierte die Gründung des in der Verfassung vorgesehenen Reichsrates als eines obersten Beratungsorgans neben und in Konkurrenz zum Ministerrat. Der Reichsrat nahm im April 1851 unter dem Präsidium von CARL FRIEDRICH KÜBECK V. KÜBAU seine Tätigkeit auf.

➢ Die Beseitigung der Märzverfassung 1849 erfolgte in einem zweistufigen Staatsstreich: Am 20. 8. 1851 wurde der Reichsrat von seiner Bindung an den Ministerrat gelöst und zu einem reinen Kronrat umfunktioniert sowie die Ministerverantwortlichkeit beseitigt (⇨ Rz 2425); Reichsrat und Ministerrat wurden beauftragt, Bestand und Vollziehbarkeit der Märzverfassung 1849 in „eindringliche Erwägung zu ziehen" (*Augusterlässe*).

➢ Am 31. 12. 1851 wurden durch je ein Patent die Märzverfassung sowie das sie ergänzende Grundrechtspatent 1849 aufgehoben (*Sylvesterpatente*). Ein ah Kabinettschreiben vom selben Tag enthielt Grundzüge einer künftigen Organisierung des Staates, die jedoch nur zT ausgeführt wurden. Insbesondere wurde die – nur vage angedeutete – Mitwirkung von Ständen in der Verwaltung bis 1860 nicht verwirklicht.

➢ Nach dem Tod SCHWARZENBERGS 1852 wurde der Ministerrat als eigenes Organ aufgelöst, die Minister kamen nur mehr zu „Conferenzen" zusammen; der Kaiser vereinte alle Macht in seiner Hand. Die Verfassungspraxis 1852–59 war somit die eines Neoabsolutismus.

Übersicht 2: Verfassungen in Österreich 1848–1867

ÖSTERREICH	UNGARN
25. 4. 1848: **Pillersdorfsche Verfassung** frühkonstitutionell; Reichstag wird einberufen und tagt Juli 1848 – März 1849	11. 4. 1848: 31 GA: konst. Monarchie
1848/49: **Kremsierer Verfassungsentwurf** konstitutionell, föderalistisch tritt nicht in Kraft	Revolution: „Verwirkung d. Verfassung"
4. 3. 1849: **Oktroyierte Märzverfassung** gemäßigt konstitutionell Reichstag wird nie einberufen. Verfassungswirklichkeit: Kriegsrecht	⇨ gilt auch in Ungarn
31. 12. 1851: **Sylvesterpatente** Beseitigung des Konstitutionalismus; neuständisches System nur geplant. Verfassungswirklichkeit: Neoabsolutismus	⇨ gelten auch in Ungarn
20. 10. 1860: **Oktoberdiplom** Reformversuch: neuständisches System; wird noch vor Einberufung des Reichsrats geändert	⇨ gilt in Ungarn, aber Sonder- stellung
26. 2. 1861: **Februarverfassung** Reichsrat u Landtage nach neuständischem System. Wird großteils effektiv, aber Boykott des „Weiteren Reichsrates" durch Ungarn	⇨ gilt in Ungarn, aber Sonder- ⇦ stellung
20. 9. 1865: **Sistierungspatent** setzt Grundgesetz 1861 zeitweilig außer Kraft	Ausgleichs- verhandlungen
21. 12. 1867: **Dezemberverfassung** (fünf Staatsgrundgestze) konstitutionell; beschränkt föderalistisch wird effektiv; tschech. Boykott bis 1879	**Ausgleich** (GA XII: 1867); im übrigen Rückkehr zur Verf 1848

> Das militärisch unterworfene Ungarn, das vergeblich die Rückkehr zu den „31 Gesetzesartikeln" von 1848 forderte, wurde aller Sonderrechte für verlustig erklärt („Verwirkungstheorie"), ABGB und StGB 1852 auch hier eingeführt.

> Zugleich mit dem StGB 1852 wurde auch eine neue Pressordnung 1852 in Kraft gesetzt, die die Zensur in Österreich wieder einführte (⇨ Rz 2337). Dagegen konnte der Belagerungszustand bis 1854 überall in der Monarchie wieder aufgehoben werden.

> Die streng zentralistische Politik FRANZ JOSEPHS (Motto: „viribus unitis"!) war die Antwort auf die separatistischen Bestrebungen der einzelnen Nationalitäten während der Revolution. Er stützte sich dabei auf Armee, Beamtenschaft und die katholische Kirche. Mit letzterer wurde 1855 ein Konkordat abgeschlossen, das ihr wieder großen Einfluss auf das Bildungswesen gab und das ABGB-Eherecht außer Kraft setzte (⇨ Rz 2143; Rz 3208).

Studienwörterbuch: Augusterlässe 1851; Franz Joseph I.; Konkordat 1855; Neoabsolutismus; Neuständisch beschränkte Monarchie; Reichsrat; Sylvesterpatente 1851.

1144 Im Bund mit NAPOLÉON III. gelang dem König von Piemont-Sardinien die Einigung Italiens (***Risorgimento***); die Vorherrschaft Österreichs auf der Apenninenhalbinsel wurde gebrochen. Am 14. 3. 1861 nahm VITTORIO EMANUELE II. von Piemont-Sardinien den Titel eines „Königs von Italien" an.

> Als einziger „nationaler" König (im Gegensatz zu den sonst in Italien regierenden habsburgischen und bourbonischen Monarchen sowie dem Papst) hatte sich bereits 1848 CARLO ALBERTO v. Piemont-Sardinien (1831–49) an die Spitze der italienischen Einigungsbewegung gestellt, war aber von RADETZKY geschlagen worden (⇨ Rz 1142).

> Im russisch-türkischen Krimkrieg (1853–56), in dem England und Frankreich auf türkischer Seite gegen die Hegemonialansprüche Russlands kämpften, profilierte sich Piemont-Sardinien als Verbündeter Frankreichs und schloss mit ihm ein gegen Österreich gerichtetes Defensivbündnis. Demgegenüber war Österreich gerade dadurch, dass es sich im Krimkrieg neutral verhalten hatte, außenpolitisch isoliert.

> 1859 eröffnete Österreich mit einem Präventivschlag den Krieg gegen Piemont-Sardinien, das daraufhin Hilfe von Frankreich erhielt. Den verbündeten Mächten gelang in der Schlacht von Solferino ein entscheidender Sieg über Österreich, welches im Frieden von Zürich die Lombardei abtreten musste.

> In weiterer Folge schlossen sich die mittelitalienischen Kleinstaaten aufgrund entsprechender Volksabstimmungen an Piemont-Sardinien an. Das Königreich Sizilien wurde von Freischärlern unter der Führung von GIUSEPPE GARIBALDI erobert.

> Der Kirchenstaat konnte sich (in verkleinerter Form) aufgrund der kirchenfreundlichen Politik NAPOLÉONS III. noch bis 1870 behaupten, weshalb zur Hauptstadt Italiens zunächst Florenz anstelle Roms bestimmt wurde.

> Nachdem bereits im Krimkrieg FLORENCE NIGHTINGALE die ersten Ansätze zu einer modernen Kriegskrankenpflege gelegt hatte, gab die Schlacht von Solferino den Anlass zur Gründung des Roten Kreuzes durch den Schweizer HENRY DUNANT 1863. Am 22. 8. 1864 unterzeichneten zwölf Staaten die vom Roten Kreuz entworfene „Genfer Konvention zur Verbesserung des Loses der Verwundeten und Kranken der bewaffneten Kräfte im Felde".

1145 Die militärische Niederlage und die damit verbundene Finanzkrise zwangen FRANZ JOSEPH zur Aufgabe seiner neoabsolutistischen Politik. Die allmähliche Rückkehr zum Konstitutionalismus wurde mit dem **Oktoberdiplom 1860** und der **Februarverfassung 1861** eingeleitet.

> Bereits im März 1860 wurde neben dem Reichsrat in seiner bisherigen Gestalt ein Verstärkter Reichsrat mit Volksvertretern errichtet, der allmählich in jene politische Rolle schlüpfte, die 1849 dem Reichstag hätte zukommen sollen.

> Die zentralistische Verwaltung wurde zugunsten eines Dualismus aufgegeben, indem die Bereiche Inneres, Justiz und Kultus in den cisleithanischen Ländern von einem Staatsminister, in Ungarn und Siebenbürgen aber von je einem Hofkanzler besorgt werden sollte. Diese waren jedoch noch in einem Ministerrat vereint, der nun wieder von einem Ministerpräsidenten geleitet wurde.

> Das vom Staatsminister AGENOR Graf GOŁUCHOWSKI entworfene Oktoberdiplom sowie die gleichzeitig für einige Länder erlassene Landesstatute vom 20. 10. 1860 waren noch keine konstitutionelle Verfassung, sondern versuchte, durchaus systemkonform mit den Sylvesterpatenten 1851, das damals nur vage angedeutete neuständische System als Alternative zum Konstitutionalismus (⇨ Rz 2117) einzuführen. Obwohl Ungarn eine Sonderstellung erhalten sollte, wurde dort die Miteinbeziehung in einen gesamtstaatlichen Reichsrat abgelehnt; in Cisleithanien stießen va die Landesstatute auf Kritik, da sie dem Bürgertum zu wenige Mitwirkungsrechte gaben. Infolge dieser Kritik musste GOŁUCHOWSKI zurücktreten.

> Neuer Staatsminister wurde ANTON Ritter V. SCHMERLING (1861–65); die von ihm entworfene *Februarverfassung* vom 25. 2. 1861 verstand sich als „Ausführung" des Oktoberdiploms, änderte dieses aber in einigen wesentlichen Punkten ab. Formal bestand aus einem kurzen Kundmachungspatent (dem „Februarpatent" im eigentlichen Sinne) und 46 Beilagen: ein *Grundgesetz über die Reichsvertretung*, welches Zusammensetzung und Wirkungsbereich des Reichsrates regelte, sowie für jedes der 15 Kronländer eine *Landesordnung*, eine *Landtagswahlordnung* und einen *Verteilungsschlüssel* für die Abgeordneten, die jeder Landtag in den Reichsrat entsenden sollte.

> Das Einleitungspatent („Februarpatent") erklärte seine eigenen Anhänge nebst der Pragmatische Sanktion 1713, dem Oktoberdiplom 1860 und einigen anderen Grundgesetzen zusammenfassend zur „Verfassung unseres Reiches". Um eine Verfassung im konstitutionellen Sinn handelte es sich aber auch hier nicht: Es fehlten Bestimmungen über Grundrechte, Gewaltenteilung, Ministerverantwortlichkeit etc.

➢ Sowohl im Oktoberdiplom 1860 als auch im Grundgesetz über die Reichsvertretung 1861 war für den ungarischen Landtag eine vermehrte Autonomie gegenüber anderen Landtagen vorgesehen; in diesen Bereichen (ua Zivil- u Strafrecht) sollten sich die cisleithanischen Länder zu einem Engeren Reichsrat ohne ungar Abgeordnete zusammenschließen, während der Weitere Reichsrat, der für die gesamte Monarchie zuständig war, nur wenige Kompetenzen, wie zB Militärpflicht, Reichsfinanzen ua besaß.

➢ Anstelle des „alten" Reichsrates wurde als neues Beratungsorgan der Krone 1861 ein Staatsrat eingesetzt, dem jedoch nur mehr relativ geringes politisches Gewicht zukam und der 1868 ersatzlos aufgelöst wurde.

Studienwörterbuch: Februarpatent 1861; Landesordnungen 1861; Oktoberdiplom 1860; Reichsrat.

1146 Im Deutschen Bund spitzte sich der Gegensatz zwischen Preußen und Österreich immer weiter zu und führte schließlich zum *Deutschen Krieg 1866*. Der Sieg Preußens führte zum Ausscheiden Österreichs aus dem Deutschen Bund. Eine Einigung Deutschlands im Sinne der „kleindeutschen Lösung" (⇨ Rz 1140) wurde jedoch von Frankreich verhindert, weshalb es vorerst nur zur Bildung eines **Norddeutschen Bundes** kam.

➢ Vor allem der preuß Ministerpräsident OTTO V. BISMARCK (1862–1890) betrieb eine Entscheidung der „deutschen Frage" nicht durch Verhandlungen, sondern durch „Eisen und Blut". Die von Österreich 1863 zwecks Reform des Deutschen Bundes einberufene Versammlung der deutschen Fürsten nach Frankfurt wurde von Preußen boykottiert und damit zum Scheitern gebracht.

➢ Im Deutsch-Dänischen Krieg 1864 eroberten Österreich und Preußen gemeinsam das mit Dänemark in Personalunion verbundene Schleswig-Holstein; der Streit um das weitere Schicksal dieses Landes war Auslöser für den Deutschen Krieg von 1866.

➢ Die Mehrzahl der deutschen Staaten war auf österreichischer Seite, während sich Preußen insbesondere mit Italien verbündete und so Österreich zu einem Zweifrontenkrieg zwang. Die Entscheidung fiel bei Königgrätz (⚔ 3. 7. 1866) mit einem überragenden Sieg Preußens.

➢ Preußen annektierte mehrere mit Österreich verbündete Staaten (Hannover, Kurhessen, Nassau, Frankfurt) sowie Schleswig-Holstein, schonte aber bewusst die Habsburgermonarchie, die lediglich Venetien an Italien abtreten und der Auflösung des Deutschen Bundes zustimmen musste.

➢ Die rasche Beendigung des Krieges durch Preußen erfolgte nicht zuletzt aufgrund des drohenden Kriegseintritts Frankreichs. Am 14. 7. 1866 verzichtete BISMARCK gegenüber NAPOLÉON III. auf die Bildung eines Deutschen Reiches; Preußen sollte sich lediglich mit den Staaten nördlich des Mains zum Norddeutschen Bund zusammenschließen.

➢ Der Norddeutsche Bund war kein bloßer Staatenbund, sondern ein Bundesstaat. Die Souveränität lag beim Bundesrat, der Vertretung der Landesregierungen; den Vorsitz führte Preußen. Die Gesetzgebung übte

der aus allgemeinen, gleichen und direkten Wahlen hervorgehende Reichstag zusammen mit dem Bundesrat aus. An der Spitze der Exekutive stand der Bundeskanzler, welche Position BISMARCK neben der des preuß Ministerpräsidenten ausübte.
➤ Die von BISMARCK und NAPOLÉON III. projektierte Union der süddeutschen Staaten kam nicht zustande, doch schloss Preußen mit diesen Ländern „Schutz- und Trutzbündnisse".
Studienwörterbuch: Bundesrat.

7. Das Zeitalter des Konstitutionalismus (1867–1918)

1147 Durch die Niederlagen in Deutschland und Italien war FRANZ JOSEPH zu einer tief greifenden Umgestaltung seines Reiches gezwungen; die bereits 1865 neu aufgenommenen Verhandlungen zur Lösung der ungarischen Frage mündeten 1867 im sog **Österreichisch-Ungarischen Ausgleich**.

➤ In Ungarn war die Februarverfassung 1861 so wie schon zuvor das Oktoberdiplom 1860 auf Ablehnung gestoßen; der Weitere Reichsrat wurde boykottiert. Der von Ungarn geforderten Rückkehr zu den 31 Gesetzesartikeln von 1848 stand jedoch weiterhin die von Wien aufrecht erhaltene *Verwirkungstheorie* gegenüber.

➤ Die auf einen „toten Punkt" angelangte ungarische Frage wurde zu Ostern 1865 durch einen viel beachteten Vermittlungsversuch des ehemaligen ungarischen Justizministers FERENC DEÁK aufgebrochen, der die Pragmatische Sanktion von 1713/23 (⇨ Rz 1124) als Grundlage für die Beziehungen zwischen Ungarn und den österr Erbländern anerkannte und daraus folgerte, dass gewisse Angelegenheiten (sog Pragmatische Angelegenheiten) zwingend gemeinsam geregelt werden müssten.

➤ SCHMERLING trat hierauf zurück; auf Veranlassung des neuen Ministerpräsidenten RICHARD Graf BELCREDI (1865–67) löste der Kaiser den Reichsrat auf und sistierte das Grundgesetz über die Reichsvertretung von 1861, um alleine mit den Vertretern der ungarischen Stände den Ausgleich verhandeln zu können (*Sistierungspatent* 1865).

➤ Der erzwungene Rückzug Österreichs aus den deutschen und italienischen Angelegenheiten bewirkte eine grundlegende Veränderung der Wiener Politik, die nun eine Verständigung mit Ungarn dringend benötigte und sich auch in der Folge immer weiter den ostmitteleuropäischen Verhältnissen zuwandte.

➤ Am 8. 6. 1867 erfolgte die Krönung FRANZ JOSEPHS zum König von Ungarn. Die 31 Gesetzesartikel von 1848 wurden wieder in Kraft gesetzt; jedoch durch den Gesetzesartikel XII/1867 (sog *ungarisches Ausgleichsgesetz*) ergänzt, welcher die Beziehungen zu Österreich neu regelte.

➤ Als gemeinsame (*pragmatische*) Angelegenheiten wurden die Auswärtigen Angelegenheiten, Kriegswesen und die dafür notwendigen Finanzen festgelegt. Die Gesetzgebung sollte in diesen Bereichen durch Delegationen des Reichsrates und des ungarischen Reichstages, die Vollziehung durch gemeinsame (k.u.k.) Minister erfolgen. Darüber hinaus sollten jedoch einige weitere, sog dualistische Angelegenheiten (zB kommerzielle Angelegenheiten, Münzwesen) zwar formell getrennt von den jeweiligen Parlamenten und Regierungen, jedoch nach gleichen Grundsätzen (durch paktierte Gesetze bzw paktierte Verordnungen) behandelt werden. Die bei weitem meisten Bereiche jedoch wurden in Cisleithanien und Transleithanien völlig getrennt geregelt.

Studienwörterbuch: Ausgleich 1867; Dualistische Angelegenheiten; Österreich-Ungarn; Pragmatische Angelegenheiten; Verwirkungstheorie.

1148 Die nicht-ungarischen („cisleithanischen") Länder erhielten mit der **Dezemberverfassung** vom 21. 12. 1867 eine Konstitution, die im Wesentlichen bis 1918 Bestand haben sollte.

➢ Die weitgehenden Zugeständnisse des Monarchen gegenüber Ungarn stießen in Cisleithanien auf massiven Protest, in dessen Verlauf BELCREDI zurücktrat; Nachfolger wurde FERDINAND FREIHERR V. BEUST, welcher den (engeren) Reichsrat nach zweijähriger Pause einberief. Dieser gab letztlich seine Zustimmung zum Ausgleich, jedoch nur Zug um Zug gegen konstitutionelle Reformen.

➢ Gegen die von Regierungsseite erhobene Forderung nach unveränderter Annahme des österreichisch-ungarischen Ausgleichs und zugleich gegen die Forderung nach einer völlig neuen Verfassung entwickelte der Verfassungsausschuss des Abgeordnetenhauses die Idee, Februarverfassung und Grundgesetz 1861 nur zu modifizieren und um weitere Gesetze zu ergänzen. Diese erhielten zusammen am 21. 12. 1867 die kaiserliche Sanktion.

1149 Die Dezemberverfassung war keine einheitliche Verfassungsurkunde, sondern bestand aus mehreren **Staatsgrundgesetzen**. Es waren dies:

➢ Das *Grundgesetz über die Reichsvertretung von 1861*, welches Zusammensetzung und Wirkungsbereich des Reichsrates regelte, mit den 1867 erfolgten Abänderungen;

➢ das *Staatsgrundgesetz über die allgemeinen Rechte der Staatsbürger für die im Reichsrathe vertretenen Königreiche und Länder* (StGG-ARStB) mit einem wesentlich nach dem Vorbild von 1849 gestalteten Grundrechtskatalog (➪ Rz 2305);

➢ das *Staatsgrundgesetz über die Einsetzung eines Reichsgerichts* (StGG-ERG; ➪ Rz 2415);

➢ das *Staatsgrundgesetz über die richterliche Gewalt* (StGG-RiG), welches ua Unabhängigkeit der Justiz, Gewaltenteilung und Einführung der Verwaltungsgerichtsbarkeit (➪ Rz 2406) festschrieb;

➢ das *Staatsgrundgesetz über die Ausübung der Regierungs- und Vollzugsgewalt* (StGG-ARVG); welches ua Gegenzeichnungspflicht und Ministerverantwortlichkeit regelte bzw auf ein spezielles (bereits zuvor ergangenes!) Gesetz, das sog Ministerverantwortlichkeitsgesetz (➪ Rz 2426) verwies; sowie

➢ das *Gesetz betreffend die allen Ländern der österreichischen Monarchie gemeinsamen Angelegenheiten und die Art ihrer Behandlung* (sog Delegationsgesetz, österr Ausgleichsgesetz), welches im Wesentlichen die Bestimmungen des ungarischen GA XII/1867, wenngleich mit Abweichungen, wiederholte.

➢ Ein spezielles Gesetz schrieb fest, dass die zuvor genannten nur gemeinsam in Kraft treten dürfen. Letzteres erfolgte am Tag nach der Unterzeichnung, am 22. 12. 1867.

Studienwörterbuch: Dezemberverfassung.

1150 **Spanien**, das im 19. Jh fast seinen ganzen Kolonialbesitz verlor, wurde im Inneren von Thronwirren und Bürgerkriegen erschüttert.

➢ Die umstrittene weibliche Erbfolge führte ab 1834 zu den sog Karlistenkriegen, in denen sich Isabella II. gegen ihren Oheim Don Carlos durchsetzen konnte. Doch stürzte sie 1868 infolge eines Militärputsches.

➢ Die Krone wurde nun ua einem entfernten Verwandten des preuß Königs angeboten („Hohenzollernsche Thronkandidatur"), der jedoch auf französischem Druck darauf verzichten musste. Die Unterredung zwischen dem preuß Kg Wilhelm I. (1861–1888) und dem französischen Botschafter in Ems wurde von Bismarck bewusst in provozierender Weise veröffentlicht („Emser Depesche"), so dass Frankreich Preußen den Krieg erklärte (⇨ Rz 1151).

➢ 1873 wurde Spanien Republik; 1874 führte ein Staatsstreich zur Restauration der Monarchie unter den span Bourbonen. Im Krieg gegen die USA 1898 gingen ua die letzten Kolonien in Lateinamerika verloren.

➢ 1923 wurde General Miguel Primo de Rivera durch einen Putsch Diktator; nach seinem Sturz 1930 wurde auch die Monarchie erneut beseitigt, 1931 die Republik ausgerufen.

1151 Die schon seit langem bestehende Rivalität zwischen Preußen und Frankreich führte 1870 zum Deutsch-Französischen Krieg. Der Sieg der verbündeten deutschen Truppen führte 1871 zur Bildung des **Deutschen Reiches**.

➢ Dies geschah formell durch Beitritt der süddeutschen Staaten zum Norddeutschen Bund, dessen Verfassung mit geringfügigen Veränderungen übernommen wurde. Wilhelm I. nahm am 18. 1. 1871 den Titel eines „Deutschen Kaisers" an; die Ämter des preußischen Ministerpräsidenten und des deutschen Reichskanzlers blieben bis 1918 stets in einer Hand. Die Souveränität lag weiterhin beim Bundesrat; im Gegensatz zu Italien kam es in Deutschland zu keiner Absetzung der übrigen Monarchen.

➢ Napoléon III. wurde von deutschen Truppen gefangen genommen; am 4. 9. 1870 wurde in Paris die *Dritte Französische Republik* ausgerufen. Versuche, eine sozialistische Reg zu etablieren (Pariser Kommune 1871) sowie andererseits einer Restauration der Monarchie unter den Bourbonen scheiterten.

➢ Frankreich zog 1870 seine Schutztruppen aus Rom zurück, woraufhin dieses von Italien erobert und zur Hauptstadt Italiens erklärt wurde: Ende des Kirchenstaates. Erst 1929 (*Lateranverträge*) wurde dem Papst wieder

eine – symbolisch zu deutende – Souveränität über den „Vatikanstaat" (0,44 km²) eingeräumt.
Studienwörterbuch: Deutschland.

1152 Die neu gewonnene deutsche Einheit suchte Reichskanzler BISMARCK durch ein **Bündnissystem der europäischen Mächte** zu sichern. Nach seinem Rücktritt 1890 steuerte der deutsche Ks WILHELM II. (1888–1918) jedoch immer mehr auf einen Konfrontationskurs mit den anderen Großmächten zu.

➢ Frankreich hatte im Krieg von 1870/71 Elsaß-Lothringen an Deutschland abtreten müssen, woraus sich ein tiefer Zwist ergab; BISMARCK gelang es zunächst, Frankreich außenpolitisch zu isolieren und schloss Bündnisse mit Österreich-Ungarn und Russland.

➢ WILHELM II. betrieb energisch den Aufbau einer deutschen Flotte und eines deutschen Kolonialreiches, was eine Herausforderung des British Empire darstellte. Dies ermöglichte es Frankreich, mit seinen ehemaligen Erzfeinden (UK und Russland) Bündnisse abzuschließen (*Entente cordiale*), durch die Deutschland sowie das mit ihm verbündete Österreich-Ungarn eingekreist wurden.

➢ Die imperialistischen Bestrebungen der europäischen Großmächte führten dazu, dass bis 1914 fast ganz Afrika und weite Teile Asiens kolonialisiert wurden, was für zahlreiche Konflikte zwischen den Großmächten Anlass bot. Die Kolonien dienten als Rohstoffquellen und Absatzmärkte; sie wurden wirtschaftlich hemmungslos ausgebeutet. Auch europäische (Rechts-)Kultur wurde in die Kolonien exportiert, wenngleich vielfach um den Preis der Vernichtung der autochtonen Kulturen.

➢ Bereits unter dem Eindruck eines drohenden großen europäischen Krieges (⇨ Rz 1157) kam es 1899 und 1907 auf russische Initiative in Den Haag zu zwei internationalen Konferenzen, deren Beschlüsse bis heute von maßgeblicher Bedeutung für das Kriegsvölkerrecht sind (va Haager Landkriegsordnung 1907: Verbot bestimmter Waffen, Rechte der Kriegsgefangenen ua).

1153 In der Habsburgermonarchie wurde die 1867 nicht gelöste **Nationalitätenfrage** zum staatsrechtlichen Hauptproblem. Die Konflikte zwischen den verschiedenen Völkern blockierten insbesondere das parlamentarische Leben und führten so teilweise zu einer Rückkehr zu autoritären Machtstrukturen.

➢ Obwohl Österreich-Ungarn ein mehrheitlich slawischer Staat war, waren nicht diese, sondern die Deutschen und die Magyaren die politisch dominierenden Völker. Daher schlossen sich viele Slawen der von Russland geförderten panslawistischen Bewegung an.

➢ Besonders die Tschechen protestierten gegen die den Magyaren gewährte Sonderstellung und boykottierten 1867–79 den Reichsrat. Das Forderungsprogramm des böhmischen Landtages 1871, den Ausgleich zu revidieren und die Monarchie im Sinne eines österreichisch-böhmisch-ungarischen Trialismus umzugestalten („böhmische Fundamentalartikel"), scheiterte am Widerstand der Deutschliberalen und der Ungarn.

➢ In Ungarn, mit dem Siebenbürgen 1868 vollständig vereinigt wurde, wurde mit dem Nationalitätengesetz von 1868 das Ungarische zur Staatssprache erhoben; eine rücksichtslose Magyarisierungspolitik folgte. Lediglich Kroatien-Slawonien erhielt durch den sog kroatischen Ausgleich 1868 eine gewisse Autonomie (eigenes Parlament und Regierung; selbständige Gesetzgebung u.a. im Zivil- und Strafrecht).

➢ Demgegenüber war in Cisleithanien die Gleichberechtigung der Volksstämme verfassungsrechtlich garantiert (Art 19 StGG-AStB). Dieses Verfassungsgebot wurde jedoch in der Praxis vielfach ignoriert und musste erst vor RG und VwGH immer wieder aufs Neue erkämpft werden, während der Reichsrat kaum Initiativen zu einer Lösung ergriff.

➢ Die von Ministerpräsident KASIMIR Graf BADENI (1895–97) im Verordnungsweg durchgeführte Reform des Nationalitätenrechts in Böhmen 1897 zielte auf eine völlige Gleichberechtigung der tschechischen mit der deutschen Sprache ab. Vor allem die Bestimmung, dass alle böhmischen Beamten beide Sprachen zu erlernen hätten, führte unter den Deutschen zu großen Protesten.

➢ Um die Jahrhundertwende nahm der Nationalitätenkonflikt immer schärfere Formen an; Störaktionen machten den Reichsrat monatelang handlungsunfähig, so dass sich die Regierungen – die sich seit 1893 kaum jemals mehr als ein paar Monate im Amt halten konnten – immer mehr auf das § 14-Notverordnungsrecht (⇨ Rz 2136) stützten.

Studienwörterbuch: Kroatischer Ausgleich; Mährischer Ausgleich; Nationalitätenproblem; Trialismus.

1154 Die Wahlreformen von 1882, 1895 und 1907 (⇨ Rz 2138) dehnten das Wahlrecht erheblich aus und führten damit zu einer Umwälzung der **Parteienstruktur** im Reichsrat. Während dieser ursprünglich vom Kampf der „Liberalen", gegen die „Konservativen" sowie nationale Fraktionen beherrscht worden war, zogen 1895 die neuen Massenparteien, Sozialdemokraten und Christlichsoziale, in den Reichsrat und beherrschten ihn ab 1907 ganz.

➢ Der tschechische Boykott des Reichsrates 1867–79 stärkte das parlamentarische Gewicht der deutschliberalen Partei, die das politische Leben in dieser Ära dominierte. Bereits die Dezemberverfassung selbst war unter ihrem maßgeblichen Einfluss entstanden – weshalb sie auch als Verfassungspartei bezeichnet wurde – und unter den von den Brüdern KARL (1867/68) und ADOLPH Fürst AUERSPERG (1871–79) geleiteten Regierungen wurden zahlreiche in der Verfassung vorgezeichneten Grundsätze einfachgesetzlich ausgeführt (konfessionelle Maigesetze 1868 und 1874, ⇨ Rz 2143; direkte Wahl des Abgeordnetenhauses 1873, ⇨ Rz 2137; StPO 1873 mit allg Einführung der Geschworenengerichtsbarkeit, ⇨ Rz 1445; Errichtung des RG 1869 und des VwGH 1876, ⇨ Rz 2406; u.v.a.).

➢ Die Wahlen von 1879 brachten den politischen Umsturz; die Liberalen gingen in Opposition, Ministerpräsident EDUARD Graf TAAFFE (1879–93) konnte sich auf eine Koalition aus Deutschklerikalen, Slawen und Rumänen („Eiserner Ring") stützen. Unter seiner Regierung ergingen die ersten

Sozialgesetze (Unfallversicherung 1887, Krankenversicherung 1888, ⇨ Rz 3524).

➤ 1888/89 gelang dem Arzt VIKTOR ADLER auf dem Hainfelder Parteitag die Einigung der sozialdemokratischen Bewegungen zu einer Partei. Als Partei va der Arbeiterschaft kämpfte sie insbesondere für das allgemeine Wahlrecht und für Verwirklichung der nur unvollkommen gewährleisteten Pressefreiheit. Ideologisch folgte sie va den Lehren von MARX und stand in Konflikt mit der Kirche. Ab 1907 waren sie die stärkste Partei im Reichsrat, doch spaltete sich 1911 eine Tschechische Sozialdemokratische Partei ab.

➤ Papst LEO XIII. begründete 1891 mit der Enzyklika „Rerum novarum" die katholische Soziallehre (⇨ Rz 2177). Auf dieser Grundlage formierte sich die christlich-soziale Partei unter KARL LUEGER (Bürgermeister von Wien 1897–1910). Als Partei va des Kleinbürgertums und der Bauern trat auch sie für eine Ausdehnung des Wahlrechtes ein, betonte aber auch ihre Loyalität zum Kaiserhaus. Sowohl ihre religiöse als auch ihre soziale Ausrichtung brachten sie in Konflikt mit dem jüdischen Großbürgertum, woraus ein nicht zu unterschätzender Antisemitismus erfloss.

➤ Liberale und Konservative Parteien zerfielen angesichts der Etablierung der neuen Massenparteien zusehends oder gingen in diesen auf. Ein radikaler Rest der ehemaligen Verfassungspartei, die deutschnationale Partei, formierte sich neu unter GEORG Ritter v. SCHÖNERER. Auch diese Partei hatte sozialreformerische Ansätze, war aber va durch ihren Antisemitismus und Antiklerikalismus geprägt; die Nationalitätenfrage suchten sie durch Herauslösung der deutschen Teile Österreichs aus der Monarchie und ihren Anschluss an Deutschland iSd „großdeutschen Lösung" (⇨ Rz 1140) zu lösen.

Studienwörterbuch: Parteien.

1155 Zu einem „Pulverfass" entwickelte sich die **Balkanfrage**, wo vor allem Österreich-Ungarn und Russland konkurrierten.

➤ Seit Beginn des 19. Jh suchten die Balkanvölker nach dem Beispiel Griechenlands (⇨ Rz 1136) Unabhängigkeit vom Osmanischen Reich zu erlangen; 1817 erlangte Serbien als ein der Türkei lediglich tributpflichtiges Fürstentum innere Autonomie.

➤ Im russisch-türkischen Krieg 1877 eroberte Russland einen Großteil der Balkanhalbinsel und verfolgte die Errichtung eines großbulgarischen, von Russland abhängigen Reiches (Friede von San Stefano).

➤ Österreich-Ungarn sah damit seine eigene Stellung am Balkan gefährdet; die drohende Kriegsgefahr konnte von BISMARCK durch eine internationale Konferenz abgewehrt werden. Auf dem Berliner Kongress 1878 erlangten Serbien, Montenegro und Rumänien Souveränität; das wesentlich kleinere Bulgarien wurde ein der Türkei tributpflichtiges Fürstentum.

➤ Österreich-Ungarn okkupierte 1878 aufgrund der Bestimmungen des Berliner Kongresses Bosnien-Herzegowina; da keine Einigung erzielt werden konnte, ob das Land Cisleithanien oder Transleithanien zugeschlagen werden sollte, wurde es – als weitere „pragmatische Angelegenheit" – der Verwaltung des k.u.k. Finanzministers unterstellt.

> Als 1908 die jungtürkische Revolution die Wiedereinberufung des 1878 aufgelösten türkischen Parlaments erzwang, stellte sich die Frage nach der verfassungsrechtlichen Stellung Bosniens und Bulgariens im Rahmen des Osmanischen Reiches neu, worauf Bulgarien seine Unabhängigkeit erklärte und Österreich-Ungarn Bosnien auch formell annektierte. Dies führte insbesondere zu einer schweren Belastung der traditionell guten Beziehungen Österreich-Ungarns zu Serbien, das sich Hoffnungen auf einen Erwerb Bosniens gemacht hatte.

> Durch die Annexion von 1908 wurde das südslawische Element in der Habsburgermonarchie wesentlich gestärkt; die Forderung, die auf Cisleithanien (Dalmatien, Küstenland, Krain, Südkärnten, Untersteiermark), Transleithanien (Kroatien) und auf Bosnien verteilten Völker zu vereinen und zu einem besonderen Teil der Monarchie zu machen (österreichisch-ungarisch-südslawischer Trialismus), fand namentlich beim österr Thronfolger FRANZ FERDINAND Unterstützung.

> Weitere Balkankriege 1912 (Unabhängigkeit Albaniens) und 1913 verschärften die Situation; die europäische Türkei wurde auf ungefähr den heutigen Gebietsstand reduziert.

Studienwörterbuch: Bosnien-Herzegowina.

1156 1905 wurde der russische Ks NIKOLAJ II. (1894–1917) dazu gezwungen, eine Verfassung zu erlassen. Eine Konstitutionalierung von **Russland** gelang dennoch nicht.

> Bereits unter Zar ALEKSANDR II. (1855–81) war es zu umfassenden Reformen gekommen (Aufhebung der Leibeigenschaft 1861; Unabhängigkeit der Justiz 1864). Die von ihm geplante Konstitutionalisierung Russlands unterblieb, da er 1881 einem anarchistischen Attentat zum Opfer fiel. Auch in der Folgezeit wurde die russische Innenpolitik vom anarchistischen Terror geprägt.

> Die extremen Unterschiede zwischen Arm und Reich entluden sich 1905 in blutigen Unruhen, die schließlich zur Oktroyierung der Verfassung führten. Die durch sie geschaffene Volksvertretung (*Duma*) hatte in der Praxis aber nur geringe Macht.

> Von großer Bedeutung für Russland sollte die Spaltung der Sozialdemokratischen Partei 1903 in eine gemäßigte Minderheit (*Menschewiki*) und eine radikale Mehrheit (*Bolschewiki*) werden: Die Bolschewisten (ab 1918: Kommunisten) unter WLADIMIR ILJITSCH LENIN strebten keine Demokratisierung Russlands, sondern eine „Diktatur des Proletariats" an.

1157 Mit der Kriegserklärung Österreich-Ungarns an Serbien am 28. 7. 1914 brach der **Erste Weltkrieg** aus (1914–18). In ihm kämpften die „Mittelmächte" (Österreich-Ungarn, Deutschland, Türkei, Bulgarien) gegen die „Entente" (Serbien, Russland, Frankreich, UK, später auch Italien, Rumänien, USA ua).

> Anlass des Krieges war die Ermordung FRANZ FERDINANDS durch serbische Nationalisten 1914. Der schwelende Nationalitätenkonflikt Österreich-Ungarns brach im WK offen aus; Ministerpräsident KARL V. STÜRGKH (1911–16) suspendierte zahlreiche Grundrechte und regierte mit

Hilfe des Notverordnungsrechtes auf fast diktatorische Weise, weshalb er 1916 vom radikalen Sozialisten FRIEDRICH ADLER ermordet wurde.

➢ Nach dem Tod Ks FRANZ JOSEPHS I. 1916 gelang es seinem Nachfolger KARL I. (1916–1918) nicht, den Zerfall der Monarchie aufzuhalten. Die auseinanderstrebenden Völker setzten große Hoffnungen in die Erklärung des US-Präsidenten WOODROW WILSON vom 8. 1. 1918 („14 Punkte"), die den „Völkern Österreich-Ungarns" für die Nachkriegszeit „die freieste Gelegenheit zu autonomer Entwicklung" versprach.

➢ 1916 schlossen sich die tschechischen Abgeordneten des österr Reichsrates zu einem „tschechischen Verband" zusammen. Der aus ihm hervorgegangene tschechische Nationalausschuss erließ am 13. 7. 1918 ein „Manifest an das tschechoslowakische Volk", in dem die Loslösung von der Monarchie und Bildung eines tschechoslowakischen Staates gefordert wurde.

➢ Erst danach, am 16. 10. 1918, erließ Ks KARL seinerseits ein Manifest, in dem er sämtliche Reichsratsabgeordneten aufforderte, sich nationenweise zu „Nationalräten" zusammenzuschließen und so eine Umgestaltung Österreichs (nicht Ungarns!) in einen Bundesstaat, in dem jeder Volksstamm sein eigenes Gemeinwesen haben solle, zu bewirken. Dieses Manifest kam nicht nur viel zu spät, sondern war auch jetzt noch eine halbe Maßnahme, weil es Transleithanien unberührt ließ, also am österreichisch-ungarischen Dualismus festhielt.

Studienwörterbuch: Erster Weltkrieg.

Zweiter Abschnitt

Europa seit 1918

A Zwischenkriegszeit und Zweiter Weltkrieg (1918–1945)

1. Die Pariser Vororteverträge

1201 Trotz der Kapitulation Russlands im Frühjahr 1918 wurde der 1. WK im Herbst desselben Jahres zugunsten der Entente entschieden, was vor allem durch den Kriegseintritt der USA auf deren Seite 1917 bewirkt wurde (Deutsche Kapitulation am 11. 11. 1918). Der russische, der deutsche und der österr Kaiser, der türkische Sultan sowie die deutschen Fürsten stürzten. Durch die zwischen 1918 u 1920 geschlossenen **Friedensverträge** entstand in Mittel- und Osteuropa eine Fülle neuer Staaten.

➤ Am 3. 3. 1918 unterzeichnete Russland den Frieden von Brest-Litowsk. Die Friedensverträge mit den „Mittelmächten" wurden in den Pariser Vororten Versailles (Deutschland: 28. 6. 1919), St. Germain-en-Laye (Österreich: 2. 9. 1919, ⇨ Rz 1303), Neuilly (Bulgarien: 27. 11. 1919), Trianon (Ungarn: 4. 6. 1920) und Sèvres (Türkei: 10. 8. 1920) geschlossen.

➤ In Österreich dankte Karl I. am 11. 11., in Ungarn (dort als Károly IV.) am 13. 11. 1918 ab. Ungarn blieb – nach rund einjährigem kommunistischen Zwischenspiel – eine „Monarchie mit vakantem Thron" (Reichsverweser Miklós Horthy). Der Ex-König versuchte 1921, im militärischen Wege die ungarische Krone wiederzuerlangen; er wurde gefangen genommen und nach Madeira verbannt, wo er 1922 starb.

➤ Die Türkei wurde nach dem Sturz des Sultans Mehmed VI. 1922 Republik. Staatspräsident Mustafa Kemal („Atatürk", 1923–38) führte eine Europäisierung und Säkularisierung des Landes durch (Beseitigung des Kalifats 1924). Der noch vom Sultan abgeschlossene Vertrag von Sèvres konnte 1923 im Vertrag von Lausanne zugunsten der Türkei revidiert werden; diese erlangte dadurch im Wesentlichen ihre heutigen Grenzen.

➤ Neu entstandene Staaten waren: Finnland, Estland, Lettland, Litauen, für kurze Zeit auch Weißrussland und die Ukraine (bisher russisch); Polen (aus bisher russischen, deutschen und österr Gebieten); Tschechoslowakei (aus bisher österr und ungarischen Gebieten); die bisher deutsche Stadt Danzig wurde souveräner Stadtstaat. Serbien schloss sich mit Montenegro und bisher österr und ungarischen Gebieten zum „Kgr der Serben, Kroaten (Hrvata) und Slowenen" zusammen (SHS-Staat, ab 1929 Kgr Jugoslawien).

➤ Auch die Republik (Deutsch-) Österreich sah sich als neuer Staat, dies wurde jedoch von den Siegermächten bestritten (⇨ Rz 1301; 1303).

➤ Bedeutende Gebietsgewinne erzielten va Rumänien (Siebenbürgen), Italien (Südtirol, Istrien) und Frankreich (Elsaß-Lothringen). Die vormals deutschen Kolonien sowie weite Gebiete der asiatischen Türkei gelangten unter britische oder französische Verwaltung (Mandate des Völkerbundes).

Studienwörterbuch: Jugoslawien; Tschechoslowakei; Türkei.

1202 Zur Sicherung der Friedensordnung wurde eine internationale Staatenorganisation, der **Völkerbund**, gegründet, welcher als ein Vorläufer der UNO angesehen werden kann. Obwohl von US-Präsident WOODROW WILSON maßgeblich initiiert (Punkt 14 der „14 Punkte"), blieben die USA dem Völkerbund fern, was ein Hauptgrund für die geringe politische Bedeutung dieser Organisation war. Sitz des Völkerbundes war Genf.

➤ Die Völkerbundssatzung war integraler Bestandteil der Pariser Vorortverträge und sollte so Sieger und Verlierer aneinander binden. Nichtsdestoweniger wurden Österreich erst 1920, Deutschland 1926 in den Völkerbund als gleichberechtigte Mitglieder aufgenommen.

➤ Der Völkerbund besaß drei Hauptorgane: die Versammlung, den Rat und das Sekretariat. Während in der Völkerbundversammlung jedes Mitglied über eine Stimme verfügte, bestand der Völkerbundrat aus ursprünglich vier ständigen (Großbritannien, Frankreich, Italien und Japan) und vier nichtständigen Mitgliedern. Nach der Aufnahme Deutschlands in den Völkerbund erhielt dieses ebenfalls einen ständigen Sitz im Völkerbundrat, was teils auf heftigen Widerstand stieß.

➤ Kein formelles Organ des Völkerbundes, jedoch mit ihm in engen politischen und rechtlichen Beziehungen stehend, war der 1920 errichtete Ständige Internationale Gerichtshof mit Sitz in Den Haag, der auf einen bereits 1900 gegründeten Internationalen Schiedsgerichtshof zurückging.

1203 Das **Britische Weltreich** hatte durch die Pariser Vorortverträge seine größte Ausdehnung erreicht (rund ¼ der Weltbevölkerung), verlor jedoch gegenüber den USA an Bedeutung in der Weltpolitik. Die extreme Ausdehnung des Kolonialreiches führte zu einer Überbeanspruchung der britischen Kräfte. Den Unabhängigkeitsbestrebungen wurde durch die Lockerung des *British Empire* zum *Commonwealth of Nations* Rechnung getragen.

➤ Durch Erbfolge war das aus Deutschland stammende Haus Sachsen-Coburg-Gotha 1901 auf den britischen Thron gelangt; es nahm während des 1. WK aus nationalen Gründen den Namen Windsor an.

➤ Besonders die „Siedlerkolonien", dh die Kolonien mit hohem britischstämmigen Bevölkerungsanteil (Kanada, Australien, Neuseeland, Südafrika, Neufundland) erwarben ab dem 19. Jh immer mehr Autonomie und wurden zu sog „Dominions". Mit dem *Statut von Westminster* erhielten sie 1931 völlige innere und äußere Selbständigkeit, blieben jedoch unter der britischen Krone.

➤ Irland, das seit 1801 mit Großbritannien in Realunion verbunden gewesen war, löste sich 1922 als Irischer Freistaat de facto von Großbritannien und schied 1948 auch de jure aus dem Commonwealth aus. Nur die mehrheitlich protestantische Provinz Ulster blieb beim „United Kingdom of Great Britain and Northern Ireland".

➤ Da ein Kriegsausbruch die britische Macht nur weiter geschwächt hätte, war die britische Politik der Zwischenkriegszeit von großer Nachgiebigkeit gekennzeichnet (so zB Münchner Abkommen 1938 mit NS-Deutschland; ⇨ Rz 1208).

2. Europa zwischen Demokratie und Diktatur

1204 Der für Russland katastrophale Kriegsverlauf hatte schon im Februar 1917 zum Sturz des Zaren geführt. In der „Oktoberrevolution" 1917 gelang es den Kommunisten (Bolschewisten) unter LENIN, die Macht in Russland zu erlangen. 1922 wurde die **Union der Sozialistischen Sowjetrepubliken** (UdSSR, Sowjetunion) gegründet.

➤ Nach der Abdankung von Zar NIKOLAJ II. in der „Februarrevolution" 1917 hatte eine bürgerliche Reg unter ALEKSANDR KERENSKIJ am 14. 9. 1917 die Republik ausgerufen. Da sie jedoch den WK fortführte, wurde sie in der bolschewistischen „Oktoberrevolution" (die mehr den Charakter eines Putsches als einer Volkserhebung hatte) gestürzt; LENIN wurde als „Vorsitzender des Rats der Volkskommissare" neuer Regierungschef.

➤ Wahlen zu einer Verfassung gebenden Versammlung ergaben lediglich 23,5 % für die Bolschewisten. Da die Versammlung sich weigerte, die „Sowjetmacht", dh die Macht der revolutionär entstandenen Arbeiter- und Soldatenräte, anzuerkennen, wurde sie von LENIN gewaltsam aufgelöst. Vollständig konnte sich das kommunistische Regime erst nach einem blutigen Bürgerkrieg (bis 1921) durchsetzen. Der ehemalige Zar und seine Familie wurden 1918 von den Bolschewisten erschossen.

➤ Die UdSSR entstand aus einem Zusammenschluss Russlands mit der Ukraine, Weißrussland und Transkaukasien (= Georgien, Armenien, Aserbaidschan). Trotz des bundesstaatlichen Aufbaus blieb Russland innerhalb der Union domnierend.

➤ Noch vor dem Tod LENINS 1924 übernahm JOSEF STALIN als Generalsekretär der Kommunistischen Partei der Sowjetunion (KPdSU) die Macht. Die von ihm angeordneten politischen „Säuberungen" und Zwangskollektivierungen va der landwirtschaftlichen Güter hatten Millionen Todesopfer zur Folge.

➤ Auch in Ungarn und Bayern waren nach 1918 kurzzeitig kommunistische Regime entstanden, hatten sich aber nicht auf Dauer halten können. Die von MARX als notwendig gesehene „Weltrevolution" war somit unterblieben, doch vertrat STALIN nunmehr die These, dass auch der „Sozialismus (nur) in einem Lande" Bestand haben könne.

Studienwörterbuch: Februarrevolution 1917; Oktoberrevolution 1917.

1205 Deutschland wurde 1918 Republik, sie wurde nach ihrer in Weimar beschlossenen Verfassung vom 11. 8. 1919 die **Weimarer Republik** genannt. Die wirtschaftlichen Folgen des verlorenen Krieges und die harten Friedensbedingungen von Versailles führten in Deutschland zu einer Ablehnung des Parlamentarismus in weiten Bevölkerungskreisen. Schon zu Beginn drohte eine kommunistische Machtübernahme, bald darauf kam es auch zu gewaltsamen Umsturzversuchen von rechtsradikaler Seite.

➢ Nach dem Sturz der Monarchie wurde vom Sozialdemokraten PHILIPP SCHEIDEMANN am 9. 11. 1918 die Republik, zugleich aber vom Kommunisten KARL LIEBKNECHT die „sozialistische Republik" ausgerufen. Arbeiter- und Soldatenräte wurden nach russ Vorbild gebildet; ein allgemeiner Rätekongress lehnte jedoch am 19. 12. 1918 die Errichtung einer Räterepublik ab und schrieb Wahlen zu einer Verfassunggebenden Nationalversammlung aus; ein Aufstand der enttäuschten Linken im Jänner 1919 („SPARTAKUS-Aufstand") wurde niedergeschlagen, LIEBKNECHT ermordet.

➢ Zur Wahl der Nationalversammlung waren erstmals auch Frauen berechtigt; sie trat am 6. 2. 1919 zusammen, aus Sicherheitsgründen nicht in Berlin, sondern in Weimar, und wählte den Sozialdemokraten FRIEDRICH EBERT, der seit dem Zusammenbruch der Monarchie eine provisorische Regierung geleitet hatte, zum Reichspräsidenten (bis 1925).

➢ Die Weimarer Reichsverfassung stärkte die Reichszentralgewalt; in den Mittelpunkt rückte der Reichstag; dem Reichsrat (Nachfolger des vormaligen Bundesrates) kam im Wesentlichen nur mehr ein suspensives Veto zu. Großes Gewicht erhielt der Reichspräsident (ab 1925 direkte Volkswahl: PAUL V. HINDENBURG) mit seinem Recht, Notverordnungen zu erlassen und Volksabstimmungen anzuordnen. Reichskanzler und Reichsminister wurden vom Reichspräsidenten ernannt, waren aber dem Reichstag politisch verantwortlich.

➢ Im Gegensatz zur Verfassung von 1871 verfügte die Weimarer Reichsverfassung auch über einen Grundrechtskatalog, dem jedoch kein Vorrang gegenüber der einfachen Gesetzgebung zukam.

➢ Von den zahlreichen rechtsradikalen Gruppierungen wurde die 1919 gegründete Nationalsozialistische Deutsche Arbeiterpartei (NSDAP, Name ab 1920) unter ADOLF HITLER schon bald die bedeutendste. 1923 zettelte sie in München einen Putsch an („HITLER-Putsch"), der scheiterte; HITLER wurde zu fünf Jahren Haft verurteilt (jedoch 1924 vorzeitig entlassen). In der Haft begann er mit der Abfassung des Buches *Mein Kampf* und fasste den Entschluss, die Macht in Deutschland nicht gewaltsam, sondern im demokratischen Weg zu übernehmen.

➢ Im Reichstag erlangten sowohl die KPD als auch die NSDAP immer mehr Sitze, sodass die verbliebenen demokratischen Parteien alleine nicht mehr regierungsfähig waren; die Reichsregierungen mussten sich immer öfter des Notverordnungsrechtes des Reichspräsidenten bedienen („Präsidialkabinette").

Studienwörterbuch: Hitler-Putsch; Reichstag; Spartakus-Aufstand; Weimarer Republik.

1206 1932 erlangte die NSDAP die relative Mehrheit im deutschen Reichstag, am 30. 1. 1933 wurde HITLER vom Reichspräsidenten HINDENBURG zum Reichskanzler ernannt. Schrittweise wandelte er die Republik in eine faschistische Diktatur um („**Drittes Reich**"). Nach dem Tod HINDENBURGS 1934 übernahm HITLER als „Führer und Reichskanzler" auch dessen Funktionen.

➢ Der Aufstieg der NSDAP war insbesondere von Angehörigen des großindustriellen Bürgertums und des Heeres gefördert worden, die von ihr einen wirksamen Schutz vor einer kommunistischen Machtübernahme erhofften.

➢ Die erste von HITLER gebildete Regierung war noch eine Koalitionsregierung der NSDAP mit mehreren konservativen Parteien. Erst allmählich wurden einzelne Minister ausgetauscht, das Kabinett selbst verkam ab 1935 zur Bedeutungslosigkeit; Regierungsbeschlüsse kamen vorwiegend im Umlaufwege zustande.

➢ Der Brand des Reichstagsgebäudes am 27. 2. 1933 wurde zum Vorwand für das Verbot der KPD genommen (*Verordnung vom 28. 2. 1933 zum Schutz von Volk und Staat*, „Reichstagsbrandverordnung"). Der dadurch geschwächte und durch weiteren NS-Druck eingeschüchterte Reichstag ermächtigte in der Folge die Reg zur Gesetzgebung (*Gesetz vom 24. 3. 1933 zur Behebung der Not von Volk und Reich*, „Ermächtigungsgesetz"), 1934 auch zur Verfassungsgesetzgebung.

➢ Der Reichstag erließ daneben zwar weiter Gesetze (va Nürnberger Rassengesetze 1935, ⇨ Rz 2167), verlor aber immer mehr an Bedeutung; ab 1942 wurde er nicht mehr einberufen.

➢ Bereits 1932 hatte die (konservative) Reichsregierung die (sozialdemokratische) preuß Landesregierung abgesetzt und Preußen direkt unter ihre Verwaltung gestellt („Preußenschlag"). Das Gesetz über den Neuaufbau des Reiches 1934 übertrug auch die Hoheitsrechte der übrigen Länder auf das Reich („Gleichschaltung"); der Reichsrat wurde aufgehoben.

➢ Erklärtes außenpolitisches Ziel der NSDAP war zunächst va eine Revision des Versailler Vertrages. Noch 1933 trat Deutschland aus dem Völkerbund aus (der ständige Sitz im Völkerbundrat ging später an die erst 1934 dem Völkerbund beigetretene UdSSR); mehrere Bestimmungen des Versailler Vertrages wurden bewusst übertreten (Einmarsch in das entmilitarisierte Rheinland 1936 ua).

Studienwörterbuch: Ermächtigungsgesetz, deutsches (1933); Reichstagsbrandverordnung 1933.

1207 Auch in vielen anderen Staaten, darunter auch in Österreich (⇨ Rz 1312, Rz 2179) kam es zum Niedergang der parlamentarisch-demokratischen Systeme und zur Errichtung **autoritärer oder faschistischer Regime**.

➢ In Italien übernahm 1922 die Partito Nazionale Fascista (PNF) unter BENITO MUSSOLINI („Duce") die Macht, indem er mit einem Massenaufmarsch („Marsch auf Rom") die bürgerliche Regierung zum Rücktritt zwang. Das von ihm etablierte totalitäre Regime diente anfangs auch HIT-

LER als Vorbild. Außenpolitisch suchte MUSSOLINI die Macht Italiens zu steigern (Römische Protokolle mit Österreich und Ungarn 1934, ⇨ Rz 1315). Als er jedoch 1936 Abessinien (Äthiopien) eroberte, geriet er in außenpolitische Isolation und daraufhin in Abhängigkeit von Deutschland.

➢ In Spanien konnte sich die faschistische Falange unter FRANCISCO FRANCO nach einem Bürgerkrieg gegen die republikanische Regierung (in der auch Kommunisten vertreten waren) 1936–39 durchsetzen, die beiden Seiten wurden militärisch ua durch deutsche bzw sowjetische Truppen unterstützt.

➢ Autoritäre Systeme und/oder Militärdiktaturen wurden ferner durch Putsch oder Staatsstreich errichtet: 1926 in Litauen, Polen und Portugal, 1934 in Estland und Lettland, 1938 in Rumänien, für kurze Zeit auch in Bulgarien und Jugoslawien.

Studienwörterbuch: Falange; Mussolini, Benito.

3. Der Zweite Weltkrieg

1208 NS-Deutschland betrieb eine imperialistische Außenpolitik (1938 Besetzung Österreichs und der Sudetenländer, 1939 Zerschlagung der Tschechoslowakei), die anfangs auf wenig Widerstand stieß; mit der Sowjetunion schloss es am 23. 8. 1939 einen Nichtangriffspakt. Erst der deutsche Überfall auf Polen löste den **Zweiten Weltkrieg** (1939–45) aus.

➢ Die Besetzung Österreichs war ohne Einspruch der Großmächte erfolgt; die Besetzung der Sudetenländer sogar aufgrund der Beschlüsse einer internationalen Konferenz in München (29. 9. 1938).

➢ Entgegen dem Münchener Abkommen besetzte HITLER im März 1939 auch die übrige Tschechei („Protektorat Böhmen und Mähren"); die Slowakei wurde ein formell selbständiger, de facto jedoch von Deutschland abhängiger Staat. Wiederum erfolgte kein Widerstand durch die Großmächte.

➢ Der Überfall auf Polen am 1. 9. 1939 führte zu Kriegserklärungen des mit Polen verbündeten UK und Frankreichs („Alliierte") an Deutschland, welches va mit Italien und Japan verbündet war („Achsenmächte"). Japan befand sich bereits seit 1937 im Krieg gegen China.

➢ In einem geheimen Zusatzprotokoll zum Nichtangriffspakt 1939 teilten Deutschland und die UdSSR Ostmitteleuropa in Interessensgebiete auf. Auf dieser Grundlage eroberte die Sowjetunion den Ostteil Polens und die baltischen Staaten; der sowjetische Angriff auf Finnland 1939 führte zum Ausschluss der UdSSR aus dem Völkerbund.

➢ Die Achsenmächte erzielten anfangs große Erfolge und brachten fast ganz Europa unter ihre Gewalt. Frankreich musste 1940 kapitulieren; während Nordfrankreich deutsch besetzt wurde, entstand im südlichen Frankreich zunächst der von Deutschland abhängige „Etat Français" unter Marschall HENRI PÉTAIN, der erst 1942 besetzt wurde.

Studienwörterbuch: Münchner Abkommen 1938.

1209 1941 überfielen Deutschland die Sowjetunion, Japan die USA (Pearl Harbor). Die entscheidende Wende im deutsch-sowjetischen Krieg erfolgte 1943 (⚔ Stalingrad); 1944 landeten britische und amerikanische Truppen in der deutsch besetzten Normandie. Am 30. 4. 1945 beging HITLER Selbstmord, die **Kapitulation** der deutschen Truppen erfolgte am 7. 5. und nochmals am 9. 5. 1945.

➤ 1943 wurde das faschistische Regime in Italien gestürzt; die neue Regierung erklärte Deutschland den Krieg. MUSSOLINI, der eine Gegenregierung zu etablieren versuchte, wurde am 28. 4. 1945 erschossen.

➤ Während der Krieg in Europa im Mai 1945 endete, kapitulierte Japan erst am 2. 9. 1945, nachdem die USA zwei Atombomben auf Hiroshima und Nagasaki abgeworfen hatten. Insgesamt kamen im 2. WK schätzungsweise 55 Millionen Menschen gewaltsam ums Leben.

➤ Die Niederlage der deutschen Wehrmacht war total; die alliierten Truppen hatten fast ganz Deutschland erobert. Die Mitglieder der letzten deutschen Reichsregierung wurden am 23. 5. 1945 verhaftet. Auf den alliierten Konferenzen von *Jalta* (4.–11. 2. 1945) und *Potsdam* (17. 7.–2. 8. 1945) wurde Deutschland in vier Besatzungszonen (UdSSR, USA, UK, Frankreich) geteilt, das Saarland unter französische Verwaltung gestellt.

➤ Polen erhielt als Ersatz für seine an die UdSSR verlorenen Gebiete die östlich der Oder und Neiße gelegenen Teile Deutschlands („Westverschiebung Polens"), mit Ausnahme des nördlichen Ostpreußen, das als „Region Kaliningrad" an die UdSSR fiel. Hier sowie in ganz Ostmitteleuropa (Sudetenländer ua) kam es in der Folge zur Vertreibung der deutschen Bevölkerung.

➤ 1947 wurde in Paris ein Friedensvertrag mit den vormaligen Verbündeten Deutschlands (Italien, Finnland, Ungarn, Rumänien, Bulgarien), 1951 in San Francisco ein Friedensvertrag mit Japan abgeschlossen. Dagegen unterblieb eine Vertragsunterzeichnung mit Deutschland (bis 1990, ⇨ Rz 1230). Die genannten Maßnahmen bezüglich Deutschlands wurden daher vielfach nur als Provisorium angesehen.

➤ Deutsche und japanische Kriegsverbrecher wurden 1946 in Nürnberg bzw Tokyo vor internationale Tribunale gestellt. Die weltweit einzigartigen Prozesse führten zu insgesamt 19 Todesurteilen und zahlreichen Haftstrafen.

Studienwörterbuch: Nürnberger Prozesse 1945/46; Potsdam, Konferenz von (1945); Zweiter Weltkrieg.

B Die Zeit des „Kalten Krieges" (1945–1989)

1. Die Teilung Europas

1210 Das Jahr 1945 bildet eine Zäsur in der Weltgeschichte. Zwei **Supermächte** – USA und UdSSR – waren entstanden; Europa hatte seine Vormachtstellung verloren und zerfiel entlang des „Eisernen Vorhanges" in eine westliche („1. Welt") und eine östliche Einflusssphäre („2. Welt"). Die europäischen Kolonien in Asien und Afrika („3. Welt") strebten nach Unabhängigkeit.

➤ Bei Kriegsende waren US-amerikanische und sowjetische Streitkräfte in Millionenstärke in Europa stationiert; während die USA ihre Truppen bis 1946 aus allen Ländern außer Deutschland und Österreich (sowie Triest) wieder abgezogen hatten, blieben starke sowjetische Verbände auch weiterhin in den ostmitteleuropäischen Staaten.

➤ Der britische Premierminister Sir WINSTON CHURCHILL (1940–45, 1951–55) erklärte 1946, dass sich von Stettin (richtiger: Lübeck) an der Ostsee bis nach Triest an der Adria ein „iron curton" zöge. Die dahinter gelegenen Städte Warschau, Berlin (!), Prag, Wien (!), Budapest, Belgrad, Bukarest und Sofia befänden sich in „Soviet sphere".

➤ Bereits während des 2. WK war es zu Spannungen zwischen den ideologisch verfeindeten Supermächten gekommen; unmittelbar nach Wegfall des gemeinsamen Gegners brachen die Konflikte offen aus. Zu einer direkten militärischen Konfrontation in Europa und/oder ein Kernwaffeneinsatz kam es zwar niemals (daher „Kalter Krieg"), wohl aber außerhalb Europas immer wieder zu lokalen Konflikten (zB Korea-Krieg 1950).

1211 Dem Aufstieg von USA und UdSSR zu Supermächten entsprach ein **Niedergang der europäischen Großmächte** UK, Frankreich und Italien, die mit großen wirtschaftlichen Schwierigkeiten und dem Erhalt ihrer Kolonien zu kämpfen hatten.

➤ Das UK hatte im 2. WK eine Eroberung durch NS-Deutschland nur mit großer Mühe abwenden können; es lehnte sich in der Folge eng an die USA an. 1947 mussten Indien und Pakistan in die Unabhängigkeit entlassen werden, andere Kolonien folgten. Der British Commonwealth wurde mehr und mehr gelockert, die Britische Krone war nur mehr nominelles Oberhaupt von praktisch selbständigen Staaten.

➤ Nach der deutschen Besetzung Frankreichs hatten die Alliierten nicht das Regime PÉTAINS, sondern eine von General CHARLES DE GAULLE gebildete Exilregierung als legitime Vertretung Frankreichs anerkannt. Die 1944 von DE GAULLE als Ministerpräsident etablierte IV. Republik hatte mit den aus dem 2. WK resultierenden erheblichen wirtschaftlichen Schwierigkeiten zu kämpfen und bemühte sich zudem – letztlich vergebens – um den Erhalt des französischen Kolonialreiches.

➤ In Italien war das Hauptproblem der Nachkriegsjahre die Beseitigung der Reste des faschistischen Systems. Das Königshaus wurde wegen seiner Unterstützung MUSSOLINIS durch eine Volksabstimmung abgesetzt, 1946 die Republik ausgerufen. Durch den Pariser Friedensvertrag 1947 (⇨ Rz 1209) gingen ua Istrien an Jugoslawien sowie alle Kolonien verloren.

1212 In Deutschland übernahm 1945 ein Alliierter Kontrollrat aus Vertretern der vier Besatzungsmächte die oberste Gewalt, stellte jedoch schon 1948 infolge von Differenzen zwischen der Sowjetunion und den Westalliierten seine Tätigkeit ein. Die sich bereits abzeichnende **Teilung Deutschlands** erfolgte verfassungsrechtlich durch das *Grundgesetz für die Bundesrepublik Deutschland* vom 8. 5. 1949 (GG) sowie die *Verfassung der Deutschen Demokratischen Republik* vom 7. 10. 1949.

➢ Der Alliierte Kontrollrat hatte umfassende Befugnisse, konnte aber nur einstimmig Beschlüsse fassen. Seine Boykottierung durch den sowjetischen Vertreter ab 1948 bewirkte seine Lahmlegung, ohne dass er formell aufgehoben wurde.

➢ In den einzelnen Besatzungszonen kam es zur (Wieder-)Errichtung von Ländern, jedoch im Gegensatz zu Österreich nicht zur Bildung einer gesamtdeutschen Regierung. Der (de facto bereits 1932 untergegangene, ⇨ Rz 1205) preußische Staat wurde 1947 durch einen alliierten Kontrollratsbeschluss formell aufgelöst.

➢ Der verfassungsrechtlichen Teilung Deutschlands war ein Auseinandergehen in wirtschaftlicher und politischer Hinsicht vorangegangen; in der Sowjetisch Besetzten Zone (SBZ) erfolgte schon bald die Umwandlung zu einer sozialistischen Gesellschaftsordnung (Bodenreform, Enteignungen).

➢ Im Gegensatz dazu wurde Westdeutschland konsequent in die westlich-marktwirtschaftlich orientierte Staatengemeinschaft integriert; bereits 1947 wurden die britische und die amerikanische Zone zu einem einheitlichen Wirtschaftsgebiet zusammengefasst (Bizone); hier sowie in der französischen Zone wurde die D-Mark als neue Währung eingeführt, die schon bald zum Symbol des Wiederaufbaus wurde.

➢ Das GG wurde von einem Parlamentarischen Rat, bestehend aus Vertretern der westdeutschen Landtage, beschlossen. Es richtete die BRD als föderalistische, rechtsstaatliche Demokratie mit sozialer Marktwirtschaft ein, sollte jedoch nur provisorisch für die Zeit bis zur deutschen Wiedervereinigung gelten; zur provisorischen Hauptstadt wurde Bonn bestimmt. Erster Bundeskanzler wurde der damals bereits 73jährige KONRAD ADENAUER (1949–63, CDU).

➢ In der SBZ erfolgte 1946 unter sowjetischem Druck die Zusammenlegung von KPD und SPD zur Sozialistischen Einheitspartei Deutschlands (SED), die die politische Führung übernahm (Generalsekretär 1950–71: WALTER ULBRICHT, 1971–89: ERICH HONECKER). Die DDR-Verfassung 1949 erinnerte zwar noch an die Weimarer Verfassung 1919 und bekannte sich zur Wiedervereinigung Deutschlands, konnte jedoch die Umwandlung der DDR in eine sozialistische Volksrepublik nicht verhindern.

➢ Strittig blieb der Status von Berlin, das ab 1948 so wie Deutschland politisch-administrativ in zwei Teile geteilt war. Während die DDR Ost-Berlin als ihre Hauptstadt beanspruchte, beharrten die Westalliierten auf dem Viermächtestatus für ganz Berlin. Konsequenterweise wurde auch West-Berlin kein formeller Bestandteil der BRD und war im deutschen Bundestag nur durch Abgeordnete ohne Stimmrecht vertreten; vom Bundestag beschlossene Gesetze enthielten regelmäßig die Bestimmung, dass sie nur dann auch in (West-) Berlin gelten, wenn sie vom (West-)Berliner Senat rezipiert würden („Berlinklausel").

Studienwörterbuch: Bundesrepublik Deutschland; Deutsche Demokratische Republik.

1213 Am 24. 10. 1945 wurde die **Organisation der Vereinten Nationen** (UNO) als Nachfolgerin des (formell erst 1946 aufgelösten) Völkerbundes gegründet. Sie nimmt verschiedenste völkerrechtliche Aufgaben wahr und ist Dachorganisation für zahlreiche Spezialorganisationen.

➢ Das der ehemaligen Völkerbundversammlung entsprechende UN-Organ ist die Generalversammlung, dem Völkerbundrat entspricht der UN-Sicherheitsrat mit 15 Mitgliedern. Einen ständigen Sitz im UN-Sicherheitsrat mit Vetorecht für Sicherheitsratsbeschlüsse besitzen bzw besaßen die USA, die UdSSR (ab 1991: Russland), das UK, Frankreich und die Republik China (ab 1971: Volksrepublik China, ⇨ Rz 1223).

➢ Nachfolger des Ständigen Internationalen Gerichtshofes wurde 1946 der Internationale Gerichtshof (IGH). Daneben wurde 2002 der Internationale Strafgerichtshof (IStGH) zur Ahndung von Kriegsverbrechen und Völkermord gegründet, nachdem schon 1993 bzw 1994 Ad-hoc-Strafgerichtshöfe für die Kriegsverbrechen in Ex-Jugoslawien und Ruanda geschaffen worden waren. Mit Ausnahme des letztgenannten haben diese Gerichte ihren Sitz in Den Haag.

➢ Am 14. 12. 1960 forderte die UNO die Beendigung des Kolonialismus in jeglicher Form. Zahlreiche Staaten der 3. Welt erlangten in diesem Jahr ihre Unabhängigkeit und wurden in der Folge in die UNO aufgenommen, die dadurch ihren Charakter nachhaltig veränderte.

➢ Der UNO traten nach und nach fast alle Staaten der Welt bei (Österreich 1955). Die Aufnahme Japans 1956 und Deutschlands 1973 (⇨ Rz 1223) war aufgrund ihrer Rolle im 2. WK umstritten. Heute ist ihre Aufwertung zu ständigen Mitgliedern des Sicherheitsrates im Gespräch.

2. Die Blockbildung in Ost und West

1214 1947 versprach der US-Außenminister GEORGE C. MARSHALL den europäischen Staaten Finanzhilfe zum Wiederaufbau, forderte aber die Gründung einer Organisation zur Verteilung der Gelder (MARSHALL-Plan). 1948 wurde zu diesem Zweck die ***Organization for European Economic Cooperation*** (OEEC) gegründet. Die unter sowjetischem Einfluss stehenden Staaten nahmen nicht am MARSHALL-Plan teil, sondern gründeten 1949 das ***Council for Mutual Economic Assistance*** (COMECON).

➢ Die schweren Zerstörungen, die der 2. WK angerichtet hatte, konnten nur mit US-Finanzhilfe behoben werden; die USA versprachen sich durch Förderung der europäischen Staaten Impulse für die eigene Wirtschaft.

➢ Eine wichtige Vorstufe für die OEEC war der Abschluss eines Welthandelsabkommens zum Abbau von Handelsbeschränkungen (*General Agreement on Tariffs and Trade* – GATT) 1947. Aus diesem Abkommen ging 1995 die Welthandelsorganisation (*World Trade Organization* – WTO) hervor.

➤ An der OEEC nahmen Belgien, Dänemark, Frankreich, Griechenland, Irland, Island, Italien, Luxemburg, Niederlande, Norwegen, Österreich, Portugal, Schweden, die Schweiz, Spanien, die Türkei, das UK sowie Westdeutschland teil; Finnland und Jugoslawien erhielten einen Sonderstatus. Die erhaltenen Gelder wurden planvoll eingesetzt und führten in Westeuropa schon bald zu einem höheren Wohlstand als vor 1939 („Wirtschaftswunder").

➤ Parallel dazu gründete die USA 1949 mit Belgien, Dänemark, Frankreich, dem UK, Island, Italien, Kanada, Luxemburg, Niederlande, Norwegen und Portugal die *North Atlantic Treaty Organization* (NATO) als militärisches Bündnis.

➤ Albanien, Bulgarien, Polen, Rumänien, die Tschechoslowakei, Ungarn sowie die SBZ/DDR standen seit 1945 unter sowjet Besatzung, die zunehmend Einfluss auf die Innenpolitik dieser Staaten ausübte. In den Jahren 1946–48 erlangten die jeweiligen kommunistischen Parteien mit sowjetischer Hilfe, großteils durch Staatsstreiche, die Macht, bereits 1947 hatte die Tschechoslowakei zB ihren Antrag auf Beitritt zur OEEC aus sowjet Druck zurückziehen müssen.

➤ Im COMECON erfolgte der wirtschaftliche Zusammenschluss des „Ostblocks" unter Führung der UdSSR. In ihm wurden die Planwirtschaften der einzelnen Staaten miteinander koordiniert.

➤ Das einzige kommunistisch geführte Land, in dem keine sowjet Truppen stationiert waren, war Jugoslawien, das sich 1944 unter JOSIP TITO weitgehend selbst von der deutschen Besatzung befreien hatte können. Durch die Verfassung 1946 wurde die Föderative Volksrepublik Jugoslawien errichtet, der TITO bis 1953 als Ministerpräsident, 1953–80 als Staatspräsident vorstand, doch trat diese weder dem COMECON noch dem (1955 errichteten, ⇨ Rz 1217) Warschauer Pakt bei.

1215 Am 9. 5. 1950 schlug der französische Außenminister ROBERT SCHUMAN vor, die französische und westdeutsche Kohle- und Stahlproduktion unter eine gemeinsame „Hohe Behörde" zu stellen. Andere Staaten sollten dieser Gemeinschaft beitreten können (**SCHUMAN-Plan**). Am 18. 4. 1951 unterzeichneten die Außenminister Belgiens, der BRD, Frankreichs, Italiens, Luxemburgs und der Niederlande in Paris den Vertrag über die Gründung einer *Europäischen Gemeinschaft für Kohle und Stahl* (EGKS; Montanunion). Er trat am 23. 7. 1952 in Kraft.

➤ Die Kohle- und Stahlproduktion hatte zentrale Bedeutung für die Rüstungsindustrie. Indem sie der nationalstaatlichen Kontrolle entzogen wurde, erhoffte sich SCHUMAN, „dass jeder Krieg zwischen Frankreich und Deutschland nicht nur undenkbar, sondern materiell unmöglich wird."

➤ Wichtigstes Organ der EGKS war die Hohe Behörde, die nach Art 9 EGKS-Vertrag einen „überstaatlichen Charakter" (*„un caractère supranational"*) hatte (⇨ Rz 2217). Erster Präsident der Hohen Behörde wurde der Franzose JEAN MONNET (1952–55), der maßgeblich an der Entwicklung des SCHUMAN-Planes mitgearbeitet hatte.

1216 Noch bevor die EGKS ins Leben trat, vereinbarten ihre Gründerstaaten, sie durch eine supranationale **Europäische Verteidigungsgemeinschaft** (EVG) zu ergänzen. Beide sollten unter dem Dach einer **Europäischen Politischen Gemeinschaft** (EPG) vereint werden, doch wurde letztlich weder die eine noch die andere Gemeinschaft verwirklicht. Stattdessen wurde 1954 *Westeuropäische Union* (WEU) gegründet.

➢ Der Aufschwung der – nach wie vor von den drei Westalliierten besetzten und nicht souveränen – BRD wurde in Frankreich mit zunehmender Skepsis betrachtet; die internationale Lage (bes Korea-Krieg) machte aber die Neuschaffung deutscher Streitkräfte unumgänglich. So entstand die Idee, nach Vorbild der EGKS ein supranationales militärisches Bündnis zu schaffen, um die westdeutschen Soldaten in eine europäische Armee zu integrieren. Am 27. 5. 1952 unterzeichneten die EGKS-Staaten den entsprechenden EVG-Vertrag.

➢ Die EVG sollte demnach eine neue supranationale Organisation sein, deren Organe jenen der EGKS glichen (an die Stelle der Hohen Behörde sollte in der EVG ein „Kommissariat" treten). Den Mitgliedsstaaten blieb mit wenigen Ausnahmen die Unterhaltung eigener Truppen neben den gemeinsamen Europäischen Verteidigungsstreitkräften untersagt. Eine enge Kooperation mit der NATO wurde propagiert.

➢ Die Idee einer politischen Union der Sechs schien damit in greifbare Nähe gerückt. Bei der ersten Zusammenkunft des Ministerrats der EGKS am 10. 9. 1952 beschloss dieser, EGKS und EVG durch eine Dachorganisation, die EPG, zu verbinden. Am 10. 3. 1953 wurde dem Ministerrat ein entsprechender Verfassungsentwurf vorgelegt.

➢ Gerade in Frankreich, das die Schaffung der EVG verlangt hatte, stießen diese Pläne jedoch auf heftigen Widerstand, zumal die militärische Eigenständigkeit Frankreichs gerade zu jener Zeit (Vietnam-Krieg!) als unantastbar galt. Am 30. 8. 1954 verweigerte die Französische Nationalversammlung ihre Zustimmung zum EVG-Vertrag, womit auch die EPG-Pläne ihre Grundlage verloren. Es war dies der erste große Rückschlag für die europäische Integration (⇨ Rz 2205).

➢ Frankreich sah sich nun gezwungen, in die Bildung einer neuen deutschen Streitmacht, der Bundeswehr, einzuwilligen. Mit den *Pariser Verträgen* vom 23. 10. 1954 hoben die Westalliierten das Besatzungsstatut über die BRD (nicht über Berlin) auf und erklärten diese für souverän, lediglich mit Vorbehalt der „Rechte in Bezug auf Deutschland als Ganzes".

➢ Zugleich trat die BRD der NATO bei. Die bisherigen Besatzungstruppen wurden großteils abgezogen, doch blieben Militärbasen der nunmehr verbündeten Mächte bestehen; noch heute sind ca 70.000 amerikanische, 23.000 britische und 5.000 französische Soldaten in Deutschland stationiert.

➢ Darüber hinaus wurde in den Pariser Verträgen die WEU als „europäische Achse" der NATO geschaffen. Ihr gehörte außer den EGKS-Staaten auch das UK an, doch hatte sie – im Gegensatz zur gescheiterten EVG – keine supranationalen Befugnisse, sondern war ein herkömmliches Militärbündnis.

1217 Die Reaktion Osteuropas auf die Pariser Verträge war der Abschluss des **Warschauer Paktes** am 14. 5. 1955, mit dem ein sowjetisch dominiertes Verteidigungsbündnis begründet wurde. Vor diesem Hintergrund erfolgte auch die Beendigung der alliierten Besetzung Österreichs durch den Staatsvertrag vom 15. 5. 1955.

➢ Der Tod STALINS 1953 hatte große innenpolitische Auswirkungen auf die UdSSR („Entstalinisierung"), aber zunächst keine Folgen für die Außenpolitik. Volksaufstände in der DDR (17. 6. 1953) sowie in Ungarn (23. 10.–11. 11. 1956) wurden militärisch niedergeschlagen.

➢ Neuer „Erster Sekretär" der KPdSU wurde NIKITA CHRUSCHTSCHOW (1953–64); er beantwortete die Souveränitätserklärung der BRD durch die Westalliierten mit der Souveränitätserklärung der DDR. Mit dem Warschauer Pakt war die ideologisch-politische und militärische Teilung Europas besiegelt.

➢ Einen „Sonderfall" stellte das seit 1945 von den vier Alliierten besetzte Österreich dar. Nunmehr lag es im strategischen Interesse der UdSSR, einen neutralen Keil zwischen die NATO-Staaten BRD und Italien zu legen. Am 15. 5. 1955 kam es daher zum *Staatsvertrag von Wien*, der den Abzug der Alliierten vorsah; im politischen (nicht rechtlichen) Zusammenhang damit erklärte Österreich am 26. 10. 1955 seine immerwährende Neutralität (⇨ Rz 1323).

3. Die wirtschaftliche Integration Westeuropas

1218 Mit den Verträgen von Paris, Warschau und Wien 1954/55 war die Teilung Europas vollendete Tatsache; jede weitere Integration konnte nur innerhalb eines der beiden „Blöcke" erfolgen. Insbesondere die OEEC plante, eine Europäische Freihandelszone zu schaffen, an der alle nicht-kommunistischen Staaten teilnehmen sollten („**große Freihandelszone**"). Eine noch tiefer gehende Integration in Form einer *Zollunion*, wie sie bereits zwischen den BENELUX-Staaten bestand, wäre für viele Staaten, wie insbesondere das UK, zum damaligen Zeipunkt nicht möglich gewesen.

➢ In einer Freihandelszone werden Binnenzölle und andere Handelsbeschränkungen beseitigt, allerdings nur für Waren aus den Mitgliedsstaaten, die daher ein Ursprungszertifikat benötigen. In einer Zollunion werden auch die Außenzölle gemeinsam geregelt, was bedeutet, dass eine Ware innerhalb der Zollunion frei transportiert werden kann.

➢ Die Zollunion zwischen Belgien, den Niederlanden und Luxemburg wurde bereits 1944 von den Exilregierungen der der damals deutsch besetzten Länder vereinbart und trat 1948 in Kraft. Mit dem BENELUX-Vertrag vom 3. 2. 1958 wurde sie zu einem *Gemeinsamen Markt* ausgebaut. In ihm können nicht nur Waren, sondern auch Personen, Dienstleistungen und Kapital frei verkehren („Vier Freiheiten").

➢ Die Zollunion führt zu einer wesentlich engeren Integration als die Freihandelszone. Die Teilnahme an einer Zollunion erschien zB dem UK (wegen dessen enger wirtschaftlicher Bindungen an den Commonwealth) oder auch Österreich (wegen dessen Neutralität) unmöglich.

1219 Im Gegensatz zu den – vor allem vom UK betriebenen – Plänen einer Freihandelszone einigten sich die sechs Mitgliedsstaaten der EGKS 1956 auf die Errichtung eines Gemeinsamen Marktes sowie zusätzlich einer Atomenergiegemeinschaft (SPAAK-Bericht). Auf dieser Grundlage wurden am 23. 3. 1957 die Verträge über die Gründung einer *Europäischen Wirtschaftsgemeinschaft* (EWG) und einer *Europäischen Atomgemeinschaft* (Euratom, EAG) in Rom unterzeichnet. Sie traten am 1. 1. 1958 in Kraft (**Römische Verträge**).

➢ Im Juni 1955 beschlossen die EGKS-Außenminister auf einer Konferenz in Messina, ein „Expertenkomitee" unter Vorsitz des belgischen Außenministers PAUL-HENRI SPAAK einzusetzen, um über die weitere wirtschatliche Integration zu beraten. An diesen Beratungen nahmen zunächst auch britische Vertreter teil. Als sich das Komitee jedoch für die Bildung einer Zollunion aussprach, erklärte das UK am 11. 11. 1955 seinen Ausstieg aus den Verhandlungen.

➢ Von den EGKS-Staaten war insbesondere Frankreich sehr skeptisch gegenüber einem Gemeinsamen Markt. Neue außenpolitische Rückschläge (Suez-Krise 1956) führten jedoch nunmehr zu einer Stärkung des Integrationsgedankens.

➢ Die Beratungen wurden von den gleichzeitig laufenden deutsch-französischen Verhandlungen über das Saarland überschattet, das 1945 unter französische Verwaltung gestellt worden war und mit 1. 1. 1957 der BRD angegliedert wurde. Die Lösung der Saarfrage begünstigte auch den Abschluss der europäischen Integrationsverhandlungen.

➢ Auch die Gründung einer separaten Atomgemeinschaft neben der (durch die EWG verwirklichten) allgemeinen wirtschaftlichen Union stellte ein – in seiner Bedeutung überschätztes – Zugeständnis an Frankreich dar (⇨ Rz 2206).

➢ Mit EGKS, EAG und EWG waren die sechs Staaten nun in drei supranationalen Organisationen mit annähernd gleichem Aufbau verbunden; ein zugleich mit den Römischen Verträgen unterzeichnetes Abkommen bestimmte, dass die Parlamentarische Versammlung und der Gerichtshof der EGKS auch für die beiden anderen Gemeinschaften tätig werden sollte.

➢ Mit dem *Fusionsvertrag* vom 8. 4. 1965 wurden auch die übrigen Organe (Hohe Behörde/Kommission; Rat) fusioniert. Obwohl weiterhin drei verschiedene Gemeinschaften mit jeweils eigener Rechtspersönlichkeit bestanden, wurde umgangssprachlich immer öfter von „der" Europäischen Gemeinschaft (in der Einzahl) gesprochen.

Studienwörterbuch: Europäische Atomgemeinschaft; Europäische Wirtschaftsgemeinschaft; Europäische Gemeinschaften; Römische Verträge.

1220 Mit der Errichtung der EWG war der Plan einer „großen Freihandelszone" gescheitert. Unter Führung des UK schlossen sich sieben OEEC-Staaten, die der EWG nicht angehörten, darunter auch Österreich, 1960 zur „kleinen Freihandelszone" (**European Free Trade Association**, EFTA) zusammen. Die OEEC wurde zur *Organization for Economic Cooperation and Development* (OECD) umgestaltet.

➢ Der EFTA-Vertrag wurde am 4. 1. 1960 in Stockholm von Dänemark, Norwegen, Portugal, Schweden, der Schweiz, dem UK sowie auch Österreich unterzeichnet. 1961 trat Finnland der EFTA als assoziiertes Mitglied, 1982 als Vollmitglied, 1970 Island als Vollmitglied bei.

➢ Pläne, EWG und EFTA durch eine Dachorganisation zu verbinden, scheiterten zunächst, doch bemühten sich einzelne EFTA-Staaten um Freihandelsabkommen mit der EWG.

➢ Die OEEC hatte mit der Errichtung der „Sechsergemeinschaft" (EWG) und der „Siebenergemeinschaft" (EFTA) ihre Aufgaben erfüllt. Die Nachfolgeorganisation OECD widmet sich va den europäisch-amerikanischen Wirtschaftsbeziehungen und gibt zu diesem Zweck auch umfangreiche vergleichende Untersuchungen in Auftrag, wie zB das *Programme for International Student Assessment* (PISA).

4. „Friedliche Koexistenz"?

1221 Während ADENAUER weiterhin am Fernziel einer deutschen Wiedervereinigung festhielt, bemühte sich die UdSSR unter CHRUSCHTSCHOW um eine Absicherung des status quo in Europa. Die von ihm auf dem XX. Parteitag der KPdSU 1956 propagierte „friedliche Koexistenz" mit dem Westen stand im krassen Gegensatz zur akuten Gefahr eines **Atomkrieges**. 1962 begannen USA und UdSSR mit Abrüstungsverhandlungen.

➢ Die sowjetische Politik war va auf eine diplomatische Anerkennung der DDR als selbständigen Staat, die Einbindung Ost-Berlins in die DDR und die Fixierung der deutsch-polnischen Grenze bemüht. Demgegenüber forderte ADENAUER, dass die deutsche Wiedervereinigung Voraussetzung für eine Entspannung zwischen Ost und West sei.

➢ Zufolge der nach dem damaligen westdeutschen Staatssekretär WALTER HALLSTEIN (1951–58; EWG-Kommissionspräsident 1958–67) benannten HALLSTEIN-Doktrin konnten Drittstaaten – mit wenigen Ausnahmen – nur entweder mit der BRD oder mit der DDR diplomatische Beziehungen führen; beide Staaten erkannten einander nicht an und behaupteten das alleinige Vertretungsrecht für die gesamte Deutsche Nation.

➢ Am 13. 8. 1961 errichtete die DDR eine Mauer zwischen Ost- und West-Berlin. Die Westmächte erzwangen durch die Aufstellung von Panzern an den Grenzübergängen, dass ihre Truppen weiterhin Zutritt zu allen Teilen der Stadt erhielten, mussten sich aber im Übrigen mit der – im wahrsten Sinne des Wortes – Einzementierung der Teilung Berlins abfinden.

➤ Als die UdSSR 1962 auf Kuba Atomraketen stationierte, konnte ein Atomkrieg nur mit Mühe verhindert werden; schließlich erzwang US-Präsident JOHN F. KENNEDY (1961–63) die Räumung der Raketenbasen im diplomatischen Weg.

➤ Die ab 1962 begonnene Politik der Entspannung erhielt ihr sichtbares Zeichen in der Errichtung eines „roten Telefons" (eigentlich Fernschreiberleitung) zwischen dem Kreml in Moskau und dem Weißen Haus in Washington.

1222 Die US-Hegemonie über Westeuropa sowie deren Verständigung mit der UdSSR stieß in Frankreich und der BRD zunehmend auf Ablehnung. Der französische Präsident CHARLES DE GAULLE (1958–69) bemühte sich um eine **eigenständige französische Politik**; der Beitritt des UK zur EWG wurde von ihm abgelehnt.

➤ Frankreich verlor nach 1945 fast alle Kolonien. 1954 brach auch in Algerien, das nicht als Kolonie, sondern als integraler Bestandteil Frankreichs galt, ein blutiger Unabhängigkeitskrieg aus, was in Frankreich zu schweren Krisen führte.

➤ Der 1946 zurückgetretene DE GAULLE wurde 1958 erneut Premierminister. Er entwarf eine neue Verfassung („V. Republik"), die dem Staatspräsidenten eine starke Position gab, und wurde in weiterer Folge selbst in diese Funktion gewählt.

➤ Die Beitrittsbestrebungen des UK zur EWG entsprachen den Plänen der USA für eine Neuorganisierung Westeuropas. DE GAULLE lehnte das Gesuch in einer spektakulären Pressekonferenz am 14. 1. 1963 mit schroffen Worten ab. Ein erneuter Versuch des UK 1967 wurde ebenfalls von Frankreich abgelehnt. Innerhalb der EWG setzte DE GAULLE mit seiner – auf den Boykott des Rates gerichteten – „Politik des leeren Stuhls" die französischen Interessen rigoros durch (⇨ Rz 2213).

➤ Um Unterstützung für seine Politik der Selbständigkeit zu gewinnen, bemühte sich DE GAULLE um eine enge Partnerschaft mit ADENAUER, der von der amerikanischen Deutschlandpolitik enttäuscht war (deutsch-französischer Vertrag 22. 1. 1963), konnte aber die enge Bindung der BRD an die USA nicht wesentlich lockern.

➤ 1966 trat Frankreich aus dem militärischen (nicht aus dem politischen!) Teil der NATO aus, worauf die US-Truppen Frankreich verlassen mussten. Schon zuvor hatte Frankreich mit der Entwicklung eigener Kernwaffen begonnen.

1223 Auch unter LEONID BRESCHNJEW (1965–82) setzte die UdSSR die Entspannungspolitik gegenüber dem Westen fort. Innerhalb des „Ostblockes" wurde die kommunistische Ideologie jedoch mit aller Härte durchgesetzt (Niederschlagung des **„Prager Frühlings"** 1968).

➢ Die „Entstalinisierung" hatte insbesondere in der Tschechoslowakei zu einer gewissen „Weltaufgeschlossenheit" der Intellektuellen geführt („Prager Frühling" 1968); der neue Erste Sekretär der tschechoslowakischen KP ALEXANDER DUBČEK (1968–69) bemühte sich um einen „Kommunismus mit menschlichem Antlitz".

➢ Als die Reformpolitik der Tschechoslowakei für die UdSSR ein bedrohliches Ausmaß annahm, marschierten Truppen des Warschauer Paktes am 20./21. 8. 1968 in die Tschechoslowakei ein; DUBČEK wurde abgesetzt, die Reformpolitik beendet.

➢ Der Generalsekretär der KPdSU BRESCHNJEW rechtfertigte den Einmarsch damit, dass die Souveränität der sozialistischen Staaten ende, wenn das sozialistische Weltsystem bedroht sei (BRESCHNJEW-Doktrin).

➢ Aus Protest gegen den Einmarsch in die Tschechoslowakei trat Albanien, das sich an der Intervention nicht beteiligt hatte, 1968 aus dem Warschauer Pakt aus. Es geriet in der Folge in völlige außenpolitische Isolation.

➢ Der neue westdeutsche Bundeskanzler WILLY BRANDT (1969–74, SPD) vereinbarte 1970 mit der UdSSR und Polen eine Normalisierung der Beziehungen und schloss 1972 mit der DDR den sog Grundlagenvertrag ab, mit dem die beiden deutschen Staaten einander de facto Souveränität zuerkannten (Aufgabe der HALLSTEIN-Doktrin, ⇨ Rz 1221).

➢ Der Grundlagenvertrag war u.a. Voraussetzung dafür, dass sowohl die BRD als auch die DDR 1973 in die UNO aufgenommen werden konnten (im Gegensatz zu China, wo die Regierung in Peking bis heute und die Regierung in Taipeh bis 2007 am Gesamtvertretungsanspruch für ganz China festhalten bzw -hielten, weshalb 1971 die diplomatische Anerkennung der ersteren durch die UNO zum Ausschluss der letzteren führte).

1224 Sowohl auf Wunsch des Warschauer Paktes als auch der NATO fand 1972–75 in Helsinki und Genf die gemeinsame **Konferenz über Sicherheit und Zusammenarbeit in Europa** (KSZE) statt.

➢ Die Warschauer Pakt-Staaten forderten 1969 eine europäische Sicherheitskonferenz, bei der der zwischenstaatliche Gewaltverzicht im Vordergrund stehen sollte. Demgegenüber nahmen die NATO-Staaten 1970 auch den Menschenrechtsschutz in ihr Programm für eine derartige Konferenz.

➢ Die KSZE wurde 1972 in Helsinki eröffnet, wo auch am 1. 8. 1975 eine Schlussakte unterzeichnet wurde. Sämtliche Staaten Europas (außer Albanien) sowie die USA und Kanada nahmen an ihr teil.

➢ Die KSZE-Schlussakte trug beiden Hauptforderungen Rechnung, indem die Teilnehmerstaaten sich sowohl zur Enthaltung von Gewalt und zur Unverletzlichkeit der Grenzen, als auch zur Achtung der Menschenrechte verpflichteten.

➢ In weiteren Folgetreffen (ua Stockholm 1984–86; Wien 1986–89) wurde die Zusammenarbeit ausgebaut.

5. Erweiterung und Konsolidierung der EG

1225 Nach dem Rücktritt DE GAULLES 1969 konnten 1973 das UK sowie Irland und Dänemark in die Europäischen Gemeinschaften aufgenommen werden („**Norderweiterung**"). Der geplante Beitritt Norwegens kam nicht zustande.

➢ Das erste Gipfeltreffen der Staats- und Regierungschefs der EG nach dem Rücktritt DE GAULLES am 1./2. 12. 1969 in Den Haag brach die erstarrten Fronten auf; der neue französische Staatspräsident GEORGES POMPIDOU (1969–74) stimmte einer Erweiterung zu, worauf Verhandlungen mit dem UK, Irland, Dänemark und Norwegen begonnen wurden; die Beitrittsverträge wurden am 22. 1. 1972 unterzeichnet und traten am 1. 1. 1973 in Kraft.

➢ Das UK und Dänemark schieden mit 1. 1. 1973 aus der EFTA aus, die dadurch stark an Bedeutung verlor. Die übrigen EFTA-Staaten, auch Österreich, schlossen am 22. 7. 1972 ein Freihandelsabkommen mit der EWG.

➢ Eine Volksabstimmung in Norwegen 1972 brachte eine Ablehnung eines EG-Beitrittes; Grund war va die Sorge vor einer Öffnung der norwegischen Fischereigewässer für die übrigen EG-Mitgliedsstaaten.

➢ Aufgrund der EWG-Fischereipolitik trat auch das seit 1380/1814 (⇨ Rz 1135) zu Dänemark gehörende Grönland 1985 aus der EWG aus, obwohl es (autonomer) Bestandteil Dänemarks blieb. Es genießt seitdem einen Sonderstatus.

1226 Der Beitritt Griechenlands (1981), Spaniens und Portguals (beide 1986) zu den Europäischen Gemeinschaften („**Süderweiterung**") diente wesentlich der Stabilisierung der noch jungen Demokratien, bewirkte aber auch eine beträchtliche finanzielle Belastung der EG.

➢ 1967 hatte ein Putsch in Griechenland zur Errichtung einer Militärdiktatur unter GEORGIOS PAPADÓPOULOS geführt, Kg KONSTANTIN II. ging ins Exil. Das Militärregime wurde 1974 gestürzt, als der geplante Anschluss Zyperns an Griechenland scheiterte (⇨ Rz 1238); eine Volksabstimmung im selben Jahr brachte eine Befürwortung der Republik.

➢ Spanien war im 2. WK neutral geblieben, weshalb hier das faschistische Regime auch nach 1945 bestehen blieb. 1947 wurde Spanien zur Monarchie erklärt, doch blieb FRANCO bis zu seinem Tod 1975 Staatsoberhaupt. Kg JUAN CARLOS I. (seit 1975), Enkel von Kg ALFONSO XIII., der 1931 abgedankt hatte, leitete behutsam einen Demokratisierungsprozess ein. Ein Putschversuch 1982 scheiterte am Widerstand des Königs.

➢ Auch in Portugal war das 1926 errichtete autoritäre Regime (Ministerpräsident ANTÓNIO DE OLIVEIRA SALAZAR, 1932–68) nach dem 2. WK weiter aufrecht geblieben und wurde erst 1974 durch einen Militärputsch beseitigt; der Einfluss des Militärs auf die langsam entstehenden demokratischen Strukturen wirkte noch lange fort.

1227 Während es in den 1970er Jahren trotz einiger Bemühungen zu einem gewisser Stillstand in der Vertiefung der Europäischen Integration gekommen und die anfängliche „Europhorie" einer „Eurosklerosis" gewichen war, wurde die Integration in den 1980er Jahren wieder vorangetrieben und insbesondere der Ausbau zu einer politischen Gemeinschaft angestrebt. Die **Einheitliche Europäischen Akte** (EEA) vom 17./28. 2. 1986 erklärte die Schaffung einer „Europäischen Union" zum ausdrücklichen Ziel. Sie trat am 1. 7. 1987 in Kraft.

➤ Die Initiative zu einer Reform der EG kam zum einen von den Außenministern Italiens und der BRD, EMILIO COLOMBO und HANS DIETRICH GENSCHER, die 1981 erklärten, eine politische Union („Europäische Union") errichten zu wollen; zum anderen vom neuen Kommissionspräsidenten JACQUES DELORS (1985–94), der 1985 ein Weißbuch zur Vollendung des Binnenmarktes vorlegte.

➤ Die EEA ersetzte nicht die drei Gründungsverträge von 1951 und 1957, sondern novellierte sie umfassend und verband sie mit mit der – bis dahin nur informellen – Europäischen Politischen Zusammenarbeit (EPZ, ⇨ Rz 2208). Institutionalisiert wurden in der EEA auch die bislang ungeregelten Gipfeltreffen der Staats- und Regierungschefs der EG-Staaten, die schon seit 1974 als „Europäischer Rat" bezeichnet worden waren.

C Europa seit 1989

1. Die Überwindung der Teilung Europas

1228 In den 1980er Jahren begann die Geschlossenheit des „Ostblocks" allmählich aufzubrechen. Besonders in Polen geriet das kommunistische Regime in eine tiefe **Krise**. Für die UdSSR kündigte der neue KP-Chef MICHAIL S. GORBATSCHOW (1985–91) eine Reihe von Reformen an.

➤ Der Widerstand gegen die KP Polens fand seinen Rückhalt va in der katholischen Kirche, die durch die Wahl des Krakauer Erzbischofs KAROL WOJTYŁA zum Papst (JOHANNES PAUL II., 1978–2005) wesentlich gestärkt wurde.

➤ Die 1980 vom Danziger Werftarbeiter LECH WAŁESA gegründete parteiunabhängige Gewerkschaft *Solidarność* wurde de facto zu einer Oppositionspartei. 1981 verhängte die kommunistische Regierung das Kriegsrecht über Polen und verbot die *Solidarność*, konnte aber den immer stärkeren Widerstand nicht brechen.

➤ Nach dem Tod BRESCHNJEWS 1982 schwankte die KPdSU-Führung; es folgte zunächst der Reformer JURIJ ANDROPOW (1982–84), dann der konservative KONSTANTIN TSCHERNENKO (1984–85), die beide schon nach kurzer Zeit im Amt starben. 1985 wurde GORBATSCHOW neuer Generalsekretär der KPdSU. Er nahm eine wirtschaftliche Umgestaltung („Perestrojka") und Öffnung der Sowjetunion („Glasnost") in Angriff; auch eine Aufgabe der BRESCHNJEW-Doktrin (⇨ Rz 1223) wurde erwogen.

1229 1989 brachen die kommunistischen Regime in Polen, Ungarn, der DDR, der Tschechoslowakei, Rumänien und Bulgarien innerhalb weniger Monate zusammen („**Wende**").

➤ Der für viele überraschend schnelle Zusammenbruch des Ostblocks erfolgte großteils unblutig. Er war va auf die wirtschaftlichen Probleme der sozialistischen Staaten zurückzuführen; die kommunistischen Regime fanden, zumal sie die Reformpolitik GORBATSCHOW nicht mittragen wollten, keinen Rückhalt in der UdSSR mehr.

➤ JÁNOS KÁDÁR, seit Niederschlagung des ungarischen Aufstandes 1956 Generalsekretär der KP Ungarns, trat 1988 zurück; im Jänner 1989 verzichtete die ungarische KP auf ihren Führungsanspruch und ließ die Gründung weiterer Parteien zu.

➤ Im Februar 1989 begann die KP-Führung Polens Reformgespräche mit der von WAŁĘSA geleiteten Opposition zu führen. Am 24. 8. 1989 wurde die erste nicht-kommunistische Regierung Polens seit dem 2. WK gebildet; WAŁĘSA selbst war 1990–95 Staatspräsident Polens.

➤ Als Ungarn am 11. 9. 1989 die Grenze zu Österreich für DDR-Bürger öffnete, setzte eine Massenflucht ein; Demonstrationen (ua „Leipziger Montagsdemonstrationen") führten zum Sturz des SED-Chefs ERICH HONECKER. Am 9. 11. wurden die Grenzen zu West-Berlin und zur BRD geöffnet (Fall der „Berliner Mauer"). Neuwahlen am 18. 3. 1990 führten zu einer bürgerlich-demokratischen Regierung unter dem Ministerpräsidenten LOTHAR DE MAIZIÈRE (CDU).

➤ Der DDR-Volksaufstand initiierte die Erhebung in der Tschechoslowakei, deren KP am 29. 11. 1989 auf ihren Führungsanspruch verzichtete; neuer Staatspräsident wurde der Dichter und Dissident VÁCLAV HAVEL (1989–92), der das Wort von der „Samtenen Revolution" prägte.

➤ Auch in Rumänien und Bulgarien kam es zu Erhebungen, durch die die kommunistischen Regime stürzten; der rumänische KP-Chef NICOLAE CEAUȘESCU wurde am 25. 12. 1989 erschossen.

1230 Unter dem deutschen Bundeskanzler HELMUT KOHL (1982–98, CDU) erfolgte innerhalb eines Jahres die **deutsche Wiedervereinigung** (3. 10. 1990). Die vier alliierten Mächte verzichteten auf ihre Rechte in Bezug auf Deutschland und Berlin als Ganzes und entließen Deutschland in die uneingeschränkte Souveränität.

➤ Nach der Wende in der DDR war deren weitere Existenz zunächst umstritten; KOHL trat für eine Vereinigung mit der BRD innerhalb kürzester Zeit ein. Schon am 18. 5. 1990 wurde eine Wirtschafts- und Währungsunion geschaffen und die D-Mark anstelle der DDR-Mark als gemeinsame Währung eingeführt.

➤ In den „2+4-Verhandlungen" (BRD, DDR + UdSSR, USA, UK, Frankreich) wurde der völkerrechtliche Status des vereinten Deutschlands mit den ehemaligen Alliierten vereinbart. Mit dem am 12. 9. 1990 unterzeichneten Moskauer Vertrag wurde das Besatzungsstatut über Berlin aufgehoben, die Oder-Neiße-Linie als deutsch-polnische Grenze fixiert, der Austritt der DDR aus dem Warschauer Pakt und dem COMECON, die Mit-

gliedschaft des vereinten Deutschlands in NATO und EG sowie der deutsche Verzicht auf Kernwaffen vereinbart.
➢ Mit dem Einigungsvertrag vom 31. 8. 1990 wurde der Beitritt mit Wirkung vom 3. 10. beschlossen. Mit diesem Zeitpunkt wurde die DDR in fünf Länder aufgegliedert, so dass das vereinte Deutschland 16 Länder (zehn westdeutsche, fünf ostdeutsche und Berlin) umfaßt.
➢ Juristisch erfolgte der Beitritt durch Unterstellung der neuen Länder unter das Geltungsgebiet des GG nach Art 23 (alt), wie es schon 1957 beim Saarland (⇨ Rz 1219) erfolgt war, was insbesondere eine staats- und völkerrechtliche Kontinuität des vereinten Deutschland mit der BRD (nicht dagegen mit der DDR) bedeutete; die in Westdeutschland geltenden Gesetze (zB das BGB) wurden mit wenigen Ausnahmen auch in den neuen Ländern in Geltung gesetzt.

1231 Am 28. 6. 1991 wurde der **COMECON**, am 1. 7. 1991 auch der **Warschauer Pakt aufgelöst.** Die ehemaligen Staaten des Ostblocks traten dem Europarat bei. Die KSZE wurde 1995 zur Organisation für Sicherheit und Zusammenarbeit in Europa (OSZE) umgewandelt.

➢ Die Folgetreffen der KSZE (⇨ Rz 1224) hatten wesentlich zur Überwindung der Spaltung Europas beigetragen. Dem va auf dem Treffen von Paris 1990 ausgesprochenen Willen nach einer Intensivierung der Zusammenarbeit wurde auf dem Folgetreffen von Helsinki 1992 durch die Umwandlung zur OSZE (mit Wirkung vom 1. 1. 1995) Rechnung getragen.
➢ Durch das Ende des Warschauer Paktes hatte auch die NATO ihre ursprüngliche Aufgabe verloren und begann mit einer Neuorientierung, die derzeit noch nicht abgeschlossen ist. Aus diesen Bemühungen ging ua 1994 das Programm „Partnership for Peace" hervor, an dem sich sowohl ehemalige Warschauer Pakt-Staaten als auch neutrale Staaten wie Österreich beteiligten.
➢ Mit den Beitritten von 1999 (Polen, Tschechien, Ungarn) und 2004 (Bulgarien, Estland, Lettland, Litauen, Rumänien, Slowenien, Slowakei) wurden ehemalige Mitgliedsstaaten des Warschauer Pakts und sogar ehemalige (⇨ Rz 1232) Sowjetrepubliken Mitglieder der NATO.

2. Der Zerfall der Vielvölkerstaaten Mittel- und Osteuropas

1232 In der UdSSR führte der Zerfall des Ostblocks zu schweren Krisen und schließlich zum **Zerfall der Sowjetunion.** Am 8. 12. 1991 bildeten die Präsidenten Russlands, Weißrusslands und der Ukraine die *Gemeinschaft der Unabhängigen Staaten*, der auch die meisten übrigen ehemaligen Sowjetrepubliken beitraten; am 25. 12. 1991 trat GORBATSCHOW zurück.

➢ Der Reformkurs GORBATSCHOWS stieß im Inland auf immer größere Schwierigkeiten und wurde teilweise auch sabotiert. Der Zerfall des Ostblockes bedeutete für die Sowjetunion den Verlust ihrer Stellung als Supermacht, was die Unzufriedenheit weiter steigerte.

➢ 1990 veranlasste GORBATSCHOW eine Verfassungsänderung und ließ sich zum Präsidenten nach US-Vorbild wählen, was jedoch seinen realen Machtverlust nicht aufhalten konnte. Im Februar/März 1991 ergaben Volksabstimmungen in Estland, Lettland und Litauen jeweils Mehrheiten für einen Austritt aus der UdSSR.

➢ Im August 1991 unternahmen die Reformgegner einen Putschversuch, setzten GORBATSCHOW gefangen und erklärten ihn für abgesetzt. Der Putsch scheiterte am Widerstand des Präsidenten der sowjetischen Teilrepublik Russland, BORIS JELZIN (1991–99), der zum neuen „starken Mann" in der zerfallenden Sowjetunion wurde.

➢ Durch den Zerfall der Sowjetunion erlangten Russland, die Ukraine, Weißrussland, Estland, Lettland, Litauen, Moldawien, Georgien, Armenien und Aserbaidschan, Kasachstan, Usbekistan, Turkmenistan, Tadschikistan und Kirgisien Souveränität. Diese Staaten sind großteils selbst wieder multiethnisch zusammengesetzt; allein in Russland werden über 100 Minderheiten gezählt, von denen insbesondere die Tschetschenen nach Unabhängigkeit streben (Bürgerkrieg seit 1991).

➢ Die Gemeinschaft Unabhängiger Staaten, der die genannten Staaten mit Ausnahme der (mittlerweile zur EU gehörenden) baltischen Staaten angehören, ist ein loser völkerrechtlicher Verbund. Innerhalb der Gemeinschaft haben Russland und Weißrussland ein besonders enges Verhältnis, doch wurde die 1996 geschlossene Zollunion 2001 wieder aufgelöst, eine 1999 geplante Währungsunion bis heute nicht verwirklicht.

1233 Im Zusammenhang mit dem Niedergang der kommunistischen Regime kam es auch zum **Zerfall der Tschechoslowakei und Jugoslawiens**. Während Tschechien und die Slowakei ihre Unabhängigkeit mit 1. 1. 1993 im friedlichen Weg erlangten, führte der Zerfall Jugoslawiens 1991/92 zu einem blutigen Bürgerkrieg.

➢ Die Teilung der Tschechoslowakei wurde vom tschechischen Ministerpräsidenten VÁCLAV KLAUS und seinem slowakischen Kollegen VLADIMIR MEČIAR am 23. 7. 1992 einvernehmlich geregelt.

➢ In Jugoslawien kündigten sich Nationalitätenkonflikte schon bald nach dem Tod der Integrationsfigur TITO 1980 an. Als sich der serbische Präsident SLOBODAN MILOSEVIC (1989–97) 1991 der Wahl des Kroaten STJEPAN MESIĆ zum jugoslawischen Staatspräsidenten widersetzte, kam es zum offenen Bruch.

➢ Am 25. 6. 1991 erklärten Slowenien und Kroatien ihre Unabhängigkeit; zu einer kriegerischen Auseinandersetzung kam es insbesondere wegen der serbischen Minderheit in Kroatien (1991–95).

➢ In Bosnien sprachen sich die dortigen Kroaten und Muslime 1992 für die Unabhängigkeit aus, während die bosnischen Serben den Anschluss an Serbien propagierten. Der daraus resultierende Bürgerkrieg endete im Vertrag von Dayton vom 21. 11. 1995 mit einer internen Teilung des Landes in einen kroatisch-muslimischen und einen serbischen Teil unter nomineller Wahrung der staatlichen Einheit. Die Einhaltung des Vertrages

wurde zunächst von NATO-Truppen überwacht (IFOR, SFOR), welche 2004 von einer Streitmacht der EU (EUFOR) abgelöst wurden.
➢ Am 19. 11. 1991 erklärte auch Mazedonien seine Unabhängigkeit. Hier kam es zu kriegerischen Konflikten mit der albanischen Minderheit. 2003 wurde Mazedonien für wenige Monate von EUFOR-Soldaten besetzt.
➢ Die verbliebenen Teilrepubliken Serbien und Montenegro schlossen sich 1992 zur „Bundesrepublik Jugoslawien" („Restjugoslawien") zusammen, die 2003 zu einem bloßen Staatenbund umgewandelt und 2006 ganz aufgelöst wurde.
➢ Innerhalb Serbiens kam es in der Provinz Kosovo zu einem blutigen Krieg mit der albanischen Minderheit, der erst 1999 durch eine militärische Intervention der USA beendet wurde. Der Kosovo ist seitdem von NATO-Truppen (KFOR) besetzt. MILOSEVIC, 1997–2000 Staatspräsident der Bundesrepublik Jugoslawien, wurde wegen Völkermord an ein eigens geschaffenes Kriegsverbrechertribunal in Den Haag (⇨ Rz 1213) ausgeliefert, starb jedoch 2006, noch während des Prozesses, in Haft.

3. Die Europäische Union

1234 Die schon vor 1989 vorhandenen Bestrebungen zur Schaffung einer Europäischen Union (EU) erhielten durch den Zerfall des Ostblocks und die deutsche Wiedervereinigung (⇨ Rz 1230) wesentliche neue Impulse. Die 1990 offiziell aufgenommenen Verhandlungen führten zum **Vertrag von Maastricht** (*Vertrag über die Europäische Union*) vom 7. 2. 1992. Mit ihm wurden die drei supranationalen Gemeinschaften als „erste Säule" der Europäischen Union durch zwei weitere „Säulen", die Gemeinsame Außen- und Sicherheitspolitik (GASP) sowie die Zusammenarbeit in den Bereichen Justiz und Inneres ergänzt. Die EWG wurde in „Europäische Gemeinschaft" (EG) umbenannt und ihre Kompetenzen wesentlich vermehrt. Mit dem Inkrafttreten des Maastrichter Vertrages am 1. 11. 1993 trat die Europäische Union ins Leben.
➢ Die Errichtung der EU wurde va vom deutschen Bundeskanzler KOHL und Außenminister GENSCHER vorangetrieben, die mit einer festen Verankerung Deutschlands in Europa Ängste vor einer Erstarkung des vereinten Deutschland nehmen wollten. Sie fanden wesentliche Unterstützung beim französischen Staatspräsidenten FRANÇOIS MITTERAND (1981–95) und bei Kommissionspräsident DELORS.
➢ So wie schon die EEA 1986 ist der EU-Vertrag ein Mantelvertrag, der die Gründungsverträge von 1951/57 nicht ersetzt, sondern tief greifend novelliert und durch weitere Bestimmungen ergänzt.
➢ Die Umbenennung der EWG in EG zeigt, dass die Integration den Bereich der Wirtschaftspolitik bereits wesentlich überschritten hat. Sie ist der eigentliche „Kern" der EU; die Bezeichnungen „EG" und „EU" werden häufig undifferenziert gebraucht. Die EAG und die (2002 ausgelaufene; ⇨ Rz 2204) EGKS traten demgegenüber immer weiter in den Hintergrund.

> Die drei „Säulen", aus denen sich die EU zusammensetzt, sind nicht gleichartig: Während es sich bei der ersten Säule um drei supranationale Organisationen handelt, stellen Säule II und III Bereiche der Intergouvernementalen Zusammenarbeit dar, für die im Wesentlichen die allgemeinen völkerrechtlichen Regeln gelten.

> Die EU selbst kann als Dachorganisation für die drei Säulen angesehen werden; ihre eigene Rechtsnatur ist strittig. Einziges ihr direkt zugeordnetes Organ ist der Europäische Rat (⇨ Rz 2214); ansonsten handelt auch sie durch die Organe von Säule I.

> Das Inkrafttreten des EU-Vertrages verzögerte sich, weil eine Volksabstimmung in Dänemark zunächst eine Ablehnung des Vertrages brachte. Nachdem in weiteren Verhandlungen Sonderregelungen für Dänemark vereinbart wurden, ergab eine zweite Volksabstimmung ein Votum für den EU-Vertrag.

1235 Parallel zur Gründung der EU betrieb insbesondere Kommissionspräsident DELORS die Errichtung eines **Europäischen Wirtschaftsraums** (EWR), der die Staaten der EU mit den EFTA-Staaten verbinden sollte. Der EWR-Vertrag wurde am 2. 5. 1992 in Porto abgeschlossen und trat am 1. 1. 1994 in Kraft.

> Die Verwirklichung des Binnenmarktes in den EG/EU-Staaten 1992 weckte in den EFTA-Staaten die Befürchtung wirtschaftlicher Nachteile. Der EWR sollte ihnen die Teilnahme am Binnenmarkt ermöglichen, ohne dass sie der EG/EU formell beitraten.

> Die EG ihrerseits wollte sich ihre Entscheidungsautonomie nicht durch eine übergeordnete Organisation nehmen lassen. Jede Rechtssetzung im EWR musste daher von den EG-Organen ausgehen, was zu einer Ungleichgewichtung von EG und EFTA führte.

> Als einziges EFTA-Land nahm die Schweiz aufgrund des Ergebnisses einer Volksabstimmung am EWR nicht teil. In Österreich wurde eine Volksabstimmung nach Art 44 Abs 3 B-VG (⇨ Rz 2149) trotz der weit reichenden Konsequenzen des EWR-Beitritts nicht für notwendig erachtet.

1236 Die meisten EFTA-Staaten sahen den EWR nur als Übergangslösung bis zu einer vollständigen Integration in die EU. Am 1. 1. 1995 erfolgte der **EU-Beitritt Österreichs, Schwedens und Finnlands**.

> Schon 1989 hatte Österreich einen Beitrittsantrag gestellt; Schweden, Finnland sowie auch Norwegen und die Schweiz folgten. Volksabstimmungen in Österreich, Schweden und Finnland 1994 führten zu einer Bejahung des EU-Beitritts.

> In Norwegen führte eine Volksabstimmung 1994 so wie schon 1972 erneut zur Ablehnung eines EU-Beitrittes; abermals waren die Fischereirechte, diesmal va die Konkurrenz zu den spanischen Fischern, ausschlaggebend. In der Schweiz hatte schon das negative Ergebnis der EWR-Volksabstimmung einen EU-Beitritt faktisch unmöglich gemacht, stattdessen wurden eine Reihe bilateraler Abkommen geschlossen.

> Vgl zum Beitritt Österreichs noch ausführlich ⇨ Rz 1326.

Übersicht 3: Die Europäische Union

EU
seit 1993

I. SÄULE: seit 1952/58	II. SÄULE: seit 1970	III. SÄULE: seit 1993
EGKS (1952–2002)	Europäische Politische Zusammenarbeit (1970–93)	Zusammenarbeit i d Bereichen Justiz u Inneres (1993–99)
EWG (1958–92) EG (seit 1993)	Gemeinsame Außen- u Sicherheitspolitik (seit 1993)	Polizeiliche u justizielle Zusammenarbeit in Strafsachen (seit 1999)
EAG (seit 1958)		
supranationale Organisationen	intergouvernementale Zusammenarbeit	intergouvernementale Zusammenarbeit

GRÜNDUNGSMITGLIEDER:
Belgien, BR Deutschland, Frankreich, Italien, Luxemburg, Niederlande

BEITRITTE:
1973: Dänemark, Irland, Vereinigtes Königreich;
1981: Griechenland; 1986: Spanien, Portugal;
1995: Österreich, Schweden, Finnland;
2004: Estland, Lettland, Litauen, Malta, Polen, Slowakei, Slowenien, Tschechien, Ungarn, Zypern
2007: Bulgarien, Rumänien

1237 Die weitere Entwicklung der Europäischen Union war va vom Bemühen um eine **Gesamtreform der Institutionen** geprägt, um auch für weitere Beitritte, insbesondere der ostmitteleuropäischen Staaten, gerüstet zu sein. Die Vertragsrevisionen in *Amsterdam* 1997 und *Nizza* 2001 erreichten dieses Ziel jedoch nicht, sondern führten nur zu Veränderungen in – wenn auch wichtigen – Detailfragen.

➤ Die Revision des Maastrichter Vertrages war in diesem selbst vorgesehen gewesen („Maastricht II"), womit die Dynamik des Integrationsprozesses aufrecht erhalten werden sollte. Die weiteren Beratungen zeigten jedoch ein Überwiegen der nationalstaatlichen Interessen vor Bestrebungen zu einer Vertiefung der Union.

➤ Der Vertrag von Amsterdam vom 2. 10. 1997, der am 1. 5. 1999 in Kraft trat, brachte einige Änderungen des EU-Vertrages und des EG-Vertrages; insbesondere wurden Kompetenzen der III. Säule in die supranationale I. Säule transferiert und dadurch gestärkt. Die in ihrer Bedeutung geminderte III. Säule trägt nunmehr die Bezeichnung „Polizeiliche und justitielle Zusammenarbeit in Strafsachen".

➤ Der Vertrag von Amsterdam anerkannte auch das Prinzip der „Verstärkten Zusammenarbeit" (Art 43–45 EUV), wonach an einzelnen Integrationsbereichen nicht alle EU-Staaten teilnehmen müssen, die teilnehmenden aber auf EU-Organe, Verfahren und Mechanismen zurückgreifen können.

➤ Beispiele hierfür sind etwa das Schengener Abkommen oder die Einführung des Euro, welche nicht in bzw für alle EU-Staaten gelten, sodass derzeit einige Mitgliedsstaaten stärker, andere weniger stark am Europäischen Integrationsprozess beteiligt sind. Diese differenzierte Integration, die von den EWG-Gründungsvätern noch abgelehnt worden war, wird in Zukunft wohl noch an Bedeutung zunehmen.

➤ Auf dem Gipfel von Nizza wurden insbes die Modalitäten für die bevorstehende „Osterweiterung" (⇨ Rz 1238) sowie auch eine Grundrechtscharta (⇨ Rz 2309) vereinbart. Der Vertrag von Nizza wurde am 26. 2. 2001 unterzeichnet; aufgrund eines zunächst negativen Referendums in Irland verzögerte sich sein Inkrafttreten bis zum 1. 2. 2003.

1238 Am 1. 5. 2004 traten Estland, Lettland, Litauen, Malta, Polen, Slowenien, die Slowakei, Tschechien, Ungarn und Zypern der EU bei; Rumänien und Bulgarien folgten am 1. 1. 2007. Diese **„Osterweiterung"** stellt die EU vor ihre bislang größte Herausforderung.

➤ Alle Beitrittsländer mit Ausnahme von Malta und Zypern waren bis 1989 kommunistisch geführt worden. Der Beitritt zur EU war nur durch radikale wirtschaftliche Reformen möglich; dennoch stellt er, mehr noch als 1981/86 die „Süderweiterung" (⇨ Rz 1226), eine starke finanzielle Belastung der EU dar.

➤ Va Deutschland und Österreich fürchteten, dass die Öffnung ihrer Grenzen nach Osten wirtschaftliche Nachteile für sie bringen könnte, ua auf dem Arbeitsmarkt. Diesen Ängsten wurde für eine Übergangszeit mit starken Beschränkungen der Grundfreiheiten begegnet. Die neuen Länder traten vorläufig weder der Schengen-, noch der Euro-Zone bei (⇨ Rz 2207, Rz 2209), so dass die Wirkungen des Beitritts erst nach und nach zum Tragen kamen bzw kommen werden.

➤ Der Beitritt ehemaliger Warschauer-Pakt-Staaten, ja sogar ehemaliger Sowjetrepubliken zur EU führte zu Spannungen mit Russland, auch wegen dessen Provinz Kaliningrad (⇨ Rz 1209), die nunmehr eine russische Enklave im EU-Raum bildet.

➤ Zypern ist seit der gescheiterten griechischen Annexion 1974 (⇨ Rz 1226) de facto in zwei Staaten geteilt, wobei Nordzypern von der Türkei besetzt und international nicht anerkannt wird; die innerzyprische Grenze wird von der UNO überwacht. Ein von der UNO ausgearbeiteter Plan zur Wiedervereinigung Zyperns scheiterte am Widerstand des griechischsprachigen Südteils (Referendum am 24. 4. 2004), sodass das EU-Recht mit 1. 5. 2004 faktisch nur im Südteil wirksam wurde.

1239 Im Dezember 2001 setzte der Europäische Rat in Laeken einen Verfassungskonvent ein, der bis Juli 2003 einen *Verfassungsentwurf* ausarbeitete. Auf dieser Grundlage beschloss der Europäische Rat den **Vertrag über eine Verfassung für Europa**, der am 29. 10. 2004 in Rom unterzeichnet wurde. Negative Referenden in Frankreich und in den Niederlanden brachten dieses Projekt jedoch zum Scheitern. Nach einer längeren „Nachdenkphase" erreichte schließlich die deutsche Ratspräsidentschaft im Juli 2007 die Zustimmung der übrigen EU-Staaten zu einem **Reformvertrag**. Er wurde am 19. 10. 2007 vom Europäischen Rat in Lissabon angenommen; die formelle Unterzeichnung soll am 13. 12. 2007, ebenfalls in Lissabon, erfolgen.

➤ Bereits die in Nizza beschlossene EU-Grundrechtscharta war von einem Konvent unter Vorsitz des ehemaligen (1994–99) deutschen Bundespräsidenten ROMAN HERZOG ausgearbeitet worden, um den Einfluss der nationalen Einzelinteressen zu reduzieren. Nach diesem Vorbild wurde 2001 der Europäische Verfassungskonvent eingerichtet.

➤ Der Verfassungskonvent bestand aus je einem Vertreter der Staats- und Regierungschefs sowie je zwei Vertretern der nationalen Parlamente, und zwar sowohl jener Länder, die der EU bereits angehörten, als auch jener Länder, die ihr erst 2004 beitraten. Das Europäische Parlament entsandte 16, die Europäische Kommission zwei Vertreter. Mit dem Vorsitz wurde der ehemalige (1974–81) französische Staatspräsident VALÉRY GISCARD D'ESTAING betraut.

➤ Die in der Öffentlichkeit verwendeten Begriffe „Verfassung", „Föderation" etc ließen Befürchtungen aufkommen, dass ein „Europäischer Superstaat" errichtet werden sollte. Tatsächlich aber ging es bei den Konventsarbeiten va um eine Vereinfachung und Harmonisierung des über zahlreiche Verträge zerstreuten Europäischen Primärrechts (⇨ Rz 2217), auch eine Behebung des Demokratiedefizits in der EU wurde angestrebt, und nicht zuletzt sollten die 1951/57 für eine Gemeinschaft von sechs Mitgliedern erarbeiteten Strukturen auf eine Gemeinschaft von 25 Staaten angepasst werden.

➢ Die Ratifikation des Verfassungsvertrags sollte nach dem jeweiligen Verfassungsrecht der einzelnen Staaten erfolgen, die daher nur zT Referenden abhielten (⇨ Rz 2149). Von diesen führten jene in Spanien am 20. 2. und Luxemburg am 10. 7. 2005 zu einer Bejahung, hingegen jene in Frankreich am 29. 5. und in den Niederlanden am 1. 6. 2005 zu einer Ablehung des Vertrages.

➢ Die beiden negativen Ergebnisse rückten die Idee einer Europäischen Verfassung abermals in weite Ferne. Insbesondere Polen weigerte sich in der Folge, den in Nizza erreichten Stand aufzugeben; aus dem UK kamen Bedenken gegen die Integration der EU-Grundrechtscharta in die Verfassung.

➢ Der am 19. 10. 2007 paraphierte Reformvertrag verzichtet auf jegliche Staatssymbolik (Fahne, Hymne etc) und bezeichnet sich bewusst nicht als „Verfassung", sondern stellt erneut nur eine Revision der Verträge von 1957 und 1992 dar. An der Verschmelzung von EU und EG soll dennoch festgehalten, der EG-Vertrag in „Vertrag über die Arbeitsweise der Europäischen Union" umbenannt, die EU-Grundrechtscharta nicht integriert, sondern auf sie nur verwiesen werden.

Dritter Abschnitt
Österreich seit 1918

A Die Erste Republik (1918–1933)

1. Die Gründung der Republik

1301 Angesichts des Zerfalls der Österreichisch-Ungarischen Monarchie (⇨ Rz 1157) bildeten die deutschsprachigen Abgeordneten des österr Reichsrates im Oktober 1918 eine **Provisorische Nationalversammlung** (ProvNV) und beschlossen am 30. 10. 1918 die **Gründung des Staates Deutschösterreich**. Dieser Staat sollte alle deutschsprachigen Gebiete der ehemaligen österr Reichshälfte der Monarchie sowie den deutsch besiedelten Teil Westungarns (Burgenland) umfassen (zusammen ca 10 Millionen Einwohner). Da der neue Staat nicht für allein lebensfähig erachtet wurde, war der Anschluss an das Deutsche Reich geplant.

➢ Entsprechend dem Völkermanifest Ks KARLS I. vom 16. 10. (⇨ Rz 1157) hatten sich die deutschsprachigen Abgeordneten bereits am 21. 10. (absichtlich nicht im Reichsratsgebäude, sondern) im niederösterreichischen Landhaus versammelt. Schon bald wurde jedoch klar, dass die ProvNV nicht, wie im Manifest vorgesehen, über eine Neugestaltung der Monarchie, sondern über die Gründung eines neuen Staates beraten würde. Tatsächlich übernahm die ProvNV durch § 1 Staatsgründungsbeschluss 30. 10. 1918 die „oberste Gewalt des Staates Deutschösterreich".

➢ Zu einem derartigen Schritt waren die Reichsratsabgeordneten – aus der Sicht des monarchischen Staatsrechtes – nicht befugt, ja er müsste sogar als Hochverrat qualifiziert werden! Die Gründung Deutschösterreichs erfolgte unter Bruch der Rechtskontinuität, also durch eine Revolution im juristischen Sinne. Die Republik lehnte jede Rechtsnachfolge nach der Monarchie ab und stand zu ihr im Zustand der *formellen Diskontinuität*.

➢ Eine *materielle Kontinuität* zwischen Monarchie und Republik ergab sich allerdings durch die generelle Übernahme der bisher geltenden Rechtsordnung in den Rechtsbestand der Republik (§ 16 Staatsgründungsbeschluss). Im politischen Sinne Kontinuitätsträger waren ferner die politischen Parteien (Sozialdemokraten, Christlichsoziale und Großdeutsche), die zunächst in allen am 30. 10. gebildeten Kollegialorganen zusammenwirkten.

➢ Während die Gesetzgebung von der ProvNV selbst wahrgenommen werden sollte, wurde mit der Regierungs- und Vollzugsgewalt ein Staatsrat betraut, der aus den drei (gleichberechtigten) Präsidenten der ProvNV sowie zwanzig weiteren Abgeordneten bestehen sollte; einer von ihnen sollte als Notar die Ausfertigungen beurkunden (worin ein rudimentärer Rest der monarchischen Sanktion gesehen werden kann), ein anderer die Kanzlei führen, woraus sich das Amt des Staatskanzlers entwickelte.

➢ Die Führung der obersten Verwaltungsgeschäfte wurde nicht unmittelbar vom Staatsrat wahrgenommen, sondern von einer von ihm ernannten, aus Staatssekretären bestehenden Staatsregierung. Deren Leitung kam ab 19. 12. 1918 dem Staatskanzler (dem Sozialdemokraten KARL RENNER) zu, der damit die Rolle eines Regierungschefs erhielt.

➢ In den Ländern hatten sich ebenso revolutionär Provisorische Landesversammlungen gebildet, allerdings nicht aus den Landtagsabgeordneten, da diese noch nach dem alten Kurien- u Zensuswahlrecht gewählt worden waren, sondern entsprechend dem Stimmenverhältnis der Reichsratswahl 1911. Mit dem G 14. 11. 1918 betreffend die Übernahme der Staatsgewalt in den Ländern erkannte die ProvNV diese Landesversammlungen an u gewährte ihnen das ehemals den LT zustehende Landesgesetzgebungsrecht. Damit wurde Deutschösterreich kein Bundesstaat, sondern so wie vordem Cisleithanien ein dezentralisierter Einheitsstaat.

Studienwörterbuch: Deutschösterreich; materielle Kontinuität; Österreich; Provisorische Nationalversammlung; Revolution; Staatsgründungsbeschluss 1918.

1302 Die Monarchie bestand de jure noch bis zur Selbstauflösung des AH am 12. 11. 1918 fort, nachdem das HH bereits am 30. 10. seine letzte Sitzung abgehalten und Kaiser KARL I. am 11. 11. auf seinen „Anteil an den Staatsgeschäften verzichtet" hatte; aus diesem Grund erfolgte am 12. 11. die (nochmalige) **Proklamation der Republik** „Deutschösterreich" als eines Teils der „Deutschen Republik". Erst am 3. 4. 1919 erfolgte mit dem Habsburgergesetz die formelle (aber rechtlich irrelevante) Absetzung des Kaisers.

➢ Die von Ks KARL I. gewählte Formulierung war bewusst kein formeller Thronverzicht, da ein solcher für ihn nicht in Frage kam (aA BRAUNEDER!). Sie bezog sich nur auf Deutschösterreich, für Ungarn gab er am 13. 11. eine ähnliche Erklärung ab (➪ Rz 1201).

➢ De facto hatte sich die ProvNV aber schon am 30. 10. 1918 für die republikanische Regierungsform entschieden, da der Staatsgründungsbeschluss kein monarchisches Oberhaupt vorsah; ein „Thronverzicht" konnte für Deutschösterreich schon aufgrund der formellen Diskontinuität zur Monarchie keine juristische Bedeutung haben.

➢ Ks KARL I. blieb noch bis zum 24. 3. 1919 in Österreich und ging dann ins Exil, aus welchem Anlass er seine Erklärung vom 11. 11. 1918 widerrief. Erst im Nachhinein, am 3. 4. 1919, wurde er mit dem Habsburgergesetz formell abgesetzt und des Landes verwiesen, ebenso alle anderen Habsburger, diese, soweit sie nicht auf ihre Mitgliedschaft zum Erzhaus verzichteten und sich zur Republik bekannten. Das Vermögen der Habsburger wurde, soweit es nicht reines Privatvermögen war, eingezogen.

➢ Bei der Ausrufung der Republik auf der Parlamentsrampe durch den Präsidenten der ProvNV, FRANZ DINGHOFER (Großdeutsche Partei), entstand ein von der neu gegründeten Kommunistischen Partei ausgelöster Tumult, der zwei Menschenleben forderte.

➤ Der österreichische Anschlusswunsch wurde in Deutschland zustimmend zur Kenntnis gekommen, auch wenn es zu keinem vergleichbaren Verfassungsbeschluss kam. Doch nahmen ua deutschösterreichische Vertreter an der Weimarer Nationalversammlung (⇨ Rz 1205) teil und waren auch im dt Reichsrat, wenn auch vorläufig ohne Stimmrecht, vertreten. Verhandlungen über einen Anschluss Deutschösterreichs wurden in Angriff genommen.

Studienwörterbuch: Habsburgergesetz 1919.

1303 Von den Siegermächten des 1. WK wurde Deutschösterreich neben Ungarn als einer der Rechtsnachfolger Österreich-Ungarns gesehen und der Name auf „Republik Österreich" festgelegt. Im **Vertrag von St. Germain-en-Laye** 10. 9. 1919 wurden ua die Grenzen des Staates bestimmt, doch folgten diese, entgegen der vom US-Präsident WILSON 1918 propagierten Nachkriegsordnung („14 Punkte", ⇨ Rz 1157) nur selten den Sprachgrenzen. In Art 88 wurde der Anschluss an Deutschland de facto verboten; ferner enthielt der Vertrag militärische und Rüstungsbeschränkungen sowie Grundrechtsbestimmungen zugunsten religiöser und ethnischer Minderheiten (⇨ Rz 2329).

➤ In den deutsch besiedelten Teilen Böhmens und Mährens waren 1918 die Länder „Deutschböhmen" und „Sudentenland" entstanden, die ebenso wie die deutschen Sprachinseln in Brünn, Iglau und Olmütz von Deutschösterreich beansprucht wurden. Der Vertrag von St. Germain legte jedoch die österreichisch-tschechoslowakische Grenze im Wesentlichen entlang der historischen Grenzen Böhmens und Mährens (mit kleineren Abweichungen zugunsten der Tschechoslowakei) fest.

➤ Auch sonst erfolgte die Grenzziehung meist zuungunsten Österreichs u jeweils nach anderen Gesichtspunkten, womit insgesamt ca 4 Millionen deutschsprachige Einwohner von Österreich getrennt wurden. So insbesondere Südtirol, bei dem die Grenze zwischen Italien und Österreich weder nach historischen, noch nationalen, sondern nach geographischen Gesichtspunkten (Brennerpass) gezogen wurde.

➤ An der Grenze zu Jugoslawien war es bereits zu bewaffneten Konflikten (sog Abwehrkämpfen) gekommen. Im südlichen Kärnten ordneten die Siegermächte eine Volksabstimmung an; deren Ausgang (10. 10. 1920) führte zum Verbleib des Abstimmungsgebietes (Gebiet A) bei Österreich und zur Unterlassung einer Volksabstimmung in einem weiteren geplanten, auch Klagenfurt umfassenden Abstimmungsgebiet B.

➤ Einzig das Burgenland wurde Österreich auf Kosten Ungarns zugestanden, zumal auch Ungarn ein Verlierer des 1. WK war. In der Folge wurde das Gebiet von der ungarischen Armee zwar geräumt, doch verhinderten Freischärler vorerst die Inbesitznahme des Burgenlandes durch österreichisches Militär. Der ungarische Widerstand konnte erst durch italienische Vermittlung beigelegt werden (*Venediger Protokoll* 13. 10. 1921). Die dabei zwischen Österreich und Ungarn vereinbarte Volksabstimmung im Gebiet von Ödenburg (Sopron) ging zugunsten Ungarns aus, weshalb Österreich Ödenburg – welches eigentlich als Hauptstadt des Burgenlandes vorgesehen war – samt Umgebung wieder aufgeben musste.

➢ Der geplante Anschluss an das Deutsche Reich wurde zwar nicht dezidiert untersagt, aber von einer Zustimmung des Völkerbundes abhängig gemacht, die de facto nicht zu erreichen war. Eine entsprechende Bestimmung wurde auch in den Vertrag von Versailles aufgenommen (⇨ Rz 1201), die österreichischen Mitglieder im dt Reichsrat mussten aus diesem ausscheiden.

➢ Die in St. Germain erfolgte Namensänderung wurde mit dem G 21. 10. 1919 auch verfassungsrechtlich vollzogen, doch lehnte es die Republik bei dieser Gelegenheit erneut ab, Universalrechtsnachfolger nach der Monarchie zu sein und andere als die in St. Germain ausdrücklich übernommenen Verpflichtungen zu übernehmen.

Studienwörterbuch: Burgenland; Saint Germain, Vertrag von (1919); Sudetenland; Südtirol; Venediger Protokoll.

2. Das Bundes-Verfassungsgesetz 1920

1304 Die ProvNV bestand zwar aus gewählten Abgeordneten, doch waren diese zu einem anderen Zweck (nämlich zur Mitgliedschaft im AH) gewählt worden waren, sodass die demokratische Legitimation der ProvNV zur Verfassungsgebung zweifelhaft erschien. Aus diesem Grund beschloss sie selbst keine definitive Verfassung, sondern überließ diese Frage einer eigens gewählten **Konstituierenden Nationalversammlung** (KNV). Zur Wahl der KNV, die am 16. 2. 1919 stattfand, waren erstmals auch Frauen zugelassen, eine weitere wichtige Neuerung war das Verhältnis- anstelle des bisherigen Mehrheitswahlrechts (⇨ Rz 2154). Als stärkste Partei gingen die Sozialdemokraten aus den Wahlen hervor, gefolgt von den Christlichsozialen. Die KNV trat am 4. 3. 1919 zusammen und beschloss zunächst, am 14. 3., mit zwei Verfassungsgesetzen Änderungen der bisherigen provisorischen Verfassung.

➢ Die Wahl der KNV wurde als ausreichende demokratische Legitimation angesehen, eine Volksabstimmung über die Verfassung nicht durchgeführt. Dies wurde zwar teilweise kritisiert, doch wurde zB die tschechoslowakische Verfassungsurkunde 29. 2. 1920 weder durch eine Volksabstimmung legitimiert, noch von einem gewählten Parlament in Kraft gesetzt, sondern von einer Nationalversammlung beschlossen, die von den politischen Parteien nach einem proportionalen Schlüssel beschickt worden war.

➢ Während die ProvNV drei gleichberechtigte Präsidenten hatte, wählte die KNV einen Ersten Präsidenten (den Sozialdemokraten KARL SEITZ) sowie zwei Stellvertreter (Zweiten und Dritten Präsidenten). Der Erste Präsident hatte auch die Funktion eines Staatsoberhauptes.

➢ Der Staatsrat wurde als zu schwerfälliges Organ beseitigt, an seine Stelle ein Hauptausschuss der KNV geschaffen, dem ua die „Verbindung zwischen Gesetzgebung und Vollziehung" zukommen sollte, der jedoch deutlich weniger Gewicht als der Staatsrat besaß.

➢ Aufgewertet wurde dagegen die Staatsregierung, welche nunmehr direkt von der KNV gewählt wurde. Staatskanzler und Staatssekretäre unterlagen der Ministerverantwortlichkeit, für die seit dem G 3. 4. 1919 der kurz zuvor gegründete Verfassungsgerichtshof (VfGH, ⇨ Rz 2427) zuständig war. Staatskanzler war weiterhin KARL RENNER, der eine Große Koalition mit den Christlichsozialen bildete.

➢ Auf Grund der provisorischen Verfassung kam es in der Folge zu einer reichen Gesetzgebungstätigkeit (insbes zahlreiche soziale Reformen), während die definitive Verfassung von der KNV vorerst nicht in Angriff genommen wurde. In der weiteren Entwicklung gewann der linke Flügel der Sozialdemokraten immer mehr an Bedeutung („Austromarxismus"), was die Gefahr eines Einzuges der Kommunisten in das Parlament zwar bannte, aber eine Zusammenarbeit mit den Christlichsozialen immer schwieriger machte.

➢ Als die Große Koalition im Sommer 1920 auseinander brach, wurden sogar Neuwahlen zur KNV beschlossen, obwohl die KNV ihrem Wesen nach kein ständiges Gesetzgebungsorgan sein sollte. Nur knapp vor der (für den 31. 10. vorgesehenen) Auflösung der KNV kam es doch noch zur Beschlussfassung über das B-VG.

Studienwörterbuch: Konstituierende Nationalversammlung.

1305 Am 1. 10. 1920 beschloss die KNV das „Gesetz womit die Republik Österreich als Bundesstaat eingerichtet wird" (**Bundes-Verfassungsgesetz**, B-VG). Es war ein notdürftiger Konsens der beiden großen Parteien, der nur dadurch ermöglicht worden war, dass viele ideologisch brisante Materien „ausgeklammert" worden waren, indem der Rechtszustand der Monarchie „vorläufig" beibehalten wurde. Bereits anlässlich der Beschlussfassung in der KNV sprach daher der Berichterstatter des Verfassungsausschusses, der christlichsoziale Abg IGNAZ SEIPEL, von der Bundesverfassung als einem „Verfassungstorso".

➢ Im Mai 1919 beauftragte Staatskanzler RENNER den Wiener Universitätsprofessor HANS KELSEN (⇨ Rz 1451, Rz 2147), den „Entwurf einer Bundesstaatsverfassung" auszuarbeiten. Im Oktober wurde der christlichsoziale Innsbrucker Universitätsprofessor MICHAEL MAYR zum Staatssekretär ernannt und mit der Verfassungsreform beauftragt.

➢ Unabhängig von den Bemühungen der Staatsregierung berieten die Länder auf zwei Konferenzen im Februar 1920 in Salzburg und im April in Linz die Verfassungsfrage. Zur Salzburger Konferenz brachte MAYR einen aus KELSENS Arbeiten und weiteren Beratungen hervorgegangenen Entwurf mit (als „Privatentwurf MAYR", da ohne formellen Regierungsbeschluss). Dieser wurde zur Grundlage der weiteren Beratungen.

➢ Mit dem Auseinanderbrechen der Großen Koalition im Sommer 1920 schien jedoch eine Beschlussfassung über die Verfassung in weite Ferne gerückt; MAYR brachte einen Verfassungsentwurf als christlichsozialen Initiativantrag in der KNV ein, worauf RENNER einen anderen Entwurf in der Wiener Zeitung veröffentlichte, womit die Differenzen auch für die Öffentlichkeit klar zu tage traten. Diese betrafen vor allem die Kompetenzverteilung zwischen Bund und Ländern im Schul- und im Finanzwesen, sowie die Grundrechte.

➢ Erst im September 1920 einigten sich die beiden Parteien darauf, wenigstens jene Teile der Verfassung zu beschließen, über die Konsens gefunden hatte werden können, und die übrigen Teile vorläufig auszuklammern. Unter dieser Prämisse konnte der Unterausschuss des Verfassungsausschusses, in dem auch KELSEN als unabhängiger Experte mitgewirkt hatte, seine Arbeiten am 23. 9. 1920 erfolgreich abschließen; eine Woche später kam es in der KNV zur Beschlussfassung über das B-VG.

➢ Dem Kompromissgedanken entsprechend enthielt das B-VG weder einen Grundrechtskatalog noch Bestimmungen über die Kompetenzverteilung im Schul- und Finanzwesen, vielmehr wurde hier vorläufig die Rechtslage der Monarchie (also insbesondere das StGG-ARStB) beibehalten. Aber auch die allgemeine Kompetenzverteilung zwischen Bund und Ländern wurde zwar formal beschlossen, zugleich jedoch bestimmt, dass diese erst zu einem späteren Zeitpunkt in Kraft treten und bis dahin das Recht der Monarchie weiter gelten solle.

➢ Der Charakter eines notdürftigen Kompromisses geht auch aus dem Fehlen einer Präambel sowie dem weitgehenden Fehlen von programmatischen Bestimmungen hervor, ist zT aber auch auf das Verfassungsverständis von KELSEN zurückzuführen, der vor allem die „Spielregeln" für eine parlamentarische Demokratie schaffen wollte und Bestimmungen ohne normativen Gehalt als unnötig empfand.

Studienwörterbuch: Bundes-Verfassungsgesetz; Kelsen, Hans.

1306 Das B-VG trat mit 10. 11. 1920 in Kraft. Es beruhte und beruht noch heute auf dem **demokratischen**, dem **republikanischen**, dem **bundesstaatlichen** und dem **rechtsstaatlichen** Prinzip. Doch war das föderalistische Element anfangs sehr schwach ausgeprägt, der Machtschwerpunkt lag beim Gesamtstaat und hier wieder beim Nationalrat (NR), der ua auch die Bundesregierung (BReg) wählte, was ua eine Abschwächung des gewaltenteilenden Prinzips bedeutete (parlamentarische Demokratie, ⇨ Rz 2151).

➢ Während Art 24 B-VG programmatisch erklärte, dass die Bundesgesetzgebung von NR und Bundesrat gemeinsam ausgeübt werde, meinte KELSEN später, dass sie eigentlich nur vom Nationalrat ausgeübt werde, da dem Bundesrat nur bescheidene Mitwirkungsmöglichkeiten zukamen.

➢ Der NR sollte alle vier Jahre auf Grund des gleichen, unmittelbaren, geheimen und persönlichen Wahlrechtes der über 20jährigen Männer und Frauen nach den Grundsätzen der Verhältniswahl (⇨ Rz 2154) gewählt.

➢ Die Mitglieder des Bundesrates wurden von den Landtagen gewählt, wobei jedem Landtag eine seiner Bürgerzahl entsprechende Anzahl von Stimmen besaß. Dies, sowie der Umstand, dass die Mitglieder idR nicht nach Ländern, sondern nach Parteien abstimmten, bewirkten, dass im Bundesrat meist ähnliche Kräfteverhältnisse wie im NR bestanden.

➢ Gegen NR-Beschlüsse hatte der Bundesrat nur ein suspensives Veto, das der NR durch einen Beharrungsbeschluss (mit erhöhtem Präsensquorum) überwinden konnte. Dies galt auch für Verfassungsbeschlüsse.

➢ Nationalrat und Bundesrat traten gemeinsam als Bundesversammlung zusammen, die va den Bundespräsidenten zu wählen hatte. Diesem kamen im Wesentlichen nur repräsentative Funktionen zu.

➢ Die BReg, bestehend aus Bundeskanzler und Bundesministern, wurde vom Nationalrat gewählt und war ihm sowohl politisch als auch rechtlich verantwortlich (⇨ Rz 2151, Rz 2427).

➢ Das B-VG enthielt auch relativ detaillierte Regelungen über die Landesverfassungen, welche der Bundesverfassung nicht widersprechen durften. Dagegen waren einfache Bundes- und Landesgesetze gleichrangig (im Gegensatz zur Weimarer Reichsverfassung, wonach Reichsrecht dem Landesrecht vorranging). Die BReg erhielt das Recht, Landesgesetze vom Verfassungsgerichtshof auf ihre Verfassungsmäßigkeit prüfen zu lassen, wie auch die Landesregierungen dieses Recht hinsichtlich von Bundesgesetzen erhielten (⇨ Rz 2422).

➢ Die Organisation der ordentlichen Gerichtsbarkeit wurde praktisch unverändert aus der Monarchie übernommen und war daher ausschließlich Bundessache. Auch eine Errichtung von Landesverwaltungsgerichten unterblieb, der Verwaltungsgerichtshof sollte sowohl über Bundes- als auch über Landesverwaltungssachen entscheiden.

➢ Da das Land Niederösterreich mehr als die Hälfte der Einwohner Österreichs umfasste, sah das B-VG eine innere Autonomie für die Landesteile Niederösterreich-Land und Wien sowie auch die Möglichkeit einer gänzlichen Trennung durch paktierte Gesetze des Wiener und des niederösterr Landtages vor, wovon 1921 durch das Trennungsgesetz auch Gebrauch gemacht wurde. Ab 1. 1. 1922 umfasste die Republik somit neun Bundesländer.

Studienwörterbuch: Bundesrat; Nationalrat.

3. Die Verfassungsentwicklung 1920–1933

1307 Hauptproblem der österreichischen Innenpolitik nach 1918 war die drückende soziale Not, die aus dem verlorenen Krieg, dem Zusammenbruch der Monarchie und den harten Friedensbedingungen von St. Germain resultierte. Die Inflation „nahm immer unheimlichere Formen an" (ZÖLLNER) und konnte letztlich nur durch eine Völkerbundanleihe, die Österreich durch die **Genfer Protokolle** vom 4. 10. 1922 erhielt, gestoppt werden. Im Gegenzug musste sich Österreich zu weit reichenden Verfassungs- und Verwaltungsreformen sowie auch zur wirtschaftlichen und politischen Selbstständigkeit verpflichten.

➢ Durch die Grenzziehung waren Jahrhunderte alte Wirtschaftsstrukturen zerrissen worden; die Alpenländer waren wirtschaftlich unterentwickelt, im „Wasserkopf Wien" lebten über 2 Mio Einwohner u damit fast ein Drittel der Österreicher.

➤ Die Lebenshaltungskosten stiegen innerhalb von drei Jahren auf das über 2.600fache; während man 1919 für einen US-$ noch 16 österreichische Kronen bekam, waren es im August 1922 bereits 83.000 Kronen. Der Versuch des christlichsozialen Bundeskanzlers Ignaz Seipel (1922–1924, 1926–1929), im Inland Kredite zu erlangen, wurde von England und Frankreich hintertrieben, um Österreich in Abhängigkeit von ihnen zu bringen.

➤ In den in Genf mit dem UK, Frankreich, Italien und der Tschechoslowakei unterzeichneten Protokollen erhielt Österreich eine Anleihe von 650 Millionen Goldkronen und musste sich dafür zu einer Wirtschafts-, Verfassungs- und Verwaltungsreform verpflichten, die insbesondere finanzielle Einsparungen bringen sollte. Ein Generalkommissar des Völkerbundes sollte das wirtschaftliche Reformprogramm überwachen, aufgrund seiner weit reichenden Befugnisse war der Republik Österreich ihre Finanzhoheit praktisch genommen.

➤ In den Genfer Protokollen wurde auch die Unabhängigkeit Österreichs stärker als bisher fixiert: sie umfasste nun nicht nur eine politische, sondern auch eine wirtschaftliche Selbständigkeit und konnte nicht einmal durch ein Verfahren gemäß Art 88 Vertrag St. Germain abgeändert werden.

➤ Mithilfe der Finanzanleihe des Völkerbundes wurde am 1. 3. 1925 eine neue Währung, der Schilling, eingeführt (10.000 Kronen = 1 öS), dessen Stabilität zum wichtigsten Prinzip der österreichischen Wirtschaftspolitik nach 1925 wurde.

➤ Kehrseite dieser Politik war ein stetiges Anwachsen der Arbeitslosenzahlen von rund 120.000 im Jahr 1923 auf 193.000 im Jahr 1929, wobei in diesen Zahlen nur jene Personen enthalten sind, die Arbeitslosenunterstützung empfingen. Einschließlich der „Ausgesteuerten", welche auf öffentliche Fürsorge angewiesen waren, erreichte die Zahl der Arbeitslosen bereits 1929, also vor der großen Weltwirtschaftskrise vermutlich 280.000. Auch die Zahl der Firmeninsolvenzen stieg ab 1924 deutlich an.

Studienwörterbuch: Genfer Protokolle.

1308 Als Folge der Genfer Protokolle kam es 1925 zu einer tiefgreifenden Verfassungs- und Verwaltungsreform, in deren Zentrum die **Verfassungsnovelle 1925** stand. Diese kann im Wesentlichen als eine systemkonforme Weiterentwicklung des B-VG angesehen werden. Insbesondere wurden die Bestimmungen über die Kompetenzaufteilung zwischen Bund und Ländern (Art 10–15 B-VG) in Kraft gesetzt und die „Doppelgleisigkeit" von Bundes- und Landesverwaltung beseitigt. Das Verwaltungsverfahrensrecht wurde kodifiziert, eine ebenfalls geplante weit reichende Reform der Verwaltungsgerichtsbarkeit kam nicht zur Ausführung.

Übersicht 4: Nationalratswahlen in der Ersten Republik

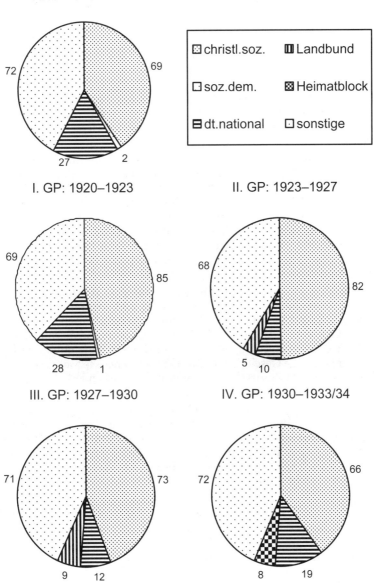

➢ Die Kompetenzverteilung zwischen Bund und Ländern sah zwar in Art 15 B-VG eine Generalklausel zugunsten der Länder vor, womit deren ursprüngliche Souveränität suggeriert wurde, doch waren gem Art 10 B-VG die wichtigsten Kompetenzen einschließlich der Kompetenz-Kompetenz beim Bund.

➢ Diese Kompetenzverteilung war 1920 zwar beschlossen, jedoch ihr Inkrafttreten auf einen späteren Zeitpunkt verschoben worden. Nunmehr konnte sie – nach kleineren Modifikationen – am 1. 10. 1925 in Kraft treten. Der VfGH stellt noch heute zuweilen auf dieses Datum ab, um die Bedeutung eines Kompetenztatbestandes zu ermitteln (Versteinerungstheorie).

➢ Die Kompetenzverteilung auf dem Gebiet des Finanzwesens konnte schon 1922 mit einem eigenen Finanz-Verfassungsgesetz geregelt werden; die Kompetenzverteilung im Schulwesen sowie im Gemeinderecht erst 1962 (!).

➢ Hauptproblem bei der Verwaltungsreform war die – im Wesentlichen bis auf MARIA THERESIA zurückreichende – Doppelgleisigkeit (⇨ Rz 1127): In der Monarchie hatte sowohl der Zentralstaat eigene Behörden in den Ländern gehabt, als auch die Länder selbst durch einen Landesausschuss gewisse Verwaltungsangelegenheiten autonom wahrgenommen. 1918 war in einem ersten Schritt die „Gesamtstaatsverwaltung auf Länderebene" dem Landeshauptmann und zwei Stellvertretern unterstellt worden, was nun zur Folge hatte, dass Bundesbehörden (zB die Bezirkshauptmannschaften) funktionell für das Land tätig waren.

➢ Erst mit der Verfassungsnovelle 1925 gelang eine vollständige organisatorische Verbindung von Landesverwaltung und sog. mittelbarer Bundesverwaltung, indem ein „Amt der Landesregierung" geschaffen wurde. Dieses sollte sowohl – in Unterstellung unter die Landesregierung die Geschäfte der Landesverwaltung als auch – in Unterstellung unter den Landeshauptmann – die Geschäfte der mittelbaren Bundesverwaltung führen. Zugleich wurden die Bezirkshauptmannschaften zu Landesbehörden umgewandelt; auch sie sollten sowohl in Bereichen der Landesverwaltung als auch der mittelbaren Bundesverwaltung tätig sein.

➢ Kern der Verwaltungsverfahrensreform war das Allgemeine Verwaltungsverfahrensgesetz 21. 7. 1925, welches sowohl von Bundes-, als auch von Landesorganen anzuwenden war, sofern keine davon abweichenden speziellen Vorschriften bestanden, wodurch eine Vereinheitlichung und damit eine Vereinfachung des Verwaltungsverfahrens erzielt werden konnte.

➢ Die Kontrolle des Rechnungshofes wurde auf die Länder ausgedehnt; der VfGH erhielt das Recht zur abstrakten Kompetenzfeststellung (⇨ Rz 2415).

Studienwörterbuch: Bundesstaat – Staatenbund; Doppelgleisigkeit der Verwaltung; Landesausschuss; Landeshauptmann; Landesregierung; Verfassungsnovelle 1925.

1309 Außerhalb des Parlaments bildeten sich paramilitärische Verbände; es kam zu bewaffneten Konflikten. Seit dem **Justizpalastbrand 1927** war die Stimmung zwischen den Christlichsozialen und den – seit 1920 in Opposition befindlichen – Sozialdemokraten von offener Feindschaft geprägt.

➢ Aus ehemaligen Frontkämpferverbänden entstanden die Heimwehren, die parteipolitisch den Christlichsozialen nahe standen, jedoch mehr und mehr auch mit dem italienischen Faschismus sympathisierten (Korneuburger Eid 1930) und ab 1930 als „Heimatblock" eine eigene Fraktion im NR bildeten.

➢ Da auch das – aufgrund des Vertrags v. St. Germain als Berufsarmee eingerichtete – Bundesheer von der christlichsozialen Seite dominiert wurde, bildeten die Sozialdemokraten 1923/24 eine eigene paramilitärische Organisation, den Republikanischen Schutzbund. Zwischen ihm und den Heimwehren kam es immer wieder zu gewalttätigen Auseinandersetzungen, so insbesondere 1927 in Schattendorf, wo im Verlauf eines Schusswechsels ein Invalide und ein Kind von Heimwehrmitgliedern getötet wurden.

➢ Als die Angeklagten des „Schattendorf-Prozesses" freigesprochen wurden, führte dies am 15. 7. 1927 zu Demonstrationen, die im Brand des Justizpalastes gipfelten, worauf Polizei und Armee den Schussbefehl erhielten; 89 Demonstranten und vier Polizisten kamen dabei ums Leben.

Studienwörterbuch: Heimwehren; Justizpalastbrand 1927; Republikanischer Schutzbund.

1310 Die allgemeine Unzufriedenheit mit dem parlamentarisch-demokratischen System hatte verschiedene Ursachen, vereinte aber noch einmal die großen Parteien zu einer großen Verfassungsreform. Im Gegensatz zur Novelle 1925 war die **Verfassungsnovelle 1929** keine systemkonforme Weiterentwicklung des B-VG, sondern wandelte das parlamentarische System in ein parlamentarisch-präsidentielles System um. Das zweite große Reformvorhaben, die Einrichtung einer parlamentarischen Ständevertretung, wurde dagegen nicht verwirklicht.

➢ Die Parteienstreitigkeiten im Parlament wurden von weiten Bevölkerungskreisen für die sozialen und wirtschaftlichen Missstände verantwortlich gemacht; selbst Bundeskanzler SEIPEL distanzierte sich vom Parteienstaat.

➢ Der schon seit dem 19. Jh von der katholischen Soziallehre diskutierte Ständegedanke (⇨ Rz 2178) wurde von den Heimwehren weiterentwickelt. Die – 1929 wohl noch unbegründete – Furcht vor einem gewaltsamen Umsturz und der Etablierung eines ständestaatlichen Systems durch die Heimwehren bewog Christlichsoziale und Sozialdemokraten, selbst die Verfassung zu ändern und damit den außerparlamentarischen Kräften den Wind aus den Segeln zu nehmen.

➢ Im Mittelpunkt der Verfassungsnovelle 1929 stand der Bundespräsident, dessen Kompetenzen bedeutend vermehrt wurden, womit der Forderung nach einem „starken Mann" entgegengekommen werden sollte. Um ihm mehr politisches Gewicht zu verleihen, wurde bestimmt, dass er künftig direkt vom Volk gewählt werden sollte (⇨ Rz 2152).

> Insbesondere erhielt der Bundespräsident ein Notverordnungsrecht (welches jedoch so kompliziert geregelt war, dass es praktisch bedeutungslos blieb, vgl Art 18 Abs 3–5 B-VG) sowie den Oberbefehl über das Bundesheer. Die BReg sollte nicht mehr vom NR gewählt, sondern vom Bundespräsidenten ernannt werden, blieb aber dem NR politisch verantwortlich, woraus sich eine doppelte Abhängigkeit ergab.

> Geplant war ferner, den Bundesrat in einen Länder- und Ständerat umzuwandeln, wobei die genaue Zusammensetzung (Zweikammernsystem innerhalb des Bundesrates?) und die Kompetenzen (absolutes Veto gegen NR-Beschlüsse?) offen blieben, in das B-VG wurde lediglich eine Absichtserklärung eingefügt, dass ein entsprechendes Verfassungsgesetz folgen werde (wozu es nicht kam).

> Unter dem Schlagwort der „Entpolitisierung" wurden die parlamentarischen Mitwirkungsrechte bei der Ernennung der Richter des VfGH zugunsten eines Vorschlagrechtes der BReg reduziert, was de facto nur zu einer Umpolitisierung (zugunsten der regierenden Christlichsozialen) führte: Durch Verfassungsbestimmung wurden die bisherigen Richter entlassen und nur zum Teil in den neuen VfGH übernommen. Betroffen war davon nicht zuletzt auch KELSEN, der „geistige Vater" des VfGH, selbst, der in der Folge Österreich verließ (⇨ Rz 2416). – Beim VwGH dagegen wurde die parlamentarische Ernennung durch ein Selbsterneuerungsrecht ersetzt, wodurch tatsächlich eine weitgehende Entpolitisierung erreicht wurde.

> Trotz der weit reichenden Änderungen galt die Verfassungsnovelle 1929 nicht als eine „Gesamtänderung" der Verfassung, die nach Art 44 Abs 2 B-VG einer Volksabstimmung unterzogen hätte werden müssen.

Studienwörterbuch: Bundespräsident; Notverordnungsrecht; Verfassungsnovelle 1929.

1311 Der Höhepunkt der *Weltwirtschaftskrise 1929* führte zu einem engeren Zusammengehen Österreichs mit dem Deutschen Reich; der österreichisch-deutsche **Zollunionsplan 1931** musste jedoch aufgrund eines Gutachtens des Ständigen Internationalen Gerichtshofes in Den Haag aufgegeben werden. Im Gegenzug erhielt Österreich 1932 eine weitere Völkerbundanleihe („Lausanner Protokoll").

> Trotz „Anschlussverbot" in den Verträgen von St. Germain und Versailles waren Österreich und Deutschland auch nach 1919 an einem möglichst engen Verhältnis interessiert. So wurde zB überlegt, dass Österreich das dt BGB, Deutschland dagegen die österr ZPO übernehmen solle; für das Strafrecht wurde eine gemeinsame Kodifikation geschaffen, an der der österr Ministerialrat FERDINAND KADEČKA (1874–1974) mitgewirkt hatte. Doch wurden diese Projekte nicht verwirklicht.

> Der Kurssturz an der New Yorker Börse, der am 24. 10. 1929 begann, stürzte die gesamte Weltwirtschaft in ihre bis dahin schlimmste Krise. In Österreich stieg die Zahl der Arbeitslosen (einschließlich der Ausgesteuerten, vgl oben) von 280.000 bis 1933 auf über 600.000.

> Der vom österreichischen Bundeskanzler JOHANN SCHOBER und dem deutschen Außenminister JULIUS CURTIUS am 19. 3. 1931 vorgelegte Zollunionsplan sah einen gemeinsamen Zolltarif und ein gemeinsames Zollrecht vor, dagegen sollten die Zollverwaltung und das Recht, zollrechtliche Verträge abzuschließen, beiden Staaten verbleiben. Nach drei Jahren sollte der Zollunionsvertrag kündbar sein.

> Frankreich reagierte auf die Zollunionspläne Österreichs durch einen Abzug von Geldern, wodurch 1931 die Creditanstalt, eine der größten Banken Österreichs, zusammenbrach. Zudem verlangte Frankreich im Völkerbund, dass der Zollunionsplan vom Ständigen Internationalen Gerichtshof geprüft werde.

> Dieser befand am 5. 9. 1931, dass der Zollunionsplan zwar nicht gegen Art 88 des Staatsvertrages v. St. Germain verstoße, aber mit der „wirtschaftliche Unabhängigkeit", zu der sich Österreich in den Genfer Protokollen 1922 verpflichtet habe, nicht vereinbar sei.

> Um die wirtschaftliche Not zu lindern, erhielt Österreich im Lausanner Protokoll vom 15. 7. 1932 eine weitere Völkerbundanleihe in Höhe von 300 Millionen Schilling vom UK, Frankreich, Italien und Belgien gewährt und musste im Wesentlichen die gleichen Unabhängigkeitsverpflichtungen wie 1922 abgeben.

Studienwörterbuch: Zollunionsplan 1931.

B Das Autoritäre Regime und die NS-Zeit (1933–45)

1. Das Autoritäre Regime (1933/34–1938)

1312 Im März 1933 nützte die BReg einen Zwischenfall im Nationalrat, um im Wege eines **Staatsstreiches** das parlamentarisch-demokratische System zu beseitigen und fortan autoritär mit Hilfe von Notverordnungen zu regieren (sog „Selbstausschaltung des Nationalrates"). Rechtsgrundlage hierfür war das Kriegswirtschaftliche Ermächtigungsgesetz 1917 (KwEG), dessen enger sachlicher Anwendungsbereich aber überschritten wurde, weshalb das Vorgehen der BReg ab März 1933 nur mehr als *scheinlegal* bezeichnet werden kann.

> Die Sozialdemokratische Partei war seit den NR-Wahlen 1930 stimmenstärkste Partei, befand sich aber weiter in der Opposition; die vom christlichsozialen Bundeskanzler ENGELBERT DOLLFUSS (1932–34) geleitete BReg verfügte im NR lediglich über eine Mehrheit von 84:81 Stimmen.

> Die NSDAP, 1933 in Deutschland an die Macht gekommen (⇨ Rz 1205), war auch in mehreren österreichischen Landtagen sowie im Bundesrat vertreten; die für 1934 angesetzten NR-Wahlen hätten mit großer Wahrscheinlichkeit ihren Einzug in den NR zur Folge gehabt, was DOLLFUSS mit allen Mitteln zu verhindern trachtete.

➢ Am 4. 3. 1933 kam es im Zuge einer Kampfabstimmung im NR betreffend einen Eisenbahnerstreik offenbar zu einem Versehen (Verwendung falscher Stimmzettel), woraus ein Tumult entstand, in dessen Verlauf alle drei NR-Präsidenten nacheinander zurücktraten, teils, weil sie sich kein Gehör mehr verschaffen konnten, der (sozialdemokratische) Erste Präsident RENNER und der (christlichsoziale) Zweite Präsident RUDOLF RAMEK wohl auch, um mit ihrer Partei mitstimmen zu können.

➢ Für einen derartigen Vorfall gab es in der Geschäftsordnung keine Bestimmung (Anmerkung: heute würde der an Jahren älteste Abgeordnete als *Alterspräsident* das Präsidium übernehmen), weshalb teilweise davon ausgegangen wurde, dass der Rücktritt des dritten Präsidenten, des Großdeutschen SEPP STRAFFNER, unwirksam war. Tatsächlich berief STRAFFNER für den 15. 3. eine neue Sitzung ein.

➢ In der Zwischenzeit hatte jedoch die BReg die Initiative ergriffen und öffentlich kundgemacht, dass die „Parlamentskrise" keine „Staatskrise" sei. Auf Anregung des Sektionschefs ROBERT HECHT beschloss die Regierung DOLLFUSS, vorläufig mit Notverordnungen aufgrund des aus der Monarchie rezipierten KwEG zu regieren.

➢ Das KwEG ermächtigte jedoch nur zu „Verfügungen zur Förderung und Wiederaufrichtung des wirtschaftlichen Lebens, zur Abwehr wirtschaftlicher Schädigungen und zur Versorgung der Bevölkerung mit Nahrungsmitteln und anderen Bedarfsgegegenständen".

➢ Demgegenüber bestand die erste, am 7. 3. 1933, ergangene NotVO in der Verhängung einer Vorzensur über bestimmte Zeitungen; am 30. 3. wurde der Republikanische Schutzbund aufgelöst, am 26. 5. die KPÖ, am 19. 6. die NSDAP in Österreich verboten. Die Begründung, dies geschähe zur „Hintanhaltung von Schädigungen des wirtschaftlichen Lebens", war äußerst dürftig.

➢ Am 15. 3. wurde das Parlamentsgebäude auf Weisung des Bundeskanzlers von Kriminalbeamten abgesperrt, es gelang STRAFFNER zwar, eine kurze Ansprache vor den Abgeordneten, die sich bereits zuvor im Gebäude versammelt hatten, zu halten, doch war klar, dass ein Versuch zur Reaktivierung des NR mit Gewalt unterbunden worden wäre.

Studienwörterbuch: Kriegswirtschaftliches Ermächtigungsgesetz 1917; Selbstausschaltung des Nationalrats 1933.

1313 Die Vorgangsweise der BReg wurde von der Sozialdemokratischen Partei – zu Recht – als Verfassungsbruch eingestuft. Ihre Versuche, diesen mit legalen Mitteln zu bekämpfen, führten jedoch nur dazu, dass die BReg nun auch den Bundesrat sowie den Verfassungsgerichtshof ausschaltete. Spätestens mit diesen Maßnahmen war der Rechtsstaat verlassen und der Staatsstreich vollzogen. Nach der militärischen Niederlage des Republikanischen Schutzbundes im **Februaraufstand 1934** erfolgte schließlich auch das Verbot der Sozialdemokratischen Partei.

➢ So erhob der Bundesrat, in dem die Sozialdemokraten die Mehrheit hatten, am 17. 3. 1933 Protest gegen die Vorgangsweise der BReg, worauf diese erwiderte, dass der Bundesrat ohne NR keine gesetzgebende Kör-

perschaft, seine Entschließungen daher verfassungsrechtlich belanglos seien, was die Ausschaltung des Bundesrates bedeutete.
- ➢ Die sozialdemokrtische Wiener Landesregierung machte von ihrem Recht auf abstrakte Normenkontrolle (⇨ Rz 2422) Gebrauch und stellte beim VfGH den Antrag, sieben der von der BReg erlassenen NotVO auf ihre Gesetzmäßigkeit zu kontrollieren. Die diesbezügliche Sitzung des VfGH war für den 22. 6. anberaumt.
- ➢ Noch zuvor, am 23. 5. 1933, erließ die BReg jedoch eine NotVO aufgrund des KwEG, welche in komplizierter Weise die Beschlussfähigkeit des VfGH neu regelte; zugleich konnte HECHT – selbst Ersatzmitglied des VfGH – drei Mitglieder und drei Ersatzmitglieder des VfGH zum Rücktritt bewegen, auch er selbst trat zurück, womit der VfGH beschlussunfähig wurde.
- ➢ Die zur Sitzung am 22. 6. zusammengetretenen Verfassungsrichter mussten erkennen, dass sie die Gültigkeit der NotVO 23. 5. 1933 selbst nicht mehr überprüfen konnten, es sei denn, sie stellen deren absolute Nichtigkeit fest, womit sie sich offen gegen die BReg gestellt hätten. Ihr Appell an den Bundespräsidenten, den VfGH wieder beschlussfähig zu machen, blieb folgenlos.
- ➢ Der Republikanische Schutzbund war trotz Verbots weiter aktiv. Am 12. 2. 1934 kam es im Zuge einer Hausdurchsuchung in Linz zu bewaffnetem Widerstand von Schutzbündlern, auf den mehrere spontane Aufstände in den sozialdemokratischen Zentren in Oberösterreich, Steiermark und Wien, jedoch kein konzertiertes Vorgehen der sozialdemokratischen Führungskräfte folgte.
- ➢ Heimwehren und Bundesheer schlugen den Februaraufstand bis zum 15. 2. nieder; er forderte über 300 Tote. Die meisten sozialdemokratischen Funktionäre wurden verhaftet oder flohen ins Ausland; neun Schutzbündler wurden hingerichtet.

Studienwörterbuch: Februarkämpfe 1934.

1314 Nach Beseitigung des Parlamentarismus und Auflösung der tradierten Parteistrukturen erfolgte mit der **Maiverfassung** vom 1. 5. 1934 auch der formelle Bruch mit dem B-VG und die Etablierung eines autoritären Ständestaates; Staatspartei wurde die neu gegründete „Vaterländische Front".

- ➢ Nachdem zunächst überlegt worden war, die 1929 nicht vollständig verwirklichte Verfassungsreform umzusetzen und etwa den Bundesrat wie geplant in einen Länder- und Ständerat umzuwandeln, fasste DOLLFUSS auf Druck der Heimwehren spätestens im Herbst 1933 den Entschluss, einen Ständestaat anstelle der parlamentarischen Demokratie errichten zu wollen; das Konzept zu diesem neuen Staat präsentierte er der Öffentlichkeit erstmals am 11. 9. 1933 in einer auf dem Wiener Trabrennplatz (Krieau) gehaltenen Rede.
- ➢ Ideologische Stütze des autoritären Regimes war va die katholische Soziallehre (⇨ Rz 2179); am 5. 6. 1933 schloss DOLLFUSS mit dem Heiligen Stuhl ein *Konkordat*, welches der katholischen Kirche wieder großen Ein-

fluss va auf Ehe und Schule gab. Es wurde zugleich mit der Maiverfassung verkündet und besaß zT Verfassungsrang.

➢ Die bereits im Mai 1933 gegründete Vaterländische Front (VF) wurde zur alleinigen „Trägerin des österreichischen Staatsgedankens". Trotz hoher Mitgliederzahl, die va durch Zwangsbeitritte zustande kam, gelang es dem autoritären Regime nicht, eine Massenbewegung nach italienischem oder auch deutschem Vorbild zu etablieren. Die Christlichsoziale Partei beschloss ihre Selbstauflösung und ging in der VF auf.

➢ Die Verfassung wurde zunächst durch Notverordnung (!) erlassen; am 30. 4. 1933 wurde noch einmal der NR einberufen (ohne sozialdemokrat Abg, daher „Rumpfparlament"), der – in einer vom Standpunkt des (bei dieser Gelegenheit formell aufgehobenen) B-VG aus eindeutig rechtswidrigen Weise – die Regierung zur nochmaligen Verlautbarung der Verfassung ermächtigte.

➢ Zugleich gab er der Regierung mit dem *Ermächtigungsgesetz* 1934 das Recht zur Gesetzgebung einschließlich der Verfassungsgesetzgebung, was wohl als Übergangslösung bis zur Effektuierung der Maiverfassung gedacht war. Tatsächlich aber wurde die Maiverfassung bis 1938 nie vollständig durchgeführt; Ermächtigungsgesetz sowie Verfassungs-Überleitungsgesetz 1934 bündelten alle Macht in der Hand der Regierung (⇨ Rz 2181).

➢ Der Bundespräsident, der wie bisher die BReg ernennen sollte, sollte nicht mehr vom Volk, sondern von den Bürgermeistern aller österreichischen Gemeinden gewählt werden. Diese wiederum wurden von den Gemeindetagen gewählt, die ihrerseits von verschiedenen Interessensgruppen, insbesondere den Ständen, beschickt werden sollten. Mit diesen komplizierten Regelungen sollte jeder Ansatz zu einer Volkswahl verhindert werden. De facto blieb der seit 1928 amtierende Bundespräsident WILHELM MIKLAS bis 1938 im Amt.

Studienwörterbuch: Autoritärer Ständestaat; Ermächtigungsgesetz, österreichisches (1934); Konkordat 1933/34; Maiverfassung 1934; Rumpfparlament; Trabrennplatzrede.

1315 Das autoritäre Regime stand von Anfang an in scharfer Konfrontation mit den Nationalsozialisten in Österreich und Deutschland. Um außenpolitischen Rückhalt zu bekommen, lehnte sich DOLLFUSS eng an das faschistische Italien an (Römische Protokolle 17. 3. 1934). Am 25. 7. 1934 wurde Dollfuß im Zuge eines **nationalsozialistischen Putschversuches** erschossen; neuer Bundeskanzler wurde KURT SCHUSCHNIGG.

➢ Mit der NS-Machtergreifung in Deutschland hatte sich das Verhältnis zu Österreich wesentlich gewandelt: die österreichische BReg lehnte den „Anschluss" nunmehr ab und versuchte, Österreich als „zweiten deutschen Staat", ja als das „bessere Deutschland" neben dem Deutschen Reich zu etablieren.

➢ Bereits 1933 verhängte die dt Reichsregierung die sog Tausendmarksperre, welche bewirkte, dass Deutsche vor einer Reise nach Österreich eine Gebühr von 1.000 Reichsmark entrichten mussten, wodurch der Tourismus schwer geschädigt wurde.

➢ In den Römischen Protokollen beschlossen Italien, Österreich und Ungarn politische, wirtschaftliche und auch militärische Zusammenarbeit, ua wurde eine italienische Intervention im Falle innerösterreichischer Unruhen vereinbart. Europapolitisch waren sie nicht zuletzt auch Antwort auf die „Kleine Entente", einem 1920/21 von der Tschechoslowakei, Jugoslawien und Rumänien geschlossenen Bündnis, das Österreich und Ungarn umklammerte und ua habsburgische oder sonstige Restaurationsbestrebungen verhindern sollte.

➢ Praktisch wirksam wurden die Römischen Protokolle während des nationalsozialistischen Juliputsches 1934: MUSSOLINI ließ italienische Truppen an der österreichischen Grenze zusammenziehen, um so eine drohende Intervention NS-Deutschlands zu verhindern.

➢ Der (gescheiterte) Juliputsch zielte va auf eine Gefangennahme der BReg und Besetzung des Rundfunkgebäudes ab, daneben kam es auch in einigen Bundesländern zu Kampfhandlungen. Insgesamt starben durch den Putschversuch über 250 Menschen; acht Putschisten wurden hingerichtet.

➢ Nach der Annäherung MUSSOLINIS an HITLER im Zuge der Abessinien-Krise 1936 (⇨ Rz 1207) sah sich die österreichische Regierung auf sich allein gestellt und musste im Juli 1936 NS-Deutschland große Zugeständnisse (ua Amnestien für Nationalsozialisten) gewähren („Juliabkommen 1936").

Studienwörterbuch: Juliputsch 1934.

2. Die NS-Zeit (1938–1945)

1316 Am 12. 3. 1938 wurde Österreich von deutschen Truppen besetzt. Die neue nationalsozialistische österreichische BReg sowie die deutsche Reichsregierung erklärten am 13. 3. die „Wiedervereinigung Österreichs mit dem Deutschen Reich" („**Anschluss**").

➢ In einer Unterredung in Berchtesgaden am 12. 2. 1938 hatte HITLER SCHUSCHNIGG in völlige Abhängigkeit von sich gebracht und ua die Ernennung des Nationalsozialisten ARTUR SEYSS-INQUART als Innenminister erzwungen.

➢ Nach seiner Rückkehr aus Berchtesgaden versuchte SCHUSCHNIGG, sich eine stärkere politische Basis zu verschaffen und kündigte für den 13. 3. eine Volksbefragung „für ein freies und deutsches, unabhängiges und soziales, für ein christliches und einiges Österreich" an. Dem kam HITLER mit dem Truppeneinmarsch am 12. 3. zuvor. SCHUSCHNIGG und MIKLAS verzichteten auf militärischen Widerstand und traten unter dem Druck der Ereignisse zurück, letzterer, nachdem er SEYSS-INQUART zum Bundeskanzler ernannt hatte. Nach dem Rücktritt des Bundespräsidenten übernahm SEYSS-INQUART entsprechend der Verfassung auch dessen Funktionen.

➤ Die deutschen Truppen wurden von weiten Kreisen der Bevölkerung lebhaft begrüßt. Wohl (erst) unter dem Eindruck des jubelnden Empfanges, der HITLER bei seinem Einzug bereitet wurde, entschloss er sich zur sofortigen staatsrechtlichen Vereinigung beider Staaten.

➤ Juristisch vollzogen wurde der „Anschluss" durch ein von der österr BReg – auf Grundlage des österr Ermächtigungsgesetzes 1934 – am 13. 3. 1938 ergangenes Bundesverfassungsgesetz und durch ein von der dt Reichsregierung – auf Grundlage des dt Ermächtigungsgesetzes 1933 – am selben Tag ergangenes gleich lautendes Reichsgesetz („paktierte Gesetzgebung").

➤ Die von ADOLF J. MERKL begründete und heute hL geht von einer absoluten Nichtigkeit dieser Gesetze aus, was ua mit Formmängeln begründet wird; Österreich sei niemals rechtskräftig annektiert, sondern bloß okkupiert worden (Okkupationsthese versus Annexionsthese). Diese These hat weit reichende juristische Folgen, va für die Rechtsnachfolge der 1945 (neu?) entstandenen „Zweiten Republik".

➤ Auf Grund des dt wie des österr Anschlussgesetzes erfolgte nachträglich, am 10. 4. 1938, eine Volksabstimmung, in der mehr als 99 % der Wahlberechtigten den Anschluss befürworteten, was zumindest in dieser Eindeutigkeit nur durch massive Beeinflussung/Einschüchterung, Wahlmanipulation, Aufhebung des Zwanges zur Geheimhaltung sowie den Ausschluss jüdischer Wählerinnen und Wähler erklärt werden kann. Allerdings hatten sowohl die österr Bischofskonferenz als auch der Sozialdemokrat RENNER öffentlich die Empfehlung ausgesprochen, mit „Ja" zu stimmen.

Studienwörterbuch: Anschluss 1938; Okkupationsthese.

1317 Unmittelbare Folge des „Anschlusses" war die Angliederung Österreichs als ein Land des Deutschen Reiches. Das Ostmarkgesetz 14. 4. 1939 sah die vollständige Liquidierung Österreichs als Land vor; an seine Stelle sollten sieben **Reichsgaue** treten, die jeweils unmittelbar der Reichsregierung unterstanden und auch ein Modell darstellten, das später im gesamten „Großdeutschen Reich" eingeführt hätte werden sollen. Durch den Ausbruch des 2. WK verzögerte sich dies noch bis 31. 3. 1940, eine allgemeine Einführung dieses Modells im Reich fand nicht statt.

➤ Durch Art II des reichsdeutschen Anschlussgesetzes 1938 wurde das in Österreich bisher geltende Recht zunächst pauschal übernommen, nach nationalsozialistischer Staatsauffassung verloren aber viele Normen (va die Grundrechte, die Bestimmungen über die Verfassungsgerichtsbarkeit und eine Reihe weiterer – nicht alle! – Bestimmungen der Maiverfassung 1934) *ipso iure* ihre Geltung, da sie mit der NS-Ordnung unvereinbar erschienen.

➤ Die österr BReg unter SEYSS-INQUART blieb als „Landesregierung" noch bis 30. 4. 1939 im Amt, ihr verblieb ua die Gesetzgebung in allen ehemaligen österr Bundeskompetenzen, soweit es sich nicht um dem Reich vorbehaltene Kompetenzen handelte. Der Bundestag und seine vorberatenden Organe wurden beseitigt.

➤ Am 23. 4. 1938 wurde JOSEF BÜRCKEL zum „Reichskommissar für die Wiedervereinigung Österreichs mit dem Deutschen Reich" bestellt; er organisierte ua die Aufsplitterung des österr Staates in die sieben Reichsgaue (Kärnten, Niederdonau, Oberdonau, Salzburg, Steiermark, Tirol, Wien).

➤ Die Justizbehörden wurden dagegen zu Reichsbehörden umfunktioniert, anstelle des OGH wurden beim deutschen Reichsgericht in Leipzig zwei Senate eingerichtet, die überwiegend österreichisches Recht anzuwenden hatten. Zur Verwaltungsgerichtsbarkeit ➪ Rz 2409.

Studienwörterbuch: Ostmarkgesetz 1939.

C Die Zweite Republik (seit 1945)

1. Die Besatzungszeit (1945–1955)

1318 Die Siege der Alliierten im 2. WK (Eroberung Wiens durch die Sowjetische Armee am 13. 4. 1945) ermöglichten am 27. 4. 1945, noch vor Abschluss der Kampfhandlungen in Europa, die **Unabhängigkeitserklärung** Österreichs durch drei erst wenige Tage zuvor neu gegründete bzw wiedererrichtete „antifaschistische Parteien". Es waren dies:

➤ Die Sozialistische Partei Österreichs (SPÖ), welche die Nachfolge der 1934 verbotenen Sozialdemokratischen Arbeiterpartei antrat. Die Namensänderung 1945 erfolgte aufgrund der am 13. 4. erfolgten (Wieder-)Vereinigung mit den 1934 abgespaltenen „Revolutionären Sozialisten"; erst 1991 erfolgte die Rückbenennung in „Sozialdemokratische Partei Österreichs".

➤ Die am 17. 4. 1945 gegründete Österreichische Volkspartei (ÖVP), die personell und ideologisch zwar an die 1934 aufgelöste Christlichsoziale Partei anknüpfte, sich jedoch vom autoritären Ständestaat distanzierte. Sie gliederte sich in drei „Bünde" (Bauernbund, Wirtschaftsbund, Arbeiter- und Angestelltenbund).

➤ Die Kommunistische Partei (KPÖ), die seit ihrem Verbot 1933 im Untergrund fortgewirkt hatte und nun massiv von der sowjetischen Besatzungsmacht protegiert wurde.

➤ In der Unabhängigkeitserklärung wurde der 1938 vollzogene „Anschluss" als „null und nichtig" bezeichnet; die „demokratische Republik Österreich" sei „wiederhergestellt und im Geiste der Verfassung von 1920 einzurichten." Zu einem solchen Schritt waren die drei Parteien freilich – aus der Sicht der damals noch in Österreich geltenden NS-Rechtsordnung – nicht befugt; wie schon 1918, so erfolgte auch 1945 die Staatsgründung unter Bruch der Rechtskontinuität und damit im staatsrechtlichen Sinne revolutionär.

➤ Von der staatsrechtlichen Kontinuitätsfrage ist die völkerrechtliche Kontinuitätsfrage strikt zu trennen: Hier setzte sich gegen die anfangs vorherrschende Annexionsthese allmählich die Okkupationsthese durch, wonach Österreich 1938–1945 nicht völkerrechtlich untergegangen, sondern bloß handlungsunfähig gewesen sei. Die 2. Republik trat damit automatisch in die völkerrechtliche Position der 1. Republik einschließlich der von ihr abgeschlossenen Verträge wie insbesondere dem Konkordat.

➤ Im Gegensatz zu 1918 wurde die Unabhängigkeit Österreichs von Deutschland vom Großteil der österreichischen Bevölkerung bejaht; es entstand (erst jetzt) ein spezifisch österreichisches Nationalbewusstsein, welches von der Regierung auch bewusst gefördert wurde (950-Jahr-Feier Österreichs 1946; Österreichisches Wörterbuch 1951).

Studienwörterbuch: Unabhängigkeitserklärung 1945.

1319 Auf Betreiben STALINS bildete der bereits 75jährige RENNER eine **Provisorische Staatsregierung**, in der SPÖ, ÖVP und KPÖ vertreten waren. Die Provisorische Staatsregierung beschloss die Rückkehr zum Verfassungsstand vom 5. 3. 1933; bis zum Zusammentritt des NR sollte jedoch an Stelle der praktisch undurchführbaren Verfassungsbestimmungen eine *Vorläufige Verfassung* gelten. Diese bündelte alle Macht in der Provisorischen Staatsregierung.

➤ Charakteristisch für die Wiedererrichtung der Republik sowie auch für die ersten Jahrzehnte ihres Bestandes war das Zusammenwirken der Parteien nach dem Proporzprinzip, das das aus der Ersten Republik fortbestehende tiefe Misstrauen zwischen den politischen Lagern überbrücken sollte. In diesem Zusammenhang ist auch die bereits am 15. 4. 1945 erfolgte Gründung des überparteilichen *Österreichischen Gewerkschaftsbundes* (ÖGB) zu sehen.

➤ Aus diesem Grund sowie angesichts der chaotischen Zustände in den ersten Nachkriegstagen herrschte auch Einvernehmen darüber, dass keine neue Verfassung geschaffen, sondern an die demokratische Entwicklung der Zwischenkriegszeit angeknüpft werden sollte.

➤ Während die Unabhängigkeitserklärung noch die Verfassung 1920, also ohne spätere Verfassungsnovellen, angesprochen hatte, legte das *1. Verfassungs-Überleitungsgesetz 1. 5. 1945* als Stichtag den 5. 3. 1933, somit den Tag nach der sog „Selbstausschaltung des Nationalrates" (⇨ Rz 1312) fest.

➤ Demgegenüber wurde für das nicht-verfassungsgesetzliche Recht im *Rechts-Überleitungsgesetz 1. 5. 1945* eine generelle Rechtsüberleitung bestimmt, sodass auch zwischen 1938 und 1945 aus Deutschland übernommene oder neu erlassene Gesetze (zB Ehegesetz, Aktiengesetz) in den Rechtsbestand der 2. Republik übergeleitet wurden.

➤ Ausgenommen wurden davon nur jene „Rechtsvorschriften, die mit dem Bestand eines freien und unabhängigen Staates Österreich oder mit den Grundsätzen einer echten Demokratie unvereinbar sind, die dem Rechtsempfinden des österreichischen Volkes widersprechen oder typisches Gedankengut des Nationalsozialismus enthalten." In Präzisierung dieser recht vage gehaltenen Generalklausel erließ die Staatsregierung später umfangreiche Listen jener Bestimmungen, welche außer Kraft zu treten hatten.

➢ Das Behörden-Überleitungsgesetz 20. 7. 1945 löste die in Österreich noch bestehenden reichsdeutschen Behörden auf und übertrug ihre Aufgaben auf die wieder errichteten österreichischen Behörden.

➢ Angesichts der Tatsache, dass weder Nationalrat noch Landtage existierten und die politische Situation in den Ländern äußerst ungewiss war bzw von Wien aus auch nicht überblickt werden konnte, übertrug die Vorläufige Verfassung – befristet bis sechs Monate nach erstmaligem Zusammentritt des neu zu wählenden NR – sowohl die Bundes- als auch die Landesgesetzgebung der Provisorischen Staatsregierung, hob also sowohl das gewaltenteilende als auch das bundesstaatliche Prinzip vorläufig auf.

➢ Zusammengesetzt war die Provisorische Staatsregierung aus Staatssekretären unter Vorsitz des Staatskanzlers (RENNER); politische Fragen von „grundsätzlicher Bedeutung" kamen einem *Politischen Kabinettsrat*, zusammengesetzt aus Staatssekretären ohne Portefeuille, ebenfalls unter Vorsitz des Staatskanzlers, zu, der auch als Kollektiv die Funktionen eines Staatsoberhauptes wahrnahm.

Studienwörterbuch: materielle Kontinuität; Überleitungsgesetze; Vorläufige Verfassung 1945.

1320 In der Zwischenzeit hatten die vier Alliierten (UdSSR, USA, UK, Frankreich) ganz Österreich besetzt und in vier Besatzungszonen geteilt. Mit dem **1. Alliierten Kontrollabkommen** vom 4. 7. 1945 wurde ua ein Alliierter Rat, bestehend aus je einem Hochkommissar der vier Mächte, geschaffen, der die oberste Macht in Österreich übernahm. Erst am 20. 10. anerkannten alle vier Alliierten mit einem Memorandum die Provisorische Staatsregierung an, stellten allerdings deren Gesetzgebungsbefugnis unter einen Genehmigungsvorbehalt.

➢ Während des 2. WK war es zu zahlreichen Verhandlungen zwischen den Alliierten über das weitere Schicksal Österreichs gekommen. Die Wiedererrichtung als selbstständiger Staat war dabei aber nur eine von mehreren Möglichkeiten, zur Diskussion standen ua ein Zusammenschluss mit anderen ehemals habsburgischen Staaten zu einer „Donaukonföderation" oder mit Bayern zu einer „süddeutschen Föderation".

➢ In der *Moskauer Erklärung* vom 30. 10. 1943 erklärten die Alliierten den Anschluss für „null und nichtig" (diese Formulierung wurde 1945 in die Unabhängigkeitserklärung übernommen) und machten die Wiederherstellung der Unabhängigkeit Österreichs zu einem ihrer Kriegsziele, erinnerten Österreich aber auch an seine aktive Teilnahme am Krieg auf Seite Hitlerdeutschlands.

➢ Die wiedererrichteten Bundesländer wurden von den Alliierten im Wesentlichen wie folgt besetzt: Niederösterreich, Burgenland und das nördliche Oberösterreich sowjetisch; das südliche Oberösterreich und Salzburg amerikanisch; Steiermark, Kärnten und Osttirol britisch; Nordtirol und Vorarlberg französisch. Wien wurde von allen vier Mächten besetzt.

➢ Das 1. Alliierte Kontrollabkommen war ein Abkommen unter den vier Mächten, an dem Österreich nicht beteiligt war; geplant war zunächst, dass der Alliierte Rat selbst eine Gesetzgebungsbefugnis ausüben werde.

➤ Der Provisorischen Staatsregierung begegneten die Westalliierten anfangs mit großem Misstrauen, da sie sie für eine Marionettenregierung STALINS hielten. Durch ihre Anerkennung für ganz Österreich am 20. 10. konnte die Etablierung einer separaten Regierung in Westösterreich und damit eine Spaltung Österreichs parallel zu Deutschland (⇨ Rz 1212) verhindert werden.

➤ In den Bundesländern, wo originär Landesregierungen entstanden waren, konnte sich die Provisorische Staatsregierung ebenfalls sukzessive Anerkennung verschaffen. Am 12. 10. 1945 wurde die Vorläufige Verfassung novelliert und den Ländern eine eigene Gesetzgebungs- und Vollziehungskompetenz zuerkannt, womit das bundesstaatliche Prinzip wiederhergestellt wurde. Damit wurde auch die Wiedereinführung der Verfassungsgerichtsbarkeit erforderlich, was ebenfalls mit der Oktobernovelle erfolgte.

Studienwörterbuch: Alliierte Kommission; Alliierte Kontrollabkommen; Moskauer Erklärung 1943.

1321 Am 25. 11. 1945 konnten die **ersten Nationalratswahlen** seit 1930 abgehalten werden; sie brachten eine absolute Mehrheit für die ÖVP (85 Mandate) sowie eine vernichtende Niederlage für die KPÖ (4 Mandate); die SPÖ erlangte 76 Mandate. Mit dem erstmaligen Zusammentritt des NR am 19. 12. 1945 trat die Vorläufige Verfassung außer Kraft, und das B-VG wurde wieder voll wirksam. Erster Bundespräsident wurde KARL RENNER; er ernannte LEOPOLD FIGL (ÖVP) zum Bundeskanzler einer aus allen drei Parteien bestehenden Konzentrationsregierung. Die alliierte Kontrolle wurde mit dem *2. Alliierten Kontrollabkommen* vom 28. 6. 1946 wesentlich gelockert.

➤ Am 13. 12. 1945 hatte die Provisorische Staatsregierung mit dem 2. Verfassungs-Überleitungsgesetz das Wieder-In-Kraft-Treten des B-VG geregelt, mit der Modalität, dass der 1929 vorgesehene Länder- und Ständerat endgültig nicht aktiviert, sondern der Bundesrat nach der Konzeption von 1920 wiederhergestellt werden solle. Auch die Bundespräsidentenwahl wurde ein letztes Mal der Bundesversammlung übertragen.

➤ Die NR-Wahl stellte insbesondere eine Bejahung der westlichen Demokratie und eine Absage an den Kommunismus dar; im Gegensatz zu Österreichs Nachbarländern Ungarn oder der Tschechoslowakei schrumpfte der Einfluss der Kommunisten in Österreich schon bald zur Bedeutungslosigkeit. Nicht zuletzt, um ein Debakel wie in Österreich in Ostdeutschland zu verhindern, erfolgte dort die zwangsweise Vereinigung von KPD und SPD zur SED (⇨ Rz 1212).

➤ So wie schon der Provisorischen Staatsregierung unter RENNER gehörten auch der ersten von FIGL gebildeten BReg Minister aller drei Parteien an, mit Rücksicht auf die Kräfteverhältnisse jedoch nicht mehr gleich stark: die KPÖ stellte nur mehr einen Minister. Die Einbindung der KPÖ schien schon mit Rücksicht auf die sowjetische Besatzungsmacht geboten, doch war auch die KPÖ gezwungen, die de facto von ÖVP und SPÖ dominierte Regierungspolitik mitzutragen. 1947 schied die KPÖ aus der Regierung aus, die von ÖVP und SPÖ als Große Koalition fortgesetzt wurde.

➢ Im Oktober 1950 entfesselte die KPÖ mit Unterstützung der sowjet Besatzungsmacht einen Streik, der heute vom Großteil der Lehre als Versuch zu einem gewaltsamen Umsturz angesehen wird (vgl die Machtergreifung der Kommunisten in den ostmitteleuropäischen Ländern, ⇨ Rz 1214). Die Unruhen wurden durch Eingreifen des Innenministers FRANZ OLAH (SPÖ) unterdrückt.

➢ Das 2. Alliierte Kontrollabkommen war Reaktion der Alliierten darauf, dass sich offenbar die Zustände in Österreich stabilisiert hatten. Eine schriftliche Genehmigung des Alliierten Rates war nur mehr für Verfassungsgesetze erforderlich, bei sonstigen Gesetzen wurde die Zustimmung der Alliierten vermutet, wenn nicht binnen 31 Tagen ein Einspruch erfolgt war.

1322 Ein besonderes heikles Problem der Nachkriegszeit war die **Entnazifizierung**. Mit dem Verbotsgesetz 8. 5. 1945 wurde die NSDAP verboten, eine Registrierungspflicht für ihre Mitglieder eingeführt und Volksgerichte zur Bestrafung von Nationalsozialisten und Kriegsverbrechern eingesetzt. Das Nationalsozialistengesetz 6. 2. 1947 teilte die ehemaligen Parteimitglieder in „Belastete" (ca 40.000) und „Minderbelastete" (ca 490.000) und knüpfte an diese Kategorisierung pauschal Sanktionen. Zur Frage der „Wiedergutmachung" an NS-Opfern ⇨ Rz 2173 ff.

➢ Die nach § 24 Verbotsgesetz einzusetzenden Volksgerichte waren aus zwei Berufsrichtern und drei Schöffen zusammengesetzt, wobei in der Praxis je ein Schöffe von den drei „antifaschistischen Parteien" (SPÖ, ÖVP, KPÖ) nominiert wurde. In über 13.000 Fällen kam es zu Vorerhebungen, rund 10% davon endeten mit Schuldsprüchen; 43 Todesurteile wurden gefällt.

➢ Zu den pauschal für NSDAP-Mitglieder verhängten Sanktionen zählten: erhöhte Steuerpflicht, Entlassung aus dem öffentlichen Dienst, Verlust des Ruhegenusses, Strafe des Vermögensverfalls, Ausschluss vom Wahlrecht uva.

➢ Die anfangs sehr harten Strafen wurden sukzessive gemildert, 1950 (generell) die Todesstrafe in Österreich aufgehoben, die Strafe des Vermögensverfalls 1957 beseitigt; mehrfach wurden Amnestiegesetze erlassen. Nichtsdestoweniger kommt es noch heute immer wieder zu Verurteilungen nach dem (im Verfassungsrang stehenden) Verbotsgesetz.

➢ „Minderbelastete", die also weder eine politische Führungsrolle gehabt hatten, noch Mitglied der SS, der SA oder dgl gewesen und auch wegen keines Kriegsverbrechens verurteilt worden waren, wurden recht schnell vollkommen rehabilitiert – schneller als so manches NS-Opfer! 1949 wurden die Minderbelasteten generell aus den NS-Melderegistern getilgt, womit sie ua auch das Wahlrecht wiedererlangten.

➢ Um die knappe halbe Million neuer Wahlberechtigter entstand schon bald ein – weder für ÖVP noch für SPÖ rühmliches – Buhlen. Im März 1949 wurde der Verband der Unabhängigen (VdU) als neue Partei gegründet, welcher bereits bei der im selben Jahr stattfindenden Wahl 489.000 Stimmen und damit 16 Mandate, mehr als dreimal soviel wie die KPÖ, erlangte; aus ihm ging 1956 die FPÖ hervor.

1323 Die alliierte Besetzung Österreichs dauerte infolge des Kalten Krieges mehr als zehn Jahre an, da sie untrennbar mit der deutschen Frage verbunden war. Erst nach den Pariser Verträgen 1954 (⇨ Rz 1216) gelang die Entkoppelung von Deutschland und die Einschlagung des „österreichischen Sonderwegs": Mit dem **Staatsvertrag von Wien-Belvedere** vom 15. 5. 1955 wurde Österreich für souverän erklärt, und die Alliierten Mächte verpflichteten sich zum Abzug ihrer Truppen. Im politischen, nicht rechtlichen Zusammenhang damit erklärte Österreich am 26. 10. 1955 seine **Immerwährende Neutralität**.

➢ Angesichts der Etablierung kommunistischer Systeme in Ostmitteleuropa 1948/49 konnte sich keine der alliierten Mächte eine Rücknahme ihrer Truppenpräsenz leisten. Zwischen 1949 und 1954 kam es zu keinem einzigen Außenministertreffen der vier Alliierten.

➢ Erst der Tod STALINS 1953 führte zu einer weltpolitischen Entspannungsphase. 1954 erklärte FIGL, mittlerweile österr Außenminister, dass Österreich im Gegensatz zu BRD und DDR keinem militärischen Bündnis beitreten wolle.

➢ Im *Moskauer Memorandum vom 15. 4. 1955* garantierten Bundeskanzler JULIUS RAAB (ÖVP), Vizekanzler ADOLF SCHÄRF (SPÖ), Außenminister LEOPOLD FIGL (ÖVP) und der Staatssekretär im Außenamt BRUNO KREISKY (SPÖ) gegenüber der sowjetischen Regierung die Immerwährende Neutralität Österreichs nach dem Vorbild der Schweiz als Preis für den Abzug der Besatzungstruppen. Nach hL handelte es sich beim Moskauer Memorandum um keinen völkerrechtlichen Vertrag, sondern eine Verwendungszusage der wichtigsten Politiker Österreichs, sich für eine Neutralisierung des Landes einzusetzen.

➢ Mit dem Terminus „Immerwährende Neutralität" und dem Schweizer Vorbild war ein besonderer, im Völkerrecht bekannter Status angesprochen: die Immerwährende Neutralität geht weit über die schlichte Neutralität in einem konkreten bewaffneten Konflikt hinaus; sie verpflichtet den dauernd Neutralen auch zu einer entsprechenden Politik in Friedenszeiten, insbesondere zu einer Unterlassung von Handlungen, die ihm die Einhaltung der Neutralität in einem Krieg unmöglich machen würde, wie etwa der Beitritt zu einem Militärbündnis oder zu einer Zollunion (!).

➢ Das Moskauer Memorandum ermöglichte die Unterzeichnung des Staatsvertrages exakt einen Monat später; er trat am 27. 7. 1955 in Kraft. Die Alliierten Mächte verpflichteten sich, ihre Truppen binnen 90 Tagen ab Inkrafttreten des Vertrags, dh bis zum 25. 10., abzuziehen und erklärten Österreich souverän.

➢ Weitere Bestimmungen enthielten eine Garantie der Demokratie, Verbot nationalsozialistischer Organisationen, Aufrechterhaltung des Habsburgergesetzes, Verbot des Anschlusses ua. Den slowenischen und kroati-

schen Minderheiten in Kärnten, Steiermark und Burgenland wurden Schul-, Sprach und Kulturautonomie garantiert.
➢ Die Neutralität wurde bewusst erst am 26. 10. 1955, nach Abzug der Besatzungstruppen „aus freien Stücken" verkündet. Dies geschah innerstaatlich durch ein besonderes Bundesverfassungsgesetz, völkerrechtlich durch eine einseitige Erklärung an die Staatengemeinschaft. Inwiefern sich Österreich mit dieser Erklärung selbst völkerrechtlich band, ist umstritten.
➢ Die Neutralität ist kein Selbstzweck, sondern wurde gem Art I „zum Zwecke der dauernden Unabhängigkeit nach außen und zum Zwecke der Unverletzlichkeit seines Gebietes" erklärt. Als Mittel zur Erreichung dieses Zweckes verpflichtete sich Österreich in Art II, „in aller Zukunft keinen militärischen Bündnissen bei(zu)treten und die Errichtung militärischer Stützpunkte fremder Staaten auf seinem Gebiete nicht zu(zu)lassen."
Studienwörterbuch: Neutralitätsgesetz 1955; Staatsvertrag von Wien-Belvedere 1955.

2. Österreich seit 1955

1324 Trotz Neutralität betrieb Österreich in der Folge eine aktive Außenpolitik (1955 Beitritt zu UNO und Europarat, 1960 zur EFTA). Die Große Koalition bestand noch bis 1966 fort; auch in der Folgezeit war die Innenpolitik durch **„Sozialpartnerschaft"** und ÖVP-SPÖ-Proporz geprägt. Dieses Konzept führte zu einer politisch schwachen Stellung des NR, was zunehmend kritisiert wurde.
➢ Die ÖVP verlor 1949 zwar die absolute Mehrheit, blieb aber stimmenstärkste Partei und stellte die Bundeskanzler (LEOPOLD FIGL, JULIUS RAAB, ALFONS GORBACH, JOSEF KLAUS). ÖVP und SPÖ besaßen zusammen im NR weit mehr als ²/₃ der Mandate und damit das Recht der Verfassungsgesetzgebung, von dem in großem Umfang Gebrauch gemacht wurde. Diese Situation erfuhr durch die nachfolgenden NR-Wahlen bis 1966 keine wesentliche Veränderung.
➢ Der VdU zerbrach 1955 an inneren Streitigkeiten; als Nachfolgepartei entstand die Freiheitliche Partei Österreichs (FPÖ), welche jedoch bis 1986 nie mehr als 12 der 183 NR-Mandate erlangen konnte. Die KPÖ schied 1959 aus dem NR aus.
➢ Kern der Sozialpartnerschaft war die „Paritätische Kommission für Lohn- und Preisfragen", in der Vertreter von Arbeiterkammer, ÖGB, Wirtschaftskammer und Landwirtschaftskammern ohne gesetzliche Grundlage wesentliche sozial- und wirtschaftspolitische Fragen einvernehmlich beschlossen, die im NR nur mehr „abgesegnet" wurden.
➢ In den 1960er-Jahren wurden die Differenzen zwischen ÖVP und SPÖ immer deutlicher spürbar, so va bei der Frage der Einreiseerlaubnis für OTTO HABSBURG-LOTHRINGEN, den Sohn des letzten Kaisers, der 1961 die vom Habsburggesetz 1919 (⇨ Rz 1302) geforderte Verzichtserklärung

Übersicht 5: Nationalratswahlen in der Zweiten Republik

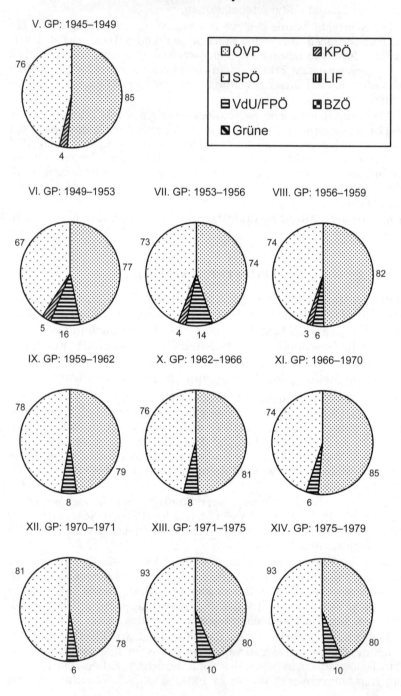

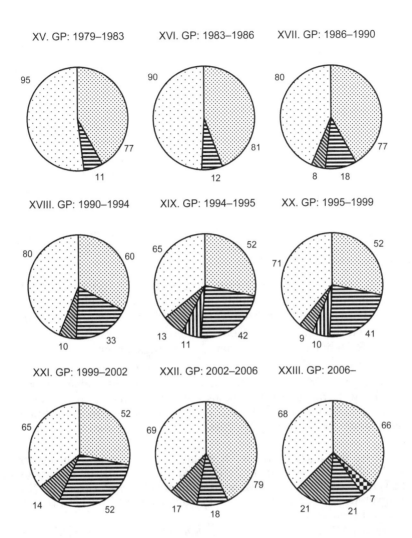

abgegeben hatte. Da die Koalitionsregierung zu keiner einvernehmlichen Lösung gelangte, wurde die Frage 1962/63 durch eine Säumnisbeschwerde beim VwGH zugunsten HABSBURG-LOTHRINGENS entschieden.

➤ 1966 errang die ÖVP die absolute Mehrheit im NR; Bundeskanzler KLAUS (1964–70) bildete eine ÖVP-Alleinregierung, die SPÖ ging in Opposition.

➤ 1970 erfolgte die Umkehr: Die SPÖ wurde stimmenstärkste Partei; BRUNO KREISKY (1970–1983) bildete eine – von der FPÖ tolerierte – SPÖ-Minderheitsregierung. 1971 errang die SPÖ die absolute Mehrheit und konnte diese bei den NR-Wahlen 1975 und 1979 halten bzw noch weiter ausbauen.

➤ 1983 verlor die SPÖ die absolute Mehrheit, blieb aber stimmenstärkste Partei; KREISKYS Nachfolger FRED SINOWATZ (1983–86) bildete mit der FPÖ eine „Kleine Koalition".

1325 Das Jahr 1986 leitete eine **neue Phase** der österreichischen Innenpolitik ein: Das traditionelle „hinkende Zwei-Parteien-System" wurde zugunsten eines echten Parteienpluralismus aufgebrochen, womit auch der NR wieder mehr an Bedeutung gewann. Dagegen erlitt die Sozialpartnerschaft einen Bedeutungsverlust.

➤ Die Wahl JÖRG HAIDERS zum FPÖ-Obmann 1986 führte zur Auflösung der SPÖ/FPÖ-Koalition und zu Neuwahlen. Diese brachten einen starken Stimmengewinn für die FPÖ, erstmals zogen die Grünen in den NR ein. Die SPÖ bildete mit der ÖVP zum zweiten Mal eine Große Koalition, diesmal unter SPÖ-Führung (Bundeskanzler FRANZ VRANITZKY, VIKTOR KLIMA).

➤ Auch bei den nachfolgenden NR-Wahlen konnte die FPÖ auf Kosten von SPÖ und ÖVP immer mehr Mandate gewinnen. 1994–95 und 1999–2002 verfügten SPÖ und ÖVP gemeinsam über keine $^2/_3$-Mehrheit im NR. 1993 spaltete sich von der FPÖ das Liberale Forum ab, welches bis 1999 im NR vertreten war.

➤ Nach der NR-Wahl 1999 brach die SPÖ/ÖVP-Koalition auseinander. Der ÖVP unter WOLFGANG SCHÜSSEL gelang es, obwohl sie auf den dritten Platz gerutscht war, unter ihrer Führung eine Koalition mit der FPÖ zu bilden und die SPÖ, obwohl noch immer stärkste Partei, in die Opposition zu drängen. Die Regierungsbildung erfolgte erstmals seit 1929 ohne Auftrag, ja gegen den Willen des Bundespräsidenten (THOMAS KLESTIL, ÖVP), der erst nach zähen Verhandlungen am 4. 2. 2000 die Angelobung der Regierung vornahm (⇨ Rz 2152).

➤ Aufgrund der Regierungsbeteiligung der FPÖ reagierten die übrigen EU-Staaten mit der Verhängung von Sanktionen gegen Österreich (insbesondere Einschränkung der jeweiligen bilateralen Beziehungen; es handelte sich also um keine Maßnahme der EU als solcher). Diese wurden erst nach dem Rückzug HAIDERS aus allen Parteiämtern und nach einem Bericht von internationalen Beobachtern über die innenpolitische Lage in Österreich am 12. 9. 2000 aufgehoben.

➤ Zugleich stürzte der Rücktritt HAIDERS die FPÖ in eine tiefe Krise; bei der NR-Wahl 2002 verlor sie fast zwei Drittel ihrer Mandate, großteils an die ÖVP, welche erstmals seit 1970 wieder zur stärksten Partei wurde. 2005 spaltete sich von der FPÖ das „Bündnis Zukunft Österreich" (BZÖ) ab, dem sämtliche bisherigen FPÖ-Minister sowie mehrere FPÖ-Nationalratsabgeordnete beitraten, und in dem HAIDER (1989–91 und seit 1998 Landeshauptmann von Kärnten) erneut eine starke Rolle spielte, ohne formell die Führung zu übernehmen; die Koalition wurde als ÖVP/BZÖ-Koalition fotgesetzt.

➢ Die NR-Wahlen 2006 brachten die SPÖ zurück auf Platz eins; 2007 wurde zum dritten Mal in der Zweiten Republik eine Große Koalition gebildet (Bundeskanzler ALFRED GUSENBAUER, SPÖ).

1326 Eine **Mitgliedschaft Österreichs zu den Europäischen Gemeinschaften** wurde lange Zeit als mit der österreichischen Neutralität unvereinbar angesehen. Erst 1989, noch kurz vor Beginn der „Wende" in Ostmitteleuropa, stellte Österreich ein offizielles Beitrittsgesuch. Am 12. 6. 1994 ergab eine Volksabstimmung ein klares Votum für einen EU-Beitritt, welcher mit Wirkung vom 1. 1. 1995 auch erfolgte (⇨ Rz 1236). Eine im Zusammenhang damit geplante umfassende Bundesstaatsreform scheiterte.

➢ Der Beitritt stellte einen massiven Eingriff in das demokratische, das bundesstaatliche und das rechtsstaatliche Prinzip der Bundesverfassung, somit eine Gesamtänderung derselben iSd Art 44 Abs 3 B-VG dar, wobei unklar war, ob eine derartige Änderung durch einen Staatsvertrag oder nur durch ein Bundesverfassungsgesetz erfolgen dürfe. Rechtstechnisch wurde dies dadurch gelöst, dass das Volk mittels Abstimmung ein Bundesverfassungsgesetz beschloss, welches die zuständigen Organe zum Abschluss des Beitrittsvertrages ermächtigte.

➢ Hinsichtlich der Neutralität entspann sich eine lange Debatte, die 1993 schließlich mit einer „Neuinterpretation" durch die BReg vorläufig beigelegt wurde, wonach die Neutralität drei „Kernelemente" (Nichtteilnahme an einem Krieg, Nichtteilnahme an Militärallianzen, Verbot von ausländischen Militärstützpunkten in Österreich) enthalte, was mit der EU-Mitgliedschaft vereinbar sein. Nichtsdestoweniger machte der Beitritt zur GASP die Aufnahme entsprechender Bestimmungen in das B-VG (Art 23f) notwendig, die dem Neutralitätsgesetz materiell teilweise derogieren; 2003 wurden diese Bestimmungen infolge des Vertrages von Nizza (⇨ Rz 1237) noch einmal ausgeweitet.

➢ Ein besonderes Problem stellte ferner die bundesstaatliche Struktur Österreichs dar, da die Europäische Integration sowohl Landes-, als auch Bundesangelegenheiten umfasst, die Länder aber keine adäquate Vertretung in den Europäischen Institutionen besitzen. Das deutsche Vorbild, wonach der Bundesrat das Verhalten des deutschen Vertreters im Rat binden kann (Art 23 neu GG), wurde in Österreich verworfen, weil der österreichische Bundesrat die Länderinteressen nur höchst unzulänglich vertritt – womit die Existenzberechtigung des Bundesrates in aller Schärfe angesprochen war.

➢ Stattdessen wurde mit dem *Perchtoldsdorfer Abkommen 1992* ein gänzlich neuartiges Organ, die Integrationskonferenz der Länder geschaffen, die aus den Landeshauptleuten und Landtagspräsidenten besteht und die für den österreichischen Vertreter im Rat bindende Stellungnahmen abgeben kann. Die praktische Bedeutung dieser Konferenz ist aber äußerst gering.

➢ Eine gleichfalls 1992 geplante umfassende Bundesstaatsreform scheiterte im Dezember 1994 am Veto der Landeshauptleute, was offiziell mit den anlaufenden Kosten begründet wurde. Mit der B-VG-Novelle 1994 wurden daher nur die notwendigsten Anpassungen der Bundesverfassung an die neue Rechtslage vorgenommen.

➢ Nochmals in Angriff genommen wurde die Frage der Bundesstaatsreform 2003, als ein Verfassungskonvent („Österreich-Konvent") nach Vorbild des Europäischen Verfassungskonvents eingesetzt wurde (⇨ Rz 1239) und dieser einen Entwurf für eine neue Bundesverfassung erstellen sollte. Doch konnte der Konvent kein konsensuales Ergebnis erzielen; ein vom Konventspräsidenten FRANZ FIEDLER eigenständig erarbeiteter Entwurf fand in der Schlusssitzung des Konvents vom 28. 1. 2005 keine Mehrheit.

➢ Im Februar 2007 wurde eine siebenköpfige „Expertengruppe für Staats- und Vewaltungsreform" gebildet, deren Mitglieder großteils dem Österreich-Konvent angehört hatten und die mit der schrittweisen Verwirklichung der Verfassungsreform betraut wurde. Ein erster Teilentwurf wurde von ihr im Juli 2007 vorgelegt.

➢ Die von der Expertengruppe vorgeschlagene formale Rechtsbereinigung (= Aufhebung unnötiger Verfassungsbestimmungen) wurde am 5. 12. 2007 vom Nationalrat angenommen; die gleichfalls vorgeschlagene umfassende Reform von Verwaltung und Verwaltungsgerichtsbarkeit (⇨ Rz 2411) kam dagegen nicht zustande; vielmehr wurde der Verwaltungsrechtsschutz nur in einer einzigen Materie, dem Asylrecht, reformiert und dabei – trotz Kritik ua durch das UN-Flüchtlingskommissariat – nicht verbessert, sondern sogar verschlechtert.

➢ Nichtsdestoweniger wurden die Arbeiten der Expertengruppe fortgesetzt; 2008 sollen die Grundrechte und die Kompetenzverteilung zwischen Bund und Ländern reformiert werden.

Vierter Abschnitt

Gesetzgebung und Rechtswissenschaft

A Die Entwicklung bis zu den Kodifikationen

1. Archaische Rechtskultur

1401 In archaischen (= urtümlichen) Gesellschaften hob sich das Recht nur undeutlich von anderen Ordnungssystemen wie Sitte, Moral und Religion ab. Es war **Gewohnheitsrecht**; bewusste Gesetzgebung sowie wissenschaftliche Bearbeitung waren ihm fremd.

➢ Wir verstehen unter Gewohnheitsrecht ein Recht, welches nicht bewusst gesetzt wird, sondern im Bewusstsein der Rechtsgemeinschaft „lebt" und sich durch eine fortdauernde Übung manifestiert.

➢ In welcher Entwicklungsstufe der Menschheit ein Ordnungssystem „Recht" entstand, ist kaum zu beantworten. Jedenfalls hängt die Frage davon ab, was wir unter Recht verstehen. Nach unserer Rechtsdefinition (⇨ Rz 0002) wird man wohl auf den Zeitpunkt abstellen müssen, zu dem besondere Personen (zB Stammeshäuptlinge) ermächtigt wurden, für die Einhaltung bestimmter Normen Sorge zu tragen und dabei notfalls auch Zwang anzuwenden.

➢ Dieselben Normen wurden aber auch durch andere Mechanismen, wie insbesondere soziale und religiöse Sanktionen gesichert. Die Erkenntnis, dass es sich hierbei um Recht einerseits, Sitte, Religion und Moral andererseits handelte, wird wohl erst dann entstanden sein, als diese Normensysteme begannen, inhaltlich zu divergieren, also zB ein rechtlich erlaubtes Handeln moralisch verwerflich erschien.

Studienwörterbuch: Gewohnheitsrecht.

1402 Mangels schriftlicher Quellen können über **Inhalt und Wesen des archaischen Rechts** nur minimale Aussagen getroffen werden.

➢ Die Rechtsgermanistik des 19. Jh war bemüht, ein urtümliches germanisches Recht nachzuweisen und zu rekonstruieren. Mittlerweile wurde dieses Unterfangen nicht nur als aussichtslos aufgegeben, man bezweifelt sogar, dass es ein gemeingermanisches Recht gegeben habe.

➢ Da das Recht nur mündlich tradiert wurde, war es vom Erinnerungsvermögen der Rechtsanwender abhängig und daher ständigen Veränderungen unterworfen. Da eine vereinheitlichende zentrale Rechtssetzungsinstanz fehlte, splitterte sich das Gewohnheitsrecht innerhalb der unterschiedlichen Rechtskreise, in denen es lebte, auf.

➢ Im Bemühen um eine Rekonstruktion des germanischen Rechts wurden von der Rechtsgermanistik in unzulässiger Weise Schriftquellen aus späterer Zeit, va die Volksrechte (⇨ Rz 1406) sowie nordeuropäische Rechtsquellen des Mittelalters (so zB die altisländische Rechtsaufzeichnung des 12. Jh, die sog *Grágás* [Graugans]) herangezogen, manchmal aber auch nur eigenes Wunschdenken rückprojiziert. Die moderne Rechtsgeschichte kämpft noch immer mit den Folgen dieser Fehlentwicklung.

➢ Nichtsdestoweniger ist in jüngster Zeit wieder ein vermehrtes Interesse für archaisches Recht, diesmal für jenes der Kelten, bemerkbar. Die Rekonstruktion eines keltischen Rechts dürfte allerdings auf ähnliche Probleme wie die des germanischen Rechts stoßen.

Studienwörterbuch: Archaisches Recht.

2. Römisches und byzantinisches Recht

1403 Die Ausbildung einer hoch entwickelten Jurisprudenz ist einer der wichtigsten Beiträge des Alten **Rom** zur europäischen Kultur. Details im Fach „Römisches Recht"!

➢ Trotz Bestehens einer Gesetzgebung war das römische Recht vor allem Juristenrecht, dh von Juristen geschaffenes Recht. Die Rechtsgelehrten waren weder Amtsträger noch Berufsjuristen, sondern Privatleute, die anfangs aus der Priesterschaft, später auch aus dem weltlichen Adel kamen und die *iurisprudentia* aus Interesse und Neigung pflegten.

➢ Praktisch tätig waren die Juristen vor allem, indem sie bei Zivilprozessen sowohl für die Streitparteien als auch für den – meist rechtsunkundigen – Richter (*praetor*) Gutachten (*consilia, responsa*) abgaben. Das Juristenrecht war daher in erster Linie Fallrecht, nur selten finden sich systematische Darstellungen, wie etwa das Lehrbuch (*Institutiones*) des GAIUS aus dem 2. Jh n Chr.

➢ Im Strafrecht und im Staatsrecht waren Juristen in weit geringerem Maße beteiligt; diese Rechtsgebiete waren daher auch weniger entwickelt.

➢ Vervollkommnung, Höhepunkt und Niedergang der Rechtsentwicklung fielen im Wesentlichen mit der staatlichen Entwicklung zusammen: Das klassische Zeitalter der Jurisprudenz, in dem die beiden großen Juristenschulen der Sabinianer und der Proculianer bestanden, setzte im 1. Jh n Chr ein, hatte seinen Höhepunkt im 2. Jh und eine Spätzeit im 3. Jh n Chr.

➢ Ab dem späten 3. Jh war das Recht des von Bürgerkriegen und Germaneneinfällen erschütterten Reiches von vielen Vereinfachungen gekennzeichnet (daher die – heute umstrittene – Bezeichnung „Vulgarrecht"). Zunehmende Bedeutung erhielten kaiserliche Erlässe (*constitutiones*), die nun gesammelt wurden (*Codex Theodosianus* 438).

Studienwörterbuch: Römisches Recht.

1404 Im Oströmischen Reich kam es im 5. Jh in den Juristenschulen von Beirut und Konstantinopel zu einer Wiederbelebung der klassischen Jurisprudenz (*Klassizismus*). Unter Kaiser IUSTINIAN I. (527–565) erfolgte die umfassende Aufzeichnung des Rechts im **Corpus Iuris Civilis**.

> Kernstück des (erst ab dem 13. Jh sog) Corpus Iuris Civilis waren die *Digesten (Pandekten)*, eine systematische Sammlung von Schriften der klassischen Juristen. Diese enthielten aber keine abstrakten Rechtssätze, sondern Lösungen von Einzelfällen; die Pandekten haben so in gewissem Maße den Charakter eines „casebook". Thematisch befassten sie sich hauptsächlich mit Privatrecht (45 von 50 Büchern).

> In den Pandekten fanden am meisten Verwendung die Spätklassiker DOMITIUS ULPIANUS († 223) und IULIUS PAULUS († nach 222). Die Texte wurden gekürzt und überarbeitet (interpoliert), um sie praktisch verwerten zu können. Die Kompilation erfolgte durch eine Kommission unter Leitung des Juristen TRIBONIAN († 541/543). Widersprüche innerhalb der Juristenschriften wurden oft vom Kaiser selbst gelöst.

> Parallel dazu wurden auch die Kaiserkonstitutionen in einem neuen *Codex* gesammelt (Erstfassung 529, überarbeitete Zweitfassung 534 veröffentlicht); er enthielt neben Privatrecht auch öffentliches Recht. Den dritten Teil des *Corpus Iuris Civilis* bildete ein autorisiertes Lehrbuch, die *Institutiones*, das gemeinsam mit den Digesten 533 veröffentlicht wurde.

Studienwörterbuch: Codex Iustinianus; Institutionen Iustinians; Interpolation.

1405 Die Rechtsentwicklung in Byzanz nach 534 erfolgte in griechischer Sprache und wurde Grundlage des modernen **griechischen Rechts**.

> Bereits IUSTINIAN I. verwendete in der Gesetzgebung nach 534 die griechische anstelle der lateinischen Sprache. Diese sog *Novellen* wurden von Privatpersonen gesammelt und ergänzten das *Corpus Iuris Civilis*.

> Nach einer Phase innerer Wirren kam es unter den Kaisern aus der makedonischen Dynastie im 9./10. Jh zu einer neuen Blüte der Rechtswissenschaft; das umfassend reformierte und ins Griechische übertragene Recht des Corpus Iuris wurde 907 von Kaiser LEON VI. (886–912) in den *Basiliken* (= „Kaiserliche Bücher") neu herausgegeben.

> Im weiteren Verlauf wurde das Basilikenrecht durch Glossen und Kommentare wissenschaftlich erschlossen (vgl die Parallele zur oberitalienischen Legistik ⇨ Rz 1414). 1345 erfolgte eine Kurzfassung in der sog *Hexabiblos* (= „Sechs Bücher").

> Die Hexabiblos blieb auch während der Türkenherrschaft bestehen und war nach der Unabhängigkeit Griechenlands vom Türkischen Reich Grundlage des griechischen Privatrechts bis zum Inkrafttreten des griechischen ZGB 1946.

Studienwörterbuch: Basiliken; byzantinisches Recht; Novellen.

3. Die Volksrechte

1406 In der Völkerwanderung kamen die Germanen in intensiven Kontakt mit der römischen (Rechts-)Kultur. Christliches Gedankengut und, damit verbunden, einzelne römischrechtliche Elemente, wurden übernommen. Zugleich begannen die germanischen Völker, in Nachahmung der römischen Rechtsschriften auch ihre Rechte aufzuzeichnen (**Volksrechte**, *leges barbarorum*).

➢ Der Anfang wurde dabei von den Westgoten in Südfrankreich/Spanien bereits Ende des 5. Jh gemacht (*Edictum Theodorici* 459/461; *Codex Euricianus* 476).

➢ Von hoher juristischer Qualität war das Recht der Langobarden in Oberitalien (*Edictum Rothari* 643, Satzungen des Kg LIUTPRAND, ua). Für das Gebiet des heutigen Österreich bedeutsam waren die Aufzeichnungen der Alemannen (*lex Alamannorum* 725) und der Baiern (*lex Baiuvariorum*, nach 740).

➢ Die Volksrechte wurden in Latein abgefasst, allerdings mit Einschüben aus der (althochdeutschen) Volkssprache, den sog *Malbergischen Glossen* (Malberg = Gericht).

1407 Die Volksrechte enthielten – entgegen einer lang verbreiteten Ansicht – nicht ursprünglich-germanisches Recht, sondern waren bereits Produkt der in der Völkerwanderung erfolgten **Verschmelzung** von Germanentum, römischer Antike und Christentum.

➢ Leicht einsichtig ist dies beim jüngsten Volksrecht, der *Lex Saxonum* von 802: Sie war nicht etwa die von den Sachsen selbst verfasste Niederschrift ihres Rechts, sondern wurde nach der Unterwerfung und Zwangschristianisierung der Sachsen vom siegreichen fränk Kg KARL d. Gr. erlassen!

➢ Aber auch bei vielen anderen Volksrechten hat die moderne Forschung mittlerweile nachweisen können, dass die Gelegenheit der Niederschreibung zur bewussten Veränderung des Rechts, zu einer Gesetzgebung, genützt wurde: So etwa die für die Salfranken erlassene *Lex Salica* des Königs CHLODWIG I. von 507/511.

➢ Manche germanische Könige erließen auch eigene Gesetze für die in ihrem Reich ansässige romanische Bevölkerung, so zB der Westgotenkönig ALARICH II. die *Lex Romana Visigothorum* 506. Sie und der für die Westgoten geltende *Codex Euricianus* wurden 654 durch eine neue *Lex Visigothorum* ersetzt, die für alle Untertanen gleichermaßen gelten sollte, womit eine gemeinsame Klammer für das Westgotenreich geschaffen wurde.

Studienwörterbuch: Volksrecht.

1408 Die realen Auswirkungen der Rechtsaufzeichnungen auf die **Rechtspraxis** sind noch großteils unerforscht und wohl auch nicht einheitlich zu beantworten.

> Nachhaltige Wirkung hatten va die in romanischsprachigen Ländern erlassenen *leges*; das langobardische Recht wurde später sogar von den Kommentatoren (⇨ Rz 1414) wissenschaftlich bearbeitet.

> In den Gebieten, in denen sich die althochdeutsche Sprache entwickelte, gerieten die Volksrechte jedoch in Vergessenheit und wurden von neuem Gewohnheitsrecht überwuchert.

> Besonderes galt für Frankreich, in dessen Norden fast nur mündlich tradiertes Gewohnheitsrecht (*coutume*) galt, während im stärker romanischen Süden geschriebenes Recht (*droit écrit*) vorherrschte. In diesem Gebiet, das bis 507 zum Westgotenreich gehört hatte, blieb die *Lex Romana Visigothorum* bis zum Vordringen der Rezeption von Bedeutung (⇨ Rz 1418).

4. Das mittelalterliche Recht vor der Rezeption

1409 Mit den Karolingern fand die frühmittelalterliche Gesetzgebungstätigkeit Höhepunkt und Abschluss. Die weitere Rechtsentwicklung erfolgte wiederum in den Formen des Gewohnheitsrechts. Da es an einer vereinheitlichenden Gesetzgebung mangelte, war Zersplitterung die Folge (**Partikularrechte**).

> Die Erinnerung an die sog Kapitulariengesetzgebung KARLS dGr war noch lange lebendig; auch das Wissen um ein römisches Recht war das ganze Mittelalter hindurch präsent. Praktische Bedeutung hatte es allerdings nur für Kleriker (*ecclesia vivit lege Romana*), und auch das nicht uneingeschränkt.

> Da die Volksrechte noch das Recht von (abstammungsmäßig definierten) Stammesverbänden waren, wurden sie mit der Herausbildung von territorialen Herrschaften unanwendbar. Es entstanden in den verschiedenen Herrschaftsbereichen neue Rechte („Rechtskreise"): Reichsrecht, Landrecht, Stadtrecht, (bäuerliches) Hofrecht ua.

> Für das Verhältnis dieser partikulären Rechtskreise zueinander galt im Wesentlichen, dass der engere Rechtskreis dem weiteren vorgehe; der weitere Rechtskreis galt also nur subsidiär: *Willkür* (= im Einzelfall Vereinbartes) *bricht Stadtrecht, Stadtrecht bricht Landrecht, Landrecht bricht Reichsrecht.*

> Inhaltlich aber bestand zwischen den verschiedenen Partikularrechten oft weitgehende Übereinstimmung. Insbesondere für die Stadtrechte ist das Phänomen der sog Stadtrechtsfamilien charakteristisch: Neugegründete Städte übernahmen das Recht einer „Mutterstadt", bei der sie dann auch Rechtsauskünfte einholten. So war etwa das Stadtrecht von Lübeck (das sog lübische Recht) auch im Baltikum weit verbreitet, das Stadtrecht von Magdeburg auch in Polen und der Ukraine.

Studienwörterbuch: Hofrecht; Kapitularien; Landrecht; Stadtrecht; Stadtrechtsfamilie.

1410 Das Recht wurde wiederum va mündlich tradiert. **Schriftliche Quellen**, aus denen wir unser Wissen über das mittelalterliche

Recht schöpfen können, sind va Gerichtsurteile, Weistümer sowie Urkundensammlungen und Rechtsgeschäftsbücher.

▷ Die Rechtsprechung war noch nicht Aufgabe eines besonderen gelehrten Standes, sondern eine Aufgabe für jedermann; wichtig war lediglich das Prinzip der Ebenburt, dh dass der Urteiler aus demselben Stand wie der Verurteilte kam. Schon in fränkischer Zeit wurden aus praktischen Gründen einzelne Personen als ständige Urteilsfinder (Schöffen) herangezogen; aber auch sie waren keine „Juristen" im modernen Sinn.

▷ Weistümer waren Aussagen rechtskundiger Personen über das geltende Gewohnheitsrecht, die zwar nicht während eines Prozesses, aber mit prozessähnlicher Formstrenge, sozusagen in einem hypothetischen Prozess, getroffen wurden. Die Gründe, die zu diesen Aufzeichnungen führten, und die Bedingungen, unter denen sie zustande kamen, sind noch großteils ungeklärt.

▷ Ab dem 14. Jh macht sich ein Trend zur Schriftlichkeit beim Abschluss von Rechtsgeschäften bemerkbar. Die Folge sind umfangreiche Urkundensammlungen, Formularbücher (mit Vertragsmustern) und vor allem Rechtsgeschäftsbücher, in denen verschiedene öffentlich abgeschlossene Rechtsgeschäfte zwecks Publizität festgehalten wurden (Kaufbücher, Testamentsbücher). Aus ihnen entwickelten sich va die Grundbücher (⇨ Rz 3420).

Studienwörterbuch: Rechtsgeschäftsbücher; Schöffengerichtsbarkeit; Weistümer.

1411 Ab dem 13. Jh kam es – bereits in Reaktion auf das allmähliche Vordringen des gemeinen Rechts (⇨ Rz 1415) – zu Aufzeichnungen des Gewohnheitsrechtes in **Rechtsbüchern.** Es handelte sich meist um Privatarbeiten, die aber mitunter gesetzesgleiche Wirkung erlangten und zT noch bis ins 19. Jh nachwirkten.

▷ Unterscheide von den Rechtsbüchern die vorhin erwähnten Rechtsgeschäftsbücher!

▷ Das bedeutendste deutsche Rechtsbuch, zugleich ältestes Prosawerk in deutscher Sprache, ist der um 1225 entstandene Sachsenspiegel des EIKE V. REPGOW, eines Schöffen aus Quedlinburg (im heutigen Sachsen-Anhalt). Es war in einen Land- und Lehnrechtsteil gegliedert und behandelte Privat-, Straf-, Prozess- und Staatsrecht, wobei er va das Recht der bäuerlichen (weniger der städtischen) Bevölkerung Sachsens „widerspiegelte".

▷ Der Sachsenspiegel nahm auch zu zahlreichen reichsrechtlichen Materien Stellung (so etwa zum Problem der Zweischwerterlehre, ⇨ Rz 2120), wobei er in der Regel einen kaisertreuen Standpunkt einnahm, weshalb mehrere seiner Bestimmungen 1374 von Papst GREGOR XI. verdammt wurden.

▷ Der Sachsenspiegel fand außerordentlich weite Verbreitung (über 340 erhaltene mittelalterliche Handschriften, davon vier prachtvolle Bilderhandschriften) und fand vielfach Nachahmung. Seine Ausstrahlung reichte bis nach Kiew; in den sog sächsischen Herzogtümern (heutiges Thüringen) fand er bis zum Inkrafttreten des BGB am 1. 1. 1900 Verwendung.

> In Süddeutschland und im heutigen Österreich erlangte va das von einem unbekannten Autor um 1275 verfasste „Kaiserliche Land- und Lehensrechtsbuch" Bedeutung, das in Anlehnung an den Sachsenspiegel auch *Schwabenspiegel* genannt wird. Um 1280 entstand ein *Österreichisches Landrecht*, im 14. Jh ein *Steiermärkisches Landrecht*.

> In hoheitlichem Auftrag entstanden va die *Constitutiones Regni (Siciliae)*, die 1231 in Melfi von Ks Friedrich II. in seiner Eigenschaft als Kg v. Sizilien verkündet wurden. Ks Ludwig d. Bayer erließ 1335/46 für sein Stammland das Oberbayrische Landrecht, das auch in Teilen des heutigen Tirol (Kitzbühel ua) in Geltung stand.

Studienwörterbuch: Constitutiones Regni Siciliae; Rechtsbücher; Sachsenspiegel.

5. Kanonistik und Legistik

1412 Ab dem 12. Jh entstanden in Europa **Universitäten**. An diesen Bildungszentren fand auch das Recht wissenschaftliche Behandlung.

> Vorläufer der Universitäten waren Kloster- und bischöfliche Domschulen. Der verstärkte Zustrom von Schülern im 12. Jh machte Strukturreformen notwendig; Lehrende und Lernende schlossen sich zu Korporationen (*universitates*) zusammen.

> Die Universitätsangehörigen waren daher anfangs zumeist Kleriker, doch unterstanden die Universitäten selbst keinem Abt oder Bischof, sondern besaßen Autonomie. Diese wurde ihnen zumeist durch päpstliche Privilegien gewährt. Es entwickelte sich ein eigenes Universitätsrecht und eine universitäre Gerichtsbarkeit für die akademischen Bürger.

> Die ältesten Universitäten waren jene von Bologna, Paris, Cambridge und Montpellier (alle vor 1220). Neben diese von Professoren und Studenten selbst geschaffene Universitäten traten später politisch motivierte Universitätsgründungen: So va Prag 1348 durch Ks Karl IV.; Krakau 1364 durch Kg Kasimir III. v. Polen; Wien 1365 durch Hz Rudolf IV. „den Stifter" v. Österreich.

> Die Universitäten waren international ausgerichtet. Transmigrationen sowohl der Lehrenden wie der Studierenden waren häufig, akademische Grade wurden idR auch an anderen Universitäten anerkannt. Die Sprache der Universitäten war einheitlich Latein. Trotz verschiedener Gründungsgeschichte und daher ursprünglich verschiedener Konzeption ist es berechtigt, von „der" europäischen Universität zu sprechen.

> Typischerweise gliederte sich die Universität in vier Fakultäten: die „Artistenfakultät" (nach den *septem artes liberales*, später philosophische Fakultät), die theologische, die juridische und die medizinische Fakultät.

Studienwörterbuch: Universitäten.

1413 An den Universitäten etablierte sich die **Kanonistik** (Kirchenrechtswissenschaft) als eine von der Theologie eigenständige wissenschaftliche Disziplin. Epoche machend war hier vor allem die um 1140 in Bologna veröffentlichte Textsammlung des Mönchs GRATIAN (sog *Decretum Gratiani*).

➤ Die damals vorherrschende wissenschaftliche Methode war die Scholastik. Sie versuchte, antikes Denken mit christlicher Lehre zu verbinden, ohne die Autorität der einen oder anderen Strömung anzuzweifeln. Vielmehr war sie bemüht, die (notwendigerweise) auftauchenden Widersprüche als bloß scheinbare zu entlarven.

➤ In ähnlicher Weise versuchte GRATIAN († vor 1179), aus verschiedenen kirchlichen Rechtsquellen, die er systematisch in *canones* (Regeln) ordnete, ein in sich stimmiges Gesamtbild des Kirchenrechts abzugeben; daher auch der ursprüngliche Name seines Werkes: *Concordia discordantium canonum*.

➤ Aufgrund seiner Vollständigkeit verdrängte das *Decretum Gratiani* ältere Textsammlungen und erhielt, obwohl Privatarbeit, gesetzesgleiche Bedeutung. Es wurde in der Folge von den sog Dekretisten wissenschaftlich durchdrungen.

➤ Das 12. und 13. Jh war ein Zeitalter intensiver päpstlicher Rechtssetzung. Die von den Päpsten erlassenen Dekretalen wurden von GREGOR IX. systematisch geordnet und 1234 als *Liber Extra* dem *Decretum Gratiani* hinzugefügt. Die nachfolgende päpstliche Gesetzgebung machte weitere Ergänzungen notwendig: 1298 den *Liber Sextus*, 1311 die sog *Clementinae*. Die wissenschaftliche Behandlung der Dekretalen erfolgte durch die Wissenschaftsschule der sog Dekretalisten.

➤ 1580 wurden das *Decretum Gratiani* gemeinsam mit den genannten Dekretalensammlungen zum *Corpus iuris canonici* zusammengefasst, welches bis ins 20. Jh die zentrale Quelle des Kirchenrechts blieb (⇨ Rz 1463).

➤ **Studienwörterbuch:** Corpus Iuris Canonici; Dekretisten, Dekretalisten; Kanonistik.

1414 Parallel zur Kanonistik entstand in Oberitalien die Wissenschaft vom weltlichen Recht, die **Legistik**. Untersuchter Gegenstand waren die weltlichen Gesetze (*leges*), worunter nicht das damalige (Gewohnheits-) Recht, sondern das *Corpus Iuris Civilis* zu verstehen war.

➤ Oberitalien besaß als einstiges Zentrum des Langobardischen Reiches seit jeher eine gewisse juristische Tradition (Rechtsschule von Pavia); das römische Recht war nie ganz in Vergessenheit geraten. Die Digesten selbst aber waren vermutlich seit dem 7. Jh verschollen.

➤ Den unmittelbaren Anstoß dürfte die Entdeckung einer Handschrift des *Corpus iuris civilis* in der süditalienischen (damals zu Byzanz gehörenden) Stadt Amalfi gegeben haben, von der eine Abschrift nach Bologna gelangte. Dort begann der Rhetoriklehrer IRNERIUS († 1140) mit der ersten rechtswissenschaftlichen Lehrtätigkeit.

➤ Der Rechtsunterricht erfolgte nach den von der Scholastik erarbeiteten Methoden; das *Corpus Iuris Civilis* wurde mit Erläuterungen versehen, die entweder zwischen die Zeilen (Interlinearglossen) oder an den Rand des Gesetzestextes (Marginalglossen) geschrieben wurden. Nach dieser Tätigkeit werden die ersten Juristen als *Glossatoren* bezeichnet.

➢ Nicht in den rechtswissenschaftlichen Unterricht einbezogen wurden die griechischen Novellen zum *Corpus Iuris Civilis*, wohl wegen mangelnder Sprachkenntnisse: *„graeca non leguntur"*.

➢ Die bedeutendsten Glossatoren waren AZO PORTIUS († um 1220) und FRANCISCUS ACCURSIUS (1185–1263). Die von ACCURSIUS verfasste *glossa ordinaria* war so umfassend, dass sich spätere Juristen ausschließlich auf diese stützten.

➢ Die Juristen des Spätmittelalters wurden im 19. Jh (abwertend) „Post-Glossatoren" genannt; heute ist die Bezeichnung „Kommentatoren" gebräuchlich, da ihre (heute höher bewertete) juristische Tätigkeit va in Kommentaren ihren Niederschlag fand. Die bedeutendsten Kommentatoren waren BARTOLUS DE SASSOFERRATO (um 1313–1357) und BALDUS DE UBALDIS (1327–1400).

➢ Eine der wichtigsten Leistungen der Glossatoren und Kommentatoren war die Ableitung abstrakter Rechtssätze aus dem *Corpus Iuris Civilis* und deren Systematisierung. Die heute so typische Methode des Juristen, Sachverhalte unter allgemeine Normen zu subsumieren, ist eine Leistung der oberitalienischen Rechtswissenschaft.

Studienwörterbuch: Glossatoren; Konsiliatoren.

6. Rezeption und usus modernus

1415 Die **Rezeption** kann als die Übernahme des gelehrten Rechts in die Rechtspraxis beschrieben werden. Sie war ein gesamteuropäischer Vorgang, der sich über mehrere Jahrhunderte erstreckte und schließlich ein gesamteuropäisches Recht, das gemeine Recht (*ius commune*), hervorbrachte.

➢ Entgegen der Ansicht der älteren rechtshistorischen Forschung waren schon die Glossatoren keine weltfremden Wissenschaftler gewesen, die ein tausend Jahre altes, totes Recht lehrten, sondern sie versuchten, mit Hilfe des *Corpus iuris* praktische Rechtsfragen zu beantworten. So erstatteten die sog *quattuor doctores*, vier Schüler des IRNERIUS, auf dem Reichstag von Roncaglia 1158 ein Rechtsgutachten über die Regalien Ks FRIEDRICHS I. Unter den Kommentatoren war dann die Erstellung von Gutachten (*consilia*) bereits eine so bedeutende Tätigkeit geworden, dass sie zuweilen auch als „Konsiliatoren" bezeichnet werden.

➢ Indem sich die römisch-deutschen Kaiser als Nachfolger der antiken römischen Caesaren sahen, wurde auch das *Corpus Iuris Civilis* in zunehmendem Maße als Kaiserrecht angesehen. Die Behauptung jedoch, Ks LOTHAR III. hätte das *Corpus Iuris* 1137 durch ein besonderes Reichsgesetz (wieder) in Geltung gesetzt (sog Lotharische Legende), wurde schon 1643 durch HERMANN CONRING als unrichtig erkannt.

➢ Die Rezeption erfolgte nicht, wie lange angenommen, in einem direkten „Normentransfer" des römischen Rechts, sondern ist eher als allmähliche Verwissenschaftlichung der Rechtspraxis zu sehen: Absolventen der juridischen Fakultäten wurden in steigendem Ausmaß in Justiz, Verwaltung und Politik verwendet. Diese waren das römische und kanonische Recht gewohnt und wandten es immer dort an, wo ihnen nicht von den Prozessparteien ein entgegenstehender Landesbrauch nachgewiesen wurde. Auf diese Weise kam es zu einer subsidiären Geltung des gemeinen (= allgemein geltenden) Rechts, das aber mit der Zeit trotz seiner Subsidiarität die verschiedenen Partikularrechte immer weiter zurückdrängte.

➢ Den Anfang in diesem Prozess machten die kirchlichen Gerichte, die zuerst gelehrte Juristen anstellten, durch die es schon im Spätmittelalter zu einer Frührezeption kam. An der Wende zur Neuzeit gingen auch die weltlichen Gerichte dazu über, weniger auf das Prinzip der Ebenbürt der Richter, als auf ihre universitäre juristische Ausbildung zu achten. Zentrale Bedeutung hatte hier das 1495 errichtete Reichskammergericht (⇨ Rz 1117), das je zur Hälfte aus Adeligen, zur Hälfte aus Juristen bestand und das primär nach den Partikularrechten, subsidiär aber nach dem gemeinen Recht zu urteilen hatte.

➢ Der Bedarf an universitär ausgebildeten Juristen führte auch zu einem Aufschwung des universitären Jusstudiums. So wurde etwa in Wien 1494 das Studium des römischen Rechts eingeführt, nachdem bis dahin nur kanonisches Recht gelehrt worden war.

Studienwörterbuch: Gemeines Recht; Klerikerjuristen; Reichskammergericht; Rezeption; Roncaglia, Reichstag von (1158).

1416 Parallel und in Zusammenhang mit dieser Verwissenschaftlichung der Rechtspraxis kam es an der Wende von Mittelalter zu Neuzeit zu einer ausgedehnten **Gesetzgebungstätigkeit**, va auf Stadt und Landesebene, durch die die Verbreitung des gemeinen Rechts noch gefördert wurde.

➢ Das gemeine Recht war zugleich Ursache, Mittel und Ziel der Gesetzgebungstätigkeit: Das Vordringen des gemeinen Rechts führte zu erheblicher Rechtsunsicherheit, der mit modernen Gesetzen begegnet werden sollte; die zunehmende Kenntnis der iustinianischen Gesetze ermutigte die Fürsten, selbst aktiv das Recht zu gestalten; und die erlassenen Gesetze waren stark vom gemeinen Recht beeinflusst.

➢ Primär enthielten diese Gesetze allerdings Strafrecht (Malefizordnungen [*maleficium* – Übeltat], Halsgerichtsordnungen) und besonders Verwaltungsrecht (Polizeiordnungen). Aber auch in diesen Materien war das gemeine Recht, gerade auch das kanonische, von Bedeutung. Dazu kam, dass im Rahmen von Polizeiordnungen meist auch privatrechtliche Materien mitgeregelt wurden.

➢ Eine Vorreiterrolle nahmen va die Städte ein, die nun in großer Zahl neue, reformierte Stadtrechte, sog Stadtrechtsreformationen, erhielten: So etwa Nürnberg 1479, Worms 1498, Pettau [Ptuj/Slowenien] 1513 ua. Von besonders hoher Qualität war das von Ulrich Zäsi (Udalricus Zasius, 1461–1535) verfasste Freiburger Stadtrecht von 1520.

➢ Auf Landesebene sind etwa die Tiroler Malefizordnung 1499 oder die für die niederösterreichischen Länder ergangenen Polizeiordnungen von 1527, 1542 und 1552 zu nennen. Ein Österreichisches Landrecht blieb

Entwurf, Teile desselben (va über grunduntertänige Rechtsverhältnisse) wurden im sog *Tractatus de iuribus incorporalibus* 1679 veröffentlicht.

Studienwörterbuch: Landrechtsreformationen; Österreichische Landrechtsentwürfe; Polizeiordnungen; Stadtrechtsreformationen; Tractatus de iuribus incorporalibus.

1417 Die Reichsgesetzgebung war, entsprechend der politischen Situation im 16. Jh, weniger umfangreich. Große Bedeutung erlangte allerdings die *Peinliche Halsgerichtsordnung* Ks KARLS V. (**Constitutio Criminalis Carolina**) von 1532.

➤ Grundlage der CCC war die Bambergische Halsgerichtsordnung 1507, deren Bestimmungen zT wörtlich übernommen wurden. Mit ihr gelangte der von der italienischen Kriminalistik entwickelte Inquisitionsprozess (⇨ Rz 2342) zum Durchbruch auch nördlich der Alpen. Als Autor der Bambergensis wurde lange der bambergische Hofmeister JOHANN V. SCHWARZENBERG (1463/65–1528) vermutet, nach neueren Forschungen scheint er aber zumindest Mitarbeiter gehabt zu haben.

➤ Die CCC sollte eine Vereinheitlichung des deutschen Strafprozessrechtes bringen; auf Druck der Reichsfürsten galt sie allerdings nur subsidiär nach den Territorialrechten („Salvatorische Klausel"). Dennoch prägte sie die Strafrechtsentwicklung bis in das 18. Jh., so etwa mit der „Indizienlehre" (⇨ Rz 2343).

➤ Andere Reichsgesetze waren etwa die Reichspolizeiordnungen von 1530, 1548 und 1577 sowie die Reichsnotariatsordnung von 1512.

Studienwörterbuch: Constitutio Criminalis Carolina; Salvatorische Klausel.

1418 Die Rechtswissenschaft selbst hatte durch die geistige Strömung des **Humanismus** wesentliche neue Impulse erhalten. Diese neue Richtung ging nicht mehr von Italien, sondern va von Frankreich aus (*mos gallicus* anstelle des alten *mos italicus*).

➤ Besonders in Südfrankreich war die römischrechtliche Tradition seit der Antike nahezu ungebrochen. Doch bestand gegenüber dem *Corpus Iuris Civilis* als solchem ein distanzierteres Verhältnis. Während das Römisch-deutsche Reich als Nachfolger des antiken Imperium angesehen wurde und daher das justinianische Recht *ratione imperii* (aus Gründen der Reichskontinuität) angenommen habe, könne das römische Recht in Frankreich nur *imperio rationis* (aufgrund seiner hohen Qualität) Geltung beanspruchen.

➤ Dazu kam die für jene Zeit typische Wiederentdeckung der Antike, die sich nicht nur in der Kunst (*Renaissance* – Wiedergeburt), sondern auch im Geistesleben widerspiegelte: Während die Vertreter des *mos italicus* sich zuletzt nur mehr auf die *Glossa ordinaria* des AZO (⇨ Rz 1414) gestützt hatten („*quidquid non agnoscit glossa, non agnoscit curia*"), bemühten sich die Vertreter des *mos gallicus*, wieder einen unmittelbaren Zugang zum klassischen römischen Recht zu erlangen.

➤ Dementsprechend wurde auch das *Corpus Iuris Civilis* nicht mehr unkritisch als „ratio scripta", sondern als historisch gewachsenes Produkt angesehen, das insbesondere von den iustinianischer Zeit erfolgten Interpolationen gesäubert werden müss. Dieses Ziel wurde durch die Suche nach neuem Quellenmaterial sowie durch philologisch-historische Untersuchung des *Corpus Iuris Civilis* verfolgt.

➢ Die unmittelbaren Auswirkungen der humanistischen Jurisprudenz auf die Praxis blieben relativ gering. Bleibende Bedeutung des *mos gallicus* ist aber, dass er einen besseren Zugang zum *Corpus Iuris* ermöglichte.

Studienwörterbuch: mos gallicus; mos italicus.

1419 Eine universitäre Behandlung des heimischen Gewohnheitsrecht erfolgte nur sehr zögerlich. Während man im Mittelalter noch im Sinne der Scholastik darum bemüht war, die Unterschiede zum gemeinen Recht als bloß scheinbar darzustellen, wurde in der Neuzeit das heimische Recht zunächst schlicht abgelehnt. Erst im 17. Jh gelang die Emanzipation des heimischen Rechtes, das gleich wie das gemeine Recht wissenschaftlich bearbeitet wurde. Diese wissenschaftliche Schule des **usus modernus pandectarum** brachte dann auch ein eigenartiges Gemenge aus gemeinem und heimischem Recht, das *Ius Romano-Germanicum*, hervor.

➢ Die Konkordanzliteratur des 14. Jh bemühte sich um Herausarbeitung der Gemeinsamkeiten und der Differenzen der unterschiedlichen Landesbräuche. Diese wurden dadurch vom Absterben bewahrt. So verfasste etwa JOHANN V. BUCH nach Art der Glossatoren eine Glosse zum Sachsenspiegel (sog *Buchsche Glosse*, ca 1325).

➢ In Ostmitteleuropa bedeutend war die *Summa legum brevis levis et utilis* des RAYMUND v. Wiener Neustadt. Der Autor kam vermutlich gemeinsam mit den Anjou (⇨ Rz 1114) von Italien nach Ungarn und verfasste eine leicht verständliche Darstellung des römischen Rechts mit Hinweisen auf das abweichende Gewohnheitsrecht.

➢ 1514 wurde das ungarische Gewohnheitsrecht von ISTVÁN WERBÖCZY (1458–1541) im *Tripartitum opus iuris* aufgezeichnet (mit besonderer Betonung der Abweichungen vom gemeinen Recht). Dieses blieb in Ungarn bis 1959 (mit Unterbrechung 1852–61: ABGB) zentrale Rechtsquelle des Privatrechts.

➢ Das aufgeschlossenere Verhältnis der Juristen zu den Partikularrechten wurde dann wesentlich durch das 1643 erschienene Werk *De origine iuris Germanici* des norddeutschen Universalgelehrten HERMANN CONRING (1606–1681) gefördert, in dem der Hergang der Rezeption geschildert wurde (⇨ Rz 1415). Der Name der neuen Rechtsschule leitet sich von dem 1690 erschienenen Buch *Usus modernus pandectarum* von SAMUEL STRYK (1640–1710) ab.

➢ Der *usus modernus* wurde va von sächsischen Juristen geprägt, zu denen auch STRYK selbst zählte. Der bedeutendste Vertreter war der Leipziger Professor und Schöffe BENEDICT CARPZOV (1595–1666), der mit seinen *Practica nova Imperialis Saxonica rerum criminalium* von 1635 als Begründer der Strafrechtswissenschaft angesehen werden kann.

➢ Die holländische Schule wurde sowohl aus Frankreich vom mos gallicus als auch aus Deutschland vom usus modernus beeinflusst. Ihr bedeutendster Vertreter, HUIGH DE GROOT (HUGO GROTIUS, 1583–1645) verschmolz in seiner *Inleidinge tot de hollandsche rechtsgeleertheid* von 1619 holländisches Partikularrecht mit gemeinem Recht. Dieses römisch-holländische Recht steht noch heute zB in der Republik Südafrika in Geltung.

▷ Im *usus modernus* wurde das heimische Recht nach dem System und der Methode, nach dem bislang das gemeine Recht bearbeitet worden war, einer wissenschaftlichen Bearbeitung unterzogen. So konnten sich zwar zumeist die Begrifflichkeiten des römischen Rechts, inhaltlich aber viele Grundsätze des heimischen Rechts, durchsetzen (so zB beim Recht des Besitzes, ⇨ Rz 3419).

Studienwörterbuch: Konkordanzliteratur; Kursächsische Konstitutionen; Tripartitum opus iuris; usus modernus pandectarum.

7. Das *common law*

1420 In England konnte sich das gemeine Recht nicht durchsetzen; anstelle einer Rezeption kam es zur Herausbildung eines eigenständigen Rechtskreises, des **common law**. Er umfasst heute außer England auch dessen (ehemaligen) Kolonien in Übersee und die USA.

▷ Wie auf dem Kontinent, so entstand auch in England während des Mittelalters ein Stand von Klerikerjuristen, die auf den Universitäten (Oxford, Cambridge) römisches und kanonisches Recht lernten.

▷ Doch wurden diese Klerikerjuristen schon ab dem 13. Jh von weltlichen Kollegen verdrängt, die nur zum Teil auf den Universitäten, vor allem aber durch Vereinigungen ihrer älteren Kollegen selbst (*Law society* ua) das Recht erlernten.

▷ Außer in England konnte das gemeine Recht auch in den skandinavischen Ländern nicht Fuß fassen. Es kam daher hier zunächst zu einer ähnlichen Entwicklung wie in England; der Durchbruch des Absolutismus führte hier jedoch zur Schaffung von Gesetzbüchern, die zT bis heute fortwirken (zB *Danske Lov* 1683).

▷ In Schottland kam es dagegen zunächst zu einer Rezeption des gemeinen Rechts. Nach der Realunion mit England 1707 entstand allerdings ein Gemenge von gemeinem Recht und *common law*.

1421 Das *common law* ist weitgehend Produkt der Gerichte selbst und daher Fallrecht (***case law***). Die vom Parlament beschlossenen Gesetze (*statutes*) haben nicht die Aufgabe, das *case law* zu verdrängen, sondern es zu ergänzen.

▷ Da es zu keiner Rezeption kam, blieb dem *common law* auch die Arbeitstechnik der Legisten, die Subsumtion von Sachverhalten unter abstrakte Normen (⇨ Rz 1414), fremd. Das *case law*-System geht vielmehr induktiv von einzelnen Fällen aus und wendet die Vorentscheidungen (*precedents*) auf ähnlich gelagerte Fälle an.

➢ Bei Übereinstimmungen wird der Vorjudikatur gefolgt (*stare decisis*), weichen die Fälle zu stark voneinander ab, wird unterschieden (*distinguishing*). Auf diese Weise entsteht eine weit verzweigte Kasuistik. Die förmliche Beseitigung eines Präjudiz (*overruling*) kann idR nur durch ein höheres Gericht erfolgen.

➢ Von maßgeblicher Bedeutung für die Rechtsentwicklung waren daher die drei, aus unterschiedlichen Wurzeln entstandenen, Hohen *common-law*-Gerichte: der für allgemeine Zivilrechtsklagen zuständige *Court of Common Pleas*, der für königliche Rechte (damit auch für das öffentliche Recht) zuständige *Court of King's Bench* und der va für Finanzsachen zuständige *Court of Exchequer*. Daneben übte der *Chancery Court* eine Billigkeitsrechtsprechung (*equity*) aus; nach seinem Selbstverständnis nicht in Konkurrenz, sondern in Ergänzung zu den *common-law*-Gerichten.

➢ 1873/75 wurden die vier genannten Gerichte zum *High Court* vereinigt, wo sie aber nach wie vor eigene Sektionen bilden (daher heute zB „*High Court, Queen's Bench division*"). Berufungsinstanz ist der *Court of Appeal*, der mit dem *High Court* zusammen den *Supreme Court* bildet; oberste Instanz das *House of Lords*.

➢ Gesetze haben auch in England eine immer größere Bedeutung; der Gedanke einer förmlichen Kodifikation (⇨ Rz 1425) ist dem englischen Rechtsdenken aber bis heute fremd.

B Das Vernunftrecht

1. Vom absoluten zum relativen Vernunftrecht

1422 Die Vorstellung, dass es neben dem von Menschen geschaffenen (gesetzten, positiven) Recht eine nicht von Menschen veränderbare Rechtsordnung gebe, die sich sozusagen aus der Natur selbst ergebe, taucht in allen Zeitaltern auf. Bis zu Beginn der Neuzeit war die Frage nach der Existenz eines Naturrechts aber mehr philosophischer Natur als von praktischer Relevanz.

➢ Der Gedanke einer übermenschlichen Rechtsordnung hängt eng mit der Frage, ob es eine absolute Gerechtigkeit gebe, zusammen. In diese Richtung zielende Überlegungen wurden bereits in der Antike (PLATON uva) angestellt.

➢ Die Kirchenlehrer des Mittelalters, wie AURELIUS AUGUSTINUS (354–430) und THOMAS V. AQUIN (1224/25–74), bemühten sich um eine Christianisierung des Naturrechtsgedankens: Die Natur als Ursprung des Rechts wurde mit Gott gleichgesetzt. Bereits THOMAS musste jedoch zugeben, dass die Erkenntnis dieses Naturrechts nur eingeschränkt möglich sei.

Studienwörterbuch: Naturrecht; Thomas von Aquin.

1423 In der Neuzeit erhielt das Naturrecht aufgrund des Zusammenbruches des mittelalterlichen Weltbildes eine neue, auch praktische Bedeutung. So wie die Aufklärung in der Philosophie (⇨ Rz 2127)

Gesetzgebung und Rechtswissenschaft

bemühte sich das neuzeitliche Naturrecht in der Jurisprudenz, die menschliche Vernunft zum Ausgangspunkt jeglicher Erkenntnis zu nehmen. Das neuzeitliche Naturrecht war daher **Vernunftrecht**.

➢ Die Entdeckungsfahrten des 15./16. Jh warfen eine Fülle von Rechtsfragen auf, für die das traditionelle Recht keine Lösungen bieten konnte. Die katholische Kirche hatte an Autorität eingebüßt; neue Quellen der Rechtserkenntnis wurden gesucht.

➢ Nicht zufällig wurde das Naturrecht daher zuerst in Spanien, das in jener Zeit sein Kolonialreich schuf, für die Praxis nutzbar gemacht.

➢ Der Durchbruch erfolgte durch den Niederländer HUGO GROTIUS (⇨ Rz 1419), der in seinem 1625 erschienenen Werk *De jure belli ac pacis libri tres* eine Reihe von fundamentalen Rechtsprinzipien formulierte, die aus der Vernunft einleuchten und daher gelten müssten, unabhängig davon, ob es Gott gebe oder nicht. Bereits 1609 hatte er in seiner Schrift *mare liberum* aus dem Naturrecht die Freiheit der Meere abgeleitet, was für die damals um ihre Unabhängigkeit kämpfenden Niederlande von hoher praktischer Bedeutung war (⇨ Rz 1116).

Studienwörterbuch: Grotius, Hugo; Vernunftrecht.

1424 Die älteren Vernunftrechtslehren gingen davon aus, dass das Naturrecht ebenso wie die menschliche Vernunft unabänderlich sei und daher unabhängig von Zeit und Raum konstant bleiben müsse (**absolutes Vernunftrecht**). Im 18. Jh gewann demgegenüber die Vorstellung Raum, dass auch das Naturrecht je nach Zeit und Raum verschiedene Ausgestaltungen erfahren könne (**relatives Vernunftrecht**).

➢ Die erste Lehrkanzel für „Naturrecht" wurde 1661 in Heidelberg für SAMUEL PUFENDORF (1632–1694) geschaffen. Er entwickelte in seinem Hauptwerk *De iure naturae et gentium libri octo* (1672) die Vorstellung, dass aus der Vernunft nicht nur einige oberste Prinzipien, sondern – in einer logisch-deduktiven Methode (*more geometrico*) – eine komplette Rechtsordnung gewonnen werden könne, die unabhängig von Zeit und Raum Bestand habe. Eine derartige Lehre war jedoch für die Praxis nur bedingt brauchbar.

➢ Erst den sächsischen Juristen CHRISTIAN THOMASIUS (1655–1728) und CHRISTIAN WOLFF (1679–1754) gelang die Synthese von Naturrecht und dem nach wie vor das positive Recht bestimmenden *Ius Romano-Germanicum*: Das Naturrecht wurde als Richtschnur für das positive Recht genommen, jedoch nicht jede Abweichung als ungültig verworfen, vielmehr anerkannt, dass es je nach Zeit und Raum verschiedene Ausformungen des Naturrechts geben könne.

➢ Dieser flexibleren Handhabung des Naturrechts war großer Erfolg beschieden, und in der Folge wurde das gesamte positive Recht einer umfassenden naturrechtlichen Kritik unterzogen, so va das Strafrecht durch CESARE BECCARIA (1738–1794) in seinem Buch *Dei delitti e delle pene* von 1764.

2. Die Erste Europäische Kodifikationswelle

1425 Das Wort „**Kodifikation**" (*codicem facere* – ein Buch machen) ist eine Wortschöpfung des englischen Juristen Jeremy Bentham (1748–1832). Wir verstehen darunter im weiteren Sinne jede größere Rechtsaufzeichnung, im engeren Sinn jedoch nur eine solche, die über die folgenden Merkmale verfügt:

➤ Sie enthält entweder die gesamte Rechtsordnung (*Universalkodifikation*) oder doch zumindest ein komplettes Rechtsgebiet (*Teilkodifikation*, zB Zivilrecht, Strafrecht). Dieses wird

➤ *systematisch* (zB nach dem Institutionensystem, dem Pandektensystem o.ä.),

➤ widerspruchsfrei,

➤ mittels *abstrakter Rechtssätze* aufgezeichnet (also keine Fallsammlung)

➤ und besitzt ausschließliche Geltung (*Exklusivität*, also keine subsidiäre Geltung von älteren Gesetzen oder Gewohnheitsrecht).

1426 Unter dem Einfluss des Naturrechtes kam es in zahlreichen europäischen Staaten ab der zweiten Hälfte des 18. Jh zu groß angelegten **Kodifikationsarbeiten**. Die aus der Vielfalt der Rechtsquellen resultierende Zersplitterung des *Ius Romano-Germanicum* sollte einer einheitlichen Rechtsordnung weichen. Das positive Recht sollte im Lichte des Naturrechts geprüft und erforderlichenfalls reformiert werden.

➤ Die Kodifikationen sollten Rechtssicherheit schaffen: Was in ihnen geregelt war, sollte Geltung haben, was nicht aufgenommen worden war, sollte nicht mehr gelten. Dies galt besonders für die einzige je fertig gestellte Universalkodifikation, das preußische ALR (⇨ Rz 1428), das auch um eine volkstümliche Sprache bemüht war, damit es auch Nichtjuristen verstehen konnten.

➤ Am schärfsten trat der Gedanke der Rechtssicherheit im Strafrecht zutage, wo sich der Grundsatz *nulla poena sine lege* („keine Strafe ohne Gesetz") durchsetzte (Anselm v. Feuerbach, 1775–1833).

➤ Nicht zu unterschätzen ist jedoch auch die politische Wirkung, die durch die Rechtsvereinheitlichung erfolgte: Die Rechtseinheit sollte die Staatseinheit befördern; gerade auch in der Habsburgermonarchie waren die Kodifikationen daher ein wichtiger Schritt hin zu einem österreichischen Gesamtstaat. Zugleich bedeutete dies die Abkehr vom gesamteuropäischen ius commune hin zu einer Aufsplittung in nationale Rechtsordnungen.

➤ Die allgemeinen Gesetzbücher trugen zur Schaffung eines einheitlichen Untertanenverbandes und zur Umsetzung zahlreicher Reformen im Sinne des aufgeklärten Absolutismus.

Studienwörterbuch: Kodifikation; nulla poena sine lege.

Gesetzgebung und Rechtswissenschaft

1427 Vorläufer der naturrechtlichen Kodifikationen waren die unter dem bayrischen Kurfürsten MAXIMILIAN III. JOSEPH (1745–77) erfolgten Rechtsaufzeichnungen, deren wichtigste der **Codex Maximilianeus Bavaricus Civilis** (CMBC; Kurbayrisches Landrecht) von 1756 ist.

➤ Der CMBC enthielt Zivilrecht, Lehnsrecht und einige kleinere öffentlichrechtliche Materien (zB Jagdrecht); schon kurz zuvor waren auch ein Strafrechtskodex und eine Zivilprozessordnung entstanden. Der wichtigste Mitarbeiter an diesen Gesetzen war der bayrische Staatskanzler WIGULÄUS XAVERIUS ALOYSIUS Freiherr v. KREITTMAYR (1705–1790).

➤ Der Anstoß zu dieser Gesetzgebungstätigkeit war durch die Naturrechtsschule gekommen; die bayrischen Kodifikationen selbst jedoch wiesen nur wenige naturrechtliche Einflüsse auf, sondern waren, zumal der CMBC, stark vom gemeinen Recht geprägt. Auch sollte das gemeine Recht als subsidiäre Rechtsquelle fort gelten; das Kriterium der Exklusivität galt also für den CMBC nicht.

➤ Der CMBC wurde aus diesem Grund schon bald als veraltet angesehen. Dennoch galt er in Altbayern (= heutiges Ober- und Niederbayern, Oberpfalz) bis zum Inkrafttreten des BGB 1900.

Studienwörterbuch: Codex Maximilianeus Bavaricus Civilis.

1428 In Preußen gab Kg FRIEDRICH II. d. Gr. 1746 den Anstoß zur Schaffung einer Universalkodifikation. Die Arbeiten wurden erst nach seinem Tod abgeschlossen, so dass sein Nachfolger FRIEDRICH WILHELM II. 1794 das **Allgemeine Landrecht für die preußischen Staaten** (ALR) in Kraft setzte.

➤ Nach einem ersten Anlauf 1746–55 konnte eine Arbeitsgruppe unter der Leitung von JOHANN HEINRICH CASIMIR V. CARMER (1721–1801) in den Jahren 1780–91 den Entwurf für ein „Allgemeines Gesetzbuches für die preußischen Staaten" erarbeiten.

➤ Kritiken am Entwurf, insbesondere an dem in ihm enthaltenen Machtspruchverbot (⇨ Rz 2125) führten nochmals zu einer Verzögerung, so dass die Kodifikation (ohne Machtspruchverbot) erst am 5. 2. 1794 publiziert wurde und unter dem konservativer wirkenden Titel „Allgemeines Landrecht" am 1. 6. 1794 in Kraft trat.

➤ Das ALR regelte Zivil-, Handels-, Straf-, Kirchen- und Verwaltungsrecht; es verdient daher die Bezeichnung Universalkodifikation.

➤ Der große Umfang (über 19.000 §§) war nicht nur auf die zahlreichen geregelten Materien, sondern auch auf die Gesetzessprache zurückzuführen, die anschaulich, aber auch sehr kasuistisch gehalten war. Diese Kasuistik machte es zwar rasch populär, war aber – neben dem Festhalten an der überkommenen Ständeordnung – mitverantwortlich, dass das ALR schon bald als veraltet angesehen wurde. Es wurde daher auch nicht in den nach 1815 preußisch gewordenen Gebieten in Geltung gesetzt.

Studienwörterbuch: Allgemeines Landrecht 1794.

1429 In Frankreich fassten fünf Kodifikationen (*cinq codes*) die juristischen Errungenschaften der Großen Revolution zusammen; sie

140   Allgemeiner Teil

waren daher die zu ihrer Zeit modernsten Gesetzbücher und erfuhren, wie va der **Code civil** (CC, Code NAPOLÉON) von 1804, weltweite Nachahmung.

➢ Zur Überwindung der Teilung des Landes in die *pays du droit coutumier* und die *pays du droit écrit* (⇨ Rz 1408) hatte bereits LOUIS XIV. durch mehrere *ordonnances* das Straf- und Strafprozessrecht, das Zivilprozessrecht und das Handels- und Seerecht einheitlich geregelt. Um Kodifikationen im oben genannten Sinn handelte es sich dabei aber noch nicht.

➢ Der bedeutendste Naturrechtslehrer Frankreichs vor 1789 war ROBERT-JOSEPH POTHIER (1699–1772); auch wenn er noch vor Beginn der Kodifikationsarbeiten starb, wurden diese doch wesentlich von seinen Lehren geprägt.

➢ Die Französische Revolution führte zu einer Flut von Einzelgesetzen (Zwischenrecht, *droit intermédiaire*); schon 1791 erklärte die *assemblée nationale* die Schaffung eines Zivilgesetzbuches für ganz Frankreich zu ihrer Aufgabe. Aber erst unter dem Konsulat NAPOLÉONS wurde eine Kommission eingesetzt; in dieser erlangte va JEAN-ETIENNE MARIE PORTALIS (1745–1807) Bedeutung.

➢ Die *cinq codes* waren: Der CC (Zivilrecht, 1804); der *Code de procédure civile* (Zivilprozess, 1806); der *Code de commerce* (Handelsrecht, 1807); der *Code d'instruction criminelle* (Strafprozess, 1808); der *Code pénal* (Strafrecht, 1810).

➢ Entsprechend der damaligen Grenzen Frankreichs galt der CC auch im ganzen linksrheinischen Deutschland und wurde dort auch nach 1815 nicht außer Kraft gesetzt, sondern blieb bis 1900 aufrecht. Darüber hinaus wurde er in mehreren rechtsrheinischen Staaten mehr oder weniger unverändert übernommen (Badisches Landrecht 1809 ua).

➢ 1812 wurde der CC auch in den damals zu Frankreich gehörenden Gebieten Osttirol, Oberkärnten ua (sog Illyrische Provinzen) in Geltung gesetzt, hier jedoch, nach der Rückeroberung durch Österreich, 1815 vom ABGB abgelöst.

➢ Der CC galt ferner auch in den Niederlanden, Belgien und Kongresspolen. Er diente den Kodifikationen in Rumänien (1863), Italien (1865), Portugal (1867) und Spanien (1888/89) sowie in mehreren amerikanischen und afrikanischen Staaten als Vorbild. In Frankreich selbst gilt er bis heute und ist somit das älteste noch geltende Zivilgesetzbuch der Welt.

Studienwörterbuch: Ordonnances.

1430 In der Habsburgermonarchie nahmen die Kodifikationsarbeiten unter MARIA THERESIA ihren Ausgang, führten aber zunächst zu keinem befriedigenden Ergebnis. Die das Strafprozessrecht und das materielle Strafrecht regelnde **Constitutio Criminalis Theresiana** (CCTh) galt schon zum Zeitpunkt ihres Inkrafttretens als veraltet; der Entwurf zu einer Zivilrechtskodifikation (**Codex Theresianus**, CTher) trat nie in Kraft.

➢ Bereits 1671 hatte der Universalgelehrte GOTTFRIED WILHELM LEIBNIZ (1646–1716) eine Kodifizierung der Rechtsordnungen der Länder der Habsburgermonarchie angeregt.

➢ Die CCTh brachte kaum Neuerungen, sondern im Wesentlichen nur eine Vereinheitlichung des Straf- und Strafprozessrechtes in den böhmisch-österreichischen Ländern auf Grundlage der 1656 für Österreich unter der Enns ergangenen Landgerichtsordnung FERDINANDS III. (sog *Ferdinandea*) und der 1707 für die böhmischen Länder ergangenen Gerichtsordnung JOSEPHS I. (sog *Josephina*). Sie enthielt daher noch zB Bestimmungen über Hexerei sowie Vorschriften für die Folter (⇨ Rz 2343). Nichtsdestoweniger erhielt sie am 31. 12. 1768 die Sanktion MARIA THERESIAS und trat mit 1. 1. 1770 in Kraft.

➢ In ähnlicher Weise stellte der Entwurf des CTher va eine Zusammenstellung der in den einzelnen Erbländern geltenden Rechte dar. Sein großer Umfang und sein lehrbuchhafter Charakter waren ausschlaggebend, dass MARIA THERESIA auf Anraten ihres Staatsrates diesem Entwurf ihre Sanktion verweigerte. Als Vorarbeit für spätere Kodifikationsarbeiten war der CTher jedoch von hoher Bedeutung.

Studienwörterbuch: Constitutio Criminalis Theresiana 1768; Ferdinandea 1656.

1431 Unter JOSEPH II. wurden die Kodifikationsarbeiten wieder aufgenommen und führten zu neuen Gesetzen im Zivil-, Straf- und Prozessrecht. Diese waren stark vom Geist der **josephinischen Reformen** (*Josephinismus*; ⇨ Rz 2130) geprägt.

➢ Bereits 1781 konnte die schon unter MARIA THERESIA in Auftrag gegebene, den Zivilprozess regelnde Allgemeine Gerichtsordnung sanktioniert werden.

➢ Strafrecht und Strafprozessrecht wurden in zwei getrennten Gesetzen kodifiziert (Josephinisches Strafgesetz 1787; Kriminalgerichtsordnung 1788). Einer Forderung der Aufklärung entsprach ua die fast gänzliche Abschaffung der Todesstrafe, allerdings um den Preis harter Arbeitsstrafen.

➢ JOHANN BERNHARD HORTEN (1735–1786) fertigte aus dem CTher einen wesentlich kürzeren Entwurf einer Zivilrechtskodifikation an; dessen erster Teil (Personen- und Familienrecht) wurde als „Allgemeines bürgerliches Gesetzbuch, I. Theil" 1786 sanktioniert (zur Unterscheidung vom ABGB 1811 heute als „Josephinisches Gesetzbuch", JosGB, bezeichnet). Diese Kodifikation vereinheitlichte erstmals große Teile des Zivilrechts in den Erbländern und enthielt auch bereits zahlreiche Reformmaßnahmen JOSEPHS II., zB betreffend das Eherecht. Die Sanktionierung eines II. Teils unterblieb.

Studienwörterbuch: Allgemeine Gerichtsordnung 1781.

1432 Die österreichischen Kodifikationsarbeiten wurden unter LEOPOLD II. und FRANZ II. fortgesetzt. Die Entwürfe wurden zunächst in der Provinz **Westgalizien** eingeführt; die dort gemachten Erfahrungen flossen in die Endredaktion ein.

› Westgalizien (Hauptorte Krakau, Lublin) war 1795 im Zuge der Dritten Teilung Polens (⇨ Rz 1129) an die Habsburgermonarchie gefallen und ging bereits 1809 im Zuge der napoleonischen Kriege wieder verloren. Ob die Kodifikationen in diesen Provinzen tatsächlich „probeweise" eingeführt wurden, oder ob nicht einfach dort das Bedürfnis nach modernen Kodifikationen besonders dringend war, ist strittig.

› Hauptredaktor der später in West- (und Ost-) Galizien eingeführten Gesetzbücher war CARL ANTON V. MARTINI (1726–1800). Das auf seinen Entwurf zurückgehende Westgalizische Gesetzbuch (WGGB) zeichnete sich insbesondere durch die Aufnahme grundrechtsähnlicher Bestimmungen aus.

› Die 1796 sanktionierte Westgalizische Gerichtsordnung wurde außer in in West- und Ostgalizien auch in den nach 1815 wieder an Österreich gelangten Ländern (Tirol, Vorarlberg, Salzburg ua) in Kraft gesetzt, während in den übrigen Kronländern die Allgemeine Gerichtsordnung 1781 fort galt (bis 1898: ZPO).

1433 1803 konnte das **Strafgesetzbuch** (StGB 1803), 1811 das **Allgemeine bürgerliche Gesetzbuch** (ABGB 1811) sanktioniert werden. Ersteres galt in Österreich bis 1974, letzteres ist bis heute zentrale Quelle des österreichischen Privatrechts.

› Die Endredaktion von StGB 1803 und ABGB 1811 wurde wesentlich von FRANZ V. ZEILLER (1751–1828), einem Schüler MARTINIS, geprägt. Große Bedeutung hatte ferner JOSEPH V. SONNENFELS (1732–1817), der insbesondere den II. Teil des StGB über „schwere Polizeiübertretungen" (= Verwaltungsstrafrecht) weitgehend alleine verfasste.

› Das StGB erhielt am 3. 9. 1803, das ABGB am 1. 6. 1811 die kaiserliche Sanktion; das Inkrafttreten erfolgte jeweils zum nächstfolgenden 1. 1. Der räumliche Geltungsbereich war allerdings zunächst durch die napoleonischen Eroberungen eingeschränkt; erst 1815–17 wurden sie auch auf die Illyrischen Provinzen, Salzburg, Tirol, Vorarlberg etc ausgedehnt. Die 1852 im Zuge des Neoabsolutismus erfolgte Ausdehnung auf Ungarn und seine Nebenländer (⇨ Rz 1143) musste 1861 großteils zurückgenommen werden.

› Bereits 1812 wurde das ABGB auch in Liechtenstein eingeführt, wo es bis heute gilt. Von Einfluss war das ABGB ferner auf die Entwicklung in einigen schweizerischen Kantonen, in Serbien und in Rumänien.

› Nach dem Zerfall der Monarchie wurde das ABGB in den Nachfolgestaaten übernommen und sein Geltungsgebiet innerhalb derselben teilweise noch weiter ausgedehnt, so insbesondere im Burgenland, wo es mit 1. 1. 1924 (ohne Eherecht, ⇨ Rz 3216) eingeführt wurde.

› Das Ende des „österreichischen Rechtsraumes" erfolgte erst Jahrzehnte später durch das Inkrafttreten des rumänischen ZGB 1938, des tschechslowakischen ZGB 1951 und des polnischen ZGB 1965. In Kroatien, wo das ABGB 1852 eingeführt wurde, ist es noch heute subsidiäre Rechtsquelle, hat allerdings seit 1980 kaum noch praktische Bedeutung.

Übersicht 6: Kodifikationen in Österreich

ZIVILRECHT	ZIVILPROZESS	STRAFRECHT	STRAFPROZESS
Codex Theresianus (Entwurf 1766)		Constitutio Criminalis Theresiana 1768	
Josephinisches Gesetzbuch 1786	Allgemeine Gerichtsordnung 1781	Josephinisches Strafgesetz 1787	Kriminalgerichtsordnung 1788
Westgalizisches Gesetzbuch 1797	Westgalizische Gerichtsordnung 1796	Westgalizisches Strafgesetz 1796	
		Strafgesetzbuch 1803	
Allgemeines bürgerliches Gesetzbuch 1811 (in Kraft seit 1812)		Strafgesetz 1852	Strafprozessordnung 1850 Strafprozessordnung 1853
	Zivilprozessordnung 1895 (in Kraft seit 1898)	**Strafgesetzbuch 1974** (in Kraft seit 1975)	**Strafprozessordnung 1873** (in Kraft seit 1873, wiederverlautbart 1975)

➢ Das ABGB ist eine typische Naturrechtskodifikation. Dies zeigt sich am deutlichsten beim Hinweis auf die „natürlichen Rechtsgrundsätze" in § 7. Doch ist ein starker Einfluss des gemeinen Rechts feststellbar, va im Schuldrecht; in geringerem Maße auch Einflüsse des heimisch-deutschen Rechts (va Sachenrecht) und des kanonischen Rechts (va Familienrecht).

➢ Auch das StGB 1803 war eine Naturrechtskodifikation und fand zB in Lateinamerika große Beachtung und Nachahmung. Es enthielt zwar wieder die (1795 wieder eingeführte) Todesstrafe, kannte aber keine grausamen Arbeitsstrafen, wie zB das Schiffsziehen, mehr.

➢ Das StGB 1803 wurde 1852 – unter Einarbeitung der in der Zwischenzeit ergangenen Novellen und ohne verfahrensrechtlichen Teil – erneut kundgemacht und blieb in dieser Form bis 1974 in Kraft. Das ABGB wurde mehrfach tief greifend novelliert (va 1914–16 und ab 1970), gilt aber im Kern bis heute.

➢ Die „Lebenskraft des ABGB" wurde vielfach bewundert. Sie lässt sich va durch die Abstraktheit seiner Normen und die Vermeidung jeder Kasuistik (im Gegensatz etwa zum ALR) sowie durch die Ausscheidung alles „Politischen" erklären, wie va durch den Verzicht auf grundrechtsähnliche Bestimmungen zugunsten eines allgemeinen Hinweises auf die „angebornen, durch die Vernunft einleuchtenden Rechte" (§ 16). So konnte das ABGB bei gleich bleibendem Inhalt unter wechselnden politischen Rahmenbedingungen eine verschiedene Bedeutung erlangen.

Studienwörterbuch: Allgemeines Bürgerliches Gesetzbuch 1811.

3. Die Exegetik

1434 Die Naturrechtslehre war nach den Kodifikationen vor allem um eine wissenschaftliche Durchdringung der neuen Gesetzbücher bemüht. Dies erfolgte va durch die detaillierte Auslegung der einzelnen Bestimmungen (**Exegetik**).

➢ Große Bedeutung erlangte der von ZEILLER verfasste fünfbändige *Commentar über das allgemeine bürgerliche Gesetzbuch* (1811–13) aufgrund von ZEILLERS Rolle bei der Entstehung des ABGB; er findet zuweilen noch heute in rechtsdogmatischen Arbeiten Verwendung.

➢ ZEILLERS Schüler CARL JOSEPH PRATOBEVERA V. WIESBORN (1769–1853) gab ua ab 1815 die erste juristische Fachzeitschrift in Österreich, *Materialien für Gesetzkunde und Rechtspflege in den Oesterreichischen Erbstaaten*, heraus.

➢ Besonders reichhaltig war die ABGB-Jurisprudenz in den zu Österreich gehörenden Gebieten Oberitaliens. Auf die Entwicklung im deutschsprachigen Raum hatte sie aber kaum Einfluss.

Studienwörterbuch: Exegetische Schule.

1435 Die Exegeten beabsichtigten keine Veränderung des durch die Kodifikationen geschaffenen Rechts. Dennoch bewirkten ihre Arbeiten mitunter eine verdeckte **Rechtsfortbildung**. Eine bewusste

Weiterentwicklung erfolgte daneben durch sog authentische Interpretationen.

➢ Die Arbeit der Exegeten des 19. Jh ähnelte derjenigen der Legisten des Mittelalters: Ihr Ziel war die umfassende Analyse der einzelnen Gesetzesbestimmungen, ohne deren Autorität anzuzweifeln. Ihre Interpretationen wichen aber immer wieder vom historischen Willen des Gesetzgebers ab und bewirkten so in einigen Teilbereichen eine Weiterentwicklung des Rechts.

➢ Eine förmliche Novellierung der Kodifikationen war mit dem naturrechtlichen Verständnis dieser Gesetze zunächst unvereinbar. Vielmehr wurden strittige Fälle vom Hof idR durch „authentische Interpretationen" des Gesetzestextes entschieden, wobei diese „Interpretationen" in Wirklichkeit oft Gesetzesänderungen gleichkamen.

➢ Ab den 1820er Jahren wurde aber bereits wieder an eine Novellierung von StGB und ABGB gedacht und es wurden entsprechende Kommissionen eingesetzt.

1436 Im juristischen Studium wurden die neuen Kodifikationen Hauptgegenstand des **Rechtsunterrichts**.

➢ Noch bis in die Mitte des 18. Jh hatten die österreichischen Rechtsfakultäten fast ausschließlich römisches und kanonisches Recht gelehrt. Erst im Zuge der von GERARD VAN SWIETEN (1700–1772) angeregten theresianischen Universitätsreform (⇨ Rz 2130) gelangte 1753 das Naturrecht in die Studienpläne.

➢ In dem Maße, in dem die Kodifikationen die Rechtsordnung auf eine neue Grundlage stellten, wurde auch das Studienwesen reformiert und zugleich nationalisiert. Die maßgeblich von ZEILLER entworfene Studienordnung von 1810 sah ua das Studium des „österreichischen Privatrechts" anhand des ABGB vor. Römisches und kanonisches Recht wurden demgegenüber immer weiter zurückgedrängt.

➢ Die ehemals autonomen Universitäten wurden durch die theresianische Reform zu Staatsanstalten; Aufgabe der Rechtsfakultäten sollte va die Heranbildung von Staatsdienern sein; auf juristische Forschung wurde nur geringer Wert gelegt.

➢ Das Studium wurde straff organisiert und verschult. Die Lehrbücher waren gesetzlich vorgeschrieben; am Ende jedes Jahres/Semesters erfolgten Annual-/Semestralprüfungen. Für Lehr- und Lernfreiheit war in diesem System kein Platz.

Studienwörterbuch: Juristenausbildung.

C Historische Rechtsschule, Pandektistik und Begriffsjurisprudenz

1. Von SAVIGNY zur Begriffsjurisprudenz

1437 Die **Historische Rechtsschule** entstand zu Beginn des 19. Jh als Gegenbewegung zum Kodifikationsgedanken und zum Naturrecht. Als Begründer werden die Berliner Professoren FRIEDRICH CARL V. SAVIGNY (1779–1861) und KARL FRIEDRICH EICHHORN (1781–1854) angesehen.

> Das 19. Jh war das Jahrhundert des Historismus; das Fortwirken der Geschichte wurde in allen Lebensbereichen, so auch im Recht vermutet. Die Abkehr vom Vernunftrecht ist auch im Zusammenhang mit der Ablehnung der Aufklärung und der aus ihr hervorgegangenen Französischen Revolution zu sehen.

> Sein wissenschaftliches Programm legte SAVIGNY erstmals 1814 in seiner Schrift *Vom Beruf unserer Zeit für Gesetzgebung und Rechtswissenschaft* dar. Anlass hiefür war die Forderung des Heidelberger Professors ANTON THIBAUT (1772–1840) nach einem Bürgerlichen Gesetzbuch für Deutschland gewesen, dem SAVIGNY entschieden entgegentrat.

> Die Historische Rechtsschule verdrängte in Deutschland schon bald die Naturrechtsschule. In Österreich und in Frankreich konnte sich dagegen die Exegetik noch bis zur Mitte des 19. Jh behaupten.

1438 Grundgedanke war, dass sich das Recht nicht logisch konstruieren lasse, sondern, da vom **„Volksgeist"** erzeugt, organisch gewachsen sei und daher nur durch die Beschäftigung mit seiner Geschichte erschlossen werden könne.

> In seiner Programmschrift von 1814 erachtete SAVIGNY seine Zeit für noch nicht „reif" für eine Kodifikation des deutschen bürgerlichen Rechts. Eine solche könne, wenn überhaupt, erst nach der vollständigen historischen Aufarbeitung des Rechts in Angriff genommen werden.

> In älteren Kulturen äußere sich der „Volksgeist" in der Form des Gewohnheitsrechts, in höheren Kulturstufen dagegen in Rechtsprechung und Rechtswissenschaft, welche das Recht weiterentwickelt hätten. Dem Gesetz komme nur die Aufgabe zu, dieses „organisch" entstandene Recht zu ergänzen, nicht aber, es zu ersetzen (vgl die Parallele zum *common law*! ⇨ Rz 1421).

> SAVIGNY war daher ein Gegner des Kodifikationsgedankens. Als preußischer Justizminister (1842–48) lehnte er eine Totalrevision des ALR ab, so dass schließlich, 1851, nur ein neues StGB anstelle der strafrechtlichen Teile des ALR erlassen wurde.

> Die Anhänger der Historischen Rechtsschulen arbeiteten mit historischem Rechtsmaterial und versuchten dieses für das geltende Recht unmittelbar nutzbar zu machen, indem sie es in ein modernes System zwängten. Diese Methode wurde als „historisch-systematisch" bezeichnet.

> Aus heutiger Sicht war die historisch-systematische Methode ein letztlich unhistorischer Zugang zu den historischen Rechtsquellen, der ihrer Eigenart nicht gerecht werden konnte. Die Historische Rechtsschule ist daher nicht mit der modernen Rechtsgeschichte gleichzusetzen!

Studienwörterbuch: Historische Rechtsschule; Savigny, Friedrich C. v.

1439 SAVIGNY und die Mehrzahl der Anhänger der Historischen Rechtsschule wandten der Erforschung des römischen Rechts als dessen wichtigsten Grundlage zu (**Rechtsromanistik**, *Pandektistik*). Der von EICHHORN begründete Zweig dagegen versuchte, die germanischen Grundlagen des positiven Rechts offen zu legen (**Rechtsgermanistik**).

> Das Bemühen um eine Suche nach einer „eigenen", also germanisch-deutschen Rechtsvergangenheit ist im Zusammenhang mit dem Nationalismus des 19. Jh (⇨ Rz 2131) zu sehen.

> Während die Romanisten va auf dem *Corpus Iuris Civilis* aufbauen konnten (und nach dessen Hauptstück, den Pandekten, als Pandektisten bezeichnet wurden), mussten die Germanisten ihre Quellen erst mühsam zusammentragen (ua *Deutsche Rechtsalterthümer* von JACOB GRIMM, 1785–1863), wobei sie jedoch nach heutigen Maßstäben „unsauber" arbeiteten und oft räumlich und zeitlich weit verstreute Quellen zusammenfügten (⇨ Rz 1402).

> Im wissenschaftlichen Disput zwischen Romanisten und Germanisten wurden immer wieder aktuelle rechtspolitische Anliegen „zurückprojiziert", dh es wurden die historischen Quellen nach Argumenten für die eigene Sache durchsucht, so etwa beim Streit über das Wesen der juristischen Person (⇨ Rz 3116).

Studienwörterbuch: Pandektistik.

1440 Die weitere Entwicklung brachte ein Auseinanderstreben von systematischer und historischer Methode: Es entwickelte sich zum einen die **Begriffsjurisprudenz**, zum anderen die **Rechtsgeschichte**.

> In der Begriffsjurisprudenz, die von dem Pandektisten GEORG FRIEDRICH PUCHTA (1798–1846), einem Schüler SAVIGNYS, begründet wurde, wurde versucht aus dem positiven Recht, dem „Rechtsstoff", im induktiven Weg abstrakte Begriffe zu bilden (so zB aus Kauf, Schenkung, Miete etc den Begriff „Vertrag"), aus diesen weitere, noch abstraktere, sog Oberbegriffe (aus Vertrag, Testament, Auslobung etc den Begriff „Rechtsgeschäft") etc.

> Diese Begriffe seien in ein lückenloses System zu bringen, aus dem dann – im deduktiven Weg – Lösungen für alle möglichen Rechtsprobleme gefunden werden können. Der Richter wurde daher als „Subsumtionsautomat" angesehen, der formal-logisch die Entscheidung für den Einzelfall aus den abstrakten Begriffen ableitete.

> Bleibendes Verdienst der Begriffsjurisprudenz ist die Bildung einer exakten Begrifflichkeit im Recht, auf der die moderne Jurisprudenz noch heute aufbaut. Die Problematik der Begriffsjurisprudenz liegt va darin,

dass sie zwar vorgab, ihre Lösungen nur formal-logisch aus dem gegebenen Recht abzuleiten, tatsächlich aber – v.a. im Wege der Analogie – neue Normen schuf, somit die rechtsschöpfende Funktion des Richters verkannte.

➢ Mit der Begriffsjurisprudenz wurde das ursprüngliche Anliegen der Historischen Rechtsschule, die Ablehnung eines aus der Logik gewonnenen Systems, verworfen; die Pandektisten nach PUCHTA waren daher auch wieder dem Gedanken einer Kodifikation durchaus aufgeschlossen.

➢ Pandektistische Kodifikationen waren zunächst va das Bürgerliche Gesetzbuch für das Königreich Sachsen v. 1865 und das (auf Deutsch verfasste!) Gesetzbuch für die russischen Ostseeprovinzen (= heutiges Estland, Lettland, Litauen) v. 1864.

➢ Die historische Methode löste sich unterdessen von ihrer ursprünglichen Aufgabe, für das geltende Recht zu arbeiten; Rechtshistoriker wie HEINRICH BRUNNER (1840–1915) und KARL V. AMIRA (1848–1930) näherten die Rechtsgeschichte immer mehr den Geschichtswissenschaften an. Damit stellte sich aber auch die Frage nach der Notwendigkeit der Rechtsgeschichte für die Rechtswissenschaft in aller Härte.

Studienwörterbuch: Begriffsjurisprudenz; Rechtsgeschichte.

1441 Die Abwendung vom Naturrechtsdenken führte zu einer Konzentration auf das positive Recht. In Kombination mit der im 19. Jh stark ansteigenden Gesetzgebungstätigkeit führte dies zu einem **Gesetzespositivismus**.

➢ Das positive Recht, welches aufgrund des Konstitutionalismus nun schon fast durchwegs in Gesetzesform gekleidet war, wurde als alleinige Rechtsquelle angesehen. Der Geltungsgrund des Rechts wurde vom Positivismus zunächst unkritisch damit angegeben, dass es sich um die real wirksame, effektive Ordnung handle (⇨ Rz 1452).

➢ Der Positivismus entfaltete besonders im öffentlichen Recht eine fruchtbare Wirkung und trug wesentlich zur Entwicklung des Legalitätsprinzips bei. Wichtige Vertreter waren ua der aus Schlesien stammende Staatsrechtler PAUL LABAND (1838–1918) und der Wiener EDMUND BERNATZIK (1854–1919).

Studienwörterbuch: Rechtspositivismus; Staatsrechtswissenschaft.

2. Die Zweite Europäische Kodifikationswelle

1442 Nach Errichtung des Deutschen Reiches 1871 wurde die Rechtsvereinheitlichung in Angriff genommen. Das **Bürgerliche Gesetzbuch** v. 1896 (BGB), welches am 1. 1. 1900 in Kraft trat, war ein Produkt der Pandektistik und ist bis heute das Privatrechtsgesetzbuch Deutschlands.

➢ Bis 1899 galten in den deutschen Einzelstaaten teils Landeskodifikationen (CMBC, ALR, CC, Sächsisches BGB), teils wurde noch gemeines Recht, teils sogar der Sachsenspiegel angewendet.

- In einzelnen Materien war es schon vor 1871 zur Rechtsvereinheitlichung gekommen: So durch die Wechselordnung v. 1848 und das Allgemeine Deutsche Handelsgesetzbuch v. 1861, welches 1862 auch in Österreich (als Allgemeines Handelsgesetzbuch – AHGB) eingeführt worden war.
- Zugleich mit der Errichtung des Deutschen Reiches 1871 trat ein neues Strafgesetzbuch in Kraft, welches wesentlich auf dem preußischen StGB v. 1851 basierte. Das StGB 1871 steht bis heute in Deutschland in Kraft, wurde aber vielfach novelliert.
- 1873 wurde dem Reichstag die Kompetenz zur Privatrechtsvereinheitlichung übertragen. In der 1874 gebildeten Kommission hatten besonders die Pandektisten BERNHARD WINDSCHEID (1817–1892) und GOTTLIEB PLANCK (1824–1910) Bedeutung. Der von ihr 1888 vorgelegte „Erste Entwurf" war eine rein pandektistische Kodifikation. Er erfuhr vielfach Kritik, so va durch den Germanisten OTTO V. GIERKE (1841–1921) und wurde daher nochmals überarbeitet; der bestimmende Einfluss der Pandektistik blieb.
- Parallel dazu wurde auch ein *Handelsgesetzbuch* (HGB) beraten und 1897 beschlossen. Es trat in Deutschland gemeinsam mit dem BGB am 1. 1. 1900 in Kraft.
- Das BGB ist durch hohes Abstraktionsniveau, damit aber auch mangelnde Volkstümlichkeit gekennzeichnet. Es war Ausdruck einer individualistisch-kapitalistischen Gesellschafts- und Wirtschaftsordnung; die Kritik GIERKES oder auch ANTON MENGERS (⇨ Rz 1446) zielte daher auch va auf die mangelnde soziale Qualität des BGB. Gleichwohl diente es zahlreichen anderen Kodifikationen zum Vorbild, so va dem japanischen BGB 1898.

Studienwörterbuch: Allgemeines Deutsches Handelsgesetzbuch 1861; Bürgerliches Gesetzbuch 1896; Gierke, Otto v.; Handelsgesetzbuch 1897.

1443 Das **Schweizerische Zivilgesetzbuch** v. 1907 ist im Wesentlichen ein Werk des Baseler Juristen EUGEN HUBER (1849–1923). Es trat am 1. 1. 1912 in Kraft.
- Im 19. Jh hatten zahlreiche Kantone Zivilgesetzbücher erhalten, die teils den CC, teils das ABGB zum Vorbild nahmen.
- Die Rechtsvereinheitlichung in der Schweiz erfolgte zunächst im Obligationenrecht; ein entsprechendes Gesetz v. 1881 (OR) trat 1883 in Kraft.
- 1894 wurde HUBER mit einer rechtsvergleichenden Darstellung der kantonalen Zivilgesetzbücher beauftragt; aus dieser Arbeit ging sein ZGB-Entwurf hervor. Das OR 1881 wurde überarbeitet, aber nicht in das ZGB integriert, sondern 1911 erneut gesondert kundgemacht.
- Im Gegensatz zum deutschen BGB ist das ZGB in einer allgemeinverständlichen Sprache abgefasst (kein abstrakter Allgemeiner Teil); es fußt auf der Historischen Rechtsschule, jedoch nicht nur auf dem romanistischen Zweig derselben. Übernommen wurde es zB von der Türkei 1926.

Studienwörterbuch: Schweizerisches Zivilgesetzbuch.

1444 In Österreich verfocht der Zivilrechtler JOSEPH UNGER (1828–1913) zunächst eine Gesamtreform des Zivilrechts im Geiste der Historischen Rechtsschule. Seinen Forderungen wurde mit den drei **Teilnovellen zum ABGB** 1914/15/16 nur bedingt Rechnung getragen.

➢ In Österreich wurde die Historische Rechtsschule 1852 durch einen bewussten politischen Akt des Unterrichtsministers LEO Graf THUN-HOHENSTEIN „importiert", da er der Naturrechtsschule Mitschuld am Ausbruch der konstitutionellen Revolution 1848 gab. Fast die Hälfte des juristischen Studiums sollte sich den rechtshistorischen Fächern widmen; das Naturrecht wurde aus den Studienplänen nahezu eliminiert. Dazu trat eine rigorose Personalpolitik.

➢ UNGERS System des österreichischen allgemeinen Privatrechts (1856/59) revolutionierte die österreichische Zivilistik. Den ABGB-Redaktoren warf er vor, das römische Recht in vielen Punkten missverstanden zu haben. Erst als JULIUS OFNER 1888/89 die bis dahin unbekannten Beratungsprotokolle zum ABGB veröffentlichte, trat zutage, dass die Redaktoren durchaus bewusst immer wieder vom römischen Recht abgewichen waren, was auch bei UNGER zu einer positiveren Bewertung ihrer Arbeit führte.

➢ Von einer Totalrevision des ABGB wurde letztlich Abstand genommen, doch beschloss das HH 1912 eine umfassende Novelle zum ABGB. Die Beschlussfassung im Abgeordnetenhaus wurde durch den Kriegsausbruch verhindert, weshalb die Reform schließlich durch drei kaiserliche Notverordnungen, die 1914, 1915 und 1916 ergingen, umgesetzt wurde. Diese „Teilnovellen" griffen tief in den Text des ABGB ein und brachten in zahlreichen Punkten eine Angleichung an das BGB.

Studienwörterbuch: Teilnovellen zum ABGB; Thunsche Studienreform.

1445 Eine Neukodifikation des österreichischen **Strafprozessrechts** erfolgte durch den Strafrechtsprofessor und Justizminister JULIUS GLASER (1831–1885) in der Strafprozessordnung 1873. Die Kodifikation des materiellen Strafrechtes dagegen scheiterte (⇨ Rz 1464).

➢ Das österreichische Strafprozessrecht war ab 1848 zahlreichen Veränderungen unterworfen, in denen sich die jeweilige Verfassungssituation widerspiegelte: „Strafprozessrecht ist angewandtes Verfassungsrecht".

➢ In diesem Sinne wurde 1850 der verfahrensrechtliche Teil des StGB 1803 durch eine moderne Strafprozessordnung ersetzt, die auf einen Entwurf von JOSEPH V. WÜRTH (1817–1855) zurückging. Anstelle des Inquisitionsprozesses wurde der aus dem französischen Recht stammende öffentliche, mündliche Anklageprozess eingeführt.

➢ Zur Zeit des Neoabsolutismus wurde die Strafprozessordnung 1853 erlassen, die vielfach zum Stand von 1803 zurückkehrte. Hauptredaktor war ANTON HYE V. GLUNEK (1807–1894).

› Erst die Dezemberverfassung 1867 gewährte die Voraussetzung zu einer Rückkehr zum modernen Anklageprozess. Nach mehreren vergeblichen Anläufen gelang die Reform unter der Amtszeit und unter tatkräftiger Mitwirkung des Justizministers GLASER (1871–79).
› Die StPO 1873 ist bis heute in Kraft, wurde aber mehrmals tief greifend novelliert und wieder verlautbart (daher heute: StPO 1975).

Studienwörterbuch: Strafprozessordnung 1873.

D Neuere Strömungen

1. Von der Zweck- zur Wertungsjurisprudenz

1446 Die aus Deutschland importierte Begriffsjurisprudenz fand besonders in Österreich eine Reihe von Kritikern, die verschiedene **Gegenansätze** entwickelten. Dabei wurde insbesondere der geringe Stellenwert, den die Begriffsjurisprudenz der richterlichen Tätigkeit zugemessen hatte, kritisiert.

› Der aus der österreichischen Bukowina stammende EUGEN EHRLICH (1862–1922) begründete die *Freirechtsschule*, die für eine Fortbildung und Ergänzung des Gesetzesrechts durch den Richter plädierte.
› Zu den Gegenströmungen sind auch die verschiedenen sozialen Rechtslehren zu rechnen, die in Österreich va der Zivilprozessualist ANTON MENGER (1841–1906) und der spätere Staatskanzler KARL RENNER (1870–1950) vertraten (*Kathedersozialisten*).
› Berühmtheit erlangte MENGER über die Grenzen der Monarchie hinaus va durch seine Kritik am „Ersten Entwurf" des BGB 1888, der nur eine formale Gleichheit vor dem Gesetz gewährleiste und die tatsächlichen Ungleichheiten in der Gesellschaft nicht berücksichtige, weshalb er in Wahrheit das Klassenrecht einer Minderheit sei.

Studienwörterbuch: Freirechtsschule; Kathedersozialisten.

1447 Die bedeutende Rolle, die dem Richter wieder zugemessen wurde, schlug sich auch in der österreichischen **Zivilprozessordnung 1895** nieder, die im Wesentlichen ein Werk von FRANZ KLEIN (1854–1926) ist.

› Noch die deutsche ZPO 1877 folgte der Vorstellung, dass der Zivilprozess ganz Sache der Partei sei und maß dem Richter eine eher passive Rolle zu.
› KLEIN, ein Schüler MENGERS, veröffentlichte 1890/91 in den „Juristischen Blättern" eine Aufsatzreihe mit dem Titel *Pro futuro*, in der er seine Forderungen für die künftige Gestaltung des Zivilprozesses formulierte: Dieser dürfe nicht länger allein der „Parteiendisposition" anheim gestellt bleiben, sondern es müsse der Richter in „Cooperation" mit den Parteien aktiv am Prozess teilnehmen.

> Auf Grund dieser Schrift wurde KLEIN in das Justizministerium berufen, wo er eine Zivilprozessordnung (sowie auch eine, die Zuständigkeiten der Gerichte regelnde, Jurisdiktionsnorm und eine Exekutionsordnung) entwarf, die ohne wesentliche Änderungen vom Reichsrat angenommen wurden.

> Die ZPO trat 1898 in Kraft und fand weltweit Beachtung. Pläne in der Zwischenkriegszeit, sie in Deutschland einzuführen (wogegen Österreich das BGB übernehmen sollte), zerschlugen sich, doch wurde die deutsche ZPO 1933 nach dem österr Vorbild novelliert.

> In Österreich ist die ZPO bis heute in Kraft, wurde aber mehrmals (bes 1983) novelliert.

Studienwörterbuch: Zivilprozess; Zivilprozessordnung 1895.

1448 Das folgenreichste Gegenkonzept zur Begriffsjurisprudenz wurde jedoch von einem ehemaligen Hauptvertreter derselben, dem Wiener Romanisten RUDOLPH V. JHERING (1818–92) mit der sog **Zweckjurisprudenz** entwickelt. Diese war von sozialdarwinistischen Vorstellungen geprägt.

> JHERING hatte mit seinem – unvollendet gebliebenen – *Geist des römischen Rechts* (1852/65) die Begriffsjurisprudenz zum Höhepunkt gebracht. Mit seinem Vortrag *Der Kampf ums Recht*, den er 1872 vor der Wiener Juristischen Gesellschaft hielt, brach er jedoch mit seinen bisherigen Lehren. Die Druckfassung dieses Vortrages erhielt bis 1921 zwanzig Auflagen und wurde in siebzehn Sprachen übersetzt. Umfassend stellte JHERING dann das neue wissenschaftliche Programm in seinem zweibändigen Werk *Der Zweck im Recht* (1877/83) dar.

> CHARLES DARWIN (1809–1882) hatte in seinem Buch *The Origin of species by means of natural selection, or the Preservation of Favoured Races in the Struggle for Life* (1859), in Interdependenz mit der Philosophie jener Zeit die Vorstellung der natürlichen Selektion biologischer Arten durch den „*survival of the fittest*" entwickelt. JHERING übertrug diese Überlegungen auf das menschliche Zusammenleben; der Titel seines Vortrages *Der Kampf ums Recht*, war eine bewusste Anspielung auf DARWINS *Struggle for Life*.

> Für JHERING war der „Zweck" der eigentliche „Schöpfer des ganzen Rechts". Jeder Rechtsanspruch müsse von denjenigen erkämpft werden, die damit bestimmte Zwecke verfolgen. Dabei gebe es nicht nur egoistische Zwecke (Selbsterhaltung, Lustgewinn...) sondern auch Zwecke der „ethischen Selbstbehauptung", wie etwa „das Sittliche".

> JHERING trat mit dieser Ansicht sowohl dem vorherrschenden Positivismus als auch dem nach wie vor vorhandenen Naturrechtsdenken entgegen, indem er das Recht weder losgelöst von seinem Entstehungsgrund, noch als direkten Ausfluss der Vernunft oä betrachtete.

Studienwörterbuch: Sozialdarwinismus.

1449 Auf JHERINGS Lehren aufbauend, entwickelte der Tübinger Zivilrechtler PHILIPP HECK (1858–1943) die **Interessenjurisprudenz**: Jede neue Norm entstehe durch die Abwägung widerstreitender Interessen. Diese müssten vom Richter erkannt und bewertet werden.

➢ Die Lehre HECKS hatte insbesondere für die Theorie der Lückenfüllung besondere Bedeutung: Bereits die Feststellung einer Lücke sei ein wertender Vorgang, da der Richter hier feststelle, dass eine Norm fehlt, obwohl sie wünschenswert wäre. Das Gesetz diene der Lösung sozialer Konflikte und sei gleichsam „Kraftdiagonale ringender Faktoren".

➢ In eine ähnliche Richtung ging die vom Wiener Zivilrechtler ARMIN EHRENZWEIG (1864–1935) vertretene „teleologische Methode". EHRENZWEIGS *System des österreichischen allgemeinen Privatrechts* (1923/25) prägte die österreichische Zivilistik für Jahrzehnte.

Studienwörterbuch: Interessenjurisprudenz.

1450 Die heute im Zivilrecht vorherrschende **Wertungsjurisprudenz** sieht ebenso wie die Interessenjurisprudenz die Tätigkeit des Richters im Abwägen verschiedener Interessen. Maßstab seien ihm dabei die Wertsetzungen des Gesetzgebers, auf die im Einzelfall je nach Intensität und Bedeutung Bedacht zu nehmen sei („bewegliches System").

➢ Die Wertungsjurisprudenz sieht sich selbst als Weiterentwicklung der Interessenjurisprudenz, die lediglich deren Schwächen korrigiere.

➢ Kritisiert wurde va der Begriff des „Interesses", der von der Interessenjurisprudenz sowohl für die Begehrlichkeiten der beteiligten Personen, als auch für die Wertsetzungen des Gesetzgebers verwendet wurde. Die Wertungsjurisprudenz beschränkt den Interessenbegriff auf ersteres, um die „Interessen" von den „Wertsetzungen" besser scheiden zu können.

➢ Das Bedürfnis nach Erkenntnis oberster Wertsetzungen wurde besonders nach den Erfahrungen der NS-Herrschaft deutlich (⇨ Rz 1460); so etwa in der 1947 erschienenen Schrift *Oberste Grundsätze des Rechts* des Frankfurter Zivilrechtlers und Rechtshistorikers HELMUT COING (1919–2000), oder auch in den 1988 erschienenen *Fundamentalen Rechtsgrundsätzen* des Wiener Zivilrechtlers FRANZ BYDLINSKI (*1931). Die Wertungsjurisprudenz nähert sich damit naturrechtlichen Bestrebungen an.

➢ Der Heidelberger Strafrechtler KARL ENGISCH (1899–1990) erkannte, dass die obersten Grundsätze nicht isoliert, sondern in einem System zueinander stünden. Darauf aufbauend, entwickelte der Grazer Zivilrechtler WALTER WILBURG (1905–1991) die Lehre vom „beweglichen System".

Studienwörterbuch: Wertungsjurisprudenz.

2. Die Reine Rechtslehre

1451 Die **Reine Rechtslehre** ist eine positivistische Rechtslehre, welche zu Beginn des 20. Jh in Wien entwickelt wurde (daher auch „Wiener rechtstheoretische Schule"). Ihr Begründer und zugleich wichtigster Vertreter war HANS KELSEN (1881–1973, ⇨ Rz 1305, Rz 2147).

➢ Den Beginn stellte KELSENS Habilitationsschrift *Hauptprobleme der Staatsrechtslehre* (1911) dar; die Lehre wurde von ihm selbst in zahlreichen Arbeiten (ua *Reine Rechtslehre* [1934]; 2. Aufl. [1960]) weiterentwickelt.

➢ KELSENS Schüler übertrugen die zunächst für das Verfassungsrecht konzipierte Lehre auch in das Verwaltungsrecht (ADOLF J. MERKL, 1890–1970) und das Völkerrecht (ALFRED VERDROSS, 1890–1980). Im Zivil- und Strafrecht blieb ihre Bedeutung gering.

➢ In engem Kontakt zur Wiener Schule stand die von FRANTIŠEK WEYR (1879–1951) begründete Brünner rechtstheoretische Schule, die jedoch – nach zeitweiliger Unterdrückung in der NS-Zeit – endgültig mit der kommunistischen Machtübernahme in der Tschechoslowakei 1948 unterging.

➢ Die Wiener Schule verfiel bereits nach dem Weggang KELSENS aus Wien 1930 (⇨ Rz 1310) allmählich, doch kam es ab ca 1968 zu einer gewissen „Renaissance" der Reinen Rechtslehre in Österreich. Heute findet sie weltweit, insbesondere auch in Südeuropa und Lateinamerika, Beachtung, weniger dagegen in Deutschland und den USA.

Studienwörterbuch: Kelsen, Hans.

1452 Im Gegensatz zu älteren positivistischen Lehren bestreitet die Reine Rechtslehre, dass sich Normen aus faktischen Machtverhältnissen ableiten lassen. Dies sei eine Folge der – erkenntnisphilosophisch begründeten – Unterscheidung von **Sein und Sollen**.

➢ Die Reine Rechtslehre hängt insoweit eng mit der kurz zuvor begründeten philosophischen Schule des Neukantianismus (bes HERMANN COHEN, 1842–1918) zusammen, wonach „Sein" und „Sollen" zwei wesensverschiedene Kategorien sein: Aus der Tatsache, dass etwas ist, kann nicht gefolgert werden, dass es so sein soll, und umgekehrt (in diese Richtung bereits DAVID HUME 1739/40).

➢ Zufolge der Reinen Rechtslehre können Normen nur wieder aus Normen abgeleitet werden; diese stehen daher zueinander in einem Stufenverhältnis. Die Erzeugung einer neuen Norm – egal auf welcher Stufe – sei nach MERKL teils ein Wissensakt (Interpretation der höherrangigen Norm, um den Handlungsspielraum zu bestimmen), teils ein Willensakt (Auswahl aus den rechtlich vorgegebenen Möglichkeiten nach dem Gesichtspunkt der Zweckmäßigkeit). Damit wurde insbesondere die rechtsschöpfende, politische Funktion von Verwaltung und Gerichtsbarkeit erkannt.

➢ Besondere Bedeutung hat die Lehre von der Trennung von Sein und Sollen für die Lehre vom Wesen des Staates: Dieser wird gänzlich dem Bereich des Sollens zugerechnet, weil er als identisch mit der Summe der Normen, die von ihm ausgehen, angesehen wird. Somit sei der Staat selbst (nicht mehr und nicht weniger als) eine Rechtsordnung.

➢ Die Reduktion des Staates auf ein rein juristisches Wesen entsprach der Situation der Habsburgermonarchie zu Beginn des 20. Jh, in der keine nationalistischen, religiösen oä Erklärungen die Existenz des Staates rechtfertigen konnten. Insoweit gab auch KELSEN zu, dass seine – universell konzipierte – Reine Rechtslehre eine typisch österreichische Lehre sei.

1453 Im Gegensatz zu naturrechtlichen Lehren bestreitet die Reine Rechtslehre, dass oberste Werte von Menschen rationell erkannt werden können (⇨ Rz 1450) und untersucht daher lediglich die positiven, idR effektiven (also von einem realen Machthaber ausgehenden) Normen. Dies aber nicht wegen der Tatsache ihrer Effektivität, sondern weil es aus der Sicht des Rechtsanwenders „zweckmäßig" erscheint, diese Normen als geltend *anzunehmen*. Diese Annahme wird als **Grundnorm** bezeichnet.

➢ Naturrechtslehren gingen, so KELSEN, stets von der Annahme einer absoluten Gerechtigkeit, einer absoluten Moral oä aus. Tatsächlich aber bestand noch nie Einigkeit über den Inhalt einer solchen obersten Norm; vielmehr gebe es viele derartige Normen, die daher immer nur relative Werte verkörpern.

➢ Es sei daher zweckmäßig, als geltungsbegründende Norm des gesetzten (positiven) Rechts nicht eine naturrechtliche Norm, sondern die vom Rechtsanwender vorausgesetzte (präpositive) Grundnorm anzunehmen. Diese hat im Unterschied zum Naturrecht keinen über die Geltungsbegründung hinausgehenden Inhalt, weshalb auch das positive Recht „jeden beliebigen Inhalt" haben könne.

➢ Die Lehre von der Grundnorm wurde von KELSEN erst allmählich entwickelt; er nannte sie zunächst eine „Hypothese", dann eine „Fiktion", was jedoch beides dem Wesen der Grundnorm nicht entspricht, weshalb sie heute schlicht als „Annahme" (ROBERT WALTER, *1931) bezeichnet wird. KELSEN selbst hatte noch ein Minimum an Effektivität als unentbehrlich für die Geltung einer Rechtsordnung angesehen. Erst WALTER löste die Geltung vollständig von der Wirksamkeit, indem er das Zweckmäßigkeitselement einführte.

➢ Die oftmals missverstandene Lehre von der Grundnorm hat bloß erkenntnistheoretische Bedeutung. Die Grundnorm vermag keine Rechtsordnung als „gut" oder „böse" zu klassifizieren; diese Beurteilung wird vielmehr dem subjektiven Moralempfinden des Einzelnen überlassen.

➢ Wegen der strikten Trennung von Recht und Moral sieht sich die Reine Rechtslehre als ideologisch neutrale Rechtslehre. Sie lehnt es ab, das Recht in den Dienst von politischen Konflikten zu stellen und sich insbesondere bei der Rechtsauslegung von politischen Strömungen leiten zu lassen; als Aufgabe der Rechtswissenschaft sieht sie die Erkenntnis, nicht die Gestaltung des Rechts.

➢ Einer der Hauptkritikpunkte an der Reinen Rechtslehre ist jener, dass der von ihr entwickelte Rechtsbegriff auch auf Rechtsordnungen anwendbar ist, die unserem Moralempfinden zutiefst widersprechen, wie zB auf die NS-Rechtsordnung (⇨ Rz 1460). Nach dem 2. WK verloren daher die positivistischen Rechtslehren an Bedeutung, und es kam zu einer Neubelebung von Naturrechtslehren.

Studienwörterbuch: Reine Rechtslehre.

3. Marxistische Rechtslehre

1454 Die **Marxistische Rechtslehre** wurde im 19. Jh von KARL MARX (1818–1883) und FRIEDRICH ENGELS (1822–1895) begründet und entfaltete im 20. Jh weltgeschichtliche Bedeutung.

> Die marxistische Rechtslehre ist lediglich Teilbereich einer gesamten Weltanschauung, des Marxismus. Dieser beinhaltet daneben auch eine eigene Wirtschafts- und Sozialehre, eine Geschichtsphilosophie etc.

> MARX' Hauptwerk ist *Das Kapital* (1867); die Grundsätze der marxistischen Rechtstheorie skizzierte er bereits 1859 in seiner *Kritik der Politischen Oekonomie*.

> Die einzelnen Richtungen (Leninismus, Stalinismus, Trotzkismus, Maoismus ua) divergieren zum Teil erheblich; der Marxismus kann daher nicht als geschlossenes System gesehen werden.

1455 Theoretische Grundlage ist eine **materialistische Geschichtsphilosophie**, wonach der Ablauf der Geschichte durch die ökonomische Struktur einer Gesellschaft bestimmt werde. Diese Struktur stelle die reale „Basis" dar, auf der sich ein juristischer und politischer „Überbau" erhebe, und der bestimmte gesellschaftliche „Bewußtseinsformen" (Religion, Philosophie) entsprechen.

> Geschichte sei demnach ein mit Notwendigkeit ablaufender Prozess, der sich bis zu einem gewissen Grad auch vorhersagen lasse: Auf die kommunistische Urgesellschaft folgte die antike Sklavengesellschaft, dieser der mittelalterliche Feudalismus und schließlich der neuzeitliche Kapitalismus als jene Wirtschaftsform, in der MARX seine eigene Gegenwart erlebte. Für die Zukunft sah er zunächst den Sozialismus, dann den Kommunismus voraus. Zum „real existierenden Sozialismus" ⇨ Rz 2158.

> MARX folgte teilweise den Denkstrukturen seines akademischen Lehrers GEORG W. F. HEGEL (1770–1831), stellte jedoch dessen Lehren nach eigenen Worten geradezu „auf den Kopf", da HEGEL eine idealistische Geschichtsphilosophie gelehrt hatte, wonach der Geschichtsablauf durch Ideen bestimmt werde.

1456 Das **Recht der bürgerlichen Gesellschaft** wird vom Marxismus als Mittel der herrschenden Klasse zur Festigung ihrer Herrschaft gesehen.

> Inwieweit das Recht als Teil des „Überbaus" lediglich die Veränderungen der „Basis" (der ökonomischen Strukturen) widerspiegle, oder von den herrschenden Klassen bewusst als Handlungselement eingesetzt werde, ist innerhalb des Marxismus strittig.

> Die Klassenkämpfe, welche primär ökonomischer Natur seien, werden nach marxistischer Anschauung durch das Recht der bürgerlichen Gesellschaft auf den juristisch-politischen Raum gedrängt.

1457 Das **Recht im Kommunismus** erscheine als entbehrlich, weil die Klassenkämpfe überwunden seien; es werde daher absterben. Einer anderen Lehre zufolge könne das Recht aber auch in den

Dienst der Entwicklung hin zu einer sozialistischen Gesellschaftsordnung gestellt werden.

➢ Besonders die (großteils nichtmarxistischen) Kathedersozialisten (⇨ Rz 1446) propagierten eine „soziale Rechtswissenschaft", welche im Wege des Rechts Veränderungen der Gesellschaft vornehmen sollte.

➢ Im Gegensatz dazu meinte ENGELS, dass die marxistische Rechtstheorie nur für eine (negative) Kritik, nicht aber für eine (positive) Gestaltung des Rechts geeignet erscheine.

1458 In den sozialistischen Staaten Ost- und Ostmitteleuropas entstanden eine eigene Rechtswissenschaft und eine **marxistische Gesetzgebung**.

➢ In Russland ergingen schon kurz nach der Oktoberrevolution besondere Gesetze über das Familienrecht und das Arbeitsrecht, mit denen die marxistischen Grundsätze verwirklicht werden sollten. Ausgesondert vom Privatrecht wurde auch das Recht an den „Produktionsmitteln" (bes am Grundeigentum, ⇨ Rz 2163); die Restmaterien wurden im russischen ZGB 1922 geregelt, welches teils direkt, teils indirekt (über russische Entwürfe aus 1903/13) vom deutschen BGB beeinflusst war. Die übrigen Sowjetrepubliken der UdSSR lehnten sich eng an das russische Vorbild an.

➢ Auch in den sozialistischen Staaten Ostmitteleuropas, in denen bis dahin zT noch die Kodifikationen des 19. Jh (so zB das ABGB in Tschechien und Südpolen) oder Gewohnheitsrecht galt (Ungarn, Slowakei), traten sozialistische Gesetzbücher in Kraft, die daher zT auch eine Vereinheitlichung des nationalen Privatrechtes brachten (Tschechoslowakei 1951, Ungarn 1960, Polen 1965 ua).

➢ Die DDR hielt noch bis 1975 am BGB fest, um die deutsche Wiedervereinigung nicht zu gefährden. Doch wurde es im Lichte des „Klassenkampfes" neu interpretiert. Wie in Russland, wurde auch in der DDR das Familienrecht vom allgemeinen Privatrecht ausgesondert und erhielt 1965 eine eigene gesetzliche Regelung. Die 1952 begonnenen Kodifikationsarbeiten für das allgemeine Privatrecht konnten erst 1975 zum Abschluss gebracht werden; am 1. 1. 1976 trat das ZGB der DDR in Kraft (bis 3. 10. 1990).

4. Die NS-Rechtslehre

1459 Die Herausbildung einer nationalsozialistischen Rechtswissenschaft wurde insbesondere ab 1934 von einer Gruppe junger Professoren der Universität Kiel versucht (**Kieler Schule**).

➢ Eine Präsentation des Programmes der Kieler Schule erfolgte in der vom Zivilrechtler KARL LARENZ (1903–93) herausgegebenen Schrift *Grundfragen der neuen Rechtswissenschaft* (1935); zu der Schule zählten auch der Staatsrechtler ERNST RUDOLF HUBER (1903–90), der Rechtshistoriker KARL AUGUST ECKHARDT (1901–79) ua.

➢ Zahlreiche führende Juristen Deutschlands, wie va der Staatsrechtler CARL SCHMITT (1888–1985) passten sich rasch den politischen Verhältnissen an und wirkten an der Umsetzung der NS-Ideologie in die Rechtswissenschaft mit.

➢ Nonkonforme Juristen, wie etwa der 1930–33 in Köln lehrende KELSEN oder auch der Heidelberger Strafrechtler und Rechtsphilosoph GUSTAV RADBRUCH (1878–1949, dt Justizminister 1921/22 u 1923) wurden von ihren Lehrstühlen entfernt und mussten zT auch mit persönlichen Repressalien rechnen.

Studienwörterbuch: Schmitt, Carl.

1460 Das noch vor der NS-Machtergreifung entstandene Recht wurde im nationalsozialistischen Sinne uminterpretiert und erhielt dadurch nicht selten eine völlig neue Bedeutung („**unbegrenzte Auslegung**"); widersprach es eindeutig der NS-Ideologie, durfte es nicht angewendet werden. Umgekehrt war eine richterliche Prüfung von „Führerentscheidungen" untersagt.

➢ Als „Recht" wurde angesehen, „was dem Volk nützt". In diesem Sinne wurde jedes subjektive Individualrecht, wie va das Eigentum, prinzipiell in Frage gestellt.

➢ Besondere Bedeutung hatten Generalklauseln, weil sie Neuinterpretationen leicht zugänglich waren, sowie Analogieschlüsse. Im Strafrecht wurde mit der Strafgesetznovelle 1935 der Grundsatz „nulla poena sine lege" zugunsten einer Bestrafung „nach dem gesunden Volksempfinden" verlassen.

➢ Die Kieler Schule lehnte HECKS Interessenjurisprudenz wegen deren individualistischer Ausrichtung ab, doch versuchte HECK selbst eine Annäherung an die Kieler Schule. Beachte, dass der aus der Kieler Schule hervorgegangene LARENZ nach 1945 ein Wegbereiter der Wertungsjurisprudenz wurde (*Methodenlehre der Rechtswissenschaft*, 1960).

➢ Der im öffentlichen Recht vorherrschende Positivismus wirkte sich oft verhängnisvoll in Form eines blinden Gesetzesgehorsams aus; zuweilen jedoch stellte er auch ein Hemmnis für die Entfaltung der NS-Rechtswissenschaft dar: So weigerte sich zB noch 1939 der österr BGH, dass „dort, wo kein Zweifel über die Auslegung möglich ist, ohne Rücksicht auf das Gesetz entschieden werde." Später verstummten derartige Stimmen.

➢ Die Erfahrungen mit der NS-Herrschaft führten zu einem Erstarken naturrechtlicher Vorstellungen: So entwickelte RADBRUCH nach 1945 die These vom „gesetzlichen Unrecht", dh dass ein völlig ungerechtes positives Recht der Gerechtigkeit zu weichen habe („Radbruchsche Formel").

1461 Nach dem „Anschluss" Österreichs an NS-Deutschland kam es zwar in Teilbereichen, wie etwa Eherecht und Handelsrecht, zu einer Rechtsvereinheitlichung. Das – von der NS-Rechtswissenschaft abgelehnte – BGB wurde dagegen nicht in in Österreich eingeführt, stattdessen wurde mit der Schaffung eines neuen, nationalsozialistischen „**Volksgesetzbuches**" begonnen, das aber Entwurf blieb. Das Ehegesetz 1938 sowie das deutsche HGB blieben auch nach 1945 in Österreich in Geltung.

➤ Mit der Ausarbeitung des Volksgesetzbuches wurde die „Akademie für Deutsches Recht" in München unter deren Präsidenten HANS FRANK (1900–1946) betraut. Sie kam bis 1945 nicht über Beratungen hinaus. In der Einleitung zum Gesetzbuch sollten 25 „Grundregeln" die NS-Weltanschauung enthalten sowie die Rechtsanwendung und Rechtsfortbildung regeln.

➤ Im Handelsrecht wurde das deutsche HGB 1897 (⇨ Rz 1442) mit 1. 3. 1939 anstelle des Allgemeinen Handelsgesetzbuches von 1862 in Österreich eingeführt und blieb auch nach 1945 in beiden Ländern in Kraft; die damit hergestellte Rechtseinheit ging jedoch allmählich durch unterschiedliche Novellierungen verloren (⇨ Rz 1462).

➤ Das *Gesetz zur Vereinheitlichung des Rechts der Eheschließung und der Ehescheidung im Lande Österreich und im übrigen Reichsgebiet* (EheG) trat 1938 an die Stelle der entsprechenden Bestimmungen von BGB und ABGB. Es wurde in Deutschland 1946 vom Alliierten Kontrollrat aufgehoben. In Österreich wurden lediglich die typisch nationalsozialistischen Bestimmungen (zB Verbot der „blutsverschiedenen" Ehe, ⇨ Rz 3223) beseitigt; im Übrigen blieb es bis heute in Kraft, wurde aber wiederholt novelliert.

➤ In Italien trat 1942 ein neuer *Codice civile* in Kraft, der das Schweizerische ZGB zum Vorbild hatte, aber auch von faschistischem Gedankengut geprägt war. Auch hier erfolgte 1945 eine „defascistizzazione", ansonsten blieb der *Codice civile* in Kraft.

Studienwörterbuch: Volksgesetzbuch.

5. Der Kodifikationsgedanke im 20. Jahrhundert

1462 In den westlichen Demokratien trat der Kodifikationsgedanke im 20. Jh in den Hintergrund gegenüber vorwiegend anlassbezogener Spezialgesetzgebung, die zu einer **Dekodifikation** führte. Insbesondere die Weiterentwicklung des österreichischen Privatrechts erfolgte großteils außerhalb des ABGB. Erst seit den 1970er Jahren wurde wieder vermehrt in den Text der Kodifikation eingegriffen.

➤ Die systemlose Anlassgesetzgebung ist negative Begleiterscheinung der modernen Demokratie, in der von kurzfristigen Wählerschwankungen abhängige Politiker rasch verwertbare Erfolge suchen, was das Zustandekommen umfangreicher Gesetze zunehmend schwierig macht.

➤ Bedeutende privatrechtliche Rechtsmaterien, die außerhalb des ABGB geregelt wurden, waren das Arbeitsrecht, das Mietrecht, das Eherecht, der Konsumentenschutz uva.

➤ Das ABGB ist daher nur mehr ein „Torso", hat aber seine zentrale Rolle im Privatrecht beibehalten, wie etwa der von HEINRICH KLANG (1875–1954) herausgegebene mehrbändige *Kommentar zum ABGB* (1931–35; 2. Aufl. 1950–78 gemeinsam mit FRANZ GSCHNITZER [1899–1968]), die bislang umfassendste Darstellung des österreichischen Zivilrechts, beweist.

➤ Die familienrechtlichen Reformen der SPÖ-Alleinregierung (1970–83) fanden wieder ihren Niederschlag im ABGB selbst. Seitdem ergingen zahlreiche Novellen. Eine Wiederverlautbarung des ABGB oder gar Neukodifikation des Privatrechts ist derzeit nicht aktuell. Dagegen wurde das HGB 2005 tiefgreifend novelliert (wobei auch eine umfassende Rechtsbereinigung stattfand) und in Unternehmensgesetzbuch – UGB – umbenannt. Die neue Fassung trat mit 1. 1. 2007 in Kraft.

➢ Neue Dynamik hat die Kodifikationsfrage auch durch die EU erhalten, da das Europäische Parlament 1989 die Schaffung eines Europäischen Privatrechtsgesetzbuches angeregt hat. Vorarbeiten sind derzeit im Laufen.

1463 In einigen europäischen Staaten entstanden weiter große **Kodifikationen**, wie va das niederländische BGB und das neue russische ZGB. Sie wurden nicht in einem einzigen gesetzgeberischen Akt, sondern schrittweise eingeführt.

➢ Das alte niederländische BGB (*Burgerlijk Wetboek*) von 1838 lehnte sich stark am franz CC an. Die Neukodifikation eines neuen ZGB, das sich stärker vom franz Recht emanzipieren sollte (ua Vereinigung von Zivil- und Handelsrecht), wurde 1947 in Angriff genommen. Es besteht aus zehn Teilen, die gesondert beraten und ab 1970 schrittweise in Kraft gesetzt wurden, die wichtigsten Teile 1992; drei Teile sind dzt noch ausständig.

➢ Das russische Eigentumsgesetz 24. 12. 1990, das Privateigentum auch an (vormals so bezeichneten) „Produktionsmitteln" zuließ und das Unternehmensgesetz 25. 12. 1990, das die Gründung von Handelsgesellschaften ermöglichte, stellte die russische Rechts- und Wirtschaftsordnung auf eine völlig neue Grundlage, so dass ein Bedürfnis nach einer neuen Kodifikation des gesamten Privatrechts entstand. Die drei Teile des russischen ZGB traten 1995, 1996 und 2002 in Kraft.

➢ Im 19. Jh war auch in der Kanonistik der Wunsch nach einer modernen Kodifikation anstelle der bisherigen Kompilation des *Corpus Iuris Canonici* laut geworden. Am 27. 5. 1917 verkündete Papst BENEDIKT XV. den von seinem Vorgänger PIUS X. in Auftrag gegebenen *Codex Iuris Canonici*, der das Recht der römisch-katholischen Kirche umfassend in Rechtssätzen regelte, inhaltlich aber relativ wenig Neuerungen brachte. Im Gefolge des II. Vatikanischen Konzils gab JOHANNES XXIII. 1959 den Auftrag zur Erstellung eines neuen *Codex*. Dieser wurde am 25. 1. 1983 von JOHANNES PAUL II. verkündet.

➢ Eine bemerkenswerte Rekodifikation fand zuletzt in Deutschland statt, wo seit 1946 ein vom Alliierten Kontrollrat erlassenes Ehegesetz galt. Erst die Beendigung der alliierte Vorbehalte 1990 (➪ Rz 1230) ermöglichte die Aufhebung dieses Gesetzes und die Neuregelung des Ehegesetzes im BGB selbst. Eine bedeutende Novellierung erfolgte 2002 im Schuldrecht. Im selben Jahr wurde das BGB wiederverlautbart und bei dieser Gelegenheit auch zahlreiche Nebengesetze reintegriert.

1464 Eine Kodifikation gelang in Österreich auf dem Gebiet des Strafrechts mit dem **Strafgesetzbuch** v. 23. 1. 1974, womit mehr als 150 Jahre währende Bemühungen um eine Strafrechtsreform zum Abschluss kamen.

➢ Schon das StG 1852 war kein neues Strafgesetzbuch, sondern nur eine erneuerte Ausgabe des StG 1803 gewesen, das v.a. wegen der Ausdehnung des Geltungsbereiches auf Ungarn notwendig geworden war (⇨ Rz 1143); Hauptredaktor war ANTON HYE V. GLUNEK (⇨ Rz 1445). Der von HYE ausgearbeitete Entwurf eines völlig neuen StGB kam ebenso wenig wie die nachfolgenden Entwürfe über das Beratungsstadium hinaus.

➢ Ab 1871 orientierten sich die österr Entwürfe va am deutschen StGB 1871, das aber schon bald gleichfalls als reformbedürftig erkannt wurde. 1927 entstand ein gemeinsamer deutsch-österreichischer Entwurf, dem jedoch ebenfalls kein Erfolg beschieden war (⇨ Rz 1311). Nach 1945 bemühten sich va die Justizminister CHRISTIAN BRODA (1960–66, 1970–83, SPÖ) und HANS KLECATSKY (1966–70, ÖVP) um die „Große Strafrechtsreform".

➢ Der schließlich ausgearbeitete Entwurf fand im Allgemeinen breite parlamentarische Zustimmung; jedoch wurde er 1974 aufgrund der in ihm enthaltenen „Fristenlösung" (= Straffreiheit des Schwangerschaftsabbruches in den ersten drei Monaten) allein mit den Stimmen der SPÖ beschlossen. Das StGB trat am 1. 1. 1975 in Kraft.

➢ In der BRD wurde das StGB 1871 durch zahlreiche Teilnovellen erneuert; eine Neukodifikation fand nicht statt, so dass es formell bis heute in Kraft steht (Wiederverlautbarung 1998).

Studienwörterbuch: Strafgesetzbuch 1974.

Zweiter Teil

Verfassungsentwicklung

Erster Abschnitt

Staatsformen

A Feudalismus

1. Allgemeines

2101 Der **Feudalismus** ist eine Staats-, Wirtschafts- und Gesellschaftsordnung, die politisch-obrigkeitliche Rechte an den Besitz wirtschaftlicher Macht knüpft. Er tritt typischerweise in Gesellschaften mit schlechter Infrastruktur, die keine Zentralgewalt bilden können, auf. In Europa beherrschte er das gesamte Mittelalter sowie die Frühe Neuzeit und wirkte bis in das 19. Jh nach.

➤ „Wirtschaftliche Macht" war in einer Agrargesellschaft gleichbedeutend mit Großgrundbesitz. Feudalherren waren Landherren. Mit dem Aufkommen der Industriellen Revolution im 18./19. Jh verlor der Feudalismus seine wirtschaftliche Basis, nachdem seine politische Bedeutung schon ab dem 17. Jh immer weiter zurückgedrängt worden war.

➤ Moderne Kategorisierungen („privatrechtlich"/„öffentlichrechtlich") sind auf das Feudalrecht nicht anwendbar. Vielmehr besteht das Wesen des Feudalismus gerade in der Verknüpfung derartiger Elemente.

➤ Feudale Strukturen können unter den genannten Voraussetzungen immer wieder entstehen; so war das politische System Japans zwischen dem 12. Jh und der MEIJI-Revolution 1867 dem europäischen Feudalismus durchaus vergleichbar. Gegenwärtig sind feudale Strukturen zB in Afghanistan auszumachen (Herrschaft der „Warlords").

2102 Der europäische Feudalismus entstand im Frankenreich (6.–9. Jh) und basierte sowohl auf gallisch-römischen als auch germanischen **Wurzeln**. Seine Ausbildung war Folge der fränkischen „Landnahme" zur Zeit der Völkerwanderung.

➤ In der Spätantike kam es zur Ausbildung feudaler Strukturen in Form des *patrocinium*: Eine in wirtschaftliche Not geratene Person begab sich in den Schutz eines Mächtigeren (Patron), büßte aber dadurch einen Teil ihrer persönlichen Freiheit ein.

➢ Als germanische Wurzel kann die Gefolgschaft gesehen werden, bei der sich Freie einem adeligen Herrn, ursprünglich zu Kriegszwecken, später auf Dauer, anschlossen. Eine Minderung der persönlichen Freiheit war damit nicht verbunden.

➢ Die von den Franken infolge der immer weiteren Ausdehnung des Frankenreiches eroberten Ländereien fielen zunächst dem König zu, der sie an seine Gefolgschaft verschenkte. Da Geschenke nach germanischem Recht zu gleichwertigen Gegengeschenken verpflichteten (⇨ Rz 3515), dies aber im Fall der fränkischen Landschenkungen nicht möglich war, standen die Beschenkten in der Schuld des Königs, was sie eng an ihren Herrn band.

➢ Die rechtliche Form der Schenkung schwächte sich im 8. Jh zu einer Leihe (*precarium, beneficium*) ab, die das „Eigentum" beim Leihgeber beließ, aber dem Leihnehmer eine inhaltlich praktisch unbegrenzte Nutzung des geliehenen Landes ermöglichte.

Studienwörterbuch: Gefolgschaft; patrocinium.

2. Grundherrschaft

2103 Seine Ausprägung im **Bauernstand** erhielt der Feudalismus in der Form der Grundherrschaft, die für rund 1000 Jahre die Lebensform für den größten Teil der Bevölkerung Europas wurde. Die Bauern (Grundholden) standen in einer personenrechtlichen, sachenrechtlichen und politisch-obrigkeitlichen Abhängigkeit vom Grundherren.

➢ Die frühere rechtshistorische Lehre, die davon ausging, dass in germanischer Zeit das Gros der Bevölkerung frei war und erst in der Grundherrschaft diese Freiheit verloren hätte, ist durch spätere Forschungen (bes OTTO BRUNNER) widerlegt worden; für die germanische Zeit ist allerdings eher von einer „Herrschaft über Land und Leute" als von einer Grundherrschaft zu sprechen.

➢ Die Ausbildung der Grundherrschaft wird heute daher nicht mehr als Entstehung einer neuen Herrschaftsform, sondern eher als eine Verdinglichung von bereits in germanischer Zeit bestehenden Herrschaften angesehen, indem die Leihe von Grund und Boden zum Wesensmerkmal der Herrschaft des Adels über seine Untertanen wurde. Sie erfolgte, so wie das Lehnswesen, in fränkischer Zeit unter Einfluss des spätantiken römischen Rechts.

➢ Aufrecht dürfte von der älteren Lehre die These geblieben sein, dass auch ehemals freie Bauern im Laufe des Mittelalters, va wenn sie in wirtschaftliche Not geraten waren, sich freiwillig unter den Schutz eines Grundherrn begaben, auch wenn sie dabei eine Minderung ihrer Rechtsstellung in Kauf nehmen mussten.

➢ Als Grundherren konnten nicht nur Adelige, sondern auch zB Klöster oder Städte auftreten. Die geistliche Grundherrschaft genoss bei den Bauern (berechtigterweise?) einen besseren Ruf als die weltliche: „Unter dem Krummstab ist gut wohnen".

2104 Der Aufbau der Grundherrschaft war regional unterschiedlich. Im Mittelpunkt stand idR der Herrenhof (Fronhof) mit dem vom Grundherrn in Eigenwirtschaft gehaltenem **Dominikalland** (Salland). An dieses schloss sich das **Rustikalland** an, das den Bauern verliehen und von diesen selbständig bearbeitet wurde. Dazu kamen meist noch weitere Liegenschaften, zB Wald oder Torfschurfgebiete, die von allen Angehörigen der Grundherrschaft, einschließlich des Grundherrn, gemeinschaftlich (genossenschaftlich) genutzt wurden.

➢ Das Rustikalland wurde vom Bauern selbständig bewirtschaftet, doch hatte er dem Grundherrn (Natural-) Abgaben zu leisten (Feldfrüchte, Vieh). Diese wurden in besondere Verzeichnisse, die sogenannten Urbare, eingetragen. Das Dominikalland wurde auf Rechnung des Grundherrn von unfreiem Hofgesinde zusammen mit den abhängigen Bauern bebaut, die hier zu bestimmten Zeiten Robot- oder Frondienste leisten mussten (Fron = Herr).

➢ In Mitteleuropa, so auch in Ober- und Niederösterreich, Steiermark und Kärnten, lag das Schwergewicht auf dem Rustikalland. Dominikalland sowie freies Eigentum der Bauern existierte zwar, hatte aber nur geringe Bedeutung. Die Bauern waren persönlich vom Grundherrn abhängig (Heiratserlaubnis, Schollengebundenheit; ⇨ Rz 3103), aber ihm nicht völlig unterworfen.

➢ In Ost- und Ostmitteleuropa, wie zB in Böhmen und Ungarn (das auch das heutige Burgenland umfasste), entwickelte sich aus der Grundherrschaft die Gutsherrschaft: Hier dominierte die Eigenwirtschaft des Dominikallandes. Die Bauern wurden reine Fronarbeiter mit kaum eigenem Rustikalland, ihre persönliche Rechtsstellung war durch Leibeigenschaft, dh extrem geminderte Rechtsfähigkeit bis hin zur praktischen Rechtlosigkeit, charakterisiert.

➢ In einzelnen Gegenden, wie zB Salzburg, Tirol und Vorarlberg, konnte sich dagegen die Rechtsform der Grundherrschaft kaum entwickeln. Das freie Bauerntum behauptete seine Unabhängigkeit und besaß sogar politische Rechte. Auf den Landtagen war es in der Kurie der „Täler und Gerichte" vertreten (⇨ Rz 2113).

Studienwörterbuch: Grundherrschaft; Gutsherrschaft; Robot.

2105 In den Grundherrschaften bildete sich ein eigener Rechtskreis, das Hofrecht, aus. Richter war hier der Grundherr oder sein Stellvertreter, der Meier; als Schöffen fungierten die Hofgenossen, die dadurch an der Rechtssetzung der Grundherrschaft aktiv teilnahmen. In der Neuzeit nahm dieses ursprünglich eher genossenschaftliche Verhältnis immer stärker obrigkeitliche Züge an (**Patrimonialgerichtsbarkeit**)

➢ Die Patrimonialgerichtsbarkeit umfasste sämtliche (aus heutiger Sicht) privatrechtliche Angelegenheiten, verschiedenste Verwaltungssachen („Policey") sowie die niedere Strafgerichtsbarkeit. Bei schweren Kriminalfällen (Blutgerichtsbarkeit) hatten die Patrimonialgerichte die landesfürstliche Justiz zu unterstützen. Das Gros der Bevölkerung kam daher bis ins 18. Jh mit „staatlicher" Gerichtsbarkeit so gut wie nie in Kontakt.

➢ Das Hofrecht war jedoch nicht allein das Recht der Grundholden. Auch der Grundherr hatte, sofern es sich um Angelegenheiten der Grundherrschaft handelte, vor dem Hofgericht Recht zu nehmen. Auch hier zeigt sich das ursprünglich vorhandene genossenschaftliche Element der Grundherrschaft. Erst in der Neuzeit wurde die Patrimonialgerichtsbarkeit einseitig vom Grundherrn ausgeübt; die Bauern waren von ihm nun nicht nur personen- und sachenrechtlich, sondern auch politisch-obrigkeitlich abhängig.

➢ Eine Aufzeichnung des Hofrechts erfolgte in Form der bäuerlichen Weistümer. (⇨ Rz 1410).

2106 In der Neuzeit kam es zunächst zu einer deutlichen Verschlechterung der Lage der Bauern. Durch Agrarkrisen bedingte Bauernaufstände wurden niedergeschlagen, die Grundholden von jeder Beteiligung an der Grundherrschaft ausgeschlossen. Ab dem 17. Jh bemühte sich der Staat jedoch, die Rechtslage der Bauern zu verbessern. Diese **Bauernschutzgesetzgebung** resultierte zum einen aus dem Bemühen, die Wirtschaftsleistung anzuheben, zum anderen aber auch aus dem Versuch, einen unmittelbaren Kontakt zwischen Staat und Untertan herzustellen.

➢ So kam es insbesondere 1524–1526 in den habsburgischen Ländern zu regelrechten Bauernkriegen gegen Grundherren und Landesfürsten. Besonders radikal war der Versuch der Tiroler Bauern unter ihrem Führer MICHAEL GEISSMAYR, 1525 eine „Bauernrepublik" zu errichten.

➢ Die Bauernerhebungen standen im engsten Zusammenhang mit der gleichzeitig erfolgenden Glaubensreformation (⇨ Rz 2323), die überstiegenen Erwartungen wurden jedoch enttäuscht. Nach ihrer Niederschlagung nahm im Gegenzug die Grundherrschaft immer stärker obrigkeitliche Züge an.

➢ Mit Hilfe des gemeinen Rechts (⇨ Rz 1415) wurde vielfach versucht, den Bauern ihr dingliches Recht an der Scholle abzuerkennen und sie zu bloßen Landarbeitern auf fremder Scholle zu machen („Bauernlegen"). Erst 1654 wurde dem ein Riegel vorgeschoben, indem die Umwandlung von Rustikal- in Dominikalgründe verboten wurde.

➢ 1748 errichtete MARIA THERESIA Kreisämter zur staatlichen Kontrolle der Patrimonialgerichte. Durch Robotpatente, die ab 1771 für die einzelnen Erbländer (nicht für Ungarn) ergingen, wurde der Frondienst auf höchstens drei Tage pro Woche begrenzt.

➢ Ab dem 17. Jh wurde versucht, auch die bäuerlichen Abgaben an den Grundherren staatlich zu reglementieren. Besonders radikal waren das Steuerpatent 1785 und das Steuer- und Urbarialpatent 1789 JOSEPHS II., durch welche die an Staat und Grundherrn zu leistenden Abgaben zusammen höchstens 30 % des Ertrages ausmachen durften. Dieses letzte Patent musste 1791 von LEOPOLD II. wieder rückgängig gemacht werden.

➢ 1781 hob JOSEPH II. in Böhmen und Mähren, 1785 in Ungarn die Leibeigenschaft auf und glich die Lage der dortigen Bauern der „gemäßigten

Untertänigkeit", wie sie bereits in den Alpenländern bestand, an. Auch dies stieß auf vehementen Widerstand und musste für Ungarn nach dem Tod JOSEPHS II. 1790 wieder rückgängig gemacht werden; endgültig erfolgte die Aufhebung der Leibeigenschaft hier erst 1848.

2107 Die gänzliche **Aufhebung der Grundherrschaft** erfolgte erst im 19. Jh. Während in Preußen das Land zwischen Grundherren und Bauern aufgeteilt wurde, erhielten in Österreich die Bauern das Land zu freiem Eigentum, während die enteigneten Grundherren in Geld entschädigt wurden. Parallel dazu wurde die Patrimonialgerichtsbarkeit verstaatlicht.

➢ 1807 wurden in Preußen die persönlichen Abhängigkeiten der Bauern beseitigt, 1811 die Aufhebung der Grundherrschaft beschlossen (STEIN-HARDENBERG'sche Reformen). Die Landabtretungen an die Grundherren führten jedoch zum wirtschaftlichen Ruin vieler Bauern, da das ihnen verbliebene Land oft nicht zum Lebensunterhalt ausreichte; vielfach wurde auch dieses wieder an den Adel verkauft, und eine Landflucht setzte ein.

➢ Während der Revolution 1848 beschloss der österreichische Reichstag auf Antrag des Abgeordneten HANS KUDLICH die Beseitigung der Patrimonialgerichtsbarkeit und die gänzliche Entlastung von Grund und Boden. An diesem Beschluss wurde trotz Niederschlagung der Revolution festgehalten, die näheren Bestimmungen enthielt das zugleich mit der Märzverfassung 1849 ergangene Patent zur Durchführung des Untertanenverbandes und der Entlastung von Grund und Boden vom 4. 3. 1849.

➢ Während die auf rein personenrechtlicher Abhängigkeit beruhenden Leistungen ersatzlos gestrichen wurden, wurden die Grundherren für die verlorenen dinglichen Rechte in der Weise entschädigt, dass zunächst die in 20 Jahren zu erbringenden Leistungen geschätzt wurden und von diesem Betrag 1/3 der Bauer und 1/3 der Staat an den Grundherrn zu leisten hatte, während das letzte Drittel der Grundherr selbst zu tragen hatte.

➢ Die Bauern erhielten 20 Jahre Zeit, die Entschädigungsbeiträge in besondere Grundentlastungsfonds einzuzahlen, während die vormaligen Grundherren kein Bargeld, sondern verzinsliche Wertpapiere erhielten. Diese Vorgangsweise war gegenüber dem preußischen Modell wesentlich schonender für die Bauern, hatte teilweise aber dennoch auch hier verheerende Folgen.

➢ Unter dem Justiz- (1848–49) und Innenminister (1849–59) ALEXANDER BACH erfolgte die Neuorganisierung der Verwaltung und der Gerichtsbarkeit in Stadt und Land (va Bezirkshauptmannschaften und Bezirksgerichte), die in ihren Grundzügen bis heute aufrecht ist.

➢ Als mittelbare Folge der Verstaatlichung der Patrimonialgerichtsbarkeit wurden mit kaiserlicher Verordnung vom 8. 6. 1849 besondere bewaffnete Sicherheitskräfte (*gens d'arms*) auf dem Land eingeführt, und zwar nach dem Vorbild der Lombardei, die die Gendarmerie bereits in der napoleonischen Zeit aus Frankreich übernommen hatte. In Österreich bestand die für das Land zuständige Gendarmerie parallel zu der in den

Städten organisierten Polizei bis zur Zusammenlegung beider Wachkörper mit 1. 7. 2005.
Studienwörterbuch: Bauernbefreiung; Grundentlastung.

3. Lehnswesen

2108 Seine Ausprägung im **Adelsstand** erhielt der Feudalismus in der Form des Lehnswesens. Auch das Lehnswesen bestand aus einem personenrechtlichen (*Vasallität*) und einem sachenrechtlichen Element (*beneficium*), doch führte dies zu keiner Minderung der persönlichen Freiheit des Vasallen.

➢ Der Lehnsherr stattete seine Lehnsmänner (Vasallen) mit Gütern (Benefizien, dh „Wohltaten") aus; diese leisteten ihm dafür den Lehnseid, in dem sie sich zu Treue gegenüber ihrem Herrn und zu bestimmten Diensten verpflichteten.

➢ Im Lehnswesen war der Adel organisiert; die Dienste des Lehnsmannes durften daher nicht niederer Natur sein. Sie bestanden va in *consilium* (Beratung) und *auxilium* (Waffenhilfe) für den Lehnsherrn. Daraus entwickelten sich die Hoffahrtspflicht und die Heerfahrtspflicht.

➢ Dem Treueversprechen des Lehnsmannes entsprach ein Schutzversprechen des Lehnsherrn. Treubruch des Lehnsmannes (*Felonie*) führte zum Entzug der Lehn. So etwa im Prozess des Staufers Ks FRIEDRICH I. „Barbarossa" gegen den Welfenherzog HEINRICH d. Löwen 1180, der zum Entzug seiner Herzogtümer Sachsen (Westfalen) und Bayern führte. Aber auch eine Pflichtverletzung durch den Lehnsherrn konnte Konsequenzen (Gerichtsprozess, Fehde) nach sich ziehen.

➢ Das Lehnsverhältnis war ursprünglich ein höchstpersönliches, das sowohl mit dem Tod des Lehnsherrn (Herrenfall) als auch mit dem Tod des Lehnsmannes (Mannfall) endete. Mit der Zeit entwickelte sich jedoch eine Vererbbarkeit der Lehen, dh dass bestimmte Personen (va Söhne, uU andere männliche, selten weibliche Verwandte) ein Anrecht auf Belehnung hatten. Dies konnte zu einer Entfremdung der ursprünglich wohl engen persönlichen Beziehungen zwischen Lehnsherrn und Lehnsmann führen.

➢ Aus der Sicht des Lehnsherrn führte die Vererbbarkeit der Lehn zu einem Leihezwang, indem es ihm verwehrt wurde, einmal verliehene Güter nach dem Mannfall einzubehalten. Da dieser Leihezwang nur in Relation zu bestimmten Erben, die die Belehnung einfordern konnten, bestand, können wir ihn als „relativ" bezeichnen.

➢ Ob der Lehnsherr auch bei gänzlichem Fehlen von Erben zur Belehnung (an eine beliebige Person) gezwungen war (vgl etwa das Schicksal der erledigten Babenberger-Lehen, ⇨ Rz 1111), ist strittig. Während die ältere Forschung (va HEINRICH MITTEIS) auch in diesen Fällen einen Leihezwang vermutete (der dann also absolut, unabhängig von einer berechtigten Person, bestand), wird er in neueren Untersuchungen verneint. – In der Literatur wird dieser absolute Leihezwang idR als „öffentlichrechtlich", der relative Leihezwang dagegen als „privatrechtlich" bezeichnet.

Diese Terminologie ist abzulehnen, da sie am Wesen des Feudalismus (⇨ Rz 2101) vorbeigeht.

Studienwörterbuch: beneficium; Leihezwang.

2109 Gegenstand der Belehnung waren va Ländereien; mit der Zeit wurden auch politische Ämter im Lehnsweg ausgegeben. Dies führte zu einer Feudalisierung des Staates (**Lehnsstaat**). Mit der Einbeziehung auch der geistlichen Fürstentümer in das Lehnswesen im Wormser Konkordat 1122 (⇨ Rz 2120) hatte der Feudalisierungsprozess im Heiligen Römischen Reich seinen Höhepunkt erreicht.

➢ Die anfangs bedeutende Belehnung mit beweglichen Sachen, auf die das Wort *feudum* (Vieh) noch hinweist, trat immer weiter zurück.

➢ Mit dem Aufkommen der Geldwirtschaft entstanden va in Westeuropa auch Geldlehen (*Beutellehen*), bei denen der Vasall statt Land eine Rente empfing. Dies rückte das persönliche Element des Lehnsverhältnisses wieder stärker in den Vordergrund.

➢ Bedeutendste Form der Belehnung aber war die Belehnung mit Ländereien. Während in Deutschland noch erhebliches Gut existierte, das außerhalb des Lehnsverbandes stand (Allod), wurden England und Frankreich praktisch vollständig feudalisiert. Dies wurde durch die Rechtsvermutung, dass es sich im Zweifel um kein Allod, sondern um ein Lehn handle, gefestigt (*nulle terre sans seigneur*).

➢ Die Belehnung mit Ländereien führte nicht bloß zu „privatrechtlichem Eigentum" (nach heutigem Verständnis), sondern auch zu politischer Herrschaft über diese Gebiete und die darauf befindlichen Menschen.

➢ Umgekehrt beinhaltete auch die Belehnung mit einem unmittelbar politischen Amt (zB mit einer Grafschaft, dh einem Gerichtssprengel) die Vergabe von Ländereien, aus deren Erträgnissen der Belehnte seinen Aufwand bestritt (kein Gehalt/Sold infolge mangelnder Geldwirtschaft!).

➢ Im Lehnsweg wurden schließlich auch bestimmte obrigkeitliche Rechte, die sog Regalien, vergeben: So zB das Recht, Zölle einzuheben (Zollregal) oder bestimmte Steuern zu fordern (Bergregal, Salzregal, Judenregal ua).

➢ In Summe führte dies zu einer Identität der lokalen Obrigkeiten mit den Großgrundbesitzern. Diese sahen sich – insbesondere aufgrund der Vererbbarkeit ihrer Position – nicht mehr als Träger eines ursprünglich königlichen Amtes, sondern als Träger eigener Rechte. Eine Unterscheidung zwischen Amt und Privatbesitz existierte nicht.

➢ Der Feudalismus, der das gesamte (Agrar-) Wirtschaftsleben beherrschte, wurde nun auch Fundament des Staates und über die Verpflichtung der Vasallen zur Waffenhilfe auch des Heerwesens.

Studienwörterbuch: Regalien.

Übersicht 7: Das Lehnswesen

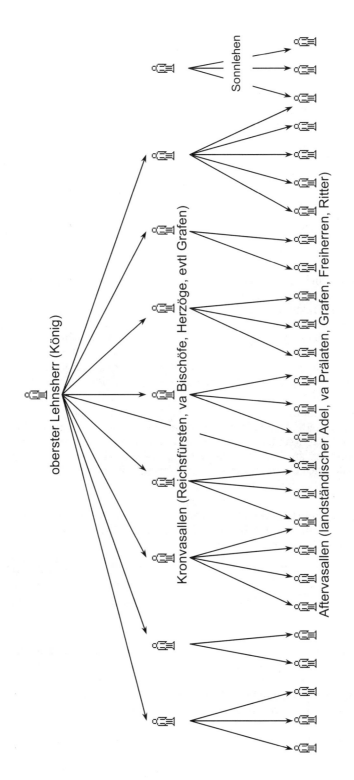

2110 Die Vasallen konnten die empfangenen Lehn an eigene Vasallen weitergeben, diese ebenso, und so fort. Auf diese Weise entstand ein vielgliedriger Organismus, der in mittelalterlichen Rechtsbüchern, wie zB dem Sachsenspiegel (⇨ Rz 1411) als „Heerschildordnung", in der modernen Literatur auch als **Lehnspyramide** bezeichnet wurde bzw wird.

➢ An der Spitze dieser Pyramide stand der König, direkt unter ihm die Kronvasallen, die ihre Lehn direkt (*immediat*) vom König empfangen hatten. Ihre eigenen Vasallen, die Aftervasallen waren mit dem König nur mittelbar (*mediat*) verbunden.

➢ Dies brachte es auch mit sich, dass ein Vasall von mehreren Herren Lehn empfangen konnte, was bei Konflikten zwischen diesen Herren zu Loyalitätskonflikten führte. So war zB der Herzog v. Burgund im Spätmittelalter sowohl Vasall des französischen als auch des deutschen Königs (⇨ Rz 1112).

➢ Wesentlich für die weitere Entwicklung war, dass der deutsche König nur mit den Kronvasallen, also mit einer relativ geringen Anzahl von Personen, in direkte Beziehungen treten konnte. Die Aftervasallen waren mediatisiert, weshalb sich der König ihnen entfremdete. Auch nichtlehnsrechtliche Möglichkeiten des Königs, direkt mit seinen Untertanen in Rechtsbeziehungen zu treten (*ius evocandi, ius appellandi*) wurden mit der Zeit immer weiter eingeschränkt. Dem suchte der König durch die Aufsplitterung großer Kronlehen in mehrere kleinere zu begegnen (zB Sachsen und Bayern 1180).

➢ Im normannischen Rechtskreis entwickelte sich hingegen eine Lehnspyramide, bei der der oberste Lehnsherr auch mit seinen Aftervasallen in direkte Rechtsbeziehungen treten konnte, indem der Lehnseid der Aftervasallen an ihre unmittelbaren Herren durch einen Treuevorbehalt zugunsten des obersten Lehnsherrn eingeschränkt wurde. Dieser war dadurch *dominus ligius ante omnes*.

➢ In diesem Sinne führte das – von den Normannen in England und Sizilien eingeführte und von PHILIPPE II. Augustus auch in Frankreich übernommene – normannische Lehnswesen tendenziell zu einer Stärkung, das deutsche Lehnswesen hingegen zu einer Schwächung des Königtums.

2111 In der Neuzeit verlor das Lehnswesen durch das Aufkommen des absolutistischen Beamtenstaates seine politische Funktion und verfiel allmählich; die formelle **Aufhebung** erfolgte aber erst im 19. Jh.

➢ Dem praktischen Bedeutungsverlust stand eine juristische Perfektionierung gegenüber. Die Wissenschaft vom Lehnrecht wurde als Feudistik bezeichnet. Im Zuge der österreichischen Kodifikationswelle unter FRANZ II./I. kam es 1806 sogar zu einem Entwurf einer österreichischen Lehensordnung, die jedoch nicht in Kraft trat.

➢ Durch die Auflösung des Heiligen Römischen Reiches 1806 erlosch das Lehnsverhältnis zwischen Kaiser und Reichsfürsten; in den einzelnen ehemaligen Ländern wurde das Lehnswesen erst nach und nach beseitigt, die Lehen in freies Eigentum, idR des bisherigen Lehnsmannes, umgewandelt (*Allodifikation*). In Österreich wurde 1862 ein Gesetz über die Aufhebung des Lehensbandes beschlossen und in den folgenden Jahren stufenweise umgesetzt.

➢ In England wurde das Lehnsverhältnis im Zuge der Englischen Revolution 1649/1660 (⇨ Rz 1121) aufgehoben, doch haben sich letzte Reste bis heute erhalten (⇨ Rz 3453). Demgegenüber wurde das französische Feudalsystem in der Französischen Revolution mit dem Gesetz vom 4. 8. 1789 vollständig beseitigt.

4. Der dualistische Ständestaat

2112 Der dualistische Ständestaat war eine aus dem Feudalismus hervorgegangene Staatsform, bei der die Staatsgewalt **zwei Organen gemeinsam** zukam. Es handelte sich bei dem einen Organ um eine Einzelperson (Monarch, Fürst), beim anderen um ein Kollegialorgan (Ständeversammlung).

➢ Ansätze zu dieser Entwicklung beinhaltete schon das Lehnswesen, insbesondere die Pflicht des Lehnsmannes, seinem Herrn beratend zur Seite zu stehen (⇨ Rz 2108). Aus dieser Hoffahrtspflicht entwickelte sich allmählich ein Recht auf Mitbestimmung, die Standschaft.

➢ Doch waren nicht alle Stände durch Lehnsbeziehungen mit dem Fürsten verbunden; Standschaft konnten auch andere Personen (zB Aftervasallen, aber auch unter einem besonderen Schutzverhältnis stehende Personen/Einrichtungen) erlangen. Insofern ging der dualistische Ständestaat über die lehnsrechtlichen Rechtsbeziehungen hinaus.

➢ Im Gegensatz zum Lehnswesen, wo die einzelnen Vasallen nur mit ihrem Lehnsmann, aber nicht untereinander in Verbindung standen, bildeten die Stände im Ständestaat eine Korporation, die Ständeversammlung, wobei gleichartige Stände sich in Kurien zusammenschlossen.

2113 Auf Landesebene standen einander **Landesfürst und Landtag** gegenüber. Dieses System wurde reichsrechtlich im 13. Jh anerkannt und verfestigte sich bis zum Ende des Mittelalters.

➢ Im Laufe des Hochmittelalters war es einzelnen Fürsten (Herzögen, Grafen, mitunter aber auch geistlichen Fürsten wie zB Bischöfen) gelungen, in einem bestimmten Territorium eine Reihe von Hoheitsrechten (im Lehnsweg ausgegebene Gerichtshoheiten [Grafschafts- und Vogteirechte], Regalien, Grund- und Stadtherrschaften etc) in ihrer Hand zu vereinen und dadurch ein politisches Übergewicht zu erlangen. Dieses damit gewonnene *dominium territoriale* („Landesherrlichkeit") wurde 1220 (hinsichtlich der geistlichen Fürsten) bzw 1231/32 (hinsichtlich der wetlichen Fürsten) auch reichsrechtlich anerkannt.

➢ Zugleich wurde jedoch bestimmt, dass Landesgesetze nicht vom Landesfürsten alleine, sondern nur mit Zustimmung der (übrigen) Großen des Landes (*meliores et maiores terrae*), eben den Landständen, erlassen werden durften (*sententia de iure statuum terrae*, 1231).

➢ Die Zusammensetzung der Landstände war regional unterschiedlich. IdR waren am Landtag der geistliche Adel (Prälaten) und der weltliche Adel vertreten, letzterer zuweilen in hohen (Herrenstand) und niederen Adel (Ritterstand) gegliedert. Ferner hatten auch landesfürstliche Städte und Märkte, dh solche Orte, in denen der Landesfürst selbst Stadtherr war, Sitz und Stimme am Landtag (Landstandschaft).

➢ In diese vier Kurien (Prälaten–Herren–Ritter–Städte) gliederten sich zB die Landtage von Österreich ob der Enns und unter der Enns. In Tirol und Salzburg hingegen bestand für den weltlichen Adel nur eine einheitliche Kurie, dafür hatten hier auch die freien, dh nicht einer Grundherrschaft angehörigen Bauern Landstandschaft (Kurie der „Täler und Gerichte").

➢ Die Stände verstanden sich nicht als Volksvertretung, sondern verfolgten idR nur ihre eigenen Interessen. Das Gros der Bevölkerung (va die in Grundherrschaften lebenden Bauern) war daher von der politischen Willensbildung ausgeschlossen.

Studienwörterbuch: Fürstenprivilegien; Grafschaft; Herrenstand; Land; Landstände; Prälatenstand; Ritterstand; Stadt; Täler und Gerichte; Vogt.

2114 Auf Reichsebene waren es die Landesfürsten selbst, die sich zu Versammlungen zusammenschlossen und so dem König/Kaiser gegenübertraten. Ab 1495 wurde die Versammlung der deutschen Reichsfürsten als **Reichstag** bezeichnet.

➢ Beachte: „Landesfürst" und „Reichsfürst" bezeichnet dieselbe Person! Im ersten Fall wird seine Funktion als Landesoberhaupt, im zweiten Fall seine unmittelbare (immediate) Unterordnung unter das Reichsoberhaupt ausgedrückt.

➢ Vorgänger des Reichstags im Mittelalter waren die königlichen Hoftage einerseits, Fürstenversammlungen in Abwesenheit des Königs andererseits. Die Reichsreform 1495 mit der Bildung eines Reichskammergerichts entkleidete den Hoftag weitgehend seiner bisherigen gerichtlichen Funktionen; der Reichstag war gemeinsam mit dem König va zur Gesetzgebung berufen. Aus der Pflicht der Kronvasallen zur Hoffahrt war das Recht der Reichsfürsten zur Reichsstandschaft geworden.

➢ Der Reichstag gliederte sich in drei Kurien: Das Kurfürstenkollegium, die Versammlung der übrigen Reichsfürsten (Reichsfürstenrat, in eine geistliche und eine weltliche Bank gegliedert) und das Kollegium der Reichsstädte, dh jene Städte, die direkt dem Kaiser unterstanden. Dabei waren größere Reichsstände persönlich anwesend oder ließen sich durch eine Person vertreten (Virilstimmen); kleinere Reichsstände mussten sich gemeinsam eine Stimme teilen (Kuriatsstimmen).

➢ Die Gesetzgebung im Reichstag, für die der Kaiser das alleinige Initiativrecht besaß, vollzog sich in der Weise, dass zunächst die einzelnen Kurien getrennt berieten und dann kurienweise abgestimmt wurde. Das Stimmrecht der Städtekurie wurde erst ab 1648 anerkannt.

Übersicht 8: Der dualistische Ständestaat

Übersicht 9: Landtagskurien
(am Beispiel des Tiroler Landtags)

in der Frühneuzeit:	nach der LandesO 1861:
Bischöfe u Prälaten (geistlicher Adel)	Bischöfe u Prälaten; Rektor der Univ Innsbruck
Ritter (weltlicher Adel)	Adeliger Großgrundbesitz
Städte u Märkte	Städte, Handels- u Gewerbekammern
Täler u Gerichte	(Land-)Gemeinden

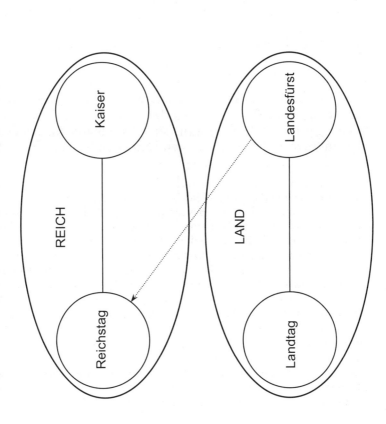

➤ In Religionsangelegenheiten wurde die Kuriengliederung ab 1648 zugunsten einer Gliederung in konfessionell zusammengesetzte Körper (*corpus Catholicorum, corpus Evangelicorum*) aufgegeben. Zwischen diesen beiden Corpora konnte es nur zu einer einvernehmlichen Regelung (*amicabilis compositio*) kommen.

➤ Voraussetzung für die Reichsstandschaft war der Besitz eines reichsunmittelbaren Territoriums. Um die Reichsstandschaft zu erlangen, erwarb zB der in Niederösterreich, Böhmen und Mähren begüterte, bis dato aber nicht reichsunmittelbare Fürst JOHANN ADAM V. LIECHTENSTEIN 1699/1712 die kleinen, aber reichsunmittelbaren Herrschaften Vaduz und Schellenberg: So entstand das Fürstentum Liechtenstein.

➤ Doch war die Reichsunmittelbarkeit alleine nicht ausreichend, um Reichsstandschaft zu erwerben, diese wurde vielmehr nur vom Reichstag verliehen. Die dem Kaiser unmittelbar unterstehenden Reichsritter und Reichsdörfer waren nicht am Reichstag vertreten.

➤ 1495 wurde beschlossen, dass der Reichstag von nun an jährlich einberufen werden sollte; tatsächlich kam es jedoch wiederholt zu mehrjährigen Pausen. Der 1663 nach Regensburg einberufene Reichstag zog sich in die Länge und wurde schließlich zum permanent bis 1806 tagenden „Immerwährenden Reichstag"; die Reichsstände, die ursprünglich persönlich gekommen waren, ließen sich durch Gesandte, der Kaiser durch einen Prinzipalkommissar vertreten.

Studienwörterbuch: Itio in partes; Kurfürsten; Reichsfürsten; Reichsstädte; Reichstag.

2115 Ebenso gliederten sich die Ständeversammlungen in Frankreich (*états généraux*), England (**Houses of Parliament**) und Ungarn (*országgyűlés)* in Kurien. Die anfangs überall übliche Dreiteilung geistlicher Adel – weltlicher Adel – Städte blieb jedoch nur in Frankreich bis 1789, ansonsten kam es zu bedeutsamen Modifikationen.

➤ Ab 1302 wurden in Frankreich die Generalstände (*états généraux*) einberufen. Den ersten Stand bildeten hier die geistlichen, den zweiten die weltlichen Kronvasallen, den dritten die königlichen Städte. Bereits 1302 und später in zunehmendem Maße wurden den *états généraux* aber auch Stände, die dem König nur mediat verbunden waren (Aftervasallen, landesfürstliche Städte), hinzugezogen; vgl das zum französischen Lehnsrecht Gesagte (⇨ Rz 2110)! Die *états généraux* repräsentierten damit einen wesentlich größeren Personenkreis als der – nur aus immediaten Fürsten und Städten zusammengesetzte – deutsche Reichstag, hatten aber weniger reale politische Macht als dieser.

➤ Eine starke Stellung konnte demgegenüber die Versammlung der englischen Kronvasallen erlangen (*Magna Charta* 1215), die ab dem 13. Jh als Parliament bezeichnet wurde. Aufgrund der breiten englischen Lehnspyramide war auch hier eine große Zahl von Fürsten und Städten erfasst. Im 14. Jh schlossen sich der niedere Adel (*gentry*) und die Vertreter der Städte zum *House of Commons* zusammen, während der hohe Adel (*peers*) und die Geistlichkeit das *House of Lords* bildeten. Diese Zweiteilung des britischen Parlaments ist im Prinzip bis heute aufrecht (⇨ Rz 2137).

➢ Der ungarische Reichstag geht auf die Goldene Bulle von König ANDRÁS II. aus dem Jahr 1222 zurück; ihm gehörte anfangs der hohe Adel und die Geistlichkeit, ab 1267 auch Vertreter des niederen Adels (Komitatsadel) und ab 1402 auch Vertreter der königlichen Städte an. In ähnlicher Weise wie in England kam es auch in Ungarn 1608 einer Zweiteilung des Reichstages in eine Kammer für hohen Adel und Klerus (*Magnatentafel*) und eine für den niederen Adel und die Städte (*Repräsentantentafel*).

Studienwörterbuch: Magna Charta.

2116 Im 17. Jh verdrängte der Absolutismus den ständischen Dualismus in Frankreich sowie in den deutschen Ländern (⇨ Rz 2122). Das Römisch-deutsche Reich selbst hingegen verharrte (auf Reichsebene) bis zu seinem Ende 1806 im ständisch-dualistischen System. Die zeitgenössische **Reichspublizistik** (Verfassungsrechtslehre des Reiches) konnte das Reich keinem modernen Verfassungssystem zuordnen und empfand es als anachronistisches Gebilde.

➢ Die dualistische Struktur des Reiches hatte unter den Juristen schon vor 1648 für Streit gesorgt. Die Theorien über sein Wesen schwankten dabei zwischen Monarchie (so etwa THEODOR REINKINGK 1619) und Aristokratie (JEAN BODIN 1576) hin zu einem „*mixtum ex Monarchia et Aristocratia*" (JOHANNES LIMNAEUS 1629).

➢ Durch den Westfälischen Frieden hatte das Verhältnis von Kaiser und Reichsständen ein so komplexes Stadium erreicht, dass SAMUEL PUFENDORF (⇨ Rz 1424) das Reich in seiner 1667 unter dem Pseudonym „SERVINUS DE MONZAMBANO" veröffentlichten Schrift *De statu imperii Germanici* weder als „beschränkte Monarchie" noch als „Föderation mehrerer Staaten" bezeichnen wollte. Vielmehr sei es ein „irreguläres und einem Monstrum ähnliches Gebilde" („*irregulare corpus monstro simile*").

➢ Der moderne Staat ist nicht aus dem Reich, sondern aus den Ländern hervorgegangen. Doch wäre es falsch, dem Reich nach 1648 jede Staatlichkeit absprechen zu wollen, wie dies die rechtshistorische Lehre lange Zeit getan hat. Die Reichsbehörden wie Reichshofrat, Reichskammergericht etc arbeiteten zT noch bis 1806 sehr effektiv, und die Oberhoheit des Kaisers wurde im Reich, jedenfalls bei den kleineren Reichsständen durchaus wahrgenommen.

Studienwörterbuch: Staatsrechtswissenschaft.

2117 Das ständestaatliche Prinzip wurde vom Absolutismus nur überdeckt, nicht vollständig beseitigt; dies erfolgte erst im 19. Jh durch den Konstitutionalismus. Die Historische Staatsrechtslehre erweckte es – mit wesentlichen Modifikationen – zu neuem Leben und stellte es dem Konstitutionalismus als Alternative gegenüber (**neuständisches System**), was sich jedoch auf Dauer nicht als tragfähig erwies.

➤ Dem neuständischen System waren insbesondere die österreichischen Landtage ab ihrer Reaktivierung 1861 bis zum Untergang der Monarchie 1918, sowie der Reichsrat bis 1907 verpflichtet. Die neue Kuriengliederung knüpfte an die altständische Gliederung an, passte sie aber den veränderten soziökonomischen Verhältnissen an.

➤ Zu unterscheiden waren nunmehr die Kurien der Großgrundbesitzer (Nachfolger des Weltlichen Adels; in Tirol als „Adeliger Großgrundbesitz" bezeichnet); der Städte und Märkte, der Handels- und Gewerbekammern (ein Zugeständnis an das wirtschaftlich prosperierende Bürgertum) und der Landgemeinden (Nachfolger der „Täler und Gerichte", jedoch im Unterschied zu diesen nunmehr in allen Kronländern eingerichtet). Bischöfe und – neu – Universitätsrektoren besaßen Virilstimmen, dh sie besaßen kraft ihres Amtes Sitz und Stimme im Landtag.

➤ Ein besonderes Problem des 19. Jh war der neue Stand der Arbeiterschaft. Projekte zur Schaffung von Arbeiterkammern, denen analog zu den Handels- und Gerwerbekammern ein eigenes Stimmrecht zukommen sollte, wurden nicht verwirklicht, stattdessen 1896 eine allgemeine Wählerkurie geschaffen (⇨ Rz 2138).

➤ Die neuständischen Kurien wurden gewählt, doch war das Wahlrecht ungleich: Während in der Reichsratskurie der Großgrundbesitzer 1873 auf jeden Abgeordneten 59 Wähler kamen, repräsentierte ein Abgeordneter aus der Kurie der Landgemeinden rund 8.400 Wähler.

Studienwörterbuch: Arbeiterkammern; Großgrundbesitzerkurie; Handels- und Gewerbekammern.

5. Staat – Kirche – Gesellschaft

2118 Das Mittelalter war gekennzeichnet durch eine **Einheit von Staat, Kirche und Gesellschaft**. Staat und Kirche sind hierbei als zwei in ihrer Existenz voneinander unabhängige, jedoch durch Funktionen und personelle Identitäten vielfältig miteinander verflochtene Ordnungssysteme (⇨ Rz 0003) zu verstehen, die beide prinzipiell die gesamte Gesellschaft erfassten (zu Ketzern und Juden ⇨ Rz 1113, Rz 2322). Die Kirche nahm eine Reihe von öffentlichen Aufgaben wahr, dementsprechend waren die Aufgaben des Feudalstaates – insbesondere im Vergleich zum modernen Staat – sehr beschränkt. Stark vereinfacht gesagt, galt folgendes:

➤ Aufgabe der weltlichen Gewalt war vor allem die Wahrung des Friedens nach innen und nach außen. Daraus resultierten die Wahrnehmung der Zivil- und Strafrechtspflege einerseits, das Kriegswesen andererseits. Um diesen Kern gruppierten sich einige weitere, zT daraus resultierende Funktionen, wie va die Einhebung von Steuern und Abgaben (*Regalien*, ⇨ Rz 2109).

➤ Der Kirche nahm dagegen – außer den liturgischen Handlungen (Messfeier, Spendung von Sakramenten etc) und der Seelsorge – den gesamten Bildungsbereich (Dom- und Klosterschulen; Erhaltung und Weiterführung von Bibliotheken) sowie den Bereich der sozialen Fürsorge (Armenwesen, Krankenpflege, Waisenhäuser) wahr.

➢ Die Grenzen zwischen kirchlicher und weltlicher Gewalt waren nicht scharf voneinander abgegrenzt und schwankten (so etwa im Eherecht, ⇨ Rz 3206); der von der Kirche erhobene, zT sehr weit gefasste Regelungsanspruch konnte in der Realität nur teilweise verwirklicht werden.

➢ Dennoch war das Verhältnis von Staat und Kirche zumeist nicht durch Konkurrenz, sondern durch Kooperation gekennzeichnet: so nahm die Kirche insbesondere zur Vollstreckung der von kirchlichen Gerichten gefällten Urteile die Hilfe des „weltlichen Armes" (*bracchium saeculare*) in Anspruch.

2119 Staat und Kirche ergänzten einander auch insofern, als die **weltliche Herrschaft von der Kirche legitimiert** wurde und dem König/Kaiser teilweise sogar eine geistliche Stellung zugeschrieben wurde. Dieser wiederum stattete auch geistliche Würdenträger mit weltlichen Herrschaftsbefugnissen (*temporalia*) aus, die sie neben ihren geistlichen Rechten (*spiritualia*) innehatten.

➢ Das mittelalterliche Sakralkönigtum hat seine Tradition zum einen im germanischen Königtum, das so wie auch in den meisten anderen archaischen Gesellschaften priesterliche, richterliche und militärische Funktionen vereinte.

➢ Als zweite Wurzel kann der antik-römische Kaiser (*Imperator*) angesehen werden, dem (spätestens ab der Reichsreform DIOCLETIANS im 3. Jh nChr) praktisch unumschränkte Machtbefugnis (*imperium*) und zT selbst göttliche Verehrung zukam. Nach Annahme des Christentums wandelte sich dies in eine Herrschaft des Kaisers über die Kirche (*Caesaropapismus*), der im oströmischen (byzantinischen) Reich bis zu dessen Untergang 1453 bestand.

➢ Über die Bibel drangen drittens auch jüdische Vorstellungen in das mittelalterliche Herrscherideal ein (Abbildungen von DAVID und SALOMON auf der römisch-deutschen Kaiserkrone!).

➢ Die Königs- und Kaiserkrönungen erfolgten ab dem 5. Jh idR im Rahmen eines Gottesdienstes und wurden im Mittelalter als Sakrament angesehen. Ob der Monarch durch sie Kleriker (Diakon) wurde, oder Laie blieb, war strittig.

➢ Die Ausstattung (*Investitur*) von geistlichen Würdenträgern (Bischöfen, Äbten) durch Könige oder sonstige weltliche Obrigkeiten war im Zusammenhang mit dem Eigenkirchenwesen zu sehen, wonach der Stifter einer Kirche auch berechtigt war, diese mit einer Person seiner Wahl zu besetzen. In Summe führte dies dazu, dass der König Personen seines Vertrauens zu Bischöfen ernannte, um sie dann mit den damit verbundenen temporalia ausstatten zu können.

Studienwörterbuch: Herrscherweihe; spiritualia; temporalia.

2120 Der **Investiturstreit** brachte einen Wendepunkt in der Entwicklung, indem er die Kirche aus der Umklammerung durch die weltliche Gewalt befreite. Im Gegensatz zum Caesaropapismus der byzantinischen Kaiser und zu den gleichfalls geistliche und weltliche Herrschaft beanspruchenden Kalifen in der islamischen Welt konnte sich im christlichen Abendland der Papst als geistliches Oberhaupt neben dem Kaiser etablieren.

➢ Der Bischof von Rom hatte als Nachfolger des Apostels PETRUS in der Kirche seit jeher einen gewissen Ehrenvorrang. Zu einer rechtlichen Überordnung (*Primat*) über die übrigen Bischöfe kam es aber erst im Laufe von Jahrhunderten durch eine auf beständige Vermehrung ihrer Rechtspositionen gerichtete Politik der Päpste, die freilich nicht frei von Rückschlägen war. Insbesondere die Bischöfe von Konstantinopel wollten den päpstlichen Primat nicht anerkennen, was Hauptgrund für die Spaltung in eine römisch-katholische Westkirche und eine griechisch-orthodoxe Ostkirche (endgültig 1054) war.

➢ Die ab dem 10. Jh vom burgundischen Kloster Cluny ausgehende cluniazensische Reformbewegung wandte sich gegen die Verstrickung der Kirche in weltliche Angelegenheiten und verwarf die Investitur von Klerikern durch „Laien", als welche die Könige nunmehr angesehen wurden (*Laieninvestitur*) sowie insbesondere auch den Ämterkauf (*Simonie*, vgl Apg 8,18).

➢ Als Papst GREGOR VII. (1073–1085) die cluniazensischen Forderungen dem deutschen und dem französischen König entgegenhielt, kam es zum Investiturstreit, der in Frankreich durch das Konzil von Troyes 1107, in Deutschland durch das Wormser Konkordat 1122 gelöst wurde. Demnach sollten die Bischöfe nicht mehr vom König eingesetzt, sondern von Klerus und Volk gewählt werden. Der Gewählte sollte vom König mit den *temporalia* belehnt werden, während die *spiritualia* durch die sakramentale Bischofsweihe vermittelt wurden.

➢ Politischer Gewinner des Investiturstreites war v.a. das Papsttum, das seinen Herrschaftsanspruch über die lateinische Kirche mehr und mehr durchsetzen konnte und auch zunehmend Einfluss auf die Bischofswahlen erlangte. Der Sachsenspiegel sah die päpstliche und die kaiserliche Gewalt als zwei oberste, von Gott gegebene Gewalten (symbolisiert durch zwei Schwerter) an, die zueinander im Verhältnis der Gleichrangigkeit stünden (*koordinierende Zweischwerterlehre*).

➢ Das 13. Jh wurde geradezu als das „Jahrhundert der Päpste" bezeichnet; im Zuge der Auseinandersetzung mit dem aufstrebenden französischen Königtum (⇨ Rz 1112) behauptete Papst BONIFATIUS VIII. 1302 sogar seine Überordnung über jede weltliche Gewalt (*subordinierende Zweischwerterlehre*).

➢ Der Niedergang des Papsttums im 14. Jh (Gefangenschaft der Päpste in Avignon 1309–1377, Großes Schisma 1378–1415) bewirkte jedoch eine allgemeine Kirchenkrise, die es der weltlichen Gewalt wieder ermöglichte, mehr Einfluss auf Kosten der Kirche zu gewinnen; an die Stelle des Kaisers war dabei nunmehr der Landesfürst getreten.

➢ In den habsburgischen Erbländern gelang es FRIEDRICH III. (1424–93), sukzessive für alle österreichischen Bischofsstühle ein Vorschlagsrecht (*nominatio regia*) zu erlangen. Dieses unterschied sich von einer Investitur, wie sie bis 1122 erfolgt war, va dadurch, dass der Vorgeschlagene nur

ein *ius ad rem* (⇨ Rz 3404) auf das Bischofsamt erhielt und noch einer kanonischen Einsetzung bedurfte. In dieser Form konnte der Landesfürst bis 1918 Einfluss auf die Bischofseinsetzungen nehmen (⇨ Rz 2156).
Studienwörterbuch: Investiturstreit; Papst; Zweischwerterlehre.

B Absolutismus

1. Allgemeines

2121 In der Neuzeit begann sich das Verhältnis zwischen Landesfürsten und Landständen im Heiligen Römischen Reich zugunsten der ersteren zu verschieben. Die Landesherrlichkeit wandelte sich zur **Landeshoheit**. Reichsrechtlich wurde dieses *ius territorii et superioritatis* der einzelnen Landesfürsten im Westfälischen Frieden anerkannt.

➢ Während die Landesherrlichkeit (*dominium territoriale*; ⇨ Rz 2113) bloß die Summe aus verschiedenen, historisch gewachsenen Hoheitsrechten gewesen war, wurde die Landeshoheit (*ius territorii*) nunmehr als originäre, umfassende Gewalt angesehen, aus der sich die konkreten hoheitlichen Befugnisse ableiten ließen. Es erfolgte also eine Umkehr von Ursache und Wirkung im Bewusstsein der Zeitgenossen.

➢ Die Neuzeit brachte eine erhebliche Ausdehnung der Staatsfunktionen. Kraft ihrer Landeshoheit erklärten sich die Landesfürsten auch in den neuen Materien für regelungsbefugt (so va die als „Policey" bezeichnete innere Verwaltung, ⇨ Rz 2129). Die Landstände hingegen verblieben bei ihren historischen Kompetenzen (va Steuerbewilligung, Mitwirkung bei der Zivil- und Strafrechtsgesetzgebung) und fielen so an Bedeutung hinter die Landesfürsten zurück.

➢ Die Folge waren vielfach Konflikte zwischen Landesfürsten und Landständen. Erfolgreich war va der Aufstand der „Generalstaaten", dh der Stände der nördlichen Niederlande gegen den spanisch-habsburgischen Landesfürsten 1579/81 (⇨ Rz 1116); der Aufstand der böhmischen Stände („Prager Fenstersturz") gegen den österreichisch-habsburgischen Landesfürsten 1618 – der auch den Auftakt für den Dreißigjährigen Krieg (⇨ Rz 1122) gab – hingegen scheiterte (⨯ Weißer Berg 1620) und führte zur völligen Ausschaltung der politischen Macht der Stände (*Vernewerte Landesordnung für Böhmen* 1627).

2122 Ab dem 17. Jh gelang es einigen Monarchen, den ständischen Dualismus gänzlich zu überwinden und „losgelöst" (*absolutus*) von einer Ständeversammlung zu regieren. Der absolutistisch regierende Fürst war alleiniger Träger der **Souveränität** und vereinigte in sich die gesamte Staatsmacht. Er war alleiniger Gesetzgeber und oberster Richter in einer Person.

➢ Zu einer gänzlichen Ausschaltung der Ständeversammlung kam es va in Frankreich (Nichteinberufung 1614–1789, ⇨ Rz 1120), wo allerdings die ständisch besetzten Gerichte (*parlements*) eine gewisse Ersatzfunktion als öffentliches Forum erfüllten. In den österreichischen Ländern wurden die Landtage zwar weitgehend entmachtet (va durch die sog Dezennalrezesse MARIA THERESIAS: Steuerbewilligung für zehn Jahre im Voraus), aber nie vollständig aufgehoben.

➢ Die Lehre von der Souveränität als einer obersten, originären und umfassenden Staatsgewalt wurde vom französischen Advokaten JEAN BODIN (1529/30–96) in seinen *Six Livres de la République* von 1576 aus dem römischrechtlichen Begriff des *imperium* entwickelt. BODIN wird daher auch oft als Theoretiker des Absolutismus bezeichnet, was jedoch so nicht gesagt werden kann, da BODIN prinzipiell auch die Staatsform der Demokratie, bei der die Souveränität dem Volk zukomme, für möglich hielt, wenn er auch der absoluten Monarchie den Vorzug gab.

➢ Von besonderer Bedeutung war der aus dem *Corpus Iuris Civilis* übernommene Satz *princeps legibus solutus est*, der sich ursprünglich nur auf bestimmte Ehegesetze bezogen hatte, nun aber extensiv interpretiert wurde. BODIN befand, dass das gesamte weltliche Recht (*lex*) dem Träger der Souveränität untergeordnet sein müsse. Lediglich das göttliche Recht (*ius*) sei ihm übergeordnet. Der Souverän sei daher Gott – aber nur diesem – für sein Handeln verantwortlich.

➢ Der englische Lehrer THOMAS HOBBES (1588–1679) entwickelte in seinem Buch *Leviathan* (1651) die Lehre vom (fiktiven) Gesellschaftsvertrag, wonach die ursprünglich freien Menschen zu ihrem eigenen Schutz ihre Rechte einem Souverän übertragen hätten. Um seine Aufgaben erfüllen zu können, müsse die Macht dieses Souveräns unbegrenzt sein; die Übertragung der Souveränität erfolge unwiderruflich.

Studienwörterbuch: Absolutismus; Dezennalrezesse; Princeps legibus solutus est; Souveränität.

2123 Die Etablierung des Absolutismus bedeutete die weitgehende Überwindung des Feudalsystems. Hoheitliche Aufgaben wurden nicht mehr an Vasallen zu deren weitgehend selbständigem Vollzug, sondern an weisungsgebundene Beamte vergeben. Die Entwicklung des **Beamtenstaates** ist die wohl nachhaltigste Wirkung des Absolutismus auf die europäische Rechtskultur.

➢ Der Beamte ist jederzeit an Weisungen seines Vorgesetzten gebunden und erscheint so als verlängerter Arm desselben ohne eigenen Willen. Auch darf er sich nicht an den ihm anvertrauten Gütern persönlich bereichern, sondern bezieht ein festes Gehalt. Schließlich ist seine Position nicht vererbbar. Dies alles führt zu einer engen Bindung an den Dienstherren und somit zu einer Stärkung der Position des letzteren.

➢ Ansätze, das Lehnssystem durch ein Beamtensystem zu ersetzen, sind für das gesamte Mittelalter feststellbar, doch scheiterten diese Versuche regelmäßig. „Amtsmänner" existierten allerdings zB im Bereich der Städte und der Grundherrschaften, ab der Neuzeit wurde auch bei ihnen eine juristische Ausbildung üblich, wenngleich nicht in allen Bereichen.

➤ Im Absolutismus wurde der Beamtenapparat auf ein Vielfaches aufgebläht; es entwickelte sich ein eigener Stand mit Standesbewusstsein und eigenem (Beamten-)Dienstrecht; die Strafgesetze regelten besondere Amtsdelike (Amtsmissbrauch, Geschenkannahme).

➤ JOSEPH II. verfasste – in Anspielung auf die traditionellen Hirtenbriefe der Bischöfe an ihre Gemeinden – 1783 einen „Hirtenbrief" an seine Beamten, in denen er ihnen den unermüdlichen, selbstlosen Einsatz für das Staatswohl als Pflicht auferlegte. Die Beamten wurden idR auf Lebenszeit ernannt, traten aber nach Erreichung einer Altersgrenze in den Ruhestand, in dem sie eine Pension bezogen. Dieses System („Pragmatisierung") sicherte den Beamten sozial ab und sollte ihn unabhängig von der Gunst Dritter machen; zugleich aber lag hierin die Wurzel für die oft mangelnde Leistungsmotivation.

➤ Ebenfalls auf JOSEPH II. zurück geht die Einrichtung der Polizei (im modernen Wortsinn, ⇨ Rz 2129) als besondere, von der übrigen Verwaltung getrennte Sicherheitsbehörden. Nach ersten Ansätzen unter MARIA THERESIA erfolgte ab 1782 die Errichtung von Polizeidirektionen in den größeren Städten der Monarchie.

2124 Reste des Feudalsystems blieben va im Bereich der **Justiz** und in der **Grundherrschaft** bestehen, wo der Adel weiterhin über großen Einfluss verfügte.

➤ Das Justizwesen gehörte zu den aus dem Mittelalter überkommenen Materien, das daher auch weiterhin vom ständestaatlichen Dualismus geprägt war. Besonders in Frankreich entwickelten sich die Gerichte (*parlements*) zu Oppositionszentren gegen den Absolutismus, so insbesondere während der Adelserhebung von 1648 (*Fronde*) und in den Jahren vor Ausbruch der Revolution 1789.

➤ Eine der Hauptziele der Theresianischen Staatsreform von 1749 war die Trennung der Verwaltung von der Justiz. Mit den Forderungen der Aufklärung (MONTESQUIEU, ⇨ Rz 2134) hatte dies aber nichts zu tun; vielmehr galt es, die Verwaltung aus den Fängen der ständischen Justiz zu befreien und dem alleinigen Willen des Monarchen zu unterwerfen.

➤ Vor allem aber bildeten die Grundherrschaften nach wie vor den Lebensraum für den größten Teil der Bevölkerung. Der absolutistische Staat errichtete lediglich Kontrollinstanzen (⇨ Rz 2106), eine völlige Beseitigung der autonomen grundherrlichen Macht gelang ihm nicht.

2125 Die Problematik des Absolutismus wird an der Befugnis des Monarchen, in einzelne Gerichtsverfahren durch **Machtspruch** einzugreifen, deutlich. Die Kritik an den Machtsprüchen ging an die Grundlage der monarchisch-absolutistischen Herrschaft.

➤ Die Gerichtshoheit war einst ein Teil der Landesherrlichkeit, mithin eine historische Wurzel der Souveränität des Monarchen. Aus praktischen Gründen ließ sich der Monarch in den meisten Fällen durch (weisungsabhängige!) Beamte/Richter vertreten, die dann „Im Namen Seiner Majestät" entschieden. Doch konnte der Monarch auch weiterhin jeden Einzelfall an sich ziehen und entweder den Richter anweisen, in welchem Sinne er zu entscheiden habe oder selbst aus höchster Machtvollkommenheit (*ex plenitudine potestate*) entscheiden.

➤ Erst die Aufklärung erkannte, dass die richterliche Gewalt von der politischen Macht getrennt zu sein habe, um Willkür zu vermeiden. Der aufgeklärt-absolutistische FRIEDRICH II. v. Preußen (⇨ Rz 1126) versprach daher auch in seinem „Politischen Testament" von 1752, dass er niemals mit Machtspruch in Gerichtsverfahren eingreifen werde. Dennoch wurde er 1779 im sog Müller-ARNOLD-Prozess rückfällig: Ein zivilgerichtliches Urteil um eine Wassermühle, das zuungunsten des Müllers ergangen war, wurde vom König annulliert, dem Müller die Mühle restituiert und die Richter bestraft, weil FRIEDRICH argwöhnte (nicht beweisen konnte!), dass diese das Recht zuungunsten des Müllers gebeugt hätten.

➤ Der Müller-ARNOLD-Prozess sorgte europaweit für Aufsehen und brachte die Machtspruchpraxis in Verruf. Das 1779 vom Präsidenten der Obersten Justizstelle, Graf SEILERN, an MARIA THERESIA gerichtete Ansuchen, auf Machtsprüche künftig zu verzichten, blieb aber erfolglos. Als im Zuge der Kodifikation des preußischen ALR (⇨ Rz 1428) die Redaktoren auch ein Machtspruchverbot aufnehmen wollten, verweigerte König FRIEDRICH WILHELM II. die Sanktion. In Österreich wurde ein Machtspruchverbot zwar in den Entwurf MARTINI und in das WGGB 1797, nicht aber in das ABGB 1811 aufgenommen.

➤ Das endgültige Verbot der (auch als Kabinettsjustiz bezeichneten) Machtsprüche erfolgte daher erst im Zuge der Überwindung des Absolutismus und der Etablierung des Konstitutionalismus, in Österreich und Preußen daher 1848.

2. Formen

2126 Der Absolutismus war in seiner historischen Entwicklung Wandlungen unterworfen. Die ältere Form des Absolutismus, bei der die Hofhaltung des Monarchen im Vordergrund stand, wird als **höfischer Absolutismus** bezeichnet.

➤ Inbegriff des höfischen Absolutismus war der franz Kg LOUIS XIV., der seinen Hof zum glanzvollen Zentrum der Monarchie machte. Die gesamte Staatstätigkeit wurde um diesen Hof konzentriert, in dem selbst wieder der König den absoluten Mittelpunkt darstellte.

➤ Diese Herrschaftsart entsprang nicht nur dem persönlichen Geltungsbedürfnis des Königs, sondern hatte durchaus rationale Gründe: Der mit dem König um die Macht konkurrierende Adel sollte von seinen angestammten Gütern gelockt und an den königlichen Hof gebracht werden, um dort in Abhängigkeit vom Monarchen zu geraten.

➤ Etwas anders war das Herrschaftsverständnis MARIA THERESIAS, das nur aus ihrer tiefen Religiosität heraus begriffen werden kann. Als von Gottes Gnaden eingesetzte Herrscherin fühlte sie sich allein ihm gegenüber verantwortlich, sah sich aus diesem Grund allerdings auch verpflichtet, für das Gemeinwohl ihrer Untertanen zu sorgen.

2127 Die Philosophie der Aufklärung stellte eine Absage an religiöse Weltbilder dar und nahm die Vernunft des Menschen zum Ausgangspunkt. Nach der Definition von IMMANUEL KANT (1724–1804) ist die Aufklärung der „Ausgang des Menschen aus seiner selbstverschuldeten Unmündigkeit. Unmündigkeit ist das Unvermögen, sich seines Verstandes ohne Leitung eines anderen zu bedienen." Unter dem Einfluss dieser geistigen Strömung entwickelten mehrere absolutistische Monarchen im 18. Jh. ein neues Amtsverständnis: **aufgeklärter Absolutismus**.

➢ JOHN LOCKE (1632–1704) modifizierte die Lehre HOBBES' vom Gesellschaftsvertrag (⇨ Rz 2122) entscheidend: Der Souverän sei zum Wohl der Untertanen eingesetzt worden. Herrschaft sei daher mit Pflichten verbunden und könne bei Pflichtverletzung wieder entzogen werden. Das Staatsvolk (nicht ein Einzelner!) habe daher ein Widerstandsrecht, welches aber erst bei fortwährendem Machtmissbrauch des Souveräns angewendet werden dürfe.

➢ Mit seinen Schriften (va *Two Treatises of Government*, 1690) schuf LOCKE nicht nur die geistigen Voraussetzungen für den aufgeklärten Absolutismus sondern legte auch den Grundstein für die konstitutionellen Verfassungstheorien des 19. Jh (⇨ Rz 2134).

➢ Aufgeklärt-absolutistische Monarchen, wie va FRIEDRICH II. v. Preußen und Ks JOSEPH II. verzichteten bewusst auf höfischen Prunk und sahen sich selbst lediglich als „ersten Diener des Staates". Ihre Herrschaft sei durch ihren rastlosen Einsatz für das Volk legitimiert; eines göttlichen Sendungsauftrages bedarf es nicht. Dieses Herrschaftsverständnis erleichterte wesentlich die in jener Zeit einsetzende Toleranzgesetzgebung (⇨ Rz 2326).

➢ Zugleich aber hielten die aufgeklärt-absolutistischen Monarchen am unumschränkten Herrschaftsanspruch fest und lehnten jede Teilhabe des Volkes am Staatshandeln ab („Alles fürs Volk, nichts durch das Volk"). Ihre Fürsorge für die Untertanen konnte daher leicht in eine Bevormundung ausarten.

Studienwörterbuch: Aufklärung; Gesellschaftsvertrag.

3. Staat – Kirche – Gesellschaft

2128 Die Etablierung des Absolutismus erfolgte vor dem Hintergrund der Glaubensspaltung (⇨ Rz 2323). Die primär machtpolitischen Kämpfe zwischen Monarch und Ständen erhielten durch die Glaubensfrage eine zusätzliche Dimension. Die Kirche verlor mit der aus der Glaubensspaltung resultierenden Kirchenspaltung ihren Anspruch auf Universalität; sowohl die katholische als auch die evangelischen Kirchen wurden zu politischen Zwecken instrumentalisiert und gerieten so in zunehmende Abhängigkeit vom Staat (**Staatskirchentum**).

➤ Bereits im Mittelalter besaßen die Landesfürsten bestimmte Rechte in Bezug auf die Kirche (*iura circa sacra*), die für diese primär einen Schutz darstellen sollten (sog vorreformatorisches Kirchenregiment): so etwa das Recht, innerkirchliche Missstände zu beseitigen, die Überordnung landesfürstlicher über kirchliche Gerichte einschließlich der Überprüfung der dort gefällten Entscheidungen, die Zustimmung zur Veröffentlichung kirchlicher Erlässe (*placetum regium*) ua.

➤ In den evangelischen Ländern steigerte sich dieses Kirchenregiment nach der Reformation zu einem *Summepiskopat*: der Landesfürst erhielt die höchste Gewalt über die Kirche seines Landes, was seine Landesherrschaft erheblich stärkte.

➤ In den katholischen Ländern war ein derartiger Summepiskopat aufgrund des päpstlichen Primats nicht möglich. Insbesondere die Macht der dem Papst zu unbedingtem Gehorsam verpflichteten Jesuiten (⇨ Rz 2323) wurde von den katholischen Fürsten zunehmend als Hemmnis für die Entfaltung des Absolutismus angesehen. Ab 1759 wurde der Jesuitenorden länderweise verboten, 1773 v.a. auf spanischen Druck gänzlich aufgehoben (Wiederherstellung 1814).

2129 Die Machtentfaltung der Monarchen erfolgte insbesondere durch eine beständigen Vermehrung der Staatsaufgaben: Begünstigt durch die Übernahme des Kirchenregiments wurde in zunehmendem Maße die aktive Gestaltung des Gemeinwesens als Aufgabe der (weltlichen) Herrschaftsträger angesehen. Dieser Gestaltungswille drückte sich v.a. in der landesfürstlichen **„Policey"**, aber auch in einer staatlichen Wirtschaftspolitik aus.

➤ Der Polizeibegriff der Frühen Neuzeit war umfassend im Sinne von „allgemeine Verwaltung" zu verstehen. Erst im 18. Jh verengte er sich auf den heute geltenden materiellen Polizeibegriff als einer allgemeinen Gefahrenabwehr und den organisatorischen Polizeibegriff als Bezeichnung für die zur Vollziehung der Polizei im eben genannten Sinn berufenen Sicherheitsbehörden.

➤ Die ab dem 16. Jh in großer Zahl ergehenden „Policeyordnungen" waren nicht zuletzt durch die wirtschaftlichen und gesellschaftlichen Umwälzungen der Frühen Neuzeit (Vordringen der Geldwirtschaft!) und das Zusammenbrechen der mittelalterlichen Ordnungssysteme notwendig geworden, bewirkten aber zu einem guten Teil auch selbst deren Auflösung. So trat etwa anstelle autonomer Rechtsetzung durch Zünfte eine obrigkeitliche Handwerksordnung, an die Stelle der kirchlichen die weltliche Armenfürsorge etc.

➤ Der französische Staatsmann JEAN-BAPTISTE COLBERT (1619–1683) begründete die für den Absolutismus typische merkantilistische Wirtschaftspolitik, welche auf der Theorie beruhte, dass der Reichtum einer Nation vor allem auf einer positiven Außenhandelsbilanz basiere. Der Staat müsse Exporte vermehren und Importe vermeiden. Daher wurden überall in Europa das Entstehen von Manufakturen gefördert und Schutzzölle eingeführt.

➤ Im 18. Jh wurde der Merkantilismus vom Physiokratismus verdrängt, welcher annahm, dass die Wertsteigerung nur auf der Landwirtschaft beruhen könne, die daher gefördert werden müsse (vgl die Bauernschutzgesetzgebung im 18. Jh, ⇨ Rz 2106).
Studienwörterbuch: Polizei (Policey).

2130 In den habsburgischen Ländern waren es vor allem die Reformen MARIA THERESIAS und JOSEPHS II., die nahezu in jeden Lebensbereich eingriffen und oft einschneidend veränderten. Dies brachte sie insbesondere in vielfältigen Konflikt mit der katholischen Kirche, die immer mehr zu einem Instrument des Staates gemacht wurde (**Josephinismus**).

➤ „Josephinismus" bezeichnet in einem weiteren Sinn allgemein die Politik JOSEPHS II.; zumeist jedoch wird der Begriff in einem engeren Sinn für seine Kirchenpolitik verwendet. Dabei ist zu beachten, dass die für JOSEPH II. so typische Haltung gegenüber der katholischen Kirche schon während der Theresianischen Epoche einsetzte und auch noch lange nach JOSEPH II. fortwirkte.

➤ So wurde schon unter MARIA THERESIA das Bildungswesen und die Zensur reformiert und der Kirche, insbesondere dem Jesuitenorden, entzogen (Verstaatlichung der Universitäten ab 1749, ⇨ Rz 1436; Bildung einer Zensurkommission 1751/53, ⇨ Rz 2333; Einführung der allgemeinen Unterrichtspflicht 1774; ua). Ab 1751 wurden nicht mehr nur die Rustikal-, sondern auch die Dominikalgründe besteuert und so auch Kirche und Adel zu staatlichen Beitragszahlungen herangezogen.

➤ Radikale Reformen erfolgten sodann unter JOSEPH II. (Lockerung der Zensur durch das Zensurpatent 1781; Verstaatlichung des bis dahin von der Kirche gehandhabten Eherechts durch das Ehepatent 1783, ⇨ Rz 3208; fast gänzliche Abschaffung der Todesstrafe durch das Josephinische Strafgesetz 1787, ⇨ Rz 1431; Leibeigenschaftspatent 1781 sowie Steuer- und Urbarialpatente 1785 und 1789, ⇨ Rz 2106; ua).

➤ Voraussetzung für eine Instrumentalisierung der Kirche war eine tief greifende Reform der Diözesanstruktur der Monarchie: Um zu verhindern, dass im Ausland residierende Bischöfe (zB Salzburg, Passau) auf erbländische Untertanen Zugriff hatten, errichtete JOSEPH II. auf deren Kosten neue Bischofssitze (zB Linz 1782) oder verlegte sie unter Verschiebung der Diözesangrenzen (zB Transferierung des Wr. Neustädter Bistums nach St. Pölten 1783); dabei wurde besonderer Wert auf Übereinstimmung der Diözesan- mit den Ländergrenzen gelegt. Der Verkehr der Bischöfe mit Rom wurde mit Hilfe des *placetum regium* genau kontrolliert.

➤ Zur Diözesanregulierung trat 1783 eine Neuorganisation der überkommenen Pfarrstrukturen nach rationellen Gesichtspunkten. Zahlreiche Pfarren wurden neu errichtet, sodass insbesondere kein Untertan weiter als eine Stunde Fußweg zu seiner Pfarre haben sollte. Die Pfarrer hatten im Anschluss an den Gottesdienst dem Volk neue staatliche Gesetze zu verkünden und führten im staatlichen Auftrag die Tauf-, Trauungs- und

Sterbebücher für Katholiken und Akatholiken (⇨ Rz 3105). Sie wurden in staatlichen Seminaren ausgebildet und vom Staat entlohnt.

➤ Geistliche Orden, die weder im Schul- noch im Krankenwesen tätig noch sonst für den Staat „nützlich" waren, wurden aufgehoben und ihr Vermögen konfisziert. Mit den so gewonnenen Geldern wurden länderweise errichtete Religionsfonds gespeist, welche der Finanzierung der so geschaffenen Staatskirche dienten (bis 1938).

➤ Der Umwandlung der katholischen Kirche zu einer Staatskirche widersprach es nicht, dass JOSEPH II. anderen Konfessionen Toleranz gewährte (⇨ Rz 2326)!

Studienwörterbuch: Febronianismus; Josephinismus.

C Konstitutionalismus

1. Allgemeines

2131 Die Überwindung der absolutistischen Regime, wie sie in den Revolutionen von 1688, 1789, 1830 und 1848 erfolgte, führte nicht (oder zumindest nicht dauerhaft) zu einer vollständigen Beseitigung der Monarchie, sondern zu einer Machtaufteilung zwischen Monarchen und Volk („monarchische Legitimität" versus „Volkssouveränität"). Die Rechtsbeziehungen zwischen den beiden Souveränitätsträgern wurden in einer **Verfassungsurkunde** („Constitution") aufgezeichnet.

➤ Der Konstitutionalismus war die logische Weiterentwicklung des aufgeklärten Absolutismus: Der Staat sollte nicht nur zum Wohle seiner Untertanen handeln, sondern das Volk sollte selbst am Staatshandeln beteiligt sein. Die Wandlung von einem „Unterthanenverband" zu einem „Staatsvolk" wirkte wesentlich am Erwachen des Nationalismus mit bzw wurde auch umgekehrt der Nationalismus eine treibende Kraft des Konstitutionalismus.

➤ Älteste konstitutionelle Monarchie war England (ab dem 17. Jh). Sein Verfassungssystem wurde von kontinentaleuropäischen Juristen mehrfach beschrieben, so etwa durch CHARLES DE MONTESQUIEU (1689–1755) in seinem Buch *De l'Esprit des lois* (1748) oder RUDOLF V. GNEIST (1816–1895) in seinem *Englischen Verfassungs- und Verwaltungsrecht* (1857/60), und zum Vorbild für die konstitutionellen Bewegungen auf dem Kontinent. Das englische Verfassungsrecht wurde allerdings oft fehlerhaft wiedergegeben, seine Errungenschaften nur schlagwortartig auch für andere Länder gefordert.

➤ Von größerer praktischer Bedeutung als die englische waren die verschiedenen französischen Verfassungen für das übrige Europa, die teilweise 1:1 übernommen wurden. Die meisten englischen Einrichtungen gelangten erst über diesen Umweg nach Deutschland und Österreich.

> Bestrebungen, die Verfassung in einer Urkunde zu kodifizieren, hatten bereits in aufgeklärt-absolutistischen Staaten bestanden (Verfassungsprojekt des PIETRO LEOPOLDO di Toscana), waren aber nicht verwirklicht worden.

> Älteste Verfassungsurkunde war jene Polens vom 3. 5. 1791, die jedoch – auch wegen des Untergangs des polnischen Staates 1795 – nur geringe Auswirkungen auf die europäische Verfassungsentwicklung hatte (⇨ Rz 1129).

> Die Bedeutung, die der Kodifizierung der Verfassung zugemessen wurde, unterschied den Kontinent von England, wo eine geschriebene Verfassung bis heute nicht existiert; vielmehr basiert das englische Verfassungsrecht auf einer Summe von Gesetzen aus verschiedenen Epochen, zT auch auf Gewohnheitsrecht. In ähnlicher Weise verfügte auch Ungarn bis 1945 über keine einzelne Verfassungsurkunde.

Studienwörterbuch: Konstitutionalismus; monarchische Legitimität; Verfassung.

2132 In frühkonstitutionellen Staaten wurde die Verfassungsurkunde einseitig vom Monarchen erlassen (**Verfassungsoktroi**). Hochkonstitutionellem Verfassungsverständnis entsprach allerdings eine gemeinschaftliche Erlassung durch Monarch und Volksvertretung (**Verfassungsvertrag**).

> Die Bezeichnung frühkonstitutionell/hochkonstitutionell ist nicht nur in einem zeitlichen, sondern auch in einem inhaltlichen Sinn zu verstehen: In frühkonstitutionellen Verfassungen bestand noch ein Übergewicht des Monarchen, viele konstitutionelle Forderungen wurden nur ungenügend verwirklicht.

> Die Verfassungsgebung in Form eines Verfassungsvertrages entsprach der Idee der Aufklärung vom Gesellschaftsvertrag (⇨ Rz 2127). In der Praxis war der Verfassungsvertrag selten (so zB Württemberg 1819; Österreich 1867).

> Die Frage der Form der Verfassungsgebung war insbesondere für die Frage von Bedeutung, wer zur nachträglichen Änderung oder Beseitigung der Verfassung befugt war. Als Kg ERNST AUGUST I. v. Hannover die von seinem Vorgänger 1833 oktroyierte Verfassung 1837 wieder aufhob, protestierten zwar sieben Professoren der Landesuniversität Göttingen öffentlich dagegen („Göttinger Sieben", darunter JACOB und WILHELM GRIMM); doch konnten sie gegen diese ihres Erachtens unzulässige Vorgangsweise des Königs nichts ausrichten und wurden im Gegenteil ihrer Ämter enthoben (*Hannoverscher Verfassungskonflikt*).

2133 Die Verfassungsurkunden waren zumeist in zwei Teile gegliedert, von denen einer die **Staatsorganisation**, der andere die **Grundrechte** enthielt. Die Absicherung der Verfassung erfolgte durch **Gerichtshöfe des öffentlichen Rechts**.

> Zuweilen wurden bereits vorhandene Grundrechtskataloge in die Verfassung aufgenommen, so va die franz *Déclaration des droits de l'homme*

et du citoyen 1789 in die Verfassung 1791; die Grundrechte des Deutschen Volkes 1848 in die Verfassung des Deutschen Reiches 1849.

➢ In anderen Fällen wurden Staatsorganisation und Grundrechte parallel beraten, aber in getrennten Urkunden niedergeschrieben. Vgl für Österreich etwa den zweigeteilten Entwurf des Kremsierer Reichstags 1848/49 oder auch die Oktroyierte Märzverfassung 1849 mit dem sie ergänzenden Grundrechtspatent 1849.

➢ In Österreich führte die Zersplitterung der Verfassung auf verschiedene Gesetze (⇨ Rz 1149, Rz 1305) zu einem außergewöhnlichen Umgang mit der Verfassung: Diese wurde wiederholt in kasuistischer Weise durch immer weitere spezielle Verfassungsgesetze angereichert, was schon bald zu erheblicher Rechtsunsicherheit führte.

➢ Siehe im übrigen noch die Abschnitte „Grundrechte", ⇨ Rz 2301 ff, und „Verwaltungs- und Verfassungskontrolle", ⇨ Rz 2401 ff.

2134 Die Staatsorganisation erfolgte nach dem Grundsatz der **Gewaltenteilung**. Durch die Aufteilung der Staatsgewalt an verschiedene Organe wurde die Machtkonzentration an einem Punkt verhindert und so eine gegenseitige Kontrolle gewährleistet (*checks and balances*).

➢ Als Begründer der Gewaltenteilungslehre wird JOHN LOCKE (⇨ Rz 2127) angesehen, der in seinen *Two Treatises of Government* (1690) die *legislative power* von der *executive power* zu trennen suchte.

➢ MONTESQUIEU unterschied 1748 bereits drei Gewalten: *puissance législative, puissance exécutrice, puissance de juger*. Diese müssten zwar voneinander getrennt sein, aber dennoch auf die jeweils andere Gewalt einwirken können, um Machtmissbrauch zu verhindern. Bereits wenn zwei dieser Gewalten in einer Hand vereinigt seien, könne es keine Freiheit geben.

➢ Freiheit könne es nach MONTESQUIEU aber auch dann nicht geben, wenn auch nur eine dieser Gewalten einer einzigen gesellschaftlichen Kraft – Krone, Adel oder Bürgertum – alleine anvertraut werde; vielmehr müsse jede der drei Gewalten angemessen auf die drei gesellschaftlichen Kräfte aufgeteilt werden.

➢ Die Gewaltenteilungslehre stand im Gegensatz zum demokratischen Prinzip, nach dem alle Staatsgewalt vom Volk auszugehen hat; sie wurde daher zB von JEAN JACQUES ROUSSEAU (⇨ Rz 2145) abgelehnt, dagegen von den Befürwortern der Monarchie als Argument gegen die uneingeschränkte Parlamentsherrschaft verwendet. Auch HANS KELSEN meinte, dass das Prinzip der Gewaltenteilung die „völlige Demokratisierung des Staates" hemme, zumal es dem Monarchen „ein letztes Uebergewicht über die im Parlamente konzentrierte Gewalt des Volkes" sichere.

Studienwörterbuch: Gewaltenteilung; Vetorecht.

Übersicht 10: Konstitutionalismus

Verfassungsgebung:
Verfassungsoktroi
Verfassungsvertrag

Formen:
Frühkonstitutionalismus
Hochkonstitutionalismus

Typischer Inhalt einer Konstitutionsurkunde:

I. LIBERALE GRUNDRECHTE

Schaffung einer staatsfreien Sphäre
(persönliche Freiheit, Presse-, Religions-, Vereinsfreiheit ua)

II. GEWALTENTEILUNG

Begrenzung der Macht des Monarchen:	Teilhabe des Volkes am Staatshandeln:
a) in der Gesetzgebung:	
Bindung an Mitwirkung/ Zustimmung eines Parlaments *(Vetorecht des Monarchen)*	1- od 2-Kammernsystem; Regelung des Wahlrechts *(Kurien-/Zensuswahlrecht)*
b) in der Verwaltung	
Bindung an die Gegenzeichnung verantwortlicher Minister	Selbstverwaltung *(va Gemeindeautonomie)*
c) in der Gerichtsbarkeit	
nur Ernennung der Richter, aber Unabhängigkeit der Justiz *(Verbot der Kabinettsjustiz)*	Öffentlichkeit u Mündlichkeit der Verhandlungen; Geschworenengerichtsbarkeit

III. GERICHTSHÖFE DES ÖFFENTLICHEN RECHTS

Sicherung der Verfassung u Verwaltung
(Ausbildung des Legalitätsprinzips)

2135 Die konstitutionellen Verfassungen folgten den Lehren MONTESQUIEUS nicht ohne wichtige Abänderungen, hielten aber idR an der Trias von **Gesetzgebung, Verwaltung und Gerichtsbarkeit** fest. In jeder der drei Gewalten sollten die ursprünglich umfassende Gewalt des Monarchen beschränkt werden und das Volk bzw seine Repräsentanten an der Staatsgewalt teilhaben. Dem Adel wurde – abgesehen vom Zweikammernsystem (⇨ Rz 2137) – kaum eine besondere verfassungsrechtliche Position zugestanden, doch konnte er bis ins 20. Jh eine wichtige gesellschaftliche Führungsposition behaupten.

➢ Die Gesetzgebung erfolgte idR durch Parlament und Monarchen gemeinsam. Frühkonstitutionelle Verfassungen, aber auch die österr Verfassung 1867 sahen vor, dass kein Parlamentsbeschluss gegen den Willen des Monarchen Gesetzeskraft erlangen konnte (absolutes Veto). Hochkonstitutionelle Verfassungen, wie zB die franz Verfassung 1791 oder der Kremsierer Entwurf, bestimmten dagegen, dass der Monarch das Inkrafttreten eines Gesetzes nicht verhindern, sondern nur verzögern könne (suspensives Veto). In Großbritannien hat der Monarch seit 1707 das *Royal Assent* nicht mehr verweigert, worin die hL einen Verlust dieses Rechts im gewohnheitsrechtlichen Wege erblickt.

➢ Die Übermacht des Monarchen gegenüber dem Parlament wurde in den meisten Verfassungen durch das ihm zukommende Recht der Parlamentsauflösung und -einberufung, sowie durch das Notverordnungsrecht (⇨ Rz 2136) gesichert. In frühkonstitutionellen Verfassungen besaß überdies der Monarch das alleinige Recht, Gesetzesvorschläge einzubringen, während in hochkonstitutionellen Verfassungen auch das Parlament von selbst (durch Initiativanträge von Abgeordneten) tätig werden konnte.

➢ Die Verwaltung (die seit der Zeit MONTESQUIEUS wesentlich auf Kosten der Justiz ausgedehnt worden war, ⇨ Rz 2405) erfolgte durch vom Monarchen ernannte Minister. Diese mussten zwar dem Parlament Rechenschaft über ihre Tätigkeit abgeben und konnten im Falle von Rechtsverletzungen angeklagt werden (⇨ Rz 2425). Doch waren sie – im Gegensatz zu demokratischen Systemen – nicht von den Mehrheitsverhältnissen im Parlament abhängig, diesem also nur *rechtlich*, nicht auch *politisch verantwortlich* (⇨ Rz 2151); der Monarch war also in seiner Entscheidung, wen er zum Minister berief, völlig frei. Selbst blieb der Monarch für sein Handeln unverantwortlich, doch musste jeder seiner Akte von einem Minister kontrasigniert (gegengezeichnet) werden, der damit die (rechtliche) Verantwortung übernahm (*Gegenzeichnungspflicht*).

➢ Die Teilhabe des Volkes an der Exekutive erfolgte va in der Form der Selbstverwaltung der Gemeinden und der beruflichen Interessensvertretungen (Kammern). Dies wurde theoretisch damit gerechtfertigt, dass die Selbstverwaltungskörper einen gewissen „natürlichen Wirkungsbereich" besäßen, der „staatsfrei" bleiben solle. Die Gemeinden und Kammern wurden also als vom Staat verschiedene Körperschaften angesehen.

➢ Die Richter waren unabhängig, unabsetzbar und unversetzbar; die Kabinettsjustiz wurde verboten (lediglich im bis heute dem Staatsoberhaupt

zustehenden Begnadigungsrecht kann ein Rest derselben erblickt werden). Einen gewissen Einfluss konnte der Monarch noch über Ernennungen und Beförderungen von Richtern auf die Justiz ausüben.
Studienwörterbuch: Geschworenengericht; Prärogative der Krone.

2136 Eine Durchbrechung des Gewalten teilenden Prinzips war das **Notverordnungsrecht** des Monarchen. Es wurde als Relikt des Absolutismus angesehen, großteils aber als Staatsnotwendigkeit akzeptiert.

➢ Grundgedanke war, dass Situationen entstehen konnten (Krieg, Aufstand), in dem rasch gesetzliche Maßnahmen getroffen werden mussten, das Parlament aber nicht rechtzeitig einen entsprechenden Beschluss fassen konnte, zB weil es nicht tagte oder auch gewaltsam am Zusammentritt gehindert wurde.

➢ Der Monarch erhielt für derartige Notsituationen das Recht, eine Gesetzes vertretende Verordnung („Notverordnung") zu erlassen. Doch war ständig Missbrauch zu besorgen; so war zB das in der österr Märzverfassung 1849 geregelte Notverordnungsrecht eine Grundlage für die scheinkonstitutionelle Herrschaft FRANZ JOSEPHS ohne Parlament 1849–1851.

➢ Die Dezemberverfassung 1867 versuchte das Notverordnungsrecht an enge Schranken zu binden: So musste jede Notverordnung von sämtlichen Minister gegengezeichnet werden und unverzüglich dem Reichsrat – und zwar zuerst dem AH, dann erst dem HH – zur Genehmigung vorgelegt werden (§ 14 StGG-RV). In der Praxis war das § 14-Notverordnungsrecht von hoher Bedeutung, so insbesondere, als der Reichsrat um 1900 aufgrund des Nationalitätenproblems arbeitsunfähig wurde, sowie während des 1. WK 1914–1918 (zB die drei Teilnovellen zum ABGB, ⇨ Rz 1444).

➢ 1914 erhielt die Regierung (durch eine § 14-Notverordnung!) das Recht, selbst Notverordnungen zu erlassen, die kaum an Verfahrensschranken, inhaltlich aber an wirtschaftliche, durch den Krieg notwendig gewordene Maßnahmen gebunden waren. Dieses Recht wurde vom Reichsrat 1917 im sog Kriegswirtschaftlichen Ermächtigungsgesetz (KwEG) bestätigt. Das KwEG wurde auch in den Rechtsbestand der 1. Republik übernommen und erlangte insbesondere 1933/34 große Bedeutung (⇨ Rz 1312).

Studienwörterbuch: Notverordnungsrecht.

2. Parlamentarismus und Wahlrecht

2137 Die konstitutionellen Parlamente konnten zT an bereits bestehende ständische Vertretungen anknüpfen (va England u Ungarn; ⇨ Rz 2115), zT wurden sie in Revolutionen neu gegründet. Nach dem Vorbild des englischen Parlaments waren sie zumeist nach dem **Zweikammernsystem** organisiert, wobei die erste Kammer zur Vertretung besonders bevorrechteter Stände (Hochadel, Klerus), die zweite zur Volksvertretung berufen war.

➢ Die dahinter stehende Problematik tauchte bereits am Beginn der Franz Revolution auf: Die drei Kurien der 1789 wieder einberufenen Generalstände (*états généraux*) waren traditionellerweise gleich stark, doch repräsentierten die ersten beiden (geistlicher und weltlicher Adel) nur etwa 2 %, der Dritte Stand (Bürgertum) dagegen rund 98 % der an der politischen Willensbildung beteiligten Bevölkerung. Besonders der Abgeordnete EMMANUEL SIEYÈS sah daher den Dritten Stand als wahren Repräsentanten des Volkes an; auf sein Betreiben erklärte sich der Dritte Stand eigenmächtig zur Nationalversammlung und übernahm im revolutionären Weg die Macht.

➢ In England bestand das aus dem Mittelalter stammende Zweikammernsystem fort. Das *House of Commons* repräsentierte aufgrund von Wahlrechtsreformen (bes der Reformbill von 1832) einen immer größeren Bevölkerungsanteil (vgl aber noch ⇨ Rz 2138) und wurde daher im Gegensatz zum *House of Lords* als Volksvertretung angesehen. Dennoch blieben beide Häuser bis ins 20. Jh gleich mächtig; erst seit dem *Parliament Act* 1911 kann das *House of Lords* – soweit es überhaupt am Gesetzgebungsprozess beteiligt ist – Beschlüsse des *House of Commons* nur mehr verzögern, nicht verhindern (*suspensives Veto*).

➢ Hochkonstitutionellen Vorstellungen entsprach eher ein Einkammernsystem ohne Bevorzugung einzelner Stände. Die österreichische Verfassung 25. 4. 1848 sah eine Gliederung des Reichstages in Senat und Abgeordnetenkammer vor, doch wurde mit der „Sturmpetition" vom 15. 5. 1848 die Abschaffung des Senats erzwungen, so dass der schließlich zusammentretende (konstituierende) Reichstag von Wien/Kremsier nur aus einer Kammer bestand.

➢ Eine völlig andere Art des Zweikammernsystems besteht in der Berücksichtigung der föderalistischen Struktur des Landes: Hier wird neben der Volksvertretung eine besondere Kammer zur Vertretung der Länderinteressen eingerichtet. Vorbild für derartige Parlamente war die US-Verfassung (*Senate, House of Representatives*); in Österreich war eine solche Zusammensetzung im Kremsierer Entwurf 1848/49 sowie in der Oktroyierten Märzverfassung 1849 vorgesehen, wurde aber nicht verwirklicht.

➢ Das Deutsche Reich von 1871 berief den – nicht weiter untergliederten – Reichstag (Volksvertretung) gemeinsam mit dem Bundesrat (Vertretung der Länder, ab 1919: Reichsrat) zur Gesetzgebung. Diesem Modell folgten auch das österreichische B-VG 1920 (Nationalrat als Volksvertretung, Bundesrat als Ländervertretung) sowie das Bonner Grundgesetz 1949 (Bundestag als Volks-, Bundesrat als Ländervertretung).

➢ Nach der österreichischen Februarverfassung 1861 bestand der Reichsrat aus Herren- und aus Abgeordnetenhaus. Ersteres war nach Vorbild des britischen House of Lords als Vertretung des Hochadels und der Kirche konzipiert, letzteres wurde von den Landtagen beschickt. Österreich besaß damit „zwei erste Kammern" (BRAUNEDER), aber keine Volksvertretung. Erst 1873 wurde die direkte Volkswahl zum Abgeordnetenhaus eingeführt (LASSERsche Wahlrechtsreform). Herren- und Abgeordnetenhaus blieben gleich mächtig; Gesetze konnten nur mit Zustimmung beider Häuser (und der Sanktion des Kaisers) beschlossen werden.

Studienwörterbuch: Abgeordnetenhaus; Herrenhaus; Lassersche Wahlrechtsreform; Zweikammernsystem.

2138 Trotz des Selbstverständnisses der Parlamente bzw deren zweiter Kammern als Volksvertretung unterlag das **Wahlrecht** vielfältigen Einschränkungen; insbesondere wurde es idR von einer bestimmten Steuerleistung, dem Zensus, abhängig gemacht. Dies begünstigte das Bürgertum und beseitigte die alten Vorrechte von Adel und Klerus.

➢ Grundgedanke des Zensuswahlrechts war, dass nur derjenige, der finanziell für den Staat beitrage, auch mitbestimmen dürfe. Ausnahmen vom Zensus wurden aber teilweise für Geistliche, Beamte, Offiziere und Akademiker gemacht („Intelligenz").

➢ Der Zensus war anfangs so hoch angesetzt, dass zB in Frankreich 1814 nur ca. 0,3 % der Bevölkerung wahlberechtigt waren; in England waren es auch nach der großen Wahlrechtsreform von 1832 erst 4 % der ländlichen und 7 % der städtischen Bevölkerung. Erst schrittweise wurde der Zensus gesenkt und damit das Wahlrecht ausgeweitet.

➢ Ein zensusunabhängiges, allgemeines Wahlrecht für alle volljährigen Männer wurde in Frankreich 1848, in England 1918 eingeführt. Für die Wahlen zum (Nord-)Deutschen Reichstag bestand von Anfang an (1867) ein allgemeines Männerwahlrecht, in den deutschen Einzelstaaten konnte es sich zT bis 1918 nicht etablieren. Auch in Ungarn blieb das Wahlrecht bis 1918 ca 7 % der Bevölkerung vorbehalten.

➢ Ein extrem auf die Steuerleistung bezogenes Wahlrecht war das *Dreiklassenwahlrecht*, welches zB für die Wahlen zum preußischen Landtag und für die Wahlen zu den meisten österreichischen Gemeinden bis 1918 bestand. Hier wurden die Wahlberechtigten entsprechend ihrer Steuerleistung in drei Klassen gegliedert, wobei jede Klasse die gleiche Steuerleistung aufbrachte und gleich viele Abgeordnete/Wahlmänner stellte. So wählten zB bei den preußischen Wahlen 1903 in der ersten Klasse 3,36 % der Gesamtwählerschaft, in der zweiten Klasse 12,07 % und in der dritten Klasse 84,57 %.

➢ Demgegenüber folgte das Wahlrecht zu den österr Landtagen sowie zum Reichsrat nicht nur einem Zensus-, sondern auch einem (neuständischen, ⇨ Rz 2117) Kurienwahlsystem. So hatten zB bestimmte Bischöfe aufgrund ihres Amtes Sitz und Stimme im Landtag bzw im HH (Virilstimme); und die Bevorzugung einer besonderen Kurie der Großgrundbesitzer in Landtagen und Abgeordnetenhaus begünstigte de facto den – weiterhin über den meisten Großgrundbesitz verfügenden – Adel. Eine Konzession an das Bürgertum stellte demgegenüber das Wahlrecht der Handels- und Gewerbekammern dar.

➢ In Summe ergab das österreichische Zensus- und Kurienwahlrecht um 1873 eine Beschränkung des Wahlrechtes auf ca 6 % der Bevölkerung. Während das Wahlrecht zu den Landtagen 1861–1918 praktisch unverändert blieb, wurde das Wahlrecht zum Abgeordnetenhaus des Reichsrates nach seiner Entkoppelung von den Landtagen 1873 wiederholt reformiert: Mit der Taaffeschen Reform 1882 und der Badenischen Reform 1896

Übersicht 11: Das Dreiklassenwahlrecht

Annahme: Wahlkreis X wählt insgesamt 6 Abgeordnete;
Summe der Steuerleistung der Wahlberechtigten: 300.000,–

300.000 : 3 = 100.000

Die Wähler jedes Wahlkörpers erbringen 100.000,– an Steuern

Wähler	Steuerleistung	Wahlkörper
A	60.000	Wahlkörper I: wählt 2 Abg
B	40.000	
C	30.000	Wahlkörper II: wählt 2 Abg
D	20.000	
E	20.000	
F	15.000	
G	15.000	
H	10.000	Wahlkörper III: wählt 2 Abg
I	10.000	
J	10.000	
K	10.000	
L	8.000	
M	8.000	
N	8.000	
O	8.000	
P	6.000	
Q	6.000	
R	4.000	
S	4.000	
T	4.000	
U	2.000	
V	2.000	

wurde der Zensus schrittweise gesenkt, 1896 auch eine allgemeine Wählerkurie neben den vier bestehenden geschaffen, bis durch die Becksche Reform 1907 das Kurien- und Zensussystem überhaupt abgeschafft und das allgemeine und gleiche Männerwahlrecht eingeführt wurde.

Studienwörterbuch: Badenische Wahlrechtsreform; Becksche Wahlrechtsreform; Dreiklassenwahlrecht; Gemeindewahlrecht; Kurienwahlrecht; Taaffesche Wahlrechtsreform; Zensuswahlrecht.

2139 Der weitgehende Ausschluss der **Frauen** vom Wahlrecht ist im Zusammenhang mit der rechtlichen und gesellschaftlichen Zurücksetzung, die Frauen auch sonst bis ins 20. Jh erfuhren, zu sehen. Wenn überhaupt, so konnten sich nur allein stehende, vermögende Frauen an den Wahlen beteiligen. Zumeist erlangten die Frauen erst mit der Einführung der Demokratie hinsichtlich des Wahlrechts Gleichberechtigung mit Männern, so auch in Österreich 1918.

➢ Da die das Wahlrecht betreffenden Gesetze zunächst geschlechtsneutral formuliert waren, besaßen Frauen in den (seltenen) Fällen, dass sie den Zensus erfüllten, auch das Wahlrecht. Während das Gemeindegesetz 1849 für diesen Fall noch vorsah, dass sie sich dabei von einem Mann vertreten lassen mussten, war nach den Landtagswahlordnungen 1861 das Stimmrecht – außer in der Kurie der Großgrundbesitzer – persönlich abzugeben. In dieser Form bestand in einigen (nicht allen) österr Landtagen bis 1918 ein – wenngleich sehr eingeschränktes – Frauenwahlrecht.

➢ Bei der Einführung der Direktwahl des AH 1873 wurde zwar das Wahlrecht der Landtagswahlordnungen fast durchgängig übernommen, jedoch das Frauenwahlrecht nur mehr für die Kurie der Großgrundbesitzer (wo sie sich allerdings durch einen Mann vertreten lassen mussten) beibehalten. Mit der Beseitigung der Großgrundbesitzerkurie 1907 fiel auch dieses „Frauenwahlrecht".

➢ Für die für das allgemeine Wahlrecht kämpfenden Massenparteien (Sozialdemokraten, Christlichsoziale) war die Frage des Frauenwahlrechts bestenfalls zweitrangig. Eine zusätzliche Erschwernis für Frauen ergab sich durch das sie betreffende Verbot, „politischen Vereinen" (= Parteien) anzugehören.

➢ Unmittelbar nach Gründung des Staates Deutschösterreich wurde mit der „lex Ofner" vom 30. 10. 1918 (⇨ Rz 2338) Frauen die Mitgliedschaft in „politischen Vereinen", dh Parteien (⇨ Rz 2155), ermöglicht. Das *Gesetz über die Einberufung der Konstituierenden Nationalversammlung* 18. 12. 1918 sah vor, dass diese „auf Grund des gleichen Wahlrechtes aller Staatsbürger ohne Unterschied des Geschlechts" gewählt werden sollte.

Studienwörterbuch: Frauenwahlrecht.

2140 Die Abgeordneten waren bei der Wahrnehmung ihres Mandates an keinen Auftrag des Wählers gebunden (**freies Mandat**). Zum Schutz vor behördlicher Willkür wurde ihnen **Immunität** verliehen.

➤ Durch das freie Mandat wurde der Gedanke der Repräsentation des Volkes durch die Abgeordneten zur Fiktion: Durch dieses Prinzip konnten sich die Abgeordneten auch bewusst gegen den Willen ihrer Wähler entscheiden.

➤ Schon die franz Verfassung 1795 rechtfertigte das freie Mandat allerdings damit, dass die Abgeordneten nicht jeweils ihren Wahlkreis, sondern alle gemeinsam die gesamte Nation repräsentieren sollten (Art 52). Die Abgeordneten sollten also (nach eingehender Diskussion) gemeinsam zu einer für die gesamte Nation befriedigenden Lösung gelangen, was bei einer strikten Bindung an Aufträge der jeweiligen Wähler nicht möglich wäre.

➤ Um die Abhängigkeit des Parlaments von den Wählern zu stärken, sahen die ersten franz Verfassungen (1791, 1793) vor, dass die Abgeordneten entweder überhaupt nicht oder nur einmal wiedergewählt werden könnten. Dies wurde später als unzweckmäßig erkannt und beseitigt, um eine gewisse Kontinuität in der Staatsführung gewährleisten zu können.

➤ Die Abgeordneten konnten weder wegen ihres Abstimmungsverhaltens noch wegen der im Parlament getätigten Äußerungen zur Verantwortung gezogen werden (berufliche Immunität).

➤ Eine Festnahme oder Verhaftung eines Abgeordneten wegen einer Tat, die nicht in Zusammenhang mit seiner Abgeordnetentätigkeit stand, bedurfte der vorherigen Zustimmung des Parlaments; wurde er auf frischer Tat verhaftet, war das Parlament sofort zu informieren und auf dessen Verlangen der Abgeordnete sofort freizulassen (außerberufliche Immunität).

➤ Sowohl die berufliche als auch die außerberufliche Immunität waren nicht primär Privilegien des einzelnen Abgeordneten, sondern dienten dem Schutz der Arbeitsfähigkeit des Parlaments, insbesondere im Hinblick auf Übergriffe des Monarchen und seiner Regierung.

Studienwörterbuch: Freies Mandat; Immunität.

3. Staat – Kirche – Gesellschaft

2141 Der Siegeszug des Konstitutionalismus war mittelbare Folge der größten gesellschaftliche Umwälzung seit der Sesshaftwerdung des Menschen, der **Industriellen Revolution**. Mit der Entstehung neuer Wirtschaftsformen erlangte insbesondere das Bürgertum auf Kosten des Adels bedeutende Macht. Zugleich setzte eine Landflucht ein und es entstand neben Adel, Bürgern und Bauern die Arbeiterschaft als vierter Stand.

➤ Die Wurzeln der Industriellen Revolution liegen in Großbritannien (Erfindung der Dampfmaschine 1763, des mechanischen Webstuhls 1785, der Dampflokomotive 1814 uva). Die von Manchester, einem Zentrum der Textilindustrie, ausgehende Bewegung des sog Manchesterliberalismus forderte die Beseitigung von Schutzzöllen und anderen Handelshemmnissen, weil diese der Förderung des Wohlstandes abträglich seien. Die Forderung nach einem Liberalismus in wirtschaftlicher Hinsicht, wie er ua von ADAM SMITH (1723–1790) oder DAVID HUME (1711–1776) vertreten wurde, verband sich in vielfacher Weise mit dem politischen Liberalismus.

➤ Allerdings konnte der wirtschaftliche Liberalismus auch unabhängig vom politischen Liberalismus existieren: So sind liberale Ansätze in der österreichischen Wirtschaftspolitik sowohl in der Zeit des Vormärz als auch in der Zeit des Neoabsolutismus auszumachen (zB Gewerbeordnung 1859). Bisweilen wurde sogar versucht, die Enttäuschung des liberalen Bürgertums über die politischen Zustände durch wirtschaftliche Zugeständnisse zu kompensieren.

2142 Der Liberalismus als politische Strömung brach sich in Österreich mit der Revolution 1848 und erneut ab 1861/67 Bahn. In gesellschaftspolitischer Hinsicht führte dies zur Schaffung liberaler Grundrechte, in sozial- und wirtschaftspolitischer Hinsicht zu einer **Rücknahme der Staatsaufgaben** sowie zur Ausbildung eines Wirtschaftsrechtes auf (fast) rein privatrechtlicher Grundlage unter Zurückdrängung obrigkeitlicher Einflüsse; der Markt sollte sich selbst regulieren. Dieses liberale Konzept schien zunächst aufzugehen („Gründerzeit"), fand jedoch mit dem „Börsenkrach" 1873 ein jähes Ende. Staatliche Eingriffe in die Wirtschaft sowie die Ausbildung eines modernen Sozialrechts waren die Folge.

➤ Vgl zu den Grundrechten noch ausführlich Rz 2301 ff; zu den wirtschaftsrechtlichen Auswirkungen des Liberalismus etwa Rz 3517 f (Kreditgeschäfte) und Rz 3522 ff (Arbeitsrecht).

➤ Der Begründer des Allgemeinen Deutschen Arbeitervereins (Vorläufer der SPD), FERDINAND LASSALLE (1825–1864), bezeichnete einen völlig liberalisierten, auf seine Kernfunktionen der Überwachung der inneren und äußeren Sicherheit beschränkten Staat (abfällig!) als einen „Nachtwächterstaat".

➤ Die positive Entwicklung der österreichischen Wirtschaft ab 1867 führte zu immer gewagteren Spekulationen, die während der Wiener Weltausstellung zu einem Kurssturz an der Wiener Börse führten (9. 5. 1873: „Schwarzer Freitag"). Der Aktienboom der Gründerzeit endete, das Bürgertum suchte Schutz in festverzinslichen Wertpapieren.

➤ An die Stelle privater Investoren musste erneut der Staat treten (ua sukzessive Verstaatlichung der Eisenbahnen); auch schutzzöllnerische Bestrebungen tauchten neu auf.

➤ Die ersten Ansätze der Arbeiterschaft zur Selbsthilfe (Bildung von Gewerkschaften, Streiks) wurden von den konstitutionellen Regierungen als staatsgefährdend eingestuft und unterdrückt (deutsches Sozialistengesetz 1878); in einem gewissen Sinne kann die gleichzeitig beginnende Sozialgesetzgebung als Mittel zur Versöhnung des Staates mit der Arbeiterschaft gesehen werden.

2143 Hauptgegner des Liberalismus wurde die Katholische Kirche, die sich zu einem Hort des Konservativismus und des Antimodernismus entwickelte, aber auch erste Ansätze zu einer eigenen Soziallehre (⇨ Rz 2177) entwickelte. In mehreren europäischen Ländern entwickelte sich ein **Kulturkampf** zwischen katholisch-konservativen Kräften einerseits, national-liberalen Kräften andererseits.

➢ Der Kulturkampf entspann sich nicht allein um die Frage der Glaubens- und Gewissensfreiheit (⇨ Rz 2328), die allerdings für zahlreiche Konflikte Anlass gab, sondern bot vielfach erst für beide Seiten die Möglichkeit zur Profilierung und entspann sich über eine Reihe gesellschaftspolitischer Fragen.

➢ In Österreich brachte das Konkordat 1855 einen Rückschritt hinter die josephinischen Reformen. Der Kirche wurde weitestgehender Einfluss auf das Schul- und Bildungswesen zugestanden, die Ehegerichtsbarkeit über Katholiken dem kirchlichen Richter überlassen (⇨ Rz 3208), und die Kirche als Eigentümerin der Religionsfonds anerkannt.

➢ Nach der Rückkehr der Liberalen an die Macht erfolgte zunächst mit den sog Maigesetzen 1868 die Wiederherstellung des ABGB-Eherechts auch für Katholiken, die Unterstellung des Erziehungswesens unter staatliche Behörden sowie die Möglichkeit des freien Konfessionswechsels bzw Kirchenaustritts.

➢ Der damit de facto vollzogene Bruch des Konkordats wurde de jure 1870, als Beantwortung des päpstlichen Unfehlbarkeitsdogmas auf dem 1. Vatikanischen Konzil (= Feststellung, dass der Papst in Glaubensfragen unfehlbar sei), vollzogen. Die Rechtsstellung der katholischen Kirche wurde in weiterer Folge durch die Maigesetze 1874, also durch einseitig erlassenen staatlichen Akt, geregelt, und zwar so, dass der Staat nun wieder vermehrten Einfluss auf die oben genannten Angelegenheiten nehmen konnte.

➢ Das 1874 vom Reichsrat beschlossene Gesetz über die Rechtsverhältnisse der klösterlichen Genossenschaften kam aufgrund des (absoluten) Vetos des Monarchen nicht zustande.

➢ Höhepunkt des österreichischen Kulturkampfes war die Verurteilung des Linzer Bischofs FRANZ JOSEPH RUDIGIER (1853–1884) aufgrund seiner Kritik der Maigesetze 1868 zu 14 Tagen Kerkerhaft (wobei allerdings sofort eine Begnadigung durch den Kaiser erfolgte). Mit wesentlich größerer Härte wurde der Kulturkampf in Preußen zwischen BISMARCK und der katholischen Kirche ausgetragen: Von den elf preußischen Bischöfen waren 1874/75 fünf, also fast die Hälfte, zeitweise in Haft.

Studienwörterbuch: Konkordat 1855; Kulturkampf; Maigesetze.

D Demokratie

1. Wesen und Wert der Demokratie

2144 Der Begriff der **Demokratie** („Volksherrschaft") ist seit dem 5. Jh v Chr bekannt und war seit jeher Gegenstand eingehender Untersuchungen durch Philosophen, Staatsmänner und Juristen. Grundlegend war hierfür die Staatsformenlehre des ARISTOTELES, der in seinem Buch *Politik* (um 330 v Chr) drei Staatsformen, die zum allgemeinen Besten seien, ihre Entartungen gegenüberstellte. Dabei unterschied er nach der Zahl der herrschenden Personen:

➢ die *Monarchie* („Einherrschaft") und ihre Entartung, die *Tyrannei*;
➢ die *Aristokratie* („Herrschaft der Besten") und ihre Entartung, die *Oligarchie*;
➢ die *Politie* („Herrschaft der Bürger") und ihre Entartung, die *Demokratie* („Herrschaft des [niederen] Volkes", des Pöbels).
➢ Die mittelalterliche und frühneuzeitliche Staatslehre war wesentlich durch die Aristotelischen Lehren geprägt; das Wort „Demokratie" hatte dabei – so wie bei ARISTOTELES – vorwiegend negativen Charakter; erst im 17./18. Jh verdrängte der Begriff Demokratie den Begriff der Politie und erhielt allmählich einen positiven Stellenwert (zB bei SAMUEL PUFENDORF, *De officiis hominis et civis*, 1673).
➢ Für die Pöbelherrschaft setzte sich dagegen die Bezeichnung *Ochlokratie* durch (so zB bei den für den Unterricht des späteren Ks JOSEPH II. konzipierten „Kronprinzenvorträgen", um 1760).

Studienwörterbuch: Aristokratie; Demokratie; Monarchie.

2145 Bis ins 18. Jh war die Vorstellung vorherrschend, dass eine Demokratie, wenn überhaupt, nur in Stadtstaaten oder Kleinstaaten, nicht aber in großen Flächenstaaten funktionieren könne. Aber selbst die deutschen und italienischen **Stadtrepubliken** oder die schweizerischen **Kantone** des Mittelalters und der Frühneuzeit wiesen eher eine aristokratische als eine demokratische Verfassung auf.

➢ Bereits im Mittelalter hatte es Vorstellungen gegeben, dass die Staatsgewalt ursprünglich beim Volk liege und dieses einen Monarchen gleichsam als Mandatar einsetze (so etwa MARSILIUS VON PADUA in seiner Schrift *Defensor pacis* 1324). Mit modernen demokratietheoretischen Überlegungen hatte dies aber recht wenig zu tun.
➢ Frühneuzeitliche Staatstheoretiker wie zB HOBBES (⇨ Rz 2122) lehnten die Demokratie ab, weil das Volk wankelmütig und nicht fähig sei, ein Gemeininteresse zu bilden, sondern jeder nur neidisch auf den anderen sei. Die Monarchie wurde als beste aller Staatsformen fast allgemein anerkannt.
➢ Auch dort, wo kein Monarch existierte, wie etwa in Stadtrepubliken oder in der Schweiz, blieb die politische Mitbestimmung einer kleinen Führungsschicht vorbehalten. Zu dieser zählten neben Rittern, die innerhalb der Stadtmauern wohnten, vor allem die Kaufleute („Patrizier"); später (ab etwa 14. Jh) konnten auch Handwerkerzünfte politische Mitbestimmung erkämpfen; die Judengemeinde und das städtische Proletariat blieben von der Mitwirkung ausgeschlossen.
➢ Die Philosophen des 18. Jh (bes JEAN JACQUES ROUSSEAU, 1712–78) leiteten die Demokratie, ebenso wie die konstitutionelle Monarchie, aus dem Gesellschaftsvertrag ab. Die demokratische Bewegung des 18./19. Jh erschien in mancher Hinsicht als die radikalere Variante der konstitutionel-

len Bewegung; ihr zufolge sollte der Staat allein auf dem Prinzip der Volkssouveränität beruhen.

➢ In seinem Buch *Du contrat social* (1762) meinte ROUSSEAU – im Gegensatz zu LOCKE (⇨ Rz 2127) –, dass die Unterwerfung unter den Gesellschaftsvertrag vollständig und ohne Vorbehalt erfolge. Doch werde – entgegen der Ansicht von HOBBES – durch den Gesellschaftsvertrag keine Herrschaft eines Einzelnen begründet. Denn bevor das Volk einem Einzelnen die Herrschaft übertragen könne, müsse es sich zunächst selbst konstituieren.

➢ Nach ROUSSEAU könne der Inhalt des Gesellschaftsvertrages daher nur darin bestehen, das Volk zu einem politischen Körper zu formen, bei dem daher auch die Souveränität bleibe. Der Einzelne verliere nicht seine Freiheit, sondern tausche nur seine natürliche Freiheit (*liberté naturelle*) gegen eine bürgerliche Freiheit (*liberté civile*) ein.

➢ Die Souveränität sei nach ROUSSEAU unübertragbar und unteilbar; sie äußere sich im Gemeinwillen des Volkes (*volonté générale*) durch den Beschluss von Gesetzen. Zwar sei es möglich, durch ein solches Gesetz die Regierung einer Einzelperson (Monarchie), einer Gruppe von Personen (Aristokratie) oder dem Volk selbst (Demokratie) zu übertragen. Doch sei die Regierung nur ausführendes Organ des Gemeinwillens und könne wieder abgesetzt werden.

➢ Die Idee von der Volkssouveränität hatte entscheidende Bedeutung für die Weiterentwicklung der Demokratietheorie. Doch ist zu beachten, dass ROUSSEAU selbst der Demokratie sehr kritisch gegenüberstand und insbesondere eine parlamentarische Demokratie, etwa nach englischem Vorbild, ablehnte (Unübertragbarkeit der Souveränität!). Er orientierte sich eher am Vorbild seiner Heimatstadt Genf mit ihren aristokratisch-direktdemokratischen Strukturen.

Studienwörterbuch: Rousseau, Jean Jacques; Volkssouveränität.

2146 Epoche machend war die Verfassung der USA vom 7. 9. 1787, mit der erstmals ein moderner Flächenstaat eine demokratische Verfassung erhielt. Diese Verfassung wurde von ALEXANDER HAMILTON (1755/57–1804), JAMES MADISON (1751–1836, US-Präsident 1809–17) und JOHN JAY (1745–1829) in mehreren 1787/88 erscheinenden Zeitungsartikeln, den sog **Federalist Papers**, gegen Kritiker verteidigt und erörtert.

➢ Dass die USA keine unmittelbare, sondern eine mittelbare (repräsentative) Demokratie waren bzw sind, wurde von den *Federalist Papers* nicht als notwendiges Übel des Flächenstaates angesehen; vielmehr sei das Parlament einer Volksversammlung vorzuziehen, weil es zur politischen Stabilität beitrage und besser geeignet sei, Partikularinteressen gegenüber dem allgemeinen Wohl hintan zu halten.

➢ Im Gegensatz zu ROUSSEAU bejahten die *Federalist Papers* das Prinzip der Gewaltenteilung als Mittel zur Verhinderung von Machtmissbrauch. Insbesondere die Legislative dürfe nicht in einer Hand alleine sein: So rechtfertigten die *Federalist Papers* das amerikanische Zweikammernsystem (⇨ Rz 2137), aber auch die bundesstaatliche Struktur der USA („vertikale Gewaltenteilung" zwischen Union und Bundesstaaten).

➢ Eine weitere Einschränkung der Staatsgewalt solle durch (in der ursprünglichen US-Verfassung noch nicht vorhandene!) Grundrechte erfolgen.

Studienwörterbuch: Federalist Papers.

2147 Die Demokratietheoretiker des 19. Jh wie JOHN STUART MILL (1806–1873) erblickten in der Demokratie jene Staatsform, die die **Freiheit** des Einzelnen am besten gewährleiste. Für HANS KELSEN (1881–1973, ⇨ Rz 1451) war eine solche Vorstellung Fiktion; für ihn lag der Wert der Demokratie vielmehr in der Sicherung des inneren **Friedens**, da sie ein „Gleichgewicht der Klassenkräfte" ermögliche.

➢ Auch eine Demokratie ist eine Form der Herrschaft und führt notwendigerweise zu Beschränkungen der Freiheit des Einzelnen. Die Demokratie erfüllt also nicht die von ROUSSEAU geforderte „Rückkehr zur Natur"! Dies wäre Anarchie.

➢ In seinem 1859 erschienen Buch *On Liberty* stellte der englische Philosoph MILL die demokratische Bewegung va als Freiheitskampf gegen Tyrannei dar. Doch sah auch er bereits die Gefahr, dass in der Demokratie selbst die Mehrheitspartei die Minderheitspartei tyrannisiere.

➢ MILL baute hier vielfach auf der Beschreibung der US-Demokratie durch den Franzosen ALEXIS DE TOCQUEVILLE (1805–1859), *De la Démocratie en Amérique* (1835/40), auf, der gefordert hatte, dass auch in einer Demokratie die Mehrheitspartei nicht unbegrenzte Macht haben dürfe.

➢ KELSEN (*Vom Wesen und Wert der Demokratie*, 1920; 2. Aufl. 1929) anerkannte zwar das Prinzip der Freiheit als „Ideologie" des „Demokratismus" und sah in ihr – nicht im Prinzip der Gleichheit – die Rechtfertigung für das Mehrheitsprinzip bei Abstimmungen. Doch sei in der Realität vollkommene Freiheit nicht zu erreichen.

➢ Charakteristisch für eine Demokratie sei nach KELSEN, dass die Mehrheiten (durch Wahlen) jederzeit wechseln können, womit Regierung und Opposition ihre Rollen vertauschen. Keine Partei sei daher zu dauernder Ohnmacht verurteilt; jeder erhält theoretisch die Chance der Mitbestimmung; daher sei auch die momentane Regierung nicht völlig unabhängig von der Opposition. All dies führe dazu, dass politische Konflikte nicht gewaltsam auf der Straße, sondern in demokratischen Institutionen, wie va dem Parlament, ausgetragen würden.

2. Formen

2148 Die demokratische Staatsform ist mit der monarchischen Regierungsform nicht völlig unvereinbar, beschränkt den Monarchen aber auf rein repräsentative Funktionen (*parlamentarische Monarchie*). Jüngere Demokratien wählten zumeist die Form der demokratischen **Republik**. Die Verfassungen weisen in vieler Hinsicht, va aus traditionalistischen Gründen, Ähnlichkeit mit denen konstitutioneller Monarchien auf.

➢ „*Res publica* – öffentliche Sache" war ursprünglich allgemein Bezeichnung für ein Staatswesen. Heute werden unter einer Republik nur mehr Nicht-Monarchien verstanden.

➢ Der Gegensatz Republik/Monarchie betrifft nur die Stellung des Staatsoberhauptes, insbesondere, ob er für sein Handeln zur Verantwortung gezogen werden kann. Weitere typische, aber nicht wesensentscheidende Unterscheidungsmerkmale sind, ob er auf begrenzte Zeit in sein Amt gewählt wird oder den Thron kraft Erbrechts auf Lebenszeit besteigt.

➢ In parlamentarischen Monarchien hat der Monarch kein Vetorecht in der Gesetzgebung; die Minister sind nicht ihm, sondern dem Parlament verantwortlich. In Großbritannien vollzog sich der Wandel von der konstitutionellen zur parlamentarischen Monarchie allmählich im 18. und 19. Jh; im Deutschen Reich erst wenige Tage vor Ausrufung der Republik 1918; in der Habsburgermonarchie niemals.

➢ Trotz des revolutionären Überganges von der Monarchie zur Republik in Österreich 1918 (⇨ Rz 1301) wurde bewusst an zahlreiche Bestimmungen der konstitutionellen Dezemberverfassung 1867 angeknüpft, die teils sinngemäß, teils wörtlich auch im B-VG enthalten sind. Besonders deutlich ist dies im Bereich der Justiz zu erkennen, deren Organisation durch den Übergang zur demokratischen Republik kaum Veränderungen erfahren hat. Aber auch zB die Immunität der Abgeordneten wurde unverändert beibehalten, obwohl sie in einer demokratischen Republik ihren ursprünglichen Sinn verloren hat.

➢ Beibehalten wurde ferner in den meisten Republiken die aus dem Konstitutionalismus stammende Trennung des Staatsoberhauptes vom Regierungschef, sodass in den meisten demokratischen Republiken (Ausnahme zB USA) sowohl ein Staatspräsident als auch ein Ministerpräsident (Premierminister, Bundeskanzler oä) besteht.

➢ Beibehalten wurde schließlich auch das System der Gewaltenteilung, was insofern problematisch ist, als es in der Praxis durch die Gewalten verbindende Funktion der politischen Parteien überlagert wird (⇨ Rz 2151; vgl zur Kritik KELSENS am Gewaltenteilungsprinzip Rz 2134). Doch bildeten sich zT auch neue Formen der Gewaltenteilung heraus, sei es innerhalb der „klassischen" Gewalten (zB Bundespräsident – Bundeskanzler), sei es in „vertikaler" Hinsicht (Bundesorgane – Landesorgane; ⇨ Rz 2427).

Studienwörterbuch: Parlamentarische Monarchie; Republik.

2149 Dem Grundgedanken der Demokratie kommt die in der Praxis schwer zu realisierende **direkte Demokratie** am nächsten. Die Flächenstaaten der Neuzeit wählten dagegen regelmäßig die Form der repräsentativen Demokratie; diese wird zuweilen durch Elemente der direkten Demokratie ergänzt.

➢ Direkte Demokratien existierten va in der Antike, wo sie aber auch nur auf Grund der Kleinheit der *Poleis* möglich waren. Dies zeigt va das Beispiel Roms: Zur Zeit des Stadtstaates wurden Gesetze noch durch Volksversammlungen auf dem Marsfeld beschlossen; an deren Stelle traten parallel zur Ausbreitung des Römischen Reiches immer öfter Senatsbeschlüsse, da die Einberufung von Volksversammlungen zunehmend auf Schwierigkeiten stieß (vgl Inst 1.2.5).

➢ Generell wird heute das Prinzip der repräsentativen Demokratie als Erfordernis des modernen Flächenstaates anerkannt. Gesetzesbeschließende Volksversammlungen („Landsgemeinden") existieren heute nur mehr in den Schweizer Kantonen Glarus und Appenzell-Innerrhoden.

➢ Durch die moderne Technik (Internet) sind Überlegungen zu einer Wiederbelebung der direkten Demokratie wieder laut geworden; doch wird diese auch aus sachlichen Gründen (Komplexität der Gesetzesmaterien) abgelehnt. Diese Problematik wurde zB 1978 in der Schweiz deutlich, als über eine konjunkturpolitische Frage abgestimmt werden sollte, bei der zwei Drittel der Befragten nicht im Stande war, den Abstimmungsgegenstand auch nur annähernd zu umschreiben.

➢ Bedeutend sind aber nach wie vor Volksabstimmungen zu einzelnen Grundsatzentscheidungen wie v.a. neuen Verfassungen. So wurden in Frankreich sämtliche Verfassungen seit 1791 (mit Ausnahme der *Charte constitutionelle* 1814) durch Plebiszite bestätigt.

➢ Die Erfahrung hat jedoch auch gezeigt, dass Volksabstimmungen oft manipulativ von Demagogen zur Bestätigung ihrer Politik missbraucht werden (⇨ Rz 2168). Das Bonner GG lehnt daher (mit einer Ausnahme: Neugliederung des Bundesgebietes, Art 29) Volksabstimmungen ab.

➢ In Österreich sieht Art 44 Abs 3 (früher Abs 2) B-VG vor, dass eine Gesamtänderung der Verfassung einer Volksabstimmung unterzogen werden muss (einziger Fall 1994: EU-Beitritt); im Übrigen kann eine Abstimmung stattfinden, wenn dies ein Drittel der Mitglieder des Nationalrates oder Bundesrates verlangt (einziger Fall 1978: Bau des Kernkraftwerkes Zwentendorf).

➢ Die unterschiedliche Tradition der einzelnen Staaten bezüglich Volksabstimmungen zeigte sich zuletzt bei der Ratifikation der Europäischen Verfassung 2005, für die nur in einzelnen Staaten (darunter Frankreich), nicht jedoch in Deutschland oder Österreich Volksabstimmungen durchgeführt wurden (⇨ Rz 1239).

➢ Wachsende Bedeutung haben in Österreich Volksbegehren, die auf die Einbringung von Gesetzen in den Nationalrat gerichtet sind; bislang (Stand 2007) fanden 32 Volksbegehren statt. Am meisten Eintragungen erzielten dabei Volksbegehren gegen die Errichtung eines Konferenzzentrums (1982: 1,3 Millionen Eintragungen); gegen gentechnisch veränderte Lebensmittel (1997: 1,2 Millionen) und gegen die Fristenlösung (1975: 762.000 Eintragungen, ⇨ Rz 1464).

➢ Mit wachsender Häufigkeit der Volksbegehren schwindet allerdings auch das Bedürfnis des Gesetzgebers, der „vox populi" Rechnung zu tragen. So wurde etwa die Abschaffung der 13. Schulstufe aufgrund eines entsprechenden Volksbegehrens (1969: 300.000 Eintragungen) als selbstverständlich erachtet, während alle oben genannten, später erfolgten Volksbegehren trotz wesentlich höherer Eintragungszahl erfolglos geblieben sind.

> Das im B-VG genannte Institut der Volksbefragung wurde österreichweit noch nie angewendet. Vielmehr nützen mittlerweile auch Regierungsparteien das Institut des Volksbegehrens zur Durchsetzung politischer Ziele, was dessen Sinn zuwiderläuft, da diese Parteien ja auch ohne Volksbegehren (nämlich mit einem durch mindestens fünf Abgeordnete zu unterstützenden Initiativantrag) die Möglichkeit haben, Gesetzesvorlagen im NR einzubringen.

Studienwörterbuch: Direkte Demokratie.

2150 In der **repräsentativen Demokratie** werden idR nur wenige Organe direkt vom Volk gewählt; die übrigen Organe werden von diesen eingesetzt und sind daher nur indirekt demokratisch legitimiert, was auch eine gewisse Rangordnung nahe legt. Die beiden Haupttypen der repräsentativen Demokratie sind die parlamentarische Demokratie und die präsidentielle Demokratie; daneben bestehen Mischformen.

> Die Direktwahl eines Organs stärkt dessen politische Bedeutung. Problematisch erscheint es daher, wenn nicht nur die obersten, sondern auch untere Organe gewählt werden, weil dann die obersten Organe ihren Willen nur schwer gegen die untergeordneten Organe durchsetzen können.

> Aus diesem Grund wurde beim Übergang zur Demokratie idR nur die Staatsspitze demokratisiert; der teilweise noch aus dem Absolutismus stammende Verwaltungsapparat großteils unverändert beibehalten. Die Verknüpfung der Bürokratie mit der demokratisch legitimierten Regierung erfolgt über das Weisungsrecht und das Legalitätsprinzip, dem damit eine spezifisch demokratische Funktion zuwächst.

> Eine gewisse Demokratisierung der Verwaltung erfolgte in Österreich bereits 1862 durch die Errichtung von „Bezirksgemeinden", dh von Selbstverwaltungskörperschaften auf Bezirksebene, die de facto jedoch nur in Böhmen, Galizien und der Steiermark eingeführt wurden. Im B-VG war die Möglichkeit zur Einführung von „Gebietsgemeinden" noch vorgesehen (vgl noch heute Art 120), wurde jedoch nicht weiter ausgeführt, sondern es wurden im Gegenteil die (aus der Monarchie fortbestehenden) Bezirksvertretungen in der Steiermark ab 1924 nicht mehr gewählt, sondern von der Landesregierung ernannt.

Studienwörterbuch: Gebietsgemeinden; repräsentative Demokratie.

2151 In der **parlamentarischen Demokratie** kommt dem Parlament als direkt gewähltem Organ theoretisch die größte Bedeutung zu; die Regierung ist ihm nicht nur rechtlich, sondern auch politisch verantwortlich. Dennoch liegt in der Praxis die politische Macht regelmäßig nicht beim Parlament, sondern bei der Regierung. Durch die Gewalten verbindende Stellung des Parlaments sind die vom Konstitutionalismus entwickelten Lehren zur Gewaltenteilung (⇨ Rz 2134) auf parlamentarische Demokratien nur sehr eingeschränkt anwendbar.

> Zur rechtlichen Ministerverantwortlichkeit vgl noch unten Rz 2425 ff.

> Politisch verantwortlich ist eine Regierung dann, wenn sie vom Parlament durch Mehrheitsbeschluss abgesetzt werden kann. Anders als in der konstitutionellen Monarchie haben somit Parlamentswahlen einen (indirekten) Einfluss auf die Zusammensetzung der Regierung.

> In Großbritannien wird die Regierung zwar bis heute formell von der Krone ernannt, bedarf aber seit Beginn des 19. Jh des Vertrauens der Parlamentsmehrheit (die letzte große Auseinandersetzung zwischen Krone und Parlament um die Bestellung eines Premierministers erfolgte 1834). Ihre Mitglieder müssen dem *House of Commons* angehören und erscheinen so als dessen Vollzugsausschuss. Ein radikal parlamentarisches System verfolgte Österreich 1918–29, als die Regierung (und 1920–29 auch der Bundespräsident) vom Parlament gewählt wurde (⇨ Rz 1301, Rz 1306).

> Regierung und Parlamentsmehrheit sind über die politischen Parteien miteinander verknüpft, der Regierungschef ist zumeist auch Parteivorsitzender. Daher leitet in der Praxis der Regierungschef die Parlamentsfraktion (und nicht umgekehrt!). Im Extremfall kann dies dazu führen, dass das Parlament nur mehr als „Abstimmungsmaschine" verwendet wird.

> An die Stelle der „klassischen" Gewaltenteilung „Regierung" – „Parlament" tritt somit, nach dem Briten WALTER BAGEHOT (1826–1877), die Gewaltenteilung „Regierung/Parlamentsmehrheit" – „Opposition". Die sog parlamentarischen Minderheitenrechte, dh die Rechte der Oppositionsparteien sind somit für das Funktionieren demokratischer Strukturen essentiell.

> Verkompliziert wird das System dann, wenn mehr als zwei politische Parteien existieren und die Regierung sich auf eine Koalition mehrerer Parlamentsfraktionen stützen muss. Zu Misstrauensvoten kommt es daher va dann, wenn eine Koalition auseinander bricht.

> In der Weimarer Republik wurde durch Misstrauensvoten des Reichstags zwischen 1923 und 1926 dreimal eine Regierung gestürzt, was zu Instabilitäten führte. Das Bonner GG 1949 (Art 67) bestimmt daher, dass der Bundeskanzler nur dadurch abgesetzt werden könne, indem der Bundestag einen neuen Bundeskanzler wähle (konstruktives Misstrauensvotum), wie dies beim Sturz HELMUT SCHMIDTS (SPD) durch die Wahl HELMUT KOHLS (CDU) 1982 erfolgte.

Studienwörterbuch: Gewaltenteilung; Ministerverantwortlichkeit; Parlamentarische Demokratie.

2152 In der **präsidentiellen Demokratie** hat das Staatsoberhaupt große verfassungsrechtliche und politische Macht und steht mit dem Parlament in einem gewissen Konkurrenzverhältnis, womit die Idee der Gewaltenteilung wieder mehr Bedeutung erhält.

> Ältestes präsidentielles Regierungssystem ist die USA, in der der US-Präsident unabhängig vom Kongress gewählt und von diesem nicht abgesetzt werden kann; er ist zugleich Staatsoberhaupt und Regierungschef. Auch die Verfassung der V. Französischen Republik v. 1958 gibt dem Staatspräsidenten großes Gewicht, v.a. in der Außenpolitik; doch muss er

seine Macht mit einem dem Parlament politisch verantwortlichen Premierminister teilen.

➤ Besonders der Soziologe MAX WEBER (1864–1920) sprach sich (1919, in Unkenntnis der nachfolgenden Ereignisse!) für eine „plebisizitäre Führerdemokratie" auch in Deutschland aus, in der der durch unmittelbare Volkswahl (Plebiszit) eingesetzte Präsident ein Gegengewicht zur Parlamentsherrschaft und zugleich ein „Ventil für das Bedürfnis nach Führertum" bilden solle.

➤ Die starke Stellung des (ab 1925 direkt vom Volk gewählten) deutschen Reichspräsidenten 1919–34 fußte va auf dessen Notverordnungsrecht (⇨ Rz 1205), von dem er ausgiebig Gebrauch machte. Das Bonner GG hat auch hier aus dem negativen Beispiel der Weimarer Reichsverfassung die Lehre gezogen und dem Bundespräsidenten nur geringe Kompetenzen gegeben.

➤ Typischerweise wird der Präsident in einer präsidentiellen Demokratie vom Volk gewählt und verfügt daher über die gleiche demokratische Legitimation wie das Parlament. Als 1929 die Stellung des österreichischen Bundespräsidenten hin zu einem präsidentiellen System gestärkt wurde, wurde zugleich dessen Volkswahl eingeführt (durch Spezialgesetze wurde diese Volkswahl jedoch wiederholt suspensiert, so dass sie tatsächlich erst ab 1951, bei der Wahl von THEODOR KÖRNER, stattfand).

➤ Das in Österreich 1929–33 und wieder seit 1945 bestehende System (⇨ Rz 1310) wird als „parlamentarisches System mit präsidentiellem Einschlag" charakterisiert, doch hat der österr Bundespräsident weit weniger politischen Einfluss als der französische oder gar der US-Präsident. Dies ist weniger auf den Wortlaut des B-VG als vielmehr auf die Verfassungspraxis zurückzuführen.

➤ Die Regierung ist in Österreich seit 1929, in Frankreich seit 1958 sowohl vom Parlament als auch vom (Bundes-)Präsidenten politisch abhängig. Zu einem Spannungsverhältnis zwischen Parlament und Bundespräsident kam es in Österreich insbesondere bei der Regierungsbildung 2000, bei der sich jedoch die Parlamentsmehrheit durchsetzte.

➤ 1929 wurde auch dem österr Bundespräsidenten ein Notverordnungsrecht gegeben, jedoch an so strenge Bedingungen geknüpft (Zustimmung eines ständigen Parlamentsausschusses, Unzulässigkeit von Verfassungsänderungen oder eines Eingriffes in bestimmte sensible Materien wie zB Mieterschutz), dass es bisher noch nie zur Anwendung kam. Von großer Bedeutung war demgegenüber das aus der Monarchie übernommene KwEG 1917 (⇨ Rz 1312).

Studienwörterbuch: Präsidentielle Demokratie.

3. Wahlrecht und Parteien

2153 Als demokratisches Wahlrecht wird ein System bezeichnet, das **allgemein, gleich, geheim und frei** ist.

➤ Die Prinzipien der Allgemeinheit, Gleichheit und Freiheit sind die wichtigsten gedanklichen Voraussetzungen der Demokratie, die nach ihrem Selbstverständnis eine „Identität von Herrschern und Beherrschten" darstellt.

➢ Dennoch wurden Frauen (und gegebenenfalls auch Sklaven) auch in demokratischen Staaten lange von jeglicher politischen Mitwirkung ausgeschlossen, ohne dass dies dem Selbstverständnis dieser Staaten als Demokratien Abbruch getan hätte. In Österreich und Deutschland wurde das Frauenwahlrecht 1918 eingeführt, in England 1918 (teilweise, 1928 allgemein), in Frankreich 1944, in der Schweiz (Bundesebene) 1971.

➢ Noch heute gilt der Ausschluss von Kindern und von bloß vorübergehend im Inland befindlichen Personen vom Wahlrecht als selbstverständlich, obwohl auch diese Personen zum Kreis der „Beherrschten" zählen. Immerhin wurde zB das Mindestalter für das aktive Wahlrecht zum NR, das ursprünglich bei 20 Jahren lag, 1968 auf 19, 1992 auf 18 und 2007 auf 16 Jahre gesenkt. Auf die Problematik des sog Ausländerwahlrechts kann hier nur hingewiesen werden.

➢ Die Pflicht zur Geheimhaltung des Wahlverhaltens dient dem Schutz des freien Wahlrechts, wie va das negative Beispiel der Volksabstimmung 1938 zeigt, bei der nur die Möglichkeit, nicht aber die Pflicht zur Geheimhaltung bestand. Aus diesem Grund ist auch die 2007 eingeführte Form der Briefwahl äußerst bedenklich, da keine Gewähr dafür besteht, dass die wählende Person ihr Wahlrecht frei und geheim ausüben kann.

➢ Irrig ist es, das Prinzip der Unmittelbarkeit als Wesenselement des demokratischen Wahlrechtes anzusehen: Auch eine Wahl mittels Wahlmänner (zB die Wahl des US-Präsidenten) gilt als demokratische Wahl.

2154 Trotz gleichem Zählwert der Stimmen können diese je nach Wahlsystem einen unterschiedlichen Erfolgswert haben. Die Hauptformen sind das **Mehrheits-** sowie das **Verhältnis-**(Proporz-)**wahlsystem**. Moderne Wahlsysteme suchen die Mängel beider Systeme durch Mischformen (Vorzugsstimme, Zweitstimme) auszugleichen.

➢ Die „Gleichheit" im Wahlrecht bedeutet, dass jede Stimme gleich zählt (*„one man, one vote"*); Kurien, Wählerklassen oä sind daher unzulässig. Dies schließt einen unterschiedlichen Erfolgswert nicht aus.

➢ Historisch älter ist das Mehrheitswahlsystem, bei dem das Territorium in Wahlkreise aufgeteilt wurde, die jeweils nur einen Abgeordneten wählten. Derartige Systeme begünstigen große Parteien und sorgen für stabile Mehrheitsverhältnisse im Parlament; sie verhindern aber die Etablierung neuer Parteien und verfälschen den Wählerwillen, da die für die unterlegenen Wahlwerber abgegebenen Stimmen überhaupt nicht berücksichtigt werden.

➢ Ein Verhältniswahlsystem wurde erstmals 1899 in Belgien eingeführt, es setzte sich nach und nach auch in den übrigen Staaten (Österreich und Deutschland 1918/19) durch. Hier werden in jedem Wahlkreis mehrere Abgeordnete, entsprechend dem Stimmenverhältnis, gewählt. Der Vorteil ist eine bessere Entsprechung des Wählerwillens; der Nachteil die mangelnde Personenbezogenheit der Wahl (Ankreuzen einer „Liste" anstelle einzelner Personen) und die Zersplitterung des Parlaments.

➤ Ein extremes Mehrheitswahlsystem führte 1923 Italien ein, wonach eine Partei mit 25 % der Stimmen 66 % der Sitze in einem Wahlkreis erlangen konnte. Nach 1945 ging Italien ins andere Extrem eines reinen Verhältniswahlrechts, so dass eine außerordentliche Parteienvielfalt entstehen konnte.

➤ Bei dem in Österreich bestehenden System der „Vorzugsstimmen" ist es dem Wähler möglich, durch namentliche Nennung eines Kandidaten der Partei, die er wählt, innerhalb der gewählten Liste vorzureihen.

➤ In Deutschland besteht demgegenüber das System der „Zweitstimme": Jeder Wähler wählt mit der ersten Stimme eine Person, mit der zweiten Stimme eine Partei; erhält eine Partei (über die Erststimmen) mehr Direktmandate als ihr (nach der Zahl der Zweitstimmen) eigentlich zustehen würde, wird die Zahl der Bundestagsmandate durch „Überhangmandate" vergrößert.

Studienwörterbuch: Mehrheitswahlrecht; Verhältniswahlrecht.

2155 Besonders das Verhältniswahlsystem macht die Bedeutung der **politischen Parteien** als Transformatoren des Wählerwillens deutlich. Sie werden heute als unentbehrlich für das Funktionieren einer Demokratie angesehen. Schon KELSEN forderte daher eine Verankerung ihrer Stellung in der Verfassung. Dem wurde 1975 durch das Parteiengesetz insofern Rechnung getragen, als sein (in Verfassungsrang stehender) Artikel 1 die „Existenz und Vielfalt politischer Parteien" zu „wesentlichen Bestandteilen der demokratischen Ordnung" erklärt.

➤ Zur Zeit des Mehrheitswahlsystems warben die Kandidaten noch vorwiegend einzeln um ihre Wahl; erst im Parlament schlossen sie sich zu losen Interessengemeinschaften zusammen. Die Bildung von straff organisierten Parteiverbänden ist erst eine Entwicklung des letzten Viertels des 19. Jh.

➤ Das Verhältniswahlsystem setzt demgegenüber die Existenz von Parteien faktisch voraus, da hier ja keine Einzelpersonen, sondern Personengruppen gewählt werden, die sich zumindest zum Zweck der gemeinsamen Kandidatur zusammengeschlossen haben („Wahlpartei").

➤ Die Tatsache, dass Parteien anstelle von Einzelpersonen gewählt werden, stellt juristisch keine Beeinträchtigung der Unmittelbarkeit der Wahl dar, da die Parteien schon vor der Wahl Listen mit den Personen veröffentlichen müssen, die sie ins Parlament zu entsenden beabsichtigen.

➤ Die den Gegenstand des Parteiengesetzes bildenden politischen Parteien sind von den Wahlparteien juristisch streng zu scheiden. Doch steht in der Praxis hinter fast jeder Wahlpartei eine gleichnamige politische Partei. 1949 kandidierten KPÖ und Linkssozialisten als gemeinsame Wahlpartei (unter dem Namen „Linksblock"); 2006 kandidierte auf der Liste der SPÖ auch ein Mitglied des Liberalen Forums.

➤ Die Gründung von politischen Parteien erfolgte bis 1975 aufgrund des Vereinsgesetzes 1867 (so noch zB die 1956 aus dem VdU hervorgegangene FPÖ). Es unterwarf „politische Vereine" einer strengen Kontrolle (ua Vorlage eines Mitgliederverzeichnisses an die Vereinsbehörde); Frauen war bis 1918 die Mitgliedschaft untersagt (⇨ Rz 2139).

➢ Die Parteigründungen von 1945 (⇨ Rz 1318) erfolgten nicht nach dem Vereinsgesetz. Vielmehr stützen SPÖ, ÖVP und KPÖ ihre Existenz unmittelbar auf die von ihnen unterzeichnete österreichische Unabhängigkeitserklärung.

➢ Das 1975 ergangene, teilweise in Verfassungsrang stehende Parteiengesetz garantiert die Freiheit der Parteigründung; ihre Satzungen sind in einer periodischen Schrift zu veröffentlichen, unterliegen aber nach herrschender Lehre keiner behördlichen Kontrolle. Auf dieser Grundlage entstanden ua 1986 die Grünen, 1993 das Liberale Forum, 2005 das BZÖ.

➢ Eine Folge der Arbeitsökonomie und der Spezialisierung ist, dass innerhalb der Parteien Wortführer (allgemein oder auch nur für bestimmte Politikbereiche) bestehen und die übrigen Abgeordneten derselben Partei diesen bei Abstimmungen idR geschlossen folgen („Klubzwang"). Der zuweilen erfolgende Ausbruch aus dem Klubzwang („wilde Abgeordnete"), zuweilen auch die Abspaltung ganzer Parteien, wie des Liberalen Forums 1993 oder des BZÖ 2005, machen das Spannungsverhältnis zwischen Parteiendemokratie und freiem Mandat deutlich.

4. Staat – Kirche – Gesellschaft

2156 Mit dem Wesen der Demokratie erscheint ein Staatskirchentum nur schwer vereinbar; es kommt hier fast nur mehr in parlamentarischen Monarchien vor. Der mit der Demokratie typischerweise verbundene Übergang zur Republik (⇨ Rz 2148) bedeutet auch eine vollständige Absage an religiös legitimierte Herrschaft und ist Grundlage für eine (mehr oder weniger weitgehende) **Trennung von Staat und Kirche**.

➢ Noch heute ist zB in England, Norwegen oder Dänemark die Krone zugleich weltliches Oberhaupt der jeweiligen „Staatskirche"; diese Stellung wirkt sich aber weniger in einer Privilegierung als vielmehr einer staatlichen Bevormundung aus (Zustimmungspflicht der Krone bzw des Parlaments zu kirchlichen Rechtsakten usw).

➢ Eine weitestgehende Trennung von Staat und Kirche erfolgte in den USA mit dem 1. Verfassungszusatz (*amendment*) vom 15. 12. 1791; nichtsdestoweniger prägen die in den USA existierenden Kirchen – die rechtlich die gleiche Stellung wie weltliche Vereine besitzen – das öffentliche Leben bis heute. Demgegenüber hat Frankreich mit dem Trennungsgesetz vom 3. 7. 1905 die Kirche weitgehend aus dem öffentlichen Leben verbannt.

➢ Auch die Republik Österreich folgt dem Prinzip der Trennung von Staat und Kirche; ein Aufgeben der konfessionellen Neutralität des Staates wird von einem Teil der Lehre als Veränderung des republikanischen Prinzips und damit als Gesamtänderung der Bundesverfassung iSd Art 44 Abs 3 B-VG qualifiziert.

➢ Dennoch genießen die Kirchen und Religionsgesellschaften in Österreich (und in Deutschland) als Körperschaften des öffentlichen Rechts bis heute eine bevorzugte Stellung gegenüber privaten weltlichen Vereinen und haben zT auch Anspruch auf finanzielle Unterstützung durch den Staat.

➢ Durch die Vermögenssäkularisationen, wie sie in Deutschland insbesondere durch den Reichsdeputationshauptschluss 1803 erfolgten, wurde die Erschließung neuer Finanzquellen für die Kirchen nötig. Ende des 19. Jh führten mehrere deutsche Länder Kirchensteuern ein; mit der Weimarer Reichsverfassung wurde dieses Prinzip allgemein anerkannt. Die Kirchensteuer wird vom Staat zusammen mit Einkommens- bzw Lohnsteuer eingehoben; die Verwaltung obliegt den Kirchen.

➢ Demgegenüber erfolgte in Österreich die Finanzierung der Kirche durch die Religionsfonds (⇨ Rz 2130) bis zu deren Auflösung durch das NS-Regime. Seitdem unterliegen Angehörige der katholischen Kirche einer Kirchenbeitragspflicht (Gesetz vom 28. 4. 1939), die – im Unterschied zur deutschen Kirchensteuer – als ein zivilrechtlicher Mitgliedsbeitrag ausgestaltet und daher erforderlichenfalls im zivilgerichtlichen Verfahren einzuklagen ist.

➢ Das Ende der Monarchie bedeutete in Österreich auch das Ende des landesfürstlichen Nominationsrechts für die Bischofsernennung (⇨ Rz 2120). Die Auswahl der Bischöfe kommt seit dem Konkordat 1933 allein dem Papst zu (ausgenommen Salzburg, wo das Domkapitel einen Rest seines alten Wahlrechts bewahren konnte). Das Recht der österr BReg, Einwände allgemeiner politischer Natur gegen einen Kandidaten zu erheben, ist bis heute noch nie angewendet worden.

2157 Auch die Staatsaufgaben können in einer Demokratie nur schwer allgemein formuliert werden: Ihrem Wesen entspricht eine **wertoffene Gesellschaft**, die prinzipiell mit verschiedensten Sozialmodellen und/oder Wirtschaftsmodellen vereinbar ist. Erst die in jüngster Zeit im Zusammenhang mit den immer weiter gehenden „Ausgliederungen" ehemaliger Staatsfunktionen auftauchende Frage nach den „Kernfunktionen des Staates" stellt ein ernst zu nehmendes demokratietheoretisches Problem dar: Wenn mit Behördengewalt ausgestattete Personen weder selbst demokratisch legitimiert sind, noch ihr Handeln durch Weisungen demokratisch legitimierter Organe vorherbestimmt werden kann, steht dies mit Art 1 B-VG im Widerspruch.

➢ Sowohl in Deutschland als auch in Österreich kam es nach 1918 zu einer ungeheuren Ausweitung der Staatsaufgaben durch das Sozialrecht (Pensionsversicherung, Arbeitslosenversicherung uva). Dies war aber weniger Folge der Einführung des demokratischen Prinzips als vielmehr eine notwendige Reaktion auf die wirtschaftlichen Folgen des 1. WK.

➢ Eine verfassungsrechtliche Verankerung des Sozialstaates erfolgte in der BRD mit der programmatischen Bestimmung des Art 20 GG („Die Bundesrepublik Deutschland ist ein demokratischer und sozialer Bundesstaat"). In Österreich fehlt eine derartige Bestimmung, die Diskussion um eine entsprechende verfassungsrechtliche Verankerung findet hier eher im Rahmen der Diskussion um die Schaffung sozialer Grundrechte statt.

> Aufgrund der in jüngster Zeit immer öfter vorkommenden „Ausgliederungen" wird die Vollziehung ganze Rechtsgebiete nicht mehr von staatlichen Organen, sondern von eigenständigen Rechtsträgern wahrgenommen, die nur mehr unter einer relativ losen staatlichen Aufsicht stehen. Dies mag in bestimmten Bereichen (Eisenbahn? Post? Universitäten?) sinnvoll erscheinen, wird jedoch für die Polizei, die Justiz oder das Heerwesen mit guten Gründen (derzeit noch?) abgelehnt.

E Sozialismus

2158 Das politische System der sozialistischen Staaten Ost- und Ostmitteleuropas wurde va durch den **Führungsanspruch der kommunistischen Partei** (KP) bestimmt („Diktatur des Proletariats").

> Ideologische Grundlage der KP waren die Lehren von MARX und ENGELS (⇨ Rz 1454), die aber im 20. Jh va von LENIN weiterentwickelt worden waren (*Marxismus-Leninismus*).

> Die von kommunistischen Parteien geführten Staaten bezeichneten den gegenwärtigen (Übergangs-)Zustand des Staates als Sozialismus („Jedem nach seiner Leistung"); er sei in Richtung eines Kommunismus („Jedem nach seinen Bedürfnissen") weiterzuentwickeln. Mehrere Staaten nahmen das Wort „sozialistisch" in den Staatsnamen auf (Union der Sozialistischen Sowjetrepubliken – UdSSR, Čechoslovakische Sozialistische Republik – ČSSR, Sozialistische Föderative Republik Jugoslawien ua).

> Die „Diktatur des Proletariats" als Übergang zu einer klassenlosen Gesellschaft kam am schärfsten in der sowjetrussischen Verfassung 1918 zum Ausdruck, die ua Personen, die „zur Erzielung von Gewinn Lohnarbeit in Anspruch nehmen" oder „von nicht erarbeitetem Einkommen leben", vom Wahlrecht ausschloss. Umgekehrt besaßen Ausländer, die in Russland arbeiteten, alle politischen Rechte der Inländer (Art 20, 65). Spätere Verfassungen rückten von dieser radikalen Konzeption wieder ab.

> Die KP war zumeist die einzige zugelassene Partei. Eine Ausnahme bildete va die DDR, wo ein Mehrparteiensystem bestand, sich aber die KPD mit der SPD zur „Sozialistischen Einheitspartei Deutschlands – SED" zusammengeschlossen hatte und die übrigen Parteien zu einem „Block" zusammengefasst und so politisch entmachtet worden waren.

> Die gesetzgebenden Körperschaften wurden in der Weise gewählt, dass lediglich eine Einheitsliste aufgestellt wurde, bei der die Wähler einzelne Personen streichen konnten, was in der Praxis kaum Einfluss auf das Wahlergebnis hatte. Die Zusammensetzung des Parlaments – sowie auch, wie im Fall der DDR, die Mandatsverteilung auf die einzelnen Parteien – stand somit im Wesentlichen bereits vor der Wahl fest.

> Obwohl die geheime Wahl zT verfassungsrechtlich garantiert war, wurde die Inanspruchnahme des Wahlgeheimnisses als staatsfeindlich angesehen und de facto kaum zugelassen.

2159 Ebenso wie die „bürgerlichen Demokratien" gaben sich auch die sozialistischen „Volksdemokratien" **Verfassungsurkunden**, die die Staatsgewalt organisierten und die Rechtsstellung des Einzelnen regelten (Verfassung im materiellen Sinn) sowie von erhöhter Bestandskraft gegenüber einfachen Gesetzen waren (Verfassung im formellen Sinn).

➢ Den Anfang machte Sowjetrussland mit der Verfassung vom 10. 7. 1918; am 26. 7. 1923 folgte die erste Verfassung der UdSSR. Beide wurden unter STALIN 1936 bzw 1937 durch neue Verfassungen ersetzt, wobei viel „ideologischer Ballast" zugunsten von mehr Pragmatismus abgeworfen, aber auch das diktatorische Element stärker ausgeprägt wurde.

➢ Nach dem 2. WK erhielten auch die im sowjetischen Machtbereich befindlichen Staaten Ostmitteleuropas Verfassungen, die stark vom sowjetischen Vorbild geprägt waren. Eine Sonderstellung nahm die DDR-Verfassung 1949 ein, die teilweise der Weimarer Verfassung 1919 folgte, um die Wiedervereinigung Deutschlands, zu der sich die DDR damals noch bekannte, nicht zu gefährden.

➢ Ab den 1960er Jahren wurden die meisten sozialistischen Verfassungen novelliert oder durch neue Verfassungen ersetzt (Tschechoslowakei 1968; Ungarn 1972; Sowjetunion 1977 ua). Diese versuchten, nicht nur den Staat, sondern die gesamte gesellschaftlich-politische Ordnung zu erfassen. Zugleich wurden stärker als bisher die verschiedenen nationalen Traditionen berücksichtigt, so dass sie deutlicher voneinander abwichen. Gegenläufig war wiederum die DDR, die mit der Verfassung 1968 die alten Bindungen an Weimar und das Bekenntnis zur deutschen Wiedervereinigung aufgab.

2160 Die **Verfassungswirklichkeit** in den sozialistischen Staaten ist nur vor dem Hintergrund der marxistischen Rechtsauffassung (⇨ Rz 1456–1457) bewertbar.

➢ Recht war nach dieser Auffassung nur ein Mittel der Politik und dieser untergeordnet. Politische Zweckmäßigkeitserwägungen hatten Vorrang vor juristischen Subsumtionen. Bei letzteren war immer auch der „Klassencharakter" der zu interpretierenden Normen mit zu berücksichtigen.

➢ Da die KP von sich behauptete, Trägerin der richtigen Politik zu sein, konnte ihr Handeln nicht durch rechtliche Normen gebunden werden. Vielmehr sah sie es als ihre Aufgabe an, das Recht nach Zweckmäßigkeitserwägungen einzusetzen.

➢ An die Stelle des „bürgerlichen" Legalitätsprinzipes trat das Prinzip der „Sozialistischen Gesetzlichkeit": Zwar seien Gesetze strikt einzuhalten, aber nur in Übereinstimmung mit den Erfordernissen der gesellschaftlichen Entwicklung. Der in diesem Postulat verborgene Widerspruch wurde absichtlich hingenommen und führte zu einer Bedeutungsreduktion von Recht und Verfassung.

➢ Die eigentliche Bedeutung der formellen Verfassung lag in ihrer Propagandawirkung: Sie schrieb die Staatsideologie fest. Dem entsprachen auch die außerordentlichen langen Präambeln, in denen va auf historische Ereignisse Bezug genommen wurde.

> Aus all dem ergab sich ein Auseinanderklaffen von geschriebener und Realverfassung.

2161 Die Staatsorganisation war vom Gedanken der **Einheit der Staatsmacht** geprägt. Eine Gewaltenteilung wurde abgelehnt; auch ein Föderalismus konnte sich kaum entwickeln.

> Äußerlich glichen die staatlichen Funktionen und Organe meist denjenigen der „bürgerlichen Demokratien" Westeuropas (Unterscheidung von Verwaltung und Gerichtsbarkeit; Ministerrat; Oberster Gerichtshof etc). Eine Gerichtsbarkeit öffentlichen Rechts existierte idR nicht (⇨ Rz 2413).

> Die theoretische, Gewalten verbindende Überordnung der parlamentarischen Volksvertretungen über Verwaltung und Gerichtsbarkeit war Illusion; diese waren in Wirklichkeit vollkommen machtlos. Die reale politische Willensbildung erfolgte innerhalb der KP, insbesondere in deren „Politbüro" und im Generalsekretariat.

> Die Einheit der Staatsmacht wurde tatsächlich durch die politische Durchdringung aller staatlichen Organe durch die KP sowie durch personelle Identitäten sichergestellt; der Generalsekretär der KP war oft zugleich Staatsoberhaupt. Eine personelle Identität von Partei- und Regierungschef (va STALIN 1941–53) war dagegen untypisch.

> Die UdSSR sowie (seit 1968) die ČSSR waren zwar als Bundesstaaten eingerichtet, doch war der Föderalismus nur schwach ausgeprägt; in der DDR wurden die Länder 1952 zugunsten eines zentralistischen Staatsaufbaus beseitigt. Lediglich in Jugoslawien besaßen die einzelnen Länder ein stärkeres Eigenleben.

2162 Die parlamentarischen Versammlungen waren nach dem **Rätesystem** (russisch *Sowjet*) zusammengesetzt: die Abgeordneten durften nicht nach ihrer eigenen Überzeugung abstimmen, sondern waren an den Auftrag ihrer Wähler gebunden (*gebundenes Mandat*).

> Der Grundgedanke des Rätesystems war basisdemokratisch: Die Bevölkerung sollte in jedem Ort, jedem Betrieb, jeder Armeeeinheit etc Delegierte wählen, die ihrerseits Delegierte usf bis hin zum Obersten Sowjet (= das Zentralparlament der UdSSR) wählten. Durch die Bindung der Delegierten sollte sich der Volkswille bis nach oben fortpflanzen.

> Das Prinzip des gebundenen (imperativen) Mandates schien den demokratischen Gedanken besser zu verwirklichen als das Prinzip des freien Mandats (⇨ Rz 2140). Allerdings verlor das Parlament damit auch seine Bedeutung als Ort des Gedankenaustausches für die politische Elite, da keine Diskussion eine Änderung im Abstimmungsverhalten bewirken konnte; die eigentlichen politischen Entscheidungen mussten außerhalb des Parlaments getroffen werden.

> Somit erwies sich das System als unpraktikabel und wurde schon bald nach der Oktoberrevolution schrittweise modifiziert, bis die parlamentarischen Versammlungen schließlich jede Macht verloren. Mit der Sowjetverfassung 1936 trat an die Stelle des Delegationsprinzips die Direktwahl der Obersten Sowjet, womit das basisdemokratische Element unterging.

> Dennoch hielten die sozialistischen Verfassungen an der prinzipiellen Möglichkeit fest, einen Abgeordneten, der „seine Pflichten verletzte", noch vor der nächsten Wahl abzuberufen (so zB Art 57 DDR-Verfassung 1968). Praktische Bedeutung hatten derartige Bestimmungen kaum.

2163 Die **Eigentumsordnung** war wesentlich durch die Zweiteilung in Konsumgüter und in Produktionsmittel gekennzeichnet. Letztere durften, von wenigen Ausnahmen abgesehen, nur im Eigentum des Staates oder von Genossenschaften stehen.

> Der Ausdruck „Produktionsmittel" stammte von MARX. Er bezeichnete damit zusammenfassend Arbeitsmittel und Arbeitsgegenstände, also zB Werkzeug, Rohstoff und fertige Ware.

> Produktionsmittel waren insbesondere auch Liegenschaften. Bauern wurden in großem Ausmaß und oft gewaltsam enteignet, die landwirtschaftliche Produktion erfolgte durch Staatsbetriebe (Sowchosen) und Genossenschaftsbetriebe (Kolchosen).

> Das System einer zentralen Planwirtschaft, das anstelle der Marktwirtschaft eingeführt wurde, ließ private Eigeninitiative verkümmern; Luxusgüter waren ihm so gut wie unbekannt. Es war bestenfalls geeignet, die Grundversorgung der Bevölkerung sicherzustellen, oft nicht einmal dies.

F Faschismus und Nationalsozialismus

1. Allgemeines

2164 Der Faschismus war die Ideologie, die den Diktaturen von BENITO MUSSOLINI und seiner **Partito Nazionale Fascista (PNF)** in Italien 1922–43 sowie von ADOLF HITLER und seiner **Nationalsozialistischen Deutschen Arbeiterpartei (NSDAP)** in Deutschland 1933–45 zugrunde lag. Inwiefern auch andere Parteien/Diktaturen als „faschistisch" bezeichnet werden können, ist strittig.

> Die enge ideologische Verwandtschaft des Nationalsozialismus mit dem italienischen Faschismus wurde von beiden Seiten immer wieder betont; vereinzelt bezeichnete HITLER seine Anhänger als „deutsche Faschisten". Doch bestehen zwischen beiden Richtungen zT erhebliche Unterschiede; die Bildung einer „Faschistischen Internationale" scheiterte.

> Besonders der Marxismus sah im Faschismus ein universales Phänomen. Die Kommunistische Internationale (*KomIntern*) definierte ihn 1933 als „die offene terroristische Diktatur der am meisten reaktionären, chauvinistischen und imperialistischen Elemente des Finanzkapitals". Bürgerliche Politologen bestritten demgegenüber zT, ob man angesichts der erheblichen Unterschiede zwischen den einzelnen „faschistischen" Bewegungen überhaupt von einem (einheitlichen) Faschismusbegriff sprechen könne.

➢ Als „faschistisch" (das Wort stammt vom italienischen *fascio* = „Bund") wurden in diesem Zusammenhang va die *Action Française*, die spanische *Falange* (= Schar), die portugiesische *União Nacional* (= Nationale Union), die ungarische *Nyilaskeresztes Párt* (= Pfeilkreuzler), die rumänische *Garda de Fier* (= Eiserne Garde), die kroatische *Ustaša* (= die Aufständischen) sowie auch die österreichischen *Heimwehren* („Austrofaschisten") bezeichnet.

➢ Eine allzu große Ausweitung des Begriffs macht ihn jedoch heuristisch wertlos. Dies wird besonders beim Versuch, die Diktatur STALINS als „Linksfaschismus" zu begreifen, deutlich: Hier wird „Faschismus" nur mehr mit „Totalitarismus" gleichgesetzt.

➢ Beachte die Terminologie: Sowohl Kommunisten als auch Nationalsozialisten vermieden den Ausdruck „sozialistisch" für den politischen Gegner, sondern nannten diesen „Faschist" bzw „Bolschewist".

➢ Der folgende Überblick konzentriert sich auf den deutschen Nationalsozialismus und vergleicht ihn punktuell mit anderen faschistischen Systemen.

2165 Ebenso diffus wie der Faschismusbegriff sind seine **Wurzeln**, die zumindest bis in die Mitte des 19. Jh zurückreichen. Charakteristische **Elemente** sind der extreme Nationalismus (der sich zu Rassismus und Antisemitismus steigern kann), der Antimarxismus und der Totalitarismus; ferner die Ablehnung von Meinungsvielfalt und Demokratie sowie die Bejahung von Gewalt zur Durchsetzung politischer Ziele.

➢ Die Rassenideologie war eine Reaktion auf die sozialen Umwälzungen des 19. Jh; von großer Bedeutung war das Werk *Essai sur l'inégalité des Races Humaines* des französischen Orientalisten JOSEPH ARTHUR DE GOBINEAU (1816–1882) von 1853/55.

➢ Der Antisemitismus reicht bis in die Antike zurück; er zerfiel seit jeher sowohl in eine religiöse als auch eine wirtschaftliche Komponente und erhielt unter dem Einfluss der genannten Lehren nun auch einen rassistischen Aspekt.

➢ Anleihen nahm der Faschismus auch beim deutschen Philosophen FRIEDRICH NIETZSCHE (1844–1900) und dessen Forderung nach einem „Übermenschen".

➢ Zu einer ersten Manifestation faschistischen Gedankengutes kam es 1898/99 in Frankreich im Zusammenhang mit dem zu Unrecht wegen Spionage verurteilten jüdischen Offizier ALFRED DREYFUS.

➢ Umfassend legte HITLER sein politisches Programm in dem zweibändigen Werk *Mein Kampf* (1925/26) dar.

2166 CARL SCHMITT (⇨ Rz 1459) unterschied drei Kernbegriffe der NS-Ordnung: **„Staat"**, **„Bewegung"** und **„Volk"**. Hierbei wurde der „Staat" mit der (statischen) Bürokratie gleichgesetzt, die von der dynamischen Partei (der „Bewegung") neu geformt werden müsse.

➢ Der faschistische Staat war, ebenso wie der sozialistische, ein Einparteienstaat. E. R. HUBER (⇨ Rz 1459) verwahrte sich gegen eine derartige

Gleichsetzung, weil die NSDAP „keine organisierte Minderheit, die herrscht, sondern eine politische Auslese, die führt" sei (!).

➢ Das Reich wurde als „Bewegungsstaat" bezeichnet: Die Partei führe den Staat und bewirke seine allmähliche Umformung. Der Vorrang der Partei über den Staat wurde insbesondere beim Führer deutlich, der primär als Parteivorsitzender, erst sekundär als Staats- und Regierungschef angesehen wurde.

➢ Der Faschismus strebte eine völlige Verschmelzung von Staat und Partei an. Musterbeispiel sollte dafür die Neugliederung Österreichs in „Reichsgaue" 1939/40 sein (➪ Rz 1317). Diese waren sowohl territoriale Verwaltungssprengel des Reiches als auch der Partei (Personalunion von Reichsstatthalter und NS-Gauleiter). Im übrigen Reichsgebiet („Altreich") wurde dieses Ziel bis 1945 nicht erreicht; NS-Gaue (als territoriale Sprengel der Partei) und (weitgehende entmachtete) Länder blieben nebeneinander bestehen.

➢ Andere Parteien wurden aufgelöst, ihre Führer zumeist verhaftet. Da die Gefängnisse schon bald überfüllt waren, wurde bereits 1933 mit der Errichtung besonderer „Konzentrationslager" (KZ) begonnen.

2167 Das Volk wurde als eine „natürliche Einheit" gesehen, die Zugehörigkeit bestimme sich nicht nach subjektivem Zugehörigkeitsgefühl, sondern nach „objektiven" (gemeint: rassischen) Merkmalen. Seine schärfste Ausprägung erhielt dieser Volksbegriff in den **Nürnberger Rassengesetzen** v. 15. 9. 1935, wonach nur solche Staatsangehörige als „Reichsbürger" angesehen wurden, die „deutschen oder artverwandten" Blutes waren.

➢ Die Lehre vom objektiven Volksbegriff wurde zur Zeit der italienischen Einigungsbewegung vom Turiner Juristen PASQUALE STANISLAO MANCINI (1817–1888) in Reaktion auf den voluntaristischen, sog französischen Volksbegriff, wonach sich die Zugehörigkeit nach dem eigenen Bekenntnis bestimme, geprägt.

➢ Die Frage, wer als „deutschblütig" („Arier"), wer als „Jude" und wer als „Mischling" zu gelten hatte, war in einer Durchführungsverordnung zu den Nürnberger Rassegesetzen kompliziert geregelt. Dabei war primär das Religionsbekenntnis der Großeltern (!), subsidiär das eigene Religionsbekenntnis ausschlaggebend, da vermutet wurde, dass das Religionsbekenntnis der Großeltern am verlässlichsten über die Rassenzugehörigkeit Auskunft gebe. Dies führte in der Folge dazu, dass jeder Staatsangehörige sich über seine „arische" Abstammung auszuweisen hatte.

➢ Bereits unmittelbar nach der Machtergreifung HITLERS 1933 mussten Juden unter Repressalien leiden; ua wurden jüdische Beamte zwangspensioniert und jüdische Geschäfte boykottiert. Mit den Nürnberger Rassegesetzen wurden diese Diskriminierungen systematisiert und intensiviert; ua wurden nun auch „blutsverschiedene" Ehen verboten.

➢ Mit dem Pogrom vom 9. 11. 1938 („Reichskristallnacht") verschlechterte sich die Lage der Juden im Reich noch einmal drastisch (➪ Rz 2172); massenweise wurden sie nun in Konzentrations- und Vernichtungslager interniert, dort geschunden, gequält und umgebracht. Der förmliche Beschluss zur systematischen Vernichtung der Juden („Endlösung") wurde (wahrscheinlich erst) auf der sog Wannsee-Konferenz v. 20. 1. 1942 getroffen. Insgesamt fielen dem Nationalsozialismus vermutlich über sechs Millionen Juden zum Opfer.

➢ Der Antisemitismus war nicht für alle faschistische Bewegungen typisch; in Italien zB richtete sich der Nationalismus eher gegen die deutschen, slowenischen und kroatischen Minderheiten. Stark antisemitisch waren dagegen zB die kroatische Ustaša oder die rumänische Eiserne Garde; die Radikalität aber, mit der die Nationalsozialisten die Vernichtung der Juden betrieben, blieb unübertroffen.

Studienwörterbuch: Nürnberger Rassengesetze 1935; Wannsee-Konferenz.

2168 „Träger des völkischen Willens" war sein **Führer**, der praktisch unumschränkte Machtbefugnis besaß und sich lediglich an die „Wesensgesetze des Volkes" gebunden erachtete.

➢ Bei der Ausbildung des „Führerprinzips" hatte HITLER insbesondere beim italienischen Duce MUSSOLINI Anleihe genommen, übersteigerte ihn aber noch um ein Vielfaches; um die Person HITLERS wurde ein förmlicher Kult betrieben.

➢ MUSSOLINIS Stellung beruhte im Wesentlichen aus seinen Funktionen als Regierungs- und Parteichef; das Staatsoberhaupt, Kg VITTORIO EMANUELE III. (1900–46), blieb unangetastet. Demgegenüber verknüpfte HITLER die Funktionen des Führers der NSDAP mit den Ämtern des Reichskanzlers und auch des Reichspräsidenten.

➢ Die unbeschränkte Herrschaft des Führers wurde schließlich auch formal vom deutschen Reichstag bei dessen letztem Zusammentritt am 26. 4. 1942 anerkannt, indem HITLER von ihm „als Führer der Nation, als Oberster Befehlshaber der Wehrmacht, als Regierungschef und oberster Inhaber der vollziehenden Gewalt, als oberster Gerichtsherr und Führer der Partei" formell dazu ermächtigt wurde, seine „Pflichten" zu erfüllen, „ohne an bestehende Rechtsvorschriften gebunden zu sein". Damit war nicht zuletzt auch die Justiz vollständig dem Willen HITLERS unterworfen.

➢ Die Befähigung des Führers zur Erkenntnis des Volkswillens ergab sich nach HUBER daraus, dass er „hingegeben [sei] an die objektive geschichtliche Einheit und Ganzheit des Volkes." Mit solchen und ähnlichen sinnentleerten Phrasen wurde versucht, das Wesen der faschistischen Herrschaft als der eines unbegrenzten Despotismus zu verschleiern.

➢ Abgelehnt wurde die Lehre ROUSSEAUS von der „*volonté générale*" (⇨ Rz 2145): Diese sei nur gemeinsamer Nenner von Einzelinteressen, nicht der Wille des Volkes selbst, welcher eine „objektive Gegebenheit" sei und nur vom Führer erkannt werden könne. Nicht einmal eine Volksabstimmung könne daher Vorrang vor dem Führerwillen haben.

➢ Volksabstimmungen/Volksbefragungen dienten vielmehr nur dem Zweck, „das gesamte lebende Volk für ein vom Führer aufgestelltes politisches Ziel aufzurufen und einzusetzen" (HUBER). So bei der Frage des Austrittes Deutschlands aus dem Völkerbund (12. 11. 1933), der Übernahme des Reichspräsidentenamtes durch HITLER (19. 8. 1934) und beim „Anschluss" Österreichs an das Deutsche Reich (10. 4. 1938).

➤ Während der gesamten NS-Zeit blieb das Amt des Führers auf die Person HITLERS zugeschnitten; es existierten zwar Bestimmungen über seine Stellvertretung, nicht aber über seine Nachfolge. Kurz vor seinem Tod beschloss HITLER testamentarisch eine Wiederaufteilung der Funktionen des Reichspräsidenten und Reichskanzlers; ein neuer Parteiführer wurde nicht bestellt.

2169 Charakteristisch für den Faschismus war das Bemühen, jeden Lebensbereich zu erfassen. Staatsfreie Sphären oder gar Grundrechte waren ihm fremd (**Totalitarismus**).

➤ Der Totalitarismus ist allerdings nicht alleiniges Merkmal faschistischer Staaten. Vielmehr entwickelten sich in den sozialistischen Staaten gleichfalls totalitäre Strukturen.

➤ Bereits Kinder wurden in der „Hitlerjugend" (HJ) in der NS-Weltanschauung erzogen und militärisch gedrillt. Die Erwachsenen wurden in verschiedensten Untergliederungen der NSDAP oder dieser angeschlossenen Verbänden wie dem NS-Juristenbund, NS-Rechtswahrerbund, NS-Lehrerbund, NS-Ärztebund etc erfasst.

➤ Typischerweise verfügten die faschistischen Parteien (so wie aber auch zahlreiche andere Parteien jener Zeit) über (para-)militärische Verbände: In Italien waren dies die „Squadren"; in Deutschland die „Sturmabteilung" (SA) und die „Schutzstaffel" (SS). In anderen Fällen war die Partei aus militärischen Verbänden hervorgegangen (so der ab 1930 im österr Nationalrat vertretene, von den Heimwehren begründete Heimatblock) oder ging ein enges Bündnis mit Armeeangehörigen ein (span Falange).

➤ Auch das Wirtschaftsleben wurde vollständig durchdrungen: 1925 errichtete MUSSOLINI Korporationen, in denen Arbeitgeber und Arbeitnehmer „zum Wohle des Staates" zusammenwirken sollten. Dies hatte freilich vor allem den Effekt, dass die Gewerkschaften zerschlagen wurden und die Arbeitnehmer nun von Funktionären der PNF geleitet wurden; die Arbeitgeberseite konnte sich ihre Autonomie etwas besser bewahren und profitierte wesentlich vom neuen Wirtschaftsmodell.

➤ In ähnlich korporativistischer Weise vereinte in Deutschland die „Deutsche Arbeitsfront" (DAF) ab 1933 Arbeitgeber und Arbeitnehmer, während die Gewerkschaften aufgelöst wurden. Ein förmlicher Mitgliedszwang bestand nicht, doch zählte die DAF zuletzt über 25 Millionen Mitglieder und konnte als eine Art Vorfeldorganisation der NSDAP betrachtet werden.

Studienwörterbuch: Totalitarismus.

2170 Für das Wesen der nationalsozialistischen Herrschaft, jedenfalls was die Anfangsphase betrifft, prägte der 1938 emigrierte Rechtsanwalt ERNST FRAENKEL (1898–1975) den Begriff „**Doppelstaat**": Die Wahrung rechtsstaatlicher Errungenschaften in bestimmten Teilbereichen („Normenstaat") stehe in krassem Kontrast zu einem rechtlich völlig ungebundenen Handeln der Partei, soweit es um

Machterringung und Bekämpfung politischer Gegner gehe („Maßnahmenstaat").

➢ Bereits der Aufstieg der NSDAP war von einem bewussten Gegensatz der seriös und „weltmännisch" auftretenden Parteiführung zur gewalttätigen, kriminellen SA geprägt.

➢ Das Festhalten am Normenstaat diente der Beruhigung des konservativen Bürgertums, das im Faschismus die Rettung vor einem kommunistischen Umsturz sah. Dem gleichen Bemühen diente der 1934 erschienene Aufsatz *Der Führer schützt das Recht* von CARL SCHMITT, mit dem er die von HITLER befohlene Ermordung des SA-Stabschefs ERNST RÖHM und weiterer SA-Führer (1. 7. 1934) zu rechtfertigen suchte.

➢ Im weiteren Verlauf, besonders nach Ausbruch des 2. WK, gewann jedoch der „Maßnahmenstaat" immer mehr die Überhand vor dem „Normenstaat"; die Willkürherrschaft wurde immer weniger verschleiert. Die These FRAENKELS vom „Doppelstaat" (*The Dual State*), 1941 im amerikanischen Exil entstanden, bezieht sich daher nur auf die Anfangsphase der NS-Herrschaft.

➢ Die Befreiung von „rechtsstaatlichen Zwängen" erfolgte teilweise durch Gesetze selbst. So wurde zB in Preußen bestimmt, dass gegen Maßnahmen der Geheimen Staatspolizei (Gestapo) keine Anrufung eines Verwaltungsgerichtes zulässig war.

➢ 1934 wurde für politische Prozesse ein „Volksgerichtshof" geschaffen und 1936 weiter ausgebaut. Seine Richter wurden vom Führer direkt ernannt; das Verfahren wies keinerlei rechtsstaatliche Garantien auf.

➢ Der Niedergang rechtsstaatlicher Strukturen erfolgte va auch durch eine systemlose Anlassgesetzgebung, für die schließlich nicht einmal mehr das Erfordernis der Verkündigung im Reichsgesetzblatt galt. So wurde zB der sog Euthanasiebefehl 1939 geheim gehalten, aber dennoch als Rechtfertigungsgrund gegenüber dem im StGB enthaltenen Verbot des Mordes erachtet.

Studienwörterbuch: Doppelstaat; Euthanasie-Befehl; Volksgerichtshof.

2. Exkurs: Arisierungen und Rückstellungen

2171 Während der NS-Herrschaft kam es zu **rassistischen und politischen Verfolgungen** bisher unbekannten Ausmaßes. Neben allem persönlichen Leid hatten diese Verfolgungen auch eine vermögensrechtliche Komponente, da den verfolgten Personen zumeist auch ihr gesamtes oder doch der größte Teil ihres Vermögens entzogen wurde.

➢ Zu den verfolgten Personen zählten v.a. Juden (im Sinne der Nürnberger Rassengesetze, ⇨ Rz 2167), deren Zahl in Österreich 1938 mehr als 200.000 betrug. Von ihnen wurden mehr als 60.000 ermordet, die meisten anderen zur Emigration gezwungen.

➢ Verfolgt wurden außerdem Roma und Sinti, Angehörige sonstiger ethnischer Minderheiten, Homosexuelle, Kirchen und Religionsgesellschaften, sowie die politischen Verfolgten im engeren Sinne (zB Widerstandskämpfer).

2172 Der **Vermögensentzug** (im Falle eines Vermögensentzuges bei Juden: „Arisierung") erfolgte teils durch Plünderungen, teils durch hoheitliches Handeln (Enteignungen, Sondersteuern). In den meisten Fällen jedoch wurde das Vermögen mit privatrechtlichen Mitteln, v.a. durch Zwangsverkauf, entzogen.

➢ Plünderungen betrafen naturgemäß nur das bewegliche Vermögen. Sie erfolgten schon unmittelbar nach dem „Anschluss" (13. 3. 1938) und dann v.a. während des großen Judenpogroms vom 9. 11. 1938 („Reichskristallnacht").

➢ Im April 1938 wurden alle Juden verpflichtet, ihr gesamtes in- und ausländisches Vermögen der Behörde bekannt zu geben. Auf dieser Grundlage wurden Sondersteuern eingehoben, wie va die Judenvermögensabgabe (JUVA) in Höhe von 20 % des angemeldeten Vermögens.

➢ Die außerordentlichen finanziellen Belastungen, ferner Berufsverbote, Boykotte ua führten schon bald zum wirtschaftlichen Ruin vieler Juden, die sich gezwungen sahen, ihre Vermögenswerte zu verkaufen und auszuwandern (wobei im Falle der Auswanderung eine „Reichsfluchtsteuer" in Höhe von nochmals 25 % des Vermögens zu entrichten war).

➢ Der Verkauf von jüdischem Vermögen an nichtjüdische Personen unterlag einer behördlichen Genehmigung durch die sog Vermögensverkehrsstelle. Diese setzte auch den – weit unter dem wahren Wert der veräußerten Sachen liegenden – Kaufpreis fest. Zuweilen ordnete sie auch einen Verkauf gegen den erklärten Willen des Eigentümers an, was de facto einer Enteignung gleichkam.

➢ Eine Quantifizierung des gesamten entzogenen Vermögens ist auch nicht annähernd möglich.

Studienwörterbuch: Arisierung.

2173 Nach Wiedererlangung der Unabhängigkeit Österreichs lehnte es die österreichische Regierung ab, die Verantwortung für die NS-Verfolgungen zu übernehmen, weshalb auch zunächst keine Entschädigung der Verfolgten (oder ihrer Hinterbliebenen) durch die öffentliche Hand erfolgte. Dies wurde mit der sog **Opferthese** begründet, wonach Österreich nicht Mittäter, sondern selbst Opfer des Nationalsozialismus gewesen sei.

➢ Die Opferthese stützte sich va auf den – in der Moskauer Deklaration 1943 festgestellten – Umstand, dass der „Anschluss" 1938 wesentlich durch militärischen Druck NS-Deutschlands erzwungen wurde. Die „Opferrolle" Österreichs ist also in einem völkerrechtlichen Sinne zu verstehen und sagt nichts über die Haltung der österreichischen Bevölkerung 1938–45 aus.

➢ Die Ablehnung einer staatlichen Entschädigung der NS-Opfer ist im Zusammenhang mit der schwierigen wirtschaftlichen Lage Österreichs nach 1945 zu sehen, doch hat die neuere Forschung auch durchaus einen (latenten) Antisemitismus bei vielen der nach 1945 maßgeblichen Stellen nachweisen können.

2174 Die „Wiedergutmachung" erfolgte in Österreich daher fast nur nach dem Prinzip der **Naturalrestitution**: soweit das entzogene Vermögen noch vorhanden war, sollte es den verfolgten Personen oder ihren Hinterbliebenen rückgestellt werden. Dies erfolgte hauptsächlich in der Form von zivilgerichtlichen Verfahren aufgrund der sog Rückstellungsgesetze. Die Leistung des Staates beschränkte sich also im Wesentlichen auf das Zurverfügungstellen des gerichtlichen Forums.

➢ Schon am 10. 5. 1945 erließ die provisorische Staatsregierung ein Gesetz, mit dem die Inhaber von entzogenem Vermögen verpflichtet wurden, dieses behördlich anzumelden.

➢ Zwischen 1946 und 1949 ergingen dann insgesamt sieben Rückstellungsgesetze, mit denen die verschiedenen Formen der Vermögensentziehungen prinzipiell rückgängig gemacht werden sollten.

➢ Am bedeutendsten war das 3. Rückstellungsgesetz vom 6. 2. 1947, welches entzogene Vermögensgegenstände, die sich in privater Hand befanden, betraf. Es erklärte die Vermögensentziehungen für nichtig und schuf ein Sonderprivatrecht für die Rückabwicklung.

➢ Zur Rückstellung verpflichtet war jeder aktuelle Besitzer. Der Rückstellungsanspruch wirkte also absolut und erinnerte an das *ius ad rem* (⇨ Rz 3404). Sofern der Rückstellungsverpflichtete nicht selbst der „Ariseur" war, sondern das Vermögen nachträglich von diesem erworben hatte, konnte er später an ihm Regress nehmen.

➢ Sofern die verfolgten Personen die Vermögensgegenstände verkauft hatten, waren sie verpflichtet, den Kaufpreis zurückzuerstatten, jedoch nur soweit sie ihn zur freien Verfügung erhalten hatten.

Studienwörterbuch: Rückstellungsgesetze.

2175 Aufgrund der Rückstellungsgesetze wurden über 60.000 **Rückstellungsverfahren** durchgeführt; dazu traten sozialrechtliche Maßnahmen. Dennoch kam es in vielen Fällen zu keiner vollen Wiedergutmachung.

➢ Die Vielzahl von Rückstellungsgesetzen sowie ein kompliziertes System von Fristenläufen führten zu erheblicher Rechtsunsicherheit. Den NS-Opfern, die sich zumeist noch im Ausland befanden, wurde weder die Rückkehr in die Heimat erleichtert noch Rechtsberatung zuteil, sondern sie wurden mit ihren Ansprüchen auf den Zivilrechtsweg mit all seinen Tücken (Verschleppung ua) verwiesen.

➢ Für bestimmte Arten des Vermögensentzuges, wie va den Entzug von Mietrechten, war überhaupt keine Rückstellung vorgesehen. Ebenso kam es zu keinem Wertersatz für untergegangene Vermögenswerte.

➢ Sofern das NS-Opfer nicht mehr lebte, war nur ein enger Kreis von Angehörigen berechtigt, Rückstellungsansprüche zu stellen. Ansonsten wurde das Vermögen von besonderen Sammelstellen rückgefordert; die dabei erzielten Vermögenswerte wurden im sozialrechtlichen Weg an bedürftige NS-Opfer ausbezahlt.

➤ Weitere sozialrechtliche Formen der Wiedergutmachung erfolgten va durch das Opferfürsorgegesetz 1947, das jedoch nicht für alle NS-Opfer galt, sondern v.a. für Widerstandskämpfer konzipiert war.

➤ Sowohl das Zustandekommen als auch die Vollziehung der Rückstellungsgesetze hängen eng mit dem Ringen Österreichs um den Staatsvertrag zusammen, da die Westalliierten beständig auf Wiedergutmachung drängten (vgl auch Art 26 Staatsvertrag 1955).

2176 Erst in den 1990er Jahren erklärte sich Österreich zu einer umfassenden Entschädigung aus öffentlichen Mitteln bereit. 1995 wurde der **Nationalfonds**, 2001 der **Entschädigungsfonds** errichtet.

➤ 1991 erklärte die BReg erstmals, dass Österreich eine moralische Verantwortung zur Wiedergutmachung treffe, da viele Österreicher an den NS-Verbrechen beteiligt gewesen waren. Diese Erklärung leitete einen Paradigmenwechsel in der österreichischen Wiedergutmachungspolitik ein.

➤ Mit den genannten Fonds sollten die noch ausständigen Entschädigungen finanziert werden. Dazu kamen eine Reihe weiterer Maßnahmen, ua betreffend die Rückstellung von Kunstgegenständen.

➤ Die genannten Maßnahmen kamen unter starkem außenpolitischem Druck, va aus den USA, zustande, wo bereits mehrere Klagen anhängig gemacht worden waren. Da Österreich aber im Interesse der Rechtssicherheit die Bedingung stellte, dass diese Klagen zunächst zurückgezogen werden müssten und sich dies noch verzögerte, konnte erst Ende 2005 mit den Auszahlungen begonnen werden.

G Der Autoritäre Ständestaat

2177 Erst spät begann die katholische Kirche, auf die soziökonomischen Umwälzungen der Industriellen Revolution zu reagieren. Sowohl der vom Liberalismus propagierte unumschränkte Kapitalismus als auch der von MARX vertretene Kommunismus wurden mit der Begründung abgelehnt, dass beide Wirtschaftsformen auf einem Gesellschaftsmodell beruhten, das von Klassenkämpfen gekennzeichnet sei. Als „dritten Weg" zwischen Kapitalismus und Sozialismus entwickelte die Kirche eine eigene **katholische Soziallehre**.

➤ Als Beginn der katholischen Soziallehre gilt die Enzyklika „Rerum novarum" Papst LEOS XIII. von 1891, deren Lehren exakt vierzig Jahre später, 1931, mit der Enzyklika „Quadragesimo anno" Papst PIUS' XI. weiter geführt wurden. Weitere wichtige, hier nicht näher zu behandelnde Sozialenzykliken sind „Mater et magistra" von JOHANNES XXIII. (1961) sowie „Centesimus annus" von JOHANNES PAUL II. (1991).

➤ Oberstes Prinzip der katholischen Soziallehre ist das individualistische *Personprinzip*: Nicht der Mensch habe der Gesellschaft, sondern die Gesellschaft dem Menschen zu dienen. Als „ens sociale" trage er jedoch zugleich Verantwortung für die rechte Ordnung des gesellschaftlichen Ganzen (*Solidaritätsprinzip*).

➢ Drittes Prinzip ist das *Subsidiaritätsprinzip*, ausgesprochen va in „Quadragesimo anno", wonach es „gegen die Gerechtigkeit" verstoße, „das, was die kleineren und untergeordneten Gemeinwesen leisten und zum guten Ende führen können, für die weitere und übergeordnete Gemeinschaft in Anspruch zu nehmen." Mit anderen Worten sollen übergeordneten Gemeinschaften nur jene Aufgaben zukommen, die von kleineren Gliedern nicht (alleine) bewältigt werden können.

➢ Das Subsidiaritätsprinzip war insbesondere als eine Kritik an der Allzuständigkeit des Staates zu sehen, durch welche andere „Vergemeinschaftungen" (etwa Familien, Genossenschaften und sonstige autonome Körperschaften) Aufgaben eingebüßt hatten, was zum Schaden des Einzelnen gereicht habe, womit freilich übersehen wurde, dass die Ausdehnung der Staatsfunktionen in der Neuzeit vielfach eine Reaktion auf das Versagen dieser anderen „Vergemeinschaftungen" war (⇨ Rz 2129).

➢ Ausgehend von der katholischen Soziallehre hat die Idee der Subsidiarität im 20. Jh mehr und mehr an Bedeutung gewonnen und wurde mit dem Vertrag von Maastricht auch zu einem Grundsatz des europäischen Gemeinschaftsrechts (vgl Art 5 Abs 2 EG-Vertrag).

Studienwörterbuch: Subsidiaritätsprinzip.

2178 Als Mittel zur Überwindung des Klassenkampfes propagierte die katholische Soziallehre, die Gesellschaft nicht horizontal in Arbeitgeber und Arbeitnehmer sondern vertikal in Stände, welche jeweils sowohl Arbeitgeber als auch Arbeitnehmer umfassten, zu gliedern. Wenn allerdings in „Quadragesimo anno" von einer „Erneuerung einer ständischen Ordnung" angesprochen wurde, so ist dies insofern missverständlich, als sich die neue ständische Ordnung von der überkommenen Ständeordnung (⇨ Rz 2112, Rz 2312) wesentlich unterschied, insbesondere, als es sich nicht um Geburts-, sondern ausschließlich um **Berufsstände** handeln sollte.

➢ Die berufsständische Ordnung sollte insbesondere die Wirtschaft, über diese hinaus aber das gesamte gesellschaftliche Leben (Wissenschaft, Kunst,...) erfassen. Die Stände sollten im Sinne des Subsidiaritätsprinzips Angelegenheiten ihres eigenen Bereichs autonom regeln können, der Staat nur unterstützend eingreifen, wo die Stände versagten. Dementsprechend sollte es sich bei den Ständen also um vom Staat verschiedene Körperschaften handeln, die weder vom Staat gegründet noch geleitet werden durften.

➢ Dieser neuartige Ständegedanke war bereits Ende des 19. Jh, freilich nicht ohne romantisch-verklärende Rückblicke auf die alte Ständeordnung, entwickelt worden und in Österreich ua von KARL V. VOGELSANG (1818–90), einem Vorläufer der späteren christlichsozialen Partei, propagiert worden. In der Zwischenkriegszeit wurde er besonders vom Wiener Nationalökonom OTHMAR SPANN (1878–1950) weiter entwickelt und fand namentlich bei den Heimwehren großen Anklang. Diese Ständemodelle stimmten allerdings nicht völlig mit den von PIUS XI. präsentierten Vorstellungen überein.

2179 Obwohl „Quadragesimo anno" das im italienischen Faschismus verwirklichte Ständemodell als der katholischen Soziallehre nicht entsprechend kritisiert hatte und das österreichische Modell dem italienischen durchaus ähnelte, wurde die päpstliche Enzyklika dennoch zur **ideologischen Grundlage des Autoritären Ständestaates** in Österreich 1934–1938. Da dieser ebenso wie die Kurie in Gegnerschaft zu Nationalsozialismus und Kommunismus stand, erfolgte jedoch keine Kritik aus Rom an der Uminterpretation der Enzyklika.

➢ Kritisiert wurde am italienischen Modell (⇨ Rz 2169) insbesondere der zu starke staatliche Einfluss auf die Korporationen, der dem Subsidiaritätsprinzip zuwider laufe, sowie auch, dass diese an die Stelle der Gewerkschaften getreten waren, anstatt sie zu ergänzen. Diese Kritik wäre auch auf die österreichischen Ständevertretungen anwendbar gewesen, zumal diese Körperschaften des öffentlichen Rechts waren und für sie zT Zwangsmitgliedschaft bestand, weshalb sie nicht als staatsfremde Organe angesehen werden konnten.

➢ Vor allem aber war der Gedanke, ein Ständeparlament an die Stelle eines demokratisch gewählten Parlamentes zu setzen, nicht auf „Quadragesimo anno" zurückzuführen, sondern entsprach dem schon in den 1920er Jahren entwickelten Konzept des katholischen Prälaten IGNAZ SEIPEL (Bundeskanzler 1922–24, 1926–29), die durch den Parlamentarismus hervorgerufene „Parteienherrschaft" zugunsten einer „wahren Demokratie" zu beseitigen.

➢ PIUS XI. ging in den Jahren nach 1931 immer stärker auf Konfrontationskurs mit Nationalsozialismus (Enzyklika „Mit brennender Sorge", 1937) und Kommunismus („Divini redemptoris", 1937); Österreich dagegen, das mit dem Heiligen Stuhl 1933 ein für diesen überaus vorteilhaftes Konkordat abgeschlossen hatte, musste als natürlicher Verbündeter gegen die genannten Systeme erscheinen und wurde daher nicht kritisiert.

➢ Nachdem 1939 die Slowakei unter dem katholischen Priester JOZEF TISO als Ministerpräsidenten ihre Unabhängigkeit ausgerufen hatte, wurde auch hier ein Ständestaat errichtet, der sich auf „Quadragesimo anno" als ideologische Grundlage berief. Der Einfluss der österreichischen Maiverfassung 1934 auf die slowakische Verfassung 21. 7. 1939, insbesondere hinsichtlich der Ständevertretungen, ist unverkennbar. Nichtsdestoweniger war die Slowakei außenpolitisch ein Satellitenstaat HITLERS und dessen Verbündeter im 2. WK.

2180 Die österreichische **Maiverfassung** 1934 (⇨ Rz 1314) versuchte, die gesamte österreichische Bevölkerung in Berufsständen einerseits, kulturellen Gemeinschaften andererseits zu erfassen. Ihnen sollte nicht nur die autonome Erfüllung der „eigenen" Aufgaben, sondern auch ein Mitwirken am staatlichen Willensbildungsprozess (Bundesversammlung, Landtage, Gemeindetage) zukommen.

➢ Als ein erster Schritt zur vollständigen Erfassung der Arbeitnehmer wurde noch vor Erlassung der Maiverfassung 1934 der „Gewerkschaftsbund der österreichischen Arbeiter und Angestellten" geschaffen, welcher die Zweige Industrie, Bergbau, Gewerbe, Handel, Verkehr, Geld-, Kredit- und Versicherungswesen umfassen sollte. Es bestand keine Zwangsmitgliedschaft, doch besaß der Gewerkschaftsbund wie sein italienisches Vorbild das Monopol zum Abschluss von Kollektivverträgen.

➢ Nach Inkrafttreten der Maiverfassung ergingen dann Gesetze, mit denen der öffentliche Dienst und die selbstständig Erwerbstätigen in den Branchen Industrie und Bergbau, Gewerbe, Geld-, Kredit- und Versicherungswesen, Handel und Verkehr sowie Land- und Forstwirtschaft gesetzlich zu Korporationen zusammengeschlossen werden sollten. Tatsächlich wurden derartige Korporationen nur für den öffentlichen Dienst und für die Land- und Forstwirtschaft gebildet, in den übrigen Bereichen blieb der Aufbau in der Planungsphase stecken.

➢ Keine derartige gesetzliche Maßnahme erfolgte für die freien Berufe, die allerdings zumeist in den noch im 19. Jh gegründeten Kammern (Ärztekammer, Rechtsanwaltskammer) organisiert waren. Für die Journalistik (Arbeitgeber und Arbeitnehmer) wurde 1936 die Österreichische Pressekammer gegründet, nicht zuletzt, um die Presse besser kontrollieren zu können: So sollte die Pressekammer das Recht haben, die Herausgabe einer Zeitung zu genehmigen oder abzulehnen, was einem Konzessionszwang gleichkam.

2181 Die ständische Mitwirkung in der Bundesgesetzgebung blieb aber de facto bedeutungslos. Dies ist einerseits auf die schwache Stellung, die die „vorberatenden Organe" schon in der Maiverfassung besaßen, zurückzuführen, andererseits aber auch darauf, dass diese niemals im vollen Umfang durchgeführt wurde. Die **Verfassungswirklichkeit** der Jahre 1934–1938 in Österreich war vielmehr die einer autoritären Regierungsdiktatur.

➢ Das ordentliche Gesetzgebungsverfahren nach der Maiverfassung 1934 sah vor, dass Gesetze ausschließlich auf Vorschlag der BReg zustande kommen sollten, das Parlament besaß also kein Initiativrecht.

➢ Zu diesen Regierungsvorlagen sollten zunächst vier „vorberatende Organe" (Staatsrat, Bundeskulturrat, Bundeswirtschaftsrat, Länderrat) Stellungnahmen abgeben, worauf die BReg selbst die Möglichkeit hatte, Änderungen vorzunehmen. Sodann sollte der – aus 59 Mitgliedern der vorberatenden Organe bestehende – Bundestag die Regierungsvorlage nur mehr unverändert annehmen oder ablehnen können. Durch diese Trennung von „beratenden" und „beschließenden" Organen wurde dem Parlament jede politische Bedeutung genommen.

➢ Der Staatsrat sollte aus vom Bundespräsidenten ernannten „verdienten, charaktervollen Bundesbürgern" bestehen; im Länderrat war jedes Land mit seinem Landeshauptmann und einem weiteren Mitglied der Landesregierung vertreten. Dagegen sollten Bundeswirtschafts- und Bundeskulturrat von Vertretern der Stände und kulturellen Gemeinschaften vertreten sein.

➤ Aufgrund der Übergangsregelungen zur Maiverfassung wurden jedoch auch die Mitglieder von Bundeswirtschafts- und Bundeskulturrat vom Bundespräsidenten (auf Vorschlag der BReg) ernannt. Dieser modus sollte nur vorläufig bis zu einer definitiven gesetzlichen Regelung gelten, zu der es aber nie kam. Somit bestand das „Haus der Bundesgesetzgebung" de facto zur Gänze aus Vertrauenspersonen der BReg bzw Mitgliedern der Landesregierungen.

➤ In der Praxis erwies sich überdies das Gesetzgebungsverfahren als sehr kompliziert und unpraktikabel, was durch eine entsprechende Verhaltensweise der BReg gegenüber dem Haus der Bundesgesetzgebung, etwa durch die Vorgabe zu kurzer Begutachtungsfristen, noch verstärkt wurde.

➤ Zahlreiche Gesetze wurden daher erst gar nicht den „vorberatenden Organen" vorgelegt, sondern – aufgrund des Ermächtigungsgesetzes 1934 – unmittelbar von der Bundesregierung beschlossen. Deren außerordentliches – inhaltlich und zeitlich unbeschränktes! – Gesetzgebungsrecht überstieg daher das ordentliche Gesetzgebungsrecht des Bundestages in der Praxis bei weitem.

2182 Das **Wesen des Autoritären Ständestaates** ist bis heute heftig umstritten. Bezeichnungen wie „Austrofaschismus" und „Klerikalfaschismus" oä heben die Nähe zur Katholischen Kirche sowie zum italienischen (nicht deutschen!) Faschismus hervor. Dagegen sprechen jedoch das wenigstens formale Bekenntnis des Ständestaates zur rechtsstaatlichen Tradition sowie vor allem, dass sich der für den Faschismus typische Totalitarismus in Österreich nicht entwickeln konnte. Ferner ist zu berücksichtigen, dass das Autoritäre Regime Wandlungen unterworfen war; insbesondere das Jahr 1936 (Juliabkommen, ⇨ Rz 1315) markierte einen Wendepunkt der Außen- und in weiterer Folge auch der Innenpolitik.

➤ Auch die Maiverfassung sah Grundrechte, Gewaltenteilung und Verfassungsgerichtsbarkeit vor (⇨ Rz 2169, Rz 2307, Rz 2416). Freilich handelte es sich dabei zT um nie eingelöste Versprechen: So war die in Art 102 garantierte Unabsetzbarkeit und Unversetzbarkeit der Richter durch Übergangsbestimmungen für den gesamten Zeitraum 1934–38 aufgehoben; die Grundrechte blieben hinter dem 1867 erreichten Stand zurück.

➤ Das faschistische Element des autoritären Regimes war insbesondere auf den Einfluss der Heimwehren zurückzuführen, deren Führer Ernst Rüdiger (bis 1919: Fürst von) Starhemberg 1934 zum Vizekanzler ernannt wurde. Doch musste er im Mai 1936 im Gefolge der Abbessinien-Krise wegen seiner pro-italienischen Haltung aus der BReg ausscheiden; im Oktober des Jahres wurden die Heimwehren aufgelöst und der VF eingegliedert.

➤ Bundeskanzler Kurt (bis 1919: Edler von) Schuschnigg war Monarchist und erwog langfristig eine Rückkehr der Habsburger; 1935 wurde das Habsburgergesetz aufgehoben. Tatsächlich sah Hitler in Otto Habsburg-Lothringen, nicht in Schuschnigg seinen Hauptfeind, weshalb der „Anschluss" 1938 auch als „Operation Otto" bezeichnet wurde. Im Februar 1938 forderte Habsburg-Lothringen aus dem Exil von Schuschnigg, ihm das Kanzleramt zu übertragen, um den Widerstand gegen Hitler zu organisieren, was SCHUSCHNIGG jedoch ablehnte.

➢ Von den Sympathisanten des autoritären Regimes wird immer wieder die Rolle DOLLFUSS' als erster Gegner/erstes Opfer HITLERS betont. Damit verkennen sie jedoch, dass es DOLLFUSS selbst war, der ein – wenn auch angeschlagenes, so doch noch immer aufrechtes – demokratisches System vernichtete, blutige Unruhen heraufbeschwor und politische Gegner – Sozialdemokraten, Kommunisten, Nationalsozialisten – in „Anhaltelagern" (zB in Wöllersdorf) internieren ließ.

➢ Insbesondere die hunderten Toten des Februar 1934 und des Juli 1934 traumatisierten die österreichische Bevölkerung noch für Jahrzehnte; für das autoritäre Regime war damit der Versuch, populär zu werden und eine Massenbewegung, ähnlich dem italienischen oder deutschen Faschismus, zu etablieren, gleich zu Beginn unmöglich geworden.

Studienwörterbuch: Austrofaschismus; Autoritärer Ständestaat.

H Epilog: Die Wiederkehr der Demokratie

2183 Die Demokratien der Zwischenkriegszeit gingen nicht zuletzt deshalb zugrunde, weil sie von großen Teilen der Bevölkerung nicht mehr getragen wurden. KELSEN hatte noch 1932 vor dieser Entwicklung gewarnt, aber zugleich betont: „Eine Demokratie, die sich gegen den Willen der Mehrheit zu behaupten, gar mit Gewalt sich zu behaupten versucht, hat aufgehört, Demokratie zu sein". Nichtsdestoweniger hat insbesondere Deutschland nach seiner Rückkehr zur Demokratie versucht, diese gegen antidemokratische Kräfte besonders zu schützen (**„wehrhafte Demokratie"**).

➢ Art 79 Abs 3 Bonner GG bestimmt, dass gewisse Kernbestimmungen (föderalistisches und demokratisches Prinzip, Menschenwürde) durch keine wie immer geartete Verfassungsänderung beeinträchtigt werden dürfen. Eine derartige „Ewigkeitsklausel" ist dem österr B-VG fremd, sein Art 44 Abs 3 ermöglicht auch radikalste Verfassungsänderungen. Für Österreich ergibt sich aber aus dem Staatsvertrag von 1955 eine völkerrechtliche Verpflichtung zur Aufrechterhaltung des demokratischen Prinzips. Inwieweit derartige Bestimmungen geeignet sind, die Demokratie wirksam zu schützen, ist strittig.

➢ Der Begriff der „wehrhaften Demokratie" wurde vom deutschen BVerfG geprägt. Dieses sieht eine Partei, die nicht nur antidemokratisch gesinnt ist, sondern auch aktiv auf Beseitigung der demokratischen Ordnung hinarbeitet, als verfassungswidrig an. In Österreich bestimmt § 1 Abs 3 Parteiengesetz, dass eine politische Partei nur bundesverfassungsgesetzlich verboten werden darf. Eine derartige Regelung enthält § 3a Verbotsgesetz, der die Gründung einer Partei verbietet, „deren Zweck es ist, durch Betätigung ihrer Mitglieder im nationalsozialistischen Sinn die Selbständigkeit und Unabhängigkeit der Republik Österreich zu untergraben oder die öffentliche Ruhe und den Wiederaufbau zu stören".

Zweiter Abschnitt

Die Europäische Integration

1. Die Anfänge

2201 Wo die Anfänge der Europäischen Integration liegen, ist strittig. Die Beantwortung dieser Frage hängt va vom Verständnis des **Wesens** der Europäischen Union in ihrer gegenwärtigen Gestalt (Wirtschaftsraum? Werdender Bundesstaat? Christliche Wertegemeinschaft? etc) ab. Sie ist somit eher eine politische als eine rechtshistorische Frage.

➢ Versuche, möglichst weit zurückliegende Vorläufer zu finden, resultieren va aus dem Bemühen, ein „europäisches Bewusstsein" in der Bevölkerung zu schaffen, woran es noch vielfach mangelt.

➢ In diesem Zusammenhang werden mitunter bis ins Mittelalter zurückreichende Pläne zur Vereinigung Europas, etwa zum Zweck der Abwehr des Islam (so PIERRE DUBOIS, 1306), als Vorläufer einer Europäischen Integration genannt. Ein bereits sehr modern anmutendes, auch „die Türken" mit einbeziehendes Modell entwarf der amerikanische Staatsmann WILLIAM PENN (1644–1718) in seinem *Essay Towards the Present and Future Peaces of Europe* von 1693.

➢ Auch dem abendländischen Kaisertum sowie der österreichisch-ungarischen Doppelmonarchie werden wegen deren übernationalen (besser: nicht-nationalen) Staatskonzeption Ansätze zu einer „europäischen Monarchie" zugeschrieben.

2202 Weithin Anerkennung hat die These gefunden, dass die **Paneuropa-Bewegung** des Österreichers RICHARD Graf COUDENHOVE-KALERGI sowie die Bemühungen des französischen Außenministers ARISTIDE BRIAND um eine Einigung Europas direkte Vorläufer der europäischen Einigungsbewegungen nach 1945 waren.

➢ RICHARD COUDENHOVE-KALERGI (1894–1972) hatte in seinem 1923 ohne offiziellen Auftrag veröffentlichten „Paneuropäischen Manifest" den Zusammenschluss der europäischen Staaten (ohne Sowjetunion und ohne British Empire) gefordert, va um dem „sowjetrussischen Imperialismus", aber auch der aufstrebenden US-amerikanischen Wirtschaftsmacht entgegenzutreten. Die von ihm geführte Paneuropa-Bewegung stieß auf großes Interesse in der Öffentlichkeit, wenngleich ein direkter Erfolg bis 1945 versagt blieb.

➢ ARISTIDE BRIAND (1862–1932, Außenminister ua 1925–32) trug erstmals 1929 vor dem Völkerbund die Idee eines Zusammenschlusses der europäischen Staaten vor. Ein Memorandum der französischen Regierung „über die Organisation einer europäischen Bundesordnung" hielt jedoch

Die Europäische Integration

an der Souveränität der Nationalstaaten fest. Auch diese Initiative blieb vorerst erfolglos.

Studienwörterbuch: Paneuropa.

2203 Gab es also auch schon vor 1945 einige Bestrebungen in diese Richtung, so ist die Europäische Integration doch wesentlich entstanden aus den Erfahrungen des 2. WK, der Spaltung Europas und dem Kalten Krieg sowie dem Niedergang der europäischen Großmächte, der ihr Zusammengehen erzwang und auch erleichterte (⇨ Rz 1210). Bereits 1949 wurde der **Europarat** gegründet, eine internationale Organisation, der heute fast alle Staaten Europas angehören und dessen Aufgabe der „Schutz und die Förderung jener Ideale und Grundsätze, die das gemeinsame Erbe der Mitgliedstaaten darstellen, insbesondere die Fortentwicklung der Menschenrechte und Grundfreiheiten" ist. Zu diesem Zweck wurden eine Reihe von internationalen Abkommen geschlossen, von denen die *Europäische Menschenrechtskonvention* (MRK, ⇨ Rz 2308) vom 4. 11. 1950 die bedeutendste ist.

➢ Neben der fortbestehenden Paneuropa-Bewegung waren nach 1945 zahlreiche Initiativen zur politischen Einigung Europas entstanden. Besondere Beachtung fand eine 1946 in Zürich gehaltene Rede CHURCHILLS, in der er die „United States of Europe" forderte. Diese Initiativen blieben allerdings stets auf den nicht-kommunistischen Teil des Kontinents beschränkt.

➢ Gründungsmitglieder des Europarates 1949 waren Belgien, Dänemark, Frankreich, Griechenland, das UK, Irland, Italien, Luxemburg, Niederlande, Norwegen und Schweden. In den folgenden Jahren traten ihm auch die übrigen westeuropäischen Staaten bei (Österreich 1956), die osteuropäischen Staaten erst nach 1989. Als einziges europäisches Land ist Weißrussland kein Mitglied des Europarats.

➢ Neben der MRK sind an weiteren wichtigen, vom Europarat beschlossenen Abkommen zu nennen: die Europäische Sozialcharta vom 18. 11. 1961, welche soziale Grundrechte als Staatszielbestimmungen enthält, oder die Biomedizinkonvention vom 4. 4. 1997.

Studienwörterbuch: Europarat.

2. Die Materien

2204 Die Ursprünge der heutigen Europäischen Union liegen jedoch nicht im universalen Ansatz des Europarates, sondern in der 1952 begründeten **Montanunion** (⇨ Rz 1215). Dies, obwohl an ihr zunächst nur sechs Staaten (BRD, Frankreich, Italien, Belgien, Niederlande, Luxemburg) teilnahmen und obwohl sie keine allgemeine politische Vereinigung anstrebte, sondern auf einen recht engen Sektor, nämlich Produktion, Handel und Verbrauch von Kohle und Stahl, begrenzt war.

> Aufgabe der Montanunion sollte es allgemein sein, „im Einklang mit der Gesamtwirtschaft der Mitgliedstaaten und auf der Grundlage eines gemeinsamen Marktes ... zur Ausweitung der Wirtschaft, zur Steigerung der Beschäftigung und zur Hebung der Lebenshaltung in den Mitgliedstaaten beizutragen" (Art 2 EGKS-Vertrag).

> Verboten wurden daher insbesondere Ein- und Ausfuhrzölle oder mengenmäßige Beschränkungen des Handels mit Kohle und Stahl, Diskriminierung ausländischer Erzeuger oder Käufer, staatliche Subventionen, die den Wettbewerb verzerren könnten oder sonstige Praktiken, die einem Gemeinsamen Markt zuwiderlaufen könten.

> Da der EGKS-Vertrag – im Gegensatz zu EWG- und EAG-Vertrag – nicht auf unbestimmte Zeit, sondern auf 50 Jahre abgeschlossen wurde, trat er mit 23. 7. 2002 außer Kraft. Die Aufgaben der EGKS werden nunmehr von der EG wahrgenommen.

2205 Das Scheitern von EVG und EPG (⇨ Rz 1216) bewirkte, dass sich die Europäische Integration für mehr als 30 Jahre auf wirtschaftliche Aspekte konzentrieren sollte. Von ihr erhoffte man sich allerdings einen **Spill-over-Effekt**: Eine gelungene wirtschaftliche Integration sollte nach der Vorstellung MONNETS nicht nur die spätere politische Integration erleichtern; vielmehr war abzusehen, dass eine Harmonisierung der Wirtschaftspolitik auch eine Harmonisierung in anderen Politikbereichen nach sich ziehen würde. Über die Art der weiteren wirtschaftlichen Integration herrschte zunächst Unklarheit.

> MONNET schlug zunächst eine Ausweitung der Zuständigkeiten der EGKS auf weitere Wirtschaftssektoren vor. Ein besonderes Anliegen war ihm dabei die Atomenergie. Deren (zivile) Nutzung war der BRD seit 1954 gestattet, was in Frankreich das Bedürfnis nach Kontrolle, ähnlich wie bei der kriegswichtigen Kohle- und Stahlproduktion, hervorrief.

> Der niederländische Außenminister JOHAN BEYEN lehnte dagegen die „sektorale Integration" ab und propagierte eine allgemeine wirtschaftliche Integration. Diese aber wurde in Frankreich aus Angst vor einem „nationalen Ausverkauf" zunächst abgelehnt.

> Das auf der Konferenz von Messina (⇨ Rz 1219) eingesetzte Expertenkommitee sollte zuächst zu den Themen Gemeinsamer Markt, konventionelle Energie, Nuklearenergie sowie Transport- und Verkehrswesen beraten. Im weiteren Verlauf fiel die Entscheidung, abgesehen von der Nuklearenergie das Konzept einer allgemeinen wirtschaftlichen Integration zu verfolgen: So kam es zur parallelen Gründung von Europäischer Atomgemeinschaft (EAG) und Europäischer Wirtschaftsgemeinschaft (EWG) in den *Römischen Verträgen* vom 25. 3. 1957.

2206 Die EWG nahm mit 1. 1. 1958 ihre Tätigkeit auf und sollte in einer Übergangszeit von zwölf Jahren, dh bis 1970, einen **Gemeinsamen Markt** der Mitgliedstaaten herstellen. Zu diesem Zweck sollten nicht nur ein Zollunion (⇨ Rz 1218) begründet sondern ganz allgemein sämtliche Hindernisse für den freien Waren-, Personen-, Dienstleistungs- und Kapitalverkehr beseitigt werden. Obwohl ersteres bereits vor Ablauf dieser Frist bewerkstelligt werden konnte, stieß die Verwirklichung der vier *Grundfreiheiten* zusehends auf Schwierigkeiten.

➢ Die gleichzeitig gegründete EAG hatte – insoweit der EGKS vergleichbar – wiederum nur eine sektorale Integration (nämlich die Schaffung der Voraussetzungen für die Bildung und Entwicklung von Kernenergie) zum Gegenstand; die Instrumentarien hiezu waren im EAG-Vertrag recht detailliert geregelt (Schwerpunkt im Primärrecht).

➢ Demgegenüber besaß die EWG recht allgemein formulierte Kompetenzen, die erst einer näheren Ausgestaltung durch von EWG-Organen gesetzte Rechtsakte bedurften (Schwerpunkt im Sekundärrecht). Daraus erklärt sich auch der dynamische Charakter der EWG zum eher statischen von EAG und EGKS.

➢ Bereits 1959 wurden die Binnenzölle um 10 % gesenkt und 1968 gänzlich aufgehoben; der freie Warenverkehr wurde jedoch durch nichttarifäre Handelshemmnisse weiter gehemmt, woran bei Unterzeichnung der Römischen Verträge offenbar nicht gedacht worden war.

➢ Die Kommission versuchte, diesen Hemmnissen zunächst mit sehr detaillierten Regelungen des Handels zu begegnen, für die sie zu Recht kritisiert wurde (vgl zB noch die 1994 erlassene „Europäische Bananenverordnung", wonach Bananen eine Länge von 14 cm und Dicke von 27 mm aufweisen müssen!) und auch immer wieder aufgrund des Veto einzelner Mitgliedsstaaten scheiterte.

➢ Als zielführender stellte sich der vom EuGH (va im sog Cassis-de-Dijon-Urteil 1979) entwickelte Grundsatz heraus, wonach Beschränkungen der Warenverkehrsfreiheit durch die Mitgliedsstaaten unzulässig seien, soweit diese „nicht notwendig sind, um zwingenden Erfordernissen des Allgemeinwohls gerecht zu werden". Die Lehre hat daraus den Grundsatz der *gegenseitigen Anerkennung* entwickelt, wonach Waren, die in einem Land zugelassen sind, idR auch in den anderen Ländern eingeführt werden können.

2207 Da der Binnenmarkt nicht, wie vorgesehen, 1970 verwirklicht werden konnte, wurde der Ruf nach einer umfassenden Reform der Gemeinschaften und nach einer sie ergänzenden **Wirtschafts- und Währungsunion** (WWU) laut. Auf Grundlage des DELORS-Berichts vom 12. 4. 1989 wurde im Vertrag von Maastricht ein eigener WWU-Abschnitt in den EG-Vertrag eingefügt. Mit der Einführung einer gemeinsamen Währung, des Euro, am 1. 1. 1999 war die WWU hergestellt, wenngleich nicht alle EU-Mitglieder auch Teilnehmer der „Euro-Zone" sind.

➢ Bereits 1970 legte ein vom luxemburgischen Ministerpräsidenten CHRISTIAN WERNER geleiteter Ausschuss einen Plan zur Errichtung einer Wirtschafts- und Währungsunion vor (WERNER-Plan).

➢ Nach ersten gescheiterten Bestrebungen, die Schwankungen der Wechselkurse untereinander zu begrenzen, wurde 1979 ein Europäisches

Währungssystem (EWS) eingeführt und eine künstliche Währungseinheit, der ECU (*European Currency Unit*; auch Name einer alten französischen Währung) als einheitliche Berechnungsbasis geschaffen.

➢ Die Vollendung des Binnenmarktes sowie die Schaffung der WWU war dann vor allem das Werk des Europäischen Kommissionspräsidenten JACQUES DELORS (1985–1995), welcher bereits kurz nach Amtsantritt ein Weißbuch vorlegte, das konkrete Maßnahmen zur Erreichung dieses Ziels nannte und die in weiterer Folge großteils umgesetzt wurden.

➢ Die Währungsunion erfolgte nach den Plänen DELORS in drei Etappen, deren erste am 1. 1. 1990 mit der völligen Liberalisierung des Kapitalverkehrs und der Finanzdienstleistungen begann.

➢ Die Unterzeichnung des Vertrages von Maastricht war Voraussetzung für die zweite Stufe: Ab 1. 1. 1994 wurden die Währungs-, Wirtschafts- und Finanzpolitik der EU-Staaten aufeinander abgestimmt und Konvergenzkriterien vereinbart (Inflationsrate, Haushaltsdefizit etc), deren Erfüllung Bedingung für die Teilnahme an der dritten Stufe sein sollte.

➢ In der dritten Stufe erfolgte die Einführung des Euro, zunächst als Buchgeld per 1. 1. 1999; ab 1. 1. 2002 auch als Bargeld. Das UK, Dänemark und Schweden blieben auf eigenem Wunsch außerhalb der Euro-Zone. Von den nachträglich der EU beigetretenen Staaten (⇨ Rz 1238) erfüllte bislang nur Slowenien die Voraussetzungen für die Einführung des Euro, die auch mit 1. 1. 2007 erfolgte.

2208 Trotz des primär wirtschaftspolitischen Charakters der Europäischen Integration wurde der Gedanke einer allgemeinen bzw politischen Union nie aus den Augen gelassen. Aus der 1970 begründeten *Europäischen Politischen Zusammenarbeit* ging 1993 die **Gemeinsame Außen- und Sicherheitspolitik** hervor, welche neben den supranationalen Gemeinschaften die „zweite Säule" der Europäischen Union darstellt.

➢ Die Wirtschaftsmacht der Europäischen Gemeinschaften machte diese gleichsam automatisch zu einem „Global Player", woraus sich die Notwendigkeit ergab, die Außenpolitik der Mitgliedsstaaten zu koordinieren.

➢ Mit dem von DE GAULLE und ADENAUER am 22. 1. 1963 geschlossenen Freundschaftsvertrag sollte die politische Zusammenarbeit zwischen Frankreich und der BRD intensiviert werden, womit sich die Absicht verband, dass sich die übrigen EWG-Staaten dieser Allianz unter französisch/deutscher Führung anschließen würden, was jedoch nicht gelang.

➢ Nach dem Rücktritt DE GAULLES setzten die EWG-Staaten eine Arbeitsgruppe unter dem belgischen Außenminister ETIENNE DAVIGNON (1959–77) ein. Auf Grundlage von deren Bericht wurde 1970 die EPZ gebildet. Diese sollte nicht Teil der Gemeinschaften werden, sondern auf dem Boden des herkömmlichen Völkerrechts bleiben. Dies bedeutete va dass keine EG-Institutionen eingebunden waren, sondern die EPZ Sache der Mitgliedsstaaten blieb und für Beschlüsse weiterhin das Einstimmigkeitsprinzip galt. Bereits 1974 wurde die EPZ de facto mit dem Europäischen Rat verknüpft, doch blieb dies alles auf informeller Basis.

> Erst mit der EEA 1986 wurde eine rechtliche Grundlage für die EPZ geschaffen. Diese sollte gemeinsam mit den Europäischen Gemeinschaften zu „konkreten Fortschritten auf dem Wege zur Europäischen Union" beitragen. Die Europäische Kommission und das Europäische Parlament wurden an der EPZ beteiligt; die Außenminister sollten mindestens viermal jährlich unter Hinzuziehung eines Kommissionsmitglieds im Rahmen der EPZ zusammentreten.

> Mit dem Vertrag von Maastricht wurde die EPZ zur GASP aus- und umgebaut. Diese hat nicht nur außen- und sicherheitspolitische, sondern auch explizit verteidigungspolitische Zielsetzungen; um die Durchführung ihrer Entscheidungen soll die WEU ersucht werden, welche als „integraler Bestandteil der Entwicklung der EU" bezeichnet wurde.

> Die GASP ist weiterhin ein Bereich der „intergouvernementalen Zusammenarbeit" und keine supranationale Organisation; sie besitzt keine eigene Rechtspersönlichkeit. Doch kann sie sich der Organe der EG (mit Ausnahme des EuGH) bedienen.

> Im Vertrag von Amsterdam 1997 wurde ein eigenes Organ, der „Hohe Vertreter für die GASP" geschaffen; er ist zugleich Generalsekretär des Rates. Seit 1999 bekleidet der vormalige NATO-Generalsekretär JAVIER SOLANA dieses Amt. Der (gescheiterte) Verfassungsvertrag sah die Aufwertung dieses Amtes zu einem „Außenminister" der EU vor; der Vertrag von Lissabon beließ es beim bisherigen Titel, wertete den Hohen Vertreter aber bedeutend auf (ua Vizepräsidentschaft in der Kommission).

> Militärisches Engagement zeigte die GASP ab 2003 auf dem Balkan durch die Stationierung von Truppen der *European Union Force* (EUFOR) in Mazedonien und Bosnien (⇨ Rz 1233).

2209 Als dritte Säule der EU wurde 1993 die *Zusammenarbeit in den Bereichen Justiz und Inneres* geschaffen. Mit dem Vertrag von Amsterdam wurden mehrere ihrer Bereiche in die erste Säule überführt; der Rest bildet die **Polizeiliche und Justizielle Zusammenarbeit in Strafsachen**.

> Insbesondere die Durchführung der Personenverkehrs- und der Dienstleistungsfreiheit war Impuls für eine Zusammenarbeit in den Bereichen Justiz und Inneres, doch erfolgte dies zunächst außerhalb der EU.

> So war insbesondere das Schengener Abkommen über den schrittweisen Abbau der Kontrollen an den gemeinsamen Grenzen vom 14. 6. 1985 ursprünglich kein Teil des Gemeinschaftsrechts, sondern wurde separat von Frankreich, der BRD und den Benelux-Staaten unterzeichnet; andere Staaten traten ihm später bei (Österreich mit Wirkung vom 1. 12. 1997).

> Der Vertrag von Maastricht begründete die Zusammenarbeit in den Bereichen Justiz und Inneres als dritte Säule der EU; so wie die GASP handelt es sich auch hier um eine Form intergouvernementaler Zusammenarbeit ohne supranationale Befugnisse.

> Mit dem Vertrag von Amsterdam 1997 wurde das Schengener Abkommen in das Gemeinschaftsrecht integriert und 2006 durch eine Verordnung ersetzt (sog Schengener Grenzkodex), doch verblieben Irland und das UK außerhalb des „Schengen-Raumes", wie umgekehrt auch

Nicht-EU-Staaten in diesen Raum integriert werden können (zB die Schweiz ab Ende 2008). Bei den meisten der 2004 der EU beigetretenen Staaten werden die Grenzkontrollen Ende 2007 entfallen.

➢ Der Vertrag von Amsterdam überführte ferner mehrere Angelegenheiten der Zusamemnarbeit in den Berreichen Justiz und Inneres in die Zuständigkeit der EG, so etwa die Bereiche Asyl, Kriminalitätsbekämpfung, grenzüberchreitende Zustellung von Schriftstücken oder Zusammenarbeit bei der Erhebung von Beweismitteln. Damit wurde ua das Mehrheitsprinzip und die Kontrolle durch den EuGH auch in diesen Materien begründet.

3. Die Institutionen

2210 Die Bedeutung der Montanunion für das Werden der heutigen Union liegt va darin, dass bereits im EGKS-Vertrag Formen der Organisation und der Rechtssetzung festgelegt wurden, die später im EWG- und im EAG-Vertrag modifiziert übernommen und bis heute nur wenig geändert wurden. So gehen fast alle **EU-Hauptorgane** auf entsprechende Organe der EGKS zurück:

➢ die *Europäische Kommission* (im EGKS-Vertrag als Hohe Behörde bezeichnet);

➢ der *Rat der Europäischen Union* (im EGKS-Vertrag als Ministerrat bezeichnet);

➢ das *Europäische Parlament* (im EGKS-Vertrag als Parlamentarische Versammlung bezeichnet) sowie

➢ der *Europäische Gerichtshof* (im EGKS-Vertrag als Gerichtshof bezeichnet).

➢ Nicht im EGKS-Vertrag vorgesehen war der *Europäische Rat*, welcher erst 1974 gegründet und 1986 mit den Europäischen Gemeinschaften rechtlich verknüpft wurde.

➢ Neben diesen Hauptorganen bestehen eine Reihe weiterer Organe: So der 1958 begründete Wirtschafts- und Sozialausschuss und der 1993 geschaffene Ausschuss der Regionen, welche beratende Funktionen haben, der 1975 errichtete Europäische Rechnungshof ua.

2211 Die *Hohe Behörde* war nach der ursprünglichen Konzeption das Hauptrechtssetzungsorgan der EGKS. Mit den Römischen Verträgen 1957 wurden parallel zu ihr je eine Kommission für EWG und EAG geschaffen; erst mit dem Inkrafttreten des Fusionsvertrages 1967 wurden die beiden Kommissionen mit der Hohen Behörde zur **Europäischen Kommission** vereint. Sie ist ein Kollegialorgan, deren Mitglieder ihre Tätigkeit „in voller Unabhängigkeit zum allgemeinen Wohl der Gemeinschaften" ausüben (Art 213 Abs 2 EG-Vertrag). Zu ihren Aufgaben zählen insbesondere die Initiative für die vom Rat zu erlassenden Vorschriften und deren Durchführung sowie die Sorge für die allgemeine Anwendung des Gemeinschaftsrechts.

➢ Die Unabhängigkeit der Mitglieder bedeutet insbesondere eine Weisungsfreiheit gegenüber den nationalen Regierungen, diese haben sich jeder Beeinflussung zu enthalten. Demgegenüber steht die politische Praxis, wonach die nationalen Regierungen Vorschläge für die Besetzung der Kommission erstatten.

➢ Die Hohe Behörde bestand aus neun Mitgliedern, von denen acht von den Mitgliedsstaaten gewählt wurden, wobei maximal zwei Mitglieder aus demselben Land kommen durften. Diese acht Mitglieder hatten ein neuntes Mitglied zu wählen. Alle zwei Jahre schieden zwei Mitglieder aus, die dann ergänzt wurden. Auf diese Weise wurde eine Kontinuität der Hohen Behörde erreicht.

➢ Der Fusionsvertrag 1967 garantierte, dass der Kommission mindestens ein Staatsangehöriger jedes Mitgliedsstaates angehören sollte, weshalb die Zahl der Kommissionsmitglieder bei den nachfolgenden Erweiterungen immer weiter anstieg. Im Vertrag von Nizza verzichteten die großen Mitgliedsstaaten darauf, dass sie wie bislang zwei Kommissare stellten; seit 1. 1. 2005 entsendet jedes Land nur mehr genau einen Kommissar. Nach dem Vertrag von Lissabon soll ab 2014 eine weitere Reduktion auf $2/3$ der Zahl der Mitgliedsstaaten erfolgen.

➢ Seit 1995 werden die Mitglieder nicht mehr kontinuierlich erneuert, sondern es findet – entsprechend der Gesetzgebungsperiode des Europäischen Parlaments – alle fünf Jahre eine Wahl sämtlicher Kommissare statt. Diese bedürfen der Zustimmung des Europäischen Parlaments.

➢ Der Präsident der Kommission (Hohen Behörde) wurde zunächst von den Mitgliedsstaaten aus dem Kreis der Kommissionsmitglieder gewählt; seit 1995 erfolgt seine Wahl vor der der übrigen Kommissionsmitglieder, für deren Auswahl seit 1999 seine Zustimmung nötig ist.

➢ Bereits in den Gründungsverträgen von 1952/57 war vorgesehen, dass die Kommission aufgrund eines $2/3$-Beschlusses des Parlaments zurücktreten müsse; bislang ist es noch nie dazu gekommen, doch trat 1999 die gesamte Kommission aufgrund eines Korruptionsskandals zurück, um einer Absetzung durch das Parlament zuvorzukommen.

2212 Zur Wahrung der nationalen Interessen wurde im EGKS-Vertrag der Hohen Behörde ein Ministerrat zur Seite gestellt. Die Römischen Verträge 1957 machten den **Rat** anstelle der Hohen Behörde (Kommission) zum Hauptrechtssetzungsorgan. In den Rat entsendet jedes Land einen Vertreter auf Ministerebene; jedes Land übernimmt dabei für sechs Monate den Vorsitz. Ob für eine Beschlussfassung Einstimmigkeit, einfache oder qualifizierte Mehrheit erforderlich ist, ist nicht nach einem einheitlichen Prinzip, sondern in kasuistischer Weise geregelt. Mit fortschreitender Integration wurden die Bereiche, für die einstimmige Beschlüsse nötig sind und jeder Staat somit ein Einspruchsrecht („Vetorecht") hat, immer weiter reduziert.

➢ Je nach Sachthemen, die zu behandeln sind, kann der Rat verschieden zusammen gesetzt sein; dennoch handelt es sich um ein einheitliches Organ. Ist er aus den Außenministern zusammengesetzt, wird er als Allgemeiner Rat bezeichnet, die Finanz- und Wirtschaftsminister beraten unter der Bezeichnung ECOFIN etc. Auch eine Tagung in der Zusammensetzung der Staats- und Regierungschefs ist zuweilen vorgesehen (zB bei der Wahl des Kommissionspräsidenten, Art 214 EG-Vertrag). Auch in diesem Fall darf der Rat nicht mit dem Europäischen Rat (⇨ Rz 2214) verwechselt werden.

➢ Der EGKS-Vertrag sah als Regelfall für Abstimmungen die absolute Mehrheit der Vertreter der Mitgliedstaaten vor, doch mussten zumindest Frankreich *oder* die BRD für den Beschluss sein. In einzelnen Fällen war Einstimmigkeit erforderlich.

➢ Auch der EWG-Vertrag sah als Regelfall die absolute (einfache) Mehrheit vor, jedoch ohne Sperrklausel zugunsten einzelner Länder. Dafür jedoch wurde nun in zahlreichen Fällen eine qualifizierte Mehrheit (12 von 17 Stimmen) verlangt; bei diesen Abstimmungen führten die BRD, Frankreich und Italien je vier, Belgien und die Niederlande je zwei sowie Luxemburg eine Stimme. Die Gewichtung erfolgte also nach der Einwohnerzahl, jedoch mit Verzerrung zugunsten der kleineren Länder.

➢ Durch die nachfolgenden Beitritte wurden die Stimmen im Rat jedesmal neu verteilt, wobei jedoch an der stimmenmäßigen Gleichstellung von Deutschland, Frankreich, Italien und (ab 1973) dem UK festgehalten wurde, auch, nachdem das wiedervereinte Deutschland weit mehr Einwohner als die übrigen genannten Staaten hatte.

➢ Die Stimmverteilung im Rat war einer der Hauptstreitpunkte bei der im Vorfeld der Osterweiterung stehenden Vertragsrevision von Nizza. Nunmehr ist für eine qualifizierte Mehrheit a) die einfache Mehrheit der Mitgliedsstaaten, b) 255 von 345 Stimmen sowie c) die Zustimmung von Staaten, die 62 % der Bevölkerung umfassen, erforderlich, letzteres jedoch nur, wenn dies ein Mitgliedstaat beantragt (!).

➢ Der Vertrag von Lissabon hat demgegenüber das Prinzip der „Doppelten Mehrheit" (55 % der Mitgliedsstaaten, die 65 % der Bevölkerung repräsentieren) ab 2014 durchgesetzt, doch soll bis 2017 auch ein Verfahren nach dem Vertrag von Nizza möglich sein.

2213 Die Einführung des Mehrstimmigkeits- anstelle des im Völkerrecht sonst geltenden Einstimmigkeitsprinzips bedeutet den wohl am schwersten wiegenden Einbruch in die Souveränität der Mitgliedsstaaten und wurde daher von einzelnen Mitgliedsstaaten immer wieder bekämpft. Die **Kompromisse von Luxemburg 1966 und Ioannina 1994** suchten, diesen Konflikten durch informelle Lösungen auszuweichen. Hier sowie auch in der in Nizza gefundenen Lösung wird das komplizierte Geflecht von Recht und Diplomatie in der EU deutlich.

➢ Am 1. 7. 1965 brach Frankreich die EWG-Verhandlungen über den Agrarfonds ab und sandte ein halbes Jahr keinen Vertreter zu den Ratssitzungen, der damit beschlussunfähig wurde („Politik des leeren Stuhls").

› Erst am 29. 1. 1966 konnte der französische Boykott durch den sog Luxemburger Kompromiss beigelegt werden. Dieser war eine rechtlich unverbindliche Übereinkunft (*gentlemen's agreement*). Er sah vor, dass der Rat in Fällen, bei denen über „sehr wichtige Interessen" von Mitgliedsstaaten verhandelt wurde, diese nicht majorisieren dürfe, sondern Lösungen finden müsse, die einstimmig angenommen werden können („Konsensus").

› Als sich das UK 1982 – wieder ging es um Agrarfragen – auf den Luxemburger Kompromiss berief, jedoch um andere, nicht damit zusammenhängende Fragen durchzusetzen, wurde der Luxemburger Kompromiss von Frankreich einschränkend interpretiert, dass dieser nicht missbraucht werden dürfe, Gemeinschaftsprozeduren völlig zu verhindern. In der Folge spielte der Luxemburger Kompromiss keine Rolle mehr.

› Mit der EU-Erweiterung von 1995 wurde die Zahl jener Stimmen, die nötig waren, um einen qualifizierten Mehrheitsbeschluss zu verhindern, von 23 auf 26 Stimmen erhöht, was den Einfluss der einzelnen Staaten weiter senkte und va britischen Widerstand hervorrief. Im Kompromiss von Ioannina vom 29. 3. 1994 wurde bestimmt, dass im Falle, dass Ratsmitglieder mit 23–25 Stimmen gegen einen Beschluss seien, so lange diskutiert werden müsse, bis die Minorität auf höchstens 19 Stimmen gesunken sei. Auch diese Regelung blieb rechtlich unverbindlich.

› Geradezu eine Verankerung von „soft law" im EU-Primärrecht bedeutet nun aber die gegenwärtige „Dreifache Mehrheits"-Lösung im Vertrag von Nizza (⇨ Rz 2212), da die Feststellung, ob die zustimmenden Staaten 62 % der Bevölkerung umfassen, in Wirklichkeit die Befugnis für einzelne Staaten darstellt, ein offensichtliches Faktum geltend zu machen.

› Der Vertrag von Lissabon hat hier einen Kompromiss geschaffen, der an Kompliziertheit kaum zu überbieten ist; insbesondere soll ab der Einführung des Prinzips der Doppelten Mehrheit 2014 wieder ein dem Kompromiss von Ioannina nachempfundenes Verfahren zur Anwendung kommen können.

Studienwörterbuch: Luxemburger Kompromiss (1966).

2214 Vom Rat der Europäischen Union ist der – erst mit der EEA 1986 institutionalisierte – **Europäische Rat** zu unterscheiden. Er ist das einzige direkt der EU zugeordnete Organ und besteht aus den Staats- bzw Regierungschefs der Mitgliedsstaaten sowie dem Kommissionspräsidenten. Nach Art 4 EU-Vertrag gibt er der Union „die für ihre Entwicklung erforderlichen Impuse und legt die allgemeinen politischen Zielvorstellungen für diese Entwicklung fest."

› Der Wortlaut „Staats- *und* Regierungschefs" in Art 4 EU-Vertrag steht im Widerspruch zur Praxis, wonach jedes Land nur von seinem Staats- *oder* Regierungschef vertreten wird. So etwa Frankreich durch seinen Staatspräsidenten, Deutschland und Österreich aber durch ihre Bundeskanzler.

› Informelle Treffen der Staats- bzw Regierungschefs fanden schon früh in unregelmäßigen Abständen statt; 1974 wurde in Paris vereinbart, dass diese unter der Bezeichnung „Europäischer Rat" regelmäßig stattzufinden haben.

➢ Geleitet wird der Europäische Rat (derzeit noch) vom Staats- bzw Regierungschef jenes Landes, das auch im Rat den Vorsitz führt. Mit dem Vertrag von Lissabon soll das Amt eines auf zweienhalb Jahre gewählten Präsidenten des Europäischen Rates geschaffen werden.

2215 Das **Europäische Parlament**, welches auf die Parlamentarische Versammlung der EGKS zurückgeht, ist das einzige direkt demokratisch legitimierte Organ der EU. Dennoch hatte es – im Vergleich zu nationalen Parlamenten – anfänglich nur geringe Befugnisse. Seit der EEA 1986 werden diese beständig erweitert.

➢ Ein zugleich mit den Römischen Verträgen geschlossenes Abkommen bestimmte, dass die Parlamentarische Versammlung der EGKS auch für EAG und EWG tätig sein sollte. Es gab also stets nur ein einziges Parlament. Der Name „Europäisches Parlament" wurde inoffiziell 1958, offiziell 1986 eingeführt.

➢ Das Europäische Parlament bestand ursprünglich aus Delegierten der einzelnen staatlichen Parlamente. 1979 wurde die Direktwahl beschlossen; das Wahlsystem ist länderweise unterschiedlich, folgt jedoch meist dem Prinzip der Verhältniswahl (⇨ Rz 2154). Ähnlich wie im Rat, bestimmt sich auch im Parlament die Zahl der Abgeordneten pro Staat nach der Einwohnerzahl mit einer Verzerrung zugunsten der kleineren Staaten.

➢ Dem Europäischen Parlament sollte ursprünglich fast nur beratende Funktion zukommen. Eine entscheidende Aufwertung erfolgte 1986 durch die EEA, indem der Rat in bestimmten Angelegenheiten nur „in Zusammenarbeit mit dem Europäischen Parlament" tätig werden können sollte. Lehnte das Parlament den „Standpunkt" des Rates ab, so konnte dieser nur durch einstimmigen Beschluss an seinem „Standpunkt" festhalten.

➢ Der Vertrag von Maastricht 1992 führte für bestimmte Politiken das „Mitentscheidungsverfahren" ein, wonach das Europäische Parlament Ratsbeschlüsse überhaupt verhindern kann. Nimmt das Parlament Änderungen vor, müssen diese vom Rat genehmigt werden.

➢ Kombiniert man alle möglichen Verfahrensarten mit allen möglichen Quoren in Rat und Parlament, so kommt man gegenwärtig auf 50 unterschiedliche Entscheidungsmodalitäten. Der EU-Verfassungsvertrag sah eine Vereinfachung vor; hiebei sollte das bisherige Mitentscheidungsverfahren zum „ordentlichen Gesetzgebungsverfahren" werden.

2216 Große Bedeutung für die Europäischen Gemeinschaften erlangte deren Gerichtshof (**Europäischer Gerichtshof**, EuGH), durch dessen Rechtsprechung zentrale Begriffe des Europarechts erst gebildet wurden. Ihm wurde 1988 zur Entlastung ein Europäisches Gericht Erster Instanz zur Seite gestellt.

➢ Auch der EuGH war ursprünglich nur für die EGKS und ab 1957 auch für EWG und EAG tätig; er hat keine Kompetenzen in der zweiten und der dritten Säule der EU. Sitz ist Luxemburg.

➤ Die Richter werden von den Regierungen der Mitgliedsstaaten für sechs Jahre ernannt, eine Wiederernennung ist unbeschränkt zulässig.

4. Das Recht

2217 Auch ohne Verfassungsvertrag besitzt die EU eine Verfassung im formellen und materiellen Sinn, und zwar in seinem sog **Primärrecht**. Es sind dies die Gründungsverträge der Gemeinschaften, die Beitrittsverträge und gewisse andere völkerrechtliche Rechtsquellen. Auf ihm basiert das **Sekundärrecht**, das von den EU-Organen selbst gesetzte Recht.

➤ Das EU-Primärrecht kann als Verfassung im materiellen Sinn angesehen werden, als es die Bedingungen regelt, unter denen Sekundärrecht geschaffen werden kann (Prinzip der begrenzten Ermächtigung). Es ist ferner auch Verfassungsrecht im formellen Sinn, da es unter wesentlich schwierigeren Bedingungen als Sekundärrecht zustandekommt und Verletzungen des Primärrechts im Wege der Nichtigkeitsklage vor dem EuGH bekämpft werden können (Art 230 EG-Vertrag). Ein Nichtigkeitsurteil führt dabei zu einer bloß relativen Nichtigkeit des bekämpften Rechtsaktes (insofern vergleichbar dem österr Gesetzesprüfungsverfahren vor dem VfGH, ⇨ Rz 2423).

➤ Das (primäre und sekundäre) EU-Recht hat – im Gegensatz zum Recht anderer internationaler Organisationen – nicht bloß die Mitgliedsstaaten, sondern auch deren natürliche und juristische Personen zum Adressatenkreis. Diese *unmittelbare Wirkung* durchbricht somit den traditionellen Dualismus von staatlichem Recht und Völkerrecht und ist – neben dem Mehrheits- anstelle des sonst im Völkerrecht geltenden Einstimmigkeitsprinzips – ein Hauptgrund, weshalb die Europäischen Gemeinschaften als „übernational" (*supranational*) angesehen werden.

➤ Rechtsakte, die in allen ihren Teilen verbindich sind, wurden vom EGKS-Vertrag als „Entscheidung" bezeichnet; im EG-Vertrag wird dieser Terminus nur noch verwendet, wenn sich die Entscheidung an einen bestimmten Adressatenkreis richtet. Soll sie hingegen allgemeine (= gesetzesgleiche) Geltung haben, spricht Art 249 EG-Vertrag von einer *Verordnung*. Mit dem Verfassungsvertrag sollte diese Art von Rechtsakt als „Europäisches Gesetz" bezeichnet werden; der Vertrag von Lissabon beließ die Bezeichnung „Verordnung"; die bisherigen „Entscheidungen" werden nunmehr „Beschlüsse" heißen.

➤ Als „Empfehlungen" bezeichnete der EGKS-Vertrag solche Rechtsakte, die nur hinsichtlich der von ihnen bestimmten Ziele verbindlich waren, jedoch den Adressaten die Wahl der für die Erreichung dieser Ziele geeigneten Mittel überließen. Im EWG-Vertrag wurden diese Rechtsakte, sofern sie allgemeine Geltung haben sollten, als *Richtlinien* bezeichnet. Mit dem Verfassungsvertrag sollten sie in „Europäische Rahmengesetze" umbenannt werden; der Vertrag von Lissabon kehrte auch hier zu den Bezeichnungen „Richtlinie" und „Empfehlung" zurück.

2218 Da das Primärrecht der EU im allgemeinen Völkerrecht wurzelt und nur durch einstimmige Beschlüsse der Mitgliedsstaaten abgeändert werden kann, haben diese, nicht die Union, die Kompetenz-Kompetenz und sind so, nach einem Ausspruch des deutschen BVerfG vom 12. 10. 1993, die **„Herren der Verträge"** (sog Maastricht-Urteil). Doch hat namentlich die Rechtsprechung des EuGH zu einer dynamischen Entwicklung des Gemeinschaftsrechts beigetragen, die die Souveränität der Mitgliedsstaaten immer weiter einschränkt. Einen gewissen Schutz vor einer zu starken Expansion des Gemeinschaftsrechts stellt das im Vertrag von Maastricht fixierte Subsidiaritätsprinzip dar.

➢ Der EuGH verfolgte stets eine sehr freizügige Interpretation des Gemeinschaftsrechts. Dabei treten historische Interpretationsmethoden zugunsten von teleologischen Interpretationen in den Hintergrund, wobei es erklärtes Ziel ist, das Gemeinschaftsrecht so auszulegen, dass seine praktische Wirksamkeit gewährleistet ist (*effet utile*).

➢ So wurde zB das oben genannte Prinzip der begrenzten Ermächtigung wesentlich modifiziert, als der EuGH im sog AETR-Urteil vom 31. 3. 1971 eine Kompetenz der EWG zum Abschluss internationaler verkehrspolitischer Abkommen bejahte, obwohl eine solche Kompetenz im EWG-Vertrag nicht explizit genannt worden war; sie ergebe sich implizit aus anderen Kompetenzen (Theorie der *Implied Powers*).

➢ Von grundlegender Bedeutung für die Entwicklung des Europarechts ist das Urteil des EuGH vom 15. 7. 1964 im Fall COSTA/E.N.E.L.: In diesem stellte er fest, dass der EWG-Vertrag eine eigene Rechtsordnung geschaffen habe, die in den Mitgliedsstaaten unmittelbar anwendbar sei, weshalb ihr auch keine andere Rechtsordnung im Rang vorgehen könne (Theorie des Anwendungsvorranges des Gemeinschaftsrechts).

➢ Das (aus der katholischen Sozialehre stammende, ⇨ Rz 2177) Subsidiaritätsprinzip ist in Art 5 Abs 2 EG-Vertrag verankert. Es besagt, dass die Gemeinschaft in jenen Bereichen, die nicht in ihre ausschließliche Zuständigkeit fallen, nur dann tätig werden darf, sofern und soweit die gesteckten Ziele nicht auch eben so gut von den Mitgliedsstaaten erreicht werden können.

Dritter Abschnitt

Grundrechte

A Allgemeine Lehren

2301 Mit dem Begriff „Grundrechte" wird zweierlei gemeint: Im rechtsphilosophisch-naturrechtlichen Sinn sind Grundrechte fundamentale subjektive Rechte, die aus der Menschenwürde abgeleitet werden („**Menschenrechte**"). Im verfassungsrechtlichen Sinn werden als Grundrechte solche subjektiven öffentlichen Rechte bezeichnet, die durch eine Verfassung (im formellen Sinn) garantiert werden („**verfassungsrechtlich gewährleistete Rechte**"). Im demokratischen Verfassungsstaat decken sich die beiden Begriffe zu einem guten Teil, sie können aber auch auseinander fallen.

➢ Im Lichte des Naturrechts bestehen Menschenrechte auch dort, wo sie vom positiven Recht nicht anerkannt oder zumindest nicht verfassungsrechtlich garantiert werden. Diese Problematik ist zumeist angesprochen, wenn Organisationen wie „amnesty international" ua in bestimmten Staaten „Menschenrechtsverletzungen" kritisieren.

➢ Verfassungsrechtlich gewährleistete Rechte können allen Menschen zustehen, aber auch bestimmten Personen vorbehalten bleiben, welche dann als „privilegiert" angesehen werden. Wichtigstes Beispiel heute sind die staatsbürgerlichen Rechte, die lediglich den Staatsbürgern, nicht aber Ausländern zustehen.

➢ Beachte, dass Art 1 Bonner GG 1949 und Art 1 EU-Grundrechtscharta 2001 die Menschenwürde selbst unter die verfassungsrechtlich gewährleisteten Rechte reihen.

2302 Nach der auf GEORG JELLINEK (1851–1911) zurückgehenden **Statuslehre** können die Grundrechte ihrem Inhalt nach in drei Gruppen geordnet werden: liberale, soziale und politische Grundrechte. Eine Sonderstellung nimmt der Gleichheitssatz ein.

➢ Die liberalen Grundrechte sind die ältesten; sie verbieten dem Staat, sich in die Freiheit (Glaubensfreiheit, Pressefreiheit, etc.) des Individuums einzumischen, nach der Statuslehre JELLINEKS vermitteln sie einen *negativen Status* gegenüber dem Staat.

➢ Ein *positiver Status* liegt vor, wenn die Grundrechte zu einem positiven Tun des Staats gegenüber dem Individuum verpflichten (Recht auf Arbeit, Recht auf Sozialversicherung etc): soziale Grundrechte.

➢ Einen *aktiven Status* gewähren die politischen Grundrechte, die ein aktives Handeln der Individuen ermöglichen: Wahlrecht, Petitionsrecht etc.

➢ Zuweilen (bes in sozialistischen Verfassungen) werden den Grundrechten auch Grundpflichten gegenübergestellt (Wehrpflicht, Steuerpflicht); in der Terminologie der Statuslehre würde hier ein *passiver Status* vorliegen.

➢ Das Grundrecht auf rechtliche Gleichbehandlung ist den genannten Status nicht zuordenbar; es ist nicht nur ein eigenständiges Grundrecht, sondern auch Bestandteil der übrigen Grundrechte, da diese für alle Menschen bzw alle Staatsbürger gleich gelten müssen (vgl insbes Art 14 MRK; ⇨ Rz 2311).

2303 Bereits im Mittelalter wurden in zahlreichen Herrschaftsverträgen einzelnen Personengruppen Privilegien („Freiheiten") zugestanden; doch fehlte es hier noch an dem für Grundrechte entscheidenden Kriterium der allgemeinen Geltung. Eine wesentliche Vorbedingung für moderne Grundrechte war daher die im Absolutismus erfolgte Schaffung eines einheitlichen Untertanenverbandes und die **Beseitigung von Sonderrechten**. Die modernen Grundrechtstheorien wiederum entstanden in Auseinandersetzung mit dem absolutistischen Staat und sein Bestreben, auf alle Lebensbereiche Einfluss nehmen zu wollen.

➢ Beispiele für derartige Herrschaftsverträge sind zB die Magna Charta des Kg JOHN von England 1215; die Goldene Bulle des Kg ANDREAS II. von Ungarn 1222 (⇨ Rz 2115) ua.

➢ Im Augsburger Religionsfrieden 1555 (⇨ Rz 2325) wurde bestimmten Ständen, nämlich den immediaten Reichsständen, Konfessionsfreiheit zuerkannt; darüberhinaus jedoch wurde jedem anderen Untertan, der die Konfession seines Landesherrn nicht annehmen wollte, das Recht der Auswanderung zugestanden (*beneficium emigrationis*). Dieses Recht wird von manchen aufgrund seiner Allgemeinheit als ältestes „Menschenrecht" gesehen.

➢ Epoche machend für die Entwicklung des modernen Grundrechtsverständnisses war England, das im 17. Jh die absolutistischen Tendenzen der Stuart-Könige abwehren konnte (⇨ Rz 1121). Der *Habeas Corpus Act* 1679 gewährte jedermann Schutz vor willkürlichen Verhaftungen; zahlreiche weitere Rechte wurden in der *Bill of Rights* 1689 festgelegt.

➢ In seiner Lehre vom Gesellschaftsvertrag (⇨ Rz 2127) meinte LOCKE, dass die Menschen nicht alle Rechte an den Souverän abgegeben hätten, weil manche, wie namentlich *life, liberty and estate* (= Grundbesitz, ⇨ Rz 3453) unveräußerlich seien.

➢ Einige naturrechtliche Kodifikationen, wie etwa das WGGB 1797, enthielten bereits grundrechtsähnliche Bestimmungen. In der Endredaktion des ABGB wurden derartige Bestrebungen – teils aus systematischen Erwägungen, teils wegen der Ablehnung der französischen Revolution – abgelehnt; es blieb in § 16 der Hinweis auf die „angebornen Rechte" (⇨ Rz 3101).

2304 Der erste moderne Grundrechtskatalog überhaupt ist die *Bill of Rights* des US-Bundesstaates Virginia 1776; der erste auf europäischem Boden die französische Déclaration des droits de l'homme et du citoyen von 1789. In Österreich nahm die **Entwicklung der modernen Grundrechte** mit der Revolution 1848 und der ersten Verfassung im formellen Sinne, der Pillersdorfschen Verfassung vom 25. 4. 1848 ihren Ausgang.

➢ Die US-Verfassung 1787 beinhaltete ursprünglich keine Grundrechte, wurde aber 1791 durch zehn *amendments* um solche ergänzt (*US-Bill of rights*).

➢ Die Pillersdorfsche Verfassung enthielt in ihren §§ 17–31 Grundrechte (teils Menschen-, teils Staatsbürgerrechte), die jedoch noch sehr zurückhaltend formuliert waren.

➢ Vom Kremsierer Reichstag wurde parallel zum Verfassungsentwurf ein eigener Grundrechtsentwurf erarbeitet, der wesentlich über die Grundrechte der Pillersdorfschen Verfassung hinausging. Das am 4. 3. 1849 gemeinsam mit der Märzverfassung erlassene Grundrechtspatent nahm sich den Kremsierer Grundrechtsentwurf zwar zum Vorbild, schwächte ihn aber in einigen Punkten ab.

➢ Das Grundrechtspatent 1849 galt im Gegensatz zur Märzverfassung nur in den cisleithanischen Ländern; die Märzverfassung enthielt selbst nur wenige Grundrechtsbestimmungen (ua Aufhebung der Leibeigenschaft, Gleichheit vor dem Gesetz, Schutz des Eigentums).

➢ Von den beiden Sylvesterpatenten (31. 12. 1851) hob das erste die Märzverfassung auf, bestätigte aber die Gleichheit vor dem Gesetz und die Grundentlastung. Das zweite Sylvesterpatent hob das Grundrechtspatent 1849 auf, bestätigte jedoch die den gesetzlich anerkannten Kirchen und Religionsgesellschaften bereits zugestandenen Rechte, insb in Hinblick auf öffentliche Religionsübung.

➢ Besonders umfangreich waren auch die von der Paulskirchenversammlung beschlossenen Grundrechte des Deutschen Volkes vom 21. 12. 1848, die allerdings am 23. 8. 1851 von der Deutschen Bundesversammlung wieder aufgehoben wurden.

Studienwörterbuch: Grundrechte des Deutschen Volkes 1848; Grundrechtspatent 1849.

2305 Erst nach der Beendigung des Neoabsolutismus und der Rückkehr zum Konstitutionalismus 1861/67 konnten erneut Grundrechte in Österreich wirksam werden. Das **Staatsgrundgesetz vom 21. 12. 1867 über die allgemeinen Rechte der Staatsbürger** (StGG-ARStB) ist bis heute einer der wichtigsten österreichischen Grundrechtskataloge.

➢ Bereits 1862 waren das *Gesetz zum Schutze der persönlichen Freiheit* und das *Gesetz zum Schutze des Hausrechts* ergangen. Während jenes 1988 durch ein neues Gesetz ersetzt wurde, steht dieses bis heute in Geltung und ist damit das älteste noch heute geltende österreichische Verfassungsgesetz.

> Neu hinzu kamen 1867 das Recht auf Unverletzlichkeit des Eigentums, auf Versammlungs- und Vereinsfreiheit, Pressefreiheit, Glaubens- und Gewissensfreiheit, Freiheit der Wissenschaft und ihrer Lehre uva.

> Bei den Beratungen zum B-VG 1920 kam es aufgrund schwerer ideologischer Konflikte zwischen Sozialdemokraten und Christlichsozialen zu keinem neuen Grundrechtskatalog (⇨ Rz 1305). Man beschloss daher, das StGG-ARStB in das Verfassungsrecht der Republik zu übernehmen (vgl Art 149 B-VG).

> Daneben enthält das B-VG selbst nur wenige Grundrechte (va Gleichheitssatz, Art 7); auch im Staatsvertrag von St. Germain 1919 befinden sich Grundrechte.

> Das StGG-ARStB sah in Art 20 die Möglichkeit der zeitweisen oder örtlichen Suspension einzelner Grundrechte (Pressefreiheit, Vereins- und Versammlungsfreiheit uva) vor, wovon in Krisen- und Kriegszeiten auch wiederholt Gebrauch gemacht wurde (va 1. WK 1914–18). Art 20 StGG-ARStB sowie das auf seiner Grundlage 1869 ergangene Durchführungsgesetz wurden durch Art 149 B-VG 1920 aufgehoben. Ein im Zuge der Verfassungsreform 1929 eingebrachter Gesetzesentwurf über die Suspension der Grundrechte scheiterte am Widerstand der Sozialdemokraten.

Studienwörterbuch: Suspension von Grundrechten.

2306 Die Grundrechtskataloge waren zunächst nur als Staatszielbestimmungen konzipiert; erst mit der Errichtung eines Reichsgerichtes (⇨ Rz 2415) und der Entwicklung der Verfassungsgerichtsbarkeit wurden sie zu durchsetzbaren **subjektiven öffentlichen Rechten**.

> Als „Staatszielbestimmungen" stellten sie in erster Linie Prinzipien, nach denen die Verwaltungsbehörden vorzugehen hätten, dar, ohne dass ein Verstoß gegen sie rechtliche Folgen nach sich gezogen hätte. So etwa die Pillersdorfsche Verfassung.

> Der Kremsierer Entwurf sah vor, dass jeder, der in seinen verfassungsrechtlich gewährleisteten Rechten verletzt sei, vor dem Reichsgericht (RG) durch eine „Civilklage vom Staate volle Genugthuung", dh Schadenersatz fordern hätte können sollen. Die Wirkungen einer reichsgerichtlichen Klage hätten also jenen eines modernen Amtshaftungsverfahrens geglichen.

> Die Märzverfassung 1849 sah ebenfalls ein RG vor, das bei „Verletzung der politischen Rechte" zuständig sein sollte, jedoch ohne näher anzugeben, worin die Wirkungen eines solchen Erkenntnisses bestehen sollten. Die Errichtung eines RG unterblieb.

> Erst 1869 wurde aufgrund des StGG-ERG 1867 tatsächlich ein RG ins Leben gerufen. Es war ua für „Beschwerden der Staatsbürger wegen Verletzung der ihnen durch die Verfassung gewährleisteten politischen Rechte [durch Verwaltungsbehörden]" zuständig, konnte jedoch lediglich feststellen, ob eine Verletzung stattgefunden hatte (deklaratorische Kompetenz) und den geprüften Verwaltungsakt weder ändern noch aufheben.

> 1919 erhielt der Verfassungsgerichtshof (VfGH) als Nachfolger des RG die Kompetenz, Verwaltungsakte, sofern sie grundrechts- (allgemeiner:

verfassungs-) widrig waren, aufzuheben (kassatorische Kompetenz). Durch das B-VG 1920 (Art 140) kam die Möglichkeit der Aufhebung von verfassungswidrigen Gesetzen hinzu (⇨ Rz 2422).

➢ Im Unterschied zum deutschen BVerfG kann der österr VfGH nicht bei Grundrechtsverletzungen durch die ordentlichen Gerichte angerufen werden. Seit 1992 ist insbesondere für den Fall einer unverhältnismäßig langen Untersuchungshaft eine besondere Grundrechtsbeschwerde beim OGH zulässig.

2307 Einen **Einbruch** erlitt der österr Grundrechtsschutz in der Zeit des Autoritären Ständestaates (1934–38) und in der NS-Zeit (1938–45). Der Schutz von Individualrechten erschien mit dem nationalsozialistischen Grundgedanken von der Volksgenossenschaft unvereinbar.

➢ Mit Inkrafttreten der Maiverfassung 1934 traten B-VG und StGG-ARStB außer Kraft, die Maiverfassung enthielt zwar einen eigenen Grundrechtskatalog, doch war dieser gegenüber dem StGG-ARStB wesentlich eingeschränkt worden.

➢ In Deutschland wurden bereits mit der Reichstagsbrandverordnung 1933 (⇨ Rz 1205) die wichtigsten Grundrechte außer Kraft gesetzt; die NS-Lehre leugnete später generell die Existenz von Grundrechten.

➢ Mit dem „Anschluss" am 13. 3. 1938 trat nach zeitgenössischer Lehre der österreichische Grundrechtskatalog 1934 von selbst außer Kraft.

2308 1945 traten B-VG und StGG-ARStB wieder in Kraft. Der Bestand an Grundrechten wurde in der Folge ausgeweitet. Im Übrigen ist die Rechtsentwicklung nach dem 2. WK durch eine *Internationalisierung der Grundrechte* gekennzeichnet. 1950 beschloss der Europarat die **Europäische Menschenrechtskonvention** (MRK), welcher Österreich 1958 beitrat.

➢ Der Staatsvertrag von Wien-Belvedere 1955 schützt besonders die ethnischen Minderheiten in Österreich.

➢ In das StGG-ARStB wurden 1973 der Schutz des Fernmeldegeheimnisses und 1982 die Kunstfreiheit aufgenommen; das Gesetz zum Schutze der persönlichen Freiheit von 1862 wurde 1988 im Zusammenhang mit der Errichtung der Unabhängigen Verwaltungssenate (⇨ Rz 2410) durch ein neues Gesetz ersetzt.

➢ Weitere wichtige nach 1945 gewährleistete Rechte sind va das Grundrecht auf Datenschutz und das Grundrecht auf Zivildienst. Sie sind als Verfassungsbestimmungen im Datenschutzgesetz bzw im Zivildienstgesetz enthalten.

➢ Bereits 1948 beschloss die UN-Generalversammlung eine Allgemeine Erklärung der Menschenrechte, auf welcher die MRK basiert. Die MRK selbst wurde in der Folge durch elf Zusatzprotokolle ausgebaut.

➢ Zum Schutz der in der MRK enthaltenen Grundrechte wurden eine *Europäische Kommission für Menschenrechte* (EKMR) sowie ein *Europäischer Gerichtshof für Menschenrechte* (EGMR), beide mit Sitz in Straßburg, gegründet. Das Verfahren war zunächst recht kompliziert, indem zunächst die EKMR eine gütliche Einigung zu erreichen hatte. Erst danach und nach Befassung des Ministerkomitees des Europarats wurde der EGMR mit der endgültigen Entscheidung beauftragt.

➢ Durch das 11. Zusatzprotokoll zur MRK, das 1998 in Kraft trat, wurde das Verfahren wesentlich vereinfacht, die EKMR abgeschafft. Seitdem kann der EGMR direkt von Einzelpersonen angerufen werden.

➢ Ob die MRK in Österreich Verfassungsrang besitze, war zunächst strittig, wurde aber 1964 durch Bundesverfassungsgesetz authentisch klargestellt.

Studienwörterbuch: Europäische Menschenrechtskonvention.

2309 Obwohl die MRK nicht von der EG/EU, sondern vom Europarat beschlossen wurde, wird sie auch vom EuGH angewendet. Erst 2001 wurde auf dem Gipfel von Nizza (➪ Rz 1237) eine eigene **Charta der Grundrechte der EU** beschlossen.

➢ Das Projekt der Europäischen Politischen Gemeinschaft 1953 (➪ Rz 1216) sah eine Rezeption der MRK vor, wozu es jedoch infolge des Scheiterns des Projekts nicht kam. Das deutsche BVerfG erklärte 1974, dass es, „solange" die EG nicht über einen eigenen Grundrechtskatalog verfüge, auch in EG-Angelegenheiten Rechtsakte auf ihre Konformität mit den im Bonner GG festgeschriebenen Grundrechten prüfen werde („Solange I").

➢ Schon in den 1960er Jahren begann jedoch der EuGH die MRK analog anzuwenden, mit der Begründung, dass sie zu den allgemeinen Rechtsgrundsätzen des Gemeinschaftsrechts zähle. Dies wurde im Vertrag von Maastricht 1992 ausdrücklich anerkannt. 1986 erklärte auch das BVerfG in Abkehr von seiner bisherigen Haltung, dass es, „solange" der EuGH einen wirksamen Grundrechtsschutz gewährleiste, seine eigene diesbezügliche Kompetenz nicht ausüben werde („Solange II").

➢ Die EU-Grundrechtscharta lehnt sich eng an die MRK an und gewährt darüber hinaus auch einige soziale Grundrechte. Sie ist allerdings derzeit noch nicht gerichtlich durchsetzbar.

➢ Die Aufnahme von Grundrechten in die Europäische Verfassung war bei deren Schaffung einer der umstrittensten Punkte, nicht zuletzt, da befürchtet wurde, dass die EU auf diese Weise ihre Kompetenzen auf neue Materien ausweiten würde. Nunmehr wurde von einer textlichen Inkorporation abgesehen; vielmehr verweist der Vertrag von Lissabon auf die EU-Charta 2001 und erklärt sie damit für verbindlich, hält aber fest, dass damit der Anwendungsbereich des Unionsrecht nicht ausgedehnt werde. Zudem erhielten einzelne Mitgliedsstaaten (UK, Polen) die Möglichkeit, die Rechtsverbindlichkeit für ihr Land abzulehnen.

2310 Aufgrund der allgemeinen Formulierung der Grundrechte besitzen die Gerichte bei ihrer Anwendung einen relativ weiten Spielraum. Dies führte in der Praxis zu einer **richterlichen Rechtsfortbildung der Grundrechte**.

➢ Der Gedanke, dass Gerichte das Recht nicht bloß feststellen, sondern auch fortbilden können, stammt aus dem englischen *case-law*-System; er wurde von KELSEN abgelehnt und war daher der österr Bundesverfassung fremd. Beachte, dass die Grundrechtsbindung auch des Gesetzgebers vom VfGH erst 1932 ausgesprochen wurde, als KELSEN nicht mehr dem VfGH angehörte!

➢ Im Gegensatz etwa zum deutschen BVerfG übte sich der österr VfGH jahrzehntelang in einem *judicial self restraint*: Die Grundrechte wurden eng ausgelegt und nur selten Gesetze wegen Grundrechtsverletzungen aufgehoben. Eine Ausnahme bildete hier lediglich der Gleichheitssatz, zu dem der VfGH schon früh eine reiche Judikatur entwickelte.

➢ Unter dem Einfluss des EGMR, welcher bewusst eine „evolutive Auslegung" der MRK vornimmt, wandelte sich ab ca 1980 auch die Judikatur des VfGH. Grundrechtswidrigkeit ist heute sogar die häufigste Begründung für eine Gesetzesaufhebung.

B Einzelne Grundrechte

1. Der Gleichheitssatz

a) Allgemeines

2311 Das **Grundrecht auf rechtliche Gleichbehandlung** ist „Haupt und Fundament aller Grundrechte". Er ist heute va in Art 2 StGG-ARStB und Art 7 B-VG verankert und wird öfter als jedes andere Grundrecht vom Verfassungsgerichtshof als Prüfungsmaßstab herangezogen.

➢ Die Idee von der Gleichheit aller Menschen findet sich schon im römischen Recht (Gai Inst 1.52,53) sowie in der Bibel (Gal 3,28). Dennoch war die Realität bis ins 18. Jh von Ungleichheit geprägt.

➢ Erst die Revolutionen von 1789 (*liberté, égalité*) und von 1848 verhalfen dem Gleichheitssatz zum Durchbruch. Dann aber wurde konsequent an ihm festgehalten: Nicht nur sämtliche österreichische Verfassungen und Verfassungsentwürfe seit 1848 enthalten regelmäßig den Gleichheitssatz, sondern auch die Sylvesterpatente 1851 bestätigten ihn.

➢ Der heutige normative Gehalt des Gleichheitssatzes ist vielschichtig. Nach seit 1932 herrschender Lehre beinhaltet er nicht nur „Gleichheit *vor* dem Gesetz", sondern auch „Gleichheit *durch* das Gesetz": Es sind nicht nur die Gesetze gleich (= ohne Ansehen der Person) zu vollziehen, sondern die Gesetze haben selbst die Grundrechtsträger gleich zu behandeln. Ausdrücklich verankert war dies nur in Art 16 Verf 1934.

➢ In Art 14 MRK ist der Gleichheitssatz in der Form enthalten, dass (nur) der Genuss der durch die MRK festgelegten Rechte „ohne Benachteiligung ..., die insbesondere im Geschlecht, in der Rasse, Hautfarbe, Sprache, Religion, in den politischen oder sonstigen Anschauungen, in nationaler oder sozialer Herkunft, in der Zugehörigkeit zu einer nationalen Minderheit, im Vermögen, in der Geburt oder im sonstigen Status begründet ist."

➤ Die demonstrative Aufzählung einiger historisch bedeutsamer, nunmehr unzulässiger Diskriminerungen in Art 7 B-VG ist wesentlich kürzer und umfasst nur Geburt, Geschlecht, Stand, Klasse und Bekenntnis. Sie wurde 1997 um eine Bestimmung zugunsten von Behinderten erweitert, die jedoch kein subjektives Recht, sondern lediglich eine Staatszielbestimmung darstellt.

➤ Im gegenständlichen Abschnitt werden nur einige Aspekte des Gleichheitssatzes behandelt. Zur Ungleichheit aufgrund der Religionszugehörigkeit ⇨ Rz 2320 ff, zur Ungleichheit aufgrund der Rasse ⇨ Rz 2167. Siehe auch den Abschnitt zur Rechtsfähigkeit des Menschen (⇨ Rz 3101 ff).

b) Ständeordnung

2312 Die Gliederung der Menschen nach **Ständen** lässt sich bis in die ältesten Zeiten zurückverfolgen. Ausgangsbasis ist die Ausdifferenzierung der Gesellschaft nach bestimmten Berufen (Militär, Landwirtschaft, Handwerk,...). Doch entwickelten sich diese *Berufsstände* allmählich zu *Geburtsständen*, indem die Zugehörigkeit zu einem Stand durch Abstammung bestimmt wurde und ein Wechsel in einen anderen Stand nicht oder nur schwer möglich war.

➤ Mit der Zugehörigkeit zu einem Stand waren regelmäßig besondere Rechte und Pflichten (zB Landstandschaft, ⇨ Rz 2112) verbunden, durch die sich dieser Stand von anderen Ständen unterschied.

➤ In diesem Sinne entwickelte jeder Stand ein eigenes Recht, das die Rechtsstellung seiner Angehörigen in praktisch allen Lebensbereichen bestimmte: im Eherecht und im ehelichen Güterrecht, im Erbrecht, im Bodenrecht, im Gewerberecht usw.

➤ Es herrschte das Prinzip der *Ebenburt*, wonach bestimmte Rechtsbeziehungen zwischen standesungleichen Personen verboten waren und/oder keine vollen Wirkungen entfalteten (bes etwa bei standesungleicher Ehe; ⇨ Rz 3235, Rz 3249).

Studienwörterbuch: Ebenburt.

2313 Der in sich stark differenzierte Stand des **Adels** (Reichs-/Landesadel; hoher/niederer Adel; Geburts-, Dienst-, Briefadel) genoss sowohl im öffentlichen Recht als auch im Privatrecht eine Sonderstellung.

➤ Der Adel war Träger des Lehnswesens; im Rahmen der Grundherrschaft regierte er über die Masse der Bevölkerung. Der reichsständische Adel war im Reichstag, der landständische Adel im Landtag organisiert und nahm so an der Reichs- bzw Landesherrschaft teil.

➤ An Privilegien im Privatrecht sind zu nennen: ausschließlicher Besitz adeliger Güter (Herrenland), herabgesetzte Volljährigkeit, Prinzip der Ebenburt (in der Ehe, im gerichtlichem Zweikampf), Namens- und Wappenführung. Der hohe Adel besaß sogar das Recht, sein eigenes Privatrecht autonom zu regeln (sog *Privatfürstenrecht*).

> Ein Abbau der adeligen Standespriviliegien setzte bereits im 18. Jh (Absolutismus) ein; ab 1848/1867 bestanden nur mehr wenig echte, an den Adel als solchen gebundene Privilegien, doch konnte er als sozialer Stand seinen politischen Führungsanspruch und seine Sonderstellung noch bis zum Ende der Monarchie aufrecht erhalten.

> Aufgehoben wurde der Adelsstand in Österreich durch das Adelsaufhebungsgesetz 3. 4. 1919; in Deutschland (wo jedoch die Adelsprädikate beibehalten wurden) durch die Weimarer Reichsverfassung 1919.

Studienwörterbuch: Adelsaufhebungsgesetz; Privatfürstenrecht.

2314 Der **Bauernstand** umfasste den mit Abstand größten Teil der Bevölkerung. Ihm gehörte an, wer eigenes oder geliehenes Bauernland bewirtschaftete. Im Allgemeinen sind zu unterscheiden:

> freie Bauern, die keiner Grundherrschaft angehörten, sondern unmittelbar dem König oder dem Landesherrn unterstanden; ihre anfangs große Zahl schrumpfte jedoch im Laufe des Mittelalters drastisch;

> unfreie oder minderfreie Bauern, die einer Grundherrschaft (⇨ Rz 2103) angehörten und von dieser in dinglich-sachenrechtlicher (Bodenleihe), personenrechtlicher (Leibeigenschaft, Erbuntertänigkeit) und politisch-obrigkeitlicher Hinsicht (Patrimonialgerichtsbarkeit) abhängig waren.

> Form und Ausmaß dieser Abhängigkeit variierten stark; während in den österreichischen Erbländern in der Neuzeit nur mehr eine *gemäßigte Untertänigkeit* bestand, wurden die Bauern in Ostmittel- und Osteuropa zu Leibeigenen herabgedrückt (⇨ Rz 2104; Rz 3103).

2315 Die (Stadt-)**Bürger** unterschieden sich durch Tätigkeit (Handel, Gewerbe) und Lebensweise von den anderen Ständen, waren aber in sich ebenfalls stark geschichtet (Patrizier, Handwerker, sonstige Stadtbewohner, städtisches Proletariat).

> Charakteristisch für die Stadt war die persönliche Freiheit aller Einwohner. Dies galt auch für Unfreie, die längere Zeit (*Jahr und Tag*) unangefochten von ihrem Herrn in der Stadt lebten: *Stadtluft macht frei.*

> Bürger im engeren Sinne, und damit an der politischen Willensbildung beteiligt, waren jedoch nur jene Stadtbewohner, die das Bürgerrecht besaßen. Dies waren in erster Linie die Patrizier (Adelige, Kaufleute); erst nach und nach wurde das Bürgerrecht auch auf andere Stadtbewohner ausgeweitet.

> Unter dem Gesichtspunkt der persönlichen Freiheit durchbrach das Bürgerrecht seit dem 18. Jh die alten Standesschranken: jeder, der nicht Adeliger oder Bauer war, war Bürger (so zB ALR). Schließlich erweiterte sich der Begriff des Bürgers vom Stadtbürger (*bourgeois*) zum Staatsbürger (*citoyen*).

2316 Neben diesen drei „klassischen" existierten noch zahlreiche **andere Stände**, die aus verschiedenen Gründen „privilegiert" oder „unterprivilegiert" waren. Neben beruflichen Gründen konnte hierfür auch die Abstammung, der Verlust der Ehre, sogar ein körperliches

Gebrechen ausschlaggebend sein. Auch diese Abstufungen wurden ab dem 18. Jh nach und nach beseitigt.

➢ In diesem Sinne bevorrechtet waren etwa Geistliche und Offiziere (die freilich bis ins 18. Jh überwiegend aus dem Adel stammten) sowie auch Beamte.

➢ Minderberechtigt waren dagegen etwa: Personen, die ein „unehrliches" (= verpöntes) Gewerbe betrieben (Henker, Abdecker [= Tierkadaververwerter], Prostituierte, Schauspieler); Personen, die zu bestimmten Strafen verurteilt wurden; Uneheliche und auch Kinder von solchen „unehrlichen" Personen.

➢ Die Rechtsfolgen der Unehrlichkeit waren verschieden: Zurücksetzung im Erbrecht, im Zunft- und Gewerberecht; Minderung oder Versagung von Wergeld und Buße; Unfähigkeit zur Vormundschaft usw.

➢ Die Diskriminierung der „Zigeuner" (= Sinti und Roma) war nicht nur auf ihre halbnomadische Lebensweise zurückzuführen, sondern auch rassisch motiviert. Ebenso blieben auch Juden (⇨ Rz 2322) selbst nach einer Taufe meist gegenüber anderen Christen benachteiligt.

➢ Auch Krüppeln oder missgestalteten Menschen sowie Intersexuellen wurde ihre Erbfähigkeit, ihre Lehnsfähigkeit oder überhaupt ihre Rechtsfähigkeit abgesprochen. Aussätzige behielten ihr Vermögen, waren aber für die Zukunft erbunfähig. Heute ziehen körperliche Gebrechen keinerlei Beschränkungen der Rechtsfähigkeit nach sich.

Studienwörterbuch: Ehrlosigkeit.

c) Die Frau im Recht

2317 Die Ungleichbehandlung aufgrund des **Geschlechts** war bis 1848 von der Ungleichbehandlung durch die Ständeordnung überdeckt. Innerhalb der Stände variierten Form und Ausmaß der Zurücksetzung von Frauen gegenüber ihren männlichen Standesgenossen erheblich.

➢ Am ehesten gelang es adeligen Frauen, ihre Eigenständigkeit zu bewahren (Eleonore v. Aquitanien!); auch Witwen sowie Handels- und Gewerbefrauen war eigenständiges Handeln möglich.

➢ Für die große Masse der weiblichen Bevölkerung galt jedoch, dass sie ihr Leben lang unter der Vormundschaft (⇨ Rz 3260) eines Mannes standen, und zwar je nach ihrer familienrechtlichen Stellung unter jener ihres Ehemannes oder ihres Vaters oder eines besonderen (Geschlechts-)Vormunds. Ihre Stellung glich dann etwa jener eines Haussohns.

➢ Die Neuzeit brachte eine Verschärfung der Geschlechtsvormundschaft (*cura sexus*), die vielfach den Regeln der Vormundschaft über Minderjährige angepasst wurde. Besondere Bedeutung erlangte das aus dem römischen Recht übernommene Interzessionsverbot, welches Frauen untersagte oder nur unter bestimmten Voraussetzungen erlaubte, materiell fremde Schulden zu formell eigenen zu machen (durch Bürgschafts-, Schuldübernahme oder durch Pfandbestellung für fremde Schuld).

2318 Obwohl der in den verschiedenen Grundrechtskatalogen enthaltene Gleichheitssatz stets männliche Personenbezeichnungen (zB „Staatsbürger", nicht „Staatsbürgerin und Staatsbürger") verwendete, so war doch weitgehend anerkannt, dass er für Mann und Frau gelten sollte. Dennoch kam es noch lange nicht zu einer völligen **Gleichstellung der Frau**. Diese zog sich vielmehr bis weit in das 20. Jh hinein und ist sogar heute nicht in allen Punkten erreicht.

➢ Mitunter kam es sogar nach 1848 noch zu einer Verschlechterung der Rechtsstellung der Frau, so insbesondere beim Wahlrecht (⇨ Rz 2139).

➢ Der Zugang von Frauen zu Universitäten wurde erstmals 1863 in Zürich verwirklicht. Ab 1879 wurde das Frauenstudium schrittweise auch an der Universität Wien zugelassen (juridische Fakultät 1919). Der weibliche Anteil an der Professorenschaft beträgt noch heute unter 10 %.

➢ Im Privatrecht wurde die Gleichstellung der Frau va durch die Familienrechtsreformen ab 1975 in Angriff genommen (⇨ Rz 3237). Eine völlige Gleichheit ist aber – insbesondere im Arbeitsrecht – noch heute nicht erreicht.

➢ Auch wenn rechtliche Barrieren zusehends fielen, so blieb doch die faktische Ungleichstellung aufrecht; die Gesetze, die lediglich eine formale Gleichstellung von Mann und Frau normierten, vermochten hier keine Änderung zu bringen. So entstand die Forderung nach einer „positiven Diskriminierung", dh nach spezifischen Maßnahmen, die Frauen rechtlich bevorzugen sollte, um letztlich zu einer tatsächlichen Gleichstellung von Mann und Frau zu führen.

➢ In diesem Zusammenhang wurde 1998 dem Art 7 B-VG ein neuer Abs 2 eingefügt, wonach sich „Bund, Länder und Gemeinden ... zur tatsächlichen Gleichstellung von Mann und Frau" bekennten und besondere „Maßnahmen zur Förderung der faktischen Gleichstellung" für zulässig erklärt wurden.

Studienwörterbuch: Frauen im Recht.

d) Gleichheitssatz und Staatsbürgerschaft

2319 Fremde waren/sind alle Nichtmitglieder der jeweiligen Rechtsgemeinschaft, also etwa Stammes-, Stadt-, Landes-, Reichsfremde. Seit der Entstehung des modernen Staatsbürgerschaftsrechts zu Beginn des 19. Jh werden darunter alle Nicht-Staatsbürger verstanden. Eine besondere Gruppe sind heute die Unionsbürger, welche nach Art 6 EG-Vertrag nicht diskriminiert werden dürfen.

➢ Fremde waren ursprünglich rechtlos, genossen aber uU Schutz des Gastrechts und/oder des Königs oder lokaler Obrigkeiten. Meist erfuhren sie eine Zurücksetzung gegenüber den „Einheimischen" beim Grundstückserwerb, im Erbrecht, im Zivil- und im Strafprozess. In Einzelfällen erfolgte eine großzügige Aufnahme ganzer Bevölkerungsgruppen mit entsprechenden Privilegien (zB der Hugenotten in Preußen, ⇨ Rz 1120).

> Unter dem Einfluss von Naturrecht und Aufklärung kam es zu einer Besserstellung der Fremden, ja uU sogar zu einer grundsätzlichen Gleichstellung mit den Einheimischen, wenn auch mit Einschränkungen (bes beim Grundstückserwerb) und unter dem Gesichtspunkt der Gegenseitigkeit.

> Auch Art 2 StGG-ARStB und Art 7 B-VG behalten die Unterscheidung zwischen Staatsbürgern und Fremden bei; doch hat der VfGH aus zahlreichen verstreuten Bestimmungen (va dem Bundesverfassungsgesetz betreffend das Verbot rassischer Diskriminierung BGBl 1973/390) auch eine unsachliche Ungleichbehandlung von Ausländern untereinander für unzulässig erklärt.

Studienwörterbuch: Fremde; Staatsbürgerschaft.

2. Glaubens- und Gewissensfreiheit

2320 Unter Ks THEODOSIUS I. d.Gr. (379–395) wurde das katholische Christentum 380 zur **Staatsreligion** des Römischen Reiches und das auf dem Ökumenischen Konzil von Nicaea 325 formulierte Glaubensbekenntnis (*Nicaenum*) für alle Untertanen verbindlich gemacht (C I, 1). Christen, die das Nicaenum nicht annehmen wollten (va Arianer), und Heiden wurden verfolgt.

> Eine Staatsreligion war dem röm Reich bis dahin fremd gewesen; vielmehr herrschte Religionsvielfalt, doch wurden einzelne Religionen wegen (angeblicher) Staatsgefährdung zuweilen verfolgt, so auch das Christentum bis 311/313.

> Nach 313 nahm das Christentum im römischen Reich starken Aufschwung; das Edikt von 380 richtete sich weniger gegen die Heiden als den Konflikt innerhalb der Kirche zwischen „Athanasianern" und „Arianern" über das Verhältnis zwischen Gott-Sohn und Gott-Vater: Während der ägyptische Theologe ARIUS († 336) meinte, dass der Sohn dem Vater nur wesensähnlich sei, setzten die Anhänger des alexandrinischen Bischofs ATHANASIUS († 373) auf dem Konzil von Nicaea die Lehre von der Wesensgleichheit des Sohnes mit dem Vater durch.

> Die jüdische Religion blieb auch nach 380 zugelassen, doch sahen sich ihre Anhänger zunehmend Repressalien (zB Ausschluss von öffentlichen Ämtern) ausgesetzt.

2321 Die meisten Germanenstämme übernahmen den Arianismus. Erst der Frankenkönig CHLODWIG I. ließ sich 496 von einem päpstlichen Legaten taufen und bahnte so eine konfessionelle Vereinheitlichung seines Reiches an. Von hier aus gehend, wurde das **katholische Christentum** für mehr als 1000 Jahre die vorherrschende Religion in West- und Mitteleuropa.

> Besonders die Reiche der Westgoten in Spanien und der Ostgoten in Italien waren gekennzeichnet von Konflikten zwischen arianischen Germanen und katholischen Romanen; die Bevölkerungsteile blieben einander feindlich gesinnt, was mit Schuld am Untergang va des Ostgotischen

Reiches war. Die Westgoten nahmen 589 den Katholizismus an und gingen hierauf in der romanischen Bevölkerung Spaniens auf.

➢ Die Taufe CHLODWIGS nach katholischem Ritus begünstigte nicht nur die Verschmelzung der verschiedenen Bevölkerungsgruppen seines Reiches, sondern führte auch zu einer engen Allianz zwischen dem Frankenkönig und dem Papst (⇨ Rz 1104).

Studienwörterbuch: Katholische Kirche.

2322 Die einzige größere religiöse Minderheit in der christlichen Gesellschaft waren die **Juden**. Diese lebten von den Christen getrennt und standen unter dem Schutz des Königs. Dennoch kam es immer wieder zu Judenverfolgungen.

➢ *Judenrecht* war das vom (christlichen) Staat einseitig oktroyierte Recht, das die Rechtsbeziehungen zwischen Juden und Christen regelte. Hauptziel des Judenrechts war es, die Juden von der christlichen Bevölkerung abzusondern. So mussten sie in enem Ghetto leben und eine besondere Kleidung (Judenhut) tragen; Ehen zwischen Juden und Christen waren verboten, auch war es verboten, christliche Dienstboten anzustellen.

➢ Die Rechtsbeziehungen unter Juden wuren demgegenüber als *jüdisches Recht* bezeichnet. Es wurde autonom von diesen gestaltet und hatte seine Quellen va in der Tora und im Talmud.

➢ Zuweilen erließen Könige oder Herzöge besondere Judenprivilegien. Darin wurde ihnen Schutz des Lebens und Eigentums zugesichert und die Befugnis zu Kreditgeschäften und (meist) minderen Handelsgeschäften (Trödel), nur ausnahmsweise zum Betrieb von Gewerben und Manufakturen eingeräumt. Für diesen Schutz mussten die Juden einen Zins zahlen, was für den Herrscher eine wichtige Einnahmequelle darstellte (*Judenregal*).

➢ Von Ausnahmen abgesehen (Bankiers, Hoflieferanten etc) blieb die Lage der Juden unsicher und gedrückt. Glaubenseifer, Konkurrenzneid, Vorurteile der christlichen Kirchen und Willkür der Obrigkeiten führten häufig zu Judenverfolgungen und Judenvertreibungen. So schon 589 in Spanien, sodann insbesondere ab 1096 im Zusammenhang mit den Kreuzzügen und im Spätmittelalter im Gefolge des Ausbruches der Pest 1348, für die die Juden verantwortlich gemacht wurden.

➢ In Wien bestand seit dem Ende des 12. Jh eine jüdische Gemeinde; sie wurde 1421 vollständig vernichtet, wobei weit über 200 Jüdinnen und Juden den Tod fanden.

Studienwörterbuch: Hehlerprivileg; Juden; Judenrecht; Jüdisches Recht.

2323 Die konfessionelle Einheit des christlichen Abendlandes zerbrach in der Neuzeit durch die **Reformation**, aus der die evangelische Kirche hervorging, und die von der katholischen Kirche betriebene **Gegenreformation**.

➢ In der Reformationszeit entstand eine Vielzahl neuer Konfessionen, deren Anliegen sich nur zT deckten. Am bedeutendsten waren die Anhänger MARTIN LUTHERS (1483–1546), die „Lutheraner" (Augsburger Bekenntnis, evangelisch A.B.) und die Anhänger JEAN CALVINS (1509–1564), die „Calvinisten" (Helvetisches Bekenntnis, evangelisch H.B.).

➢ Die Bezeichnung „evangelisch" deutet darauf hin, dass die Anhänger der Reformation allein die Bibel als Glaubensquelle akzeptieren (*„sola scriptura"*), während die katholische Kirche daneben noch weitere Quellen wie insbesondere die Tradition anerkennt. Die ebenfalls gebräuchliche Bezeichnung „Protestanten" erinnert an einen Protest der evangelischen Stände 1529 gegen den Versuch Ks KARLS V., bereits gemachte Zugeständnisse wieder zurückzunehmen.

➢ Das Ökumenische Konzil von Trient (1545–63) wurde zur Beendigung der Glaubensspaltung einberufen, führte jedoch nur zur Verwerfung der Thesen LUTHERS und CALVINS und initiierte eine umfassende Reform der katholischen Kirche sowie die Rekatholisierung bereits evangelisch gewordener Gebiete („Gegenreformation"). Träger dieser Bewegung wurde vor allem der 1534 gegründete Jesuitenorden („Gesellschaft Jesu"), der in den katholischen Ländern v.a. einen maßgeblichen Einfluss auf das Bildungswesen und dadurch auch auf die Zensur erhielt.

Studienwörterbuch: Evangelische Kirchen; Gegenreformation; Jesuiten; Reformation; Tridentinisches Konzil.

2324 In den meisten europäischen Staaten wurde entweder die katholische oder die evangelische Kirche zur Staatskirche erklärt, die jeweils andere Konfession unterdrückt. Es kam zu **Verfolgungen** und **Auswanderungen**.

➢ Die Aberkennung des päpstlichen Primats bedeutete eine Machtsteigerung für die Fürsten, da diese nun in ihren Ländern auch die Kirchenherrschaft übernahmen (⇨ Rz 2128).

➢ 1534 vollzog der englische König HENRY VIII. den Bruch mit Rom und erklärte sich selbst in der Folge mit der *Act of Supremacy* 1534 zum *supreme head in earth of the Church of England*. Jeder männliche und erwachsene englische Bürger musste einen Eid auf dieses Gesetz ablegen; wer sich weigerte, dem drohte Verfolgung und Hinrichtung (so va der vormalige Lordkanzler THOMAS MORUS, der 1535 enthauptet wurde).

➢ Der 1678 erfolgte Ausschluss von Katholiken vom passiven Wahlrecht war insbesondere nach der Fusion des irischen mit dem britischen Parlament 1801 ein großes Problem für die katholisch gebliebenen Iren; erst 1829 durften auch Katholiken in das Parlament des UK einziehen.

➢ Im Edikt v. Nantes gestattete der (1593 zum Katholizismus konvertierte) Kg HENRI IV. v. Frankreich 1598 den (in Frankreich als „Hugenotten" bezeichneten) Calvinisten das Recht der privaten und teilweise auch öffentlichen Religionsausübung, doch hatten sie zB katholische Feiertage zu achten. In einem geheimen Zusatzdiplom garantierte er den Hugenotten sogar militärische Garnisonen zu ihrem eigenen Schutz.

➢ Dieser letzte Punkt war dann va ausschlaggebend, dass Kg LOUIS XIV. 1685 im Edikt von Fontainebleau das Edikt von Nantes wieder aufhob und die Hugenotten wieder unterdrückt wurden bzw auswanderten.

Studienwörterbuch: Nantes, Edikt von (1598).

2325 Im Heiligen Römischen Reich erlangten die Reichsfürsten durch den **Augsburger Religionsfrieden 1555** das Recht, zwischen Katholizismus und Luthertum frei zu wählen, womit die konfessionelle Einheit des Reiches zerbrach. Die Länder ihrerseits blieben konfessionell einheitlich, da die Fürsten die Religion ihrer eigenen Untertanen bestimmen konnte (Religionsbann: *„cuius regio, eius et religio"*), was auch hier zu Verfolgungen und Auswanderungen führte. Der Kaiser blieb katholisch, musste sich aber – in dieser Position – konfessionell neutral verhalten.

➢ Der vom röm-dt Kg FERDINAND I. (in Vertretung seines Bruders Ks KARL V.) mit den Reichsständen geschlossene Augsburger Religionsfrieden 1555 stellte ursprünglich nur einen „Waffenstillstand" zwischen katholischen und evangelischen Reichsständen dar, denen vorläufig (dh bis zu einer theologischen Lösung, zu der es nicht kam) ihre bisherige Konfession zugestanden wurde.

➢ Einen Vorbehalt machte der Augsburger Religionsfrieden in Bezug auf die geistlichen Reichsfürsten: diese durften zwar für ihre Person ebenfalls ihre Konfession frei wählen, verloren aber im Falle ihrer Zuwendung zum Luthertum ihr geistliches Amt samt den damit verbundenen weltlichen Rechten. Damit sollten die geistlichen Reichsfürstentümer für die katholische Kirche erhalten bleiben. In der Praxis ließ sich dieses *reservatum ecclesiasticum* nicht immer durchsetzen.

➢ Für die Reichsstädte sah der Augsburger Religionsfrieden 1555 vor, dass beide Konfessionen „friedlich und ruhig bey- und neben einander wohnen" sollten.

➢ In den habsburgischen Erbländern wurde vom Religionsbann (*ius reformandi*) in unterschiedlicher Weise Gebrauch gemacht: MAXIMILIAN II. (1564–76) gestattete 1568 dem Herren- und Ritterstand in Österreich unter der Enns, 1571 auch deren Untertanen Konfessionsfreiheit; FERDINAND II. (1590/1619–37) dagegen betrieb mit dem *ius reformandi* ab 1598 energisch die Rekatholisierung der schon weitgehend protestantisch gewordenen habsburgischen Länder. Sein Versuch, die Gegenreformation auch in Böhmen einzuführen, löste den Dreißigjährigen Krieg (⇨ Rz 1122) aus, war aber letztlich erfolgreich.

➢ Im Westfälischen Frieden 1648 wurde das *ius reformandi* bestätigt und auch auf das Helvetische Bekenntnis ausgeweitet, jedoch durch die sog Normaljahrsregelung eingeschränkt: Untertanen, die im Jahre 1624 (Normaljahr) ihre Konfession ausüben durften, durften dies weiterhin tun, auch wenn ihr Landesfürst mittlerweile anderer Konfession war.

➢ Die Normaljahrsregelung zwang die Landesfürsten zu einer Toleranz gegenüber andersgläubigen Untertanen, die die spätere Toleranzgesetzgebung des 18. Jh gleichsam vorbereitete. In den habsburgischen (sowie auch in den wittelsbachischen) Ländern wurde die Normaljahrsregelung jedoch nicht anerkannt.

➢ Vereinzelt wurde vom *ius reformandi* noch bis in das 18. Jh Gebrauch gemacht: So zwang der Salzburger Erzbischof LEOPOLD ANTON V. FIRMIAN 1731 rund 20.000 Protestanten zur Emigration. Diese zogen va nach

Preußen, das auch schon den französischen Hugenotten Zuflucht gewährt hatte (Edikt v. Potsdam 1685, ⇨ Rz 1120).

Studienwörterbuch: Augsburger Religionsfrieden; Normaljahr.

2326 Die Aufklärung brachte die Abkehr vom *ius reformandi*. Sowohl die Religionspolitik FRIEDRICHS II. von Preußen als auch Ks JOSEPHS II. war von **Toleranz** gegenüber den jeweiligen konfessionellen Minderheiten geprägt. Von zentraler Bedeutung für die Entwicklung in Österreich waren hier die für die evangelischen und griechisch-orthodoxen Christen („Akatholiken") länderweise ergangenen *Toleranzpatente von 1781*.

➢ 1613 war das in Preußen regierende, bis dahin lutherische Haus Hohenzollern zum Calvinismus konvertiert, die Bevölkerung Brandenburg-Preußens blieb jedoch lutherisch. Durch die Eroberung Schlesiens 1742/45 kamen zahlreiche katholische Untertanen hinzu. Die hohenzollernsche Religionspolitik war daher traditionell eher liberal.

➢ Schon kurz nach seinem Regierungsantritt 1740 erklärte FRIEDRICH II., dass alle Konfessionen zu tolerieren seien und „jeder nach Seiner Fasson Selich werden" müsse. Ein förmliches „Toleranzpatent" oä erließ er aber nicht. Erst das ALR gewährte jedem Einwohner „vollkommene Glaubens- und Gewissensfreyheit" (II 11 § 2).

➢ Auch in den habsburgischen Ländern wurde das *ius emigrationis* schon in der ersten Hälfte des 18. Jh nicht mehr so streng gehandhabt; in einzelnen Ländern (Ungarn, Siebenbürgen) wurden Protestanten geduldet, weshalb es statt zu Emigrationen nunmehr zu Transmigrationen innerhalb der Monarchie (auch zwangsweise: so zB 1734/36 von Kärnten nach Siebenbürgen) kam.

➢ Die für die einzelnen Provinzen 1781 ergangenen, geringfügig voneinander abweichenden Toleranzpatente brachten den evangelischen (A.B. und H.B.) und griechisch-orthodoxen Christen entgegen der ursprünglichen Konzeption JOSEPHS II. keine völlige Gleichstellung mit den Katholiken, sondern nur das Recht der privaten Religionsausübung. Eine öffentliche Religionsausübung (Prozessionen, Glockengeläut ua) war ihnen nur gestattet, soweit sie dieses Recht aufgrund vereinzelter älterer Privilegien bereits besaßen (va Ungarn), ansonsten blieb sie Katholiken vorbehalten.

➢ Dementsprechend war den Akatholiken die Errichtung eigener „Bethäuser" erlaubt, die jedoch weder Glocken noch Türme noch einen öffentlichen Eingang von der Gasse haben durften. Gestattet war ferner die Errichtung von Schulen; auch Beschränkungen im Privat- und Gewerberecht fielen.

➢ Dennoch kam es auch nach 1781 in Österreich zu Rückschlägen; so wurden noch 1837 mehr als 400 im Zillertal lebende Protestanten zur Auswanderung gezwungen, mit der Begründung, dass dieses unter JOSEPH II. noch nicht zur Monarchie gehört habe und daher dort das Toleranzpatent nicht verkündet worden sei.

Studienwörterbuch: Evangelische Kirchen; Orthodoxe Kirchen; Toleranzpatent.

2327 Parallel dazu verbesserte JOSEPH II. auch die Rechtsstellung der Juden 1782/85 durch **Judenpatente**.

➢ Auch in der Neuzeit hatte die Rechslage der Juden lange zwischen Duldung und Vertreibung geschwankt: So war das seit 1421 in Wien geltende Ansiedlungsverbot für Wien nach und nach gelockert und 1624 ganz aufgehoben worden, doch kam es 1669/70 zur neuerlichen Vertreibung.

➢ Im 18. Jh wanderten einige reiche jüdische Familien in Österreich ein, die sich ihr Bleiben durch hohe Geldzahlungen (zB zur Finanzierung der Wiener Karlskirche) erkauft hatten. SAMUEL OPPENHEIMER finanzierte fast vollständig die 1. Phase des Spanischen Erbfolgekrieges für das Haus Habsburg.

➢ So wie bei den für die Akatholiken ergangenen Toleranzpatenten ging es JOSEPH II. bei den Judenpatenten auch und vor allem darum, diese Bevölkerungsgruppe „dem Staate nützlicher und brauchbarer zu machen"; besonders gefördert wurde daher zB der Unterricht jüdischer Kinder.

➢ Doch ging die Toleranz gegenüber den Juden nicht so weit wie gegenüber den Akatholiken; auch weiterhin blieb ihnen der Zugang zu den meisten Gewerben und das Bürgerrecht verwehrt.

➢ Die Religionsausübung war ihnen in ähnlichem Rahmen wie den Akatholiken, also in nichtöffentlicher Weise, gestattet.

2328 Die konstitutionellen Verfassungen des 19. Jh bzw ihre Grundrechtskataloge gewährten regelmäßig das Recht der **Glaubens- und Gewissensfreiheit**, so va der noch heute geltende Art 14 StGG-ARStB 1867. Dieses Gesetz sicherte überdies den gesetzlich anerkannten Kirchen und (nichtchristlichen) Religionsgesellschaften die öffentliche Religionsübung (Art 15), den sonstigen Religionsbekenntnissen die häusliche Religionsübung (Art 16) zu.

➢ Ähnliche Regelungen finden sich in allen österreichischen Verfassungen und Verfassungsentwürfen seit 1848. Selbst nach Beendigung der ersten konstitutionellen Ära erklärte jenes Sylvesterpatent vom 31. 12. 1851, das das Grundrechtspatent vom 4. 3. 1849 aufhob (⇨ Rz 1143), dass die öffentliche Religionsausübung der gesetzlich anerkannten Kirchen und Religionsgesellschaften weiterhin gestattet sei.

➢ Das 1855 zwischen Österreich und dem Hl Stuhl abgeschlossene Konkordat begünstigte zwar die katholische Kirche, hatte aber auf die Glaubens- und Gewissensfreiheit keine Auswirkungen. Durch das Protestantenpatent 1861 erreichten die evangelischen Christen A.B. und H.B. die volle Gleichberechtigung mit den Katholiken.

➢ Als „gesetzlich anerkannt" iSd Art 15 StGG-ARStB galten im Jahre 1867 die katholischen, evangelischen und griechisch-orthodoxen Christen sowie die Juden. Das Anerkennungsgesetz 1874 sollte die Anerkennung weiterer Konfessionen erleichtern, wurde aber zur Zeit der Monarchie nur zweimal – 1877 zugunsten der Altkatholiken, 1880 zugunsten der Herrenhuter Brüderkirche (Nachfolger der Hussiten, ⇨ Rz 1113) – angewendet.

> Die staatliche Anerkennung des Islam erfolgte durch ein besonderes Gesetz aus 1912, welches im Zusammenhang mit der Annexion Bosniens (⇨ Rz 1155) erging.

> Die Glaubens- und Gewissensfreiheit garantiert auch das Recht, keiner Religion anzugehören! Doch war die Rechtsstellung der „Religionslosen" – ebenso wie die von Anhängern gesetzlich nicht anerkannter Religionsgemeinschaften – bis zum Ende der Monarchie unsicher.

2329 Durch den **Staatsvertrag von St. Germain** 1919 (⇨ Rz 1303) wurde die Bedeutung der Unterscheidung zwischen gesetzlich anerkannten und nicht anerkannten Kirchen und Religionsgesellschaften wesentlich herabgesetzt, aber nicht gänzlich beseitigt.

> Art 63 des Staatsvertrages v. St. Germain, der in Österreich Verfassungsrang besitzt, garantiert allen Einwohnern die öffentliche und private Religionsausübung, unabhängig davon, ob ihre Religion/Konfession gesetzlich anerkannt ist oder nicht.

> Dennoch ist die gesetzliche Anerkennung nach dem Anerkennungsgesetz 1874 für zahlreiche Rechtsfragen von großer Wichtigkeit (zB Parteistellung in Verfahren) und wurde daher weiter angestrebt. Sie erfolgte 1951 für die Methodisten, 1955 für die Mormonen; 1973 für die Armenisch-apostolische Kirche; 1975 für die Neuapostolische Kirche; 1983 für die Buddhisten; 1988 für die Syrisch-Orthodoxe Kirche; 2003 für die Koptisch-Orthodoxe Kirche.

> 1998 trat das Bundesgesetz über die Rechtspersönlichkeit von religiösen Bekenntnisgemeinschaften in Kraft, das es auch Vereinigungen von gesetzlich nicht anerkannten Religionen ermöglicht, Rechtspersönlichkeit (und daher auch zB Parteirechte) zu erwerben. Von dieser Möglichkeit haben bereits zahlreiche Vereinigungen (zB Zeugen Jehovas) Gebrauch gemacht.

2330 Der **Nationalsozialismus** beseitigte die Glaubens- und Gewissensfreiheit. Neben den nicht aus religiösen, sondern aus rassischen Gründen verfolgten Juden (⇨ Rz 2167) wurden auch viele engagierte Christen Opfer des NS-Regimes. Die **sozialistischen Verfassungen** gewährten demgegenüber zumeist Glaubens- und Gewissensfreiheit, doch kam es auch hier zu Verfolgungen.

> Die NS-Ideologie führte zu einer kurzzeitigen Wiederbelebung germanisch-heidnischer Vorstellungen, die mit einer Mystifizierung des Führerprinzips verbunden waren.

> Die Haltung der katholischen (sowie auch der evangelischen) Kirche zum Nationalsozialismus war ambivalent: So hatte Papst PIUS XI. (1922–39) 1937 in seiner Enzyklika „Mit brennender Sorge" den Nationalsozialismus öffentlich angeprangert (⇨ Rz 2179); dennoch fand dieser anfangs auch in großen Teilen des deutschen und österreichischen Klerus Unterstützung. Später zählten katholische Geistliche zu den am meisten verfolgten Personengruppen; eine öffentliche Verurteilung des Nationalsozialismus durch PIUS XII. (1939–58) unterblieb jedoch.

> Der Marxismus stand jeder religiösen Weltanschauung ablehnend gegenüber; die Religion war nach einem – oft, jedoch meist falsch zitierten – Wort Marx' das „Opium des Volks". PIUS XI. verurteilte nur wenige Tage nach seiner Ablehnung des Nationalsozialismus auch den Kommunismus („Divini redemptoris", 1937). Auch im sowjetischen Machtbereich kam es zu Judenpogromen und zu Christenverfolgungen.

2331 Die nach 1945 entstandenen **internationalen Menschenrechtskataloge** führen regelmäßig auch die Glaubens- und Gewissensfreiheit an. Diese wurde auch durch die österreichische Gesetzgebung und verfassungsgerichtliche Rechtsprechung weiter ausgebaut.

> So garantiert insbesondere Art 9 MRK, dass dieses Recht für jedermann bestehe und sowohl private als auch öffentliche Religionsausübung enthalte. Einschränkungen dürfen nur aus bestimmten, in der MRK taxativ genannten Gründen, wie insbesondere der „öffentlichen Ordnung, Gesundheit und Moral" erfolgen.

> Als Ausfluss der Glaubens- und Gewissensfreiheit wird zuweilen auch das Recht auf Wehrdienstverweigerung gesehen, das zB in der EU-Grundrechtscharta auch gemeinsam mit dieser geregelt ist (Art 10 Abs 2). In Österreich wurde es mit dem Zivildienstgesetz 1974 als verfassungsrechtlich gewährleistetes Recht konstituiert.

Studienwörterbuch: Glaubens- und Gewissensfreiheit.

3. Pressefreiheit

2332 Seit dem Konzil von Nicaea (⇨ Rz 2320) sah es die Kirche als ihre Aufgabe an, häretische und Sitten gefährdende Schriften aufzuspüren und zu vernichten. Diese Tätigkeit wurde als **Zensur** bezeichnet. Sie wurde nach dem Aufkommen von Druckschriften (ab dem späten 15. Jh) auch auf diese ausgedehnt.

> Bis zur Erfindung des Drucks mit beweglichen Lettern durch JOHANNES GUTENBERG († 1468) konnten Texte nur handschriftlich tradiert werden; ihre Vervielfältigung war daher leicht zu kontrollieren.

> Da kirchliche Einrichtungen (Domschulen, Klöster) und die – zumeist mit päpstlichen Privilegien ausgestatteten – Universitäten die Hauptverbreitungsorte von Manuskripten waren, war deren Zensurkompetenz im Prinzip unbestritten. Doch entstand schon bald eine Konkurrenz zwischen bischöflicher und universitärer Zensur.

2333 In der Frühen Neuzeit konkurrierten zunächst geistliche und weltliche Obrigkeiten um die Handhabung der Zensur. Erst der Absolutismus brachte die **Zentralisierung und Verstaatlichung der Zensur**.

> Im 16. Jh stand noch das religiöse Schrifttum im Vordergrund, das jedoch aufgrund der Religionskriege jener Zeit auch von eminent politischer Bedeutung war. So gut wie jede Obrigkeit hatte Interesse an einer Kon-

trolle des immer größer werdenden Büchermarktes. Mit der Zeit entstanden immer mehr politische Texte; ab dem 17. Jh auch die ersten Zeitungen, deren Kontrolle primär ein weltliches Anliegen wurde.

➢ Während lokale Obrigkeiten (je nach den Machtverhältnissen Universitäten, Landesfürsten oder Bischöfe) Visitationen der Buchhandlungen durchführten und verbotene Bücher konfiszierten, beschränkten sich Kaiser und Papst auf eine Kontrolle dieser Amtsträger (zB durch eine kaiserliche Bückerkommission bei der Frankfurter Buchmesse) und gaben allgemeine Richtlinien vor. Ab 1558 gab der Papst ein offizielles Verzeichnis der für Katholiken verbotenen Bücher heraus (*Index librorum prohibitorum*); dieses wurde erst 1967 im Gefolge des II. Vatikanischen Konzils aufgehoben.

➢ In Österreich führten die Reformen MARIA THERESIAS und JOSEPHS II. zur Schaffung zentraler Zensurkommissionen, in denen geistliche und weltliche Zensoren gemeinsam über die Druckgenehmigung für im Inland verfasste Schriften sowie über die Zulässigkeit der Einfuhr ausländischer Bücher entschieden.

➢ Was von der Zensur verboten wurde, hing jeweils von den politischen Strömungen der Zeit ab: So ist insbesondere (erst) ab der Zeit der Aufklärung eine deutliche Toleranz gegenüber kirchen- und sogar staatskritischen Schriften zu spüren; letzteres wurde aber schon kurz nach Ausbruch der Französischen Revolution wieder eingestellt. Stets unterdrückt wurden unsittliche Schriften; aber auch literarisch (angeblich) wertlose Schriften wurden vielfach mit der Dezise „typum non meretur" von der Zensur verworfen.

2334 Der Gedanke der **Pressefreiheit** wurde erstmals in England entwickelt, wo 1695 die Zensur endete. Die Veröffentlichung seiner Gedanken durch den Druck wurde jedermann freigestellt; Missbrauch der Pressefreiheit führte zu gerichtlichen Strafen (*Repressivsystem* anstelle des von der Zensur verwirklichten *Präventivsystems*).

➢ 1644 hatte der englische Dichter JOHN MILTON (1608–1674) in der Schrift *Areopagitica* die Zensur angeprangert. Dieses erste große Plädoyer für Pressefreiheit führte aber vorerst noch zu keinem Erfolg.

➢ Erst im Gefolge der Glorious Revolution 1688/89 beschloss das englische Parlament, vermutlich auf Betreiben JOHN LOCKES, das Außerkrafttreten des *Printing Act,* des englischen Zensurgesetzes.

➢ Die gerichtliche Zuständigkeit für Preßdelikte war anfangs unklar, wurde aber 1792 zugunsten der Geschworenengerichte entschieden. Deren Kompetenz in Presseprozessen wurde hinfort als essentiell für das Vorhandensein von Pressefreiheit angesehen.

2335 Über die USA gelangte der Gedanke der Pressefreiheit nach Frankreich, wo er erstmals in die Menschenrechtsdeklaration 1789 Eingang fand. In der Folge entwickelte Frankreich ein System, welches zwar die vorgängige Kontrolle der Druckschrift verbot (Verbot der

„**Vorzensur**"), jedoch eine nachträgliche Kontrolle vom Amts wegen einführte („**Nachzensur**").

➢ Die Grundrechte von Virginia 1776 sahen in der *„freedom of the press ... one of the great bulwarks of liberty"*. In ähnlicher Weise garantierte auch die französische Menschenrechtserklärung 1789 jedem Bürger (nicht jedem Menschen!) das Recht, frei zu sprechen, schreiben und zu drucken.

➢ 1810 jedoch führte NAPOLÉON die Zensur wieder ein, um die stärker werdende Opposition zu unterdrücken. Erst 1819 wurde die Zensur in Frankreich erneut aufgehoben.

➢ Nach dem französischen Preßgesetz 1819 sollte der Drucker von jeder gedruckten Schrift zugleich mit ihrer Veröffentlichung ein Exemplar der Behörde übergeben. Diese hatte den Inhalt zu kontrollieren und gegebenenfalls die Beschlagnahme der übrigen Exemplare anzuordnen, soweit diese nicht bereits verbreitet waren (Nachzensur).

➢ Die Nachzensur kann den Wirkungen einer Vorzensur sehr nahe kommen. Dennoch wurde und wird sie nicht als „Zensur" im Rechtssinne angesehen.

2336 Im Vormärz war die Zensur wichtigstes Mittel METTERNICHS zur Unterdrückung revolutionärer Unruhen innerhalb des Deutschen Bundes. Das **Bundespreßgesetz 1819** sah die (Vor-)Zensur aller Zeitungen und von Schriften unter 20 Druckbögen (= 320 Seiten) vor.

➢ Die Frage der Preßfreiheit entwickelte sich im Vormärz zum dringendsten Anliegen der konstitutionellen Bewegung, da deren Träger ohne freie Presse ihre Anliegen nicht wirksam artikulieren konnten. Die Preßfreiheit wurde zu Recht als „Palladium" aller anderen Grundfreiheiten angesehen.

➢ Das Bundespreßgesetz 1819 war Teil eines ganzen Maßnahmenpaketes, das 1819 von den deutschen Regierungen zur Unterdrückung der konstitutionellen Bewegung vereinbart wurde („Karlsbader Beschlüsse").

➢ Das Bundespreßgesetz 1819 gab Mindestanforderungen und allgemeine Richtlinien für die Zensur in den einzelnen Ländern vor, die unterschiedlich gehandhabt wurde; so unterlagen zB in Österreich nicht nur die genannten, sondern alle Schriften der Zensur, doch wäre eine Einschränkung auf Zeitungen und auf Schriften unter 20 Bögen (welche für besonders gefährlich erachtet wurden) bundesrechtlich zulässig gewesen.

➢ Der Versuch des Großherzogtums Baden jedoch, die Zensur 1831 überhaupt abzuschaffen, wurde durch diplomatischen Druck METTERNICHS und offene Drohung mit einer militärischen Intervention vereitelt.

2337 Durch die **Revolution 1848** wurde in Deutschland und Österreich die Zensur abgeschafft und Pressefreiheit verheißen. Doch wurde eine Nachzensur nach französischem Vorbild etabliert, die nach Niederschlagung der Revolution wieder in eine Vorzensur umgewandelt wurde.

➢ Die Abschaffung der Zensur erfolgte in Österreich bereits am 14. 3. 1848, dh bereits einen Tag nach Ausbruch der Revolution, noch vor der Verfassungszusage, woraus ihre große Bedeutung besonders deutlich wird.

➢ Wie nach den Preßgesetzen Frankreichs 1819 und Badens 1831 musste auch in Österreich ab 1848 von jeder Druckschrift ein Pflichtexemplar („Probeexemplar") bei Polizei und Staatsanwaltschaft hinterlegt werden, sobald mit der Verbreitung begonnen wurde.

➢ Nach Einführung des Neoabsolutismus wurde mit der Preßordnung 1852 bestimmt, dass die Hinterlegung des Pflichtexemplars bereits zumindest eine Stunde vor Beginn der Verbreitung zu erfolgen hatte. Dies bedeutete faktisch die Wiedereinführung der Zensur.

➢ Das Deutsche Bundespreßgesetz 1819 wurde 1848 aufgehoben; 1854 wurde ein neues Bundespreßgesetz erlassen, welches bis zum Ende des Deutschen Bundes 1866 galt, jedoch nur mehr geringe praktische Bedeutung hatte, insbesondere eine Vorzensur zwar gestattete, aber nicht zwingend vorschrieb.

2338 Die Pressefreiheit sowie das Verbot der Zensur wurden erneut in Art 13 StGG-ARStB sowie in einem **Beschluss der Provisorischen Nationalversammlung** vom 30. 10. 1918 („lex OFNER") garantiert, welche bis heute in Kraft sind.

➢ Schon das im Gefolge der Februarverfassung 1861 ergangene Preßgesetz 1862 ordnete für die meisten Druckschriften nur mehr eine Nach- anstelle einer Vorzensur an und hob für Schriften über 5 Druckbögen (= 80 Seiten) überhaupt jede Vorlagepflicht bei der Behörde auf.

➢ Das Zensurverbot in Art 13 StGG-ARStB richtete sich nur gegen die im Neoabsolutismus ausgeübte Vorzensur, nicht gegen die auch weiterhin zulässige Nachzensur. Aufgrund von Art 20 StGG-ARStB (⇨ Rz 2305) war allerdings die zeitweilige Suspendierung der Pressefreiheit zulässig. In diesem Fall erfolgte die Hinterlegung abermals vor der Verbreitung (so va während des 1. WK 1914–1918).

➢ Unmittelbar nach Gründung der Republik Deutschösterreich erklärte die Provisorische Nationalversammlung 1918 aufgrund eines Antrags des Abgeordneten JULIUS OFNER (1845–1924) jede Form der Zensur „als dem Grundrecht der Staatsbürger widersprechend als rechtsungültig aufgehoben" („lex OFNER"). Die Nachzensur im genannten Sinn bestand jedoch bis zum Inkrafttreten des heute geltenden Mediengesetzes 1981 fort.

➢ Unmittelbar nach Niedergang des parlamentarischen Systems (4. 3. 1933) verfügte die BReg am 7. 3. 1933 erneut eine (Vor-) Zensur nach dem Vorbild der neoabsolutistischen Zensur.

2339 Das NS-Regime verzichtete auf eine Zensur im klassischen Sinn. Sie übte stattdessen persönlichen Druck auf die Redakteure („Schriftleiter") aus, die insbesondere durch das **Schriftleitergesetz 1933** einer strengen Kontrolle unterworfen wurden.

➢ Im Gegensatz zum Polizeistaat des 19. Jh ging es dem NS-Regime nicht bloß darum zu verhindern, dass bestimmte Inhalte veröffentlicht wurden, sondern um eine aktive Gestaltung der Medienlandschaft. Wie keine Diktatur zuvor, setzte das NS-Regime auf den unmittelbaren Zugang zum Volk mithilfe der Medien.

➢ Zu direkten Konfrontationen kam es daher fast nur mit der sozialdemokratischen und kommunistischen Presse; im Übrigen wurden die in der Presse Tätigen in der Reichspressekammer organisatorisch zusammengefasst und so einer mittelbaren staatlichen Aufsicht unterstellt.

➢ Das Schriftleitergesetz stellte strenge persönliche Anforderungen an die Schriftleiter, gebot ihnen ua, „aus den Zeitungen alles fernzuhalten, was geeignet ist, die Kraft des Deutschen Reiches zu schwächen" und bedrohte Verstöße mit – nicht näher bestimmten! – Haft- und Geldstrafen.

2340 Versuche in der Zweiten Republik zu einer **Neudefinition der Pressefreiheit** schlugen fehl. Diese wird nunmehr va von der MRK gewährleistet, die den Rechtsschutz wesentlich erweitert hat.

➢ Die Bedrohung der Pressefreiheit ist heute weniger in staatlichen Maßnahmen als vielmehr in der überall zu beobachtenden Reduktion der Medienvielfalt („Pressekonzentration") und dem Schutz der Journalisten vor ihren eigenen Dienstgebern („innere Pressefreiheit") zu suchen.

➢ Art 10 MRK garantiert das Recht auf freie Meinungsäußerung, auf den freien Empfang und auf die Mitteilung von Nachrichten ua; Einschränkungen dürfen nur aus bestimmten, in der MRK taxativ genannten Gründen, wie insbesondere „im Interesse der nationalen Sicherheit" erfolgen. Die EU-Grundrechtscharta enthält eine derartige Aufzählung nicht, was zT als Rückschritt bedauert wurde.

➢ Eine Vorzensur wird in Art 10 MRK nicht ausdrücklich verboten; diesbezüglich sind weiterhin Art 13 StGG-ARStB und die „lex OFNER" 1918 von Bedeutung.

➢ Das jahrzehntelange Ringen um ein neues Pressegesetz, bei dem es va auch um eine Neudefinition der Pressefreiheit ging, fand mit dem Mediengesetz 1981 seinen Abschluss. Dieses enthält jedoch keine eigene Definition mehr, sondern verweist in einer Präambel auf Art 10 MRK.

4. Das Verbot der Folter

2341 Die **Folter** als Mittel zur Erzwingung eines Geständnisses war bereits der Antike bekannt. Die Einführung des Christentums brachte hier keine Veränderung. In die Volksrechte (➪ Rz 1406) wurde sie zwar noch meist übernommen, geriet aber mit der Zeit in Vergessenheit.

➢ Beachte: „Folter" im Sinne der Europäischen Rechtsgeschichte war keine Strafart, sondern Beweismittel im Prozessrecht!

➢ Während die körperliche Marterung von Sklaven stets als zulässig erachtet wurde, war die Folterung von Freien in der Römischen Republik – im Gegensatz etwa zu Athen – verpönt und tauchte erst in der Kaiserzeit im 1. Jh n Chr auf. Allerdings blieben Personen höheren Standes von der

Folter verschont. Ab dem 3. Jh n Chr konnten außer dem Angeschuldigten auch Zeugen gefoltert werden.

➢ Im germanischen Rechtsleben konnte sich die Folter schon deshalb nicht durchsetzen, da es keine staatliche Strafverfolgung gab und den Privatanklägern aus guten Gründen das Mittel der Folter nicht zur Verfügung gestellt wurde.

2342 Erst im Zusammenhang mit dem Aufkommen des **Inquisitionsprozesses** kam es im 13. Jh zu einer Wiederbelebung der Folter: Das Geständnis wurde als „Königin der Beweismittel" angesehen, die Folter als notwendiges und taugliches Mittel zur Erzwingung eines Geständnisses.

➢ Der Inquisitionsprozess wurde im 12. Jh im Kgr Sizilien entwickelt und auf dem IV. Laterankonzil 1215 auch von der Kirche übernommen, von wo er sich in ganz Europa ausbreitete. Er unterschied sich vom älteren deutschen Strafprozess va dadurch, dass der Richter aktiv nach der materiellen Wahrheit forschte (*inquirere* – nachforschen).

➢ Der Inquisitionsprozess lehnte die – va aus heidnisch-mystischen Vorstellungen stammenden – formellen Beweismittel (Gottesurteil, Zweikampf uä) ab und forderte stattdessen materielle Beweismittel, wie va das Geständnis. Die italienische Prozesslehre des 15. Jh erlaubte überhaupt keine Verurteilung ohne Geständnis. Die CCC sah dagegen auch andere Beweismittel (zB zwei Zeugen) als hinreichend für eine Verurteilung an, maß dem Geständnis aber doch höchste Bedeutung zu.

➢ Dementsprechend groß wurde die Bedeutung der Folter, die zwar noch auf dem IV. Laterankonzil verboten wurde, sich aber dennoch rasch ausbreitete und im deutschen Rechtsraum erstmals im Stadtrecht von Wr. Neustadt (1221/30) bezeugt ist.

➢ Eine Folterung von Zeugen, die selbst keiner Tat beschuldigt oder überführt waren, war dem Inquisitionsprozess unbekannt.

Studienwörterbuch: Geständnis; Gottesurteil; Inquisitionsprozess.

2343 Die Anwendung der Folter erfolgte zunächst völlig willkürlich. Erst im 16. Jh entstand die **Indizienlehre**, wonach eine Folterung erst bei Vorliegen schwerer Verdachtsmomente erfolgen dürfe. Dies ging insbesondere in die CCC 1532 ein.

➢ In den Quellen wird nur selten über bestimmte Foltermethoden gesprochen; die Ausbildung verschiedener Foltergrade erfolgte erst im 15. Jh.

➢ Die ältere Lehre, wonach die Folter infolge der Rezeption des römischen Rechts wieder aufgetaucht sei, gilt als überholt. Aus dem *Corpus Iuris Civilis* übernommen wurden vielmehr verschiedene Folterverbote (C 9,41) und das allgemeine Gebot, dass nicht willkürlich, sondern nur „argumentis causa" (D 48,18,4) gefoltert werden dürfe.

➢ Auf dieser Grundlage aufbauend, wurde erstmals in der Bambergischen Halsgerichtsordnung 1507 und danach auch in der CCC (Art 20) der Grundsatz ausgesprochen, dass nur bei Vorliegen von schwerwiegenden Verdachtsmomenten gefoltert werden dürfe. Werde ohne solche Indizien gefoltert, so dürfe ein auf diese Weise gewonnenes Geständnis nicht verwendet werden.

➢ Bei den Indizien wurde unterschieden zwischen allgemeinen Indizien, die bei allen Delikten vorkommen konnten (Anwesenheit am Tatort, Feindschaft zum Opfer...) von besonderen Indizien, die vom Wesen des jeweiligen Delikts abhängig waren (zB ob die des Kindsmordes Verdächtigte schwanger gesehen worden war).

2344 Erst die **Aufklärung** brachte die Erkenntnis, dass die Folter nicht nur grausam, sondern auch ein unzuverlässiges Mittel sei, die Wahrheit ans Licht zu bringen. Besonders CESARE BECCARIA (1738–1794) und JOSEPH V. SONNENFELS (1733–1817) kämpften daher für die Abschaffung der Folter. Diese erfolgte in Preußen 1740/54, in Österreich 1776.

➢ Die Erfahrung hatte gezeigt, dass Menschen unter der Folter auch oftmals Delikte eingestanden, die sie tatsächlich nie begangen hatten. BECCARIA meinte daher, dass die Folter nur geeignet sei „kräftige Verbrecher freizusprechen und schwache Unschuldige zu verurteilen" (*Dei delitti e delle pene*, 1764, ➪ Rz 1424).

➢ Für den aufgeklärten FRIEDRICH II. v. Preußen war die Abschaffung der Folter daher eine der vordringlichsten Handlungen. Sie erfolgte für die meisten Delikte bereits kurz nach Regierungsantritt 1740, zur Gänze 1754.

➢ In Österreich sah demgegenüber noch die CCTh 1768 die Folter als prozessuales Zwangsmittel vor, begrenzte sie allerdings auf Verbrechen, die mit der Todesstrafe bedroht waren, und suchte die Foltermethoden durch genaue Zeichnungen streng zu reglementieren.

➢ Der Wiener Rechtsprofessor SONNENFELS hatte zeitgleich mit BECCARIA die Abschaffung der Tortur gefordert und veröffentlichte 1775 eine gleichnamige Schrift, die den Ausschlag dafür gab, dass MARIA THERESIA auf Empfehlung ihres Sohnes und Mitregenten JOSEPH II. die Folter mit Patent vom 2. 1. 1776 aufhob.

➢ Für die Justiz brachte die Abschaffung der Folter eine Reihe von Umstellungsproblemen, da an den strengen Beweisregeln und insbesondere dem hohen Stellenwert des Geständnisses vorerst festgehalten wurde. Es wurden Ersatzmittel gesucht und gefunden, so zB die sog Ungehorsamsstrafen für hartnäckig schweigende Verhörte (so noch zB StGB 1803 I § 364). Diese fielen erst im Gefolge der Revolution 1848, die auch das Prinzip der freien Beweiswürdigung brachte, fort.

➢ Ein Sonderproblem war die sog Denunziationsfolter, dh die Folterung von bereits überführten Tätern zur Nennung ihrer Komplizen. Diese Art der Folter wurde selbst von SONNENFELS für sinnvoll und notwendig erachtet, von JOSEPH II. jedoch gleichfalls verboten.

Studienwörterbuch: Sonnenfels, Joseph v.

2345 In die österreichischen Grundrechtskataloge des 19. Jh wurde das Folterverbot *nicht* aufgenommen. Erst Art 3 MRK, der die Folter sowie auch jede „unmenschliche oder erniedrigende Strafe oder

Behandlung" untersagt, stellt ein **Folterverbot** im Verfassungsrang dar.

➢ Von den Verfassern der österreichischen Grundrechtskataloge wurde die bereits über 70 Jahre zuvor abgeschaffte Folter offenbar nicht als aktuelles Problem angesehen. Das Fehlen des Folterverbotes zeigt daher, dass jeder Grundrechtskatalog „Antwortcharakter" hat, dh immer auf solche Grundrechte abstellt, die erst in jüngster Vergangenheit verletzt wurden oder bedroht waren.

➢ Art 3 MRK folgt wörtlich dem Art 5 der UN-Menschenrechtsdeklaration 1948, der seinerseits eine Reaktion auf die im 20. Jh verübten Folterungen, auch und vor allem in der NS-Zeit, darstellt. Ihm folgt wörtlich auch Art 4 der EU-Grundrechtscharta.

➢ Der Folterbegriff der MRK ist wesentlich weiter als der in der österreichischen Strafrechtsgeschichte verwendete: Er ist nicht auf ein Mittel zur Erzwingung eines Geständnisses beschränkt, sondern umfasst auch andere Formen von Gewaltanwendung durch Staatsorgane.

Studienwörterbuch: Folter.

Vierter Abschnitt

Verwaltungs- und Verfassungskontrolle

A Die Verwaltungskontrolle

1. Der Justizstaat

2401 **Älteren Behördenorganisationen** war die – für das heutige Recht grundlegende – Unterscheidung von weisungsgebundenen Verwaltungsbehörden und weisungsunabhängigen Gerichten fremd. Die Behörden erschienen als ausführende Organe des Fürsten, der jederzeit in einzelne Verfahren durch Machtspruch (⇨ Rz 2125) eingreifen konnte. Dies betraf Zivil- und Strafprozesse ebenso wie Prozesse in Gewerbe-, Bau- oder Steuerangelegenheiten.

> ➤ In diesem Sinne vollzog etwa die Österr Hofkanzlei die genannten Materien (Steuerwesen: Hofkammer), ohne dass eine wesenhafte Unterscheidung getroffen wurde.

> ➤ Auch als MARIA THERESIA 1749 die Österr (und die Böhmische) Hofkanzlei auflöste und an ihre Stelle Zentralbehörden mit sachlich unterschiedlichen Kompetenzen errichtete (⇨ Rz 1127), erfolgte keine wesentliche Änderung: Die öffentlich-rechtlichen Streitigkeiten (*contentiosa publica*) sollten gemeinsam mit Zivil- und Strafrecht von der neu gegründeten Obersten Justizstelle behandelt werden.

> ➤ Aufgrund ihres Abhängigkeitsverhältnisses vom österr Landesfürsten können weder die Hofkanzlei noch die Oberste Justizstelle als „Gericht" im modernen Sinn bezeichnet werden, doch bestanden sowohl für die Handhabung des Privatrechts wie des öffentlichen Rechts Prozessvorschriften, die einen gewissen Schutz vor Willkür darstellten.

2402 In England hat sich eine eigenständige Verwaltungsgerichtsbarkeit bis heute nicht entwickeln können; die Verwaltungskontrolle ist hier Aufgabe der – auch für Zivil- und Strafrecht zuständigen – **ordentlichen Gerichte**.

> ➤ Diese Sonderentwicklung hängt damit zusammen, dass bis weit in das 19. Jh ein Großteil jener Materien, die heute typischerweise von Verwaltungsbehörden wahrgenommen werden, in England von Friedensrichtern (*justices of the peace*) besorgt wurden.

> ➤ Eine anfangs noch bestehende besondere Kontrolle der Friedensrichter durch die englische Regierung (*Star Chamber*) wurde 1649, im Gefolge des Englischen Bürgerkrieges (⇨ Rz 1121), beseitigt. Rechtsschutz gegen

die Entscheidungen der Friedensgerichte gewährten seitdem nur mehr die Hohen Gerichte (bes der *Court of King's Bench*; ab 1873/75: *High Court, King's (Queen's) Bench division,* ⇨ Rz 1421).

➤ Dieses Rechtsschutzsystem wurde auch nach der Etablierung eines modernen Verwaltungsapparates (ab ca 1822) beibehalten, sodass der *High Court* nunmehr in Zivil- und Strafsachen ebenso wie als Berufungsinstanz gegen verwaltungsbehördliche Entscheidungen angerufen werden kann. Diese gerichtliche Allzuständigkeit wurde von ALBERT VENN DICEY (1835–1922) mit der Lehre von der *„rule of law"* theoretisch untermauert.

2403 In Anlehnung an das englische System entwickelten deutsche Juristen im 19. Jh das **„Justizstaatsmodell"**, wonach über Rechtsansprüche von Privatpersonen grundsätzlich nur Gerichte entscheiden dürfen, unabhängig, ob es sich um Rechte des Privatrechts oder des öffentlichen Rechts handelt. Diese Vorstellung ging insbesondere in Art 6 MRK ein.

➤ Vor allem der preußische Jurist RUDOLF V. GNEIST (1816–1895) propagierte eine Übernahme des englischen Modells auch in Deutschland.

➤ Art 6 MRK verwendet den Begriff *„civil right"*; dieser ist nicht mit dem deutschen Wort „Privatrecht" identisch, sondern wesentlich weiter zu verstehen. Er umfaßt zahlreiche Rechte, die nach kontinentaleuropäischem Verständnis zum öffentlichen Recht zählen; eine Definition des Begriffs „civil right" wird vom EGMR vermieden.

➤ Zur Entscheidung über *„civil rights"* sind nach Art 6 MRK *„tribunals"* berufen. Sie müssen unabhängig sein, doch legt der EGMR an *tribunals* nicht jenen hohen Maßstab an, den das österr Recht an „Gerichte" legt.

2. Administrativjustiz und Verwaltungsgerichtsbarkeit

2404 Im Gegensatz zu England wurde in **Frankreich** schon vor 1789 mit der Ausbildung eines von der ordentlichen Gerichtsbarkeit getrennten Rechtsschutzes in Verwaltungssachen begonnen. 1790 wurde den französischen Gerichten ausdrücklich verboten, sich in Verwaltungsangelegenheiten „einzumischen".

➤ Grund für diese Entwicklung war va die Macht der Stände, die sich in den Gerichten (*parlements*) manifestierte. Die Bildung eines von den Ständen unabhängigen Verwaltungsrechts und Verwaltungsrechtsschutzes war daher wesentliches Element bei der Ausformung des Absolutismus (⇨ Rz 2124).

➤ Theoretische Grundlage war die Vorstellung der *justice retenue*, dh dass die *parlements* nur in jenen Materien judizieren durften, die nicht vom König „zurückbehalten" worden waren.

➤ Diese Entwicklung wurde von der Französischen Revolution 1789 nicht behindert, sondern noch verstärkt. Oberste Instanz in streitigen Verwaltungssachen wurde 1799 der noch heute bestehende Staatsrat (*Conseil d'Etat*).

2405 Nach dem Vorbild Frankreichs begannen auch die deutschen Staaten sowie Österreich die Gerichte auf das Zivil- und Strafrecht zu beschränken; der Rechtsschutz in Verwaltungssachen sollte ausschließlich durch die Verwaltungsbehörden selbst erfolgen, was als **Administrativjustiz** bezeichnet wurde. Heute ist die Bezeichnung „administrativer Instanzenzug" üblich.

▷ Diese Entwicklung steht im engsten Zusammenhang damit, dass Machtsprüche (⇨ Rz 2125) in jener Zeit seltener wurden und die Gerichte eine weitgehende Unabhängigkeit erlangten. Die Regierungen waren daher nicht willens, ihren Einfluss auf einzelne Verwaltungsmaterien an die Gerichte abzugeben. Die Aufgabe der *contentiosa publica* war somit der Preis für die Unabhängigkeit der (Zivil- und Straf-)Justiz.

▷ Von den Verfechtern des Justizstaatsmodells wurde die Adminstrativjustiz heftig kritisiert; die Paulskirchenversammlung (⇨ Rz 1140) beschloss 1848 überhaupt ihre Abschaffung (wozu es aufgrund des Scheiterns der Revolution 1848 nicht kam).

2406 Mit diesem rechtspolitischen Streit war eine bedeutende rechtstheoretische Diskussion verbunden: Während zunächst geleugnet wurde, dass Einzelpersonen auch im öffentlichen Recht subjektive Rechte besäßen, wurde nach und nach die Existenz von **subjektiven öffentlichen Rechten** anerkannt.

▷ Die Existenz solcher Rechte wurde zunächst nur für den Bereich der verfassungsrechtlich gewährleisteten Rechte (*Grundrechte*) anerkannt. Sie sollten nach den Verfassungsentwürfen der Paulskirche und des Kremsierer Reichstages jeweils von einem besonderen „Reichsgericht" geschützt werden.

▷ Ab 1852 setzte sich die Vorstellung durch, dass nicht nur das Verfassungs-, sondern auch das Verwaltungsrecht subjektive öffentliche Rechte begründete, welche von den Privatrechten wesenhaft verschieden seien (CARL GERBER).

▷ Noch bei der Beratung der Dezemberverfassung 1867 stand der Schutz der Grundrechte im Vordergrund vor einem allgemeinen Rechtsschutz. Ersterer wurde einem Reichsgericht (RG), Zweiterer einem Verwaltungsgerichtshof (VwGH) zugewiesen; das Verhältnis der beiden Gerichtshöfe zueinander blieb vorerst unklar.

Studienwörterbuch: Subjektives öffentliches Recht.

2407 Das RG nahm 1869 seine Tätigkeit auf, der VwGH 1876. Während ersteres nur die erfolgte Grundrechtsverletzung *feststellen* konnte (*deklaratorische Kompetenz*; ⇨ Rz 2306), war dem VwGH von vornherein die Möglichkeit gegeben, rechtswidrige Verwaltungsakte *aufzuheben* (**Kassationsprinzip**).

▷ Parallel zu Österreich hatte auch Preußen eine Verwaltungsgerichtsbarkeit erhalten. Das preußische System war besonders fortschrittlich und sah einen mehrgliedrigen Organismus vor (Kreis-, Bezirksverwaltungsgerichte, Oberverwaltungsgericht), der in bestimmten, taxativ aufgezählten

Verwaltungsangelegenheiten anstelle der Verwaltungsbehörden (reformatorisch) entscheiden sollte.

➢ Gegen zahlreiche Bestrebungen, ein ähnliches Modell auch in Österreich einzuführen, setzten es der mit der Errichtung des VwGH betraute Minister JOSEPH UNGER (⇨ Rz 1444) und sein Mitarbeiter KARL LEMAYER (1841–1906) durch, dass lediglich ein einziger VwGH geschaffen werden sollte, der nicht an die Stelle der Administrativjustiz trat, sondern ihr einfach „aufgepfropft" wurde.

➢ Der Rechtsschutz blieb daher in Österreich zunächst eine Angelegenheit der Administrativbehörden selbst; erst nach Ausschöpfen des administrativen Instanzenzuges konnte die verwaltungsgerichtliche Beschwerde als außerordentliches Rechtsmittel verwendet werden.

➢ Der VwGH prüft nicht eigentlich den Verwaltungsstreit, sondern lediglich, ob der von der zuletzt angerufenen Verwaltungsbehörde erlassene Verwaltungsakt rechtmäßig ist. Tatsachenfragen, Ermessensentscheidungen etc können vom VwGH nicht beurteilt werden. Aus diesen Gründen kann der österr VwGH – im Gegensatz zu den preußischen Verwaltungsgerichten – auch nicht in der Sache selbst (reformatorisch) entscheiden, sondern nur den Verwaltungsakt, sofern er rechtswidrig ist, kassieren. Die Verwaltungsbehörde hat dann unter Zugrundelegung der Rechtsansicht des VwGH einen neuen Verwaltungsakt zu setzen.

➢ Allerdings ist – im Gegensatz zu Preußen – die Zuständigkeit des VwGH umfassend formuliert (System der Generalklausel), nur einige wenige Materien ausdrücklich von seiner Kompetenz ausgenommen. Daneben übt das RG (ab 1919: VfGH) eine *Sonderverwaltungsgerichtsbarkeit* aus, die sich va dadurch von der allgemeinen Verwaltungsgerichtsbarkeit unterscheidet, dass Verwaltungsakte hier nicht am Maßstab einfacher Gesetze, sondern am Maßstab der Verfassung (bes der Grundrechte) geprüft werden.

Studienwörterbuch: Sonderverwaltungsgerichtsbarkeit; Verwaltungsgerichtsbarkeit; Verwaltungsgerichtshof.

2408 Die Rechtsprechung des VwGH führte zu einer juristischen Durchdringung des gesamten Verwaltungsrechts. Es bildete sich der Grundsatz aus, dass die gesamte staatliche Verwaltung nur aufgrund der Gesetze ausgeübt werden durfte (**Legalitätsprinzip**). Dies wurde 1920 in Art 18 B-VG allgemein angeordnet. Die Verwaltungsgerichtsbarkeit selbst wurde in den Art 129–136 B-VG im Wesentlichen unverändert übernommen.

➢ Insbesondere für das – gesetzlich kaum geregelte – Verwaltungsverfahren wurden zahlreiche Rechtsgrundsätze entwickelt, die auch in die Kodifikation des Verwaltungsverfahrensrechts (Allgemeines Verwaltungsverfahrensgesetz v. 21. 7. 1925, ⇨ Rz 1308) eingingen.

➢ Die Umwandlung Österreichs in einen Bundesstaat ließ den schon 1875 gehegten Plan zur Schaffung von Landesverwaltungsgerichten neu aufleben, davon wurde jedoch schließlich Abstand genommen, so dass der VwGH nunmehr sowohl zur Kontrolle der Bundes- als auch der Landesverwaltung zuständig ist.

> Zwischen 1920 und 1934 wurden mehrere verwaltungsgerichtliche Prinzipien, wie zB das Kassationsprinzip, mehr oder weniger stark verändert; die meisten dieser Änderungen bewährten sich jedoch nicht und wurden später wieder beseitigt.
> 1934 wurden VfGH und VwGH zum *Bundesgerichtshof* (BGH) fusioniert. Eine bleibende Änderung aus dieser Zeit ist die Möglichkeit der Säumnisbeschwerde, die ergriffen werden kann, wenn eine Verwaltungsbehörde ihre Pflicht, in einer Sache tätig zu werden, verletzt hat.

2409 In der **NS-Zeit** wurde die Verwaltungsgerichtsbarkeit nicht abgeschafft, aber ihre Aufgabe neu definiert: Der Schutz subjektiver Rechte erschien mit der NS-Vorstellung von der Volksgemeinschaft unvereinbar; Zweck der Verwaltungsgerichtsbarkeit sollte nur mehr die *Wahrung des objektiven Rechts* sein.

> Zahlreiche NS-Juristen plädierten für eine gänzliche Abschaffung der Verwaltungsgerichtsbarkeit, da diese dem Schutz der subjektiven Rechte diene. Andere jedoch erkannten, dass die Verwaltungsgerichtsbarkeit auch helfe, die unteren Verwaltungsbehörden zu kontrollieren und damit die Effektivität der Verwaltung auch im Sinne des NS-Regimes steigere.
> In der gesamten Zeit bis 1945 kam es zu keiner umfassenden Neuregelung des Systems, doch wurden viele politisch brisante Materien (ua Maßnahmen der Gestapo) der Kompetenz des VwGH (wie der BGH ab 1940 wieder bezeichnet wurde) entzogen. Auf diese Weise sank die Bedeutung der Verwaltungsgerichtsbarkeit dramatisch.
> Die Zusammenfassung von preußischem Oberverwaltungsgericht, Wiener VwGH und einigen anderen Verwaltungsgerichten zum „Reichsverwaltungsgericht" 1941 war lediglich eine organisatorische Maßnahme, die die Funktion dieser unterschiedlichen Gerichte nicht beeinflusste.

2410 In die Zweite Republik wurde das traditionelle System im Wesentlichen unverändert übernommen, geriet jedoch zunehmend unter Kritik, va weil es die Anforderungen des Art 6 MRK nicht erfüllt. Dennoch wurde von einer Gesamtreform der Verwaltungsgerichtsbarkeit lange Zeit Abstand genommen und stattdessen die Errichtung von **Sonderbehörden**, die keiner verwaltungsgerichtlichen Kontrolle unterliegen, forciert.

> Mit der Wiedererrichtung des österreichischen VfGH wurde auch dessen Sonderverwaltungsgerichtsbarkeit, die 1934–38 vom BGH wahrgenommen worden war und 1938–45 mangels Grundrechte entfiel, fortgeführt.
> Die mit dem administrativen Instanzenzug betrauten Verwaltungsbehörden gelten idR nicht als *tribunals* iSd Art 6 MRK; VfGH und VwGH erfüllen dieses Kriterium zwar, üben aber nur eine nachträgliche, beschränkte Kontrolle aus. Aus diesem Grund kam es ua 1995 zu einer Verurteilung Österreichs durch den EGMR.
> Ab ca 1975 wurde vermehrt damit begonnen, für Spezialmaterien sog Kollegialbehörden mit richterlichem Einschlag, dh aus Richtern und Verwaltungsbeamten gemischt zusammengesetzte Behörden zu schaffen, die

auf diese Weise richterliche Unabhängigkeit mit Fachkompetenz in der entsprechenden Materie kombinieren sollten. Problematisch erschien jedoch die Exemtion dieser Kollegialbehörden von einer nachträglichen Kontrolle durch den VwGH (Art 133 Z 4 B-VG).

2411 Um den Anforderungen des Art 6 MRK Genüge zu tun, wurde 1988 mit der Errichtung von **Unabhängigen Verwaltungssenaten** in den Ländern (UVS) begonnen; 1997 kam ein besonderer UVS des Bundes für Asylfragen (Unabhängiger Bundesasylsenat) hinzu. Die Umwandlung dieser Behörden in Verwaltungsgerichte erster Instanz und die Schaffung eines mehrgliedrigen verwaltungsgerichtlichen Systems ist eines der dringendsten Anliegen der anstehenden Verwaltungsreform.

➢ Die UVS sind zwar keine Gerichte iSd B-VG, wohl aber *tribunals* iSd – hier weniger strengen – MRK; sie sind in vielen Verwaltungsmaterien (va Verwaltungsstrafrecht) Unterinstanz des VwGH, womit die Verwaltungsgerichtsbarkeit den Ansatz zu einem mehrstufigen Charakter erhält.

➢ Die Umwandlung dieser Behörden zu echten Landesverwaltungsgerichten und Schaffung eines einheitlichen, zweigliedrigen Systems, in das auch die Sonderbehörden nach Art 133 Z 4 B-VG integriert werden sollen, wurde schon vielfach gefordert, scheiterte bislang aber stets.

➢ Auch der 2007 beschlossene Ausbau des Unabhängigen Bundesasylsenates zu einem „Asylgerichtshof" scheint in seiner derzeitigen Form nicht geeignet zu sein, Rechtsschutzdefizite zu beseitigen.

3. Ombudsman und Prokuratursystem

2412 Die 1977 in Österreich eingeführte Volksanwaltschaft geht auf den skandinavischen **Ombudsman** zurück, der seinerseits islamische Wurzeln hat. Der Ombudsman/Volksanwalt geht in einem formfreien Verfahren Missständen in der Verwaltung nach; die von den Missständen betroffenen Personen besitzen jedoch keinen Rechtsanspruch auf Beseitigung derselben.

➢ Kg KARL XII. v. Schweden (1697–1718) musste nach der verheerenden Niederlage gegen Russland 1709 (⇨ Rz 1123) in die Türkei fliehen, wo er die Institution des *Mohtasib* kennen lernte. Nach seiner Rückkehr führte er in Schweden 1718 nach diesem Vorbild das Amt des Justizkanzlers ein. Diesem wurde 1809 der vom Parlament bestellte *Ombudsman* mit weitgehend parallelen Befugnissen zur Seite gestellt.

➢ Von Schweden übernahmen die übrigen skandinavischen und nach 1945 auch zahlreiche andere Staaten vergleichbare Systeme. Die Einführung der Volksanwaltschaft in Österreich war heftig umstritten und erfolgte 1977 zunächst nur probeweise für sechs Jahre; noch vor Ablauf dieser Frist, 1981, wurde die definitive Einführung beschlossen.

➢ Eine Beschwerde vor der Volksanwaltschaft kann erst erhoben werden, wenn keine Rechtsmittel (mehr) zur Verfügung stehen. Der Volksanwalt geht den Beschwerden nach und kann ua Empfehlungen zur Beseitigung der Missstände aussprechen, die umstrittenen Verwaltungsakte jedoch nicht aufheben und – im Unterschied zum schwedischen Justizkanzler – auch nicht gerichtlich anfechten.

2413 Im zaristischen Russland entstand das **Prokuratursystem**. Es wurde von der UdSSR und später auch von den übrigen sozialistischen Staaten übernommen. Der Prokurator (Staatsanwalt) sollte demnach nicht nur im Strafrecht, sondern allgemein zur „Überwachung der Einhaltung der Gesetze" berufen sein.

➢ Das Prokuratursystem wurde 1722 von PETER I. d. Gr. eingeführt, der sich dabei offenbar vom kurz zuvor geschaffenen schwedischen System leiten ließ. Die in der Februarrevolution 1917 an die Macht gekommene bürgerliche Reg (⇨ Rz 1204) schuf für kurze Zeit eine Verwaltungsgerichtsbarkeit nach westlichem Vorbild, doch kehrte das Sowjetregime 1922 zum Prokuratursystem zurück.

➢ Das Prokuratursystem, obwohl zaristischen Ursprungs, passte auf sowjetische Verhältnisse, da es förmliche Gerichtsverfahren gegen Staatshandlungen vermied, was mit der kommunistischen Vorstellung der „Einheit der Staatsmacht" unvereinbar gewesen wäre. Daher wurde auch die in Polen und der Tschechoslowakei nach österreichischem Vorbild eingerichtete Verwaltungsgerichtsbarkeit nach der kommunistischem Machtübernahme 1950 bzw 1952 zugunsten des Prokuratursystems beseitigt.

➢ Die Prokuratoren hatten die sachlich zuständigen Verwaltungsorgane auf Rechtsverletzungen hinzuweisen oder – va bei über den Einzelfall bedeutsamen Angelegenheiten – förmlichen Protest einzulegen. Die eigentlich Betroffenen konnten lediglich Eingaben an die Prokuratur machen, besaßen aber kein subjektives Recht auf Aufhebung des Verwaltungsaktes.

➢ Aufgrund der parteipolitischen Verflechtungen zwischen Prokuratur und Verwaltung erwies sich das Prokuratursystem als ineffektiv. Es erfuhr zT noch in kommunistischer Zeit Ablehnung und wurde in mehreren Staaten (zB Polen, DDR) bereits vor der „Wende" von 1989, in den übrigen Staaten unmittelbar danach wieder abgeschafft.

B Die Verfassungskontrolle

1. Allgemeines und Organisation

2414 Die Verfassungskontrolle (*Verfassungsgerichtsbarkeit im weiteren Sinn*) kann als eine Kontrolle des **Verhaltens** oberster Staatsorgane ausgebaut sein; sie kann sich aber auch darauf beschränken, die **Ergebnisse** dieses Verhaltens auf ihre Verfassungsmäßigkeit zu kontrollieren.

➢ Die Verhaltenskontrolle (*Staatsgerichtsbarkeit*), bei der oberste Staatsorgane für ihr Handeln persönlich zur Verantwortung gezogen werden, kommt wegen der weit reichenden Konsequenzen idR nur bei schwerwiegenden Verfassungsbrüchen und/oder bei vorsätzlichem Verhalten zum Einsatz.

➢ Die Ergebniskontrolle (*Normenkontrolle*), bei der zB vom Gesetzgeber erlassene Gesetze oder von der Verwaltungsbehörde erlassene Verordnungen auf ihre Verfassungsmäßigkeit kontrolliert werden, ist meist sachgemäßer als die „stumpfe Keule" der Staatsgerichtsbarkeit. Doch ist nicht jedes „Ergebnis" einer solchen Kontrolle zugänglich (zB Untätigkeit des Gesetzgebers).

➢ Zur Verfassungsgerichtsbarkeit im weiteren Sinn werden auch die Entscheidung über Kompetenzkonflikte, die Kontrolle von Wahlen uva gerechnet. Zuweilen hat das zur Verfassungskontrolle berufene Organ auch die Aufgabe, (verbindliche) Rechtsgutachten abzugeben (vgl in Österreich Art 138 Abs 2 B-VG; Art 166 Verfassung 1934).

2415 Das B-VG konzentriert die verfassungsgerichtlichen Kompetenzen in einem einzigen Gericht, dem **Verfassungsgerichtshof** (VfGH). Dessen Vorläufer in der Monarchie waren der **Staatsgerichtshof** (⇨ Rz 2426) sowie vor allem das **Reichsgericht** (RG).

➢ Schon die Februarverfassung 1861 hatte vorgesehen, dass eine besondere Behörde über „Kompetenzkonflikte und in streitigen Angelegenheiten öffentlichen Rechts" entscheiden sollte. Mit der Dezemberverfassung 1867 wurde diese Aufgabe auf das RG übertragen (StGG über die Einsetzung eines Reichsgerichtes), welches 1869 seine Tätigkeit aufnahm.

➢ Der VfGH wurde am 25. 1. 1919 geschaffen und erhielt die Kompetenzen des mit der Monarchie untergegangenen RG, am 3. 4. 1919 auch die Kompetenzen des vormaligen Staatsgerichtshofes. Durch das B-VG 1920 wurden die Kompetenzen des VfGH deutlich vermehrt und jetzt erst eine Verfassungsgerichtsbarkeit im engeren Sinn begründet (⇨ Rz 2422).

➢ Wichtigste Kompetenz des RG war der Schutz der Grundrechte vor Eingriffen der Verwaltungsbehörden (*Sonderverwaltungsgerichtsbarkeit*, ⇨ Rz 2406). Diese Kompetenz liegt im Schnittfeld von Verwaltungs- und Verfassungsgerichtsbarkeit und wurde daher 1918/19 in den Nachfolgestaaten entweder dem Verfassungsgericht (so in Österreich: Art 144 B-VG) oder dem Verwaltungsgericht (so in der Tschechoslowakei) übertragen.

➢ Ferner besaß das RG die Befugnis, über solche Ansprüche gegen den Staat zu entscheiden, für die die Zivilgerichte nicht zuständig waren (sog *Kausalgerichtsbarkeit*). In der Praxis wurde diese Kompetenz ursprünglich sehr häufig in Anspruch genommen, va von Beamten, die auf diesem Weg ihre Gehalts- und sonstigen Ansprüche gegen den Staat gerichtlich durchsetzen wollten. Auch diese Kompetenz „erbte" der VfGH vom RG (Art 137 B-VG); die Zuständigkeit im Beamtendienstrecht wurde jedoch 1929 dem VwGH übertragen.

➢ Schließlich entschied das RG auch über Kompetenzkonflikte zwischen verschiedenen Gerichten und Verwaltungsbehörden sowie zwischen verschiedenen Gebietskörperschaften (*Kompetenzgerichtsbarkeit*). Auch diese Zuständigkeit wird seit 1920 vom VfGH wahrgenommen (Art 138 Abs 1 B-VG). Seit 1925 besitzt der VfGH überdies das Recht, auf Antrag der Bundes- oder einer Landesregierung festzustellen, ob ein Akt der Gesetzgebung oder der Vollziehung in die Zuständigkeit des Bundes oder des Landes fällt (*abstrakte Kompetenzfeststellung*, Art 138 Abs 2 B-VG).

Studienwörterbuch: Kompetenzgerichtsbarkeit; Reichsgericht; Verfassungsgerichtshof.

2416 Die Verfassungsgerichtsbarkeit ist immer eine politische Gerichtsbarkeit; die Erkenntnisse haben oft weit reichende politische Folgen. Entsprechend sensibel ist die Frage nach der **Organisation** der zur Verfassungskontrolle berufenen Behörden sowie nach ihrer Unabhängigkeit und der fachlichen Qualifikation der Richter.

➢ Die Mitglieder des RG (1 Präsident, 1 Vizepräsident, 12 Mitglieder, 4 Ersatzmitglieder) wurden – entsprechend der konstitutionellen Staatsform der Monarchie – von Kaiser und Reichsrat gemeinsam bestellt, indem HH und AH das Recht hatten, für je die Hälfte der Mitglieder und der Ersatzmitglieder Dreiervorschläge zu erstatten, aus denen dann der Kaiser dann die Mitglieder auf Lebenszeit ernennen hatte. Bezüglich des Präsidenten und des Vizepräsidenten waren keine Dreiervorschläge zu erstatten, hier war der Kaiser völlig frei.

➢ Die Mitgliedschaft im RG war ein Ehrenamt; die Richter hatten ihr Amt neben ihrer sonstigen beruflichen Tätigkeit auszuüben. Dies hatte seinen Grund anfangs v.a. in der geringen umfangmäßigen Belastung des RG. Besondere Qualifikationserfordernisse bestanden keine, doch wurden vorwiegend bedeutende Juristen in das RG berufen.

➢ Das B-VG 1920 sah vor, dass Präsident, Vizepräsident sowie 6 Mitglieder und 2 Ersatzmitglieder des VfGH vom NR, die übrigen 6 Mitglieder und 2 Ersatzmitglieder vom Bundesrat zu wählen seien, womit dem Parlament ein weit stärkerer Einfluss als bisher gegeben wurde. Mehr als dies noch wurde kritisiert, dass nun aus politischen Gründen auch bisweilen Nichtjuristen in den VfGH berufen wurden.

➢ Aus diesem und anderen Gründen (va Kritik der Rechtsprechung des VfGH in den Dispensehen, ⇨ Rz 3232) erfolgte im Zuge der Verfassungsreform 1929 eine Reform (sog Entpolitisierung des VfGH): Die Richter sollten vom Bundespräsidenten ernannt werden, wobei NR und Bundesrat für je ¼ der Mitglieder und Ersatzmitglieder Dreiervorschläge erstatten konnten; Präsident, Vizepräsident und die restlichen Mitglieder und Ersatzmitglieder sollten auf Vorschlag der BReg Regierung ernannt werden. Zugleich wurden strenge Qualifikationserfordernisse eingeführt (ua mindestens zehnjährige Tätigkeit in einem Beruf, für den das abgeschlossene Jusstudium erforderlich ist). Die bis dahin am VfGH tätigen Richter wurden per Verfassungsgesetz mit 15. 2. 1930 entlassen (⇨ Rz 1310).

➢ 1934 wurde der VfGH mit dem VwGH zum Bundesgerichtshof (BGH) vereinigt (⇨ Rz 2408). Dem Wesen des autoritären Regimes entsprach es, dass die ordentlichen Mitglieder des BGH auf Vorschlag der BReg ernannt wurden. Die ehemaligen Kompetenzen des VfGH wurden innerhalb des BGH einem besonderen Verfassungssenat zugewiesen, dem außer vier ordentlichen auch vier außerordentliche Mitglieder angehörten, für welche Staatsrat und Länderrat Vorschlagsrechte besaßen.

➤ Der Verfassungssenat wurde 1938, unmittelbar nach dem „Anschluss", wegen Rücktrittes seiner Mitglieder funktionsunfähig; eine Verfassungsgerichtsbarkeit wurde vom NS-Regime ausdrücklich abgelehnt.

➤ 1945 wurde der VfGH wieder errichtet; der 1929 eingeführte Bestellmodus wurde 1994 dahin modifiziert, dass NR und Bundesrat seitdem keine Dreiervorschläge, sondern bindende Einzelvorschläge vornehmen.

2. Normenkontrolle

2417 Die *gerichtliche Kontrolle genereller Normen* (Gesetze und Verordnungen) wird heute als Kern der Verfassungsgerichtsbarkeit, als **Verfassungsgerichtsbarkeit im engeren Sinn**, gesehen. Ihre Existenz ist auch und gerade in Demokratien nicht unumstritten.

➤ Sofern das zur Normenkontrolle berufene Gericht auch die Befugnis hat, Gesetze aufzuheben, wirkt es als „negativer Gesetzgeber" und hat diesbezüglich gleiche politische Macht wie der „positive Gesetzgeber" (Parlament).

➤ Gerade Staaten mit hoher demokratischer Tradition standen oder stehen einer gerichtlichen Normenkontrolle ablehnend gegenüber, weil sie die Allmacht des Parlaments, das den Volkswille repräsentiere, einzuschränken scheint.

➤ Voraussetzung für die Entstehung einer gerichtlichen Normenkontrolle ist die Vorstellung eines „Verfassungsrechts im formellen Sinn". Dieses wird idR in einem besonderen Verfahren erzeugt und beschränkt den „einfachen Gesetzgeber"; das zur Normenkontrolle berufene Gericht ist „Hüter der Verfassung" (HANS KELSEN in Replik auf CARL SCHMITT).

Studienwörterbuch: Verfassung; Verfassungsgerichtsbarkeit.

2418 In **Großbritannien** hat sich bis heute keine Verfassungsgerichtsbarkeit im eben genannten Wortsinn etablieren können, was damit zusammenhängt, dass Großbritannien überhaupt kein Verfassungsrecht im formellen Sinn hat. Die Gesetzgebungsbefugnis des Parlaments ist theoretisch unbeschränkt.

➤ Nach britischem Verständnis bezeichnet die constitution eine Ordnung des Staates, also das, was zumeist mit „Verfassung im materiellen Sinn" gemeint wird. Dass einem bestimmten Gesetz eine besondere juristische Qualität zukomme („Verfassung im formellen Sinn") und es daher anderen Gesetzen im Rang vorgehe, ist dem englischen Recht fremd. Beachte, dass es in Großbritannien bis heute auch keine Verfassungsurkunde (➪ Rz 2131) gibt!

➤ Das britische Parlament kann daher – ohne bestimmte Verfahrensvorschriften einhalten zu müssen – Gesetze jedweden Inhalts beschließen; theoretisch würde auch zB für die Abschaffung der Monarchie ein einfaches Gesetz genügen. Seine Akte unterliegen keinerlei Kontrolle.

Übersicht 12: Der Stufenbau der Rechtsordnung

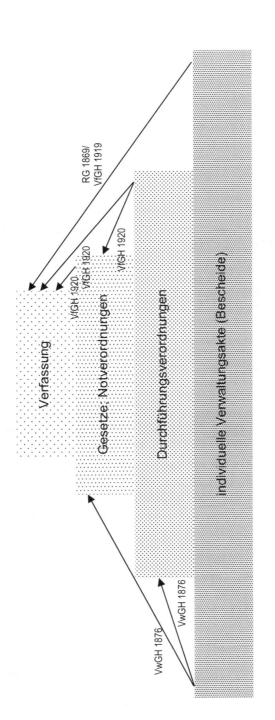

Anm: Zwischen 1867 u 1920 hatten alle Gerichte (auch RG u VwGH) das Recht der inzidenten Verordnungsprüfung

➢ Die Allmacht des britischen Parlaments wurde besonders 1716 deutlich, als das Parlament seine eigene Legislaturperiode von drei auf sieben Jahre verlängerte (*Septennial Act*). Proteste, dass das Parlament damit gegen die „*fundamental constitution*" des Königreiches verstieße, blieben in der Minderheit. Nach DICEY (⇨ Rz 2402) sei damit bewiesen, dass nicht das Volk, sondern das Parlament Träger der *sovereignty* sei.

➢ Der *Human Rights Act 1998* ermächtigt die englischen Gerichte dazu, Gesetze auf ihre Konformität mit der MRK zu überprüfen. Doch können sie im Falle einer Verletzung der Konvention dies lediglich feststellen und nicht das verletzende Gesetz aufheben (deklarative Wirkung). Die Situation ist also der des RG in der Habsburgermonarchie bezüglich Verletzungen des StGG-ARStB vergleichbar (⇨ Rz 2306).

2419 Die älteste Verfassungsgerichtsbarkeit entstand Ende des 18. Jh in den britischen Kolonien Nordamerikas, und zwar in Auseinandersetzung mit dem britischen Parlament und seiner Steuergesetzgebung (**Stamp Act Crisis**).

➢ Im 18. Jh lösten sich die nordamerikanischen Kolonien vom britischen Mutterland und erklärten schließlich am 4. 7. 1776 ihre Unabhängigkeit. In diesem Zusammenhang ist es zu sehen, dass immer häufiger – erstmals vermutlich 1743 – Behauptungen aufgestellt wurden, bestimmte vom britischen Parlament erlassene Gesetze seien *unconstitutional* und daher nichtig (*void*).

➢ Als das Parlament 1765 ohne Mitwirkung der Bewohner der Kolonien für diese mit dem *Stamp Act* neue Gebühren einführte, erklärte ein Gericht der Kolonie Virginia 1766 dieses Gesetz für verfassungswidrig, weshalb es nicht anzuwenden sei.

➢ Von hier aus verfestigte sich der Grundsatz der Nichtigkeit verfassungswidriger Gesetze, bis er 1803 auch vom US-*Supreme Court* (Fall MARBURY vs. MADISON) anerkannt wurde.

2420 Kennzeichen des **amerikanischen Modells** der Verfassungsgerichtsbarkeit sind die *Dezentralisation* und die *inzidente Normenkontrolle* sowie die bloß *deklarative Bedeutung* des Urteils.

➢ Demnach existieren weder besondere Verfassungsgerichte noch besondere Verfassungsbeschwerden. Vielmehr hat jedes Gericht die Gesetze, die in den bei ihm anhängigen Verfahren anzuwenden seien, im Rahmen dieses Verfahrens selbständig auf ihre Verfassungsmäßigkeit zu prüfen.

➢ Kommt das Gericht zum Schluss, dass das Gesetz *unconstitutional* ist, so bedeutet das, dass das Gesetz von Anfang an nichtig war (absolute Nichtigkeit), was vom Gericht lediglich formell ausgesprochen wird.

➢ Beachte hier das *case-law*-System des angloamerikanischen Rechts (⇨ Rz 1421), wonach derartige Entscheidungen als precedents auf für andere Gerichte beachtlich sind.

2421 In Europa wurde ein „**richterliches Prüfungsrecht**" nach amerikanischem Muster zwar intensiv diskutiert, aber zunächst abgelehnt. Die Dezemberverfassung 1867 gestattete zwar die Prüfung von Verordnungen, nicht aber von „gehörig kundgemachten Gesetzen" (Art 7 StGG-RiG).

➢ Dem österreichischen Verfassungsrecht war zwar der Begriff einer Verfassung im formellen Sinn bekannt (Änderungen an der Dezemberverfassung durften nur mit einer Zweidrittelmehrheit im AH und im HH beschlossen werden). Doch zog ein Verstoß gegen diese Bestimmung keine Rechtsfolgen an sich, da auch ein verfassungswidriges einfaches Gesetz als gültig angesehen wurde, wenn es auf verfassungsmäßige Weise („gehörig") kundgemacht worden war.

➢ Auch das richterliche Prüfungsrecht von Verordnungen war unbefriedigend, da es – mangels *case-law*-System – dazu führen konnte, dass eine Verordnung von diesem Gericht als gültig, von jenem als ungültig angesehen wurde.

➢ In Deutschland konnte sich die Idee des richterlichen Prüfungsrechtes allmählich durchsetzen und wurde 1925 auch vom deutschen Reichsgericht (= oberstes Gericht des Deutschen Reiches in Zivil- und Strafsachen) anerkannt.

2422 Neben dem amerikanischen hat ein zweites Modell weltweit Beachtung und Nachahmung erfahren, welches von HANS KELSEN (⇨ Rz 1451) für das B-VG entwickelt wurde und daher als **österreichisches Modell** bezeichnet werden kann. Seine Ausbildung war unmittelbare Folge der Umwandlung Österreichs zu einem Bundesstaat, woraus sich die Notwendigkeit zur Möglichkeit einer *abstrakten Normenkontrolle* ergab. Bedeutender als diese, aber im Zusammehang mit ihr stehend, sind die andern Kennzeichen des österreichischen Modells: die *Zentralisation* und die *konstitutive Wirkung* des Urteils („Erkenntnisses").

➢ Noch vor seiner offiziellen Beauftragung zur Erstellung eines Verfassungsentwurfes hatte KELSEN 1919 die Idee geäußert, dass ein besonderes Gericht als „Garantie gegen staatsgesetzwidrige Landesgesetze" eingesetzt werden sollte.

➢ Art 140 B-VG 1920 sah schließlich – im Sinne der Gleichrangigkeit von Bund und Ländern – vor, dass sowohl die BReg Landesgesetze, als auch jede Landesregierung Bundesgesetze vor dem VfGH anfechten könne. Derartige Prüfungsanträge bedürfen keines konkreten Anlasses (abstrakte Normenkontrolle).

➢ Erst durch die verfassungsgerichtliche Erkenntnis wurden die Gesetze aufgehoben (konstitutive Wirkung: Kundmachung im Bundesgesetzblatt), bis dahin besaßen sie – vorläufige – Geltung. Für das Phänomen der bloß relativen Nichtigkeit von verfassungswidrigen Gesetzen prägte MERKL den Begriff des „Fehlerkalküls".

➢ Der VfGH war einziges Verfassungsgericht; den übrigen Gerichten wurde die Gesetzesprüfung verwehrt, womit die Einheitlichkeit der Rechtsprechung gewährleistet war. Auch die Prüfung von Verordnungen wurde beim VfGH konzentriert; diesbezüglich erhielten außer den Regierungen auch bestimmte Gerichte das Recht, Prüfungsanträge an den VfGH zu stellen.

➢ Die Stellung des VfGH war weltweit einzigartig. Lediglich das einige Monate ältere Verfassungsgericht der Tschechoslowakei besaß eine vergleichbare Kompetenz, wurde allerdings in dieser Richtung niemals tätig.

2423 Die österreichische Verfassungsgerichtsbarkeit wurde in der Folge immer stärker ausgebaut. Dabei erhielt die **konkrete Normenkontrolle** eine immer größere Bedeutung gegenüber der abstrakten Normenkontrolle und übertrifft sie in der Praxis heute bei weitem.

➢ Schon das B-VG 1920 sah auch vor, dass der VfGH, wenn er in einem anderen Verfahren ein Gesetz anzuwenden habe, an dessen Verfassungsmäßigkeit Zweifel bestünden, dieses von Amts wegen zu prüfen habe.

➢ Besondere Bedeutung erhielt diese Bestimmung va für die Prüfung verfassungswidriger Bescheide im Rahmen der Kompetenz des VfGH zur Sonderverwaltungsgerichtsbarkeit. In diesen Fällen wird zunächst das Verfahren unterbrochen, das Gesetz überprüft und eventuell aufgehoben und dann das Bescheidbeschwerdeverfahren anhand der „bereinigten Rechtslage" fortgesetzt.

➢ 1929 erhielten auch der OGH und der VwGH das Recht, beim VfGH einen Antrag auf Gesetzesprüfung zu stellen, wenn sie Zweifel an der Verfassungsmäßigkeit der von ihnen anzuwendenden Gesetze erhielten.

➢ 1975 wurde die Möglichkeit geschaffen, dass auch Personen, die behaupten, von einem verfassungswidrigen Gesetz unmittelbar in ihren Rechten verletzt zu sein, einen Prüfungsantrag an den VfGH stellen können (Individualantrag).

Das österreichische Modell hat weltweit Beachtung gefunden und Nachahmung erfahren, insbesondere in der BRD, wo allerdings neben dem BVerfG (Sitz: Karlsruhe) noch Landesverfassungsgerichte existieren.

2424 Die immer häufiger in Anspruch genommene Kompetenz des VfGH, Gesetze aufzuheben, ist aus demokratietheoretischen Überlegungen problematisch. Der Versuch des Parlaments, durch anlassbezogene Verfassungsbestimmungen Erkenntnisse des VfGH unwirksam zu machen, stellt ein ernstes rechtsstaatliches Problem dar. Insgesamt ist das **Verhältnis zwischen VfGH und Parlament** daher von erheblicher Spannung gekennzeichnet.

➢ Während der „positive Gesetzgeber", der Nationalrat, aus unmittelbaren Volkswahlen hervorgeht, werden die Mitglieder des „negativen Gesetzgebers", des VfGH, „nur" vom Bundespräsidenten ernannt. Er verfügt also nicht über die gleiche demokratische Legitimation (⇨ Rz 2150) wie der Nationalrat.

➢ Da nach österreichischem Recht jede beliebige Gesetzesbestimmung in Verfassungsrang gehoben werden kann, sofern dies nur mit Zweidrittelmehrheit im Nationalrat geschieht (Art 44 Abs 1 B-VG; anders zB Art 79 GG), hat der Nationalrat – besonders dann, wenn die Regierungsparteien allein über eine Zweidrittelmehrheit verfügten – wiederholt zu dieser

Möglichkeit gegriffen, um Bestimmungen, die sonst verfassungswidrig und vom VfGH aufgehoben worden wären, zu „sanieren".

➢ Als daher der VfGH 1986 die Konzessionspflicht für das Taxigewerbe mit Hinweis auf die Erwerbsfreiheit (Art 6 StGG-ARStB) als verfassungswidrig aufhob, „löste" der Nationalrat dieses Problem, indem er die Konzessionspflicht in Verfassungsrang hob, was zu heftiger Kritik in der Öffentlichkeit führte.

➢ Aus der Sicht des VfGH stellte sich diese Taktik des Nationalrates als Versuch dar, seine Prüfungskompetenz innerlich auszuhöhlen, was dem Gesamtaufbau der Bundesverfassung (bes dem rechtsstaatlichen Grundprinzip) widerspreche. So kam er zur These vom „verfassungswidrigem Verfassungsrecht": das Verfassungsrecht sei in sich gestuft, und „einfaches Verfassungsrecht" dürfe nicht den Grundprinzipien der Verfassung widersprechen. Letztere aber dürfen nur durch eine Volksabstimmung nach Art 44 Abs 3 B-VG (⇨ Rz 2149) verändert werden.

➢ 2001 entschied der VfGH erstmals in einem besonders krassen Fall, dass eine Verfassungsbestimmung in einem einfachen Gesetz (Bundesvergabegesetznovelle 2000) gegen Grundprinzipien der Verfassung verstoße und daher aufzuheben sei.

3. Staatsgerichtsbarkeit

2425 Die Staatsgerichtsbarkeit, dh die **rechtliche Verantwortlichkeit der Minister** gegenüber dem Parlament, ist typisches Element der konstitutionellen Monarchie, weshalb auch hier England und Frankreich beispielgebend waren. Während sie aber in England stets mit der allgemeinen Strafgerichtsbarkeit verknüpft blieb, entwickelte sich in Frankreich eine spezifisch staatsrechtliche Ministerverantwortlichkeit.

➢ Der Gedanke der Ministerverantwortlichkeit entspricht den Grundforderungen des Konstitutionalismus nach Gewaltenteilung und nach „checks and balances". Während der Monarch selbst „geheiligt, unverletzlich und unverantwortlich" war (so noch Art 1 StGG-ARVG), sollten die Minister persönlich zur Rechenschaft gezogen werden können, womit die Volksvertretung auch eine Kontrolle über die vollziehende Gewalt bekommen sollte.

➢ Demgegenüber war dem absolutistischen Staat eine Ministerverantwortlichkeit im eben genannten Sinn fremd. Als FRANZ JOSEPH I. am 20. 8. 1851 die 1848 geschaffene Ministerverantwortlichkeit aufhob, wurde dies – zu Recht – als logische Vorstufe für die Etablierung eines (Neo-)Absolutismus gesehen (⇨ Rz 1143).

➢ In England wurden bereits ab dem 14. Jh Verfahren gegen Minister und hohe Beamte durchgeführt. Dabei wurde die Anklage vom *House of Commons* erhoben, während das *House of Lords* das Urteil fällte. Da das *House of Lords* nicht nur gesetzgebendes Organ, sondern auch oberstes Gericht Englands ist (⇨ Rz 1421), war die politische in die ordentliche Justiz eingebettet. Am bekanntesten war das – freilich in mehrfacher Hinsicht einen Sonderfall darstellende – Verfahren gegen den Prime Minister THOMAS Earl OF STRAFFORD 1640/41, das mit seiner Hinrichtung endete (⇨ Rz 1121).

➤ Nach dem englischen Vorbild wurden ua 1778 die US-amerikanische und 1848 die ungarische Staatsgerichtsbarkeit eingerichtet, wo ebenfalls das Unterhaus als Anklagebehörde, das Oberhaus als Urteilsbehörde agierte bzw agiert.

➤ Demgegenüber entwickelte Frankreich 1791 eine von der ordentlichen Justiz getrennte Staatsgerichtsbarkeit, welche durch einen besonderen Staatsgerichtshof (*haute Cour nationale*) wahrgenommen werden sollte; ihm sollten außer Mitgliedern des obersten Gerichtshofes auch Geschworne angehören, womit die enge Verbundenheit mit dem Volk gezeigt wurde. Zur Anklage befugt sollte das Parlament (*corps législatif*) sein. Nach diesem Vorbild orientierten sich die meisten anderen konstitutionellen Verfassungen Europas.

Studienwörterbuch: Ministerverantwortlichkeit; Staatsgerichtsbarkeit.

2426 Die hohe Bedeutung, die der Staatsgerichtsbarkeit in der Theorie zugemessen wurde, stand in krassem Gegensatz zur Praxis. Tatsächlich kam es nur in seltenen Fällen zu Ministeranklagen und fast nie zu Schuldsprüchen. So auch in Österreich, wo ab 1867 ein eigener **Staatsgerichtshof** die rechtliche Ministerverantwortlichkeit wahrnehmen sollte, aber niemals tätig wurde.

➤ Der Sturz eines Ministers gegen den Willen des Monarchen kam von seinen Auswirkungen her einer Revolution gleich. Ministeranklagen erfolgten daher nicht wegen jeder möglichen Rechtsverletzung, sondern nur in außerordentlichen Fällen.

➤ Das erste Verfahren, das in Frankreich gegen einen Minister geführt wurde, erfolgte im Gefolge der Julirevolution 1830 gegen den Minister JULES POLIGNAC, und zwar erst nachdem der ihn protegierende Kg CHARLES X. selbst abgedankt hatte (⇨ Rz 1137). POLIGNAC wurde zu lebenslanger Haft verurteilt, später jedoch begnadigt.

➤ In Deutschland kam es namentlich in Kurhessen in den 1830er Jahren zu mehreren Anklagen gegen den Ministerpräsidenten LUDWIG HASSENPFLUG, die jedoch mit Freisprüchen endeten.

➤ In Österreich wurde bereits am 17. 3. 1848 ein „verantwortliches Ministerium" gebildet, doch existierten zunächst keine Bestimmungen über die Staatsgerichtsbarkeit. Die Märzverfassung 1849 sah als Forum ein „Oberstes Reichsgericht" vor, doch wurde dieses bis zur Beseitigung der Ministerverantwortlichkeit durch die Augusterlässe 1851 nicht errichtet.

➤ Im Vorfeld der Dezemberverfassung wurde durch das Ministerverantwortlichkeitsgesetz vom 25. 7. 1867 erneut die rechtliche Verantwortlichkeit der Minister gegenüber dem Parlament ausgesprochen; sowohl das AH als auch das HH besaßen das Recht, Anklage vor einem besonderen Staatsgerichtshof zu erheben. Dieser bestand aus 24 Personen, die je zur Hälfte von den beiden Häusern des Reichsrates gewählt wurden, ohne dass sie ihm selbst angehören durften. Allerdings kam es bis 1918 zu keinem einzigen Fall einer Ministeranklage.

➢ Für die österreichisch-ungarischen Minister war in den Ausgleichsgesetzen ebenfalls ein eigener Staatsgerichtshof vorgesehen, doch mangelte es hier schon an einem Ausführungsgesetz.

2427 Die rechtliche Ministerverantwortlichkeit wurde idR auch nach Einführung der politischen Ministerverantwortlichkeit beibehalten, verlor jedoch durch letztere vollends ihre praktische Bedeutung. Eine gewisse Neubelebung erfolgte jedoch in Österreich durch die Verknüpfung mit dem föderalistischen Prinzip, da es nunmehr auch möglich ist, dass die BReg eine **Anklage gegen einen Landeshauptmann** erheben kann, was bisher dreimal der Fall war.

➢ Die politische Ministerverantwortlichkeit (⇨ Rz 2151) stellt sicher, dass die Minister von der Mehrheit der Parlamentsabgeordneten unterstützt werden. Damit fehlt es logischerweise an einem Ankläger. Das GG verzichtet daher – mit Ausnahme der Anklage gegen den Bundespräsidenten – auf das Institut der Ministeranklage; in den Ländern besteht sie jedoch noch fort.

➢ In Österreich ist der VfGH seit 1919 für die Ministeranklage zuständig (Art 142, 143 B-VG). Sie kann gegen Mitglieder der BReg, einer Landesregierung oder gegen den Bundespräsidenten erhoben werden. Ein verurteilendes Erkenntnis hat auf Amtsverlust, uU auch auf Verlust von politischen Rechten zu lauten, in minder schweren Fällen kann sich der VfGH auch auf einen Ausspruch, dass eine Rechtsverletzung stattgefunden hat, beschränken. Im Zusammenhang mit der Ministeranklage stehende Strafverfahren sind vom VfGH mit abzuhandeln.

➢ Die Möglichkeit der Anklage von Landeshauptleuten gibt der BReg die Möglichkeit der Kontrolle von Organen, die – im Rahmen der sog mittelbaren Bundesverwaltung – für sie tätig werden, jedoch ansonsten nicht persönlich abhängig sind.

➢ Die beiden gegen den Wiener Landeshauptmann JAKOB REUMANN geführten Prozesse (1921: Aufführungserlaubnis für SCHNITZLERS „Reigen"; 1923: Errichtung eines Krematoriums; jeweils entgegen einer Weisung des Innenministers) führten zu Freisprüchen. Im Fall des Salzburger Landeshauptmannes WILFRIED HASLAUER (1985: Öffnung von Geschäften am 8. 12. entgegen einer Weisung des Sozialministers) beschränkte sich der VfGH auf die Feststellung einer Rechtsverletzung durch den Landeshauptmann.

Dritter Teil

Privatrechtsentwicklung

Erster Abschnitt

Personenrecht

A Die Rechtsfähigkeit des Menschen

1. Begriff und Allgemeines

3101 **Rechtsfähigkeit** ist die Fähigkeit, Träger von Rechten und Pflichten zu sein. Wer rechtsfähig ist, ist Person im Rechtssinn, ist Rechtssubjekt. Nach § 16 ABGB ist jeder Mensch von Geburt an Person (*natürliche Person*). Doch kann die Rechtsordnung auch anderen, vom Menschen verschiedenen Gebilden Rechtssubjektivität zuerkennen (*juristische Person*).

➢ Mit seiner allgemeinen Zuerkennung der Rechtsfähigkeit und dem ausdrücklichen Verbot von Sklaverei und Leibeigenschaft war § 16 ABGB für seine Zeit eine geradezu revolutionäre Bestimmung. Deutlich wie an nur wenig anderen Stellen wird hier die menschliche Vernunft als eigentlicher Entstehungsgrund dieser Norm herangezogen.

➢ Doch erlaubte § 16 durchaus eine *Abstufung der Rechtsfähigkeit*, wie sie zur Zeit seines Inkrafttretens insbesondere aufgrund der Ständeordnung (⇨ Rz 2312 ff), des Geschlechts (⇨ Rz 2317 ff) und der Religionszugehörigkeit (⇨ Rz 2320 ff) existierte.

3102 **Sklaverei**, welche die *servi* nicht als Personen, sondern als Sachen behandelte, war in älterer Zeit weit verbreitet (Heiden, Slawen, Sarazenen). In Mitteleuropa allerdings wurde die Haltung von Christen als Sklaven seit der karolingischen Zeit unterbunden, andere blieben erlaubt und wurden oft als unfreie Bauern angesiedelt. Ihre Zahl blieb jedoch in Mitteleuropa gering.

➢ Unter dem Einfluss des Naturrechts wurden in Mitteleuropa alle Arten der Sklaverei abgeschafft; seit dem Wiener Kongress 1814/15 begannen entsprechende Bemühungen auch auf internationaler Ebene.

➢ Länger blieb die Sklaverei dagegen zB in einigen Bundesstaaten der USA aufrecht; die allgemeine Aufhebung erfolgte hier erst durch den 13. Verfassungszusatz (*amendment*) 1865.

Studienwörterbuch: Sklaverei.

3103 Unfreiheit im Sinne von **Leibeigenschaft** (Hörigkeit) war dagegen auch in Europa in verschiedenen Abstufungen weit verbreitet, besonders im Rahmen der bäuerlichen Grund- oder Gutsherrschaft; seltener in anderen Bereichen (Hofhandwerker, Gesinde).

➢ Die Stellung dieser Leute war oft sehr gedrückt, doch galten sie – im Prinzip – nicht wie die römischen Sklaven als Sachen, sondern als Rechtspersonen. Sie waren daher ehe-, vermögens- und handlungsfähig, wenn auch in Grenzen und vielfach nur mit Zustimmung ihres Herrn.

➢ Eine bedeutende Einschränkung der persönlichen Freiheit war die *Schollengebundenheit*, die es ihnen verwehrte, ihren Hof ohne Zustimmung des Grundherrn zu verlassen, jedoch auch einen Schutz vor Proletarisierung darstellte, da sie auch nicht von ihrem Hof vertrieben werden durften.

➢ Auch die Eheschließung von Leibeigenen bedurfte mitunter der Zustimmung des Grundherren; ein Heiratszwang oder gar ein *ius primae noctis* (= Recht des Leibherrn, der leibeigenen Braut noch vor dem Bräutigam beizuwohnen) ist jedoch, jedenfalls für Mitteleuropa, nicht nachweisbar.

➢ Im Gebiet des heutigen Österreich (mit Ausnahme des Burgenlandes) kam die Leibeigenschaft schon im Laufe des Mittelalters außer Gebrauch, in den böhmischen Ländern existierte sie bis 1781, in Ungarn bis 1848 (⇨ Rz 2106).

➢ Besonders drückend war die Situation der Leibeigenen in Russland. Hier erfolgte die Aufhebung der Leibeigenschaft erst 1861 durch Zar ALEKSANDR II.

Studienwörterbuch: Leibeigenschaft; Leibeigenschaftspatent 1781; Schollengebundenheit.

3104 Während die für die gesamte Rechtsordnung bedeutsame allgemeine Abstufung der Rechtsfähigkeit nach Ständen 1848 beseitigt wurde, existiert noch heute, allerdings nur mit Bedeutung für das Privatrecht, ein besonderer Handels- bzw Unternehmerstand. Der kaufmännische Geschäftsverkehr ließ schon ab dem Mittelalter besondere, vom allgemeinen Privatrecht abweichende Regeln entstehen und führte so zu einem *Sonderprivatrecht der Kaufleute (ius mercatorum)*. In jüngster Zeit wurde der Begriff des Kaufmanns durch den weiter gefassten Begriff des **Unternehmers** ersetzt, aus dem Handels- wurde das *Unternehmensrecht* (⇨ Rz 1462).

➢ Für Kaufleute gehört der Abschluss großer und wirtschaftlich riskanter Geschäfte zum Alltag. Da von ihnen erwartet werden kann, dass sie sich der Risiken ihres Geschäfts bewusst sind, werden im Unternehmensrecht bestimmte Schutzbestimmungen beseitigt (vgl zB die Mängelrüge, ⇨ Rz 3512) und auch sonst viele zivilrechtliche Vorschriften den Bedürfnissen eines professionellen Geschäftsbetriebs angepasst.

> Umgekehrt hat die moderne Zivilrechtswissenschaft erkannt, dass „Nicht-Profis" (Konsumenten) eines gegenüber dem allgemeinen Privatrecht noch erhöhten Schutzes bedürfen. Aus diesen Überlegungen entstand 1979 das *Konsumentenschutzgesetz* (KSchG) mit vom allgemeinen Privatrecht bestehenden Vorschriften zugunsten von Nicht-Unternehmern. Auch in diesen Diffferenzierungen kann eine Abstufung der Rechtsfähigkeit erblickt werden.

> Nach AHGB 1862 war nicht jeder Gewerbetreibende schon Kaufmann, sondern nur derjenige, der ein sog Handelsgeschäft betrieb, als welche der Warenkauf, die Übernahme einer Lieferung oder einer Versicherung und bestimmte andere Geschäfte genannt wurden. Das HGB 1897 fügte dieser Kategorie von Kaufleuten zahlreiche weitere hinzu: So waren zB Landwirte berechtigt, andere, zB Aktiengesellschaften, sogar verpflichtet, sich ins Handelsregister (ab 1991: Firmenbuch) eintragen zu lassen und erwarben damit ebenfalls Kaufmannseigenschaft, auch wenn sie kein Handelsgewerbe betrieben.

> Das KSchG 1979 verwendete erstmals die weitere Bezeichnung „Unternehmer"; an diese wurde bei Schaffung des UGB angeknüpft. Ein Unternehmer ist demnach derjenige, der eine „auf Dauer angelegte Organisation selbständiger wirtschaftlicher Tätigkeit" betreibt, auch wenn sie nicht auf Gewinn gerichtet ist (§ 1 UGB). Beibehalten wurde aus dem HGB aber ua die Regelung, dass bestimmte juristische Personen (zB Aktiengesellschaften) unabhängig von ihrer Tätigkeit, schon allein aufgrund ihrer Rechtsform Unternehmer sind.

2. Beginn und Ende

3105 Die Rechtsfähigkeit beginnt mit der **Lebendgeburt**. Diese musste in älterer Zeit bewiesen werden (durch Zeugen, Beschreien der Wände, Vorzeigen des Kindes); heute wird sie vermutet (vgl § 23 ABGB). Doch wurden schon im Mittelalter bereits der ungeborenen Leibesfrucht (dem *nasciturus*) gewisse Rechte zuerkannt; nach § 22 ABGB ist diese *bedingt* und *beschränkt* rechtsfähig.

> In älterer Zeit besaßen Neugeborene – vermutlich bis zur ersten Nahrungsaufnahme und/oder bis zur förmlichen Aufnahme durch den Muntwalt (⇨ Rz 3204) – noch keine Rechtsfähigkeit. Sie konnten daher auch ausgesetzt werden, zB wenn sie missgestaltet oder an einem Unglückstag geboren worden waren, der Verdacht auf eine außereheliche Zeugung bestand, oder sich die Eltern in echter Not befanden.

> Das Christentum beseitigte die Aussetzungsrechte, doch wurde für die Erlangung der Rechtsfähigkeit zusätzlich zur Lebendgeburt noch die *Lebensfähigkeit* (zumindest für kurze Zeit außerhalb des Mutterleibes) verlangt. So noch heute Art 725, Art 906 CC. Dagegen kennen ABGB und BGB das Erfordernis der Lebensfähigkeit nicht mehr.

> Schon der Sachsenspiegel anerkannte ein Erbrecht des erst nach dem Tod des Erblassers geborenen Kindes; das BGB fingiert in diesen Fällen, dass das Kind bereits vor dem Erbfall geboren worden sei. Eine allgemei-

ne Rechtsfähigkeit des *nasciturus* wird von der deutschen Lehre nicht anerkannt.

➢ Im Gegensatz dazu sieht § 22 ABGB die ungeborenen Kinder generell „als Geborne" an, soweit es sich um Rechte (nicht dagegen um Pflichten) handelt, erkennt ihnen also eine beschränkte Rechtsfähigkeit zu. Wird das Kind tot geboren, so wird es „so betrachtet, als wäre es nie empfangen worden"; insofern ist die Rechtsfähigkeit durch die spätere Lebendgeburt bedingt.

➢ Praktische Bedeutung hat § 22 ABGB vor allem im Erbrecht, aber auch bei Schädigungen im Mutterleib (zB durch Medikamente) und bei Tötung des künftigen Unterhaltsverpflichteten. Keine Bedeutung haben diese Regelungen dagegen für die (strafrechtliche!) Frage, ob eine Abtreibung erlaubt ist.

➢ Die Registrierung von Geburten erfolgte zunächst durch kirchliche Organe, die seit JOSEPH II. in staatlichem Auftrag und unter staatlicher Kontrolle agierten. Weltliche Personenstandsbücher gibt es in Österreich seit dem reichsdeutschen Personenstandsgesetz 1937, in Österreich in Kraft seit 1. 1. 1939. Heute gilt das Personenstandsgesetz 1983.

3106 Die Rechtsfähigkeit endet mit dem **Tod**. Diesen und uU auch seinen Zeitpunkt hat im Zweifelsfalle zu beweisen, wer aus dieser Tatsache Rechte herleitet. Ist eine Person längere Zeit hindurch nachrichtenlos abwesend und bestehen Zweifel an ihrem Fortleben (Verschollenheit), hilft das Recht mit einer *Todesvermutung* und mit einer die Todesvermutung feststellenden *Todeserklärung*.

➢ Das Institut der Todesvermutungen wurde von den Kommentatoren entwickelt. Die oberitalienische Praxis ging dabei von der Annahme aus, dass der Verschollene bis zur Vollendung des 100. Lebensjahres gelebt habe und dann gestorben sei. Das sächsische Recht setzte dies auf 70 Jahre herab. Das schlesische Recht wiederum stellte nicht auf das Alter des Verschollenen, sondern auf die Dauer der Abwesenheit ab.

➢ Das ABGB folgte einer Kombination aus sächsischem und schlesischem System nach dem Grundsatz: hohes Alter – kürzere Verschollenheitsfrist; niedriges Alter – längere Verschollenheitsfrist. So auch im Wesentlichen das reichsdeutsche Todeserklärungsgesetz 1939, welches 1950 in Österreich wiederverlautbart wurde.

➢ Besondere, deutlich kürzere Fristen gelten, wenn sich der Verschollene in einer besonders gefährlichen Situation befunden hat (Kriegs-, See-, Luftverschollenheit).

➢ Sonderregeln bestehen ferner nach §§ 43 EheG für die Ehe: Diese wird nicht mit Rechtskraft der Todeserklärung, sondern erst mit Eingehen einer weiteren Ehe durch den „überlebenden" Partner aufgelöst.

➢ Erfolgte die Todeserklärung irrtümlich und kehrt der für tot Erklärte zurück, fallen die Wirkungen der Todeserklärungen weg. Verschiedene Lösungsvarianten bestehen für den Fall, dass der Ehegatte des irrtümlich für tot Erklärten wieder geheiratet hat.

➢ Unterscheide von der *Todesvermutung* die *Kommorientenpräsumption:* Hier geht es um das Problem, dass von zwei Personen, deren Tod un-

bestritten ist, die Reihenfolge ihrer Todeszeitpunkte nicht nachgewiesen werden kann. Auch für diesen Fall hilft das Recht mit einer Vermutung und nimmt heute Gleichzeitigkeit an (anders zB das römische Recht).
Studienwörterbuch: Todeserklärung.

3107 Ältere Rechtsordnungen behandelten manche Personen rechtlich als tot, obwohl sie noch lebten. Fälle dieses **fingierten Todes** waren:

➢ die *Friedlosigkeit,* der Ausschluss aus Sippe/Stamm, der den Betroffenen rechtlos (vogelfrei) machte. In der Form der *Acht* existierte diese Art des fingierten Todes bis ins 18. Jh. Sie wurde va als Beugestrafe verhängt, die den Betreffenden zwingen sollte, vor Gericht zu erscheinen. Dabei entfalltete die Acht zunächst noch nicht volle Rechtswirkungen, konnte aber bei fortgesetzter Weigerung, sich zu stellen (meist nach Jahr und Tag) zu voller Friedlosigkeit führen (sog Oberacht, Aberacht).

➢ der *Klostertod:* Wer nach Eintritt ins Kloster das feierliche Gelübde der Armut ablegte, galt für das weltliche Recht als gestorben (Eröffnung der Erbfolge; Verlust der Erwerbs- und Verpflichtungsfähigkeit); so noch zB das ALR, nicht jedoch das ABGB;

➢ der *bürgerliche Tod (mort civile):* Verlust der zivilen/bürgerlichen Rechtsfähigkeit als Folge einer Verurteilung zu lebenslanger oder langjähriger Freiheitsstrafe. In Frankreich entwickelte und während der Revolution als „Waffe" gegen Emigranten eingesetzte Maßnahme, die später von einigen deutschen Staaten übernommen, aber um die Mitte des 19. Jh wieder abgeschafft wurde.

➢ In ähnlicher Weise erklärte 1941 eine Verordnung zum Reichsbürgergesetz 1935 (⇨ Rz 2167) das Vermögen emigrierter Juden für verfallen und sie selbst für unfähig, eine Erbschaft zu machen oder Schenkungen anzunehmen; die deutsche Staatsbürgerschaft wurde ihnen aberkannt.

B Geschäftsfähigkeit des Menschen

3108 Geschäftsfähigkeit ist die Fähigkeit, sich durch eigenes rechtsgeschäftliches Handeln zu berechtigen und zu verpflichten.

➢ Grundsätzlich ist jeder Rechtsfähige auch geschäftsfähig, doch muss die Rechtsordnung naturgemäß darauf Bedacht nehmen, dass bestimmte Personen(-gruppen) nicht in der Lage sind, ihre rechtlichen Angelegenheiten selbst zu regeln. Dazu gehören: Kinder, Jugendliche, Geisteskranke, früher auch Verschwender, Süchtige, Frauen, Gebrechliche, Greise.

➢ Rechtstechnisch erfolgt der Schutz im rechtlichen Verkehr durch die Beschränkung oder Aufhebung der Geschäftsfähigkeit dieser Personen. Deren rechtsgeschäftliches Handeln zieht keine oder nur abgeschwächte rechtliche Konsequenzen nach sich.

➢ Die Teilnahme dieser Personen am Rechtsverkehr wird dadurch ermöglicht, dass ein voll geschäftsfähiger Dritter als gesetzlicher Vertreter die Willensäußerung des beschränkt Geschäftsfähigen ergänzt bzw des

Geschäftsunfähigen ersetzt, bei wichtigen Geschäften überdies im Zusammenwirken mit der Obrigkeit (Gericht, Vormundschaftsbehörde).

3109 Das ältere Recht stellte bei der Eingliederung von Jugendlichen in das Rechtsleben vorwiegend auf die **individuelle körperliche Reife** (Wehrhaftigkeit, Geschlechtsreife) ab, doch bald kamen schematische Altersgrenzen auf. Sie lagen ursprünglich sehr tief (meist bei 12 Jahren). Später stiegen sie deutlich an, bedeuteten aber nicht automatisch das Erreichen der Geschäftsfähigkeit, sondern boten nur Anlass zur Entlassung aus der väterlichen oder vormundschaftlichen Gewalt. Entscheidend war (nicht) primär das Lebensalter, sondern die Unterworfenheit oder Nichtunterworfenheit unter fremde Munt. Demgemäß unterschied das ältere Recht zwei Stufen der Geschäftsfähigkeit: Selbstmündige, die unter niemandes Munt stehen; und Unmündige, welche unter der personenrechtlichen Gewalt eines Vaters, Vormunds, Bruders oä stehen.

➢ Während die Mündigen voll geschäftsfähig waren, waren Unmündige in ihrer Geschäftsfähigkeit beschränkt: Sie konnten sich zwar verpflichten, aber ohne Mitwirkung/Zustimmung ihres Muntwalts, der ihr Vermögen verwaltete, die Verpflichtungen nicht erfüllen. Parallel dazu konnte der Muntwalt für seine Munt-Unterworfenen Geschäfte abschließen.

➢ In jedem Fall konnte der Unmündige binnen bestimmter Frist nach Erreichen der Selbstmündigkeit alle (besonders Grundstücks-!)Geschäfte widerrufen, die er selbst oder die sein Muntwalt für ihn während seiner Unmündigkeit geschlossen hatte (!).

➢ Diese Regelung schützte zwar das Kind nachhaltig, stellte aber für den jeweiligen Geschäftspartner ein (nicht abdingbares!) Risiko dar.

Studienwörterbuch: Mündigkeit.

3110 Das gemeine Recht und ihm folgend viele Partikularrechte unterschieden in Anlehnung an das römische Recht drei **Altersstufen**: Kinder; Minderjährige; Volljährige (Großjährige).

➢ Kinder, die das 7. Lebensjahr noch nicht vollendet haben. Sie sind geschäftsunfähig. Ihr gesetzlicher Vertreter handelt mit Wirkung für und gegen sie, entweder selbständig oder mit Zustimmung der Obrigkeit (Stadtrat, Obervormundschaftsbehörde).

➢ Minderjährige (ab dem 7. Lebensjahr) sind beschränkt geschäftsfähig. Sie können nur solche Geschäfte allein abschließen, die ihnen allein einen rechtlichen Vorteil bringen (was zB bei der Annahme einer Schenkung, nicht aber bei einem günstigen Kauf der Fall ist). Geht die/der Minderjährige eine Verpflichtung ein, so ist diese bis zur Zustimmung des gesetzlichen Vertreters schwebend unwirksam (sog hinkendes Rechtsgeschäft, *negotium claudicans*). Die Unterteilung der Minderjährigen in *impuberes* und *puberes*, wie es noch das klassische römische Recht kannte, wurde in der Neuzeit praktisch bedeutungslos.

➢ Volljährige oder Großjährige, welche das entsprechende Alter erreicht haben. Sie sind voll geschäftsfähig.

Studienwörterbuch: Hinkendes Rechtsgeschäft; Minderjährige.

3111 Diese schematische Regelung wurde in der weiteren Entwicklung **modifiziert**:

> So teilt das ABGB, hierin an das klassische römische Recht anknüpfend, die Minderjährigen in die Gruppe der *unmündigen Minderjährigen* (7–14) und jene der *mündigen Minderjährigen* (14–Volljährigkeit) unterteilt. Deren Geschäftsfähigkeit reicht weiter als jene der Unmündigen: etwa beim Abschluss von Arbeitsverträgen, bei Verfügung über eigenes Einkommen oder über Sachen, die ihnen zur freien Verfügung überlassen wurden (§§ 151 Abs 2, 152 ABGB).

> Die Volljährigkeitsgrenze ist seit Beginn der Neuzeit immer weiter gesenkt worden: gemeines Recht: 25; ABGB (ursprünglich): 24, ab 1919: 21, ab 1973: 19, seit 2001: 18 Jahre.

> 1973 wurde der sog Taschengeldparagraph (§ 151 Abs 3 ABGB) eingeführt: Schließt ein Kind ein alterstypisches Rechtsgeschäft, das eine geringfügige Angelegenheit des täglichen Lebens betrifft, so wird dieses, sobald das Kind seine eigene rechtsgeschäftliche Verpflichtung erfüllt, gültig.

> Nach manchen Rechten führte die Eheschließung zur Volljährigkeit: *Heirat macht mündig.* So noch heute § 175 ABGB.

> Das System der fixen Altersgrenzen schützt das Vertrauen Dritter, die sich leichter vom Alter der betreffenden Person als von deren Urteilsfähigkeit überzeugen können, kann jedoch zu Unstimmigkeiten führen, wenn die geistige Entwicklung im Einzelfall nicht übereinstimmt. Daher konnte bis 2001 die Minderjährigkeit in Einzelfällen vom Gericht verlängert oder verkürzt werden.

> Seit 2001 ist keine Verlängerung oder Verkürzung der Minderjährigkeit mehr möglich, uU muss ein Sachwalter für die geistig zurückgebliebene Person bestellt werden. Neueste Gesetze (2005) stellen für bestimmte Fälle (Einwilligung zu medizinischen Behandlungen und zu Abstammungsverfahren) ausdrücklich auf die „Einsichts- und Urteilsfähigkeit" ohne Nennung eines Alters ab. Darin ist ein Abweichen des Gesetzgebers vom System der fixen Altersgrenzen zu erkennen.

3112 In älterer Zeit ging die Geschäftsfähigkeit verloren, wenn körperliche Gesundheit und/oder **Rüstigkeit** fehlten. Dadurch sollten vor allem Verfügungen kurz vor dem Tode zu Ungunsten der Erben unterbunden werden. Daher wurden oft Kraftproben verlangt (Besteigen eines Pferdes in Rüstung oä). Im modernen Recht sind Leibesgebrechen ohne Bedeutung für die Geschäftsfähigkeit.

> Allerdings kann uU ein Kurator/Pfleger bestellt werden (Gebrechlichkeitskurator).

> Sondervorschriften bestehen für bestimmte Rechtsgeschäfte (etwa Testamente) von blinden, tauben, taubstummen, stummen Personen.

3113 Vorübergehende **Sinnesverwirrung** (Volltrunkenheit, Bewusstlosigkeit oä) macht(e) geschäftsunfähig. Bei Geisteskranken kam es im Einzelfall meist darauf an, ob die Geisteskrankheit oder Geistesschwäche die Bildung eines einsichtigen Geschäftswillens ausschloss oder nicht.

➤ Im ersten Fall trat Geschäftsunfähigkeit ein; lag dagegen ein lichter Augenblick (*lucidum intervallum*) vor, war der Betreffende in dieser Zeitspanne geschäftsfähig.

➤ Nach manchen Rechten wurden Geisteskranke unter Vormundschaft gestellt.

3114 Seit dem Beginn der Neuzeit kam es zur Ausbildung förmlicher **Entmündigungsverfahren**, die – je nach Schwere der Geistesgebrechen – zur vollen Entmündigung (Folge: Geschäftsunfähigkeit) oder zur beschränkten Entmündigung (Folge: beschränkte Geschäftsfähigkeit wie bei mündigen Minderjährigen) führten. Da die Entmündigung nur eine starre Lösung zuläßt, ersetzte sie Österreich 1983 durch die Sachwalterschaft.

➤ Der Wirkungskreis eines Sachwalters wird elastisch nach dem Ausmaß der Behinderung sowie nach Art und Umfang der zu besorgenden Angelegenheiten festgesetzt. Entsprechend wird die Geschäftsfähigkeit des Schutzbefohlenen (der „besachwalteten Person") eingeschränkt.

➤ Die Bestellung eines Sachwalters kommt auch bei Süchtigkeit oder Verschwendungssucht in Betracht.

Studienwörterbuch: Entmündigung.

C Personenverbindung und Juristische Person

1. Allgemeines

3115 Der Mensch existiert nicht als isoliertes Individuum, sondern idR als Mitglied einer personenrechtlichen **Gemeinschaft**. Gemeinschaftsbildend wirken vor allem: die Verwandtschaft (Familie, Haus, Sippe); die ländliche Agrarverfassung (Dorf-, Markgenossenschaft); die städtische Gewerbeverfassung (Hansen, Gilden, Zünfte, Gesellenvereine, Totenbruderschaften etc); das religiöse (Orden, Bruderschaften) und universitäre Leben (Universität als Korporation von Studenten und Professoren); dann im politischen Bereich die Stadtgemeinde, Ritterbünde, Städtebünde etc.

➤ Während diese Gemeinschaften der älteren Zeit (praktisch) die gesamten Lebensverhältnisse einer Person erfassten und bestimmten, dienen sie in neuerer Zeit meist nur der Erfüllung bestimmter (Teil-)Zwecke.

➤ Mitglied einer Gemeinschaft wird man entweder durch freiwilligen Beitritt oder zwangsweise/automatisch durch Geburt, familienrechtlichen

Akt (Ehe), Beruf (Kammern) oder Erwerb eines Grundstückes (Markgenossenschaft, nachbarrechtliche Zusammenschlüsse).

➤ Personenverbindungen aller Art waren besonders im Mittelalter weit verbreitet. Sie erfüllten zahlreiche Gemeinschaftsaufgaben, die heute der Staat oder von ihm abgeleitete Gebietskörperschaften oder Verbände wahrnehmen (Sozialversicherungsträger, Kammern uä).

Studienwörterbuch: Gilde; Zunft.

3116 **Juristische Personen** sind (von Menschen verschiedene) Gebilde, denen die jeweilige Rechtsordnung *Rechtspersönlichkeit* zuerkennt. Der Begriff wurde erst im 19. Jh entwickelt und fasst zwei höchst unterschiedliche Arten zusammen: *Körperschaften* als mit Rechtspersönlichkeit ausgestattete Personenverbände und *Stiftungen* (Anstalten) als mit Rechtspersönlichkeit ausgestattete Vermögensmassen. Das Wesen der juristischen Person blieb im 19. Jh unklar und strittig.

➤ Das ABGB kannte den Begriff der juristischen Person noch nicht; es bezeichnete Personenverbände mit dem aus dem Vernunftrecht stammenden Begriff „moralische Person", zuweilen sprach es auch davon, dass mehrere Personen zusammen wie „eine Person" behandelt werden sollen.

➤ Erst im weiteren Verlauf des 19. Jh wurde der Begriff der moralischen Person durch den der juristischen Person ersetzt und als Überbegriff für Körperschaften und Stiftungen verwendet (so zuerst GEORG HEISE, 1778–1851).

➤ Nach der von den Romanisten (SAVIGNY) entwickelten *Fiktionstheorie* war die juristische Person nichts Reales, sondern ein von der jeweiligen Rechtsordnung wie eine Person behandeltes Gebilde, also eine fingierte Person.

➤ Nach der von den Germanisten (GIERKE) entwickelten *Theorie der realen Verbandspersönlichkeit* erschien die juristische Person (bes die Korporation) als etwas Reales, das unabhängig von staatlicher Anordnung existiere.

➤ Dieser Streit hatte große praktische Bedeutung, indem aus jeder Theorie konkrete, einander widersprechende Rechtsfolgen gezogen wurden: So waren die Vertreter der Fiktionstheorie der Ansicht, dass die juristische Person nur durch einen staatlichen Akt (zB eine Konzession) gegründet werden könne und dass sie nicht deliktsfähig sei, während die Germanisten die jeweils entgegengesetzte Auffassung vertraten.

➤ Diese umstrittenen Rechtsfolgen sind mittlerweile durch Gesetze eindeutig geklärt, sodass dem Wesensstreit heute nur mehr Bedeutung für die Rechtstheorie zukommt. Hier ist KELSEN zu folgen, der das Problem der juristischen Person als eine bloße Frage der Zurechnung von menschlichem Verhalten betrachtete.

2. Gemeinderschaft

3117 **Gemeinderschaften** sind Zusammenschlüsse mehrerer Personen auf freiwilliger oder auf Zwangsbasis *ohne Rechtssubjektivität*. Solche Personenverbindungen entstehen stets in einem kleinen Personenkreis und idR auf verwandtschaftlicher oder eherechtlicher Grundlage: Familie, Haus; Erben-, besonders Brüdergemeinschaft; Gemeinschaft der in Gütergemeinschaft lebenden Ehegatten; Personenhandelsgesellschaften (Gebrüder FUGGER oä).

➤ Diese Genossenschaften bilden zwar eine rechtliche Einheit, haben aber keine eigene Rechtspersönlichkeit. Wille, Rechte und Pflichten der Gemeinschaft sind ident mit Willen, Rechten und Pflichten der einzelnen Mitglieder; die Willensbildung erfolgt nur einstimmig.

➤ Sie beruhen entweder auf Gleichordnung (zB mehrere Miterben) oder auf Unterordnung unter die Leitungsgewalt eines Gemeinders (Söhne und Hausvater).

➤ Die Gemeinderschaft sichert die Einheitlichkeit des Gesamtgutes und die wirtschaftliche Kraft (bes Kreditfähigkeit) der Gemeinschaft. Für den einzelnen Gemeinder stellt sie eine starke Beschränkung seiner individuellen „Bewegungsfreiheit" dar. Individualistisch eingestellte Rechtsordnungen (gemeines Recht, Naturrecht) drängten daher auf eine Beseitigung oder zumindest Abschwächung des Gesamthandprinzips.

3118 Bauprinzip der Gemeinderschaft ist die **Gesamthand** (⇨ Rz 3426): Eigentum am Gemeinschaftsgut, Berechtigung bei gemeinschaftlichen Forderungen und Verpflichtung bei Gemeinschaftsschulden kommen allen Gemeindern gesamthänderisch zu.

➤ Verfügungen über das Ganze oder Teile (!) des Gemeinschaftsgutes waren nur gemeinschaftlich (*conjuncta manu – mit samender hand*) möglich.

➤ Bei Wegfall eines Gemeinders erfolgte ursprünglich Anwachsung (*Akkreszenz*) an die anderen, erst allmählich entwickelte sich ein Eintrittsrechts der Erben des Ausgeschiedenen.

➤ Eine Auflösung der Gemeinderschaft war ursprünglich ausgeschlossen oder erfolgte nur bei einstimmigem Beschluss der Gemeinder; allmählich wurde auch Auflösung durch Mehrheitsbeschluss oder nach Kündigung durch einen der Gemeinder anerkannt.

3119 Ein besonderer Formenreichtum an **Personengesellschaften** entstand im Mittelalter durch den Zusammenschluss von Kaufleuten, besonders in Oberitalien und in Süddeutschland. Die Regelungen des ABGB über die (Erwerbs-)*Gesellschaft bürgerlichen Rechts* (§§ 1175–1216) erwiesen sich als unzureichend; erst durch das Allgemeine Handelsgesetzbuch 1862 kamen die *Offene Handelsgesellschaft* (OHG) und die *Kommanditgesellschaft* (KG) hinzu.

➤ Die Gesellschaft bürgerlichen Rechts war von den Redaktoren des ABGB für alle Arten von Gesellschaften gedacht und sollte eine „moralische Person" sein, also selbst Rechtsfähigkeit besitzen.

➤ Die heute herrschende Lehre verneint jedoch die Rechtssubjektivität der Gesellschaft bürgerlichen Rechts: Diese kann kein Eigentum erwerben; Gesellschaftseigentum steht vielmehr im quotenmäßigen Miteigentum der Gesellschafter (strittig!).

➤ Die Offene Handelsgesellschaft hat zwar ebenfalls keine eigene Rechtspersönlichkeit, tritt aber nach außen wie eine juristische Person auf; so werden zB nicht die Gesellschafter, sondern die OHG selbst im Grundbuch eingetragen); ihr Vermögen steht im Gesamthandeigentum der Gesellschafter, die solidarisch und unbeschränkt haften.

➤ Die Kommanditgesellschaft unterscheidet sich von der OHG va dadurch, dass manche Gesellschafter, die sog Kommanditisten, nicht unbeschränkt, sondern nur mit einer bestimmten Vermögenseinlage für die Schulden der Gesellschaft haften. Doch muss bei jeder KG zumindest ein Gesellschafter (der Komplementär) unbeschränkt haften.

➤ Die von der süddeutschen Kaufmannsfamilie FUGGER 1494 gegründete Handelsgesellschaft war im Wesen einer OHG vergleichbar. Die von der Familie WELSER gegründete OHG wurde 1508 in eine KG umgewandelt.

➤ OHG und KG gingen 1807 in den französischen *Code de Commerce* ein und fanden von da ihren Weg in das AHGB 1862 und in das HGB 1897.

➤ 1991 wurden diese bislang Kaufleuten vorbehaltenen Gesellschaftsformen – unter der Bezeichnung Offene Erwerbsgesellschaft (OEG) bzw Kommandit-Erwerbsgesellschaft (KEG) – auch Nicht-Kaufleuten (zB Rechtsanwälten) zugänglich gemacht. Das UGB fusionierte OHG und OEG zur *Offenen Gesellschaft* (OG); sie sowie die KG stehen allen Arten von Unternehmen offen und sind nunmehr mit Rechtspersönlichkeit ausgestattet.

Studienwörterbuch: Gesellschaft bürgerlichen Rechts; Kommanditgesellschaft; Offene Handelsgesellschaft.

3. Körperschaft

3120 Während kleinere genossenschaftliche Bildungen auf der Ebene der Gemeinderschaft stehen blieben, kam es bei größeren Personenverbänden zur Ausbildung einer selbständigen (von der Einzelperson) unabhängigen Verbandsperson (Körperschaft, Korporation; universitas personarum): Die Summe der Bürger (*cives*) wurde zur Stadt (*civitas*), die Summe der Professoren und Studenten zur *universitas*. Doch waren die Übergänge von der Gemeinderschaft zur **Körperschaft** vielfach fließend. Im Allgemeinen gelten folgende Grundsätze:

➤ Die Körperschaft als juristische Gesamtpersönlichkeit besteht unabhängig vom Wechsel ihrer Mitglieder. Ihre Zwecke, ihre Willensbildung, ihre Kompetenz und das Funktionieren ihrer Organe (Vorstand, General-

versammlung etc.) sind durch eine autonome oder von oben gegebene *Satzung* bestimmt.
➢ Für ihre Willensbildung ist idR Mehrstimmigkeit „ausreichend". Dies sichert ihre Arbeitsfähigkeit, kann aber andererseits zu einem Verlust des Gemeingeistes und zur Bildung von Parteiungen, Splittergruppen, Fraktionen führen.
➢ Es sind zu unterscheiden: private Korporationen (Vereine; Kapitalgesellschaften) und öffentlich-rechtliche (wie etwa die Kammern); auch der Staat kann als öffentlich-rechtliche Körperschaft (sog Gebietskörperschaften: Bund, Länder, Gemeinden) angesehen werden.
Studienwörterbuch: Körperschaft.

3121 Die **Bedeutung** von Korporationen in der Gesellschaft/im Staat ist groß, unterlag aber im Verhältnis zum Staat starken Schwankungen.
➢ Das Mittelalter war reich an genossenschaftlichen Zusammenschlüssen aller Art, die vielfach (mehr oder weniger) unabhängig von staatlichen/obrigkeitlichen Einflüssen entstanden und existierten.
➢ Der moderne (absolutistische) Staat der Neuzeit setzte alles daran, diese Selbstherrlichkeit der Verbände zu brechen oder sie zumindest unter staatliche Aufsicht zu stellen (zB Zünfte, Universitäten, Stadtgemeinden).
➢ Das Naturrecht vertrat zunächst unter der Fahne des Individualismus eine körperschaftsfeindliche Einstellung (bes radikal anfangs die Französische Revolution), ließ aber dann doch unter dem Gesichtspunkt des Gesellschaftsvertrages eine Reihe von Sozialgebilden zu.
➢ Die zweite Hälfte des 19. Jh bringt, nicht zuletzt unter dem Einfluss der Theorie von der realen Verbandspersönlichkeit, einen großen Aufschwung des Genossenschaftswesens, das freilich als Produkt staatlicher Gründung erscheint.
Studienwörterbuch: Genossenschaft.

3122 Während **Genossenschaften** vor allem die Förderung des Wohls ihrer Mitglieder (Genossenschafter) zum Ziel haben, sind **Kapitalgesellschaften** auf Gewinn ausgerichtete Körperschaften. Die bedeutendste Kapitalgesellschaft ist die *Aktiengesellschaft* (AG); für kleinere Unternehmen besteht die Möglichkeit, eine *Gesellschaft mit beschränkter Haftung* (GmbH) zu gründen.
➢ Aktiengesellschaften bestehen seit dem 17. Jh, Vorformen schon seit dem Mittelalter. Sie sind juristische Personen und haften nur mit ihrem eigenen Kapital, während die Gesellschafter keine darüber hinausgehende Haftung trifft. Dies ist für die Gesellschafter von großem Vorteil, stellt aber ein Risiko für Geschäftspartner der AG dar, weshalb an die Errichtung eine AG hohe Anforderungen gestellt wurden und werden (insbes hohes Grundkapital).
➢ Aktiengesellschaften konnten ursprünglich nur aufgrund besonderer landesfürstlicher Privilegien oder einer staatlichen Konzession gegründet

werden, sodass jede Neugründung vom Ermessen des Staates abhängig war.

➢ 1870 ging Deutschland zum Normativsystem über, dh dass bei Vorliegen der gesetzlichen Bedingungen ein Rechtsanspruch auf Eintragung ins Handelsregister (heute: Firmenbuch) besteht, wodurch die Gesellschaft Rechtspersönlichkeit erlangt. 1938 übernahm Österreich das reichsdeutsche Aktiengesetz und damit das Normativsystem.

➢ Die Gesellschaft mit beschränkter Haftung ist eine deutsche Erfindung des 19. Jh; Vorläufer waren die für deutsche Kolonialgesellschaften bestehenden Gesellschaftsformen. In Österreich wurde sie 1906 eingeführt.

Studienwörterbuch: Aktiengesellschaft; Gesellschaft mit beschränkter Haftung.

4. Anstalt, Stiftung

3123 Neben Personenverbänden hat das Recht schon früh auch bestimmte einem Zweck gewidmete **Vermögen mit Rechtspersönlichkeit** ausgestattet. Die Ansätze dazu lagen vornehmlich im kirchlichen Bereich (Kirchenvermögen; Kloster; Seelenheilsschenkungen, Messstiftungen etc), doch gab es bald, besonders in Städten, auch weltliche Stiftungen (Siechenhäuser, Spitäler, Familienstiftungen).

➢ Juristisch bediente man sich zunächst der Treuhand (⇨ Rz 3429), wobei eine bestimmte Person (bei der Kirche oft ein Heiliger!) als Träger des Stiftungsvermögens angesehen wurden.

➢ Zu einer vollen Anerkennung von Sondervermögen als juristische Personen kam es erst im Zuge der Rezeption (*universitates bonorum*) und im Bereich des kanonischen Rechts.

➢ Zunehmend wurde in der Neuzeit zwischen privaten Stiftungen (Stiftungen im eigentlichen Sinne) und öffentlichen Stiftungen (meist als Anstalten bezeichnet) unterschieden.

3124 An **Grundsätzen** des modernen Stiftungsrechts sind zu nennen:

➢ Stiftung/Anstalt ist ein durch Rechtsgeschäft (Stiftsbrief) verselbständigtes und mit Rechtspersönlichkeit ausgestattetes (Zweck-)Vermögen.

➢ Sie hat nicht, wie die Körperschaft, Mitglieder, sondern Begünstigte (Nutznießer, Destinatare).

➢ Ihr Zweck wird durch den Willen des Stifters definiert und soll unabhängig vom Wechsel der Destinatare erhalten bleiben.

➢ Besonders kam der Stiftung für wohltätige Zwecke aller Art große Bedeutung zu. Dementsprechend wurde das Stiftungsrecht unter staatliche Verwaltung gestellt (Stiftungsbehörde). In neuerer Zeit wurde durch das Institut der Privatstiftung eine auch für andere (Familien-)Zwecke gedachte Stiftungsform anerkannt.

Zweiter Abschnitt

Familienrecht

A Familie und Verwandtschaft

3201 Der Begriff **Familie** kann prinzipiell zweierlei bedeuten:

➤ Familie im engeren Sinn (*Haus*): die in einem gemeinsamen Haushalt lebenden Personen;
➤ Familie im weiteren Sinn (*Sippe*): die Blutsverwandten ohne Rücksicht auf gemeinsame Haushaltsführung.

3202 Blutsverwandtschaft ist die rechtliche Verbindung zweier Personen durch Abstammung. Man unterscheidet Verwandtschaft in gerader Linie, wenn eine Person unmittelbar von der anderen abstammt, und Verwandtschaft in der Seitenlinie, wenn die Verwandtschaft zweier Personen nur über die gemeinsame Abstammung von einer dritten Person hergestellt ist. Die Nähe der Verwandtschaft wird in *Graden* berechnet.

➤ Die Verwandtschaft in gerader Linie gliedert sich weiter in Vorfahren (*Aszendenten*) und Nachfahren (*Deszendenten*). Der Verwandtschaftsgrad bemisst sich hier an der Zahl der Generationen (*tot gradus, quot generationes*): So ist A mit seinen Eltern im 1. Grad, mit seinen Großeltern im 2. Grad, mit seinen Kindern im 1. Grad, mit seinen Enkelkindern im 2. Grad verwandt etc.
➤ Für die Verwandtschaft in der Seitenlinie existieren verschiedene Berechnungsarten. Das römische sowie das moderne Recht zählen die Anzahl der die Verwandtschaft vermittelnden Geburten, abzüglich der des gemeinsamen Stammvaters. So ist A mit seinem Bruder (seiner Schwester) im 2. Grad, mit seinem Neffen (seiner Nichte) im 3. Grad, mit seinem Onkel (seiner Tante) ebenfalls im 3. Grad, mit seinem Cousin (seiner Cousine) im 4. Grad verwandt etc.
➤ Das germanische und das kanonische Recht zählen hingegen auch in der Seitenlinie nur die Generationen, sodass A mit seinem Bruder (seiner Schwester) im 1. Grad der Seitenlinie, mit seinem Cousin (seiner Cousine) im 2. Grad der Seitenlinie verwandt ist. Gehören die beiden Personen verschiedenen Generationen an, so wird dies gesondert angegeben, sodass zB A mit seinem Neffen (seiner Nichte) „im 2. Grad, berührend den 1. Grad", verwandt ist.
➤ Die Verwandtschaftsberechnung hat große Bedeutung etwa für das Recht der Ehehindernisse oder für das Erbrecht.

Übersicht 13: Verwandtschaft und Schwägerschaft

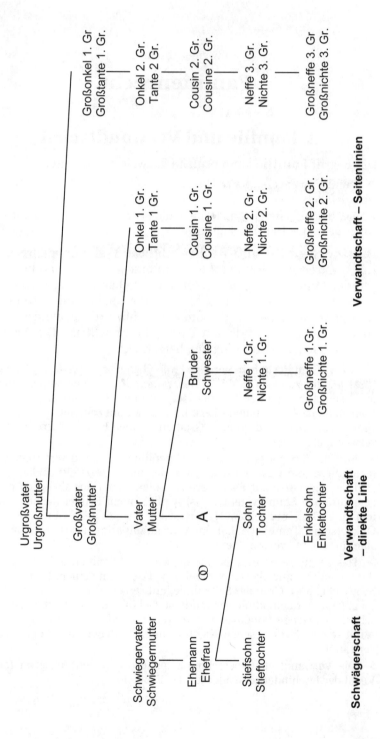

3203 Die frühere rechtshistorische Lehre maß der **Sippe**, jedenfalls was die ältere Zeit betrifft, eine zentrale Bedeutung im Privatrecht sowie auch im Staats- und Strafrecht zu.

➢ Der älteren Lehre zufolge bildete die Sippe einen genossenschaftlich organisierten Rechts-, Siedlungs-, Kult- und Wehrverband, also sozusagen einen „Staat im (erst im Entstehen begriffenen) Staate".

➢ Diese zentrale Stellung mit ihrer Vielzahl an Funktionen ist nur denkbar, wenn die Sippe einen objektiv feststehenden Personenkreis umfasst, was aber nur dann der Fall ist, wenn die Sippenzugehörigkeit allein aufgrund der durch männliche Verwandte gebildeten Verwandtschaft (agnatische Verwandtschaft) bestimmt wird.

➢ Neuere Forschungen (bes KARL KROESCHELL) haben jedoch nachgewiesen, dass familienrechtlich relevante Beziehungen sowohl über die Männer- als auch über die Frauenseite entstehen konnten (cognatische Verwandtschaft), wodurch jede Person einen individuell verschiedenen Personenkreis als „Sippe" hat. Damit fiel die ältere Lehre von der Sippe in sich zusammen.

Studienwörterbuch: Sippe.

3204 Die Familie im engeren Sinn war nicht genossenschaftlich, sondern herrschaftlich organisiert: Die unter einem Dach lebenden Menschen waren der **munt**, der Gewalt des Hausvaters (Muntwalt), unterworfen.

➢ Der *munt* unterstanden zunächst die Kinder (Vatermunt),
➢ aber auch die – in einer Muntehe lebende – Ehefrau (eheherrliche *munt*).
➢ Auch die Leitungsgewalt des Hausherrn über das im Haus lebende Gesinde wurde als *munt* bezeichnet; auch sie gehörten also zur „Familie".

Studienwörterbuch: Munt.

B Eherecht zwischen Staat und Kirche

3205 Das ältere, **vorkanonische Eherecht** ist wegen der dünnen Quellenlage schwer zu erschließen. An allgemeinen Grundsätzen sind festzuhalten:

➢ Die Eheschließung war idR keine Angelegenheit (nur) der Brautleute, sondern – soweit vorhanden – der beteiligten Sippen/Familien. Dabei wurden insbesondere die *munt* des Brautvaters über seine Tochter an den Bräutigam übertragen (*Muntehe*) und die Heiratsgaben vereinbart (⇨ Rz 3243). Es kam daher bei der Eheschließung weniger oder gar nicht auf den Willen der Brautleute, sondern auf jenen des Muntwalts an, dem ein Verheiratungsrecht zustand: Heiratszwang.

➢ Die ältere rechtshistorische Lehre hat der Muntehe eine von den Brautleuten freiwillig eingegangene *Friedelehe* gegenübergestellt, bei der die Frau unter keiner Munt stand, die aber als vollwertige Ehe galt. Neuere Forschungen haben Zweifel an dieser Konstruktion aufkommen lassen; doch war die *Friedel* sicher mehr als bloß Geliebte (*Kebse, Konkubine*) des Mannes.

➤ Muntehe und Friedelschaft konnten (insbesondere im Adel) nebeneinander bestehen, was später als *Polygamie* angesehen wurde.

Studienwörterbuch: Ehe; Friedelehe; Heiratserlaubnis, Heiratszwang; Kebsehe.

3206 Seit dem Hochmittelalter gewann die **Kirche** Einfluss auf das Eherecht, zunächst hinsichtlich der Eheschließungsform, dann auch in materiellen Fragen. Schließlich steigerte sich dieser Einfluss zu einer kirchlichen Herrschaft über das Eheband. An wichtigen Veränderungen sind zu nennen:

➤ die Betonung des *Sakramentscharakters* der Ehe, aus dem die Unauflöslichkeit der gültigen, vollzogenen Ehe („Was aber Gott verbunden hat, das darf der Mensch nicht trennen" – Mt 19,6) und die Zuständigkeit der Kirche in Ehefragen resultierten;

➤ die Bevorzugung der *Muntehe* gegenüber allen anderen Geschlechtsverbindungen und der Kampf gegen alle Formen von *Polygamie*;

➤ die Berücksichtigung des Willens der Brautleute, wodurch der Heiratszwang zur bloßen Ehebewilligung abgeschwächt wurde (*consensus facit nuptias*);

➤ die Zulässigkeit formlos geschlossener Ehen, wenn nur der Konsens (*sponsalia de praesenti*) oder ein Verlöbnis mit Vollzug (*sponsalia de futuro* plus *copula carnalis*) vorlagen;

➤ die Entwicklung der Lehre von den *Ehehindernissen* und deren starke Vermehrung und Ausdehnung;

➤ die Ausbildung eines förmlichen *Eheprozesses* (bes Nichtigkeitsverfahren: Nullitätsprozess).

Studienwörterbuch: consensus facit nuptias; Muntehe; Sakrament.

3207 Das **protestantische Eherecht** wies gegenüber der katholischen Variante einige Unterschiede auf (wobei vieles unklar blieb):

➤ Verneinung des Sakramentscharakters, daher Möglichkeit der Ehescheidung;

➤ Ehegesetzgebung und Ehegerichtsbarkeit blieben weitgehend der weltlichen Gewalt überlassen.

➤ Während nach katholischem Verständnis die Ehepartner einander das Ehesakrament spenden und der Seelsorger nur als qualifizierter Zeuge fungiert, ist im protestantischen Eherecht der Pastor konstitutives Trauungsorgan.

3208 Eine neue Sicht der Ehe brachten **Aufklärung und Naturrecht**. Sie sahen die Ehe (nicht nur, sondern auch) als weltlichen/bürgerlichen Vertrag an. Dementsprechend wurden Ehegesetzgebung und Ehegerichtsbarkeit säkularisiert und gingen auf den Staat über.

Übersicht 14: Entwicklung des Eherechts für Katholiken

seit dem Mittelalter:

kirchliche Ehegesetzgebung		kirchliche Trauung
staatliche Ehegesetzgebung	**Ehepatent 1783** **JosGB 1786** **WGGB 1797** **ABGB 1811**	
kirchliche Ehegesetzgebung	**Konkordat 1855**	
staatliche Ehegesetzgebung	**Maigesetze 1868**	Kirchliche Trauung; aber Möglichkeit der Notzivilehe (1870 erweitert)
kirchliche Ehegesetzgebung	**Konkordat 1933**	
staatliche Ehegesetzgebung	**Ehegesetz 1938**	Obligatorische Zivilehe

Sonderfall Burgenland (bis 1921 Teil Ungarns):
– 1895 Obligatorische Zivilehe
– 1934 Fakultative Zivilehe
– 1938 Obligatorische Zivilehe

➢ Auf das Recht der Eheschließung und der Ehescheidung sowie auf die Gestaltung des ehelichen Lebens wurden vertragsrechtliche Gesichtspunkte in Anwendung gebracht, freilich nur in engen Grenzen und gegen den zähen Widerstand tradierter Anschauungen und der Kirche.
➢ In Österreich erfolgte diese Reform va durch JOSEPH II. mit dem *Verlöbnispatent* 1782 und dem *Ehepatent* 1783.
➢ Inhaltlich entsprachen die staatlichen Regelungen jedoch – wenn auch mit einigen nicht unwesentlichen Abweichungen im Detail, so etwa beim Verlöbnis – weitgehend dem konfessionellen Eherecht (Eheschließung in der Kirche, keine Ehescheidung für Katholiken, ua).
➢ Dementsprechend regelte das ABGB das Eherecht für Katholiken, sonstige Christen („Akatholiken") und Juden jeweils getrennt.
➢ Die weitere Entwicklung im 19. und 20. Jh ist gekennzeichnet durch einen *Kampf von Kirche und Staat* um die Gestaltung des Eherechts, aus dem letztlich in diesem Jahrhundert in den meisten europäischen Staaten die weltliche Gewalt als Sieger hervorgegangen ist.
➢ Zur Zeit des Neoabsolutismus (⇨ Rz 1143) setzte das Konkordat 1855 das ABGB-Eherecht für Katholiken außer Kraft und stellte kanonisches Eherecht und kirchliche Gerichtsbarkeit wieder her.
➢ Im Gefolge der Dezemberverfassung 1867 wurde jedoch mit den konfessionellen Maigesetzen 1868 (⇨ 2143) das ABGB-Eherecht wiederhergestellt.
➢ Erneut wurde die kirchliche Ehegesetzgebung und die kirchliche Ehegerichtsbarkeit durch das Konkordat 1933 (⇨ Rz 1314) wieder eingeführt (bis 1938).

3209 Seit dem 1. 8. 1938 gilt in Österreich das reichsdeutsche *Gesetz zur Vereinheitlichung des Rechts der Eheschließung und der Ehescheidung im Lande Österreich und im übrigen Reichsgebiet* (**Ehegesetz**). Für die persönlichen Rechtswirkungen der Ehe und für das eheliche Güterrecht blieben weiterhin die Bestimmungen des ABGB maßgebend.

➢ Das von der nationalsozialistischen Reichsregierung erlassene Ehegesetz (⇨ Rz 1461) brachte insbesondere den Grundsatz der obligatorischen Zivilehe und die Möglichkeit der Ehescheidung auch für Katholiken, war also ausgesprochen antiklerikal. 1945 wurden zwar einige typisch nationalsozialistische Bestimmungen (zB Verbot der „blutsverschiedenen Ehe"), nicht aber die vorhin genannten, beseitigt.
➢ Tiefgreifende Novellierungen des österreichischen Eherechts erfolgten dann insbesondere zur Zeit der SPÖ-Alleinregierung 1970–83 (Gleichstellung der Ehegatten, einvernehmliche Scheidung ua).

Studienwörterbuch: Ehegesetz 1938.

C Eheschließung

1. Verlöbnis

3210 Der Eheschließung konnte/kann ein Verlöbnis vorangehen, also das gegenseitige Versprechen, einander in Zukunft zu heiraten. Insofern die Eheschließung selbst ein Vertrag ist, stellt das Verlöbnis einen **Vorvertrag** dar.

> Es war (meist) ein formgebundener Akt, mit dem auch manche bei Eheschließung üblichen Formalitäten (Ringtausch oä) verbunden waren.

> Er wurde häufig von den jeweiligen Sippen/dem Muntwalt für die Kinder/Jugendlichen geschlossen, oft aus politischen Erwägungen (sog „Kinderehen", eigentlich Kinderverlöbnisse).

> Die eigentliche Eheschließung folgte oft Jahre später bei Eintritt der Geschlechtsreife, was die große Bedeutung des Beilagers für die Eheschließung und für den Eintritt der Ehewirkungen (bes des ehelichen Güterrechts) erklärt.

> Bruch des Eheversprechens konnte zu Fehde, Buße oä, Verpflichtung zur Leistung von Schadenersatz/Konventionalstrafe führen.

3211 Das **kanonische Recht** hat im Eheversprechen (den *sponsalia de futuro*) gleichsam eine bereits „angefangene Ehe" gesehen und ihm große Bindungskraft beigelegt, allerdings den Willen der Brautleute gegenüber jenem des Muntwalts stärker berücksichtigt.

> Die Verlöbnisfähigkeit wurde mit dem vollendeten 12. (oder 14.) Lebensjahr festgelegt.

> Nach der *copula*-Theorie gingen Verlöbnisse durch Geschlechtsverkehr (*copula carnalis*) zwischen den Verlobten in eine vollgültige Ehe über. Folge: geheime Ehen (*matrimonia clandestina, matrimonia secreta*).

> Bruch des Eheversprechens konnte ausnahmsweise sogar zur Zwangstrauung führen, idR jedoch zu Beugehaft, Konventionalstrafe und/oder Schadenersatz.

Studienwörterbuch: Verlöbnis.

3212 Das **Naturrecht** und die **Aufklärung** lehnten die Bindungskraft von Verlöbnissen wegen der Beschränkung der persönlichen Freiheit und wegen des „volkswirtschaftlichen" Schadens durch erzwungene Ehen ab.

> Besonders radikal JOSEPH II. im Verlöbnispatent 1782, wonach dem Verlöbnis keinerlei Rechtswirkungen zukommen sollten.

> Das ABGB schwächt diese Lösung etwas ab: keine Bindung zur Eingehung der Ehe, aber uU Schadenersatzansprüche jenes Teils, von dessen Seite keine gegründete Ursache zum Rücktritt vom Verlöbnis entstanden ist, für konkrete Aufwendungen im Hinblick auf die Ehe (zB Kauf des Brautkleides).

2. Eheschließungsform

3213 Der Rechtsakt der Eheschließung bedarf wegen seiner weit reichenden Bedeutung für die Partner und für Dritte (Kinder, Gläubiger, Allgemeinheit) einer **publizitätswirksamen Form**. Diese bildete – von Ausnahmen abgesehen – ein konstitutives Element der Eheschließung. In Mitteleuropa entwickelten sich im Wesentlichen drei Typen:

- ➢ das (vorkanonische) germanische Eheschließungsrecht;
- ➢ das kirchliche, insbesondere kanonische Eheschließungsrecht;
- ➢ die neuzeitliche moderne Zivilehe.

3214 Im **älteren Recht** war die Eheschließung idR ein feierlicher Akt unter Zuziehung der Sippe, vor Zeugen und unter Verwendung symbolischer Handlungen (Brautlauf, Ringtausch, Schoßsetzung oä).

- ➢ Selbstmündige Brautleute handelten dabei wohl selbst, andere wurden vom jeweiligen Muntwalt in die Ehe gegeben.
- ➢ Die Ehewirkungen, besonders jene ehegüterrechtlicher Art, traten meist erst mit dem Vollzug der Ehe (dem Beilager) ein. Nach manchen Rechten genügte eine symbolische Handlung (Setzen des Fußes auf das Bett), die aber in der Öffentlichkeit erfolgen musste.

3215 Das **kanonische Recht** war ebenfalls an der öffentlichen Bekundung des Ehewillens interessiert. Die älteren vorkirchlichen Eheschließungsformen blieben daher meist erhalten, wurden aber zunehmend durch kirchliche ergänzt und/oder im kirchenrechtlichen Sinne umgestaltet (Brautmesse, Trauung vor/in der Kirche; Beteiligung des Pfarrers uä).

- ➢ Im Kampf gegen den Heiratszwang ließ die Kirche uU auch formlos begründete Ehen zu: *nudus consensus facit nuptias*.
- ➢ Die daraus resultierenden Missstände (geheime Ehen, Bigamie, uneheliche Kinder etc.) konnten erst nach mühevollen Reformanläufen auf dem Konzil von Trient durch das *Decretum tametsi* von 1563 halbwegs beseitigt werden: Eheschließung vor dem zuständigen Pfarrer eines der beiden Brautleute (*parochus proprius*) und vor zwei tauglichen Zeugen. Außerdem wurde die Führung von Trauungsbüchern vorgeschrieben.
- ➢ Die bevorstehende Eheschließung musste öffentlich an drei aufeinander folgenden Sonntagsmessen verkündet werden, um öffentlich bekannte Ehehindernisse aufzudecken (Aufgebot).
- ➢ Die Eheschließung konnte unter aufschiebender oder auflösender Bedingung erfolgen (wobei bis zu deren Eintritt ein Geschlechtsverkehr unzulässig war), was die Grenze zwischen Verlöbnis und Eheschließung verwischte. So heiratete Ks MAXIMILIAN I. 1515 die Tochter des böhmisch-ungarischen Königs unter der auflösenden Bedingung, dass diese Ehe nichtig sei, wenn seine Braut innerhalb eines Jahres einen seiner beiden Enkelsöhne heirate (was schließlich durch den Enkel, nachmals Ks FERDI-

NAND I. erfolgte und die Grundlage für den habsburgischen Erwerb Böhmens und Ungarns gab, ⇨ Rz 1115).

➢ Die tridentinische Eheschließungsform setzte sich im Laufe der Neuzeit nur allmählich durch (allgemein erst 1907), beeinflusste aber auch das protestantische Eheschließungsrecht, das noch länger an der Formfreiheit festgehalten hatte.

Studienwörterbuch: Decretum tametsi.

3216 Unter dem Einfluss von Glaubensspaltung und Aufklärung wurde die Eheschließung zu einem weltlichen Akt umfunktioniert. Von **obligatorischer Zivilehe** wird gesprochen, wenn der Staat nur die vor einer Zivilbehörde abgeschlossene Ehe als gültig anerkennt, von **fakultativer Zivilehe**, wenn nicht nur Zivilehen, sondern auch rein konfessionell abgeschlossenen Ehen die bürgerlichen Rechtswirkungen zukommen.

➢ Ansätze dazu finden sich zunächst in den konfessionell zersplitterten Niederlanden und in England vorübergehend unter CROMWELL (1653–1660; ⇨ Rz 1121).

➢ Der Grundsatz der obligatorischen Zivilehe wurde 1791 in Frankreich, 1875 im Deutschen Reich, 1895 in Ungarn eingeführt; der Grundsatz der fakultativen Zivilehe besteht noch heute zB in Polen und Italien.

➢ Da im Burgenland nach 1921 das ungarische Eherecht (mit obligatorischer Zivilehe) fortgalt, 1934 infolge des Konkordats aber auch der konfessionellen Eheschließung volle Rechtswirkungen zuerkannt wurden, galt hier 1934–1938 der Grundsatz der fakultativen Zivilehe.

Studienwörterbuch: Zivilehe.

3217 Österreich behielt zunächst auch unter JOSEPH II. und nach dem ABGB die **konfessionelle Eheschließungsform** bei, doch erschien seit 1783 der jeweilige Seelsorger funktionell als staatliches Trauungsorgan. Eine weltliche Eheschließungsform kam erst nach der Gewährung der Glaubens- und Gewissensfreiheit im StGG-ARStB 1867 zur Anwendung, und zwar in zwei Fällen:

➢ wenn der Geistliche aus einem gesetzlichen nicht anerkannten Grund die Eheschließung verweigert: *relative Notzivilehe* (seit 1868);

➢ bei Eheschließungen von Personen, die sich zu keiner Religion bekannten oder einer gesetzlich nicht anerkannten Religionsgemeinschaft angehörten: *absolute Notzivilehe* (seit 1870).

3218 Die obligatorische Zivilehe gilt in Österreich seit dem **Ehegesetz 1938**.

➢ Danach kommt eine Ehe nur zustande, wenn sie vor einem Standesbeamten geschlossen und von diesem ins Familienbuch eingetragen wird.

➢ Die Brautleute müssen persönlich (also keine Stellvertretung, wie sie noch nach kanonischem Recht und ABGB möglich war) und gleichzeitig anwesend sein; Bedingungen sind unzulässig.

> Ein Aufgebot war im EheG noch vorgesehen, wurde aber 1983 beseitigt.

3. Ehehindernisse

3219 Ehehindernisse sind **Mängel**, die einer Eheschließung entgegenstehen. Die Lehre von den Ehehindernissen ist im Wesentlichen vom kanonischen Recht entwickelt worden. Danach sind zu unterscheiden:

> *trennende Ehehindernisse* (etwa Bigamie, Blutsverwandtschaft in gerader Linie): sie machen die Ehe ungültig (nichtig = vernichtbar!); und (schlichte) *Trauungsverbote* (wie etwa im modernen Recht die Ehemündigkeit): sie verbieten dem Trauungsorgan, die Eheschließung vorzunehmen, berühren aber nicht die Gültigkeit der Ehe;

> *Formmängel* (nicht vor Standesbeamten); *Willensmängel* (Irrtum, Furcht); Fehlen der *Ehefähigkeit*; Mangel der *Zustimmung* eines dazu berufenen Dritten u.ä.;

> *öffentliche*, welche die Interessen der Allgemeinheit berühren (zB Staatsangehörigkeitsehe); und *private*, welche die Interessen der Brautleute und/oder ihrer Familien berühren (zB Irrtum);

> *dispensable*, welche durch eine Sondergenehmigung (Dispens) „beseitigt" werden können (zB früher Schwägerschaft); und indispensable, von denen keine Ausnahme gewährt werden kann (zB Blutsverwandtschaft in gerader Linie);

> *heilbare*, wenn die ursprünglich fehlerhafte Ehe nachträglich mit Wirkung *ex tunc* geheilt werden kann (etwa durch nachträgliche Dispens oder durch ein entsprechendes Verhalten/eine entsprechende Erklärung des betroffenen Partners); und *unheilbare*, wenn diese *sanatio in radice* nicht möglich ist.

> Der neuzeitliche Staat hat die meisten der vom Kirchenrecht entwickelten Ehehindernisse zunächst im Wesentlichen übernommen, einige Hindernisse weltlicher Art aus ordnungspolitischen Gesichtspunkten hinzugefügt (va den politischen Ehekonsens = Zustimmung der politischen Behörde zB bei Waisen). In letzter Zeit allerdings sind Zahl und Umfang der Ehehindernisse im weltlichen Recht drastisch reduziert worden, was auch mit der Einführung der Ehescheidung zusammenhängt (⇨ Rz 3225).

Studienwörterbuch: Ehehindernisse; Heilung.

3220 Blutsverwandtschaft in gerader Linie war und ist ein indispensables und unheilbares Ehehindernis. Dessen Ausdehnung in der Seitenlinie schwankte:

> In älterer Zeit war wohl nur die Geschwisterehe verboten.

> Das kanonische Recht hat das Hindernis nach und nach bis zum 7. Grad (kanonischer Zählung!) ausgedehnt, wenn auch mit Dispensmöglichkeiten.

> Nach ABGB umfasste das Hindernis: Geschwister; Ehen mit Onkel/Tante, mit Cousin/Cousine.

> Nach § 6 EheG besteht das Hindernis in der Seitenlinie nur bei voll- und halbbürtigen Geschwistern, ohne Rücksicht darauf, ob die Verwandtschaft auf ehelicher oder unehelicher Geburt beruht.

3221 Das Ehehindernis der **Schwägerschaft** (*affinitas*) ist vom kanonischen Recht im Umfang vielfach wie die Blutsverwandtschaft behandelt worden, allerdings mit Dispensmöglichkeit.

> Schwägerschaft ist die rechtliche Beziehung eines Ehegatten zu den Verwandten des anderen Ehegatten, also zu den Schwiegereltern, Schwager (Schwägerin), aber auch zu Kindern des Gatten aus einer anderen Ehe (Stiefkindern).

> Wie die Schwägerschaft sind oft auch behandelt worden: die durch Verlöbnis begründete *quasi affinitas*; die durch außerehelichen Geschlechtsverkehr begründete *affinitas illegitima*; die durch Adoption begründete *affinitas legalis*; das Verhältnis der Verwandten des einen Ehegatten zu den Verwandten des anderen Ehegatten (*affinitas secundi generis*) usw.

> Das weltliche Recht hat diese – oft weit überzogene – Ausdehnung des Ehehindernisses sukzessive abgebaut. Nach EheG bestand es nur mehr in gerader Linie (also mit Schwiegereltern oder Stiefkindern); seit 1983 ist es überhaupt beseitigt.

3222 Die Ehegatten müssen ferner **ehegeschäftsfähig** und **ehemündig** sein. Sind sie noch minderjährig, bedürfen sie der Zustimmung ihres gesetzlichen Vertreters.

> Die Ehegeschäftsfähigkeit ist nach hL, soweit keine geistige Behinderung vorliegt, bereits ab dem 7. Lebensjahr gegeben.

> Darüber hinaus verlangt das Eherecht jedoch die Ehemündigkeit. Sie beträgt seit 2001 sowohl für Mann als auch Frau einheitlich 18 Jahre.

> In Einzelfällen kann das Gericht Personen bereits mit vollendetem 16. Lebensjahr für ehemündig erklären. Nur für diesen Fall ist heute noch die Zustimmung des gesetzlichen Vertreters praktisch bedeutsam.

3223 Als **weitere Ehehindernisse**, die heute noch bestehen, sind zu nennen: Die *Doppelehe* (Bigamie, § 8 EheG), Ehen mit *Adoptivkindern* und deren Nachkommen, solange das Adoptivverhältnis besteht (§ 10 EheG) sowie *Namen- und Staatsbürgerschaftsehen* (Ehen, die lediglich zum Zweck des Erwerbs von Namen oder Staatsbürgerschaft des anderen geschlossen werden, 23 EheG).

> In seiner ursprünglichen Fassung (1938!) enthielt das EheG auch noch das Ehehindernis der *Blutsverschiedenheit* (v.a. Ehen zwischen „Ariern" und Juden) und der mangelnden Ehetauglichkeit (Verstoß gegen die Vorschriften über die „Volksgesundheit"). Diese Bestimmungen wurden 1945 aufgehoben.

> Bis 1983 bestand auch das Ehehindernis des *Ehebruchs*: Demnach durfte man jene Person nicht heiraten, mit der man eine vorhergehende Ehe gebrochen hatte.

➤ (Nur) das kanonische Recht kennt heute noch die Ehehindernisse der Unfähigkeit zum Beischlaf (*Impotenz*); der *Religionsverschiedenheit*; der *Priesterweihe* bzw bei Ordensangehörigen des Keuschheitsgelübdes; des *Gattenmordes* (= Ermordung des Gatten, um eine neue Ehe eingehen zu können).

D Eheauflösung

1. Allgemeines

3224 Abgesehen vom Tod des Ehegatten, uU der Todeserklärung (Wiederverheiratung), wird eine Ehe **aufgelöst** durch *Nichtigerklärung, Aufhebung* oder *Scheidung*. Schematisch gilt folgendes:

➤ Nichtigerklärung ist Auflösung einer Ehe aus Gründen, die *bei* Eheabschluss vorlagen, mit Wirkung *ex tunc*.

➤ Aufhebung ist Auflösung einer Ehe aus Gründen, die *bei* Eheabschluss vorlagen, mit Wirkung *ex nunc*.

➤ Scheidung ist Auflösung einer Ehe aus Gründen, die *nach* Eheabschluss auftraten, mit Wirkung *ex nunc*.

➤ In allen Fällen erfolgt Lösung der Ehe nach einem besonderen Verfahren durch gerichtliches Urteil. „Private" Scheidebriefe oder Verstoßung eines Ehegatten durch den anderen, wie sie im älteren Recht und im jüdischen Recht vorkamen, sind dem modernen staatlichen Recht fremd.

Studienwörterbuch: Nichtehe; Nichtigerklärung der Ehe.

3225 Die **Bedeutung** der diversen Typen der Eheauflösung im Verhältnis zueinander hat eine starke Verschiebung erfahren.

➤ In einer Rechtsordnung, die keine Scheidung kennt, wie im kanonischen Recht, kommt den Nichtigkeitsgründen für die Eheauflösung erhöhter Stellenwert zu. Dementsprechend sind die zur Nichtigkeit der Ehe führenden Ehehindernisse nach Zahl und Umfang sehr weit gezogen und wurden durch den *Codex Iuris Canonici* 1983 noch weiter vermehrt.

➤ Im modernen staatlichen Recht überwiegt bei weitem die Zahl der Scheidungen. Nichtigkeits- und Aufhebungsgründe spielen demgegenüber zahlenmäßig nur eine untergeordnete Rolle (in Österreich ca 1 %).

2. Nichtigerklärung und Aufhebung

3226 Eine **nichtige Ehe** ist – entgegen dem allgemeinen Sprachgebrauch – keine Nicht-Ehe, sondern eine zwar fehlerhafte, aber bis zu ihrer Nichtigerklärung vollwirksame Ehe. Die Nichtigerklärung beseitigt die Ehe rückwirkend (*ex tunc*) auf den Zeitpunkt ihrer Schließung.

➤ Die Rechtsfigur der Nichtigkeit und der entsprechende Prozess (Nullitätsprozess) sind im kanonischen Recht entwickelt worden.

> Nichtigkeitsgründe waren alle jene trennenden Ehehindernisse, von denen nicht dispensiert werden konnte oder von denen nicht dispensiert worden war und bei denen auch keine Heilung (*sanatio*) eingetreten war.
> Vermögensrechtlich werden die Ehegatten idR so gestellt, als ob sie ledig geblieben wären.
> Kinder galten je nach Schwere des Nichtigkeitsgrundes entweder als ehelich oder (zB bei Bigamie) als unehelich.

3227 Das moderne staatliche Recht kennt nur mehr wenige und taxativ aufgezählte **Nichtigkeitsgründe**. Bei ihnen allen geht es um die Verletzung öffentlicher Interessen. Kinder aus nichtigen Ehen sind heute stets ehelich. An Nichtigkeitsgründen sind zu nennen:

> Mangel der *Eheschließungsform* (§ 21 EheG): heilbar;
> Mangel der *Geschäfts- oder Urteilsfähigkeit* (§ 22 EheG): heilbar;
> Namensehe und Staatsbürgerschaftsehe (§ 23 EheG): heilbar;
> *Doppelehe* (Bigamie, § 24 EheG): nicht heilbar;
> *Verwandtschaft* (§ 25 EheG): nicht heilbar.

3228 Aufhebung ist die Lösung einer Ehe durch gerichtliches Urteil aus Gründen, die bei Eheschließung vorlagen, mit Wirkung *ex nunc*. Diese Auflösungsform ist erst durch das EheG 1938 geschaffen worden; bis dahin hatten jene Gründe, die heute zu einer Aufhebung führen können, die Nichtigkeit der Ehe zur Folge.

> Zweck der Regelung war, dass man die Rückwirkung der Auflösung vermeiden wollte, wenn die Fehlerhaftigkeit auf Gründen beruhte, die nicht (oder nicht überwiegend) öffentliche Interessen berührten Dementsprechend sind Aufhebungsgründe überwiegend die einstigen Privathindernisse (*impedimenta privata*; alle heilbar).
> Die Wirkungen der Aufhebung entsprechen im Wesentlichen jenen der Scheidung. Klageberechtigt ist der jeweils betroffene Ehegatte. Die Aufhebung ist ausgeschlossen, wenn dieser zu erkennen gegeben hat, dass er – trotz Kenntnis des Aufhebungsgrundes – die Ehe fortsetzen will (Heilung rückwirkend = *sanatio in radice*).

3229 Das EheG kennt folgende **Aufhebungsgründe**:

> *Irrtum* über die Bedeutung des Eheschließungsaktes, über die Bedeutung der Erklärung, über die Person des anderen Ehegatten (§ 36);
> *Irrtum* über die Person des anderen Ehegatten betreffenden Umstände (§ 37);
> arglistige *Täuschung* – aber nicht über Vermögensverhältnisse (§ 38);
> *Drohung* (§ 39);
> *Mangel der Einwilligung* des gesetzlichen Vertreters (§ 35);
> Rückkehr des *irrtümlich für tot erklärten* Ehegatten (§ 44).

3. Scheidung

3230 **Scheidung** ist Eheauflösung aus Gründen, die nach Eheabschluss aufgetreten sind mit Wirkung *ex nunc*. Sie war im älteren germanischen Recht durchaus möglich, konnte aber Fehde der beleidigten Sippe auslösen und/oder zur Bußzahlung verpflichten. Dem katholischen Kirchenrecht war und ist wegen des sakramentalen Charakters der gültigen und vollzogenen Ehe (*matrimonium ratum et consummatum*) eine Scheidung fremd.

➢ Allerdings entwickelte sich in der Neuzeit eine Trennung von Tisch und Bett (*separatio quoad torum et mensam*), welche die eheliche Lebensgemeinschaft aufhob, das Eheband aber bestehen ließ und (somit) eine Wiederverheiratung ausschloss.

➢ Als Gründe kamen insbesondere in Betracht: Ehebruch, Lebensnachstellung, böswilliges Verlassen (*desertio*), Verurteilung zu langjähriger Freiheitsstrafe (*quasi desertio*), Kindesunterschiebung oä.

➢ Im Gegensatz dazu tendierte das protestantische Eherecht zur Zulässigkeit der Scheidung, wenn auch erst nach längerer Rechtsunsicherheit, wobei die Gründe, das Verfahren und die Wirkungen nicht immer klar waren. Doch setzte sich unter naturrechtlichem Einfluss volle Scheidung (*divortium totale*) durch. Daneben wurde auch die Lehre von der Trennung von Tisch und Bett fortentwickelt.

3231 Dem **Naturrecht** erschien die Ehe als durch (Familien-)Vertrag begründete Gesellschaft (*societas*), die mit dem Willen der Gesellschafter wieder gelöst werden könne. Diese Vorstellungen wirkten auf das freie Scheidungsrecht der Französischen Revolution ein und dann auch auf das – etwas weniger – freie Scheidungsrecht des Code civil. Sie bestimmten aber auch die Entwicklung des Ehelösungsrechts in Österreich seit/durch Joseph II. – freilich nur für Akatholiken. Für diese sah das ABGB – in Anlehnung an das Ehepatent 1783 und das JosGB 1787 – vor:

➢ *Scheidung* (damals Trennung genannt) dem Bande nach für Akatholiken;

➢ *Trennung von Tisch und Bett* (damals Scheidung genannt) für Angehörige aller Konfessionen.

➢ Beide konnten einverständlich oder durch Antrag eines Ehegatten erfolgen.

3232 Während Deutschland bereits 1875 und Ungarn 1895 die Scheidung dem Bande nach auch für Katholiken zuließ, war in Österreich Katholiken die Scheidung dem Bande nach bis 1938 verwehrt. Doch entwickelten sich zahlreiche Methoden, die auch ihnen die **Möglichkeit einer Wiederverheiratung** eröffnen sollte.

> So etwa durch Annahme einer anderen Staatsbürgerschaft, um im Ausland Scheidung und neue Eheschließung vorzunehmen (sog *Siebenbürgische* und *Ungarische Ehen*).

> Da die politische Landesbehörde nach § 83 ABGB das Recht hatte, von bestehenden Ehehindernissen zu dispensieren, ohne dass dies näher bestimmt war, kam es in der Monarchie zu vereinzelten Fällen, wo von Tisch und Bett getrennt lebenden Personen die „Dispens vom Ehehindernis des bestehenden Ehebandes" (!) erteilt wurde.

> Nach dem 1. WK entwickelte sich die Praxis dieser Dispensehen unter dem sozialdemokratischen Landeshauptmann von Niederösterreich ALBERT SEVER zu einem Massenphänomen (daher auch als „SEVER-Ehen" bezeichnet), auf das die Höchstgerichte (OGH, VfGH und VwGH) unterschiedlich reagierten, was zu großer Rechtsunsicherheit führte.

Studienwörterbuch: Siebenbürgische Ehen.

3233 Die allgemeine Einführung der Ehescheidung, unabhängig von der Konfession, erfolgte in Österreich erst durch das **Ehegesetz 1938**. Dieses ging noch ganz vom Verschuldensprinzip aus.

> Das Ehegesetz 1938 ging von der Vorstellung aus, dass ein Ehepartner das Scheitern der Ehe verschuldet habe (Ehebruch, Verweigerung der Fortpflanzung ua). Der andere Ehepartner könne daher eine auf Scheidung der Ehe gerichtete Klage erheben.

> Eine Scheidung ohne Verschulden eines Teils kam nur bei geistiger Störung, Geisteskrankheit, ansteckender oder ekel erregender Krankheit in Betracht (§§ 50–54 EheG).

> Ohne Rücksicht auf Verschulden wurde die Ehezerrüttung als Scheidungsgrund anerkannt, wenn die *häusliche Gemeinschaft seit drei Jahren aufgehoben* war; doch erhielt derjenige Ehepartner, den an der Zerrüttung der Ehe keine Schuld traf, ein Widerspruchsrecht (§ 55 EheG).

> Auch in diesen Fällen musste das Scheidungsverfahren durch Klage eingeleitet werden; eine einvernehmliche Scheidung war nicht möglich; die Trennung von Tisch und Bett wurde abgeschafft.

3234 Die Eherechtsreformen 1978 und 1999 betonten demgegenüber immer stärker das **Zerrüttungsprizip** gegenüber dem Verschuldensprinzip.

> 1978 wurde die Möglichkeit einer *Scheidung nach sechs Jahren Aufhebung* der häuslichen Gemeinschaft ohne Widerspruchsrecht (§ 55 Abs 3 EheG) und darüber hinaus

> die *Scheidung im Einvernehmen* unter folgenden Voraussetzungen geschaffen: Aufhebung der ehelichen Lebensgemeinschaft seit mindestens einem halben Jahr; gemeinsamer Scheidungsantrag; Einigung über die wesentlichen Scheidungsfolgen usw (§ 55a EheG).

> Die Scheidung im Einvernehmen ist heute die bei weitem (ca 80 %) häufigste Form der Ehescheidung.

> 1999 wurden die bisherigen absoluten Ehescheidungsgründe (Ehebruch, Verweigerung der Fortpflanzung) zu *relativen Gründen*, dh sie müssen ehezerrüttend gewirkt haben.

➤ Frner ist nunmehr uU ein verschuldensunabhängiger Unterhaltsanspruch möglich.

Studienwörterbuch: Einvernehmliche Scheidung.

E Ehewirkungen

1. Persönliche

3235 Die Gestaltung der ehelichen Lebensgemeinschaft war im Laufe der Entwicklung starken Schwankungen unterworfen. Das Ehebild der Redaktoren des ABGB war die **patriarchalische Hausfrauenehe** mit dem Ehemann als Haupt der Familie. Er vertrat die Familie/die Ehefrau nach außen und leitete sie im Inneren. Er ist allerdings auch für den Erwerb in erster Linie verantwortlich, zu dem die Frau meist in Form des ehelichen Güterrechts (zB Heiratsgut) beitrug.

➤ Dieses Familienbild war besonders in bürgerlichen Kreisen verbreitet, entsprach aber etwa im Adel, im bäuerlichen Bereich und in den niederen Bevölkerungsschichten (seit dem 19. Jh bes auch nicht in der Arbeiterschaft) der Wirklichkeit.

➤ Allerdings waren die persönlichen Ehewirkungen nicht bei allen Ehen gleich. Bei standesungleichen (sog morganatischen) Ehen waren bestimmte Wirkungen (Namen-, Standes-, Wappenfolge, Thronfolge der Kinder oä) ausgeschlossen oder abgeschwächt (so noch 1900 die Ehe zwischen dem österreichischen Thronfolger Franz Ferdinand und Gräfin Sophie Chotek).

3236 Die dominierende Stellung des Mannes in der Ehe bestand in einer Leitungsgewalt und Vertretungsmacht, die in älterer Zeit als **eheherrliche Munt**, in der Neuzeit als *ehemännliche Vormundschaft* erschien.

➤ Sie war durch Sitte und Billigkeit bestimmt und auch beschränkt, umfasste jedoch Entscheidungen über die Art und Gestaltung der gemeinsamen Lebensführung. Im Zweifelsfall kam stets dem Mann die letzte Entscheidung zu.

➤ Der Mann konnte Berufs- und Erwerbstätigkeit der Frau bestimmen, konnte sie zur Tätigkeit im gemeinsamen Haushalt und/oder Geschäft anhalten.

➤ Er bestimmte den Wohnsitz und verwaltete im Rahmen des ehelichen Güterrechts kraft Gewere zu rechter Vormundschaft (meist mehr oder weniger frei) das Frauengut, soweit es nicht ausdrücklich der Frau zur freien Verfügung überlassen war (wie etwa bei der Morgengabe).

➤ Von standesungleichen Ehen abgesehen, teilte die Frau Namen, Stand, Staatsbürgerschaft des Mannes.

> Umgekehrt traf den Mann ausschließlich oder vorwiegend die Unterhaltspflicht für die Frau und die Familie.

> Eine Folge davon war die *Schlüsselgewalt*: Führte die Frau den Haushalt, so verpflichtete sie bei Geschäften im Rahmen der Haushaltsführung ausschließlich oder doch primär ihren Ehemann.

3237 Schon im 19. Jh, dann nach dem 1. WK, vor allem aber seit der Mitte des 20. Jh, machte sich ein tief greifender Wandel bemerkbar. Die Entwicklung ging von der patriarchalischen Hausfrauenehe zur **Partnerschaftsehe**, in der sich gleichberechtigte Partner auf Grund freier Willensentscheidungen zu einem gemeinsamen Leben unter Wahrung der jeweiligen Eigenständigkeit verbinden. Reformen in diesem Sinne waren praktisch in ganz Europa im Gange, in den westlichen ebenso wie – wenn auch aus anderen Erwägungen – in den sozialistischen Staaten. In Österreich sind die persönlichen Ehewirkungen unter dem Gesichtspunkt der Gleichberechtigung der Ehepartner vor allem seit der Mitte der 1970er Jahre grundlegend umgestaltet worden:

> Seit 1975 gelten prinzipiell für beide Ehegatten gleiche Rechte und Pflichten („Gleichheitsgrundsatz im Eherecht"; § 89 ABGB).

> Dementsprechend wurden sämtliche persönliche Rechtswirkungen, wie zB die Schlüsselgewalt, geschlechtsneutral formuliert. Letztere kommt heute allgemein jenem Gatten zu, der den Haushalt führt und keine eigenen Einkünfte hat.

> Das Recht des Ehenamens wurde mehrfach novelliert und zuletzt 1995 völlig liberalisiert: Die Gatten können einen gemeinsamen Namen oder jeder seinen eigenen führen; im Fall eines gemeinsamen Namens kann der andere Gatte seinen bisherigen Namen unter Setzung eines Bindestrichs voran- oder nachstellen.

Studienwörterbuch: Schlüsselgewalt.

2. Güterrechtliche

3238 Güterrecht ist die Summe der Normen, welche die **vermögensrechtlichen Beziehungen** der Ehegatten (grundsätzlich) regeln, und zwar während der Ehe wie bei Auflösung der Ehe.

> Es beruht entweder auf Vertrag (Ehevertrag, Ehepakt) oder Gesetz/Gewohnheitsrecht.

> IdR herrscht Vertragsfreiheit, doch regeln die Kodifikationen meist einen Güterstand, der dann Platz greift, wenn die Parteien keine Vereinbarung getroffen haben (sog gesetzlicher Güterstand). Dies war in Österreich bis 1978 die verschämte Verwaltungsgemeinschaft, seitdem die reine Gütertrennung.

> Ehepakte sind idR formbedürftig (Schriftlichkeit, Notariatsakt) und können von Verlobten unter der Bedingung nachfolgender Ehe oder von Verheirateten geschlossen werden.

➢ In ihrer Entwicklung war die Materie durch eine ungeheure Rechtszersplitterung in territorialer und ständischer Hinsicht gekennzeichnet. Während im bäuerlichen Milieu eher der Güterstand der Gütergemeinschaft vorherrschte, wählte der Adel zumeist die Form der Gütertrennung und ergänzte diese durch ein kompliziertes System an Heiratsgaben.

3239 **Gütergemeinschaft** ist jener Güterstand, der das Vermögen der Ehegatten oder bestimmte Teile davon zu einem Gesamtgut (Gesamthandseigentum, ⇨ Rz 3426) zusammenfasst. Man unterscheidet:

➢ die *allgemeine Gütergemeinschaft*, welche das gesamte gegenwärtige und zukünftige Vermögen der beiden Gatten umfasst;

➢ die *Errungenschaftsgemeinschaft*, welche (nur) das in der Ehe (von einem oder von beiden Ehegatten) erworbene Vermögen umfasst, und zwar Liegenschaften wie Fahrnis;

➢ die *Fahrnisgemeinschaft*, welche die bei Eheschließung vorhandene Fahrnis jedes der beiden Ehegatten sowie die Errungenschaft umfasst (daher – entgegen ihrem Namen – auch in der Ehe erworbene Liegenschaften enthalten kann);

➢ die *Gütergemeinschaft auf den Todesfall*, welche ihre Wirkungen erst bei Tod eines Ehegatten entfaltet (ABGB § 1234).

Studienwörterbuch: Errungenschaftsgemeinschaft; Gütergemeinschaft; Gütergemeinschaft auf den Todesfall.

3240 Die verschiedenen Arten der Gütergemeinschaft kamen in älterer Zeit häufig vor und griffen oft zwangsweise Platz, wenn in der Ehe ein Kind geboren wurde: *Kinderzeugen bricht Ehestiftung*. Das **ABGB** allerdings stand der Gütergemeinschaft, besonders der allgemeinen, wegen zu weitgehender Bindung des individuellen Eigentums ablehnend gegenüber.

➢ Es regelt nur die (praktisch kaum vorkommende) Gütergemeinschaft auf den Todesfall und erschwert die Bildung anderer Gütergemeinschaftsformen durch entgegenstehende Vermutungen (§§ 1233 f, 1177 f ABGB; aA BRAUNEDER, wonach dies erst aufgrund einer Fehlinterpretation des ABGB durch die exegetische Schule erfolgt sei).

➢ Vertragliche Begründung ist möglich, kommt auch in der Praxis besonders im bäuerlichen Bereich als allgemeine Gütergemeinschaft vor.

3241 **Gütertrennung** ist jener Güterstand, bei welchem jeder der Ehegatten Eigentümer seines Vermögens bleibt. Das schloss nicht aus, dass der Ehemann neben seinem eigenen Vemögen auch das Vermögen seiner Ehefrau verwaltete, uU nutzte (sog *Verwaltungsgemeinschaft*).

➢ Obwohl das ABGB als gesetzlichen Güterstand wohl eine reine Gütertrennung beabsichtigt hatte, wurden seine Bestimmungen bereits seit der Exegetik im Sinne einer Verwaltungsgemeinschaft interpretiert, wobei jedoch die Ehefrau die Möglichkeit haben sollte, der Verwaltung durch den Mann zu widersprechen (sog *verschämte Verwaltungsgemeinschaft*).

> Ergänzt wurde dieser Güterstand im Sinne der patriarchalischen Eheauffassung durch die (widerlegbare) Vermutung, dass der Erwerb in der Ehe im Zweifel vom Manne herrühre: *praesumptio Muciana*.

Studienwörterbuch: Gütertrennung; praesumptio Muciana; Verwaltungsgemeinschaft.

3242 Da dieser Güterstand dem Gleichheitsgrundsatz im Eherecht widersprach, wurde er in Österreich 1978 beseitigt. Seither gilt – vorbehaltlich einer etwaigen anders lautenden Vereinbarung – **reine Gütertrennung** ohne Verwaltungsvermutung und ohne *praesumptio Muciana* nach folgendem Grundsatz:

> Bei Auflösung der Ehe unter Lebenden werden das eheliche Gebrauchsvermögen und die ehelichen Ersparnisse nach Billigkeit geteilt (§§ 81–98 EheG).

> Eine andere Lösung wählte 1958 die BRD in Form der *Zugewinngemeinschaft*. Danach besteht während aufrechter Ehe Gütertrennung, nach Auflösung wird jeder Ehegatte am Zugewinn des anderen durch einen schuldrechtlichen Ausgleichsanspruch beteiligt.

Studienwörterbuch: Zugewinngemeinschaft.

3243 Das System der Gütertrennung findet seine Ergänzung in einem System von vielfältigen **Heiratsgaben**. Sie dienten der Sicherung des ehelichen Aufwandes und/oder der Versorgung des überlebenden Gatten (bes der Witwe), waren aber häufig umfangmäßig begrenzt. Durch die Entwicklung des Ehegattenerbrechts und das moderne Sozialrecht haben sie ihre bedeutende wirtschaftlich-soziale Funktion weitgehend eingebüßt.

> Die bedeutendste Heiratsgabe war das *Heiratsgut* (*Mitgift, dos*), die Gabe von der Frauenseite an den Mann. Sie fiel in der Praxis oft mit der Aussteuer zusammen und wurde vom Mann verwaltet, während die Frau zur Sicherung ihrer Ansprüche ein Pfandrecht, nach dem Tod ihres Mannes meist ein lebenslängliches Nutzungsrecht erhielt (⇨ Rz 3457).

> Die Höhe der *dos* bestimmte sich nach den Vermögensverhältnissen der Familie der Frau und konnte etwa in Fürstenhäusern ganze Ländereien umfassen; dementsprechende Bedeutung hatte die Dotierung beim Abschluss der Eheverträge. Ihre Hingabe wurde in älterer Zeit gerade als konstitutiv für den Abschluss der Ehe angesehen, wo sie fehlte, wurde keine Muntehe, sondern eine Friedel- oder Kebsehe vermutet (⇨ Rz 3205).

> Das *Wittum* war die Gabe des Mannes an die Frau bei Eheschließung zur Sicherung ihres Lebensunterhalts für den Fall des Witwenstandes. Stellte das Wittum eine Gegenleistung zur Mitgift dar (was häufig der Fall war, etwa im Verhältnis 1:1 oder 1:2), so wurde es als *Widerlage* (*contra-dos*) bezeichnet.

> Hinzu trat oft noch die *Morgengabe* (*pretium virginitatis*) als (zusätzliche) Gabe des Mannes an die Frau (etwa am Hochzeitsmorgen, daher der Name), die ihr oft zu freiem Eigentum übergeben wurde. Sie konnte

aus persönlichen Gegenständen, wie etwa Schmuck, bestehen, unter Umständen aber auch ganze Liegenschaften umfassen.
Studienwörterbuch: Mitgift; Morgengabe; Widerlage; Wittum.

F Kindschaftsrecht

1. Begriff und Allgemeines

3244 Das Kindschaftsrecht regelt die Rechtsverhältnisse zwischen Eltern und ihren Kindern. Unter maßgeblichem Einfluss der Kirche wurde dabei seit dem frühen Mittelalter zwischen **unehelicher und ehelicher Kindschaft** unterschieden und an beide Verhältnisse unterschiedliche Rechtsfolgen geknüpft. Das moderne Recht kennt die Unterscheidung zwar noch, misst ihr aber wesentlich geringere Bedeutung zu.

➤ In älterer Zeit, dh vor, aber auch in den ersten Jahrhunderten nach Annahme des Christentums, kam es primär darauf an, ob der Muntwalt das Kind in die Familie aufnahm – ohne Rücksicht darauf, ob es sich um das Kind der „rechten" Ehefrau oder einer Kebse/Konkubine handelte.

➤ Mit der Etablierung der Einehe durch das Christentum (etwa ab dem 8. Jh) wurden alle anderen Geschlechtsverhältnisse als sündhaft angesehen; dementsprechend galten uneheliche Kinder als Frucht des sündigen Verhaltens, womit die Kirche deren fortschreitende Diskriminierung zu legitimieren suchte.

➤ Naturrecht und Aufklärung bemühten sich um eine Besserstellung zunächst in gesellschaftlicher, dann auch in rechtlicher Hinsicht. Für Österreich von besonderer Bedeutung war hier das JosGB.

➤ Das 20. Jh beseitigte schließlich jede Form von Diskriminierung unehelicher Kinder; in Deutschland wurde auch die Bezeichnung „unehelich" in das neutralere „nichtehelich" umgewandelt.

3245 Eheliche Kindschaft ist keine Naturtatsache, sondern eine rechtliche Eigenschaft. Die Rechtsordnung behilft sich hier mit (widerlegbaren) Vermutungen, die freilich an biologischen Erfahrungswerten anknüpfen.

➤ Das Christentum forderte nicht nur Geburt, sondern auch Zeugung in aufrechter Ehe. Kinder, die zu „früh" nach Eingehung der Ehe oder zu „spät" nach Auflösung der Ehe geboren wurden, konnten an ihrer Ehelichkeit bescholten werden.

Übersicht 15: Eheliche Kindschaft
(nach älterem Recht)

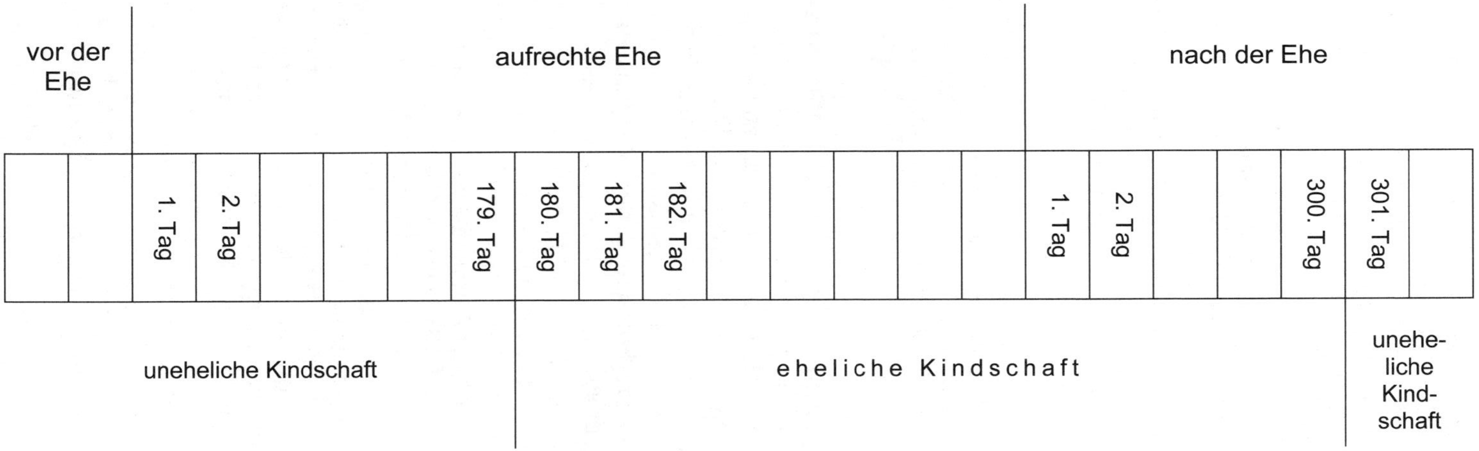

vor der Ehe	aufrechte Ehe	nach der Ehe	
	1. Tag / 2. Tag ... 179. Tag	180. Tag / 181. Tag / 182. Tag ... 1. Tag / 2. Tag ... 300. Tag	301. Tag
uneheliche Kindschaft	uneheliche Kindschaft ‖ eheliche Kindschaft	eheliche Kindschaft	uneheliche Kindschaft

➢ Mit der Rezeption kamen feste Schwangerschaftsfristen und eine förmliche (widerlegbare) Vaterschaftsvermutung auf: *Pater est, quem nuptiae demonstrant*. Wurde ein Kind frühestens im siebenten Monate nach geschlossener Ehe und spätestens im zehnten Monat nach ihrer Auflösung geboren, so galt es als ehelich und der Ehemann der Mutter als Vater. So auch noch das ABGB 1811.

➢ 1977 wurde das Erfordernis der Zeugung innerhalb aufrechter Ehe für das weltliche Recht beseitigt; Ehelichkeit war nunmehr gegeben, wenn das Kind nach Eheschließung und vor Ablauf des 302. Tages nach Auflösung der Ehe seiner Mutter geboren wurde.

➢ Da Kinder, die nach der Scheidung der Mutter geboren werden, nur selten von deren ehemaligem Ehemann stammen, wurde 2001 die obige Vermutung auf die Fälle eingeschränkt, indem die Ehe durch den Tod des Vaters aufgelöst wurde. Zugleich wurde die Frist von 302 auf 300 Tage gesenkt.

➢ Bei diesen Grundsätzen handelt es sich um Vermutungen, die durch Klage des gesetzlich vermuteten Vaters gegen das Kind beseitigt werden können. Darüber hinaus wurde 2001 für den Fall, in dem von keiner Seite bestritten wird, dass die Ehelichkeitsvermutung nicht zutrifft, die Möglichkeit eines (außerstreitigen) „vaterschaftsdurchbrechenden Anerkenntnisses" des tatsächlichen Vaters eingeführt.

3246 Alle Kinder, die nicht ehelich sind, gelten als **unehelich** (daher auch zB Findelkinder bis zum Beweis des Gegenteils). Die Nachforschung nach dem unehelichen Vater war zu allen Zeiten ein besonders heikles Problem, bei dem sich das Recht teilweise nicht nur mit Vermutungen, sondern auch mit (unwiderlegbaren) Fiktionen behalf (so va bei der Einrede des Mehrverkehrs). In jüngster Zeit hat der medizinische Fortschritt den Wegfall der meisten dieser Rechtsfiguren ermöglicht.

➢ Manche Rechte untersag(t)en die Nachforschung nach dem unehelichen Vater entweder generell oder in bestimmten Fällen (Blutschande, Ehebruch oä): *La recherche de la paternité est interdite* (Art 340 CC).

➢ Meist allerdings ist der Vormund/das Jugendamt verpflichtet, nach Möglichkeit den Vater festzustellen. Doch ist die Mutter idR nicht verpflichtet, den Vater anzugeben. So auch § 163a ABGB.

➢ Als außerehelicher Vater gilt nach § 163 ABGB derjenige, welcher der Mutter innerhalb der Empfängniszeit (180–300 Tage vor der Geburt) beigewohnt hat oder mit dessen Samen in der genannten Zeit eine medizinisch unterstützte Fortpflanzung durchgeführt worden ist. Falls kein freiwilliges Vaterschaftsanerkenntnis erfolgt, kann das Kind die Vaterschaftsklage gegen den Mann erheben. Seit 2005 ist umgekehrt auch eine Klage des Mannes gegen das Kind möglich, was ihm ua die Möglichkeit gibt, einen medizinischen Vaterschaftstest zu erzwingen.

➢ Der vom Kind als Vater angegebene Mann kann die Vaterschaft heute nur mehr dadurch widerlegen, indem er beweist, dass das Kind nicht von ihm stammt (DNA-Analyse!). Bis 2005 genügte auch der bloße Beweis der

Unwahrscheinlichkeit der Vaterschaft oder der Hinweis darauf, dass die Vaterschaft eines anderen Mannes wahrscheinlicher ist.

➢ Das BGB kannte ursprünglich die *Einrede des Mehrverkehrs*: Die Vaterschaftsvermutung konnte widerlegt werden durch den bloßen Beweis, dass die Mutter in der Empfängniszeit mit mindestens einem anderen Mann Geschlechtsverkehr gehabt hatte. Dies hatte den Effekt, dass keiner der Geschlechtspartner der Mutter zu Unterhaltszahlungen verpflichtet werden konnte. 1969 wurde diese Bestimmung aufgehoben.

➢ 1938 wurde der Staatsanwalt ermächtigt, die Ehelichkeit (!) von Kindern zu bestreiten, wenn dies der Ehegatte der Mutter nicht getan hatte und die Feststellung im „öffentlichen Interesse" lag. Trotz ihrer offenbar rassistischen Motivierung (Feststellung der „arischen" Abstammung!) wurde diese Bestimmung in Österreich erst mit 1. 1. 2005 aufgehoben.

3247 Eine **Legitimation** des unehelichen Kindes, dh eine Umwandlung des unehelichen in ein eheliches Kindschaftsverhältnis ist möglich, und zwar auf zweierlei Weise:

➢ durch nachfolgende Eheschließung der leiblichen Eltern (*per subsequens matrimonium*; § 161 ABGB) oder

➢ durch obrigkeitlichen (Gnaden-)Akt (*per rescriptum*) etwa des Papstes, des Kaisers, des Landesfürsten (so noch heute § 162 ABGB!), des Bundespräsidenten (Art 65 Abs 2 B-VG, durch den § 162 ABGB eine Neudeutung erhalten hat).

2. Die Rechtstellung des ehelichen Kindes

3248 Die **Stellung des ehelichen Kindes** im Familienverband war starken Veränderungen unterworfen.

➢ In älterer Zeit bestand eine totale (rechtliche) Unterworfenheit unter die Munt des Vaters (Heiratszwang, Züchtigungsrecht, uU sogar Tötungs- und/oder Veräußerungsrecht), der andererseits eine Haftung des Vaters für Delikte der seiner Munt unterworfenen Kinder entsprach.

➢ Die Kirche hat nur den schärfsten Ausprägungen ihre Spitze genommen (Beseitigung des Tötungsrechtes; Abschwächung des Heiratszwanges zu einer Ehebewilligung etc).

➢ Dagegen hat der neuzeitliche Obrigkeitsstaat die väterliche Gewalt (*patria potestas*) mit dem Ziele der Erziehung obrigkeitstreuer und gottesfürchtiger Untertanen gestärkt, sie aber gleichzeitig einer weitgehenden obrigkeitlichen Kontrolle (Obervormundschaft etc) unterworfen.

➢ Ein neues Familienbild und eine ihm entsprechende Neugestaltung des Eltern-Kind-Verhältnisses brachten Naturrecht und Aufklärung: Die väterliche Gewalt verlor ihren Herrschaftscharakter und erschien als Ausfluss der elterlichen Erziehungs- und Sorgepflicht.

➢ Gleichzeitig verstärkte sich der Einfluss des Staates auf die Elternrechte. Man denke an: Schulpflicht, religiöse Kindererziehung, Jugendwohlfahrt und Jugendschutz etc.

> In Österreich ist das Kindschaftsrecht seit den 1970er Jahren neu gestaltet worden; insbesondere sind beide Elternteile gleichgestellt: Die väterliche Gewalt wurde zur elterlichen Obsorge.

Studienwörterbuch: Elterliche Obsorge.

3249 Sofern es sich nicht um Kinder aus standesungleichen Ehen handelte, erhielt das eheliche Kind **Namen, Stand, Wappen, Staatsangehörigkeit** des Vaters, der auch das Vermögen verwaltete und die gesetzliche Vertretung übernahm. Die Erziehung sollte durch beide Elternteile einvernehmlich erfolgen, doch kam dem Vater noch bis 1977 das Recht der letzten Entscheidung zu. Seitdem sind die Rechte und Pflichten der Eltern gleich.

> Bei Kindern aus standesungleichen Ehen kamen mehrere Möglichkeiten in Betracht: Das Kind folgt dem Stand der Mutter (*Das Kind folgt dem Busen*) oder dem jeweils standesniedrigeren Elternteil (*Das Kind folgt der ärgeren Hand*).

> Heute erhält das Kind den gemeinsamen Familiennamen der Eltern, in Ermangelung eines solchen denjenigen, den die Eltern vereinbaren. Auch die Vornamengebung hat einvernehmlich durch die Obsorgeberechtigten zu erfolgen. Vornamen, die dem Kindeswohl abträglich sind, können von der Personenstandsbehörde abgelehnt werden.

> Nach den Maigesetzen 1868 (⇨ Rz 2143) sollten bei konfessionsverschiedenen Ehen die Söhne der Konfession des Vaters, Töchter der Konfession der Mutter folgen, doch war eine davon abweichende Vereinbarung möglich.

> Seit 1939 ist in Österreich das reichsdeutsche Gesetz über die religiöse Kindererziehung von 1921 in Kraft (wieder verlautbart 1985). Danach gelten die Regeln des ABGB über Pflege und Erziehung idR auch für die Frage des religiösen Bekenntnisses, was bedeutet, dass nur eine einvernehmliche Lösung getroffen werden kann.

> Bei Schul- und Berufswahl ist das Kind – meist erst ab Mündigkeit – zu hören, eventuell kann es das Vormundschaftsgericht anrufen.

> Die Unterhaltspflicht endet nicht mit der Volljährigkeit, sondern mit der Selbsterhaltungsfähigkeit des Kindes.

3250 Die **Vermögensverwaltung** stellte in älterer Zeit den zentralen Aspekt der väterlichen Gewalt dar.

> Die Verwaltung des Kindsvermögens erfolgte in älterer Zeit durchaus eigennützig; in der Neuzeit jedoch wurde die väterliche Vermögensverwaltung an die eines Vormundes angeglichen und damit an enge Grenzen gebunden.

> Bei Verfügungen über Fahrnis war der Vater idR frei, bei Verfügungen über Liegenschaften war er an die Zustimmung des Kindes oder/und der Vormundschaftsbehörde gebunden.

> Schon früh setzte sich der Grundsatz fest, dass zumindest die Substanz des Kindsvermögens erhalten bleiben sollte: *Kindesgut ist eisern Gut. – Kindesgut soll weder wachsen noch schwinden*. Das JosGB beseitigte überhaupt jedes Nutznießungsrecht des Vaters am Kindsvermögen.

> Ausstattung ist eine Vermögenszuwendung an ein Kind anlässlich von dessen Heirat oder sonstiger Verselbständigung. Sie ist im ABGB als Rechtsanspruch, im BGB hingegen nur als eine – nicht rückforderbare – sittliche Pflicht ausgestaltet.

> Das BGB kannte ursprünglich neben der Ausstattung noch eine besondere Aussteuerpflicht für Töchter; sie wurde 1957 wegen Gleichheitswidrigkeit aufgehoben.

3251 Die väterliche Gewalt **endete**:

> bei Söhnen va durch Abschichtung, dh durch Trennung vom väterlichen Haushalt (etwa aus Anlass der Eheschließung oder Antritt eines Gewerbes), wobei idR auch eine vermögensrechtliche Auseinandersetzung erfolgte;

> bei Töchtern durch Heirat (*Heirat macht mündig*) oder Eintritt ins Kloster;

> durch die Rezeption kam die Möglichkeit der gerichtlichen *Emanzipation* sowie

> die Erreichung der jeweiligen *Volljährigkeitsgrenze* hinzu, wobei jedoch das Ende der väterlichen Gewalt zunächst nicht automatisch eintrat, sondern das volljährige Kind nur eine *Abschichtung* verlangen konnte (so noch zB das ALR).

> Demgegenüber bestimmte das ABGB, dass die väterliche Gewalt mit Erreichung der Volljährigkeit (dh mit vollendetem 24. Lebensjahr) jedenfalls enden sollte. Eine vorherige Abschichtung war möglich, wenn der Sohn das 20. Lebensjahr vollendet hatte. Die gänzliche Beseitigung der Abschichtung erfolgte in Österreich erst 1919 (und zwar zugleich mit der Senkung der Volljährigkeitsgrenze auf das vollendete 21. Lebensjahr, ⇨ Rz 3111).

3. Die Rechtsstellung des unehelichen Kindes

3252 Uneheliche Kinder erfuhren unter dem Einfluss des kanonischen Rechts ab dem Mittelalter eine – weit über das Familienrecht hinausgehende – rechtliche Zurücksetzung, die allgemein eine **Verminderung ihrer Rechtsfähigkeit** bewirkte. Der Mangel an Ehre wurde zu einem Mangel im Recht (⇨ Rz 2316). Dieser erfasste oft auch die nächste, ja sogar die übernächste Generation.

> Inbesondere wurden familien- und erbrechtliche Beziehungen gegenüber dem Vater generell verneint. Dies führte streng genommen dazu, dass mehrere uneheliche Kinder aus derselben Geschlechtsverbindung einander nur als Halbgeschwister galten (weil nur über die Mutter miteinander „verwandt").

> Aber auch gegenüber der Familie der Mutter erfuhren uneheliche Kinder vielfach eine Zurücksetzung, insbesondere dann, wenn diese daneben auch eheliche Kinder hatte.

> Die Diskriminierung betraf auch das öffentliche Recht: So waren uneheliche Kinder zumeist von Zünften, bestimmten geistlichen und weltli-

chen Ämtern ausgeschlossen. Dies betraf allerdings in erster Linie nur das Bürgertum; im Hochadel konnten „natürliche Kinder" durchaus einflussreiche Positionen, ja den Thron erlangen (so zB der portugiesische Kg JOÃO „der Unechte" 1385–1433).

➢ Innerhalb der unehelichen Kinder wurden zuweilen noch besondere Gruppen zusätzlich diskriminiert: So etwa in Blutschande oder Ehebruch gezeugte Kinder, Kinder von unfreien Mägden, Pfaffenkinder oder Hurenkinder.

➢ Demgegenüber wurden die sog Brautkinder, dh Kinder aus solchen Verbindungen, bei denen die Eheschließung ohne Verschulden der Mutter unterblieben war, mitunter besser behandelt.

3253 Schon ab dem 16. Jh begann der weltliche Gesetzgeber, insbesondere in den diversen Polizeiordnungen, die **Diskriminierung** unehelicher Kinder **abzuschwächen**. Einen vorläufigen Höhepunkt stellte das JosGB dar, das im Sinne der Aufklärung die Rechtsstellung unehelicher Kinder derjenigen ehelicher weitgehend anglich. Dies wurde in der Folge jedoch wieder abgeschwächt.

➢ Waren beide Eltern unverheiratet oder war ihre Ehe nachträglich annulliert worden, so war das Kind nach JosGB IV § 16 ehelichen Kindern gleichzuhalten und genoss alle Rechte gegenüber väterlicher und mütterlicher Verwandtschaft, es sei denn, dass ein Elternteil nachträglich mit einer dritten Person eine Ehe einging.

➢ Demgegenüber bezeichnete das JosGB als „wahrhaft uneheliche" Kinder nur solche, die in Ehebruch gezeugt worden waren. Diese Kinder sollten Unterhaltsansprüche, aber keine sonstigen Rechte gegenüber ihren Eltern haben.

➢ Nach dem Tod JOSEPHS II. bestätigte ein Patent von 1791 zwar, dass die uneheliche Geburt keinen Abbruch an bürgerlicher Achtung und beruflichem Fortkommen tun sollte sowie die Unterhaltspflicht insbesondere des Vaters, beseitigte aber alle gesetzlichen Erbansprüche des Kindes gegenüber dem Vater und gegenüber den väterlichen und mütterlichen Verwandten. Das ABGB 1811 brachte hier kaum Änderungen.

3254 Im Laufe des 20. Jh wurde die Rechtsstellung des unehelichen Kindes schrittweise der des ehelichen Kindes **angeglichen**.

➢ Die I. TN 1914 brachte den Unehelichen die gleiche Rechtsstellung gegenüber der Mutter und der mütterlichen Linie wie eheliche Kinder der Mutter.

➢ Durch das BG über die Rechtsstellung des unehelichen Kindes 1970 wurden die Bestimmungen über Unterhalt, Pflege und Erziehung im wesentlichen jenen über die eheliche Kindschaft angeglichen;

➢ Zuletzt brachten das Kindschaftsrechts-Änderungsgesetz 1989, welches die gesetzliche Amtsvormundschaft beseitigte, und das Erbrechtsänderungsgesetz 1989 eine völlige Gleichstellung mit den ehelichen Kindern.

3255 Das uneheliche Kind erhält idR den **Namen** der Mutter (so auch § 165 ABGB) und folgt ihrem Stand. **Erziehungs-, Pflege- und**

Unterhaltspflicht lagen ursprünglich ausschließlich bei der Mutter, später subsidiär auch beim Vater und/oder den mütterlichen Großeltern. Heute obliegt die Obsorge allein der Mutter; doch kann sie den Vater daran teilhaben lassen, wenn er mit ihr in häuslicher Gemeinschaft lebt. Die Unterhaltspflichten für uneheliche Kinder sind dieselben wie für eheliche Kinder.

➤ Oft kann der uneheliche Vater seinem Kind seinen Namen geben (in Österreich bis 1995 möglich); zuweilen auch der Ehemann der Mutter (der nicht der Vater ist).

➤ Die vormundschaftliche Gewalt allerdings lag beim Vormund und/oder Gericht und/oder Jugendamt oä. Ausnahmsweise konnte auch die Mutter zum Vormund bestellt werden, meist aber nur neben einem anderen Vormund. Erst seit 1989 ist sie automatisch gesetzliche Vertreterin ihres unehelichen Kindes.

➤ Seit dem Naturrecht wird allgemein ein Unterhaltsanspruch des unehelichen Kindes gegenüber seinem Erzeuger anerkannt. Heute können subsidiär auch die väterlichen und die mütterlichen Großeltern zum Unterhalt herangezogen werden.

➤ Seit 2001 ist die gemeinsame Obsorge für uneheliche Kinder auch bei getrennt lebenden Eltern möglich.

Studienwörterbuch: Uneheliche Kindschaft.

4. Adoption

3256 Adoption ist die Schaffung eines **künstlichen Eltern-Kind-Verhältnisses** zwischen dem Adoptivkind und dem/den Annehmenden. Sie ist von einem ursprünglich rein privatrechtlichen Institut zu einem wichtigen Instrument der Jugend- und Sozialfürsorge geworden. Drei Elemente sind dabei zu berücksichtigen:

➤ Die Adoption soll das natürliche Eltern-Kind-Verhältnis soweit wie möglich nachahmen: *adoptio imitatur naturam*.

➤ Sie soll einen gerechten Ausgleich zwischen den Interessen des Wahlkindes, jenen der Adoptiveltern und jenen der leiblichen Eltern schaffen.

➤ Sie soll leibliche Kinder der Adoptiveltern nicht ungebührlich benachteiligen.

3257 Ausgangspunkt war im älteren Recht das Bestreben, Ersatz für fehlende Nachkommenschaft (bes für den Bereich des Erbrechts) zu schaffen. Über die Formen und Wirkungen derartiger familienrechtlicher Geschäfte (**Affatomie**) ist allerdings fast nichts bekannt. Die moderne Adoption beruht im Wesentlichen auf der römischen *adoptio*. Es ist zu unterscheiden:

➤ die *volle/starke Adoption,* die das Wahlkind aus seiner leiblichen Familie herauslöst und voll und ganz in die Familie der Wahleltern integriert;

> die *schwache Adoption*, welche nur bestimmte einzelne Wirkungen nach sich zog (zB Namenführung, Erbrecht), daneben aber auch (einzelne) Rechtsbeziehungen (zB Erbrecht) des Wahlkindes zu seinen leiblichen Eltern bestehen lässt. Diesem Modell folgt auch das ABGB.

3258 Die **Annahme an Kindesstatt** kommt zustande durch (familienrechtlichen) **Vertrag** zwischen dem/den Annehmenden und dem Wahlkind (dessen gesetzlichen Vertreter), welcher der gerichtlichen Bewilligung bedarf. An materiellen, in einzelnen Rechten unterschiedlich ausgestalteten Voraussetzungen kommen in Betracht:

> Mindestalter des/der Annehmenden (heute 30 Jahre bei Männern, 28 Jahre bei Frauen);

> bestimmter Altersunterschied zwischen Adoptivkind und Adoptiveltern (heute 18 Jahre, bei Adoption von verwandten Personen 16 Jahre);

> Annahme durch Ehegatten möglichst gemeinsam; Annahme durch mehrere Personen nur, wenn sie miteinander verheiratet sind;

> keine Gefährdung eines überwiegenden Anliegens eines leiblichen Kindes des Annehmenden;

> Zustimmung des Ehegatten des Annehmenden und des Wahlkindes sowie dessen leiblicher Eltern (falls Wahlkind minderjährig).

3259 Die **Wirkungen** der Adoption entsprechen nach ABGB denjenigen eines ehelichen Eltern-Kind-Verhältnisses (zB Namensführung der Adoptiveltern), jedoch mit Einschränkungen:

> Unterhaltspflichten der leiblichen Eltern bleiben bestehen, allerdings nur subsidiär, dh sofern die Adoptiveltern hiezu nicht in der Lage sind. Umgekehrt kann auch das Adoptivkind uU Unterhaltsverpflichtungen gegenüber seinen leiblichen Eltern treffen, doch gehen die Not leidenden Adoptiveltern den leiblichen Eltern im Rang vor.

> Auch das gegenseitige gesetzliche Erbrecht zwischen leiblichen Eltern und Wahlkindern wird durch die Adoption nicht völlig aufgelöst.

5. Vormundschaft

3260 Das bis 2001 existierende Institut der Vormundschaft war die personenrechtliche Gewalt über Personen, die nicht selbstmündig waren und nicht unter väterlicher oder eheherrlicher Gewalt standen. Es kamen folgende **Fälle** in Betracht:

> Altersvormundschaft über minderjährige eheliche Kinder, die ihren Vater verloren hatten oder deren Vater aus anderen Gründen als Tod die väterlichen Rechte und Pflichten nicht ausüben konnte; sowie über minderjährige uneheliche Kinder;

> Geschlechtsvormundschaft über unverheiratete/verwitwete Frauen;

> Vormundschaft über sonstige schutzwürdige Personen (Greise, Geisteskranke).

Studienwörterbuch: Geschlechtsvormundschaft.

3261 Bedeutung und Aufgaben der Vormundschaft haben im Laufe der Zeit starke Veränderungen erfahren.

➤ In älterer Zeit dürfte die Vormundschaft weniger im Interesse des Mündels als vielmehr in jenem des Vormunds (der Sippe oä) gehandhabt worden sein, besonders im politischen Bereich (Vormundschaft über unmündige Könige, Landesfürsten etc), aber auch hinsichtlich der Vermögensverwaltung.

➤ Seit dem Mittelalter wird, besonders in den Städten, der Amtscharakter der Vormundschaft betont, wobei die Obrigkeit eine Kontrolle über den Vormund ausübt.

➤ Der Obrigkeitsstaat des 17. und 18. Jh betonte den Fürsorgecharakter und baute Kontrolle über den Vormund weiter aus, bis die Behörde (Gericht, Stadtrat oä) selbst geradezu als Vormund erschien und der „aktuelle" Vormund zu einem bloßen Ausführungsorgan herabsank.

➤ Das 19. Jh baute manche Übertreibungen des polizeistaatlichen Vormundschaftsrechts ab, fiel aber zT in das andere Extrem einer sog Dilettantenvormundschaft mit sehr schwacher Kontrolle über den Vormund.

➤ Das ABGB ging von der traditionellen Vormundschaft aus. Doch traten an die Stelle des von der Familie berufenen Einzelvormunds immer mehr die Amts-, Berufs-, Vereins- und Anstaltsvormundschaft.

➤ In diesem Sinne haben seit dem 1. WK besonders die Jugendschutz- und die Jugendwohlfahrtsgesetzgebung gewirkt: Amtsvormundschaft besonders über Uneheliche und Findelkinder.

3262 Die **Neuregelungen** des Familienrechts ab 1970 führten auch zu einem drastischen Bedeutungsrückgang der Vormundschaft, insbesondere mit der Beseitigung der Amtsvormundschaft über uneheliche Kinder 1989 (⇨ Rz 3254). Mit dem Kindschaftsrechtsänderungsgesetz 2001 wurde schließlich das Institut der Vormundschaft überhaupt beseitigt, das ABGB spricht in den §§ 187–267 nunmehr von der „Obsorge einer anderen Person".

➤ Die „Obsorge einer anderen Person" umfasst alle Fälle, in denen die Obsorge für einen Minderjährigen weder den Eltern, noch den Großeltern noch Pflegeeltern zukommt. In ihr sind sowohl die traditionelle Vormundschaft als auch die bisher davon getrennt bestehende Sachwalterschaft für Minderjährige aufgegangen.

➤ Die Bestellung eines Sachwalters ist demgemäß nur mehr für volljährige Personen möglich (vgl § 273 ABGB). Daneben besteht das – bereits dem römischen Recht bekannte – Institut der Kuratel nur mehr für wenige Sonderfälle (zB zur Wahrung der Rechte des *nasciturus*) fort.

Studienwörterbuch: Vormund, Vormundschaft.

Dritter Abschnitt

Erbrecht

A Allgemeines

3301 **Erbrecht** im objektiven Sinne ist die Summe der Normen, welche die Rechtsnachfolge in den Nachlass eines Verstorbenen regeln. Es setzt individuelles Privateigentum voraus. Wo dieses fehlt, findet uU Anwachsung/Anfall an überlebende Mitberechtigte, nicht aber Vermögensnachfolge im eigentlichen Sinne statt. Die Begründung des Erbrechts reicht weit in weltanschaulich-politische Bereiche hinein.

➤ Manche leugnen die Notwendigkeit, Zweckmäßigkeit, ja sittliche Rechtfertigung des Erbrechts: kein Zusammenhang zwischen Verdienst und Belohnung; Zufälligkeit der Berufung; Förderung sozialer Ungleichheit oä.

➤ Verteidiger des Erbrechts betonen seine Bedeutung als überpersönliches Band, das Erben und Erblasser miteinander verbindet. Es wahrt die Beziehungen zwischen den Generationen und sichert den Bestand wirtschaftlicher, kultureller und sozialer Einrichtungen.

➤ Insbesondere beim gesetzlichen Erbrecht von Blutsverwandten stellt sich die Notwendigkeit, dieses bei einem bestimmten Grad der Verwandtschaft zu begrenzen, da sonst Personen, die in keinem Naheverhältnis zum Erblasser standen, zur Erbschaft berufen sind. Fraglich ist allerdings, wie eng diese *Erbgrenze* gezogen werden soll.

➤ Ein gewisser sozialer Ausgleich kann auch durch das *Erbschaftssteuerrecht* geschaffen werden, bei dem die Steuer umso höher ist, je größer der Nachlass und je entfernter der Erbe mit dem Erblasser verwandt war.

3302 Der **Nachlass** ist der Inbegriff der Rechte und Verbindlichkeiten eines Verstorbenen, die nicht mit dem Tode erlöschen, sondern bestimmt sind, auf andere Personen überzugehen.

➤ Dazu gehören überwiegend Vermögensrechte (Eigentum, Forderungen, Schulden), nicht dagegen Personen- und Familienrechte, strafrechtliche Sanktionen sowie höchstpersönliche Rechte und Pflichten.

➤ Die Zusammenfassung aller vererbbaren Rechte und Pflichten zu einer Gesamtheit, in die eine Gesamtrechtsnachfolge (*Universalsukzession*) stattfinden kann, ist eine Leistung des römischen Rechts.

➤ Demgegenüber kannte das ältere deutsche Recht keinen einheitlichen Vermögens- und daher auch keinen einheitlichen Nachlassbegriff. Die Rechtsnachfolge erfolgte immer nur in einzelne Vermögensmassen/

Sachen (*Singularsukzession*) und war dementsprechend kompliziert ausgestaltet.

3303 Kernproblem des Erbrechtes ist, inwieweit der Erblasser selbst noch zu Lebzeiten über das rechtliche Schicksal seines Vermögens nach seinem Tod bestimmen kann (**Testierfreiheit**). Während sich im älteren Recht die Erbfolge ausschließlich nach Gewohnheitsrecht/Gesetz bestimmte, entwickelten sich im römischen sowie – unabhängig davon – im heimisch-deutschen Recht verschiedene Ansätze einer gewillkürten Erbfolge.

➢ Erst die Testierfreiheit verlängert die Privatautonomie über den Tod hinaus. Sie birgt jedoch Risiken, sowohl für die Angehörigen des Erblassers als auch für den Erblasser selbst. So besteht insbesondere die Gefahr, dass der Erblasser im letzten Augenblick und/oder unter dem Einfluss einer momentanen Laune oder Sinnesverwirrung oder Beeinflussung letztwillige Verfügungen trifft, welche die – möglicherweise – berechtigten Erwartungen ihm nahestehender Personen enttäuschen.

➢ Das Verhältnis von gewillkürter (testamentarischer) Erbfolge und gesetzlicher (Intestat-)Erbfolge hat sich im Laufe der Zeit bedeutend gewandelt. Während einige ältere Rechte nur die Verfügung über einen Teil des Vermögens, den sog Freiteil, anerkannten, setzte sich unter Einfluss des römischen Rechts das Prinzip der Testierfreiheit durch, das aber durch Noterbrecht/Pflichtteilsrecht beschränkt ist.

➢ Daneben besteht das gesetzliche Erbrecht als dispositives Recht fort, greift also nur mehr dann Platz, wenn keine letztwillige Verfügung existiert.

Studienwörterbuch: Freiteil; Testierfreiheit.

B Gesetzliche Erbfolge

1. Eheliche Blutsverwandtschaft

3304 Die ältere Erbfolge beruhte ausschließlich auf Gesetz/Gewohnheitsrecht, nicht auf Testament: *Solus deus heredem facere potest, non homo.* Zur Erbfolge berufen sind nur die ehelichen Blutsverwandten des Erblassers. Die Ausgestaltung im Einzelnen ist den Quellen nur undeutlich zu entnehmen; ob sich ein einheitlich durchdachtes **Erbrechtssystem** entwickeln konnte, oder dieses mannigfaltig variierte, bleibt zweifelhaft.

➢ Zur Erbfolge berufen waren wohl in erster Linie die nächsten Verwandten (*sechs gesipptesten Hände*): Vater und Mutter, Bruder und Schwester, Kind und Kindeskinder (= Enkel).

➢ Erst wenn innerhalb dieses *engeren Erbenkreises* niemand erben konnte, kam der *weitere Erbenkreis*, der die übrige erbberechtigte Blutsverwandtschaft umfasste, zum Zug.

➢ In welcher Reihenfolge diese Personen im Einzelnen berufen wurden, ist unklar. Gewiss gingen, soweit vorhanden, Söhne allen anderen Angehörigen des engeren Erbenkreises vor. Das Erbrecht von Frauen war, insbesondere neben erbberechtigten Männern, sehr eingeschränkt, die *Lex Salica* schloss die Erbfolge von Frauen in Grundstücke generell aus (sog Salische Erbfolge; mit ihr wurde später in Frankreich – fälschlicherweise – auch der Ausschluß von Frauen von der Thronfolge begründet).

➢ Es gab *kein Erbrecht des Ehegatten/der Ehegattin*. Deren Versorgung für den Fall des Witwenstandes erfolgte insb durch das eheliche Güterrecht.

Studienwörterbuch: Erbenkreis.

3305 **Eintrittsrecht** oder Repräsentationsrecht ist das Recht, an Stelle eines nicht erbenden Vorfahren dessen Anteil zu erben. Es wurde im älteren Recht nur zögernd oder gar nicht anerkannt, so dass meist nicht die Nachfahren, sondern die Geschwister des Vorverstorbenen zum Zuge kamen.

➢ Dies konnte nach manchen Rechten dadurch verhindert werden, dass der Großvater noch zu Lebzeiten seine Enkel nach einem vorverstorbenen Sohn an dessen Grab zu Erben einsetzte: Erbeinsetzung an der Bahre.

➢ Bei den Sachsen entschied 937 ein Gottesurteil zugunsten des Eintrittsrechts der Enkel.

➢ Die Neuzeit brachte eine generelle Anerkennung des Eintrittsrechts, zunächst allerdings nur in der geraden Linie; erst nach und nach auch in der Seitenlinie, zumindest bei Kindern vorverstorbener Geschwister.

Es sind zwei Varianten zu unterscheiden:

➢ Teilung zwischen mehreren Eintretenden gleichteilig, so dass diese neben den Geschwistern ihres vorverstorbenen Parens je einen Kopfteil erhalten: Teilung nach *capita* – So viel Mund, so viel Pfund.

➢ Teilung nach Stämmen, so dass die Eintretenden gemeinsam den Kopfteil ihres vorverstorbenen Parens erhalten. Diese Teilung nach *stirpes* gilt heute, und zwar in gerader Linie wie in der Seitenlinie, jeweils unbeschränkt.

3306 Mit dem Eintrittsrecht entwickelte sich allmählich eine Strukturierung der Verwandtschaft nach Linien und Graden. Die moderne Lineal-Gradual-Ordnung oder **Parentelenordnung** aber wurde erst im Naturrecht entwickelt und in Österreich mit dem josephinischen Erbfolgepatent 1786 allgemein eingeführt. Danach gliedert sich die Verwandtschaft folgendermaßen:

➢ 1. Parentel: die Deszendenten des Erblassers;
➢ 2. Parentel: die Eltern des Erblassers und deren Deszendenten;
➢ 3. Parentel: die Großeltern des Erblassers und deren Deszendenten;
➢ 4. Parentel: die Urgroßeltern des Erblassers und deren Deszendenten;
➢ 5. Parentel: die Ururgroßeltern des Erblassers u deren Deszendenten;

> 6. Parentel: die Urururgroßeltern des Erblassers und deren Deszendenten.
> Die Berufung zur Erbschaft erfolgt in der Weise, dass die nähere Parentel die entferntere ausschließt und innerhalb einer Parentel die Gradesnähe zum Erblasser entscheidet. An weiteren Grundsätzen sind zu nennen:
> in der 1.–3. Parentel Eintrittsrecht mit Teilung nach Stämmen;
> in der 2.–4. Parentel Teilung zwischen väterlicher und mütterlicher Verwandtschaft: Hälfteteilung zwischen Eltern, Viertelteilung zwischen Großeltern, Achtelung zwischen Urgroßeltern – mit entsprechenden Anwachsungsrechten.

Studienwörterbuch: Erbfolgepatent 1786; Parentelenordnung.

3307 Die Blutsverwandtschaft vermittelt das Erbrecht nur bis zu einer gewissen Grenze, der *Erbgrenze*. Sind innerhalb derselben keine Personen erbberechtigt, so kommt es anstelle einer Erbfolge zum **Heimfall** des Nachlasses an den Staat/an sonstige berechtigte Personen.

> Heimfallsrecht und Erbrecht stehen in einem direkten Konkurrenzverhältnis zueinander: In der Festlegung der Erbgrenze kommen zahlreiche sozialpolitische Überlegungen zum Ausdruck.
> Die Erbgrenze war ursprünglich recht eng gezogen, daneben bestanden zahlreiche Heimfallsrechte zB der Dorfgenossenschaft hinsichtlich von Grundstücken, des Lehnsherrn bezüglich von Lehen (⇨ Rz 2108), von Universitäten oder Zunftgenossenschaften bezüglich des Erbes ihrer Mitglieder ua.
> In der Neuzeit wurde die Erbgrenze zunächst wesentlich erweitert, meist bis zum 7. Grad, die Heimfallsrechte schwanden.
> Nach dem Josephinischen Erbfolgepatent 1786 lag die Erbfolge nach der 6. Parentel, danach bestand ein Heimfallsrecht zugunsten des Staates. Seit der I. TN 1914 liegt sie nach den Urgroßeltern, deren Nachkommen also nicht mehr erbberechtigt sind.

Studienwörterbuch: Heimfallsrecht.

3308 Neben der hier skizzierten Entwicklung bestanden oder bestehen zahlreiche **andere Systeme** gesetzlicher Erbschaft, so insbesondere das Drei-Linien-System, das Rückfallsrecht, oder das justinianische Klassensystem. Sie konnten sich in Österreich nicht oder nur kurzzeitig durchsetzen. Sie verdienen dennoch Erwähnung, insbesondere weil sie deutlich machen, dass das heute geltende Erbrechtssystem kein „natürliches", alternativloses System ist, sondern so wie alle Systeme Vor- und Nachteile hat.

> Das *Drei-Linien-System* gliederte die Verwandtschaft in Deszendenten, Aszendenten und Seitenverwandte, welche in dieser Reihenfolge zur Erbschaft berufen waren. Innerhalb der Linie entschied jeweils die Gradnähe, dh das Kind ging dem Enkelkind vor, der Vater dem Großvater. Vielfach wurde diese Reihenfolge zugunsten der jüngeren Generation ver-

ändert, und zwar nach dem Grundsatz *Das Gut rinnt wie das Blut*: Deszendenten, dann Seitenverwandte, zuletzt Aszendenten.

➢ Nach dem *Rückfallsrecht* (*droit de retour*) fielen Erbgüter bei Fehlen von Deszendenten, manchmal aber auch erst nach Fehlen von Aszendenten, an jene Seite zurück, von welcher sie ursprünglich gekommen waren: *Paterna bona paternis, materna bona maternis*. Die eheliche Errungenschaft (Kaufgüter) wurde zwischen der väterlichen und der mütterlichen Verwandtschaft geteilt.

➢ Mit der Rezeption kam kurzzeitig das von Ks Iustinian geschaffene *Klassensystem* auf, welches die Verwandtschaft (nach sehr komplizierten Grundsätzen) in vier Erbenklassen teilte und erstmals auch der Ehefrau ein gesetzliches Erbrecht gab, allerdings erst nach allen anderen Verwandten.

Studienwörterbuch: Drei-Linien-System; Erbenklassen; Rückfallsrecht.

2. Uneheliche, legitimierte, adoptierte Kinder

3309 Entsprechend ihrer gedrückten Rechtsstellung waren **uneheliche Kinder** auch im Erbrecht gegenüber ehelichen zurückgesetzt.

➢ Ein Erbrecht gegenüber der Mutter (uU auch deren Verwandtschaft?) war zwar anerkannt, trat aber meist nur bei Fehlen ehelicher Deszendenten ein.

➢ Gegenüber dem Vater war ein Erbrecht lange Zeit gänzlich ausgeschlossen. Nach und nach wurde es wenigstens für jenen Fall anerkannt, dass der Vater keine ehelichen Kinder und auch keine Witwe hinterließ.

➢ Das Naturrecht hat sich um eine erbrechtliche Besserstellung des unehelichen Kindes bemüht. Eine völlige Gleichstellung ist in Österreich erst 1989 erfolgt.

3310 Das Erbrecht **legitimierter Kinder** war grundsätzlich schon früh anerkannt, schwankte aber je nach Art der Legitimation in seinem Umfang:

➢ Bei Legitimation *per subsequens matrimonium* erfolgte grundsätzlich Gleichstellung mit den in der Ehe geborenen Kindern, vielfach unter Wahrung des Rechtes der Erstgeburt (so noch § 161 ABGB alt).

➢ Bei Legitimation *per rescriptum* richtete sich das Erbrecht nach dem Inhalt des Gnadenaktes (meist nur gegenüber dem Vater selbst, nicht gegenüber dessen Verwandten oä).

3311 Die **Adoption** begründete ursprünglich meist nur ein Erbrecht des Wahlkindes gegenüber dem Annehmenden, nicht auch gegenüber dessen Verwandten – und auch nicht umgekehrt ein Erbrecht des Annehmenden gegenüber dem Wahlkind. Heute hingegen besteht ein wechselseitiges Erbrecht. Erbrechtliche Beziehungen zwischen Wahlkind und seinen leiblichen Eltern bleiben meist – mehr oder weniger – unberührt.

3. Ehegatte

3312 Das ältere Erbrecht beruhte auf Blutsverwandtschaft, daher bestand **kein gesetzliches Erbrecht des Ehegatten,** und zwar weder des Witwers noch der Witwe.

➤ Die Versorgung des überlebenden Ehegatten, insbesondere der Witwe, erfolgte auf vertraglicher/gewohnheitsrechtlicher/gesetzlicher Basis im Rahmen des ehelichen Güterrechts: Wittum, Morgengabe, fortgesetzte Gütergemeinschaft, Gütergemeinschaft auf den Todesfall, uU Heiratsgut.

➤ In bestimmten Fällen konnte seit dem Ende des Mittelalters der Ehegatte durch Erbvertrag oder Testament bedacht werden.

3313 Eine gewisse, wenn auch nur beschränkte Schutzfunktion für den überlebenden Ehegatten oder wenigstens die Witwe stellten **Voraus** und **Dreißigster** dar:

➤ Nach dem Recht des Dreißigsten genoss die Witwe 30 Tage (nach anderen Rechten 6 Wochen) hindurch nach dem Tode ihres Mannes den Unterhalt auf Kosten des Nachlasses. Auch sonst herrschte Nachlassruhe (keine Teilung, keine Klage gegen den Nachlass, keine Kündigung der Dienstboten etc). Im ABGB in abgeschwächter Form bis 1975 erhalten geblieben.

➤ Ferner erhielt der überlebende Ehegatte (über einen etwaigen Erbteil hinaus) den Voraus, nämlich die zum ehelichen Haushalt gehörenden (beweglichen) Gegenstände. Im älteren Recht weit verbreitet, in das ABGB nach Vorbild des BGB allerdings erst 1914 aufgenommen; heute im § 758 einheitlich ausgestaltet (und va auch das Wohnrecht in der ehelichen Wohnung umfassend).

Studienwörterbuch: Beisitz der Witwe; Dreißigster; Voraus.

3314 Ein allgemeines, wenn auch umfangmäßig meist bescheidenes Ehegattenerbrecht entwickelte sich erst seit dem Beginn der Neuzeit, und zwar (wohl) unter dem Einfluss des **justinianischen Erbrechts.**

➤ Das Erbrecht des Ehegatten war meist nur als Nutzungsrecht am Nachlass oder an einer Nachlassquote ausgebildet oder erstreckte sich nur auf bestimmte (meist nur bewegliche) Gegenstände.

➤ Der Umfang des Nutzungsrechts schwankte nach Zahl und Verwandtschaftsgrad der Miterbenden: neben Abkömmlingen des Erblassers meist nur ein Kopfteil oder ein Viertel des Nachlasses, neben weiteren Verwandten ein Drittel oder die Hälfte.

3315 Ähnlich gaben **JosGB und ABGB** dem überlebenden Ehegatten neben 1–2 Kindern ein Nutzungsrecht an einem Viertel, neben drei oder mehr Kindern nur an einem Kopfteil. Waren keine Kinder vorhanden, erhielt er ein Viertel zu Eigentum. Zum Alleinerben war er nur bei Fehlen erbberechtigter Verwandter berufen. Diese Regelung ist sukzessive verbessert worden:

➤ Unter dem Einfluss des BGB gab die I. TN 1914 dem Ehegatten ein Erbrecht in die Substanz, und zwar neben Abkömmlingen ein Viertel (seit 1978: ein Drittel); neben Eltern und deren Nachkommen oder neben Großeltern und deren Nachkommen die Hälfte (seit 1978: zwei Drittel). Andere Verwandte schloss der Ehegatte vollständig aus.

➤ Seit 2005 können auch Nichten und Neffen sowie Nachkommen der Großeltern nicht neben dem Ehegatten erben (§ 757 ABGB).

Studienwörterbuch: Ehegattenerbrecht.

4. Erbfolge in Sondervermögen

3316 Bestimmte Vermögensmassen unterlagen/unterliegen auch nach Ausbildung einer Universalsukzession nicht der allgemeinen Erbfolgeordnung, sondern **besonderen Regeln**. Als solche Vermögensmassen kamen in Betracht:

➤ *Gerade*, das sind die Gebrauchsgegenstände der Frau: Sie fiel meist an die jeweils nächste weibliche Verwandte (der Mutterseite).

➤ Entsprechendes galt für das *Heergewäte*, die Gebrauchsgegenstände des Mannes: Sie fielen idR an den nächsten männlichen Verwandten (von der Vaterseite).

➤ Sonderregeln galten ferner für Lehnsgüter, Familienfideikommisse und Stammgüter etc.

Studienwörterbuch: Gerade; Heergewäte.

3317 Als bedeutsam hat sich bis heute die Sondererbfolge in Bauerngütern bestimmter Art und Größe (Erbhöfe) in Form des **Anerbenrechtes** erhalten:

➤ Zweck des Anerbenrechtes ist es, die Zersplitterung des Erbhofes durch Realteilung unter mehreren Miterben zu verhindern.

➤ Es soll von mehreren gleichnahen Erben nur einer – der Anerbe – den Hof übernehmen, während die anderen gegen (mehr oder weniger) angemessene Entschädigung weichen müssen.

➤ Als Anerbe kam je nach Lokalbrauch entweder der Älteste (Ältestenrecht) oder der Jüngste (Jüngstenrecht) in Betracht.

➤ In älterer Zeit war das Anerbenrecht zwingend, in neuerer Zeit kann es durch letztwillige Verfügung des Erblassers beseitigt/modifiziert werden.

➤ Es gilt in Österreich heute das mehrfach (1973, 1989) novellierte Anerbengesetz 1958, für Tirol das Höfegesetz 1900 und für Kärnten das Erbhofgesetz 1990.

Studienwörterbuch: Anerbenrecht.

3318 Sonderregeln galten ferner für die Erbfolge nach bestimmten **Geistlichen**.

➤ Nach römisch-katholischen Weltpriestern trat Drittelung des Nachlasses ein: je ein Drittel die Kirche, die Armen (der Fürsorgeverband der

Gemeinde), Verwandte; oder ein Drittel die Armen, zwei Drittel die Verwandten, wenn der Priester nicht bepfründet war.
➢ Ebenso bei griechisch-unierten Geistlichen, außer sie hinterließen eine Witwe und/oder Kinder. In diesem Fall tritt gesetzliche Erbfolge ein.
➢ 1999 wurden diese Sonderregeln beseitigt.

C Gewillkürte Erbfolge

1. Entwicklung bis zur Rezeption

3319 Schon früh entstand das Bedürfnis, inbesondere wenn keine erbberechtigten Verwandten vorhanden waren, einen Rechtsnachfolger bestimmen zu können. Das wohl älteste Mittel dazu war die zur Begründung eines Erbrechts abgeschlossene Adoption (*Affatomie, adoptio in hereditatem*). Neben anderen Wurzeln entwickelte sich aus ihr allmählich der **Erbvertrag**. Er ist auch heute noch möglich, jedoch nur zwischen Ehegatten (§ 1249 ABGB).

➢ Dem römischen Recht war der Erbvertrag fremd, er taucht erstmals zur Zeit der Volksrechte auf. Dogmatisch durchgebildet wurde das Institut erst im 17./18. Jh.

➢ Gegenstand des Erbvertrages ist demnach die Einsetzung eines Vertragspartners zum Erben des anderen Vertragspartners, was sowohl einseitig, als auch gegenseitig erfolgen kann. Ob die Vertragspartner auch einen Dritten zum Erben einsetzen können, ist strittig.

➢ Als zweiseitiges Geschäft bindet der Erbvertrag, anders als das Testament, die Vertragspartner, die also nicht einseitig zurücktreten können. Doch begründet er zu Lebzeiten der Vertragspartner keine sachenrechtlichen Wirkungen. Jeder der Partner kann daher bis zu seinem Tode über sein Vermögen frei verfügen.

➢ Nach § 1253 ABGB kann mit dem Erbvertrag nicht über das gesamte Vermögen, sondern höchstens über drei Viertel desselben letztwillig verfügt werden. Das restliche Viertel bleibt frei, wobei es dem Erblasser unbenommen ist, hinsichtlich des restlichen Viertels testamentarisch erst wieder den Vertragspartner oder eine andere Person zum Erben einzusetzen; in Ermangelung einer solchen Regelung kommt hinsichtlich des letzten Viertels gesetzliche Erbfolge zur Anwendung.

Studienwörterbuch: Erbvertrag.

3320 Parallel dazu kamen schon vor der Rezeption auch schon einseitige letztwillige Verfügungen (Geschäfte), die sog **Vergabungen von Todes** wegen, auf. Sie werden teilweise auch als (Verteilungs-) Testamente bezeichnet, auch wenn auf sie der moderne – vom römischen Recht geprägte – Testamentsbegriff (⇨ Rz 3321) nicht anwendbar ist, sondern sie danach als Kodizille betrachtet werden müssen.

> Am Beginn dieser Entwicklung dürfte das Bedürfnis gestanden haben, zur Sicherung des „Seelenheiles" der Kirche Vermögenswerte zukommen zu lassen. Die Kirche, die an derartigen Seelenheilsschenkungen naturgemäß sehr interessiert war, bemühte sich daher in der Folge um Anerkennung letztwilliger Verfügungen.

> Später waren auch Vergabungen an andere Personen möglich, doch konnte zumeist nur über einen Teil der Erbschaft, den sog Freiteil (etwa ein Fünftel bis ein Drittel des Vermögens), verfügt werden, während hinsichtlich des Rests gesetzliche Erbfolge eintrat.

> Die erbrechtlichen Geschäfte des Mittelalters können insofern nicht als Testament angesehen werden, als sie keinen Universalsukzessor einsetzten, sondern immer nur über konkrete Vermögensmassen verfügten.

> Insofern dienten sie vielfach auch einfach nur der Konkretisierung des gesetzlichen Erbrechts, durchbrachen dieses aber insofern, als regelmäßig auch der Ehegatte in den Kreis der Erben einbezogen wurde.

Studienwörterbuch: Geschäft; Verteilungstestament.

2. Entwicklung seit der Rezeption

3321 Die Rezeption brachte das römische Erbrecht, in dessen Mittelpunkt das **Testament** steht. Es ist eine einseitige letztwillige Verfügung, die eine Erbeinsetzung enthält. Die römisch-rechtlichen Grundsätze des Testamentsrechts wurden jedoch durch *usus modernus* und Naturrecht wesentlich modifiziert.

> Das Testament musste eine Erbeinsetzung enthalten, die an der Spitze des Testaments stand und für die ausdrücklich das Wort *heres* (Erbe) verwendet werden musste: *heredis institutio est caput et fundamentum intellegitur totius testamenti.* Letztwillige Verfügungen ohne Erbeinsetzungen wurden nicht als Testament, sondern als Kodizill bezeichnet.

> Der Erbe war im römischen Recht *Universalsukzessor,* dh er erbte den gesamten Nachlass (Summe aller vererbbaren Rechte und Verbindlichkeiten). Waren mehrere Personen zu Erben berufen, erbten sie eine bestimmte Quote am Nachlass.

> Die letztwillige Zuwendung einzelner Sachen erfolgte dagegen durch ein Vermächtnis (*Legat*). Mit dem Vindikationslegat erwarb der Legatar das Eigentum an diesen Sachen unmittelbar vom Erblasser; das Damnationslegat gewährte ihm nur einen schuldrechtlichen Anspruch auf Herausgabe des Legats von den Erben. Heute ist ein Legat in der Regel ein Damnationslegat.

> Im Testament musste über das gesamte Vermögen verfügt werden; gesetzliche und testamentarische Erben konnten nicht nebeneinander zur Erbfolge berufen werden (*nemo pro parte testatus, pro parte intestatus decedere potest*). Heute ist es hingegen zulässig, nur über einen Teil des Vermögens testamentarisch zu verfügen, während für den Rest gesetzliche Erbfolge (*Intestaterbfolge*) eintritt.

Studienwörterbuch: Kodizill; Testament.

3322 Die Formvorschriften des römischen Rechts wurden übernommen, jedoch zusätzliche **Testamentsformen**, wie insbesondere das holographe Testament geschaffen, sodass es in der Neuzeit zu einem beachtlichen Formenreichtum kam. Man unterscheidet öffentliche und private, mündliche oder schriftliche, eigenhändig oder fremdhändig geschriebene Testamente. Neben diesen ordentlichen Testamentsformen existier(t)en für besondere Fälle Sonderformen (bes Nottestamente). Im Einzelnen galt folgendes:

➢ *Öffentliche Testamente* können vor der Obrigkeit, heute vor Gericht oder einem Notar errichtet werden, und zwar mündlich oder schriftlich, mit entsprechender Protokollierung. Bereits dem römischen Recht bekannt und auch nach ALR, ABGB und BGB möglich.

➢ Das *eigenhändig schriftliche (holographe) Testament* muss zur Gänze (!) vom Erblasser geschrieben und unterschrieben sein. Es wurde erst in der Neuzeit entwickelt. Während das ALR es nur sehr eingeschränkt anerkannte, hat es nach ABGB und BGB volle Wirkung und ist auch in der Praxis die beliebteste Testamentsform.

➢ Das *fremdhändig schriftliche (allographe) Testament* benötigte zu seiner Gültigkeit ursprünglich sieben, heute drei Zeugen. Diese müssen den Inhalt des Testaments nicht kennen, sondern bezeugen mit ihrer Unterschrift lediglich, dass die Urkunde den letzten Willen enthält; zusätzlich muss auch der Erblasser unterschreiben. Nach römischem und gemeinem Recht sowie nach ABGB zulässig, nicht nach ALR oder BGB.

➢ Das *mündliche Testament* benötigte ebenfalls sieben bzw drei Zeugen. Wegen der leichten Manipulierbarkeit wurde es weder von ALR noch von BGB anerkannt. Nach ABGB war hingegen ein mündliches Testament gültig, erst 2005 wurde es als ordentliche Testamentsform abgeschafft.

➢ In Gefahrensituationen können sogenannte *Nottestamente* errichtet werden (wobei bis 2005 zwischen Schiffs-, Seuchen- und Militärtestamenten differenziert wurde), und zwar sowohl mündlich als auch schriftlich mit jeweils nur zwei Zeugen.

➢ Die ordentlichen Testamentsformen sind gleichermaßen gültig, existieren mehrere Testamente, so gilt das jüngste. Die Nottestamente hingegen verlieren drei Monate nach Wegfall der Gefahr ihre Gültigkeit.

Studienwörterbuch: Testamentsformen.

3323 In inhaltlicher Hinsicht muss das Testament jedenfalls eine **Erbseinsetzung** enthalten, wobei der strenge Formalismus des römischen Rechts nicht mehr besteht; wesentlich ist nur, dass der Wille des Erblassers zur Erbseinsetzung klar erkennbar ist. Davon abgesehen kommen als mögliche weitere Punkte in Betracht:

➢ die Einsetzung eines Ersatzerben, falls der zunächst eingesetzte (oder auch der gesetzliche) Erbe nicht Erbe werden kann oder nicht Erbe werden will (*gemeine Substitution*);

➢ die Einsetzung eines Nacherben, der nach dem Vorerben zur Erbschaft gelangen soll (*fideikommissarische Substitution*). Diese Konstruktion, die den Erben in seiner Verfügungsgewalt über das Erbe beschränkt, war dem römischen Recht prinzipiell unbekannt (*semel heres, semper heres*; vgl aber noch ⇨ Rz 3431), ist heute aber – mit Beschränkungen – zulässig;

➢ *Enterbung*: dh Entzug des Pflichtteils aus bestimmten Enterbungsgründen (im Stich Lassen des Erblassers, langjährige Haftstrafe, unsittliche Lebensart);

➢ Zuwendungen bestimmter Gegenstände an bestimmte Personen: *Vermächtnisse* (*Legate*); ferner Teilungsanordnungen; Bestellung von Testamentsvollstreckern; Bedingungen, Auflagen.

Studienwörterbuch: Fideikommissarische Substitution; Pupillarsubstitution; Vermächtnis.

3324 In älterer Zeit war die **Testierfreiheit** weitgehenden Beschränkungen unterworfen:

➢ Eine gewisse Sicherheit gegen Verfügungen, die der Sitte widersprachen, lag in der Öffentlichkeit der Errichtung vor Gericht (Rat oder Stadtrat) und/oder in der Protokollierung in öffentlichen Büchern (Testamentenbüchern).

➢ Das römische Recht bestimmte, dass bestimmte Personen (*sui heredes*) jedenfalls im Testament erwähnt, also ausdrücklich zu Erben eingesetzt oder enterbt werden mussten, nicht aber stillschweigend übergangen werden konnten (*formelles Noterbrecht*).

➢ Inhaltlich waren Verfügungen meist nur über bestimmte Teile des Vermögens (*disponible Quote, Freiteil*) erlaubt, während der andere Teil der gesetzlichen Erbfolge unterlag: System der Erbschaftsreserve.

Studienwörterbuch: Noterbrecht.

3325 In den neuzeitlichen Partikularrechten und Kodifikationen setzte sich das materielle Noterbrecht oder **Pflichtteilsrecht** durch. Danach müssen bestimmte Personen – wenn sie nicht erbunwürdig oder zu Recht enterbt sind – einen Teil der Verlassenschaft bekommen. Dieser kann als echter Erbteil, nämlich als Quote des Nachlasses, oder als ein auf Geld lautender schuldrechtlicher Anspruch gegen den Erben oder den Nachlass ausgestaltet sein. Im österreichischen Recht gilt folgendes:

➢ Der Pflichtteil ist, zufolge eines Hofdekrets aus 1844, Geldpflichtteil. Die Pflichtteilsberechtigten sind also keine „echten Erben". Sie trifft daher auch keine Erbenhaftung.

➢ Pflichtteilsberechtigte waren ursprünglich nur die Deszendenten, in deren Ermangelung die Aszendenten. Im geltenden Recht sind auch der Ehegatte und die unehelichen Kinder pflichtteilsberechtigt (nicht aber, wie etwa nach BGB, die Geschwister des Erblassers).

➢ Der Pflichtteil der Deszendenten und des Ehegatten beträgt jeweils die Hälfte (des Wertes) des gesetzlichen Erbteils, jener der Aszendenten ein Drittel.

➢ Allerdings kann der Erblasser den Pflichtteil auf die Hälfte mindern, wenn zwischen ihm und dem Pflichtteilsberechtigten zu keiner Zeit ein

Naheverhältnis, wie es in der Familie zwischen solchen Verwandten gewöhnlich besteht, bestanden hat (§ 773a ABGB).
➢ Keinen Anspruch auf den Pflichtteil haben Erbunwürdige und rechtmäßig Enterbte (§§ 540, 768 ff ABGB).
Studienwörterbuch: Pflichtteilsrecht.

D Stellung des/der Erben

1. Erbfähigkeit

3326 Erbe kann nur werden, wer den Erblasser überlebt und im Zeitpunkt des Erbfalls **erbfähig** ist. Die Gründe für das Fehlen der Erbfähigkeit waren im älteren Recht vielfältig, aber in ihren Wirkungen nicht immer ganz klar. Heute wird – in Anlehnung an das gemeine Recht – meist unterschieden:

➢ *absolute Erbunfähigkeit*, nämlich die Unfähigkeit, irgendeinen Nachlass zu erwerben;
➢ und *relative Erbunfähigkeit* (oft Erbunwürdigkeit genannt), nämlich die Unfähigkeit, von einem bestimmten Erblasser zu erben.
➢ Wer auf sein Erbrecht *verzichtet* hat, ist zwar nicht erbunwürdig im technischen Sinne, kann aber nicht Erbe einer bestimmten Erbschaft werden.

3327 **Absolut erbunfähig** waren im älteren Recht ua (ganz oder teilweise): Fremde, Friedlose, lebensunfähige Neugeborene, Aussätzige, Ketzer, Klostergeistliche.
➢ Besondere Regeln bestanden nach Lehnrecht (keine Frauen, keine Krüppel oder Kleinwüchsige).
➢ Noch das ABGB bestimmte in Verbindung mit verschiedenen Hofdekreten, dass Ordenspersonen, die das feierliche Gelübde der Armut abgelegt hatten, absolut erbunfähig seien. Durch die Aufhebung dieser Hofdekrete 1999 wurden auch sie erbfähig.
Studienwörterbuch: Erbunfähigkeit.

3328 **Erbunwürdig** sind/waren insbesondere:
➢ Personen, die den Tod des Erblasser verschuldet hatten: Blutige Hand nimmt kein Erbe!
➢ ferner jene, die sonst gegen den Erblasser eine gerichtlich strafbare Handlung unternommen haben (§ 540 ABGB);
➢ oder die widerrechtlich auf die Erbfolgeordnung eingewirkt hat (zB Zwang auf den Erblasser bei Testamentserrichtung, Unterdrückung eines Testaments; vgl § 542);
➢ früher auch Kinder (bes Töchter), die sich gegen den Willen des Erblassers verheirateten oder einen unkeuschen Lebenswandel führten.

> Personen, welche des Ehebruchs oder der Blutschande gerichtlich geständig oder überwiesen sind, werden unter sich von der gewillkürten, nicht aber von der gesetzlichen Erbfolge ausgeschlossen (§ 543, sog *Inkapazität*).
Studienwörterbuch: Erbunwürdigkeit.

2. Erbschaftserwerb

3329 Zeitpunkt und Art und Weise des **Erbschaftserwerbes** sind wichtig für die allgemeine Rechtssicherheit, besonders aber für Möglichkeit der Erbsentschlagung. Im Allgemeinen sind drei Typen zu unterscheiden:

> Der Erbe erwirbt die Erbschaft mit Tod des Erblassers.
> Der Erbe erwirbt die Erbschaft erst mit (ausdrücklicher oder stillschweigender) Annahmehandlung bzw -erklärung.
> Der Erbe erwirbt die Erbschaft erst durch Annahmeerklärung und einen die Gesamtnachfolge aussprechenden obrigkeitlichen (gerichtlichen) Akt.

3330 Historisch gesehen ließ das ältere Recht die Erbschaft unmittelbar mit dem **Erbfall** an den/die Erben übergehen: *Der Tote erbt (= setzt als Erben ein) den Lebenden.*

> Dies entsprach den Erfordernissen der älteren Zeit, in der das Erbrecht weniger Vermögensübergang als Anwachsung innerhalb der Hausgemeinschaft war und in der die Erben – nicht zuletzt aufgrund des Erbenlaubs – über die wirtschaftliche Lage des Nachlasses informiert waren oder doch sein konnten.

> Nur ausnahmsweise, bes wenn die Erben nicht in Hausgemeinschaft mit dem Erblasser gelebt hatten, war nach manchen Rechten eine formlose oder förmliche Besitzergreifung nötig, meist erst nach dem Dreißigsten, aber noch vor Ablauf einer Frist von Jahr und Tag ab Erbfall.

> Auch nach modernem deutschem Recht (§ 1922 BGB) erfolgt der Vermögensübergang unmittelbar mit dem Tod des Erblassers.

3331 Nach **gemeinem Recht** galt das Anfallsprinzip weiterhin nur für Hauskinder (*sui heredes*), während alle anderen Erben einen ausdrücklichen oder stillschweigenden (konkludenten) Erbschaftsantritt vornehmen mussten.

> Doch hatten auch die *sui heredes* das Recht der Ausschlagung (*beneficium abstinendi*), so dass es auch in diesem Fall letztlich vom Willen des Erben abhing, ob er die Erbschaft annehmen wollte oder nicht.

> Zwischen Erbfall und Erbantritt ruhte der Nachlass (*hereditas iacens*). Dessen rechtliche Natur war lange strittig, nach modernem österreichischen Recht (§ 547 ABGB) besitzt er Rechtspersönlichkeit, ist also eine juristische Person.

Studienwörterbuch: ruhender Nachlass.

3332 In unklaren und schwierigen Fällen (Erbe unbekannt, abwesend, verschollen, unmündig, geisteskrank oä) entwickelte sich seit dem Spätmittelalter bes in den Städten ein gerichtliches/obrigkeitliches **Nachlassverfahren**, das nach und nach in allen Erbfällen Platz griff. So vor allem heute in Österreich die Verlassenschaftsabhandlung:

> Sie besteht im Wesentlichen in Feststellung bzw Sperre des Nachlasses, Ermittlung der Erben und Legatare sowie etwaiger Nachlassgläubiger; Testamentseröffnung, uU Durchführung eines Nachlasskonkurses etc.

> Die Erben müssen eine (bedingte oder unbedingte, ⇨ Rz 3337) Erbserklärung abgeben, ob sie das Erbe antreten wollen oder nicht.

> Das Eigentum an den Nachlassgegenständen wird durch gerichtlichen Ausspruch (Einantwortung) erworben (bei Liegenschaften Durchbrechung des grundbücherlichen Eintragungsgrundsatzes!).

Studienwörterbuch: Erbserklärung.

3. Erbenhaftung

3333 Eine entwickelte Wirtschaftsordnung kann (schuldrechtliche) **Verpflichtungen** des Erblassers nicht mit dessen Tod untergehen lassen. Es sind folgende Interessen zu berücksichtigen:

> Die Gläubiger des Erblassers sollen durch dessen Tod nicht um ihre Forderungen kommen.

> Die Erben sollen zwar – nach Möglichkeit – die Gläubiger des Erblassers befriedigen, aber durch die Annahme der (überschuldeten) Erbschaft keinen Nachteil erleiden.

> Die Gläubiger des Erblassers sollen nicht Gefahr laufen, dass die Gläubiger der Erben auf den Nachlass greifen und ihnen die Haftungsgrundlage – den Nachlass – schmälern oder ganz entziehen.

3334 Aus alledem ergibt sich als Grundsatz, dass der Erbe/die Erben ab der Einantwortung für die **Erblasserschulden** des Erblassers dessen Gläubigern gegenüber haften. Vor Einantwortung haftet der ruhende Nachlass.

> Allerdings waren keineswegs alle Schulden des Erblassers vererblich. Nicht zu bezahlen hatten die Erben (früher) Bürgschafts-, Spiel- und Wettschulden, Geldstrafen uä.

> Andererseits können nach dem Tod des Erblasser neue Schulden (Erbgangsschulden) entstehen: Begräbniskosten, Kosten eines Nachlassverwalters uä.

> Der schuldrechtliche Anspruch der Gläubiger gegenüber dem Nachlass / dem Erben genießt Vorrang vor den Pflichtteilsansprüchen; dieser wiederum Vorrang gegenüber letztwillig verfügten Legaten. Die Gläubiger gelten gleichsam als „nächste Erben": *creditores sunt propinquissimi heredes.*

3335 Im älteren Recht war die Haftung des Erben jedoch in der Regel **beschränkt**. Leistete der Erbe Verzicht auf den Nachlass, so konnte er sich idR von jeder Schuldenhaftung befreien.

➤ So sah der Sachsenspiegel nur eine Haftung mit dem Mobiliarnachlass vor.

➤ Andere Rechte beschränkten die Haftung auf jenen Teil des Nachlasses, der nach Abzug bestimmter Sondervermögen (Heergewäte, Gerade, etc) übrig blieb;

➤ Der Erbverzicht geschah im älteren Recht oft in rechtsförmlicher Art, indem die Erben/die Witwe die Schlüssel des erblasserischen Hauses (Schlüsselrecht) oder ein Kleidungsstück (Mantelrecht) den Gläubigern übergaben oder auf das Grab/den Leichnam des Erblassers legten.

3336 Seit der Rezeption setzte sich die Auffassung durch, dass der Erbe als **Universalsukzessor** des Erblassers für dessen Schulden prinzipiell unbeschränkt hafte, und zwar nicht nur mit den Nachlassgegenständen, sondern auch mit seinem „eigenen" Vermögen.

➤ Gemildert wurde dieser strenge Grundsatz (seit IUSTINIAN) durch die Rechtswohltat der Inventarerrichtung (*beneficium inventarii*): Durch (gerichtliche) Verzeichnung und Bewertung des Nachlasses konnte der Erbe seine Haftung auf den Wert des Nachlasses beschränken (*pro viribus* – Haftung).

➤ Andererseits konnten die Nachlassgläubiger verlangen, dass der Nachlass vom (sonstigen) Vermögen des Erben abgesondert bleibe (*beneficium separationis*), damit er nicht dem Zugriff der Gläubiger des Erben unterliege.

3337 Diese Elemente gingen, mit mehr oder weniger starken Modifikationen, in die diversen Partikularrechte und in das moderne Recht ein. Nach österreichischem Recht hat der Erbe im Zuge der Verlassenschaftsabhandlung eine unbedingte oder eine bedingte Erbserklärung abzugeben, bei letzterer haftet er als Inventarerbe nur beschränkt.

➤ Manche Rechte ließen den Erben nur mit den Nachlassgegenständen haften (*cum viribus*).

➤ Manche folgten dem gemeinrechtlichen Vorbild mit der Möglichkeit der Inventarerrichtung (*pro viribus*), so dass der Erbe nur bis zur Höhe des Nachlasswertes haftete. So auch das österreichische Recht (§§ 799 ff ABGB).

4. Erbenmehrheit

3338 In der Praxis werden oft nicht nur ein Erbe, sondern mehrere Personen zu Erben berufen. Diese bilden eine **Erbengemeinschaft**; das Erbe steht im Miteigentum sämtlicher Erben.

> Im älteren Recht bildeten die Erben eine Gesamthand (*Ganerbschaft*), die auch nach ihrer Auflösung in bestimmten Punkten nachwirkte.

> Besonders im niederen Adel waren Ganerbschaften ein wichtiges Instrument für den Familienzusammenhalt: Um die Macht der Familie zu erhalten, verzichteten die Ganerben weitgehend auf individuelle Verfügungsrechte; die Erbschaft wurde meist nur nach Nutzungsbefugnissen aufgeteilt, blieb aber über Generationen hinweg im Besitz der ganzen Familie, woraus sich später die Familienfideikommisse entwickelten (⇨ Rz 3431).

> Unter dem Einfluss des gemeinen Rechts wurde die Erbengemeinschaft als Miteigentum nach ideellen Bruchteilen konstruiert und die Erbteilung derart gestaltet, dass mit ihr alle wechselseitigen Rechte und Pflichten erloschen. So auch das ABGB.

Studienwörterbuch: Ganerbenrecht.

3339 Bei **Auflösung** der Gemeinschaft erfolgt die Bestimmung der Erbportionen entweder durch Erbenübereinkunft oder durch gerichtlichen Ausspruch. Häufig sind auch Teilungsanordnungen durch den Erblasser.

> Wo Realteilung möglich ist, erfolgte die Ausmessung der Portionen oft nach der Regel: *Der Ältere teilt, der Jüngere wählt*, sonst durch das Los. Ist Realteilung nicht möglich oder nicht tunlich, kommt es zur Zivilteilung: Verkauf und Teilung des Erlöses oder Übernahme durch einen Miterben unter finanziellem Ausgleich der anderen.

> Im älteren Recht erloschen selbst nach Auflösung der Erbengemeinschaft nicht alle wechselseitigen Rechte und Pflichten: So waren etwa Veräußerungen des Erbteiles auch nach Auflösung der Gesamthand nur mit Zustimmung aller anderen Erben möglich, es sei denn, die Erben hatten anlässlich der Auflösung ausdrücklich auf ihr gegenseitiges Mitwirkungsrecht verzichtet (*Teilung mit Verzicht*).

> Durchbrochen wurde eine derartige Beschränkung erst dann, wenn einer der Erben selbst Kinder hatte: dann durfte er auch ohne Zustimmung der anderen Erben sein Erbteil veräußern, brauchte nunmehr aber die Zustimmung seiner Kinder (Erbenlaub, ⇨ Rz 3430).

Studienwörterbuch: Erbengemeinschaft.

3340 Um Ungleichbehandlungen zu vermeiden, muss sich ein Miterbe bei Bemessung seines Erbteils idR das anrechnen lassen, was er zu Lebzeiten des Erblassers aus dessen Vermögen an größeren Zuwendungen (zB Aussteuer) erhalten hat: **Einwerfung** (*Kollation*).

> § 793 ABGB sieht vor, dass im Falle, dass ein Erbe ein derartiges Gut empfangen hat, die übrigen Erben „den nämlichen Betrag" erhalten sollen, erst danach wird das (übrige) Erbe aufgeteilt.

> Demgegenüber wählt die Judikatur seit 1884 die Vorgangsweise, dass zunächst die einzuwerfenden Sachen zum Nachlass hinzugezählt, sodann die Anteile berechnet und schließlich vom Anteil des Einwurfpflichtigen wieder abgezogen werden.

Vierter Abschnitt

Sachenrecht

A Allgemeines

1. Dingliche Rechte

3401 Sachenrecht ist das Recht der **Güterzuordnung**. Es bestimmt, wem eine Sache zusteht, und definiert den Umfang der Herrschaftsmacht des/der jeweils Berechtigten.

➢ Da es die Herrschaft über Dinge regelt, heißt es auch dingliches Sachenrecht (so ABGB) – im Gegensatz zum Schuldrecht, welches das ABGB persönliches Sachenrecht nennt.

➢ Dem Sachenrecht kommt enorme wirtschaftliche und gesellschaftspolitische Bedeutung zu. In der Ausgestaltung des Eigentumsbegriffs zB liegen Grundsatzentscheidungen der sozialen Ordnung (zB sozialistisches – kapitalistisches Eigentum; ⇨ Rz 2163).

3402 Jene Befugnisse, die dem/den Berechtigten eine Rechtsmacht unmittelbar an der Sache selbst gewähren, heißen **dingliche Rechte**. Ihre Zahl und ihr jeweiliger Umfang schwanken je nach Rechtsordnung. Nach moderner Lehre sind zu nennen:

➢ das Eigentum als umfassendes Herrschaftsrecht an einer Sache;
➢ die beschränkten dinglichen Rechte, die eine inhaltlich begrenzte Herrschaftsmacht an fremder Sache gewähren.
➢ Nach heute herrschender Lehre existieren neben dem Eigentum als Vollrecht folgende beschränkte dingliche Rechte an fremden Sachen: Pfandrecht, Dienstbarkeit, Reallast, Baurecht.

3403 Folgende **Grundsätze** gelten für die dinglichen Rechte:

➢ *Spezialität*: dingliche Rechte bestehen grundsätzlich nur an einzelnen individuell bestimmten Sachen (Ausnahme früher: Generalhypothek (⇨ Rz 3460).
➢ *Numerus clausus*: Die Zahl der dinglichen Rechte ist von der jeweiligen Rechtsordnung festgelegt und kann durch Parteienvereinbarung grundsätzlich nicht vermehrt werden.
➢ *Typenzwang*: Der Inhalt der dinglichen Rechte ist durch Gewohnheitsrecht/Gesetz in typischer Weise festgelegt: keine vertragliche Gestaltungsfreiheit im Sachenrecht!
➢ *Absolute Wirkung*: Sachenrechte wirken im Gegensatz zu obligatorischen Rechten gegen jedermann.

➢ *Publizität*: Sie müssen daher für jedermann erkennbar sein (durch Gewere, Besitz, Grundbuch).

➢ *Rangfolge*: Bestehen an einer Sache mehrere dingliche Rechte, so geht das früher begründete dem später begründeten vor: *prior tempore, potior iure*. – *Wer zuerst kommt, mahlt zuerst* (Ausnahme früher: Rangprivilegien im Pfandrecht).

➢ *Titel und Modus*: Jede Begründung, Veränderung oder Übertragung eines Sachenrechts bedarf einer bestimmten Form (Modus, zB körperliche Übergabe, Grundbucheintrag) und eines besonderen Rechtsgrundes (Titels), der es rechtfertigt (zB Kaufvertrag, Testament).

➢ *Kausal* ist der Erwerb eines dinglichen Rechtes dann, wenn er aufgrund eines gültigen Titels erfolgt, andernfalls ist er *abstrakt*. Nach ABGB ist der abstrakte Erwerb eines dinglichen Rechts unzulässig; ist daher zB ein Kaufvertrag nichtig, kann auch das Eigentum nicht wirksam übertragen werden. Anders jedoch das BGB, das eine abstrakte Tradition zulässt.

Studienwörterbuch: Titel und Modus; Typenzwang.

3404 Ein Mittelding zwischen dinglichem Recht und obligatorischem Recht ist das **ius ad rem** (Recht zur Sache). Es wurde vom Lehnrecht und Kirchenrecht des Mittelalters (⇨ Rz 2120) entwickelt und spielte in neuerer Zeit beim so genannten „Doppelverkauf" eine Rolle:

➢ A verkauft eine Sache an B, ohne sie diesem zu übergeben; später verkauft er sie dem C und übergibt sie diesem.

➢ Kann der Inhaber des früheren Titels ohne Sachherrschaft (B) die Sache vom Eigentümer (C), der zwar den späteren Titel, aber die Sachherrschaft hat, herausverlangen?

➢ Lösung: nach manchen Rechten (zB ALR) ja, falls C bösgläubig war, dh vom Titel des B wusste oder wissen musste.

➢ Dem österreichischen Recht ist ein solches *ius ad rem* des B gegen den C nicht bekannt (Vgl aber den Rückstellungsanspruch nach den Rückstellungsgesetzen, ⇨ Rz 2174).

3405 Neben dem Eigentum gibt es **eigentumsähnliche Rechte**, die ursprünglich vom Grundeigentum erfasst waren, dann aber wegen ihrer besonderen Wirtschafts- und Betriebsform eine rechtliche Sonderentwicklung genommen haben.

➢ Dazu gehören: Berg- und Salzrecht, Wasser- und Fischereirecht, Forst- und Jagdrecht.

➢ Es handelt sich zT um alte Regalien (⇨ Rz 2109) oder Hoheitsrechte, die als staatliche Monopole (zB Salzregal) oder/und als staatliche Hoheitsbefugnisse fortleb(t)en (Jagdrecht).

➢ Sie gehören heute zT dem Privatrecht, zum größeren Teil dem Verwaltungsrecht an.

2. Sachbegriff

3406 Das ABGB folgt einem sehr weitgehenden **Sachbegriff**: „Alles, was von der Person unterschieden ist, und zum Gebrauche der Menschen dient, wird im rechtlichen Sinne eine Sache genant" (§ 285). Aus dieser Definition scheiden daher (lediglich) aus:

> der Körper des lebenden Menschen (vom Sklaven abgesehen) und die davon nicht abgetrennten natürlichen und künstlichen Teile;

> der menschliche Leichnam, solange er noch als Persönlichkeit angesehen wird (anders Mumien, Skelette);

> die menschliche Arbeitsleistung und die so genannten Persönlichkeitsrechte.

> Nicht dem „Gebrauch der Menschen" dienen Himmelskörper, die freie Luft, Wolken, Schatten, da sie nicht beherrschbar sind; sie sind daher keine Sachen im Rechtssinne.

> Der Fortschritt der Raumfahrt machte 1979 ein internationales Abkommen erforderlich, in dem die Staaten auf Eigentumsrechte auf dem Mond verzichteten („Mondvertrag").

3407 Eine Sonderstellung nehmen die **Tiere** ein. Sie galten von jeher als Sachen, mussten aber ihrer Natur entsprechend in mancher Hinsicht eine Sonderbehandlung erfahren: beim Eigentumserwerb und beim Eigentumsverlust, bei der Sachmängelgewährleistung (Krankheiten) und bei der Haftung des Tierhalters. Seit 1988 bestimmt § 285a ABGB, dass Tiere keine Sachen seien, erklärt aber gleichzeitig weiterhin die sachenrechtlichen Bestimmungen für anwendbar, sofern nicht Ausnahmen bestehen.

> Eine praktisch bedeutsame Ausnahme bildet § 1332a ABGB: Demnach sind Heilungskosten für ein Tier auch dann zu ersetzen, wenn sie den Wert des Tieres übersteigen.

3408 Gegenstände des Sachenrechts waren ursprünglich nur **körperliche Sachen**, welche in die Sinne fallen (*quae tangi possunt*). Spätestens seit dem Mittelalter wurden auch **Rechte als Sachen** behandelt, besonders wenn sie langfristig Ertrag abwarfen (Regalien, Reallasten etc.).

> Demgegenüber zählt das BGB nur körperliche Gegenstände zu den Sachen.

Studienwörterbuch: Rechtsbesitz.

3. Sacharten

3409 **Sachindividualität**: Prototyp der Sache ist die *Einheitssache*, die durch die Einheitlichkeit ihrer Erscheinung in der Natur gekennzeichnet ist (Tiere, Steine, Grundstücke). Als Sachen kommen aber außerdem in Betracht:

- die *Mengensache*, die aus mehreren Sachindividuen zusammengesetzt ist, denen einzeln kein wirtschaftlicher Wert zukommt (Sand, Obst, Getreide, Bienenschwarm);
- die *zusammengesetzte Sache*, die aus mehreren körperlich miteinander verbundenen Einzelsachen (Bestandteilen) zusammengefügt ist (Haus, Schiff, Auto).
- die *Gesamtsache*, bei der mehrere selbständige (!) Sachindividuen im Wirtschaftsleben als Einheit behandelt werden (Herde, Warenlager, Vermögen).
- *Sachteile* (Bestandteile) sind mit einer *Hauptsache* fest verbunden und können daher – von Ausnahmen (Stockwerkseigentum, Superädifikate) abgesehen – nicht selbständig Rechtsobjekte sein. Davon zu unterscheiden ist das Zubehör: dieses ist eine an sich selbstständige Sache, die aber dem besseren Gebrauch der Hauptsache dient (zB Wagenheber zu Auto). Es ist prinzipiell sonderrechtsfähig, folgt aber im Zweifel dem rechtlichen Schicksal der Hauptsache.

3410 Bewegliche – unbewegliche: Beweglichkeit oder Unbeweglichkeit sind primär natürliche Sacheigenschaften, an welche die Rechtsordnung verschiedene Rechtsfolgen knüpfen kann. Tatsächlich hat (weniger das römische als vielmehr) das deutsche Recht bewegliche Sachen rechtlich stets anders behandelt als unbewegliche (Grundbuch!).

- Beweglich sind Sachen, die ohne Veränderung ihres Wesens von Ort zu Ort bewegt werden können.
- Unbeweglich sind in erster Linie die Grundstücke, dh räumlich abgegrenzte Teile der Erdoberfläche mit allen mit ihnen fest verbundenen Bestandteilen (Bäumen, Häusern mit Fundament etc).
- Vielfach werden bestimmte bewegliche Sachen entgegen ihrer natürlichen Sacheigenschaft als unbeweglich und umgekehrt bestimmte unbewegliche Sachen als beweglich behandelt. Verliegenschaftung liegt vor etwa beim Grundstückszubehör; in mancher Hinsicht auch bei Seeschiffen und Schiffsmühlen etc. Entliegenschaftung kommt vor, wenn etwa unabgesonderte (Feld-)Früchte als Fahrnis behandelt werden.

3411 Vertretbare – unvertretbare Sachen: je nachdem, ob sie im Verkehr nach Maß, Zahl, Gewicht oder nach individuellen Merkmalen bestimmt sind. Die Unterscheidung wird nicht vom subjektiven Parteiwillen, sondern von der objektiven Verkehrsauffassung getroffen; sie ist wichtig etwa für das Darlehen und den Schadenersatz.

3412 Herrenlos sind Sachen, die in niemandes Eigentum stehen. Sie sind entweder ursprünglich herrenlos oder durch Preisgabe (*Dereliktion*) herrenlos geworden.

- Herrenlose Sachen unterliegen der besonderen Eigentumserwerbsart der Aneignung; von praktischer Bedeutung heute nur bei Fahrnis.

➤ Liegenschaften, die keinem Privaten gehören, unterliegen entweder einem ausschließlichen Aneignungsrecht des Staates/der Gemeinde etc oder gelten als Eigentum des Staates (so in Österreich etwa die Gletscherregionen).

3413 **Früchte** sind (wiederkehrende) Erträgnisse einer Sache („Muttersache"), die bestimmungsgemäß ohne Veränderung des Wesens der Muttersache aus dieser gewonnen werden (können). Man unterscheidet:

➤ *natürliche Früchte*, also die organischen Erzeugnisse einer Sache, die entweder ohne menschliches Zutun (natürliche Früchte im engeren Sinn) oder erst nach entsprechender Bearbeitung der Muttersache entstehen (fructus industriales); und

➤ *zivile Früchte*, die aus einer Sache auf Grund eines besonderen auf die Erzielung der Früchte gerichteten Rechtsverhältnisses gewonnen werden (Mietzins auf Grund des Mietvertrages oä).

4. Gewere und Besitz

3414 Dingliche Rechte müssen, weil sie absolut wirken, für jedermann erkennbar sein. Diesem Zweck dient primär die *Sachherrschaft*: Wer diese ausübt, scheint, zumindest auf den ersten Blick, auch dazu berechtigt zu sein. In diesem Sinne wurde spätestens seit dem Hochmittelalter die Sachherrschaft mit rechtlicher Wirkung ausgestattet und als **Gewere** bezeichnet (möglicherweise von *vestitura* oder *investitura* = „Bekleidung" mit der Sachherrschaft, dem Besitz). Gewere hat demnach:

➤ Wer die Sachherrschaft durch Haben einer Sache (bes bei Fahrnis) oder durch Nutzen einer Sache (bes bei Liegenschaften) ausübt; und

➤ wer ein Recht (zB Eigentum, Pfandrecht) dazu hat – oder zu haben scheint.

3415 Die Gewere erscheint demnach nicht nur als äußere Erscheinungsform eines dinglichen Rechts, sondern selbst als **Recht**: nämlich als das (vorläufige) Recht zur Ausübung eines dinglichen Rechts, dessen Bestand bis zum (gerichtlichen!) Beweis einer anderweitigen stärkeren Berechtigung vermutet wird. Sie gewährt dem Gewereinhaber folgende Vorteile:

➤ *Legitimationswirkung*: Wer die Gewere hat, scheint zur Ausübung des dahinter stehenden Rechts (bis zum Beweis des Gegenteils) legitimiert zu sein.

➤ *Defensivwirkung*: Er ist daher berechtigt, außergerichtliche Angriffe auf seine Gewere im Wege der Selbstverteidigung abzuwehren.

➤ *Beklagtenrolle*: Wird er von einem (möglicherweise) besser Berechtigten geklagt, kommt ihm im Prozess die günstigere Rolle des Beklagten zu (im älteren Prozess: Beweisrecht; im neueren Prozess: keine Beweislast).

➤ *Translativwirkung*: Da das dingliche Recht in der Form der Gewere in Erscheinung trat, konnte es (nur) in Form der Gewereübertragung (Übergabe; Auflassung) wirksam übertragen werden.

3416 Von diesem Zentralbegriff der Gewere als dinglicher Sachherrschaft haben sich schon im Mittelalter verschiedene **Arten/Ausprägungen** gebildet. Man unterscheidet:

➤ *Sachgewere – Rechtsgewere*: Begriff und Regeln der Gewere haben sich zunächst an körperlichen Sachen, bes Liegenschaften, entwickelt; sie wurden bald aber auch auf liegenschaftsähnliche Rechte (Regalien, Grundrenten usw) übertragen.

➤ *Leibliche – ideelle Gewere*: Außer der tatsächlichen Sachherrschaft, die die leibliche Gewere vermittelte, konnte es nach hL noch andere publizitätswirksame Formen der Gewerebegründung geben, insbesondere obrigkeitliche Akte, durch die eine von jeder Sachherrschaft gelöste ideelle Gewere begründet wurde (zB Erbengewere, Auflassungsgewere).

➤ *Eigengewere – Fremdgewere*: Nach dem Inhalt des hinter der Gewere stehenden Rechts unterscheidet man die Eigengewere des Eigentümers von der Satzungsgewere des Pfandgläubigers, der Nutzungsgewere des Leiheberechtigten usw.

➤ *Unmittelbare – mittelbare Gewere*: Wird eine Liegenschaft von mehreren Berechtigten auf verschiedene Weise genützt, spiegelt sich dies auch in einer Abstufung der Gewere wieder: Der leiheberechtigte Bauer, der die natürlichen Früchte zieht, hat unmittelbare Gewere; der Grundherr, welcher die zivilen Früchte (Zehnten, Abgaben) zieht, hat mittelbare Gewere. An Fahrnis war keine derartige Aufsplitterung möglich.

➤ *Aktuelle – ruhende Gewere*: je nachdem, ob die Gewere gegenwärtig (durch Ausübung tatsächlicher Sachherrschaft) Wirkungen entfaltet oder solche erst in Hinkunft unter bestimmten Umständen (zB Nichtleistung des Pfandschuldners zur Zeit der Fälligkeit bei der jüngeren Satzung) entfalten wird.

3417 Die Gewere gewährt ihrem Inhaber zunächst nur eine vorläufige Rechtsposition. Dieser Schwebezustand kann nicht „ewig" dauern. Er geht daher, wenn der (etwaige) besser Berechtigte seinen Anspruch nicht binnen bestimmter Frist (zB Jahr und Tag) gerichtlich geltend macht, in eine unanfechtbare Rechtsposition über: Die an sich fehlerhafte Gewere wird durch Verschweigung des besser Berechtigten zur unanfechtbaren **rechten Gewere**.

Studienwörterbuch: Gewere; Verschweigung.

3418 Mit der Rezeption dringt die römische ***possessio*** (Besitz) ein, die sich vom Begriff der Gewere in mehrfacher Hinsicht unterschied (vgl für Details die Lehrbücher des römischen Privatrechts!):

➤ Der Besitz war kein Recht, sondern ein Faktum, nämlich gewollte faktische Sachherrschaft: Besitzer war, wer eine Sache *corpore et animo* hatte.

➢ Der Besitzwille war darauf gerichtet, eine Sache für sich zu haben (*animus rem sibi habendi*); Besitz war also Eigenbesitz. Daher konnte es auch an Liegenschaften keinen mehrfachen Besitz geben (Ausnahmen: Erbpächter, Prekarist, Pfandgläubiger, Sequester).

➢ An das *corpus*-Element wurden zuweilen geringe Anforderungen gestellt, jedoch nie ganz aufgegeben; ein der ideellen Gewere vergleichbares Institut war dem römischen Recht unbekannt.

➢ Für den Besitzschutz hatte sich ein besonderes Besitzschutzverfahren (possessorisches Verfahren, Interdiktenverfahren) entwickelt, das vom Verfahren um das dahinterstehende dingliche Recht (petitorisches Verfahren) getrennt war und bei dem lediglich nach dem letzten ruhigen Besitzstand gefragt wurde.

➢ Besitz konnte im Wege der Ersitzung zu Ersitzungsbesitz führen.

Studienwörterbuch: Besitz; Ersitzung.

3419 Der Besitzbegriff verdrängte denjenigen der Gewere. In der Sache jedoch erfuhr er, unter dem Einfluss des kanonischen Rechts, des Lehnrechts und des einheimischen Rechts starke Veränderungen. Dabei konnten sich auch einzelne Elemente der Gewere erhalten und flossen schließlich in den **modernen Besitzbegriff** ein.

➢ So wurde von der Kanonistik die dem römischen Recht nur in Ansätzen bekannte Lehre vom Besitz an Rechten (*possessio iuris, quasi possessio*) weiterentwickelt, sodass nun zB auch ein Mieter einer Sache, und zwar aufgrund seines Mietrechtes, Besitzschutz genoss.

➢ Während die naturrechtlichen Kodifikationen (ABGB, ALR) noch Besitz mit Eigenbesitz gleichsetzen, ist nach BGB jeder Innehaber einer Sache Besitzer.

➢ Über das Wesen des Besitzes wurde lange Streit geführt; für SAVIGINY war er „seinem Wesen nach Factum, in seinen Folgen einem Rechte gleich."

5. Grundbuch

3420 Grundbücher sind geordnete schriftliche Aufzeichnungen einer Behörde über die Rechtsverhältnisse an Grund und Boden. Das moderne Grundbuch ist ein Produkt des 19. Jh. Vorläufer waren:

➢ Protokolle über einzelne Grundstücksgeschäfte in Städten (zB die Kölner Schreinskarten);

➢ daraus entstehende Stadtbücher, die entweder alle oder bestimmte Grundstücksgeschäfte (Kaufverträge, Verpfändungen, Testamente) verzeichneten (etwa Wien, Preßburg);

➢ Landtafeln, in denen jene Güter, die Landstandschaft (⇨ Rz 2113) vermittelten, verzeichnet waren und die sich langsam zu Grundbüchern entwickelten (bes böhmisch-mährische Landtafeln);

➢ diverse Sonderentwicklungen wie die Verfachbücher in Tirol und Vorarlberg uä.

Sachenrecht

> Wegweisend für das moderne Grundbuchsrecht waren Sachsen 1843, Ungarn 1855, Preußen 1872. Österreich folgte mit dem Allgemeinen Grundbuchsgesetz 1855. Heute gilt das Allgemeine Grundbuchsgesetz 1955. 1981 wurde mit der Umstellung des Grundbuchs auf EDV begonnen, die heute weitgehend abgeschlossen ist.

Studienwörterbuch: Grundbuch; Landtafeln.

3421 Die **Einrichtung** der Grundbücher war ursprünglich sehr unvollkommen. Die Eintragungen erfolgten entweder in *chronologischer* Reihenfolge oder unter dem Namen des Eigentümers (*Personalfolie*); zuletzt wurden alle auf ein Grundstück bezügliche Eintragungen in einem Blatt zusammengefasst (*Realfolie*). Im modernen Grundbuch gilt das das Realfoliensystem:

> Alle rechtserheblichen Eintragungen sind in einem nach Grundstücken geordneten *Hauptbuch* zusammen gefasst. Jede Grundbuchseinlage zerfällt in ein Gutbestandsblatt mit genauer Beschreibung des Grundstücks und ihm zugeordneten Zubehör und Rechten (A-Blatt), ein Eigentumsblatt, das die Eigentumsverhältnisse nennt (B-Blatt) und ein Lastenblatt, in das die am Grundstück bestehenden Pfandrechte, Servituten ua eingetragen werden (C-Blatt).

> Daneben bestehen eine Urkundensammlung, eine Grundbuchsmappe und Register.

> Es bestehen ferner ein besonderes Eisenbahn- und Bergbuch sowie früher Landtafeln für die ehemals adeligen Güter. Diese wurden mit der EDV-Umstellung allmählich in das allgemeine Grundbuch integriert.

3422 An wichtigsten **Grundsätzen**, die sich freilich erst allmählich und keineswegs geradlinig entwickelt haben, sind zu nennen:

> Eintragungsgrundsatz (*Intabulationsprinzip*): Dingliche Rechte an Liegenschaften können grundsätzlich nur durch Grundbucheintrag („Einverleibung") begründet, verändert, übertragen, aufgehoben werden.

> *Prioritätsprinzip*: Rang dinglicher Rechte untereinander richtet sich nach dem Zeitpunkt ihrer Eintragung (bzw. des Einlangens des Gesuchs beim Grundbuchgericht): *prior tempore potior iure* – Wer zuerst kommt, mahlt zuerst.

> Vertrauensgrundsatz (*materielles Publizitätsprinzip*; öffentlicher Glaube): Ein gutgläubiger Dritter muss sich hinsichtlich der Richtigkeit und der Vollständigkeit auf das Grundbuch verlassen können. Was eingetragen ist, gilt; was nicht eingetragen ist, gilt nicht.

> Öffentlichkeitsprinzip (*formelles Publizitätsprinzip*): Das Grundbuch kann von jedermann eingesehen werden;

Studienwörterbuch: Eintragungsgrundsatz.

B Eigentum

1. Allgemeines

3423 Während das römische Recht einen einheitlichen **Eigentumsbegriff** entwickelte, der für alle Sacharten galt, hat das deutsche Recht seit jeher zwischen dem Eigentum an Liegenschaften und dem Eigentum an Fahrnis unterschieden und für jedes eigene Grundsätze aufgestellt. Das erklärt sich:

➢ primär aus der Natur der Unbeweglichkeit der Liegenschaften;
➢ aus der Tatsache, dass Grund und Boden nicht oder kaum vermehrbar sind;
➢ dass dem Liegenschaftseigentümer in der bis zum 18. Jh vorwiegend agrarischen Gesellschaft und daher auch im Feudalismus (⇨ Rz 2101) zentrale politische Bedeutung zukam.

3424 Das ABGB folgte der gemeinrechtlichen Lehre und definiert das Eigentum – für Fahrnis und Liegenschaften einheitlich – als die „Befugnis, mit der Substanz und den Nutzungen einer Sache nach Willkür zu schalten, und jeden anderen davon auszuschließen" (§ 354). Dies kann jedoch nicht darüber hinwegtäuschen, dass insbesondere das Liegenschaftseigentum **zu keiner Zeit ein schrankenloses Herrschaftsrecht** war. Es war und ist aus vielerlei Gesichtspunkten einer Reihe von inhaltlichen Beschränkungen unterworfen.

➢ Im älteren Recht bestanden familienrechtliche, markgenossenschaftliche, grundherrschaftliche, nachbarrechtliche, lehnrechtliche Schranken.
➢ Rezeption und Naturrecht postulierten zwar theoretisch den schrankenlosen Eigentumsbegriff, ließen aber in der Praxis zahlreiche historisch gewachsene Eigentumsbeschränkungen bestehen.
➢ Lediglich im 19. Jh näherte sich das Liegenschaftseigentum unter der Herrschaft des Wirtschaftsliberalismus (mehr oder weniger) einem schrankenlosen Herrschaftsrecht an: Der Boden als Ware.
➢ Seit dem Ende des 19. Jh wurde in vielfacher Hinsicht die Sozialpflichtigkeit des (Liegenschafts-)Eigentums betont und ausgebaut. Etwa nach dem Motto: *Eigentum verpflichtet* (so zB Art 24 DDR-Verfassung 1949).
➢ Heute unterliegt das Liegenschaftseigentum vielfach vom öffentlichen Recht gezogenen Schranken: Grundverkehrsgesetze, Flächenwidmungspläne, Natur- und Denkmalschutz, Bauordnungen usw.

Studienwörterbuch: Eigentum.

3425 Demgegenüber wurde bei **Fahrnis** schon früh die Möglichkeit des Individualeigentums anerkannt und waren auch die Eigentumsschranken sowie die Möglichkeiten, es durch beschränkte dingliche Rechte zu beschränken, geringer.

> Es gibt zwar Miteigentum zur gesamten Hand oder nach Bruchteilen, nicht aber geteiltes Eigentum an Fahrnis.

> Beschränkungen des Fahrniseigentums waren und sind meist weniger weit reichend als bei Liegenschaften. Immerhin sind Handelsverbote, Aus- und Einfuhrbeschränkungen, Devisengesetz, Waffengesetz usw zu berücksichtigen.

> Vielfach wurden bewegliche Sachen als Zubehör einer Hauptsache gewidmet und dadurch dem Recht der Hauptsache (besonders von Liegenschaften) unterworfen: Verliegenschaftung.

2. Formen

3426 Das Eigentumsrecht kann entweder einer einzigen (natürlichen oder juristischen) Person zustehen oder mehreren von ihnen gemeinsam (**Miteigentum**). Miteigentum kann etwa dadurch entstehen, dass mehrere Personen zusammen ein Gut erwerben oder erben. Historisch gesehen gibt es im Wesentlichen zwei Gestaltungsmöglichkeiten:

> Miteigentum zur gesamten Hand (*condominium plurium in solidum*): Verfügungen über das Ganze oder auch über Teile können nur alle Miteigentümer gemeinsam (*conjuncta manu*; mit samender Hand) treffen. Es bestehen also keine selbständigen Quoten. Häufig kam es im familiären Bereich (Vater – Haussöhne; Brüdergemeinschaft; Gütergemeinschaft der Ehegatten) vor.

> Miteigentum nach (ideellen) Bruchteilen (*communio pro indiviso*): Verfügungen über das Ganze nur gemeinschaftlich, doch kann jeder Miteigentümer individuell über seinen Anteil verfügen; heute vorherrschend. Diese Miteigentumsform kam in der Rezeption auf und verdrängte allmählich das Gesamthandeigentum.

> Nach älterer Lehre kannte das ABGB überhaupt kein Gesamthandeigentum. Die heutige Lehre erblickt aber zB in der Erbengemeinschaft oder in der Ehegütergemeinschaft Fälle des Gesamthandeigentums; auch die OHG folgte dem Prinzip der Gesamthand.

Studienwörterbuch: Miteigentum.

3427 Wohnungseigentum ist nicht Miteigentum an realen Teilen eines Hauses, sondern das mit dem Miteigentum an einer Liegenschaft untrennbar verbundene, vererbliche, veräußerliche und belastbare dingliche Recht auf ausschließliche Nutzung und Verfügung über bestimmte Räume.

> Tatsächlich eine Realteilung des Hauses erfolgt(e) beim *Stockwerkseigentum*, wo die Geschosse oder Wohnungen eines Hauses im Sondereigentum verschiedener Personen stehen. Diese im älteren Recht häufige Eigentumsform widerspricht dem Grundsatz *superficies solo cedit*. Seit 1879 kann Stockwerkseigentum nicht mehr neu begründet werden; derzeit existieren österreichweit noch rund 1500 Objekte, an denen Stockwerkseigentum besteht.

➤ Insbesondere die Wohnungsnot nach dem 1. WK brachte Ideen auf, das Stockwerkseigentum in neuer Form wieder zu beleben, um Wohnungswerbern einen Anreiz zur (wenigstens teilweisen) Selbstfinanzierung des Bauvorhabens zu bieten. Nach mehreren erfolglosen Ansätzen in der Zwischenkriegszeit wurde 1948 die neue Form des Wohnungseigentums in Österreich eingeführt.

➤ Wohnungseigentum kann von jedem Miteigentümer begründet werden, dessen Anteil am gesamten Haus den sog Mindestanteil nicht unterschreitet. Dieser entspricht dem Verhältnis des Nutzwerts des von ihm benutzten Wohnungseigentumsobjekts zur Summe der Nutzwerte aller Wohnungseigentumsobjekte der Liegenschaft.

➤ Das Wohnungseigentumsgesetz 1948 ließ Wohnungseigentum nur für Einzelpersonen oder für Ehepaare zu. Erst durch das neue Wohnungseigentumsgesetz 2002 ist eine Eigentümerpartnerschaft auch für andere Personen möglich.

➤ Mit dem österreichischen Wohnungseigentum ist va das schweizerische „Stockwerkseigentum" vergleichbar, das trotz seines Namens nicht an das ältere Institut anknüpft, sondern gleichfalls Miteigentum an Grund und Gebäuden vorsieht. Die schweizerischen Stockwerkseigentümer bilden eine Gemeinschaft, der Rechtspersönlichkeit zukommt. So seit 1994 auch das österreichische Recht.

➤ Das deutsche Wohnungseigentumsgesetz 1951 weicht demgegenüber von der österreichischen und schweizerischen Rechtslage ab, indem nur der Grund im Miteigentum, hingegen die Wohnung in echtem Sondereigentum steht.

Studienwörterbuch: Stockwerkseigentum; Wohnungseigentum.

3428 Geteiltes Eigentum ist eine Teilung des Eigentums nach Befugnissen zwischen einem Leihegeber und einem Beliehenen, von denen jeder in seinem jeweiligen Rechtsbereich (Adel – Bauer) als Inhaber eines praktisch vollen Herrschaftsrechtes erscheint. Die mittelalterliche Jurisprudenz hat daraus den Begriff des geteilten Eigentums in Anlehnung an römischrechtliche Institutionen entwickelt, wobei der Grundbesitzer als Obereigentümer (*dominium directum*), der Beliehene als Unter- oder Nutzungseigentümer (*dominium utile*) erscheint. Als Fälle des geteilten Eigentums wurden behandelt:

➤ das Verhältnis zwischen Lehensherrn und Lehensmann;

➤ zwischen Grundherrn und Grundholden;

➤ das Familienfideikommiß mit Obereigentum der Familie und Untereigentum des jeweiligen „Chefs des Hauses" (§ 629 ABGB).

➤ Geteiltes Eigentum war nur an Liegenschaften, nicht an Fahrnis möglich. Es entsprach der tatsächlichen Situation im deutschen Recht und kam wirtschaftlichen und sozialen Bedürfnissen entgegen.

➤ Je nach Ausgestaltung im Einzelnen konnte sie die Beteiligung von bestimmten Bevölkerungsschichten an Grund und Boden sichern.

> Dem Liberalismus allerdings erschien sie als Beschränkung des Grundstückverkehrs, meist auch im Zusammenhang mit persönlichen Abhängigkeitsverhältnissen. Seit dem 19. Jh wurden daher alle Spielarten des geteilten Eigentums bekämpft bzw beseitigt

3429 Beim **Treuhandeigentum** scheint der Treuhänder im Außenverhältnis als voller Eigentümer auf, im Innenverhältnis ist jedoch seine Rechtstellung gegenüber dem Treugeber gebunden.

> Der Treuhänder „kann mehr, als er darf".

> Dem Treuhandeigentum kam va im älteren deutschen Recht große Bedeutung zu (zB beim Kauf von städtischen Grundstücken durch Nichtbürger); oft wird jedoch die Treuhand auch zur Umgehung gesetzlicher Bestimmungen missbraucht.

3. Eigentumsschranken

3430 Aus **familienrechtlichen Gründen** war das Verfügungsrecht des Hausvaters über das Hausgut beschränkt. Er bedurfte zur Veräußerung/Belastung der Zustimmung der nächsten Erben. Fehlte dieses Erbenlaub, konnten die Berechtigten die Sache von jedem Dritten herausverlangen. Auf diese Weise konnte die Einheit des Familiengutes über Generationen hinweg gewahrt bleiben. Allerdings wurde diese familienrechtliche Beschränkung im Interesse des Individualismus nach und nach abgebaut. Das Erbenlaub war demnach nicht mehr erforderlich:

> bei Verfügungen über Fahrnis;

> bei Verfügungen über das vom Verfügenden entgeltlich erworbene Gut (Kaufgut), so dass nur das ererbte Gut (Erbgut) dem *Erbenlaub* unterlag;

> bei Verfügungen über einen Freiteil (Sohneskopfteil; die Hälfte oder ein Drittel des Vermögens), meist zu Gunsten seines Seelenheils an die Kirche;

> im Falle echter Not, also etwa zur Vermeidung der Schuldknechtschaft.

Studienwörterbuch: Ebenteuer; Erbenlaub.

3431 Länger als im allgemeinen Bereich hielten sich güterrechtliche Beschränkungen im Interesse der Familie im hohen Adel in Form der **Stammgüter** und im niederen Adel in Form der **Familienfideikommisse**.

> Die politische Macht des Adels stützte sich va auf seinen Großgrundbesitz, der daher der Familie erhalten bleiben musste. Der Chef des Hauses durfte daher diese Güter nicht oder nur mit Zustimmung der Familie veräußern und war insoweit in seinem Eigentum beschränkt.

> Während der hohe Adel das Recht zu einer derartigen Familienbindung aus seinem Privatfürstenrecht (⇨ Rz 2313) schöpfte, behalf sich der Niedere Adel mit der aus dem römischen Recht übernommenen Rechtsfi-

gur der *fidei commissum*, welche zur Umgehung des Verbots der Nacherbschaft verwendet worden war (⇨ Rz 3323).

➢ Während die Weimarer Reichsverfassung 1919 im Zusammenhang mit der Adelsaufhebung die Auflösung der Stammgüter und Familienfideikommisse verfügte, bestanden sie in der Republik Österreich zunächst fort und wurden erst in der NS-Zeit aufgrund eines Reichsgesetzes vom 6. 7. 1938 beseitigt.

Studienwörterbuch: Familienfideikommiss.

3432 Zahlreiche Beschränkungen des Liegenschaftseigentums entspringen dem **Nachbarrecht**. Sie entsprechen inhaltlich oft den Servituten, beruhen aber nicht auf Vertrag, sondern auf Gesetz/Gewohnheitsrecht (daher oft als *Legalservituten* bezeichnet). Es sind zu nennen:

➢ *Notwegerecht*: das Recht, zum Erreichen eines öffentlichen Weges über fremden Grund zu gehen/zu fahren (in Österreich Notwegegesetz 1896);

➢ *Überhangsrecht*: das Recht, vom Nachbargrundstück herüberragende Äste, Zweige, Wurzeln im Wege der Selbsthilfe zu beseitigen und sich die abgetrennten Teile anzueignen (originärer Eigentumserwerb!); vgl § 422 ABGB;

➢ *Grenzrechte*: Vorschriften über die Markierung von Grenzen sowie über Rechtsverhältnisse an Einrichtungen an der Grenze wie etwa den Grenzbaum (§ 421 ABGB) sowie von Grenzüberbauten.

➢ Eng mit dem Notwegerecht verwandt sind jene nachbarrechtlichen Gerechtsame, die ein kurzfristiges Betreten des Nachbargrundstücks zu bestimmten Zwecken erlauben: Anwenderecht, Hammerschlagsrecht, Leiterrecht, Schaufelschlagsrecht uä.

3433 Während die bisher genannten Nachbarrechte in neuerer Zeit an Zahl und Bedeutung abgenommen haben, ist die Bedeutung der **Immissionen** gestiegen. Während das ältere Recht diesen Fragen kaum große Beachtung zu schenken brauchte (oder sie durch das Verbot unleidlicher Gewerbe löste), kommt dieser Frage seit der Industrialisierung im 19. Jh enorme Bedeutung zu (heute: „saurer Regen", radioaktive Strahlung etc). Im Allgemeinen gilt folgendes:

➢ Unter Immissionen werden die von einem Grundstück ausgehenden mittelbaren physischen Einwirkungen auf ein Nachbargrundstück durch unwägbare Stoffe (zB Ruß) oder sich wellenförmig fortpflanzende Beeinträchtigungen (zB Schall) verstanden. Seit einer Novelle 2003 werden den Immissionen auch „Einwirkungen durch den Entzug von Luft, Licht, Grundwasser und dergleichen" gleichgestellt.

➢ Immissionen sind zu dulden, sofern sie nicht das ortsübliche Maß überschreiten und/oder die ortsübliche Nutzung des Grundstückes nicht (wesentlich) beeinträchtigen. Ist dies hingegen der Fall, kann der belästigte Grundeigentümer Unterlassung und Schadenersatz fordern, nach manchen Rechten auch den Einbau von Vorrichtungen, die Immissionen verhindern (Filteranlagen). Vgl § 364 ABGB.

> Durch die III. TN 1916 wurde jedoch der § 364a ABGB geschaffen: Geht die Immission von einer behördlich genehmigten (konzessionierten) Anlage aus, kann nicht Unterlassung, sondern lediglich Schadenersatz verlangt werden.

4. Eigentumserwerb

a) Originärer Eigentumserwerb

3434 **Aneignung** (*Okkupation*) ist Erwerb des Eigentums an einer herrenlosen Sache durch Inbesitznahme mit dem Willen, sie als eigene zu haben.

> Es besteht grundsätzlich Aneignungsfreiheit, doch haben sich seit dem Mittelalter eine Vielzahl von besonderen Aneignungsrechten entwickelt: An bestimmten (sog ansprüchigen) Sachen kann nur ein bestimmter Berechtigter Eigentum erwerben (zB der Jagdberechtigte an jagdbaren Tieren, der Fischereiberechtigte an fischbaren Fischen).
> Okkupation an Liegenschaften ist theoretisch möglich, praktisch bedeutungslos.
> Historische Sonderfälle sind das Beute-, Strand-, Grundruhrrecht (Grundruhr = Schiffswrack).

3435 **Fund** ist Inbesitznahme einer verlorenen (nicht herren-, sondern besitzerlosen) fremden Sache. Das Fundrecht wird traditionellerweise im Sachenrecht behandelt, weil der Fund uU zum Eigentumserwerb durch den Finder führen kann. Es galten/gelten folgende Grundsätze:

> Rückgabe an bekannten Verlustträger;
> bei unbekanntem Verlustträger „Verklarung" der Fundsache (von der Kanzel oä), um den Diebstahlsverdacht abzuwehren: *Fund verhohlen ist so gut wie gestohlen.* – Finderbalken und Diebsbalken stehen enge beisammen.
> Heute bei wertvolleren Funden (ab 10 €) Anzeige an die Behörde (Fundamt).
> Sofern kein Fundregal zugunsten des Königs/Grundherrn oä bestand uU Benützungsrecht nach bestimmter Zeit, später uU Eigentumserwerb des Finders an der Fundsache durch Verschweigung des Verlustträgers.
> Unter bestimmten Voraussetzungen Anspruch auf Aufwendungsersatz (bes bei Tieren), seit dem Naturrecht auch auf Finderlohn.

3436 **Schatz** ist eine Sache von einigem Wert, die so lange im Verborgenen gelegen ist, dass ihr Eigentümer nicht mehr zu ermitteln ist. Schatzfund ist ein dem Fund verwandter Vorgang, der aber schon seit der Antike eine andere Regelung erfahren hat als der „normale" Fund.

> Im Mittelalter bestand vielfach ein Schatzregal zugunsten des Königs, Lehnsherrn, Grundherrn auf den ganzen Schatz oder einen Teil des Schatzes.

> Daneben und besonders in der Neuzeit erfolgt regelmäßig eine Dreiteilung des Schatzes zwischen Entdecker, Grundeigentümer und Regalberechtigten (Fiskus).

> Seit Wegfall des Schatzregals (in Österreich 1846) Hälftenteilung zwischen Entdecker und Eigentümer der bergenden Sache (vgl § 399 ABGB).

3437 Früchte gelten, so lange sie von der Muttersache nicht getrennt sind, als deren Bestandteile (Ausnahmen im älteren deutschen Recht). Durch Trennung werden sie selbständige Sachen, die grundsätzlich dem Eigentümer der Hauptsache zufallen. Eine besondere Regelung des Eigentumserwerbs an Früchten wird jedoch nötig in drei Fällen:

> bei Bestand eines besonderen Fruchtziehungsrechtes (*Ususfructus*, Bodenleihe, Pacht);

> bei gutgläubiger Fruchtziehung durch einen Nichtberechtigten;

> bei Wechsel des Fruchtziehungsberechtigten zwischen Saat und Ernte. Dabei im Wesentlichen zwei Varianten: Produktionsprinzip (*Wer sät, der mäht*); oder Substantialprinzip (Eigentümer der Muttersache wird Eigentümer der Früchte).

3438 Weitere originäre Eigentumserwerbsarten:

> Im Fall der *Verarbeitung* (Umgestaltung einer beweglichen Sache in der Weise, dass daraus eine neue Sache entsteht) oder der *Vereinigung* (Verbindung zweier oder mehrerer beweglicher Sachen) erhalten der/die Eigentümer der ursprünglichen Sache(n) und der Hersteller der neuen Sache Miteigentum an der neuen Sache entsprechend dem wirtschaftlichen Wert ihrer Beiträge.

> *Säen und Pflanzen*: Werden Saatgut und Pflanzen mit einem Grundstück in feste Verbindung gebracht, gehen sie im Grundeigentum auf: *superficies solo cedit*. Ausnahmen bestanden im älteren Recht: Saatgut galt auch nach dem Ausbringen als Fahrnis!

> Der *Bau* mit fremdem Material auf eigenem Grund, mit eigenem Material auf fremdem Grund, mit fremdem Material auf fremdem Grund ist meist nach dem Grundsatz *superficies solo cedit* geregelt.

b) Derivativer Eigentumserwerb

3439 Beim derivativen Eigentumswerb wird das Eigentumsrecht vom Recht eines Vormannes abgeleitet. Die **Übereignung** ist nach heute hL ein Rechtsgeschäft; sie erfordert Willenseinigung zwischen Veräußerer und Erwerber über den Eigentumsübergang verbunden mit Übergabe (*Tradition*) der Sache.

- Unterscheide von der sachenrechtlichen Übereignung (dem Verfügungsgeschäft) den schuldrechtlichen Titel (das Verpflichtungsgeschäft), der sie rechtfertigt: zB Kauf, Tausch, Schenkung (⇨ Rz 3502).
- Die körperliche Übergabe kann durch entsprechende Surrogate (Übergabe durch Zeichen, Besitzauflassung, Besitzauftragung) ersetzt werden.
- Auch kann die Übereignung unter einer aufschiebenden Bedingung erfolgen. So bes beim Ratenkauf, bei dem die Sache bereits beim Käufer ist, das Eigentum aber erst mit vollständiger Bezahlung des Kaufpreises übergeht.

3440 Der rechtsgeschäftliche Eigentumsübergang an Liegenschaften vollzog sich in älterer Zeit meist unmittelbar auf dem Grundstück, wo der bisherige Eigentümer in publizitätswirksamer Form seine Gewere aufgeben musste. Dieser Akt hieß in den Quellen (*reale*) **Auflassung** (*resignatio*) und gab dem ganzen Geschäft den Namen. Der zunehmende Grundstücksverkehr führte dazu, dass die Auflassung auch fern des zu übereignenden Grundstücks vorgenommen werden konnte, und zwar vor Gericht oder einer sonstigen Behörde (Stadtrat, oä): Sog gerichtliche *(ideelle) Auflassung*. Sie wurde seit dem Spätmittelalter zur Regel.

- Juristisch zerfiel der Akt in zwei Elemente: die Einigung über den Eigentumsübergang (sala); und die Übertragung der Sachherrschaft (Gewere) vom alten auf den neuen Eigentümer (investitura oä) durch bestimmte symbolische Handlungen.
- Vielfach fanden auch bei der ideellen Auflassung die alten Formen Verwendung; häufig wurden über den Akt der Auflassung Urkunden ausgestellt und/oder Protokolle angefertigt oder Bucheinträge vorgenommen.
- Diese Einträge dienten zunächst nur der Beweissicherung, erlangten bald aber (auch) konstitutive Wirkung: Der Bucheintrag wurde zum wesentlichen und rechtsbegründenden Bestandteil des Übertragungsaktes.

3441 Die Rezeption brachte die römische Variante der Eigentumsübertragung auch an Liegenschaften durch **formfreie Tradition**. Doch setzte sich dieses System nur in abgeschwächter Form durch.

- Mischformen sahen besondere Formalitäten für den Veräußerungsakt (Gericht, Notar) und/oder für die Übergabe (symbolische Handlungen, Urkunden) vor.
- Ins andere Extrem fielen manche Rechte (zB das französische), in dem sie das Eigentum bereits mit dem schuldrechtlichen Vertragsschluss übergehen ließen (so noch heute Art 1138 CC).

3442 Die österreichischen Kodifikationen übernahmen aus dem böhmisch-mährischen Landtafelrecht den Grundsatz, dass ein dingliches Recht an Liegenschaften nur durch Eintragung ins Grundbuch erworben werden kann (**Intabulationsprinzip**).

- Im Lichte der Lehre von *Titel und modus* (⇨ Rz 3403) erscheint der Bucheintrag als *modus* des Eigentumserwerbs.

➤ Für nicht verbücherte Liegenschaften behalf man sich zunächst mit symbolischen Handlungsformen; seit 1916 (III. TN) kann die Übereignung ausschließlich durch Hinterlegung einer entsprechenden Urkunde bei Gericht erfolgen.

c) Erwerb vom Nichtberechtigten

3443 Das Eigentum kann nur dann übertragen werden, wenn der Veräußerer Eigentümer der Sache ist oder von diesem zur Veräußerung berechtigt wurde: *nemo plus iuris transferre potest, quam ipse habet.* Dieser – vor allem für das Fahrnisrecht elementare – Grundsatz bedeutet, dass der Eigentümer seine Sache von jedem dritten Erwerber herausverlangen kann, der sie von einem **Nichtberechtigten** erlangt hat: Prinzip der unbeschränkten Fahrnisverfolgung.

➤ Dies galt jedenfalls dann, wenn die Sache dem Eigentümer gegen dessen Willen (unfreiwillig) – etwa durch Raub, Diebstahl Unterschlagung – abhanden gekommen war.

➤ Anders lag der Fall, wenn der Eigentümer die Sache freiwillig unter Rückgabeverpflichtung einem anderen anvertraut (zB geliehen, vermietet oä) hatte. Er konnte dann nur gegen diesen seinen Vertrauensmann, nicht aber gegen einen etwaigen dritten Erwerber vorgehen: *Wo du deinen Glauben gelassen hast, dort musst du ihn suchen. – Trau schau wem. – Hand wahre Hand.*

➤ Doch gab es in beiden Fällen zahlreiche Ausnahmen.

3444 Aus dem Zusammenfluss dieser Elemente entwickelte sich der sog **Gutglaubenserwerb** von Nichtberechtigten (vgl § 367 ABGB). Danach erwarb Eigentum an einer beweglichen Sache auch vom Nichtberechtigten, wer:

➤ die Sache entgeltlich;

➤ im guten Glauben (redlich) an das Eigentumsrecht des Veräußerers;

➤ und in einem der drei folgenden Fälle an sich gebracht hatte: in einer öffentlichen Versteigerung; von einem zu diesem Verkehr befugten Gewerbsmann; vom Vertrauensmann des Eigentümers (= Hand wahre Hand-Prinzip).

➤ Da der Eigentumserwerb nicht derivativ, sondern aufgrund des guten Glaubens erfolgt, handelt sich um einen Fall des originären Eigentumserwerbs!

➤ Eine ähnliche Regelung enthielt § 366 HGB, der jedoch nur anzuwenden war, wenn der Veräußerer Kaufmann iSd HGB war. Mit dem UGB wurde diese Bestimmung beseitigt, und zugleich in § 367 ABGB die Bezeichnung „Gewerbsmann" in „Unternehmer" geändert.

5. Enteignung

3445 **Enteignung** ist Entzug oder Beschränkung (etwa zwangsweise Servitutsbegründung) des Eigentumsrechtes (oder anderer vermögenswerter Rechte) durch gesetzlich zulässigen Verwaltungsakt unter Übertragung auf ein gemeinnütziges Unternehmen im öffentlichen Interesse und idR gegen Entschädigung.

➢ Enteignungen wurden früher meist als Zwangsverkauf aufgefasst, nach moderner Ansicht aber als öffentlich-rechtlicher Eingriff in private Rechte.

➢ Der Begünstigte erwirbt Eigentum mit Hinterlegung der Entschädigungssumme oder mit Inbesitznahme (strittig!); das Intabulationsprinzip wird durchbrochen.

3446 Enteignungsfälle kamen schon im Mittelalter besonders in den Städten vor, doch bestanden zunächst keine festen Regeln. Diese wurden erst von der Lehre des Naturrechts (besonders HUGO GROTIUS) entwickelt. Danach kam eine Enteignung von wohl erworbenen Rechten Privater nur in Betracht:

➢ im öffentlichen Interesse;
➢ gegen Entschädigung;
➢ nach einem ordentlichen Verfahren.

➢ Diese Lehre hat auch die modernen Kodifikationen beeinflusst und ist in die meisten konstitutionellen Verfassungen aufgenommen worden. So auch ABGB § 365.

➢ Nach Art 5 StGG-ARStB 1867 ist allerdings Enteignung auch ohne Entschädigung zulässig (strittig!).

➢ Für das Enteignungsverfahren vorbildlich wurde das Eisenbahnenteignungsgesetz 1878.

C Bodenleihe

3447 **Leiherechte** im deutschrechtlichen Sinn sind begrenzte dingliche Rechte auf unmittelbare und inhaltlich unbeschränkte Nutzung eines fremden Grundstücks/Territoriums. Ihre wirtschaftliche und soziale Bedeutung kann nicht hoch genug veranschlagt werden. Der in der Hand einer relativ dünnen Oberschicht (König, geistliche und weltliche Große) konzentrierte Grundbesitz konnte in Rechtsform der Leihe in die Hände breiterer Bevölkerungsschichten gelangen und (jedenfalls zeit- und gegendweise) deren Proletarisierung verhindern.

➢ Doch ist festzuhalten, dass die Leihe – ausgenommen die städtische – sich nicht in einem sachenrechtlichen Verhältnis erschöpfte, sondern idR mit vielfältigen politischen und/oder personenrechtlichen Abhängigkeiten des Beliehenen vom Leihegeber einherging.

> Insofern kann die Leihe als zentrale Rechtsform gelten, in deren Rahmen sich die Ausbildung des wirtschaftlichen/politischen Feudalismus vollzog. Mit dessen Überwindung (spätestens im 19. Jh) ist daher auch diese spezifische Ausprägung der Leihe von Grund und Boden gefallen.
Studienwörterbuch: Leihe.

3448 Die **städtische Leihe** (*Burgrecht*) trat zunächst im Mittelalter als Gründerleihe in Erscheinung: Ein Stadtherr wies jedem Ansiedler ein Stück Boden für Hausbau etc gegen entsprechenden Zins zu. Diesem Beispiel folgten bald andere städtische Grundeigentümer (Klöster, Spitäler, Universitäten etc).

> Das Leiherecht in der Stadt war idR erblich und zog keine persönlichen Abhängigkeiten nach sich.

> Es wandelte sich daher bald zu freiem Eigentum, das mit einem Zins (*census, redditus* oä) zu Gunsten des ehemaligen Leihegebers belastet war.

> Gegenüber der Stadt nahm dieser Zins häufig die Gestalt einer öffentlich-rechtlichen Abgabe (Steuer) an.

3449 Die **ritterliche Leihe** entstand in fränkisch-karolingischer Zeit, als der König und andere geistliche oder weltliche Große Grund und Boden an ihre Gefolgsleute zu lebenslänglicher, bald zu erblicher Nutzung ausgaben. Diese waren zu höheren zivilen und/oder militärischen Diensten verpflichtet.

> Dadurch trat neben das sachenrechtliche Verhältnis ein eigenartiges personenrechtliches Treueverhältnis.

> Aus der Verschmelzung dieser beiden Elemente entstand das Lehnswesen (Feudalismus) als wesentliches Bauelement des mittelalterlichen Staates.

3450 Die **bäuerliche Leihe** stellte Jahrhunderte hindurch das wesentliche Bauelement der Grundherrschaft dar: Ein geistlicher (Abtei, Kloster) oder weltlicher Grundherr (König, adelige Herren, Stadt etc) überließ Grund und Boden an Bauern zur normalen landwirtschaftlichen Nutzung gegen Natural- oder Geldabgaben und meist auch gegen persönliche Dienstleistungen (Fron, Robot). Man unterscheidet:

> *freie Leihe:* wenn nur das Leihegut in die Grundherrschaft eingegliedert wurde, ohne dass der beliehene Bauer in ein persönliches Abhängigkeitsverhältnis geriet;

> *unfreie Leihe:* wenn der beliehene Bauer nicht nur in dinglich-sachenrechtlicher, sondern auch in personenrechtlicher Abhängigkeit vom Grundherrn stand (Erbuntertänigkeit, Leibeigenschaft etc).

3451 Dem Leihegeber blieb (durch das Nutzungsrecht des Beliehenen beschränktes) Eigentum, das im Lichte der Lehre vom geteilten Eigentum als **Obereigentum** definiert wurde. Dieses gewährte ihm im Wesentlichen folgende Befugnisse:

➤ das Recht auf (gemessene oder ungemessene) Leistungen aus dem Leihegut: Geld- und/oder Naturalzinse; Zehent; Fron- und Robotleistungen; sonstige Abgaben;

➤ das Recht der Genehmigung einer Veräußerung oder Verpfändung und auch der Vererbung des Leihegutes durch den Beliehenen und auf die dabei fällig werdenden Abgaben;

➤ das Recht, das Leihegut (genauer: das Obereigentum daran) zu veräußern oder zu verpfänden – mit dem beliehenen Bauern als schollengebundenem Zubehör (Pertinenz);

➤ ein Heimfallsrecht bei Wegfall des Nutzungsberechtigten (etwa durch Tod, Zeitablauf, Abstiftung oä).

3452 Dem Beliehenen gewährte die Bodenleihe das Recht auf unmittelbare landwirtschaftliche Nutzung des Leihegutes. Im Lichte der Lehre vom geteilten Eigentum erschien seine Stellung als die eines **Untereigentümers**.

➤ Die Leihe war zeitlich begrenzt (*Freistift*) oder lebenslänglich (*Leibgedinge*) oder vererblich (*Erbleihe, Erbpacht*).

➤ Veräußerung und Verpfändung des Leihegutes (des Untereigentums) waren möglich, meist jedoch nur mit Zustimmung des Grundherrn, dies zumindest dann, wenn sie an außerhalb der eigenen Grundherrschaft stehende Personen erfolgte.

➤ Für die Überlassung von Grund und Boden waren diverse Abgaben und Dienstleistungen (Fron, Robot) zu entrichten.

Studienwörterbuch: Erbpacht.

3453 Während in Österreich die verschiedenen Leiherechte spätestens mit der Grundentlastung 1848 beseitigt wurden, haben sich in England bis heute leiheähnliche Formen erhalten, da dort bis heute der König / die Königin nominell Eigentümerin allen Grund und Bodens ist. Das sachenrechtliche ***estate*-Recht** ist somit ein letzter bis heute existierender Rest des Feudalismus

➤ Die *ownership of the Crown* am gesamten Königreich (*realm*) geht bis auf die normannische Eroberung zurück. Nach der Restauration durch die Stuarts 1660 (⇨ Rz 1121) wurden zwar alle mit den Leihen verbundenen Abgaben beseitigt, nicht jedoch die Leiheverhältnisse an sich (⇨ Rz 2111).

➤ Hauptformen des *estate* sind *fee simple*, welches dem Berechtigten eine praktisch unbeschränkte Nutzung sowie Vererbbarkeit einräumt und insofern der Erbpacht vergleichbar ist; sowie *life estate*, welches lediglich ein lebenslängliches Nutzungsrecht gewährt, ähnlich dem Leibgedinge.

D Pfandrecht

1. Ältere Satzung

3454 **Pfandrecht** ist – nach moderner Auffassung – das beschränkte dingliche Recht an fremder Sache, aus dieser im Falle der Nichterfüllung der gesicherten Forderung durch den Schuldner Befriedigung zu erlangen.

➤ Derartige Realsicherungen gehörten schon der ältesten Zeit an, ursprünglich wohl in Form des zwangsweise begründeten (so genannten genommenen) Pfandes, bald auch durch vertragliche Pfandrechtsbegründung.

➤ An Typen sind zu unterscheiden: die ältere Satzung; die jüngere Satzung; die gemeinrechtliche Hypothek; das moderne Grundpfandrecht.
Studienwörterbuch: Pfandrecht.

3455 **Ältere Satzung** ist Hingabe einer Liegenschaft in die leibliche Gewere des Satzungsgläubigers zur Sicherung, besser: zur vorläufigen Tilgung einer Schuld.

➤ Der Pfandgläubiger erscheint als (vorübergehender) treuhänderischer Eigentümer der Pfandsache, die er in seiner Sachherrschaft hat, daher auch nutzt und verwaltet (Nutzungspfand!).

➤ Der Pfandbesteller behält eine (ruhende) Gewere mit der Befugnis, die Sache durch Bezahlung der Schuldsumme zu gegebener Zeit auszulösen. Gelang ihm das nicht, so verfiel das Pfand ohne Rücksicht auf seinen Wert, was für den Pfandgläubiger einen beträchtlichen Gewinn darstellen konnte.

➤ Im Lichte dieser Betrachtungsweise ging es dem Gläubiger oft nicht darum, die Schuldsumme zu erhalten, sondern das Pfand auf Dauer zu behalten. Daher wurde die Auslösung durch den Schuldner oft erschwert (nur mit eigenem Geld, nicht auf Raten, nur zu einem bestimmten Zeitpunkt).

3456 Die **Nutzungen/Früchte** der Pfandsache erhält der Gläubiger. Je nachdem, ob ihr Wert ganz oder gar nicht oder teilweise auf die Schuldsumme anzurechnen ist, unterscheidet man:

➤ Ewigsatzung (französisch: *mortgage*): Die Nutzungen des Pfandes werden nicht auf die Schuldsumme angerechnet. Das Pfand ist auf „ewig" verpfändet und daher für den Schuldner „tot".

➤ Totsatzung (französisch: *vifgage*): Die Nutzungen werden zur Gänze auf die Schuldsumme angerechnet, so dass das Pfand sich nach entsprechender Zeit „selbst" auslöst. Das Pfand ist für den Gläubiger „tot"; „lebt" aber für den Schuldner.

➤ Mischformen: die Nutzungen bleiben bis zu einer bestimmten Höhe (etwa 5 %, 10 % der Schuldsumme) dem Gläubiger gleichsam als Zinsen; der Rest wird auf die Schuldsumme angerechnet.

3457 Als **Gegenstand** der älteren Satzung kamen Grundstücke aller Art in Betracht, daneben aber auch ganze Herrschaftsgebiete (Grundherrschaften, Städte, Territorien) sowie Ertrag abwerfende (Hoheits-)Rechte (Regalien, Gerichtshoheit, Renten).

➢ Die ältere Satzung war demnach keineswegs nur ein Instrument privater Kreditbeschaffung oder Kreditsicherung, sondern auch ein wichtiges Mittel der Herrschaftsentwicklung: Pfand gibt oft Land.

➢ So verpfändete etwa Ks FERDINAND II. 1620 das Land Oberösterreich in der Form der älteren Satzung an Bayern für dessen Waffenhilfe im Dreißigjährigen Krieg (bis 1628).

➢ Die ältere Satzung war auch zumeist jene Rechtsform, in der die Witwe die Nutzungen aus der ihrem verstorbenen Gatten gegebenen Mitgift zog.

2. Jüngere Satzung

3458 Jüngere Satzung ist ein Liegenschaftspfand ohne Übertragung der Sache in die leibliche Gewere/den Besitz des Gläubigers (daher sog „besitzloses" Pfand).

➢ Eigentum und leibliche Gewere bleiben (zunächst) beim Schuldner.

➢ Der Pfandgläubiger erhält eine anwartschaftliche Gewere, die es ihm im Falle der Nichtleistung durch den Schuldner ermöglicht, Befriedigung aus der Pfandsache zu erlangen.

3459 Die jüngere Satzung folgte nicht zeitlich nach, sondern entwickelte sich neben der älteren Satzung, und zwar besonders in den Städten. Sie war von folgenden **Grundsätzen** beherrscht:

➢ Begründung durch rechtsförmlichen Akt vor Gericht/Rat mit nachfolgendem Bucheintrag, der ursprünglich nur Beweissicherungsfunktion hatte, mit der Zeit aber konstitutive Wirkung erlangte.

➢ Im Gegensatz zur älteren Satzung ließ die jüngere Satzung Mehrfach-Verpfändung zu, wobei die Vorstellung vorherrschte, dass nicht eigentlich das Grundstück, sondern jeweils „Wertparzellen" belastet wurden.

➢ Es herrschte das Prioritätsprinzip, dh der Vorrang des älteren vor dem jüngeren Pfandrecht.

➢ Die Verwertung erfolgte in einem obrigkeitlichen Verfahren (Gericht/Rat), das anfänglich zur Übereignung des Pfandes an den Gläubiger (Verfallspfand) führte, später zum Pfandverkauf, meist in Form einer öffentlichen Versteigerung (Gant).

➢ Ein etwa erzielter Überschuss war an den Schuldner herauszugeben; wegen eines Ausfalls konnte der Gläubiger auf das übrige Vermögen des Schuldners greifen (primäre Sachhaftung – subsidiäre Vermögenshaftung).

➢ Die jüngere Satzung als besitzloses Pfand war beweglicher und billiger als die ältere Satzung. Im Ganzen kam sie den wirtschaftlichen Bedürfnissen der aufstrebenden (städtischen) Kreditwirtschaft entgegen. Die in der älteren Satzung enthaltene Straffunktion gegen den säumigen Schuldner wich einer wirtschaftlichen Betrachtungsweise: Die Gläubiger sollten bekommen, was ihnen gebührte; der Schuldner sollte aber nicht darüber hinaus noch „bestraft" werden.

3. Hypothek

3460 Die Rezeption brachte die römischrechtliche **Hypothek**. Sie war ebenfalls „besitzloses" Pfand und entsprach daher äußerlich der jüngeren Satzung, wies aber inhaltlich in einigen wesentlichen Punkten gravierende Unterschiede auf:

➢ So wie für die jüngere Satzung galten auch für die Hypotheken die Prinzipien der Mehrfachverpfändung und der Verwertung durch Versteigerung, letzteres jedoch vielfach ohne Beteiligung der Obrigkeit.

➢ Der Verpfändungsvertrag war Konsensualvertrag, bedurfte also keiner besonderen Form.

➢ In bestimmten Fällen konnte ein Pfandrecht auch ohne Verpfändungsvertrag entstehen (sog stillschweigende Hypotheken, *hypotheca tacita*, zB Pfandrecht des Vermieters an den eingebrachten Sachen des Mieters); im Lichte der Lehre von Titel und Modus erschien hier als „Titel" das Gesetz selbst (daher auch als Legalhypotheken bezeichnet).

➢ Insbesondere die Legalhypotheken bezogen sich oft nicht nur auf einzelne Gegenstände, sondern auf das gesamte (gegenwärtige oder auch künftige) Vermögen des Schuldners. Derartige Generalhypotheken bestanden etwa zugunsten der Frau am Mannesvermögen für etwaige Forderungen aus dem ehelichen Güterrecht; des Mündels am Vermögen des Vormunds für etwaige Forderungen aus der Rechnungslegung; des Fiskus für Steuerschulden etc.

➢ Das Prioritätsprinzip wurde zwar nicht beseitigt, aber durch Rangprivilegien durchbrochen: jüngere Pfandrechte, besonders Legalhypotheken, konnten älteren uU im Rang vorgehen.

3461 Diese Grundsätze haben zu einer starken Rechtszersplitterung, vor allem aber zu einer **ruinösen Gestaltung** des Grundkreditwesens geführt. Als Missstände sind insbes zu nennen:

➢ die Preisgabe oder Abschwächung des Publizitätsprinzips (kein Bucheintrag, oder wenn, dann nur mit deklaratorischer, nicht mit konstitutiver Wirkung);

➢ die Preisgabe des Spezialitätsprinzips zu Gunsten von (in ihrer Wirkung nicht eindeutig definierten) Generalhypotheken.

➢ die Durchbrechung des Altersvorranges (*prior tempore, potior jure*) durch Rangprivilegien, wodurch das Risiko eines Kredites nicht mehr kalkulierbar war.

4. Modernes Pfandrecht

3462 Die **moderne Entwicklung** hat etwa ab dem 18. Jh die Lehren aus den Missständen des gemeinen Hypothekenrechts gezogen und ein Grundpfandrecht geschaffen, welches deutsch- und römischrechtliche Elemente in sinnvoller Weise miteinander verbindet. Im Wesentlichen gilt folgendes:

➢ **Publizität**: Pfandrechte an Liegenschaften werden idR durch Bucheintrag begründet, bei nicht verbücherten Liegenschaften durch Urkundenhinterlegung.

➢ **keine Legalhypotheken**: Gesetzliche Pfandrechte sind beseitigt (Ausnahme: Grundsteuer) oder zu einem „bloßen" Pfandrechtstitel umgewandelt worden.

➢ **Altersvorzug**: Es gibt keine Rangprivilegien, entscheidend ist die Reihenfolge der Pfandrechtsbegründung.

➢ **Spezialität**: Pfandrechte können nur an individuell bestimmten Liegenschaften begründet werden; es gibt keine Generalhypotheken (uU aber Simultanhypothek!).

➢ **Akzessorietät**: Pfandrecht ist im Hinblick auf seine Sicherungsfunktion vom Entstehen und vom Bestand der zu sichernden Forderung abhängig: doch ist Pfandrechtsbestellung für bedingte und/oder künftige Forderungen sowie für Höchstbeträge möglich.

3463 Auch im **Fahrnisrecht** wurde der deutschrechtliche Grundsatz, dass die Pfandsache in die leibliche Gewere / den Besitz des Gläubigers übergehen müsse (Faustpfandprinzip) zunächst vom gemeinen Recht zugunsten einer formfreien Fahrnispfandbegründung verdrängt und dann vom Naturrecht wiederhergestellt. Doch fehlte es auch in der Folge nicht an Versuchen, durch besondere sachenrechtliche Konstruktionen das Faustpfandprinzip zu umgehen.

➢ So insbesondere durch die Sicherungsübereignung, bei der die zur Sicherstellung verwendete Sache zeitweise in das Eigentum des Gläubigers übertragen wird. Da für eine Eigentumsübertragung idR keine körperliche Übergabe erfolgen muss, sondern auch zB durch Besitzkonstitut erfolgen kann, wurde die Sicherungsübereignung im 19. Jh vielfach zur Umgehung des Faustpfandprinzips verwendet. Anfang des 20. Jh wurde dies jedoch von Lehre und Rechtsprechung als unzulässig erkannt; Begründung von Sicherungsübereignung ist seitdem in Österreich nur mehr durch körperliche Übergabe möglich. Die praktische Bedeutung der Sicherungsübereignung ging darauf wieder stark zurück.

➢ In mehreren österreichischen Nachbarstaaten (Tschechien, Slowakei, Ungarn) ist nach 1989 die Möglichkeit der besitzlosen Pfandrechtsbegründung an Mobilien durch Eintragung in ein besonderes, öffentlich geführtes Pfandrechtsregister, analog zur Eintragung von Liegenschaftspfandrechten im Grundbuch, geschaffen worden (Registerpfand).

E Dienstbarkeiten

1. Grunddienstbarkeit

3464 Grunddienstbarkeit (*Realservitut*) ist das dingliche Recht auf unmittelbare, aber inhaltlich begrenzte Nutzung einer fremden Sache. Sie steht dem jeweiligen Eigentümer eines (sog herrschenden) Grundstücks zu dessen vorteilhafterer Nutzung an einem anderen (sog dienenden) Grundstück zu. Man unterscheidet:

➤ *Feldservituten*: etwa das Recht des Fußweges (*iter*); das Recht ein (Last-) Tier oder Fahrzeug über ein fremden Grund zu führen (*actus*); dort Wasser zu schöpfen (*aquae haustus*), Kalk zu brennen oder Sand zu graben;

➤ *Gebäudeservituten*: etwa das Recht, auf einer fremden Mauer aufzubauen, einen Balken in fremdes Gemäuer einzulassen oder die Dachtraufe auf fremdes Grundstück zu leiten.

3465 Der Begriff **Servitut** stammt aus dem römischen Recht, der Sache nach aber sind Dienstbarkeiten schon vor der Rezeption in zahlreichen Varianten vorgekommen (Weide-, Forstnutzungsrechte, Wegegerechtigkeiten, Leitungsrechte etc.). Sie entstanden zunächst gesetzlich/gewohnheitsrechtlich beim Zerfall genossenschaftlichen Miteigentums, wurden bald aber auch vertraglich (Bucheintrag!) begründet, besonders in den Städten. Die Lehre unterscheidet ua:

➤ bejahende (*affirmative*) Servituten: wenn der Eigentümer des herrschenden Grundstücks mit der dienenden Sache etwas tun darf, was er sonst nicht tun dürfte (zB mit einem Fahrzeug befahren);

➤ verneinende (*negative*) Servituten: wenn der Eigentümer der dienenden Sache etwas unterlassen muss, was zu tun ihm sonst freistünde (zB nicht über eine bestimmte Höhe zu bauen: in Wien sog Cottage-Servitut).

3466 Die modernen Kodifikationen (zB ABGB §§ 472 ff) sind bei Ausgestaltung des Servitutenrechts im Wesentlichen den römisch-rechtlichen **Grundsätzen** gefolgt. Deren wichtigste sind:

➤ *Servitus in faciendo consistere nequit*: Der Eigentümer des belasteten Grundstücks ist zu einem Dulden oder Unterlassen, nicht aber zu einem positiven Tun verpflichtet (Unterschied zur Reallast!).

➤ *Fundus fundo servit*: Die Benützung des dienenden Grundstücks muss für die Benützung des herrschenden Grundstücks einen Vorteil darstellen, nicht (nur) einen persönlichen Vorteil für dessen jeweiligen Eigentümer.

➤ *Servitus civiliter exercenda est*: Die Servitut ist in einer Weise auszuüben, die für den Belasteten möglichst wenig beschwerlich ist.

➤ *Vicinitas praedii*: Die Grundstücke müssen benachbart oder doch in einer solchen Lage zueinander sein, dass die Ausübung der Servitut möglich ist.

2. Personaldienstbarkeit

3467 Persönliche Dienstbarkeiten (*Personalservituten*) stehen nicht dem Eigentümer eines herrschenden Grundstücks, sondern einer individuell bestimmten Person (ohne Bezug zu einem herrschenden Grundstück) zu. Sie gelten idR als höchstpersönliche, daher als unveräußerliche und unvererbliche Rechte.

➢ Ihre Zahl war, entsprechend dem römischen Recht, ursprünglich begrenzt: Nießbrauch (Fruchtgenuss, *ususfructus*); Gebrauch (*usus*); Wohnrecht (*habitatio*); Recht auf Dienste bestimmter Sklaven (*operae servorum*).

➢ In der Rezeptionszeit wurde dieser Katalog wesentlich erweitert. Vor allem kann jede Grundservitut heute auch als Personalservitut begründet werden (unregelmäßige Personalservitut).

3468 Nießbrauch (Fruchtgenuss, Fruchtnießung, *ususfructus*) ist das dingliche Recht, eine fremde Sache zu gebrauchen und die Früchte daraus zu ziehen, ohne jedoch die Substanz der Sache anzugreifen: *ius alienis rebus utendi fruendi salva rerum substantia*.

➢ Gegenstand sind primär Liegenschaften, es können aber auch Rechte, ganze Vermögen oder Vermögensquoten mit einem *ususfructus* belastet werden.

➢ Das Institut spielt(e) eine große Rolle ua bei der Witwenversorgung, beim landwirtschaftlichen Ausgedinge, beim Vorerbrecht, als Ersatz für Verzinsung uä.

Studienwörterbuch: Nießbrauch; Wohnrecht.

F Reallast

1. Allgemeines

3469 Reallast (*onus reale*) ist das dingliche Recht auf inhaltlich beschränkte und mittelbare Nutzung eines fremden Grundstücks. Im Gegensatz zur Servitut ist der jeweilige Eigentümer des belasteten Grundstücks nicht zu einem Dulden oder Unterlassen, sondern zu einem positiven Tun (etwa Leistung von Abgaben) verpflichtet: zB Ablieferung des Zehents, Zahlung einer Natural- oder Geldrente in periodisch wiederkehrenden Abständen.

➢ Das Institut war dem römischen Recht nicht bekannt, aber im einheimischen Recht sehr verbreitet.

➢ Von den Rezeptionsjuristen wurde die Reallast den Servituten zugeordnet und meist als Servitut besonderer Art (*servitus iuris Germanici*) behandelt.

➢ In der Neuzeit erfuhr die Reallast einen Bedeutungsschwund. Das ABGB regelt sie nicht, lässt sie aber zu. Tatsächlich kommt sie als Haupt-

oder Nebenbestandteil von Ausgedingen in Betracht, uU auch als Leibrente.

3470 Die Reallast entstand aus den **persönlichen Leistungspflichten** der hörigen Bauern, deren Abgaben mit der Zeit auf das Grundstück „gelegt" (radiziert) wurden, so dass nicht eigentlich der Bauer, sondern das Grundstück (genauer: der jeweilige Eigentümer) als verpflichtet erschien. Daraus ergaben sich – grob gesprochen – folgende Grundsätze:

➤ Die Person des Leistungspflichtigen ist durch das Eigentum (oder ein dingliches Nutzungsrecht) an dem belasteten Grundstück bestimmt.

➤ Die Leistung musste ursprünglich aus den Erträgnissen des Grundstücks erbracht werden oder doch in einem wirtschaftlichen Zusammenhang mit diesem stehen.

➤ Das belastete Grundstück haftete für die zu erbringenden Leistungen (reine Sachhaftung). Erst in neuerer Zeit trat eine entsprechende persönliche Haftung subsidiär hinzu.

➤ Bei den Leistungen handelte es sich idR um periodisch (jährlich, vierteljährlich) wiederkehrende Leistungen.

➤ Die Rechtsnatur der Reallast ist strittig. Sie verbindet jedenfalls schuldrechtliche und sachenrechtlich Elemente.

2. Städtische Grundrente

3471 Eine Sonderform der Reallast war die städtische **Grundrente** (Zins, Erbzins, census, redditus oä). Sie beruhte nicht, wie die bäuerliche Reallast, auf persönlicher oder dinglicher Abhängigkeit, sondern entstand als rein vermögensrechtliche Grundlast. Sie war eine der wichtigsten Rechtsformen des beginnenden Kapitalismus und erlangte in ganz Europa enorme Bedeutung. Da sie als nicht wucherisch galt, konnte sie lange Zeit die Funktion des zinsbaren Darlehens übernehmen.

➤ Begründung erfolgte durch Schenkung, Kauf, Verfügung von Todeswegen oä.

➤ Das Geschäft war formgebunden: also Auflassung und/oder Bucheintragung oder gerichtliche Beurkundung.

➤ Die Rentenberechtigung wurde vielfach in einer besonderen Urkunde (Rentenbrief) verbrieft.

➤ Gegenstand der Rente: meist Geld, seltener Naturalien.

➤ Dauer der Rente: entweder auf Lebenszeit des Berechtigten oder einer dritten Person (Leibrente) oder auf „ewig" (Erbrente, Ewigrente).

➤ In der zeitgenössischen Terminologie wurde auch die städtische Grundrechte – wegen ihrer äußerlichen Ähnlichkeit zur städtischen Leihe (⇨ Rz 3448) als Burgrecht bezeichnet. Inhaltlich jedoch sind „Burgrecht-Leihe" und „Burgrecht-Rente" streng zu scheiden: Hier leistet der Eigentümer eines Grundstückes an einen Rentenberechtigten, dort der beliehene an den Grundstückseigentümer.

3472 Wichtigste Erscheinungsform war der **Rentenkauf**: Hingabe einer Summe Geldes für das Recht, eine lebenslängliche oder eine ewige Rente zu beziehen.

➢ Der Kaufpreis betrug bei der Leibrente etwa das Zehnfache, bei Ewigrenten etwa das Zwanzigfache der jährlichen Rente.

➢ Die Rente war auf ein Grundstück gelegt (radiziert), so dass der jeweilige Eigentümer zur Rentenzahlung verpflichtet war. Geriet er in Verzug, konnte der Rentengläubiger meist in einem bevorrechtigten und beschleunigten Verwertungsverfahren auf das Grundstück greifen.

➢ Die Rente/das Rentenrecht konnte an Dritte übertragen werden: durch Übergabe des Rentenbriefs in Verbindung mit einer besonderen Übertragungsurkunde (Willebrief). Die Rente wurde dadurch „mobilisiert", der Rentenbrief zu einer Art umlauffähigen Wertpapiers.

➢ Vielfach war Wiederkauf der Ewigrente gesetzlich oder vertraglich vorgesehen: Der Rentenschuldner konnte durch Bezahlung des seinerzeitigen Kaufpreises an den Rentenkäufer (Rentengläubiger) ein vorzeitiges Ende seiner Rentenbelastung herbeiführen. Dem Rentengläubiger hingegen stand ursprünglich kein Kündigungsrecht zu.

➢ Der städtische Rentenkauf befriedigte auf der Seite des Rentenschuldners den Kapitalbedarf von Grundeigentümern und auf der anderen Seite das Bedürfnis von „Kapitalisten", ihr Geld sicher, Ertrag bringend und nicht wucherisch anzulegen. Darüber hinaus konnte der Rentenkauf der Altersversorgung des Rentenkäufers und/oder seiner Angehörigen (Vertrag zugunsten Dritter: der Ehefrau, der Kinder) dienen. In der Neuzeit wurde das Institut durch das zinsbare Darlehen und/oder durch Versicherungsverträge verdrängt.

G Sonstige

3473 Näherrechte sind dingliche Erwerbsrechte, welche den/dem Berechtigten die Befugnis geben, eine Liegenschaft „an sich zu ziehen", wenn sie vom Eigentümer an einen ferner stehenden (daher minderberechtigten) Dritten veräußert wird. In Betracht kamen/kommen die Erben (Erbenwartrecht), die Nachbarn, Genossenschaft, Grundherrschaft, heute uU die öffentliche Hand. Die Wirkungsweise von Näherrechten war/ist verschieden:

➢ Am stärksten wirkte das *Revokationsrecht*: Die übergangenen Näherberechtigten (vor allem die Erben) konnten die Sache vom Erwerber herausverlangen, ohne diesem den Kaufpreis ersetzen zu müssen. Jener hatte lediglich einen schuldrechtlichen Ersatzanspruch gegen den Veräußerer.

➢ Beim *Lösungsrecht* konnten die übergangenen Näherberechtigten die Sache vom Erwerber herausverlangen, aber nur gegen Ersatz der Kosten und Nebenkosten.

➢ Beim *dinglichen Vorkaufsrecht* ist der Veräußerer verpflichtet, die Sache vor dem Verkauf an einen Dritten dem Vorkaufsberechtigten zum Kaufe anzubieten. Tut er das nicht, kann der Vorkaufsberechtigte die Sache vom Dritten gegen Erstattung des Kaufpreises und der Nebenkosten herausverlangen.

➢ Beim *schuldrechtlichen Vorkaufsrecht* hat der Veräußerer die Sache dem Vorkaufsberechtigten vor Veräußerung anzubieten. Verletzung des Vorkaufsrechtes gibt dem Vorkaufsberechtigten einen Schadenersatzanspruch gegen Veräußerer, nicht aber einen Herausgabeanspruch gegen den Erwerber.

3474 Baurecht (nach BGB: *Erbbaurecht*) ist das vererbliche, veräußerliche und belastbare dingliche Recht, auf oder unter fremdem Grund ein Bauwerk (Haus, Keller, Brücke, Tunnel) zu haben. Das Baurecht erspart Bauwilligen den Erwerb von Grund und Boden und ermöglicht insofern einer minder kapitalkräftigen Bevölkerungsschicht den Bau von Eigenheimen uä Der Baurechtsbesteller behält das Eigentum am Baurechtsgrund, bezieht einen Baurechtszins und nimmt an der Wertsteigerung seines Bodens teil.

➢ Das Institut entwickelte sich – in Anlehnung an die römisch-rechtliche *superficies* – vor allem in der Bodenreformbewegung seit Ende des 19. Jh. Es wurde in Österreich mit dem Baurechtsgesetz 1912 eingeführt.

➢ Das Recht, ein Baurecht zu vergeben, war nach diesem Gesetz auf den Staat, Länder, Gemeinden, öffentliche Fonds sowie auf Kirchen beschränkt. Es sollte diesen öffentlich-rechtlichen Körperschaften die Möglichkeit geben, die immer größere Nachfrage nach Baugrund zu befriedigen, ohne in öffentlicher Hand befindliche Grundstücke veräußern zu müssen.

➢ Erst mit der Baurechtsnovelle 1990 wurde es auch Privaten gestattet, Baurechte zu vergeben, womit das Institut wesentlich an Bedeutung gewann.

➢ Das Bauwerk gehört dem Baurechtsberechtigten und fällt nicht in das Eigentum des Grundeigentümers: Der Satz *superficies solo cedit* gilt also *nicht*! Das Bauwerk gilt vielmehr als Bestandteil des Baurechts. Dieses erscheint als selbständige liegenschaftliche Gerechtigkeit und erhält im Grundbuch eine eigene Grundbuchseinlage.

➢ Die Dauer kann (seit 1990) mindestens 10, höchstens 100 Jahre betragen. Nach Ablauf fällt das Bauwerk in das Eigentum des Grundeigentümers. Der Baurechtsberechtigte erhält eine Entschädigung. In der Praxis wird oft umgekehrt dem Baurechtsberechtigten aus sozialen Gründen die Möglichkeit geboten, das Grundstück zu erwerben, so dass nun in seiner Hand Grundstück und Bauwerk zusammenfallen.

Fünfter Abschnitt

Schuldrecht

A Allgemeines

3501 Das **Schuldrecht** (Obligationenrecht) regelt die rechtlichen Beziehungen zwischen zwei Personen/Parteien, kraft deren die eine – der Gläubiger – von der anderen – dem Schuldner – eine Leistung (Tun oder Unterlassen) verlangen kann.

> In älterer Zeit war die Bedeutung des Schuldrechts relativ gering. Doch kam es schon im Mittelalter, besonders im städtischen Bereich, zu einer reichen Ausbildung schuldrechtlicher Formen (besonders im Handels-, Wertpapier- und Versicherungsrecht sowie im Seehandel).

> Die Rezeption brachte einen (fast vollständigen) Sieg des römischen Obligationenrechts, das sich als Recht einer hoch entwickelten Verkehrswirtschaft gut für die frühkapitalistischen Verhältnisse der Neuzeit eignete.

> Die moderne Darstellung des Schuldrechts folgt im Wesentlichen dem von der Begriffsjurisprudenz des 19. Jh entwickelten System, in das auch neuartige, aus dem angloamerikanischen Recht stammende Schuldverhältnisse (Leasing, Franchising ua) sukzessive eingebettet wurden.

3502 Im Gegensatz zu den dinglichen Rechten wirken schuldrechtliche Verhältnisse nicht absolut (gegen Dritte), sondern grundsätzlich nur zwischen den beteiligten Parteien, dem Gläubiger und dem Schuldner, also **relativ**.

> Dieser Gegensatz, der heute geradezu das Wesenselement des Schuldrechts ausmacht, ist in seiner vollen Schärfe erst von der Begriffsjurisprudenz entwickelt worden.

> Eine Durchbrechung des Prinzips stellt das *ius ad rem* ⇨ Rz 3404 dar; auch wurde immer wieder versucht, zB Mietrechte mit dinglicher Wirkung auszustatten (Kauf bricht nicht Miete, ⇨ Rz 3521).

3503 Dem früheren Recht erschien das zwischen Gläubiger und Schuldner bestehende schuldrechtliche Band als **höchstpersönliche Bindung**, gleichsam als Fessel (*vinculum juris*).

> Schuldverhältnisse waren daher nicht übertragbar (kein Wechsel von Gläubiger oder Schuldner) und in ihrem Inhalt kaum oder nicht veränderbar. Erst als das Prozess- und Pfändungsrecht seinen personalen und pönalen Charakter abstreifte und die Forderung zu einem reinen Vermögensobjekt wurde, wurde ein Gläubigerwechsel (*Zession*) – ohne Zustimmung des anderen Teils! – möglich.

> Eine Veränderung des Rechtsgrundes oder des Inhalts einer Schuld (*Novation*) kann nur einvernehmlich zwischen Schuldner und Gläubiger erfolgen, bedarf also eines neuen Vertrages. Das Wesen der Obligation bleibt jedoch bestehen; war die alte daher nichtig, so haftet dieser Mangel auch der neuen Obligation an.

> Außer der Hauptleistungspflicht, die im Mittelpunkt des Schuldverhältnisses steht, entstehen meist auch Nebenpflichten, wie etwa Schutz- und Sorgfaltspflichten. Wie JHERING nachgewiesen hat, entstehen diese Nebenpflichten zT schon vor dem Vertragsabschluss durch rechtsgeschäftlichen Kontakt (zB Pflicht des Autoverkäufers, den potentiellen Käufer vor einer Probefahrt über Mängel des Vorführwagens aufzuklären). Diese „vorvertragliche Schuld" wird als *culpa in contrahendo* bezeichnet.

3504 Besteht gegenüber der Forderung des Gläubigers eine Gegenforderung des Schuldners, so können beide Ansprüche miteinander aufgerechnet werden (**Kompensation**). Dies geschieht entweder einvernehmlich durch einen Aufrechnungsvertrag, oder einseitig, letzteres aber nur unter den folgenden Voraussetzungen:

> *Gegenseitigkeit*: Der Schuldner des einen Schuldverhältnisses muss Gläubiger im anderen Schuldverhältnis sein und umgekehrt;

> *Gleichartigkeit* hinsichtlich Gattung und Güte (also zB Geldschulden gegen Geldschulden in derselben Währung); übersteigt die eine Schuld die Höhe der anderen, wird nur bis zu dieser Höhe kompensiert, die Restschuld bleibt aufrecht;

> *Fälligkeit* (keine Kompensation von fälligen mit erst künftigen Schulden, wohl aber umgekehrt);

> *Gültigkeit* (keine Kompensation von einklagbaren mit verjährten Schulden, wohl aber umgekehrt);

> im älteren deutschen Recht auch *Konnexität*: Forderung und Gegenforderung mussten aus demselben Rechtsverhältnis stammen (zB Mietzins gegen Aufwendungen des Mieters am Mietobjekt). Dieses Erfordernis wurde in der Rezeption beseitigt, dafür wurde zeitweise auch

> *Liquidität*, dh sofortige Beweisbarkeit gefordert.

> Die naturrechtlichen Kodifikationen nahmen an, dass Forderung und Gegenforderung sich von selbst aufheben, sobald alle Voraussetzungen gegeben sind (*ipso iure compensatur*). Das BGB fordert demgegenüber eine ausdrückliche Aufrechnungserklärung einer der beiden Parteien. So nun auch die österreichische Lehre.

3505 Schuld ist Leistensollen: Der Schuldner soll das, was er schuldet, freiwillig erbringen. Erfüllt der Schuldner nicht und hat er diese Nichterfüllung zu vertreten, trifft ihn idR die **Haftung**: das Einstehenmüssen für den Fall der Nichtleistung. Erst die Haftung verleiht der Schuld die Erzwingbarkeit.

> Im älteren Recht hatte die Haftung noch einen vorwiegend pönalen Charakter: der Schuldner musste mit seinem Körper / seiner Freiheit für das Nichterbringen der Schuld büßen (Schuldhaft, Schuldknechtschaft).

In der Neuzeit wurde dies beseitigt (letzter Rest in Österreich bis 1868: Wechselarrest).
➢ Heute wird nur mehr mit dem Vermögen gehaftet. Dabei steht im Haftungsfall prinzipiell das gesamte persönliche Vermögen des Schuldners dem Zugriff des Gläubigers offen (persönliche Haftung); mitunter haftet man aber auch nur mit bestimmten Sachen (so zB wenn eine dritte Person für den Schuldner ein Pfand bestellt: Sachhaftung).
➢ Realisiert wird die Haftung durch die Vollstreckung. Sie lag in älterer Zeit fast ausschließlich in der Hand des Gläubigers (Privatpfändung oä), erfolgte aber bald – aus nahe liegenden Gründen – unter Beteiligung der Obrigkeit (Stadtrat, Gericht) in einem besonderen Vollstreckungsverfahren, besonders bei der Exekution auf/in Liegenschaften.
➢ Nach der von der Historischen Rechtsschule entwickelten „Schuld-Haftungs-Lehre" (bes OTTO v. GIERKE) sollen Schuld und Haftung auch getrennt voneinander bestanden haben, mithin Schuld ohne Haftung, Haftung ohne Schuld möglich gewesen sein. Diese Theorie wird von der neueren Lehre (WERNER OGRIS) jedoch nicht mehr bzw nur mehr unter großen Vorbehalten vertreten.

Studienwörterbuch: Geloben zu allem Gute; Schuld und Haftung.

B Vertragsrecht

1. Allgemeines

3506 Haupttypus der rechtsgeschäftlichen Schuldbegründung ist der **Vertrag**. Er bezweckt die Begründung, Änderung oder Aufhebung von Rechten durch korrespondierende Willenserklärungen zweier (oder mehrerer) Parteien.
➢ Verträge kommen auf allen Rechtsgebieten vor (Erbvertrag, Ehevertrag, Adoptionsvertrag etc), vor allem aber im Schuldrecht.
➢ Verträge sind immer zwei- (oder mehr-)seitige Rechtsgeschäfte. Sie sind entweder einseitig verpflichtend (so v.a. die Schenkung) oder zweiseitig verpflichtend. Bei letzteren ist jede Partei sowohl Schuldner als auch Gläubiger (zB ist der Käufer hinsichtlich der Ware Gläubiger, hinsichtlich des Kaufpreises Schuldner). Stehen bei letzteren Leistung und Gegenleistung in einem notwendigen Austauschverhältnis (*do ut des*), spricht man von synallagmatischen Verträgen.

Studienwörterbuch: Synallagmatischer Vertrag.

3507 Schuldverträge waren, wie praktisch alle Rechtsakte, im älteren Recht **formgebunden**: Mangel in der Form galt als Mangel im Recht und ließ das Geschäft nicht (rechtsgültig) zustande kommen.
➢ Der *Realvertrag* wurde dadurch begründet, dass eine Partei ihre Leistung schon bei Vertragsabschluss erbrachte. So etwa beim Darlehen in der Zuzählung der Darlehensvaluta.

➢ Beim *Formalvertrag* mussten bestimmte nach außen hin tretende Formalismen eingehalten werden: Eid; Gebärden; Ergreifen eines Stabes (festuca); Zeugen; Schriftlichkeit uä.

➢ Beim *Arrhalvetrag* wurde die Schuld durch Hingabe einer Teilleistung begründet. Diese Teilleistung (*arrha*) konnte eine echte Anzahlung auf die später zu erbringende Restleistung sein (insofern Nähe zum Realvertrag); mitunter erfolgte aber auch eine bloße Scheinleistung (insofern Nähe zum Formalvertrag): so etwa der *Gottespfennig* (Einwurf in Opferstock) oder der *Weinkauf* (gemeinsamer Umtrunk der Vertragspartner).

➢ In der Neuzeit starben diese Formen nach und nach ab oder behielten nur Beweissicherungsfunktion, nicht mehr schuldbegründende Funktion. Besonders unter dem Einfluss des kanonischen Rechts setzte sich im Schuldrecht die Formfreiheit durch (*Konsensualvertrag*). Doch wird für bestimmte (gefährliche) Geschäfte weiterhin Schriftlichkeit, uU sogar gerichtliche oder notarielle Beurkundung erfordert.

Studienwörterbuch: Arrhalvertrag.

3508 Von Ausnahmen abgesehen, besteht heute im Schuldrecht das Prinzip der *Formfreiheit*, ferner auch die Prinzipien der *Abschluss-* und der *Gestaltungsfreiheit*. Sie setzten sich allmählich schon ab Ende des Mittelalters durch und werden heute gemeinsam als **Vertragsfreiheit** bezeichnet.

➢ Während in der Grundherrschaft und in der von den Zünften und Gilden beherrschten städtischen Wirtschaft vielfach *Kontrahierungszwänge* bestanden, steht es heute weitgehend frei, mit welcher Person man einen Vertrag abschließen will oder nicht (*Abschlussfreiheit*).

➢ Während das ältere Recht nur eine beschränkte Anzahl von Vertragsarten mit typisiertem Inhalt (zB Kauf, Tausch, Bürgschaft) kannte (*Typenzwang*), sind die Parteien heute auch bei der inhaltlichen Gestaltung weitgehend frei (*Gestaltungsfreiheit*).

➢ Der Grundsatz der Gestaltungsfreiheit, der seine Grenzen nur in gesetzlichen Verboten und den guten Sitten fand, erreichte seinen Höhepunkt zur Zeit des Wirtschaftsliberalismus im 19. Jh. Er „funktioniert" aber nur dort, wo einander zwei (halbwegs) „gleichstarke" Partner gegenüberstehen. Andernfalls kann diese Freiheit leicht zu einem Diktat des Stärkeren gegenüber dem Schwächeren ausarten und zu beträchtlichen Missständen führen.

➢ In der Praxis sind heute für bestimmte Massenverträge durch Allgemeine Geschäftsbedingungen (AGB) der Vertragsfreiheit recht enge Grenzen gesetzt. Durch sie zwingt ein großes Unternehmen (zB eine Bank, ein Kaufhaus) zwar nicht rechtlich, wohl aber faktisch eine wirtschaftlich schwächere Person, den Vertrag nur zu den von ihr vorgegebenen Bedingungen abzuschließen.

➢ Zum Schutz vor übervorteilenden AGB's erließ die BRD 1976 das AGB-Gesetz, Österreich 1979 das Konsumentenschutzgesetz, wonach u.a. bestimmte Vertragsinhalte nicht Gegenstand von AGB werden können.

➢ Im Arbeitsrecht erfolgt der Arbeitnehmerschutz va durch einseitig zwingende, dh nur zugunsten, nicht zulasten des Arbeitnehmers abänder-

bare gesetzliche Bestimmungen sowie durch das Kollektivarbeitsrecht (⇨ Rz 3524).
Studienwörterbuch: Vertragsfreiheit.

2. Kauf

3509 **Kauf** ist neben *Tausch* und *Schenkung* ein Veräußerungsgeschäft. Bei ihm verpflichtet sich der Verkäufer zur Übertragung eines Vermögensgegenstandes (Kaufgegenstand, Ware) in das Vermögen eines anderen (des Käufers), wofür dieser die Zahlung einer Geldsumme (Kaufpreis) verspricht.

➢ Der Kauf kommt zustande durch Einigung der Vertragspartner über Ware und Preis.

➢ Er war ursprünglich Bargeschäft, sodass Kaufabschluss und Übergabe/Übereignung des Kaufgegenstandes Hand in Hand gingen (zB Marktkauf). Wo dies nicht erfolgte, wurde er als Arrhalvertrag oder als Formalvertrag ausgestaltet. Heute ist er (von Ausnahmen abgesehen) Konsensualvertrag.

3510 **Kaufgegenstand** ist grundsätzlich jede vermögenswerte Sache (Ware), die der Übertragung auf einen anderen fähig ist.

➢ In Betracht kommen in erster Linie körperliche Sachen; seit dem Mittelalter aber auch unkörperliche Sachen (Rechte), so besonders beim Rentenkauf;

➢ auch künftige Sachen (*emptio rei speratae*) und Sachen, die der Verkäufer erst beschaffen muss (Verschaffungskauf), können Kaufgegenstand sein.

➢ Eine neuere Theorie (HARALD SIEMS) geht davon aus, dass die *arrha* ursprünglich vor allem den Zweck hatte, den Käufer einer Sache, die sich der Verkäufer erst beschaffen musste, durch Leistung einer Anzahlung zu binden.

3511 Der **Kaufpreis** muss in Geld bestehen (Unterschied zum Tausch). Seine Höhe ist grundsätzlich der freien Parteienvereinbarung überlassen. Doch gab und gibt es Regelungen, um eine (extreme) Übervorteilung des einen durch den anderen Partner zu verhindern/zu erschweren.

➢ So entwickelte schon das römische Recht in nachklassischer Zeit die Lehre vom gerechten Preis (*pretium justum*), die dann besonders vom kanonischen Recht weiterentwickelt wurde.

➢ Seit DIOCLETIAN (284–305) kann der Verkäufer den Vertrag anfechten, wenn er weniger als die Hälfte des Wertes der Sache als Kaufpreis bekommt (*laesio enormis*). Dies wurde später zu einem allgemeinen Prinzip bei zweiseitig verpflichtenden Verträgen erhoben.

➢ Mit dem Wuchergesetz 1914 wurde die im Darlehensrecht entwickelte Lehre vom Wucher auf alle synallagmatischen Verträge ausgedehnt.

> Der Ratenkauf, bei dem der Preis sukzessive geleistet wird, wurde in Amerika entwickelt und kam erst Mitte des 19. Jh nach Europa. Er bringt viele Vorteile, jedoch auch große Gefahren, da der Käufer seine eigene Finanzkraft nur zu leicht überschätzt.

> Einen ersten Schutz vor Übervorteilungen brachte das Ratengesetz 1896, das dem Käufer ua ein besonderes Rücktrittsrecht gewährte. Heute stellt das Konsumentenschutzgesetz besondere Schutzvorschriften auf (Informationspflichten, Mindestanzahlung ua).

Studienwörterbuch: Gerechter Preis.

3512 **Sachmängelgewährleistung**: Sachmängel sind Fehler, die der geschuldeten Sache körperlich anhaften. Der Schuldner hat dafür einzustehen, dass die Sache die zugesagten Eigenschaften aufweist und nicht mit Fehlern behaftet ist, die den Wert oder die Tauglichkeit zum gewöhnlichen oder zu dem nach dem Vertrag vorausgesetzten Gebrauch aufheben oder mindern.

> Dem älteren Recht war eine derartige Gewährleistung nicht bekannt. Der Käufer hatte die Sache zu prüfen. Hatte er sie angenommen, konnte er keine Ansprüche mehr geltend machen: *Augen auf, Kauf ist Kauf. – Wer närrisch kauft, muss weislich zahlen. – Wer die Augen nicht aufmacht, tut den Beutel auf.* Die Pflicht zur sofortigen Mängelrüge besteht noch heute im Unternehmensrecht (§ 377 UGB).

> Eine Ausnahme entwickelte sich zunächst beim Viehkauf (Inkubationszeit!) und bei solchen Mängeln, die der Verkäufer gekannt und/oder arglistig verschwiegen hatte.

> Mit der Rezeption kam das römische Gewährleistungsrecht, das – unabhängig von einem etwaigen Verschulden des Verkäufers – Wandlung (= Vertragsaufhebung) oder Preisminderung, bei behebbaren Mängeln auch Anspruch auf deren Beseitigung vorsah.

> Lange strittig war das Verhältnis zwischen Gewährleistung und Schadenersatz. Seit 1990 ist auch eine Schadenersatzforderung anstelle des Gewährleistungsanspruches möglich.

> Eine Richtlinie des Europäischen Parlaments und des Rates über den Verbrauchsgüterkauf aus 1999 führte in Österreich zu einer umfassenden Reform des Gewährleistungsrechts. Vgl heute die §§ 922 ff ABGB.

3513 **Rechtsmängelgewährleistung**: Ein Rechtsmangel liegt vor, wenn der Verkäufer dem Käufer nicht jene rechtliche Position einräumt, die ihm einzuräumen er kraft Gesetzes oder Vertrages verpflichtet ist.

> Im römischen Recht war dies der ruhige, ungestörte Besitz mit Ersitzungsmöglichkeit (*habere licere*).

> Im deutschen Recht war dies die unangefochtene Gewere, für die der Verkäufer einzustehen hatte: Jeder Kauf trägt die Währschaft (= Rechtsmängelgewährleistung) auf dem Buckel. Wurde der Käufer von einem Dritten in Anspruch genommen, hatte der Verkäufer in den Prozess einzutreten. Die Rechtsmängelgewährleistung war also prozessuale Schirmungspflicht.

> Nach modernem Recht hat der Verkäufer dem Käufer volles und lastenfreies Eigentum zu verschaffen. Die Gewährleistungsbehelfe sind dieselben wie bei der Sachmängelgewährleistung.

Studienwörterbuch: Gewährleistung.

3514 **Gefahrtragung**: Das Problem entsteht, wenn Abschluss des Kaufvertrages und Übergabe des Kaufgegenstandes zeitlich auseinander fallen und die Sache in dieser Zeit durch einen Zufall (!) untergeht oder verschlechtert wird. Muss dann der Käufer, obgleich er keine oder nur eine verschlechterte Sache erhält, den Kaufpreis bezahlen (= die Preisgefahr tragen)?

> Das römische Recht bürdete dem Käufer diese Preisgefahr auf: *periculum est emptoris*.

> Im Gegensatz dazu ließ das deutsche Recht Gefahr (sowie Lasten und Nutzungen) grundsätzlich erst mit der Übergabe (bei Liegenschaften mit dem Bucheintrag) übergehen.

> So im Normalfall auch das geltende Recht.

3. Schenkung

3515 **Schenkung** ist ein (einseitig verbindlicher) Vertrag (!), durch den sich jemand verpflichtet, einem anderen eine Sache unentgeltlich zu überlassen. Sie ist Handschenkung (Realschenkung), wenn der Schenkungsgegenstand unmittelbar bei/mit Vertragsabschluss übergeben wird; andernfalls liegt Schenkungsversprechen vor.

> Geschäfte, die als Schenkungen (*donationes*) bezeichnet wurden, kamen schon seit fränkisch-karolingischer Zeit in großer Zahl vor, sind aber nicht wirklich „unentgeltlich" gewesen, sondern als Entgelt für geleistete oder noch zu leistende Dienste angesehen worden.

> Dementsprechend konnten sie bei Undank/Treubruch des Beschenkten oder bei Eigenbedarf des Schenkers widerrufen werden.

3516 Das moderne Schenkungsrecht folgt im Wesentlichen den mit der **Rezeption** übernommenen römischrechtlichen Grundsätzen.

> Wegen der Gefährlichkeit der Schenkung für den Schenkgeber, aber auch für Dritte (Gläubiger, Verwandte) bestehen, jedenfalls für Schenkungsversprechen, bestimmte Formvorschriften (Schriftlichkeit, gerichtliche Beurkundung, Notariatsakt etc).

> Gewährleistungspflicht für Sachmängel besteht grundsätzlich keine (außer bei arglistig verschwiegenen Mängeln): *Einem geschenkten Gaul schaut man nicht ins Maul.*

> Die verminderte Bindungskraft der Schenkung zeigt sich vor allem in zahlreichen Widerrufsmöglichkeiten (Undank, Eigenbedarf ua; vgl §§ 947 ff ABGB).

4. Darlehen

3517 **Darlehen** ist die Übergabe einer bestimmten Menge vertretbarer Sachen in das Eigentum des Darlehensnehmers unter der Verpflichtung zur Rückgabe von Sachen gleicher Art, Menge und Güte (*tandundem eiusdem generis*).

➤ Darlehen kamen schon in älterer Zeit vor, meist zunächst als Naturaldarlehen (Saatgut etc), bald aber auch, besonders in der mittelalterlichen Stadt, als Gelddarlehen mit weit gespanntem Anwendungsbereich (Freundschaftsdarlehen – kaufmännischen Darlehen – Staatsanleihen etc).

➤ Das Darlehen ist nicht wesensnotwendig, aber meist entgeltliches Geschäft, wobei das Entgelt in Zinsen (Bruchteil des Kapitals) und nach bestimmten Zeitabschnitten (zB pro anno) bemessen wird.

3518 Jahrhundertelang hat die Kirche das **Zinsennehmen** bekämpft. Es galt, von Ausnahmen (zB Verzugszinsen) abgesehen, als wucherisch und als Sünde.

➤ Das kanonische Zinsverbot stützte sich auf verschiedene Bibelstellen (vgl etwa Lk 6,35) und galt zunächst für Kleriker, seit der karolingischen Zeit auch für Laien. Ausnahmen galten für bestimmte Bevölkerungsgruppen (Juden, Lombarden) und besonders privilegierte Leihhäuser. Erst im 19. Jh wurde das Zinsverbot von der Kirche schrittweise gelockert.

➤ Auch der Islam verbot (und verbietet nach verbreiteter Ansicht noch heute) das Zinsennehmen (*riba*-Verbot; vgl etwa Koran, Sure 30,38). Es entstanden sowohl in Europa als auch in Arabien Umgehungsgeschäfte, die insbesondere in der Zeit der Kreuzzüge auch im jeweils anderen Rechtskreis bekannt und verbreitet wurden.

➤ Ein besonders verbreitetes Umgehungsgeschäft war etwa der *contractus mohatrae* (lateinisch-arabisches Mischwort!): A verkauft B eine Ware und stundet ihm den Preis; kauft die Ware aber wieder zurück und zahlt dafür einen niedrigeren Preis sofort in bar. Dadurch erhält B sofort eine Geldsumme und muss erst später eine größere Summe zahlen, was wirtschaftlich gesehen dem Wesen eines Darlehens entspricht.

➤ Der weltliche Gesetzgeber ließ spätestens seit dem 16. Jh das Zinsennehmen zu, setzte aber meist Zinsmaxima fest (zB 5 % *per annum*). Im 19. Jh wurden diese Schranken im Sinne des Wirtschaftsliberalismus fast zur Gänze beseitigt, was zu schweren Missständen führte.

➤ Als Gegenmaßnahme wurde zunächst das „Gesetz betreffend Abhilfe wider unredliche Vorgänge bei Creditgeschäften" aus 1881 und dann vor allem das Wuchergesetz 1914 beschlossen: Wucher – und somit ein nichtiges Geschäft – liegt demnach vor, wenn Leistung und Gegenleistung zueinander in einem „auffallenden Missverhältnis" stehen (objektives Element) und „der Leichtsinn, die Zwangslage, Verstandesschwäche, Unerfahrenheit oder Gemütsaufregung" des anderen ausgenützt wurde (subjektives Element).

➢ Dieser moderne Wucherbegriff fand im Zuge der III. TN auch in das ABGB Eingang (§ 879 Abs 2 Z 4). Er ist nicht nur auf Darlehensverträge, sondern auf alle synallagmatischen Verträge anwendbar.
Studienwörterbuch: Wucher; Zinsverbot.

5. Bestandvertrag (Miete und Pacht)

3519 **Miete** ist die entgeltliche Überlassung einer Sache (eines Sachteiles) zum Gebrauch. **Pacht** ist die entgeltliche Überlassung einer Sache zum Gebrauch und zur Fruchtziehung.

➢ Beide Institute waren schon dem älteren Recht bekannt, wurden aber erst in der Rezeption nach den Grundsätzen der römischen *locatio conductio rei* näher ausgestaltet.

➢ Deren Regeln folgen auch die modernen Kodifikationen, wobei das ABGB die beiden Institute unter dem Begriff des Bestandvertrages (§§ 1090 ff) zusammenfasst.

3520 Folgende **Grundsätze** bestimmen den Bestandvertrag:

➢ Der Bestandgeber hat die Sache dem Bestandnehmer zu ungestörtem Gebrauch zu übergeben und in gebrauchsfähigem Zustand zu erhalten.

➢ Den Bestandnehmer trifft insbesondere die Pflicht zur Bezahlung des Miet- / Pachtzinses. Diese Miet-/Pachtzinsforderung des Vermieters/Verpächters war von jeher privilegiert: durch Beweisvorteile im Prozess und durch Vollstreckungserleichterungen.

➢ Seit der Rezeption hat der Bestandgeber ein gesetzliches Pfandrecht an den eingebrachten Sachen (an den *invecta et illata*) des Bestandnehmers (§ 1101 ABGB).

3521 **Kauf bricht (nicht) Miete**: Das Problem entsteht, wenn der Vermieter das Mietobjekt an einen Dritten verkauft (übereignet). Ist dann der neue Eigentümer der Mietsache an den Mietvertrag seines Vorgängers gebunden oder nicht?

➢ Das ältere Recht dürfte in diesem Fall den Mieter geschützt haben: *Heuer (= Miete) geht vor Kauf*.

➢ Das gemeine Recht behandelte die Miete als rein schuldrechtliches Geschäft, das nur zwischen den Parteien (dem Vermieter und dem Mieter) wirkte. Daher musste der Mieter dem neuen Eigentümer weichen: *Kauf bricht Miete*. So im Grundsatz auch das ABGB (§ 1120).

➢ Doch wurde dieser Satz durch die moderne Mieterschutzgesetzgebung dadurch eingeschränkt, dass der Rechtsnachfolger des Vermieters den Mietvertrag übernehmen muss und nur bei Vorliegen bestimmter, im Gesetz genannter Gründe kündigen darf. Vgl heute die §§ 2, 30 MRG.

Studienwörterbuch: Mietvertrag.

6. Arbeitsvertrag

3522 Durch den **Arbeitsvertrag** verpflichtet sich ein Arbeitnehmer zu einer Tätigkeit für einen Arbeitgeber, wobei er genau nach dessen Weisungen vorzugehen hat und insofern von seinem Arbeitgeber abhängig ist. Demgegenüber wird der Vertrag, mit dem sich jemand zur selbständigen Erbringung eines Werkes verpflichtet und allein den Erfolg schuldet, als *Werkvertrag* bezeichnet; die Abgrenzung von Arbeits- und Werkvertrag kann mitunter schwierig sein. Zusammen werden Arbeits- und Werkvertrag auch als *Dienstleistungsvertrag* bezeichnet.

➢ Werkverträge werden mit selbständigen Unternehmern (zB Handwerkern) abgeschlossen, die idR Arbeitszeit und -ort selbst bestimmen und sich auch der Hilfe eigener Mitarbeiter bedienen können, doch kann sich aus der Natur des Werkes etwas anderes ergeben (zB Aufführung eines Musikstückes durch einen selbständigen Musiker bei einer bestimmten Veranstaltung).

➢ Beim Arbeitsvertrag wird die Arbeitsleistung zumeist nach der Arbeitszeit bestimmt, ein bestimmter Erfolg ist nicht geschuldet (zB Verkäufer in einem Kaufhaus). Doch kann der Arbeitgeber dem Arbeitnehmer eine Gewinnbeteiligung oder eine freie Zeiteinteilung („Gleitzeit") gewähren, sodass auch hier die Abgrenzung zum Werkvertrag zuweilen verschwimmt. Gerade in jüngster Zeit wird auch für typisch arbeitsrechtliche Tätigkeiten die Form des Werkvertrages gewählt, va aus steuerlichen und/oder sozialrechtlichen Gründen („Neue Selbständige").

➢ Kein arbeitsvertragliches Verhältnis liegt/lag vor, wenn Tätigkeiten nicht aufgrund eines Vertrages, sondern aufgrund von personenrechtlichen Abhängigkeitsverhältnissen erbracht werden, zB die Tätigkeiten von Leibeigenen und Sklaven, Frondienste in der Grundherrschaft oder die Mithilfe im Familienbetrieb.

3523 Da der Arbeitgeber dem Arbeitnehmer typischerweise wirtschaftlich weit überlegen ist, ist für den Arbeitsvertrag ein *Über-Unterordnungsverhältnis* charakteristisch, weshalb eine uneingeschränkte Vertragsfreiheit zu einer Ausbeutung der Arbeitnehmer führen würde (und geführt hat). Die ab dem 19. Jh einsetzende Arbeitnehmerschutzgesetzgebung hat aus dem **(Individual-) Arbeitsrecht** ein eigenes Sonderprivatrecht gemacht, für das das allgemeine Privatrecht nur mehr subsidiäre Bedeutung hat.

➢ Das römische Recht regelte Dienstleistungsverträge nach ähnlichen Gesichtspunkten wie den Mietvertrag (*locatio conductio rei*) und bezeichnete den Werkvertrag als *locatio conductio operis*, den Arbeitsvertrag als *locatio conductio operarum*. Im ABGB wurden Werk- und Arbeitsvertrag gemeinsam als „Lohnvertrag" behandelt; erst aufgrund der Arbeitnehmerschutzgesetzgebung erfolgte durch die III. TN eine gesonderte Behandlung dieser Vertragstypen.

> Das moderne Arbeitsrecht ist über eine Vielzahl von Gesetzen verstreut, die entweder nur bestimmte Berufsgruppen (zB Schauspielergesetz 1922) oder bestimmte Problemfelder (zB Eltern-Karenzurlaubsgesetz 1989) behandeln. Eine Kodifikation des Arbeitsrechts ist bislang nicht gelungen, wesentliche Ansätze hiezu ist aber ua das Angestelltengesetz 1921.

3524 Typisch für das Arbeitsrecht ist die Auseinandersetzung eines einzelnen Arbeitgebers mit einer Vielzahl von Arbeitnehmern, weshalb sich letztere schon seit dem Mittelalter zu besonderen Organisationen zusammenzuschließen versuchten, um gemeinsam ihre Interessen durchzusetzen, was von der Rechtsordnung nur zögerlich anerkannt wurde. Ab dem 19. Jh entstanden auch überbetriebliche Zusammenschlüsse sowohl von Arbeitnehmern als auch von Arbeitgebern. Dieses **kollektive Arbeitsrecht** ist von hoher gesellschaftspolitischer Bedeutung und daher nur zum Teil privatrechtlicher, zum Teil aber öffentlich-rechtlicher Natur.

> Die im Mittelalter entstandenen Zünfte waren Zusammenschlüsse von Handwerksmeistern und ihren Gesellen, umfassten also Arbeitgeber und Arbeitnehmer. Zusammenschlüsse von Arbeitnehmern allein gegen ihre Arbeitgeber wurden als rechtswidrig angesehen und schon früh verboten (zB Reichstag von Worms 1231).

> Noch das österreichische Strafgesetz 1852 verbot „Verabredungen" unter Arbeitnehmern, durch Streik oder andere Mittel gemeinsam eine Veränderung ihrer Arbeitsbedingungen zu bewirken – analog dem Verbot von Preis- oder Lohnabsprachen unter Unternehmern. Diese Strafbestimmungen wurden erst mit dem Koalitionsgesetz 1870 abgeschafft.

> Das Vereinsgesetz 1867 erleichterte die Bildung von Gewerkschaften und anderen Arbeiterorganisationen. Die noch bestehenden Beschränkungen wurden 1918 durch die „lex OFNER" (⇨ Rz 2139) beseitigt.

> Ab 1895 erfolgten Abschlüsse von *Kollektivverträgen* (Tarifverträgen) zwischen Arbeitnehmer- und Arbeitgebervereinigungen mit Gültigkeit für alle österreichischen Betriebe der jeweiligen Branche.

> Die Mitwirkung von „Vertrauensmännern" der Arbeitnehmer bei der Betriebsführung erfolgte ab ca 1860 zunächst auf freiwilliger Basis der Arbeitgeber. 1919 wurden in Österreich – weltweit erstmalig außerhalb Sowjetrusslands – Betriebsräte als Interessenvertreter der Arbeitnehmer eines Betriebes geschaffen; 1920 erfolgte die Errichtung von Arbeiterkammern.

> Soziale Einrichtungen für die Arbeitnehmer und ihre Angehörigen entstanden zunächst vor allem innerhalb der einzelnen Wirtschaftszweige selbst auf genossenschaftlicher Grundlage. Die „Kassen" oder „Büchsen", in die alle Mitarbeiter einzahlten, dienten va der Versorgung im Krankheitsfall und/oder für Witwen und Waisen.

> In Österreich wurde nach zögerlichen Anfängen mit dem Unfallversicherungsgesetz 1887 und dem Krankenversicherungsgesetz 1888 die Grundlage für das moderne Sozialrecht geschaffen.

3525 Während sich beim Werkvertrag die **Entlohnung** idR an der vollbrachten Leistung bemisst, erfolgt beim Arbeitsvertrag die Entlohnung idR für eine bestimmte **Arbeitszeit**. Die Regelung von Arbeitszeit und Entlohnung beim Arbeitsvertrag erfolgte und erfolgt nur selten nach freier Parteienvereinbarung, sondern war/ist zumeist durch öffentlich-rechtliche (Polizeiordnungen, Zunftordnungen) oder kollektiv-arbeitsrechtliche Rechtsquellen (Kollektivvertrag, Betriebsvereinbarung) geregelt.

➢ Die Arbeitszeit dauerte in älterer Zeit für gewöhnlich von Sonnenaufgang bis Sonnenuntergang, war also im Winter kürzer als im Sommer. Oft lebten die Arbeitnehmer in einer Hausgemeinschaft mit dem Arbeitgeber, sodass sich auch hier die Frage der Arbeitszeit nicht stellte. Erst in der Neuzeit kamen gesetzliche Regelungen der Arbeitszeit auf; diese konnte allerdings zuweilen mehr als 12 Stunden am Tag betragen.

➢ Die von den Zünften erlassenen Lohntarife sahen meist nicht Mindest-, sondern Höchstlöhne vor, die nicht überschritten werden durften, um ein einheitliches Lohn- und Preisniveau zu gewährleisten, waren also kein Element des Arbeitnehmerschutzes.

➢ Ab dem hohen Mittelalter setzte sich die Entlohnung in Geld statt in Naturalien allmählich durch. Doch konnten zB freie Kost und Quartier weiterhin einen wesentlichen Bestandteil des Lohns ausmachen.

➢ Durch die ab dem 18. Jh einsetzende Industrielle Revolution wurde die Zahl der unselbständigen Arbeitnehmer wesentlich vermehrt. Der Liberalismus war für die „soziale Frage" blind und überließ die Regelung von Arbeitszeit und Entgelt der freien vertraglichen Vereinbarung von Arbeitgeber und Arbeitnehmer (so ausdrücklich etwa die Gewerbeordnung 1859), was zu schweren sozialen Missständen führte.

➢ Der Ökonom DAVID RICARDO (1772–1823) lehrte, dass das „natürliche Lohnniveau" auf dem Existenzminimum bleiben müsse, da bei einer Unterschreitung die Arbeitskraft verloren gehe, während sich bei einer Überschreitung die Arbeiter zu sehr vermehren (!).

➢ Erst die ab 1879 in Österreich regierenden konservativen Regierungen nahmen sich der sozialen Frage an und erließen zahlreiche Gesetze zum Schutze der Arbeitnehmer. Die Überwachung der Einhaltung dieser Bestimmungen erfolgte ab 1883 durch besondere Arbeitsinspektoren.

➢ Durch die Gewerbeordnungsnovelle 1885 wurde die Entlohnung in Naturalien mit wenigen Ausnahmen verboten; auch wurde die vielfach bestehende Verpflichtung von Arbeitnehmern, Waren in besonderen (dem Arbeitgeber gehörenden und meist überteuerten!) Verkaufsstätten zu kaufen, abgeschafft.

➢ Mit derselben Novelle wurde für Fabriken die tägliche Arbeitszeit mit 11 Stunden begrenzt; 1918 erfolgte die Einführung des 8-Stunden-Arbeitstages.

3526 Seit jeher wurden nicht nur Männer, sondern auch **Frauen** zu Arbeitsleistungen herangezogen, neben „typischen" Frauenberufen (Küchenmagd, Kammerzofe) auch in Manufakturen und Fabriken, wo sie meist wesentlich schlechter als Männer bezahlt wurden. Auch die **Kinderarbeit** war bereits dem älteren Recht bekannt.

Die himmelschreienden sozialen Missstände insbesondere des 19. Jh führten allmählich zum Verbot der Kinderarbeit und zu besonderen Schutzmaßnahmen für berufstätige Frauen.

➤ Die Mitwirkung von Kindern am elterlichen Hof bestand wohl schon seit jeher. Ab dem 15. Jh wurden jedoch Kinder auch aus dem Familienverband herausgerissen und zu schwerer körperlicher Arbeit in Bergwerken (Vorteil der geringen Körpergröße!) herangezogen.

➤ Den Anfang zu einer Beschränkung der Kinderarbeit setzten Großbritannien 1802 und Preußen 1839. In Österreich verfügte erstmals die Gewerbeordnung 1859 ein allgemeines Arbeitsverbot für Kinder unter 10 Jahren. Die Arbeitszeit von 10–16-jährigen wurde auf 10–12 Stunden täglich beschränkt; Nachtarbeit verboten. Weitergehende Beschränkungen brachte das Kinderarbeitsgesetz 1918.

➤ Ein Nachtarbeitsverbot für Frauen wurde zunächst 1885 für Fabriksarbeiterinnen beschlossen und in der Folge auf andere Bereiche ausgeweitet.

➤ Das 1979 erlassene Gleichbehandlungsgesetz versuchte, die noch vielfach vorhandenen Benachteiligungen von Frauen am Arbeitsplatz zu beseitigen.

7. Bürgschaft

3527 Im **Bürgschaftsvertrag** tritt der Bürge für die Erfüllung einer materiell fremden Schuld ein. Er garantiert damit die Erfüllung der Schuld des (von ihm verschiedenen) Hauptschuldners. Das ältere Recht hat eine Fülle von verschiedenen Bürgschaftsformen hervorgebracht, von denen die moderne Bürgschaft nur eine ist.

➤ Der Gestellungsbürge verpflichtete sich, den Schuldner zu einer bestimmten Zeit an einen bestimmten Ort (Gericht!) zu bringen.

➤ Der Verwendungsbürge verpflichtete sich, moralischen Druck auf den Hauptschuldner auszuüben; der Repressalienbürge konnte auch Zwang anwenden.

➤ Eine besondere Form des Repressalienbürgen war der Einlagerbürge, der sich an einen bestimmten Ort (zB Wirtshaus) begab und dort so lange (auf Kosten des Schuldners) Kost und Quartier bezog, bis der Hauptschuldner seine Schuld beglichen hatte.

➤ Die moderne Bürgschaft entwickelte sich aus dem sog Schadlosbürgen.

3528 Die **moderne Bürgschaft** ist ein Vertrag, durch den sich der Bürge gegenüber dem Gläubiger eines Dritten (des Hauptschuldners) verpflichtet, für die Erfüllung der Verbindlichkeit dieses Dritten mit dem eigenen Vermögen einzustehen.

➤ Als Übernahme einer materiell fremden Schuld ist die Bürgschaft ein wirtschaftlich sehr gefährliches Geschäft.

➤ Sie war und ist daher (außer im Handelsrecht) idR formgebunden (Schriftform).

➢ Frauen war sie kraft des Interzessionsverbots des *Senatus consultum Velleianum* untersagt oder beträchtlich erschwert. Dazu heute im Gegensatz § 1349 ABGB.

Studienwörterbuch: Interzession.

3529 Das moderne Bürgschaftsrecht stellt eine Mischung von deutsch- und römischrechtlichen (*fidejussio*) Elementen dar. Das zeigt sich vor allem am Problem der primären oder subsidiären **Bürgenhaftung**.

➢ Nach älterem Recht konnte der Gläubiger wahlweise zuerst auf den Bürgen oder den Schuldner greifen. Der Bürge haftete als Bürge und Zahler neben dem Schuldner.

➢ Mit der Rezeption kam das römischrechtliche *beneficium excussionis*, wonach der Bürge vom Gläubiger verlangen konnte, sich zuerst an den Schuldner (*beneficium excussionis personalis*) oder ein etwa bestelltes Pfand (beneficium excussionis realis) zu halten.

➢ Diese subsidiäre Bürgenhaftung fand Eingang in die meisten Partikularrechte und – modifiziert – auch in die Kodifikationen. Das ABGB kennt zwar nicht die Einrede der Vorausklage, aber doch die Einrede der Vorausmahnung (§ 1355 ABGB).

➢ In der Bankpraxis allerdings verpflichtet sich der Bürge meist als Bürge und Zahler, dh er haftet primär neben dem Schuldner. Im Handelsrecht war eine derartige Regelung früher zwingend vorgesehen (§ 349 HGB), wurde jedoch 2007 aufgehoben.

C Außervertragliches Schuldrecht

1. Schadenersatzrecht

3530 Ein **Delikt** ist ein durch Tun oder Unterlassen begangener widerrechtlicher Eingriff in fremdes Rechtsgut. Es begründet heute ein auf Ersatzleistung an den Verletzten (Naturalrestitution oder Geldleistung) gerichtetes privatrechtliches Schuldverhältnis.

➢ In ältester Zeit wurden derartige Eingriffe durch Blutrache und Fehde geahndet. Die Volksrechte (⇨ Rz 1406) versuchten, diese einzudämmen, indem sie den Schädiger zu einer Bußleistung (im Falle der Tötung eines Menschen: zur Zahlung von *Wergeld*) verpflichteten, der Geschädigte bzw seine Sippe dafür jedoch auf das Fehderecht verzichten sollte.

➢ Der Wert der Buße übertraf zumeist die Höhe des Schadens; diese hatte also nicht nur Schadenersatz- sondern auch pönale Funktion.

➢ Erst im Verlauf des Hochmittelalters kam es – im Zusammenhang mit den Bemühungen um Zurückdrängung des Fehdewesens – zur Ausbildung eines öffentlich-rechtlichen Strafrechtes. Das Bußensystem wurde damit nicht beseitigt, es verlor aber seinen pönalen Charakter und hatte nur mehr Schadenersatzfunktion.

> Strafrecht und Schadenersatzrecht entwickelten sich fortan parallel zueinander, wobei viele Fragen (zB Deliktsbegriff, Schuld, Notwehr) naturgemäß für beide Bereiche von Relevanz blieben, jedoch zT unterschiedlich gelöst wurden.

Studienwörterbuch: Fehde; Buße.

3531 Das ältere deutsche Recht sowie auch das römische Recht erkannten Schadenersatz nur für einzelne, taxativ aufgezählte Delikte an (Enumerationsprinzip). Demgegenüber folgt das ABGB in § 1295 dem Prinzip der **Generalklausel**, wonach prinzipiell jeder *rechtswidrig* und *schuldhaft* verursachte Schaden zu ersetzen ist, er „mag durch Übertretung einer Vertragspflicht oder ohne Beziehung auf einen Vertrag verursacht worden sein."

> Das Enumerationsprinzip des älteren Rechts ergab sich aus den Bußkatalogen der Volksrechte, das des römischen Rechts aus der Eigenart des röm Zivilprozesses, nur bestimmte *actiones* zu gewähren. Die Ausbildung eines allgemeinen Prinzips zur Schadenersatzleistung erfolgte erst durch das Naturrecht (GROTIUS).

> Im Strafrecht gilt auch heute noch das Enumerationsprinzip: *nulla poena sine lege stricta!* (⇨ Rz 1426).

> Die in § 1295 getroffene Unterscheidung zwischen der Haftung aus einer Vertragsverletzung und sonstigen Haftungsfällen (der sog. Haftung aus Delikt) ist in mehrfacher Hinsicht, insbesondere für die Frage der Beweislast bedeutsam (⇨ Rz 3533).

> Schadenersatzpflichtig kann man nicht bloß durch aktives Tun, sondern uU auch durch Unterlassen werden; jedenfalls aber muss das Tun oder Unterlassen *kausal* für den Eintritt des Schadens gewesen sein („*conditio sine qua non*").

3532 Ersatzfähige **Schäden** sind vor allem *Vermögensschäden*, also Nachteile an geldwerten Gütern. Demgegenüber wird der Ersatz von nicht in Geld messbaren *immateriellen Schäden* nur ausnahmsweise gewährt.

> Vermögensschäden sind vor allem relle Schäden am menschlichen Körper oder an (körperlichen oder unkörperlichen) Sachen. Ob über den „positiven Schaden" hinaus auch eine entgangene Gewinnchance (*lucrum cessans*) ersetzt werden muss, hängt nach § 1324 ABGB vom Grad des Verschuldens ab.

> Die ABGB-Redaktoren erkannten einen immateriellen Schadenersatz nur bei Schmerzensgeld (§ 1325) und in besonderen Fällen auch den „Werth der besonderen Vorliebe" (§ 1331) zu. Bei Ehrenbeleidigungen dagegen werden nur „wirkliche Schäden" (zB berufliche Nachteile), nicht aber das „verletzte Ehrgefühl" selbst ersetzt, weil „einem ehrliebenden Bürger seine Ehre nicht um Geld feil seyn soll" (ZEILLER).

3533 Die Frage der **Verantwortlichkeit** ist Kernproblem des Deliktrechts. Im Laufe der geschichtlichen Entwicklung sind im Wesentlichen zwei Prinzipien zur Anwendung gelangt: das Verursachungsprinzip und das Verschuldensprinzip.

➤ Das ältere deutsche Recht stellte auf den Erfolg ab: Wer Schaden verursacht, hat dafür einzustehen – ohne Rücksicht darauf, ob ihn ein Verschulden trifft oder nicht (*Die Tat tötet den Mann*).

➤ Das römische Recht verlangte (neben der Verursachung) Verschulden des Schadenstifters. Die Tat musste ihm vorwerfbar sein, weil sie entweder vorsätzlich oder fahrlässig begangen wurde: Verschuldensprinzip.

➤ Insbesondere das kanonische Recht entwickelte das Verschuldensprinzip wesentlich weiter und verhalf ihm zum Durchbruch auch im gemeinen Recht. Das ABGB kennt im Anschluss daran drei Verschuldensgrade: Vorsatz (*dolus*) – grobe Fahrlässigkeit (*culpa lata*) – leichte Fahrlässigkeit (*culpa levis*). Die von der Kanonistik entwickelte „leichteste Fahrlässigkeit" (*culpa levissima*) ist heute zB im Arbeitsrecht bedeutsam.

➤ Die Tatsache, dass der Geschädigte das Vorliegen eines Verschuldens auf Seite des Schädigers zu beweisen hat, kann zu Unbilligkeiten führen. Es kommt daher in bestimmten Fällen (va bei Verletzung vertraglicher Pflichten) zu einer Beweislastumkehr: Nicht der Geschädigte hat Verschulden des Täters zu beweisen, sondern dieser hat zu beweisen, dass ihn kein Verschulden trifft bzw dass das Schaden stiftende Ereignis auf höhere Gewalt/Zufall oder auf Verschulden des Beschädigten zurückzuführen ist.

➤ Eine gänzliche Abkehr vom Verschuldensprinzip und Hinwendung zum Verursachungsprinzip erfolgte insbesondere 1869 durch das Eisenbahnhaftpflichtgesetz. Nach dem hier grundgelegten, später weiter ausgebauten Prinzip der *Gefährdungshaftung* ist in besonderen gesetzlich geregelten Fällen derjenige zu Schadenersatz verpflichtet, der aus dem Betrieb einer gefährlichen Unternehmung (Eisenbahn, Kraftfahrzeug, Flugzeug etc) Nutzen zieht, auch wenn ihm kein Verschulden vorgeworfen werden kann.

3534 Obgleich jedermann zunächst für sein eigenes rechtswidriges Handeln einzustehen hat, haftet man uU auch für Schaden stiftendes **Verhalten anderer Personen**, die dem eigenen Lebens-, Interessen- und/oder Geschäftsbereich angehören. Diese bereits dem älteren deutschen sowie auch dem römischen Recht im Prinzip bekannte Form der Haftung wurde im 20. Jahrhundert bedeutend ausgebaut.

➤ Auf römisch- bzw gemeinrechtlichen Ursprung gehen die Regeln des ABGB über die Haftung der Wirte, Schiffer und Fuhrleute für die von ihren Dienstleuten verursachten Schäden oder die Haftung des Wohnungsinhabers für Schäden, die durch das Hinauswerfen oder Herausgießen aus einer Wohnung entstehen, zurück.

➤ Abgesehen von diesen Sonderfällen haftete ein Dienstgeber für das Verhalten seiner Gehilfen nur, wenn er wissentlich eine „gefährliche" oder eine „untüchtige" Person angestellt hatte, wenn ihn also bei der Auwahl seiner Dienstelute ein Verschulden traf (vgl noch heute § 1315 ABGB).

➢ Durch die III. TN wurde die Gehilfenhaftung wesentlich erweitert: Nach § 1313a ABGB haftet derjenige, der sich zur Erfüllung seiner vertraglich vereinbarten Leistungen der Hilfe einer anderen Person (eines „Erfüllungsgehilfen") bedient, für deren Verschulden „wie für sein eigenes".

➢ Die *Amtshaftung*, also die Haftung des Staates für den Schaden, den ein staatlicher Organwalter in Ausübung seines Amtes schuldhaft einem anderen zufügt, wurde 1806 noch ausdrücklich abgelehnt und erst ab 1867 zögerlich anerkannt. Vgl heute das Amtshaftungsgesetz 1948.

3535 Die Haftung des **Tierhalters** für sein Schaden stiftendes Tier war von jeher anerkannt. Doch konnte der Halter sich uU durch Preisgabe des Tieres von jeder weiter gehenden Haftung befreien (ähnlich die *noxae deditio* des römischen Rechts.)

➢ Diese Noxalhaftung umfasste ursprünglich nicht nur Tiere, sondern auch Sklaven und Haussöhne, die also ebenfalls dem Geschädigten „preisgegeben" werden konnten. Die Auslieferung von Söhnen kam jedoch in Rom schon im 4. Jh außer Gebrauch und wurde von IUSTINIAN ganz abgeschafft. Ähnlich die Entwicklung im älteren deutschen Recht.

➢ Übrig blieb die Noxalhaftung hinsichtlich von Tieren. Das ABGB anerkennt in § 1321 noch heute die Möglichkeit der Privatpfändung von Tieren durch von ihnen geschädigte Personen, um so Ersatz für den erlittenen Schaden zu erlangen. Doch kann sich der Tierhalter dadurch heute nicht mehr vor einer (darüber hinausgehenden) Ersatzpflicht befreien.

➢ Das moderne Recht gestaltet die Haftung des Tierhalters als Verschuldenshaftung aus, meist jedoch unter Umkehrung der Beweislast. So (wohl ursprünglich) das ABGB (§ 1320), doch hat die neuere Rechtsprechung (ab ca 1982) aus dieser Bestimmung eine verschuldensunabhängige (Gefährdungs-)Haftung herausgelesen.

Studienwörterbuch: Tierschaden.

3536 Rechtsfolge der unerlaubten Handlung war in älterer Zeit sowie auch im römischen Recht die Zahlung einer (Geld-)Buße. Heute geht das Gesetz davon aus, dass im Regelfall **Naturalrestitution** geleistet werden soll.

➢ Der Ersatz in Form von Geld erklärt sich aus dem ursprünglich pönalen Charakter des Strafrechts; erst unter dem Eindruck des Naturrechts wandelte sich dies zu einer Naturalrestitutionspflicht: Der Geschädigte soll so gestellt werden, als ob der Schaden nicht eingetreten wäre.

➢ In vielen Fällen ist Naturalrestitution unmöglich oder „nicht tunlich", in diesen Fällen ist der Geldwert zu ersetzen. Die heutige Rechtsprechung nimmt aber Untunlichkeit schon dann an, wenn der Geschädigte die Naturalrestitution nicht wünscht und kommt so meist wieder zum Geldersatz. Eine in Vorbereitung befindliche Novelle zum Schadenersatzrecht will dem Geschädigten künftig ein gesetzliches Wahlrecht geben, ob er *in natura* oder in Geld entschädigt werden soll.

2. Sonstige

3537 Einseitiges Versprechen (**Auslobung**) ist das öffentlich bekannt gemachte und nicht an bestimmte Personen, sondern an einen unbestimmten Personenkreis gerichtete Versprechen einer Belohnung für die Vornahme einer Handlung/die Herbeiführung eines Erfolges. Eine Sonderform ist das *Preisausschreiben*, bei dem eine Jury über die Vergabe der Belohnung/des Preises entscheidet.

➢ Derartige Versprechen sind schon in älterer Zeit vorgekommen, etwa für die Dingfestmachung eines gesuchten Verbrechers oä.

➢ Rechtsnatur und Bindungskraft waren allerdings lange strittig. Vielfach wurde in ihr ein Vertrag zugunsten eines (unbekannten) Dritten angesehen (Vertragstheorie), was jedoch vielfach zu unbefriedigenden Rechtsfolgen führte (zB keine Belohnung bei Erbringung der Leistung in Unkenntnis der Auslobung).

➢ Das BGB folgte demgegenüber der Pollizitationstheorie, wonach die Auslobung ein einseitiges, nicht empfangsbedürftiges Rechtsgeschäft darstelle. Durch die III. TN wurde diese Konstruktion 1916 auch in das ABGB übernommen.

3538 Ungerechtfertigte Bereicherung liegt vor, wenn jemand (der Bereicherte) ohne rechtlichen Grund durch die Leistung eines anderen (des Verkürzten) bereichert wurde oder sonst aus fremdem Vermögen einen Vorteil gezogen hat.

➢ Das ältere deutsche Recht hat kein allgemeines Prinzip der Haftung aus ungerechtfertigter Bereicherung gekannt, sondern nur in bestimmten Fällen ein Rückforderungsrecht anerkannt (etwa bei Leistung aufgrund verbotenen Glücksspiels oä).

➢ Das moderne Bereicherungsrecht beruht im Wesentlichen auf römisch-rechtlicher Grundlage. Auch dieses gewährte nur für bestimmte typisierte Fälle eine *condictio*: So etwa die *condictio indebiti* bei irrtümlicher Zahlung einer Nichtschuld, die *condictio ob turpem causam* bei sittenwidrigen Geschäften ua

➢ Das Naturrecht hat die Vielzahl der verschiedenen Leistungskondiktionen auf einen einheitlichen Tatbestand zurückführen wollen, wonach jeder, der ohne rechtlichen Grund geleistet hatte, dies zurückfordern könne. In den Kodifikationen ist dies nur unvollkommen gelungen; vgl heute die §§ 877, 921, 1174, 1431–1437 ABGB.

➢ Unterscheide von den Leistungskondiktionen den Verwendungsanspruch, der entsteht, wenn eine Sache zum Nutzen eines anderen verwendet worden ist. Auch dieser Anspruch war im Wesen schon dem römischen Recht bekannt; vgl heute § 1041 ABGB.

3539 Geschäftsführung ohne Auftrag liegt vor, wenn jemand, ohne durch Vertrag, Gesetz oder Richterspruch dazu berechtigt zu sein, ein fremdes Geschäft/eine Angelegenheit eines anderen besorgt.

➢ Die Rechtsordnung steht dem auftragslosen Geschäftsführer idR ablehnend gegenüber und macht ihn uU schadenersatzpflichtig (vgl § 1035

ABGB). Einen Aufwandersatz kann der Geschäftsführer nur einfordern, wenn die Geschäftsführung zu des anderen klaren und überwiegendem Vorteil geführt hat.

➤ Ausnahme ist die Geschäftsführung in Notfällen, wenn also der Geschäftsführer versucht hat, einen bevorstehenden Schaden abzuwenden und eine Zustimmung des Geschäftsherrn nicht eingeholt werden konnte. Hier steht dem Geschäftsführer ein Ersatz des notwendigen und zweckmäßigen Aufwandes auch dann zu, wenn die Bemühungen ohne Erfolg blieben.

➤ Dem älteren deutschen Recht war ein vergleichbares Institut unbekannt. Die Regelungen des ABGB folgen im Wesentlichen jenen des gemeinen Rechts über die *negotiorum gestio*.

Auswahlbibliographie

Das Verzeichnis enthält im ersten Teil die wichtigsten Lehr- und Handbücher, im zweiten Teil Spezialliteratur zu den einzelnen Kapiteln, wobei idR nur in jüngerer Zeit (ab ca 1989) erschienene Werke und auch von diesen nur eine kleine Auswahl aufgenommen wurde, doch sollte über die zitierten Titel das umfangreiche sonstige Schrifttum großteils erschließbar sein. Quellensammlungen wurden (mit wenigen Ausnahmen) nicht aufgenommen; entsprechende Hinweise wird aber die nächste (5.) Auflage meines Arbeitsbuches *Rechtsgeschichte. Materialen und Übersichten* enthalten.

Die Zitate aus der **Einleitung** stammen aus: H. MITTEIS / H. LIEBERICH, *Deutsche Rechtsgeschichte* (^{19}1992) 1; W. OGRIS, *Rechtsgeschichte und Juristenausbildung*, in: ders, Elemente Europäischer Rechtskultur (2003) 3–9, hier 7; M. STOLLEIS, *Rechtsgeschichte, Verfassungsgeschichte*, in: H.-J. Goertz (Hg), Geschichte (^{3}2007) 391–412, hier 392; R. WALTER / H. MAYER / G. KUCSKO-STADLMAYER, *Grundriß des österreichischen Bundesverfassungsrechts* (^{10}2007) 1; M. WEBER, *Wirtschaft und Gesellschaft* (1920, ND 1976) 17; H. KELSEN, Reine Rechtslehre (^{2}1960, ND 2000) 289. – An sonstigen einschlägigen Arbeiten sind noch hervorzuheben: D. KLIPPEL, *Rechtsgeschichte*, in: J. Eibach / G. Lottes (Hg), Kompass der Geschichtswissenschaft (2002) 126–141; M. SENN, *Stand und Zweck der neueren Grundlagendiskussion in der Rechtsgeschichtswissenschaft*, ZNR 1993, 66–77.

Allgemeine Darstellungen

Von den **allgemeinhistorischen Darstellungen** zur *Geschichte Österreichs* bleibt jene von E. ZÖLLNER (^{8}1990) unübertroffen; kürzer und moderner ist allerdings die gleichnachmige Darstellung von K. VOCELKA (^{4}2006). Zum Vertiefen vgl die nun schon auf 20 Bde angewachsene *Österreichische Geschichte*, hgg v H. WOLFRAM (ab 1994). Für die dt Geschichte gewährt der 24bändige *„Gebhardt". Handbuch der Deutschen Geschichte* (^{10}2001–2007, red v R. HÄFELE) einen umfassenden Überblick; er soll noch überboten werden von der auf hundert (!) Bände konzipierten, noch unvollendeten *Enzyklopädie deutscher Geschichte* (ab 1988, hgg v L. GALL ua). Umfassende allgemeinhist Nachschlagewerke sind das *Lexikon des Mittelalters* (LexMA, 9 Bde, 1977–99) sowie, für die Epoche 1450–1850, die *Enzyklopädie der Neuzeit* (hgg v F. JAEGER ua, 2005 ff [noch unvollst]); beide enthalten auch zahlreiche rechtshistorische Artikel.

Eine **Gesamtdarstellung der Europäischen Rechtsgeschichte** in Lehrbuchform fehlt nach wie vor; wichtige Vorarbeiten hiezu bieten das umfangreiche Handbuch *Europäische Rechtsgeschichte* v H. HATTENHAUER (^{4}2004) u das reich mit Bildern ausgestattete Werk v M. SCHMOECKEL, *Auf der Suche nach der verlorenen Ordnung* (2005), die allerdings beide nicht einem enzyklopädischen, sondern einem eklektizistischen Ansatz folgen. Eigenwillig, doch gleichfalls lesenswert ist der Versuch einer Weltrechtsgeschichte bei U. WESEL, *Geschichte des Rechts* (^{2}2001); vgl ferner H. KÜPPERT, *Einführung in die Rechtsgeschichte Osteuropas* (2005) u K.-H. ZIEGLER, *Völkerrechtsgeschichte* (^{2}2007). Die Entwicklung zweier Staaten vereinigt R. HOKE, *Österreichische und Deutsche Rechtsgeschichte* (^{2}1996); ansonsten enthalten die meisten anderen Lehrbücher nur „nationale" Rechtsgeschichten. Für Österreich vgl H. BALTL / G. KOCHER *Österreichische Rechtsgeschichte* (^{10}2004); von den zahlreichen Darstellungen der *Deutschen Rechtsgeschichte* soll hier nur das dreibändige, an Quellentexten reiche Lehrbuch v K. KROESCHELL ($^{12/9/5}$2005, Bd 2 neubearb v A. CORDES / K. NEHLSEN-VAN STRYK) genannt werden; weitere Werke listet mein Studienwörterbuch auf den Seiten XXI–XXII auf.

Ein umfassendes **Fachlexikon** ist das fünfbändige *Handwörterbuch zur deutschen Rechtsgeschichte* (^{1}1971–98 hgg v A. ERLER / E. KAUFMANN; ^{2}2004 ff [noch unvollst] hgg v A. CORDES / H. LÜCK / D. WERKMÜLLER). An biographischen Nachschlagewerken sind zu nennen: W. BRAUNEDER (Hg), *Juristen in Österreich 1200–1980* (1987); G. KLEINHEYER / J. SCHRÖDER (Hg), *Deutsche und Europäische Juristen aus neun Jahrhunderten* (^{4}1996); M. STOLLEIS (Hg), *Juristen* (^{2}2001).

Zur **Verfassungsgeschichte** vgl W. BRAUNEDER, *Österreichische Verfassungsgeschichte* (^{10}2005 = unveränd ND v 7 1998; mit Graphiken v F. LACHMAYER); das Werk v O. LEHNER, *Österreichischen Verfassungs- und Verwaltungsgeschichte* (^{4}2007) enthält demgegenüber weniger juristische Details, geht dafür eingehend auf die politischen, sozialen u wirtschaftlichen Hintergründe ein. Ein umfangreiches älteres Werk ist E. C. HELLBLING, *Österreichische Verfassungs- und Verwaltungsgeschichte* (^{2}1974). – Zur *Deutschen Verfassungsgeschichte* vgl die gleichnamigen Darstellungen von D. WILLOWEIT (^{5}2005) u H. BOLDT (I ^{2}1993, II ^{3}1994). Gesamtdarstellungen mit deutlichem Schwerpunkt in der Zeit nach 1945 sind K. STERN, *Das Staatsrecht der Bundesrepublik Deutschland, Bd V: Die geschichtlichen Grundlagen des Deutschen Staatsrechts* (2000) sowie J. ISENSEE / P. KIRCHHOF (Hg), *Handbuch des Staatsrecht der Bundesrepublik Deutschland, Bd 1: Historische Grundlagen* (^{3}2003). Für den Zeitraum 1789–1933 sei schon hier auf die monumentale 7-bändige *Deutsche Verfassungsgeschichte* v E. R. HUBER ($^{1/2/3}$1981–88) verwiesen; fast ebenso umfangreich ist die 5-bändige *Deutsche Verwaltungsgeschichte*, hgg v. K. JESERICH / H. POHL / G.-CH. V. UNRUH (1983–88). – Weitere Länder bzw umfassende Darstellungen: A. KÖLZ, *Neuere schweizerische Verfassungsgeschichte* (1992); P.-C. HARTMANN, *Französische Verfassungsgeschichte der Neuzeit* (^{2}2003), R. C. VAN CAENEGEM, *An Historical Introduction to Western Constitutional Law* (1995); A. LYON, *Constitutional History of the United Kingdom* (2003); A. KLEY, *Verfassungsgeschichte der Neuzeit. Großbritannien, die USA, Frankreich und die Schweiz* (2004); W. REINHARD, *Geschichte der Staatsgewalt* (^{3}2002); A. GALLUS / E. JESSE (Hg), *Staatsformen von der Antike bis zur Gegenwart* (^{2}2007). – Eine Pionierarbeit ist die *Geschichte des öffentlichen Rechts in Deutschland* v M. STOLLEIS, 3 Bde (1988–99, Bd 4 in Vorbereitung), welche erstmals eine umfassende Wissenschaftsgeschichte auf diesem Gebiet darstellt.

Die **Privatrechtsgeschichte** wird bes in Deutschland seit dem Standardwerk von F. WIEACKER, *Privatrechtsgeschichte der Neuzeit* (^{2}1967, ND 1996) va als eine Geschichte von Privatrechtsgesetzgebung und Privatrechtswissenschaft verstanden. In diesem Sinne etwa das Lehrbuch v H. SCHLOSSER, *Grundzüge der Neueren Privatrechtsgeschichte* (^{10}2005), oder G. HAMZA, *Wege der Entwicklung des Privatrechts in Europa* (2007). Zum Vertiefen und Nachschlagen vgl das umfassende Handbuch von H. COING, *Quellen und Literatur der neueren europäischen Privatrechtsgeschichte*, 3 Bde (1973–88); der Teil über *Gesetzgebung in Europa 1100–1500* v A. WOLF hat eine gesonderte Neuauflage erlebt (^{2}1996). Gesamtdarstellungen der privatrechtlichen Institutionengeschichte sind dagegen eher spärlich; für Österreich vgl aber U. FLOSSMANN, *Österreichische Privatrechtsgeschichte* (^{6}2008) sowie G. KOCHER, *Grundzüge der Privatrechtsentwicklung und der Geschichte der Rechtswissenschaft in Österreich* (^{2}1997), der beide Aspekte in seinem schmalen Bändchen vereinigt. Monumental angelegt ist der *Historisch-kritische Kommentar zum BGB*, hgg v M. SCHMOECKEL / J. RÜCKERT / R. ZIMMERMANN (2003ff, noch unvollst).

Zur hier nicht behandelten **Strafrechtsgeschichte** sei wenigstens das Lehrbuch von H. RÜPING / G. JEROUSCHEK, *Grundriss der Strafrechtsgeschichte* (^{5}2007) genannt; für Österreich vgl den Sammelband *Die österreichisch-ungarischen Strafrechtskodifikationen im XIX.–XX. Jahrhundert*, hgg v G. MÁTHÉ / W. OGRIS (1996), mit Beiträgen zur gesamten österr Strafrechtsgeschichte.

Literatur zu den einzelnen Abschnitten

Österreich und Europa bis 1918 (Rz 1101–1157)

Spätantike/Frühmittelalter: F. PRINZ, *Von Konstantin zu Karl dem Großen* (2000); D. CLAUDE, *Niedergang, Renaissance und Ende der Präfekturverwaltung im Westen des römischen Reiches* (5.–8. Jh), ZRG GA 114 (1997) 352–379; E. EWIG, *Die Merowinger und das Frankenreich* (⁴2001); C. BRÜHL, *Deutschland – Frankreich* (²1995); R. SCHNEIDER, *Die Anfänge der deutschen Geschichte*, ZRG GA 124 (2007) 1–81; B. SCHNEIDMÜLLER, *Völker – Stämme – Herzogtümer?*, MIÖG 2000, 31–47. – **Hochmittelalter:** O. ENGELS, *Stauferstudien* (1988); B. SCHNEIDMÜLLER, *Die Welfen* (2000); K. LECHNER, *Die Babenberger* (⁶1996); H. C. FAUSSNER, *Zur Frühzeit der Babenberger in Bayern und Herkunft der Wittelsbacher* (1990); J. EHLERS, *Die Kapetinger* (2000); D. BERG, *Die Anjou-Plantagenets* (2003); A. GERGELY / G. MÁTHÉ, *The Hungarian State* (2000). – **Spätmittelalter:** E. S. RÖSCH / G. RÖSCH, *Kaiser Friedrich II. und sein Königreich Sizilien* (1995). Zur dt Königswahl: A. WOLF, *Die Entstehung des Kurfürstenkollegiums 1198–1298* (²2000); dagegen F.-R. ERKENS, *Kurfürsten und Königswahl* (2002); ferner: W. BAUM, *Reichs- und Territorialgewalt (1273–1437)* (1994); CH. LACKNER, *Vom Herzogtum zum Erzherzogtum Österreich*, MIÖG 2004, 290–305; I. HLAVÁČEK / A. PATSCHOVSKY (Hg), *Reform von Kirche und Reich zur Zeit der Konzilien von Konstanz (1414–1418) und Basel (1431–1449)* (1996); S. RAGG, *Ketzer und Recht* (2006); K. BERGDOLT, *Der schwarze Tod in Europa* (²1994); B. P. LEVACK, *Hexenjagd* (²1999); G. JEROUSCHEK, *Die Hexenverfolgungen als Problem der Rechtsgeschichte*, ZNR 1993, 202–234.

Zu den **Habsburgern** in der Neuzeit vgl H. WIESFLECKER, *Maximilian I.* (1991); A. KOHLER, *Karl V.* (1999); DERS, *Ferdinand I.* (2003); W. OGRIS, *Die habsburgisch-jagiellonische Doppelheirat von 1515*, öarr 2003, 322–335; M. KURZ ua (Hg), *Das Osmanische Reich und die Habsburgermonarchie in der Neuzeit* (2005). – Zur **Reichsreform** vgl den Ausstellungskatalog *1495 – Kaiser Reich Reformen* (1995); W. DOTZAUER, *Die deutschen Reichskreise in der Verfassung des Alten Reiches und ihr Eigenleben* (1998); W. BRAUNEDER, *Alte Ordnung und moderne Staatlichkeit in Oberitalien*, ZNR 1994, 227–242. Auf die Schriftenreihe *Quellen und Forschungen zur höchsten Gerichtsbarkeit im alten Reich*, dzt 53 Bände (1973ff), wird allgemein verwiesen. Zur Reformation vgl A. KOHNLE, *Reichstag und Reformation* (2001); G. R. ELTON, *England under the Tudors* (³1991) sowie unten bei den Grundrechten. – Zum **Zeitalter des Absolutismus** vgl J. MEYER, *Frankreich im Zeitalter des Absolutismus* (dt 1990); H.-CH. KRAUS, *Englische Verfassung und politisches Denken im Ancien Régime 1689–1789* (2006). – Zum Westfälischen Frieden vgl den Ausstellungskatalog v K. BUSSMANN / H. SCHILLING, (Hg), *1648. Krieg und Frieden in Europa*, 3 Bde (1998); für die Nachkriegszeit umfassend K. O. V. ARETIN, *Das Alte Reich 1648–1806*, 3 Bde (1993/97). – Zum Werden der **Monarchia Austriaca**: H. KLUETING, *Das Reich und Österreich, 1648–1740* (1999); V. PRESS, *Österreichische Großmachtbildung und Reichsverfassung*, MIÖG 1990, 131–154; W. BRAUNEDER, *Die Pragmatische Sanktion als Grundgesetz der Monarchia Austriaca von 1713 bis 1918*, in: ders, *Studien I* (1994) 85–115. – Für die Entwicklung der Zentralbehörden bis 1848 noch immer grundlegend *Die Österreichische Zentralverwaltung* (1. Abt [~1490–1749]: 3 Bde, 1907; 2. Abt [1749–1848]: 4 Bde, 1938–50). Ferner: W. OGRIS, *Recht und Staat bei Maria Theresia*, in: ders, *Elemente Europäischer Rechtskultur* (2003) 97–123; L. SCHILLING, *Kaunitz und das Renversement des alliances* (1994); TH. OLECHOWSKI, *Die Auflösung der Böhmischen Hofkanzlei und die Errichtung des Directorium 1749*, in: K. Malý / L. Soukup (Hg), *Vývoj České ústavnosti v Letech 1627–1918* (2006) 243–249. Auf die *Jahrbücher der Österreichischen Gesellschaft zur Erforschung des achtzehnten Jahrhunderts* (1983ff) wird allgemein hingewiesen. Zur **Französischen Revolution** vgl B. WUNDER, *Euro-*

päische Geschichte im Zeitalter der Französischen Revolution 1789–1815 (2001) sowie H. REINALTER, Literatur zum 200. Jahrestag der Französischen Revolution, MIÖG 1991, 243–294. Zum Ende des Hl Röm Reiches: CH. HATTENHAUER, Wahl und Krönung Franz II. AD 1792 (1995); K. HÄRTER, Reichstag und Revolution 1789–1806 (1992); I. KNECHT, Der Reichsdeputationshauptschluß vom 25. Februar 1803 (2007); C. P. HARTMANN / F. SCHULLER, Das Heilige Römische Reich und sein Ende 1806 (2006); P. BRANDT ua (Hg), Handbuch der europäischen Verfassungsgeschichte im 19. Jahrhundert I (2006); M. HECKER, Napoleonischer Konstitutionalismus in Deutschland (2005). – Zum **Vormärz:** D. LANGEWIESCHE, Europa zwischen Restauration und Revolution 1815 bis 1849 (³1993); W. SCHUBERT, Preußen im Vormärz (1999). Zu Metternich immer noch maßgeblich H. V. SRBIK, Metternich, 2 Bde (1925, ND 1957). – Bezüglich der Lit zur **Revolution 1848** sei auf ein Sammelreferat v W. FIEDLER in ZRG GA 119 (2002) 365–371 verwiesen. Die 3. Abt der schon genannten Österreichischen Zentralverwaltung ([1848–1867]: 4 Bde, 1964–71) ist nun überholt durch Die Habsburgermonarchie 1848–1918, Bde I–VI (1973–93) hgg v A. WANRDUSZKA / P. URBANITSCH; Bde VII–VIII (2000–06) hgg v H. RUMPLER / P. URBANITSCH; vgl darin bes Bd II (Verwaltung und Rechtswesen, 1975), Bd VII (Verfassung und Parlamentarismus, 2000) u Bd VIII (Politische Öffentlichkeit und Zivilgesellschaft, 2006). Vgl ferner W. BRAUNEDER, Konstitutionalisierung und Parlamentisierung in Österreich 1848 bis 1918, in: ders, Studien III (2002) 105–133; TH. STOCKINGER, Die Urwahlen zum konstituierenden Reichstag des Jahres 1848, MIÖG 2006, 96–122; A. GOTTSMANN, Der Reichstag von Kremsier und die Regierung Schwarzenberg (1995). – Zur internationalen Entwicklung: H.-H. BRANDT, Deutsche Geschichte 1850–1870 (1999); J.-D. KÜHNE, Die Reichsverfassung der Paulskriche (1985); G. MAI (Hg), Die Erfurter Union und das Erfurter Unionsparlament (2000); K. WEIGAND, Österreich, die Westmächte und das europäische Staatensystem nach dem Krimkrieg (1997). – Zu **Österreich-Ungarn** ab 1867 siehe K. OLECHOWSKI-HRDLICKA, Die gemeinsamen Angelegenheiten der Österreichisch-Ungarischen Monarchie (2001); G. STOURZH, Die österreichische Dezemberverfassung von 1867, in: ders, Wege zur Grundrechtsdemokratie (1989) 239–258; I. REITER, Nationalitäten-, Minderheiten-, Volksgruppenrecht, in: R. Rindler-Schjerve / P. Nelde (Hg), Der Beitrag Österreichs zu einer europäischen Kultur der Differenz (2003) 11–76; M. RAUCHENSTEINER, Der Tod des Doppeladlers (²1994); E. KOVACS, Untergang oder Rettung der Donaumonarchie? 2 Bde (2004). – Zum **Deutschen Kaiserreich**: R. F. SCHMIDT, Otto von Bismarck (2004); K. HILDEBRAND, Das vergangene Reich. Deutsche Außenpolitik von Bismarck bis Hitler 1871–1945 (1995).

Europa seit 1918 (Rz 1201–1239)

Im gegenständlichen Buch wird der Rechtsgeschichte seit 1918 breiter Raum gewidmet, was nicht selbstverständlich ist. Vgl dazu J. RÜCKERT, Zeitgeschichte des Rechts, ZRG GA 115 (1998) 1–85. Auf die Schriftenreihe Juristische Zeitgeschichte (1997ff) wird allgemein hingewiesen. – Zur **Zwischenkriegszeit**: W. L. BERNECKER, Europa zwischen den Weltkriegen 1914–1945 (2002); W. BRAUNEDER / N. LESER (Hg), Staatsgründungen 1918 (1999); H. ALTRICHTER, Rußland 1917 (1997); M. HILDERMEIER, Geschichte der Sowjetunion 1917–1991 (1998); CH. GUSY, Vom deutschen Reich zur Weimarer Republik, JZ 1999, 758–766; DERS, Die Weimarer Reichsverfassung (1997); D. LEHNERT, Die Weimarer Republik (1999); B. HOPPE, Von der parlamentarischen Demokratie zum Präsidialstaat (1998); I. KERSHAW, Hitler, 2 Bde (dt 1998/2000); W. BENZ, Geschichte des Dritten Reiches (2000); S. TALMON, Ende des Föderalismus, ZNR 2002, 112–155. – Zum **2. WK**: J. LIPINSKY, Das geheime Zusatzprotokoll zum deutsch-sowjetischen Nichtangriffsvertrag (2004); Ausstellungskatalog Verbrechen der Wehrmacht (2002); M. SCHMOECKEL, Die Großraumtheorie (1994); M. HANKE, Luftkrieg und Zivilbevölkerung (1991); CH. TOMUSCHAT, Die Vetreibung der Sudetendeutschen, Zeitschrift für ausländisches öffentliches Recht und Völkerrecht 56 (1996) 1–69; H. BUTTERWECK, *Der Nürnberger Prozess* (2005). – Zur **Nachkriegszeit**: J. DÜLFFER, *Europa im Ost-West-Konflikt 1945–1991* (2004); CH. KOLLER, *Der „Eiserne Vorhang"*, ZfG 2006, 366–384; W. BRAUNEDER, *Die Erneuerung der Staatlichkeit in Mitteleuropa nach 1945*, in: ders, Studien III (2002) 333–350; E. WEISENFELD, *Geschichte Frankreichs seit dem Krieg* (³1997); J. LAUFER, *Die UdSSR und die Zoneneinteilung Deutschlands*, ZfG 1995, 309–331; G. MAI, *Der Alliierte Kontrollrat in Deutschland 1945–1948* (1995); W. BENZ (Hg), *Deutschland unter alliierter Besatzung 1945–1949/55* (1999); E. H. M. LANGE, *Die Würde des Menschen ist unantastbar* (1993); M. GÖRTEMAKER, *Geschichte der Bundesrepublik Deutschland* (1999); M. MOLLNAU, *Die Bodenrechtsentwicklung in der SBZ/DDR anhand der Akten des zentralen Parteiarchivs der SED* (2001); W. MÜLLER ua (Hg), *Osteuropa vom Weltkrieg zur Wende* (2007); J. FOITZIK (Hg), *Entstalinisierungskrise in Ostmitteleuropa 1953–1956* (2001); W. KILIAN, *Die Hallstein-Doktrin* (2001); J. PAUER, *Prag 1968* (1995). – Zur **„Wende"** 1989: K. H. JARAUSCH, *Zehn Jahre danach*, ZfG 2000, 909–924; G. SIMON / N. SIMON, *Verfall und Untergang des sowjetischen Imperiums* (1993); St. BOLLINGER (Hg), *Das letzte Jahr der DDR* (2004); S. HAIN, *Das Ende von KPdSU und Sowjetunion*, ZfG 2005, 1090–1109.

Österreich seit 1918 (Rz 1301–1326)

Allgemein bzw zur **Ersten Republik**: K. BERCHTOLD, *Verfassungsgeschichte der Republik Österreich I: 1918–1933* (1998); W. BRAUNEDER, *Deutschösterreich* (2000); M. POLASCHEK, *Die Rechtsentwicklung in der ersten Republik* (1992); G. STOURZH, *Hans Kelsen, die österreichische Bundesverfassung und die rechtsstaatliche Demokratie*, in: Wege zur Grundrechtsdemokratie (1989) 309–334; TH. ÖHLINGER, *Hans Kelsen und das österreichische Bundesverfassungsrecht*, in: W. Brauneder / K. Takii (Hg), *Die österreichischen Einflüsse auf die Modernisierung des japanischen Rechts* (2007) 57–70; CH. NESCHWARA, *Zur Entwicklung des Verfassungsrechts nach 1918*, in: H. Schambeck (Hg), *Parlamentarismus und öffentliches Recht in Österreich* (1993) 83–219; DERS, *Verfassungsentwicklung 1920–1938*, in: FS 75 Jahre Bundesverfassung (1995) 109–138; R. STEININGER, *Südtirol im 20. Jahrhundert* (1997); G. BOTZ, *Krisenzonen einer Demokratie* (1987). – Zu **Staatsstreich und Bürgerkrieg 1933/34**: P. HUEMER, *Sektionschef Robert Hecht und die Zerstörung der Demokratie in Österreich* (1975); G. SCHEFBECK (Hg), *Österreich 1934* (2004); M. F. POLASCHEK, *Verteidigung einer Demokratie* (2004); G. VOLSANSKY, *Pakt auf Zeit. Das Deutsch-Österreichische Juliabkommen 1936* (2001); zum **„Anschluss"**: E. WIEDERIN, *März 1938 – staatsrechtlich betrachtet*, in: U. Davy ua (Hg), Nationalsozialismus und Recht (1990) 226–265; E. TÁLOS ua (Hg), *NS-Herrschaft in Österreich* (2000); zu Staatsaufbau u Ideologien in der autoritären und der NS-Zeit vgl noch unten. – **Zweite Republik**: K. BERCHTOLD, *Verfassungsentwicklung seit 1945*, in: FS 75 Jahre Bundesverfassung (1995) 139–167; TH. ÖHLINGER, *Der Rückgriff auf die Bundesverfassung 1929*, in: E. Weinzierl ua (Hrsg), Justiz und Zeitgeschichte II (1995) 746–759; M. F. POLASCHEK / H. HALBRAINER (Hg), *Kriegsverbrecherprozesse in Österreich* (2003); G. STOURZH, *Um Einheit und Freiheit* (⁵2005); A. SUPPAN ua (Hg), *Der österreichische Staatsvertrag 1955* (2005); TH. OLECHOWSKI (Hg), *Fünfzig Jahre Staatsvertrag und Neutralität* (2006); M. GEHLER, *Österreichs Außenpolitik der Zweiten Republik*, 2 Bde (2005); DERS, *Kontinuität und Wandel*, Geschichte und Gegenwart 1995, 203–238 u 1996, 3–38; TH. OLECHOWSKI (Hg), *Der Wert der Verfassung – Werte in der Verfassung. Der „Österreich-Konvent" und die Neukodifikation der Bundesverfassung* (2005).

Gesetzgebung und Rechtswissenschaft (Rz 1401–1464)

Zur Erforschung des **archaischen Rechts** vgl J. BUSCH, *Das Germanenbild der deutschen Rechtsgeschichte* (2004); für das **römische Recht** sei auf die einschlägigen Lehrbücher (aufgelistet ua im Studienwörterbuch XXI–XXII) verwiesen. Für das **byzantinische Recht**: O. MAZAL, *Justinian I. und seine Zeit* (2001); P. E. PIELER, *Rechtsliteratur*, in: H. Hunger (Hg), Die hochsprachliche profane Literatur der Byzantiner (1978) 343–480. – Zu den **Volksrechten**: G. DILCHER / E.-M. DISTLER (Hg), *Leges – Gentes – Regna* (2006); R. SCHMIDT-WIEGAND, *Stammesrecht und Volkssprache* (1991); P. LANDAU, *Die lex Baiuvariorum* (2004); DERS, *Die Lex Thuringorum*, ZRG GA 118 (2001) 23–57. – Zu den **mittelalterlichen Rechtsquellen** vgl H. LÜCK, *Magdeburger Recht in der Ukraine*, ZNR 1990, 113–126; M. BLATTMANN, *Die Freiburger Stadtrechte zur Zeit der Zähringer*, 2 Bde (1991); CH. BIRR, *Weistümer und „Ländliche Rechtsquellen"*, in: J. PAUSER ua (Hg), Quellenkunde der Habsburgermonarchie (2004) 390–408; G. LINGELBACH / H. LÜCK (Hg), *Deutsches Recht zwischen Sachsenspiegel und Aufklärung* (1991); vgl auch den Ausstellungskatalog *der sassen speyghel*, 2 Bde (²1995). – Einen Überblick über die **Geschichte der europäischen Universität** bietet das Buch v W. WEBER (2002); speziell zu Wien: I. REITER, *Das Rechtsstudium an der Wiener Juristenfakultät* [http://www.univie.ac.at/juridicum]. Zur Entwicklung der **Kanonistik** vgl R. H. HELMHOLZ, *The Canon Law and Ecclesiastical Jurisdiction from 597 to the 1640s* (2004); P. LANDAU, *Kanones und Dekretalen* (1997). – Zur **Legistik** H. LANGE, *Römisches Recht im Mittelalter I: Die Glossatoren* (1997); H. LANGE / M. KRIECHBAUM, *Römisches Recht im Mittelalter II: Die Kommentatoren* (2007); dazu kritisch: H. H. JAKOBS, *Die große Zeit der Glossatoren*, ZRG RA 116 (1999) 222-258. – Grundlegend zur sog **Rezeption**: W. TRUSEN, *Anfänge des gelehrten Rechts in Deutschland* (1962); G. WESENER, *Einflüsse und Geltung des römisch-gemeinen Rechts in den altösterreichischen Ländern in der Neuzeit* (1989); kritisch: W. BRAUNEDER, *Europäisches Privatrecht*, Historia Juris 1999, 148–166. Zur Konkordanzliteratur vgl H. LÜCK, *Johann von Buch*, ZRG GA 124 (2007) 120–143. Zur **frühneuzeitlichen Gesetzgebung** allgemein TH. SIMON, *Geltung. Der Weg von der Gewohnheit zur Positivität des Rechts*, Rechtsgeschichte 7 (2005) 100–137; W. BRAUNEDER, *Der soziale und rechtliche Gehalt der österreichischen Polizeiordnungen des 16. Jahrhunderts*, in: Studien I (1994) 473–487. Zum **usus modernus pandectarum**: H.-P. HAFERKAMP / T. REPGEN (Hg), *Usus modernus pandectarum* (2007); K. LUIG, *Römisches Recht, Naturrecht, Nationales Recht* (1998); C. SCHOTT (Hg), *Juristische Methodenlehre zwischen Humanismus und Naturrecht* (= ZNR 1999, Heft 1/2). – Die Entwicklung des **common law** bei J. H. BAKER, *An Introduction to English Legal History* (⁴2002); D. KLIPPEL / R. SCHULZE (Hg), *Common Law und europäische Rechtsgeschichte* (= ZNR 2006, Heft 1/2). – Zum **Vernunftrecht**: R. VOPPEL, *Der Einfluß des Naturrechts auf den Usus modernus* (1996); TH. BEHME, *Samuel von Pufendorf* (1995); G. STEINBERG, *Christian Thomasius als Naturrechtslehrer* (2005). – Zu den **Kodifikationen**: P. CARONI, *Gesetz und Gesetzbuch* (2003); H. SCHLOSSER (Hg), *Freiherr von Kreittmayr* (1991); W. KÜPER (Hg), *Paul Johann Anselm Feuerbach* (1993); H.-P. BENÖHR, *Die Urheber des ALR*, ZRG GA 121 (2004) 493–503; TH. FINKENAUER, *Vom Allgemeinen Gesetzbuch zum Allgemeinen Landrecht*, ZRG 113 (1996) 40–216; W. SCHUBERT / M. SCHMOECKEL (Hg), *200 Jahre Code civil* (2006); E. WADLE, *Französisches Recht in Deutschland* (2002). – W. OGRIS, *Zur Geschichte und Bedeutung des österreichischen Allgemeinen bürgerlichen Gesetzbuches*, in: ders, Elemente Europäischer Rechtskultur (2003) 311–331; G. WESENER, *Die Rolle des Usus modernus pandectarum im Entwurf des Codex Theresianus*, in: FS K. Kroeschell (1997) 1363–1388; CH. NESCHWARA, *Die Geltung des österreichischen Allgemeinen Bürgerlichen Gesetzbuches in Ungarn und seinen Nebenländern von 1853 bis 1861*, ZRG GA 113 (1996) 362–376. – Zur **Exegetik**: W. BRAUNEDER, *Privatrechtsfortbildung durch Juristenrecht in Exegetik und Pandektistik in Österreich*, in: ders, Studien II (1994) 43–71; CH. NESCHWARA, *Über Carl Joseph von Pratobevera*, in: FS Palme (2002) 369–394; A. BÜRGE, *Das französische Privatrecht im 19. Jahrhundert* (1991). – Zur **Historischen Rechtsschule** vgl die *Savignyana*, eine Unterreihe der StERG (bislang 6 Bde,

1993 ff); ferner: J. SCHRÖDER, *Zur Vorgeschichte der Volksgeistlehre*, ZRG GA 109 (1992) 1–47; H.-P. HAFERKAMP, *Georg Friedrich Puchta und die Begriffsjurisprudenz* (2004); R. OGOREK, *Richterkönig oder Subsumtionsautomat?* (1986); W. OGRIS, *Jacob Grimm und die Rechtsgeschichte*, in: ders, Elemente Europäischer Rechtskultur (2003) 239–262; DERS, *Die Historische Schule der österreichischen Zivilistik*, ebd 345–400; T. REPGEN, *Die soziale Aufgabe des Privatrechts* (2001). – Zu den **Kodifikationen** des fin de siècle: O. BEHRENDS / W. SELLERT (Hg), *Der Kodifikationsgedanke und das Modell des Bürgerlichen Gesetzbuches* (2000); CH. AHCIN, *Zur Entstehung des bürgerlichen Gesetzbuches für das Königreich Sachsen von 1863/65* (1996); G. HAMZA (Hg), *Symposion Hundert Jahre BGB* (2006); D. SCHWAB, *Das BGB und seine Kritiker*, ZNR 2000, 325–357; P. CARONI, *Die Schweizer Romanistik im 19. Jahrhundert*, ZNR 1994, 243–271; D. MANAI, *Eugen Huber* (1990). – Zu den **Gegenströmungen**: M. REHBINDER, *Die Bedeutung von Eugen Ehrlich für die deutschsprachige Rechtswissenschaft*, in: W. Brauneder / K. Takii (Hg), Die österreichischen Einflüsse auf die Modernisierung des japanischen Rechts (2007) 135–147; G. SCHÖPFER, *Zur sozialen Rechtslehre Anton Mengers und Karl Renners*, ebd 169–181; H. HOFMEISTER (Hg), *Forschungsband Franz Klein* (1988); G. LUF / W. OGRIS (Hg), *Der Kampf ums Recht* (1995); M. WOLF, *Philipp Heck als Zivilrechtsdogmatiker* (1996). – Bezüglich der **Reinen Rechtslehre** sei auf die *Schriftenreihe des Hans Kelsen-Instituts* (bislang 29 Bde, 1973ff) hingewiesen; im Auftrag dieses Instituts habe ich selbst dzt eine ausführliche Kelsen-Biographie in Arbeit. – Zur **Marxistischen Rechtslehre** vgl R. SCHRÖDER, *Marxismus und Recht am Beispiel des Zivilrechts in der DDR*, in: FS K. Kroeschell (1997) 1155–1181; V. KNAUF, *Die Rolle der Generalklauseln in den Zivilentscheidungen des Obersten Gerichts der DDR von 1950 bis 1958*, in: [http://www.rewi.hu-berlin.de/online/fhi/articles/pdf-files/0411knauf.pdf] (4. 11. 2004); J. ECKERT / H. HATTENHAUER (Hg), Das Zivilgesetzbuch der DDR vom 19. Juni 1975 (1995). – Zum **NS-Recht**: B. RÜTHERS, *Die unbegrenzte Auslegung* ([6]2005); U. DAVY ua (Hg), *Nationalsozialismus und Recht* (1990); R. FRASSEK, *Von der „völkischen Lebensordnung" zum Recht* (1996); CH. M. SCHEUREN-BRANDES, *Der Weg von nationalsozialistischen Rechtslehren zur Radbruchschen Formel* (2005); M. SCHMOECKEL, *Die Aufhebung von nationalsozialistischen Gesetzen durch den Alliierten Kontrollrat*, ZRG GA 112 (1995) 431–439.

Staatsformen (Rz 2101–2183)

Das moderne Bild des **Feudalismus** basiert va auf O. BRUNNER, *Land und Herrschaft* ([5]1965); ein Überblick bei H. K. SCHULZE, *Grundstrukturen der Verfassung im Mittelalter* ([1/2/3]1992–98); kritisch: L. KUCHENBUCH, *Abschied von der „Grundherrschaft"*, ZRG GA 121 (2004) 1–99. Innovativ: B. MARQUARDT, *Das Römisch-Deutsche Reich als Segmentäres Verfassungssystem (1348–1806/48)* (1999). – Speziell zur **Grundherrschaft** vgl TH. SIMON, *Grundherrschaft und Vogtei* (1995); M. KISSENER, *„Unterm Krummstab ist gut leben"?*, ZRG KA 111 (1994) 281–300; H. FEIGL, *Die niederösterreichische Grundherrschaft* ([2]1998); W. OGRIS, *Zur Geschichte der Grundherrschaft in Österreich vom 17. bis zum 19. Jahrhundert*, in: ders, Elemente Europäischer Rechtskultur (2003) 717–726; zu den Folgen der Aufhebung 1848: G. KOHL, *Die Anfänge der modernen Gerichtsorganisation in Niederösterreich* (2000). – Die klassische Darstellung des **Lehnswesen** durch H. MITTEIS, *Lehnrecht und Staatsgewalt* (1933) ist zwar in Details, jedoch nicht im Grundsätzlichen veraltet, vgl dazu K. KROESCHELL, *Lehnrecht und Verfassung im deutschen Hochmittelalter*, in: [http://www.rewi.hu-berlin.de/online/fhi/articles/pdf-files/9804kroeschell.pdf] (27. 4. 1998); ferner: W. KIENAST, *Die fränkische Vasallität* (1990); N. V. GREIFFEN, *Die Rezeption des lombardischen Lehensrechts* (1999); R. DEUTINGER, *Seit wann gibt es die Mehrfachvasallität?* ZRG GA 119 (2002) 78–105; J.-P. STÖCKEL, *Die Weigerung Heinrichs des Löwen zu Chiavenna (1176)*, ZfG 1994, 869–882. – Zum **dualistischen Ständestaat**: G. CHITTOLINI /

D. WILLOWEIT (Hg), *Hochmittelalterliche Territorialstrukturen in Deutschland und Italien* (1996); W. BRAUNEDER, *Der ständische Anteil am Gemeinwesen in den östlichen österreichischen Ländern*, in: ders, Studien III (2002) 37–63; G. MÁTHÉ / B. MEZEY (Hg), *Von den Ständeversammlungen bis zum parlamentarischen Regierungssystem in Ungarn* (2001). Zum deutschen Reichstag: G. ANNAS, *Hoftag – Gemeiner Tag – Reichstag* (2004); J. HAAS, *Die Reichstheorie in Pufendorfs „Severinus der Monzambano"* (2006); M. SCHNETTGER (Hg), *Imperium Romanum – irregulare corpus – Teutscher Reichs-Staat* (2002); sowie allgemein: H. DUCHHARDT, *Deutsche Verfassungsgeschichte 1495–1806* (1991); G. SCHMIDT, *Geschichte des Alten Reiches* (1999). – Zum Verhältnis zur **Kirche**: W. GOEZ, *Legitimation weltlicher Herrschaft von Geistlichen im Abendland*, ZRG KA 121 (2004) 192–206; DERS, *Kirchenreform und Investiturstreit 910–1122* (2000).

Zur Entfaltung des **Absolutismus** vgl E. RIEDENAUER (Hg), *Landeshoheit* (1994); K. MALÝ, *Der böhmische Beitrag zum Modell des europäischen Absolutismus*, in: FS K. Kroeschell (1997) 695–705; F. HARTL, *Die erbländischen Landstände im Zeitalter Maria Theresias*, in: GS H. Hofmeister (1996) 199–233; kritisch: R. G. ASCH / H. DUCHHARDT (Hg), *Der Absolutismus – ein Mythos?* (1996); H. REINALTER / H. KLUETING (Hg), *Der aufgeklärte Absolutismus im europäischen Vergleich* (2002); J. J. HURT, *Louis XIV and the Parlements* (2002); J. SCHUMANN, *Die andere Sonne. Kaiserbild und Medienstrategien im Zeitalter Leopolds I.* (2003); W. OGRIS, *Der Beamte in der Habsburgermonarchie*, in: ders, Elemente Europäischer Rechtskultur (2003) 71–93; DERS, *Friedrich der Große und das Recht*, ebd 165–216; TH. OLECHOWSKI, *„Iustitia regnorum fundamentum". Ein Beitrag zum Ende der Kabinettsjustiz*, Österreichische Richterzeitung 2000, 132–142. – Zur Entwicklung der **„Policey"** vgl die Schriftenreihe *Studien zu Policey und Policeywissenschaft* (bislang 10 Bde, 2000ff); ferner: TH. SIMON, *„Gute Policey"* (2004); K. HÄRTER (Hg), *Policey und frühneuzeitliche Gesellschaft* (2000) 473–496; Mit der Entstehung der „Polizei" im modernen Wortsinn beschäftigt sich H. GEBHARDT (Hg), *Polizei, Recht und Geschichte* (2006). – Zum **Josephinismus**: I. GAMPL, *Staat – Kirche – Individuum* (1984); W. OGRIS, *Joseph II.: Staats- und Rechtsreformen*, in: ders, Elemente Europäischer Rechtskultur (2003) 125–164.

Zu den Grundlagen des **Konstitutionalismus**: L. GALL, *Von der ständischen zur bürgerlichen Gesellschaft* (1993); H. TIMMERMANN, *Die Entstehung der Nationalbewegung in Europa 1750–1849* (1993); DERS, *Entwicklung der Nationalbewegungen in Europa 1850–1914* (1998). Zur Vorbildwirkung Englands und zur **Gewaltenteilung**: W. BRAUNEDER, *England als Vorbild in der österreichischen Verfassungsentwicklung des 19. Jahrhunderts*, in: ders, Studien III (2002) 145–161; O. LEPSIUS, *Die Begründung der Verfassungsrechtswissenschaft in Großbritannien durch A.V. Dicey*, ZNR 2007, 47–59; E. J. HAHN, *Rudolf von Gneist* (1995); U. SEIF, *Der mißverstandene Montesquieu*, ZNR 2000, 149–166; L. PAHLOW, *Justiz und Verwaltung* (2000); G. KOHL, *Zur Entwicklung der richterlichen Unabhängigkeit bis zum Bundes-Verfassungsgesetz 1920*, in: B. Helige / Th. Olechowski (Hg), *100 Jahre Richtervereinigung* (2007) 9–26; W. OGRIS, *Die Stadt in der österreichischen Gemeindegesetzgebung des 19. Jahrhunderts*, in: ders, Elemente Europäischer Rechtskultur (2003) 679–716; G. HASIBA, *Das Notverordnungsrecht in Österreich* (1985). – Zur Entwicklung von **Parlamentarismus** u **Wahlrecht**: J. RUSZOLY, *Zwischen ständischer Repräsentation und Volksvertretung*, ZRG GA 107 (1990) 408–432; kritisch: B. STOLLBERG-RILINGER, *Ständische Repräsentation – Kontinuität oder Kontinuitätsfiktion?* ZNR 2006, 279–298; W. BRAUNEDER, *Austria's Bicameralism 1861–1873: Two "First Chambers"*, in: ders, Studien I (1994) 127–139; M. WEINZIERL, *Anmerkungen zur Diskussion um das Wahlrecht erwachsener Männer in Großbritannien und Frankreich 1776–1848*, in FS G. Stourzh (1999) 167–181; V. MELIK, *Wahlen im alten Österreich* (1997); F. ADLGASSER, *Kontinuität oder Wandel?* PER 2005, 149–166; TH. OLECHOWSKI, *Die Lassersche Wahlrechtsreform*, PER 2002, 147–167; ein Sammelband zur Reform

1907 wird 2008 von TH. SIMON hgg, das Frauenwahlrecht wird in einer Monographie v B. BADER-ZAAR umfassend dargestellt werden. – Die Bedeutung der **Industriellen Revolution** für die Rechtsentwicklung wird bes in der Schriftenreihe *Recht in der Industriellen Revolution*, einer Unterreihe der StERG, hervorgehoben (bislang 5 Bde, 2006ff). Vgl ferner M. STOLLEIS, *Die Entstehung des Interventionsstaates und das öffentliche Recht*, in: ders, Konstitution und Intervention (2001) 253–282; R. G. ARDELT, *Staatliche Repression gegen Sozialisten und Anarchisten in den 80er Jahren des 19. Jahrhunderts*, in: E. Weinzierl ua (Hg), Justiz und Zeitgeschichte II (1995) 653–665; zum **Kulturkampf**: P. PFLEGER, *Gab es einen Kulturkampf in Österreich?* (1997).

Eine an sich gute Einführung in die **Demokratietheorien** bietet das gleichnamige Buch v M. G. SCHMIDT (³2000, ND 2006), das aber eine Auseinandersetzung mit Kelsen vermissen lässt, vgl dazu R. WALTER / C. JABLONER (Hg), *Hans Kelsens Wege sozialphilosophischer Forschung* (1997) 79–102; M. JESTAEDT / O. LEPSIUS (Hg), HANS KELSEN, *Verteidigung der Demokratie* (2006). Ferner: W. P. ADAMS, *Die Verbindung von Republikanismus, Demokratie und Liberalismus in der amerikanischen Aufklärung*, FS G. Stourzh (1999) 77–97; M. F. POLASCHEK, *Die Bezirksvertretungen in der Steiermark zwischen 1918 und 1938* (1997); P. UNRUH, *Weimarer Staatsrechtslehre und Grundgesetz* (2004); H. BUCHSTEIN, *Öffentliche und geheime Stimmabgabe* (2000). Zum Zusammenhang von Demokratie und Sozialstaat vgl M. STOLLEIS, *Geschichte des Sozialrechts in Deutschland* (2003).

Allgemein zum „real existierenden" **Sozialismus**: J. HOLZER, *Der Kommunismus in Europa* (dt 1998); CH. BRENNER / P. HEUMOS (Hg), *Sozialgeschichtliche Kommunismusforschung* (2005); sowie die von v H. MOHNHAUPT ua im Rahmen der StERG hgg Bde *Normdurchsetzung in osteuropäischen Nachkriegsgesellschaften* (bislang 4 Bde, 1997/98). Zur UdSSR: K. WESTEN, *Die Kommunistische Partei der Sowjetunion und der Sowjetstaat* (1968). Zur DDR: D. KELLER ua (Hg), *Ansichten zur Geschichte der DDR* (1993).

Zum **Faschismusbegriff**: E. NOLTE, *Der Faschismus in seiner Epoche* (1963); ST. PAYNE, *Geschichte des Faschismus* (dt 2001). Zum **NS-Staatsrecht**: W. BENZ ua (Hg), *Enzyklopädie des Nationalsozialismus* (1997); H. DREIER / W. PAULY, *Die deutsche Staatsrechtslehre in der Zeit des Nationalsozialismus* (2001); O. LEPSIUS, *Gab es ein Staatsrecht des Nationalsozialismus?* ZNR 2004, 102–116; W. MANTL, *Carl Schmitt und die liberal-rechtsstaatliche Demokratie*, in FS G. Stourzh (1999) 99–143; A. KOENEN, *Der Fall Carl Schmitt* (1995); M. JÜRGENS, *Staat und Reich bei Ernst Rudolf Huber* (2005); O. JUNG, *Plebiszit und Diktatur* (1995); Bd 10 des JEV (*Die öffentliche Verwaltung im totalitären System*, 1998); M. SUNNUS, *Der NS-Rechtswahrerbund* (1990); M. A. DIEHL, *Von der Marktwirtschaft zur nationalsozialistischen Kriegswirtschaft* (2005); W. FORM ua (Hg), *NS-Justiz und politische Verfolgung in Österreich 1938–1945* (2006); W. EDER, *Das italienische Tribunale Speciale per la Difesa dello Stato und der deutsche Volksgerichtshof* (2002). – **Rassenlehre und Judenverfolgung**: M. TARRAB-MASLATON, *Rechtliche Strukturen der Diskriminierung der Juden im Dritten Reich* (1993); A. RETHMEIER, *„Nürnberger Rassegesetze" und Entrechtung der Juden im Zivilrecht* (1995); M. ROSEMAN, *Die Wannsee-Konferenz* (dt 2002); zum Themenkomplex Arisierungen und Rückstellungen vgl zusammenfassend C. JABLONER ua, *Schlussbericht der Historikerkommission der Republik Österreich* (2003; zugleich Bd 1 einer 50-bändigen Schriftenreihe, die die Einzelberichte festhält). Für einen breiteren Leserkreis konzipiert ist die Schriftenreihe *Raub und Rückgabe – Österreich von 1938 bis heute*, hgg v. V. PAWLOWSKY / H. WENDELIN (bislang 4 Bde, 2005ff).

Das System des **Autoritären Ständestaates** ist – im Gegensatz zu seiner Errichtung und seinem Ende (vgl oben) nur spärlich erforscht. Vgl va E. TALOS / W. NEUGEBAUER (Hg), *Austrofaschismus* (⁵2005); H. WOHNOUT, *Regierungsdiktatur oder Ständeparlament?* (1993); I. REITER, *Richterliche Unabhängigkeit im autoritären*

Ständestaat? in: B. Helige / Th. Olechowski (Hg), 100 Jahre Richtervereinigung (2007) 89–111.

Die Europäische Integration (Rz 2201–2218)

Allgemein: R. SCHULZE, *Das Entstehen des Europäischen Gemeinschaftsrechts. Eine Forschungsaufgabe der juristischen Zeitgeschichte*, ZNR 1994, 297–324; M. ZULEGG, *Ansätze zu einer Verfassungsgeschichte der Europäischen Union*, ZNR 1997, 270–280. – Zur Vorgeschichte: TH. NEUMANN, *Die Europäischen Integrationsbestrebungen in der Zwischenkriegszeit* (1999); A. ZIEGERHOFER, *Österreich und das Memorandum von Aristide Briand über die Einrichtung einer Europäischen Union von 1930*, MIÖG 1999, 377–397; A. ZIEGERHOFER-PRETTENTHALER, *Botschafter Europas. Richard Nikolaus Coudenhove-Kalergi und die Paneuropa-Bewegung in den zwanziger und dreißiger Jahren* (2004). Zu den Anfängen grundlegend: W. LOTH, *Der Weg nach Europa* (³1996); vgl ferner R. HRBEK / V. SCHWARZ (Hg), *40 Jahre Römische Verträge* (1998) sowie Bd 4 des JEV (*Die Anfänge der Verwaltung der Europäischen Gemeinschaft*, 1992). Zur weiteren Entwicklung etwa F. KNIPPING / M. SCHÖNWALD (Hg), *Aufbruch zum Europa der zweiten Generation. Die europäische Einigung 1969–1984* (2004); S. GUERRIERI, *The development of the role of the European Parliament*, PER 2001, 229–238; E. DREWES, *Entstehung und Entwicklung des Rechtsschutzes vor den Gerichten der Europäischen Gemeinschaften* (2000); R. SCHULZE / U. SEIF (Hg), *Richterrecht und Rechtsfortbildung in der europäischen Rechtsgemeinschaft* (2003).

Grundrechte (Rz 2301–2345)

Zur allgemeinen Entwicklung: M. GRANDNER / W. SCHMALE / M. WEINZIERL (Hg), *Grund- und Menschenrechte* (2001); W. SCHMALE, *Archäologie der Grund- und Menschenrechte in der Frühen Neuzeit* (1997); S. MÜLLER, *Gibt es Menschenrechte bei Samuel Pufendorf?* (2000); H.-J. BÖHME, *Politische Rechte des einzelnen in der Naturrechtslehre des 18. Jahrhunderts und in der Staatstheorie des Frühkonstitutionalismus* (1993); J. HILKER, *Grundrechte im deutschen Frühkonstitutionalismus* (2005); G. STOURZH, *Zur Konstitutionalisierung der Individualrechte in der Amerikanischen und Französischen Revolution*, in: ders, Wege zur Grundrechtsdemokratie (1989) 155–174; O. MOORMAN VAN KAPPEN, *Zur Holländischen Erklärung der Menschen- und Bürgerrechte von 1795*, ZRG GA 122 (2005) 317–326; H. HOFMEISTER, *Die Entwicklung der Grund- und Freiheitsrechte in Österreich*, RSJB L (1988) 395–409; W. BRAUNEDER, *Die Gesetzgebungsgeschichte der österreichischen Grundrechte*, in: R. Machacek / W. Pahr / G. Stadler (Hg), Grund- und Menschenrechte in Österreich I (1991) 189–364; DERS, *Zum Wesen der Grundrechte des „Kremsierer Verfassungsentwurfs"*, ÖJZ 1989, 417–419; R. WALTER, *Waren die „Grundrechte" des „Kremsierer Verfassungsentwurfs" bloße Staatszielbestimmungen?* ÖJZ 1990, 609–613; CH. GUSY, *Die Grundrechte in der Weimarer Republik*, ZNR 1993, 163–183; zur Entwicklung der Grundrechtsjudikatur des BVerfG: H. DREIER, *Dimensionen der Grundrechte* (1993); A. W. BRIAN SIMPSON, *Human Rights and the End of Empires. Britain and the Genesis of the European Convention* (2001). – Zum **Gleichheitssatz:** R. BINDER-KRIEGLSTEIN, *Österreichisches Adelsrecht 1868–1918/19* (2000); WINFRIED SCHULZE, *Die Entwicklung des „teutschen Bauernrechts" in der Frühen Neuzeit*, ZNR 1990, 127–163; zur Rechtsstellung der Sinti und Roma vgl W. RÜTTEN, *„Lustig ist das Zigeunerleben"*, ZRG GA 114 (1997) 233–260; zum Verhältnis von Ehre und Recht: D. SPRECHER, *Persönliche Ehren und Ehrenstrafen*, in FS K. H. Burmeister (2002) 401–425; R. v. DÜLMEN, *Der ehrlose Mensch* (1999); A. DEUTSCH, *Das schwere Schicksal der Henker – zur privaten Seite eines grausamen Handwerks*, ZRG GA 118 (2001) 420–437. – Für einen Einstieg in die *Frauenrechtsgeschichte* vgl das gleichnamige Lehrbuch von U. FLOSSMANN (2004); vertiefend U. GERHARD (Hg), *Frauen in der Geschichte des Rechts* (1997); auf die Schriftenreihe *Rechtsgeschich-*

te und *Geschlechterforschung* (bislang 8 Bde, 2003 ff) wird allgemein hingewiesen. Vgl ferner O. LEHNER, *Senatus Consultum Velleianum*, ZRG GA 105 (1988) 270–288; E. KOCH, *Maior dignitas est in sexu virili. Das weibliche Geschlecht im Normensystem des 16. Jahrhunderts* (1991); U. FLOSSMAN, *Das Geschlechterverhältnis in der Rechtslehre Franz von Zeillers*, in: GS H. Hofmeister (1996) 179–197; M. STEPPAN, *Gleichbehandlung bzw. Privilegierung von Frauen in den bäuerlichen Weistümern*, in [http://www.rewi.hu-berlin.de/online/fhi/articles/pdf-files/9707steppan.pdf] (26. 7. 1997); D. SCHWAB, *Frauenrechte und Naturrecht*, in D. Klippel (Hg), Naturrecht im 19. Jahrhundert (1997) 77–98; sowie die Angaben oben zu den Hexenprozessen u unten im Familienrecht. – Zur Entwicklung des Staatsbürgerschaftsrechts vgl die rechtshistor Einleitung bei R. THIENEL, *Österreichische Staatsbürgerschaft*, 2 Bde (1989/90); ferner H. BURGER, *Zum Begriff der österreichischen Staatsbürgerschaft*, in FS G. Stourzh (1999) 207–223. – Zur Entwicklung der **Glaubens- und Gewissensfreiheit**: A. GOTZMANN / ST. WENDEHORST (Hg), *Juden im Recht* (2007); M. KEIL / K. LOHRMANN (Hg), *Studien zur Geschichte der Juden in Österreich* (1994); CH. MAGIN, *„Wie es umb der iuden recht stet". Der Status der Juden in spätmittelalterlichen deutschen Rechtsbüchern* (1999); G. REINGRABNER, *Um Glaube und Freiheit. Eine kleine Rechtsgeschichte der Evangelischen in Österreich und ihrer Kirche* (2007); P. PRODI / W. REINHARD (Hg), *Das Konzil von Trient und die Moderne* (2001); B. SCHNEIDER, *Ius Reformandi* (2001); G. EMRICH, *Die Emigration der Salzburger Protestanten* (2002); ST. STEINER, *Reisen ohne Wiederkehr. Die Deportation von Protestanten aus Kärnten 1734–1736* (2007); P. LEISCHING, *Der Toleranzgedanke und seine Bedeutung für die Überwindung des Staatskirchentums in der Monarchia Austriaca*, ZRG KA 111 (1994) 405–421; A. DZIADZIO, *Religionszwang ohne gesetzliche Grundlage?* ZNR 1997, 64–81; V. HEUBERGER, *Die Habsburgermonarchie und der Islam in Bosnien-Herzegowina*, öarr 2003, 213–233; ST. SCHIMA, *Die Rechtsgeschichte der „Konfessionslosen"*, JEV 14 (2002) 97–124; TH. OLECHOWSKI, *Der österreichische Bundesgerichtshof und seine Rechtsprechung zum Religionsrecht 1934–1938*, öarr 2005, 88–106. – Zur **Pressefreiheit:** G. STOURZH, *Die Entwicklung der Rede- und Meinungsfreiheit im englischen und amerikanischen Raum*, in: ders, Wege zur Grundrechtsdemokratie (1989) 175–196; W. OGRIS, *Die Zensur in der Ära Metternich*, in: FS A. Laufs (2006) 243–256; TH. OLECHOWSKI, *Die Entwicklung des Preßrechts in Österreich bis 1918* (2004); B. *Plachta, Damnatur – Toleratur – Admittitur* (1994); N. BACHLEITNER / F. M. EYBL / E. FISCHER, *Geschichte des Buchhandels in Österreich* (2000); E. WEINZIERL / R. G. ARDELT (Hg), *Zensur in Österreich 1780 bis 1989* (1991, ND in: Justiz u Zeitgeschichte II, 541ff). – Zum **Folterverbot:** A. IGNOR, *Geschichte des Strafprozesses in Deutschland 1532–1846* (2002); M. SCHMOECKEL, *Humanität und Staatsraison* (2000); W. OGRIS, *Joseph von Sonnenfels als Rechtsreformer*, in: H. Reinalter (Hg), Joseph von Sonnenfels (1988) 11–95.

Verwaltungs- und Verfassungskontrolle (Rz 2401–2427)

Zur Entwicklung der **Verwaltungskontrolle** vgl den Bd 8 des JEV (*Verwaltung und Verwaltungsrecht in Frankreich und England*, 1996); R. SAILER, *Untertanenprozesse vor dem Reichskammergericht* (1999); TH. HENNE, *Verwaltungsrechtsschutz im Justizstaat* (1995); G. SYDOW, *Die Verwaltungsgerichtsbarkeit des ausgehenden 19. Jahrhunderts* (2000); TH. OLECHOWSKI, *Die Einführung der Verwaltungsgerichtsbarkeit in Österreich* (1999); DERS, *Der österreichische Verwaltungsgerichtshof* (2001); DERS, *Die Entwicklung allgemeiner Grundsätze des Verwaltungsverfahrens*, in: M. Holoubek / M. Lang (Hg), Allgemeine Grundsätze des Verwaltungs- und Abgabenverfahrens (2006) 13–40; A. DZIADZIO, *Der Begriff des „freien Ermessens" in der Rechtsprechung des österreichischen Verwaltungsgerichtshofes 1876–1918*, ZNR 2003, 39–62; M. STOLLEIS, *Die Verwaltungsgerichtsbarkeit im Nationalsozialismus*, in: ders, Recht im Unrecht (1994) 190–220;

W. KOHL, *Das Reichsverwaltungsgericht* (1991); J. HOECK, *Verwaltung, Verwaltungsrecht und Verwaltungsschutzrecht in der Deutschen Demokratischen Republik* (2003). – Zur Entwicklung der **Verfassungskontrolle** vgl CH. NESCHWARA, *Parlament und Verfassungsgerichtsbarkeit in der österreichischen Monarchie*, PER 25 (2005) 167–182; DERS, *Hans Kelsen als Verfassungsrichter*, in: St. L. Paulson / M. Stolleis (Hg), Hans Kelsen (2005) 353–384; R. WALTER, *Hans Kelsen als Verfassungsrichter* (2005); TH. ZAVADIL, *Die Ausschaltung des Verfassungsgerichtshofes* (DiplArb Wien 1997); G. STOURZH, *Vom Widerstandsrecht zur Verfassungsgerichtsbarkeit*, in: ders, Wege zur Grundrechtsdemokratie (1989) 37–74; DERS, *Verfassungsbruch im Königreich Böhmen*, in: FS L. Adamovich (1992) 675–690; N. E. HERMANN, *Entstehung, Legitimation und Zukunft der konkreten Normenkontrolle im modernen Verfassungsstaat* (2001); ST. L. PAULSON, *Constitutional Review in the United States and Austria: Notes on the Beginnings*, Ratio Iuris 2003, 223–239; TH. ÖHLINGER, *The Genesis of the Austrian Model of Constitutional Review of Legislation*, ebd 206–222; P. POPP, *Ministerverantwortlichkeit und Ministeranklage im Spannungsfeld von Verfassungsgebung und Verfassungswirklichkeit* (1996).

Personenrecht (Rz 3101–3124)

Zur Rechtsfähigkeit der **natürlichen Person** vgl J. KLUSSMANN (Hg), *Leibeigenschaft* (2003) sowie auch die oben bei der Grundherrschaft zit Lit. Zum Handelsstand: K. O. SCHERNER, *Lex mercatoria – Realität, Geschichtsbild oder Vision?* ZRG GA 118 (2001) 148–167; A. CORDES, *Auf der Suche nach der Rechtswirklichkeit der mittelalterlichen Lex mercatoria*, ZRG GA 118 (2001) 168–184. – „Lebensalter und Recht" ist dzt Gegenstand einer Arbeitsgruppe am MPI f Europäische Rechtsgeschichte in Frankfurt/Main; vgl auch ST. MINZENMAY, *Die Wurzeln des Instituts der Geschäftsfähigkeit im Naturrecht des 17. und 18. Jahrhunderts* (2003); O. LEHNER, *Entstehung, Absicht und Wirkung der Entmündigungsordnung 1916*, in: E. Weinzierl ua (Hg), Justiz und Zeitgeschichte I (1995) 506–533. – Zur **juristischen Person**: W. BRAUNEDER, *Von der moralischen Person des ABGB zur Juristischen Person der Privatrechtswissenschaft*, in: ders, Studien II (1994) 159–200; A. JANSSEN, *Die bleibende Bedeutung des Genossenschaftsrechts Otto von Gierkes für die Rechtswissenschaft*, ZRG GA 122 (2005) 352–366; S. KALSS / F.-ST. MEISSEL (Hg), *Zur Geschichte des Gesellschaftsrechts in Europa* (2003); S. KALSS / CH. BURGER / G. ECKERT, *Die Entwicklung des österreichischen Aktienrechts* (2003); S. KALSS / G. ECKERT, *Zentrale Fragen des GmbH-Rechts* (2005); M. SÖHNCHEN, *Die historische Entwicklung der rechtlichen Gründungsvoraussetzungen von Handels- und Aktiengesellschaften* (2005).

Familienrecht (Rz 3201–3262)

Allgemein: A. BURGUIÈRE ua (Hg), *Geschichte der Familie*, 4 Bde (dt 1996–98). Grundlegend zum älteren Recht: K. KROESCHELL, *Die Sippe im germanischen Recht,* ZRG GA 77 (1960) 1–25; zur österr Entwicklung im 19. u 20. Jahrhundert: O. LEHNER, *Familie – Recht – Politik* (1987); R. POTZ / B. SCHINKELE, *Die kirchliche Trauung im staatlichen Recht Österreichs,* in: H. Paarhammer / A. Rinnerthaler (Hg), Österreich und der Heilige Stuhl im 19. und 20. Jahrhundert (2001) 401–443; I. FUHRMANN, *Die Diskussion über die Einführung der fakultativen Zivilehe in Deutschland und Österreich seit Mitte des 19. Jahrhunderts* (1998); CH. NESCHWARA, *Rezeption als Reform: Das ungarische Eherecht im österreichischen Burgenland nach 1921*, ZNR 1989, 39–62. – **Eheschließung u -auflösung**: C. SCHOTT, *Trauung und Jawort* (²1992); R. SIFFERT, *Verlobung und Trauung* (2004); W. OGRIS, *bey der Copulation war kein Mensch als die Mutter und die Jüngste Schwester. Mozart und das Eherecht seiner Zeit,* Juristische Ausbildung und Praxisvorbereitung 1991/92, 14–19 u 132; I. WEBER, *„Consensus facit nuptias!"*, ZRG KA 118 (2001) 31–66; CH. DEUTSCH, *Konsensehe oder Zwangsheirat?*,

ZfG 2005, 677–690; W. BRAUNEDER, *Die Ehescheidung dem Bande nach in den Landesordnungsentwürfen für Österreich unter und ob der Enns 1595 und 1609*, in: ders, Studien II (1994) 201–216; R. WEIGAND, *Die Ausdehnung des Ehehindernisses der Verwandtschaft*, ZRG KA 111 (1994) 1–17; U. HARMAT, *Ehe auf Widerruf?* (1999); H. FÖRSCH, *Die Scheidungsgründe im Wandel der Zeit* (2006). – **Ehewirkungen:** A. M. STURM, *Das josephinische Leitbild der Frau in Ehe und Familie* (1988); A. DUNCKER, *Gleichheit und Ungleichheit in der Ehe* (2003); L. JELOWIK, *Die standesungleiche Ehe in Preußen im 19. Jahrhundert*, ZNR 1995, 177–200; W. BRAUNEDER, *Die Entwicklung des Ehegüterrechts in Österreich* (1973); vgl auch mehrere Beiträge dess Autors in DERS, *Studien II* (1994); ferner: W. OGRIS, *Mozarts Heuraths-Contract vom 3. August 1782*, in: FS H. Baltl (1998) 225–236; J. LEHMANN, *Die Ehefrau und ihr Vermögen* (2006); B. LEHMANN, *Ehevereinbarungen im 19. und 20. Jahrhundert* (1990). – **Kindschaftsrecht:** ST. BAUMGARTEN, *Die Entstehung des Unehelichenrechts im Bürgerlichen Gesetzbuch* (2007); W. RECHBERGER / P. OBERHAMMER, *Der Staatsanwalt als Kläger im Ehelichkeitsbestreitungsverfahren*, ÖJZ 1996, 41–46; M. LÖHNIG, *Ehelichkeitsanfechtung durch den Staatsanwalt (1938–1961)*, ZRG GA 124 (2007) 323–346; M. LIPP, *„Väterliche Gewalt" und „Person" – zur Dogmengeschichte der elterlichen Sorge in der Pandektistik des 19. Jahrhunderts*, ZNR 1993, 129–145; H. SING, *Die personenrechtliche Gewalt über das eheliche Kind im 18. und 19. Jahrhundert* (1999); J.-M. PRIESTER, *Das Ende des Züchtigungsrechts* (1999); G. HOPF, *Zur Unterhaltspflicht der Eltern und Großeltern*, in: E. Weinzierl ua (Hg), Justiz und Zeitgeschichte I (1995) 231–241; W. OGRIS, *Das Erlöschen der väterlichen Gewalt nach deutschen Rechten des Mittelalters und der Neuzeit*, in: ders, Elemente Europäischer Rechtskultur (2003) 547–573; B. HARMS-ZIEGLER, *Illegitimität und Ehe* (1991); V. PAWLOWSKY, *Mutter ledig – Vater Staat* (2001); F. STURM, *Die Aufnahme der Adoption in den Code civil*, in: FS K. Kroeschell (1997) 1305–1314.

Erbrecht (Rz 3301–3340)

Zur **Intestaterbfolge:** L. MEUTEN, *Die Erbfolgeordnung des Sachsenspiegels und des Magdeburger Rechts* (2000); H. C. FAUSSNER, *Besthaupt, Gewandfall und Heergewäte als Zwangsmittel der dekretierten Christianisierung*, ZRG GA 107 (1990) 377–392; K. GOTTSCHALK, *Streit um Frauenbesitz*, ZRG GA 114 (1997) 182–232; W. BRAUNEDER, *Die Entwicklung des bäuerlichen Erbrechts am Beispiel Österreichs*, in: ders, Studien II (1994) 357–375; J. WEITZEL, *Sonderprivatrecht aus konkretem Ordnungsdenken: Reichserbhofrecht und allgemeines Privatrecht 1933–1945*, ZNR 1992, 55–79. Zur **gewillkürten Erbfolge**: B. KASTEN, *Erbrechtliche Verfügungen des 8. und 9. Jahrhunderts*, ZRG GA 107 (1990) 236–338; U. SEIF, *Römisch-kanonisches Erbrecht in mittelalterlichen deutschen Rechtsaufzeichnungen*, ZRG GA 122 (2005) 87–112; P. LANDAU, *Die Testierfreiheit in der Geschichte des Deutschen Rechts im späten Mittelalter und in der frühen Neuzeit*, ZRG GA 114 (1997) 56–72; W. BRAUNEDER, *Typen des mittelalterlichen Erbrechts in ihrer Bedeutung für die Bevölkerungsentwicklung*, in: ders, Studien II (1994) 331–355; PH. HARTMANN, *Das Recht der vertraglichen Erbfolgeregelung in der neueren deutschen Privatrechtsgeschichte* (2005); M. BEUTGEN, *Die Geschichte der Form des eigenhändigen Testaments* (1992); P. APATHY, *Fideikommissarische Substitution und Treuhand*, in: GS H. Hofmeister (1996) 15–30. – Zur **Stellung des/der Erben**: F. HEUSER, *Der Erbschaftserwerb im Spätmittelalter* (2002); W. OGRIS, *Die Verlassenschaftsabhandlung nach W. A. Mozart*, in: W. H. Rechberger (Hg), Winfried-Kralik-Symposion 2001 (2002) 45–69; CH. BIELEFELD, *Die Entwicklung des Erbschaftserwerbs nach österreichischem Recht seit Inkrafttreten des ABGB im Jahre 1812* (1997); K. MUSCHELER, *Die Haftung des Erben im preußischen ALR*, in: FS K. Kroeschell (1997) 739–761; U. KRENZ, *Modelle der Nachlaßteilung* (1994).

Sachenrecht (Rz 3401–3474)

Allgemeines: S. HOFER, *Freiheit ohne Grenzen?* (2001); G. WESENER, *„Von Sachen und dinglichen Rechten". Zum Sachenrecht des Codex Theresianus*, in: FS C. Schott (2001) 255–266; TH. MAYER-MALY, *Kauf und Eigentumsübertragung im österreichischen Recht*, ZNR 1990, 164–168; U. EISENHARDT, *Die Entwicklung des Abstraktionsprinzips im 20. Jahrhundert*, in: FS K. Kroeschell (1997) 215–232; N. BENKE, *Zur „traditio" als zentralem Modell privatrechtlicher Vermögensübertragung*, in: GS H. Hofmeister (1996) 31–42; R. PALME, *Der „Tractatus de juribus incorporalibus" von 1679 als Vorläufer des österreichischen Grundbuchrechtes*, ebd 535–548; K. MORIYA, *Savignys Gedanke im Recht des Besitzes* (2003); E. SCHLÖGGL-ERNST, *Historische Bodendokumentation: Urbare, Landtafeln und Grundbücher*, in: J. Pauser ua (Hg), Quellenkunde zur Habsburgermonarchie (2004) 516–529. – **Eigentumsbegriff, -formen u -schranken:** J. LEHMANN, *Sachherrschaft und Sozialbindung?* (2004); F. M. KRAUSS, *Das geteilte Eigentum im 19. und 20. Jahrhundert* (1999); A. ASCHEUER, *Der Anteil des Gesamthänders am Gesamthandvermögen* (1992); kritisch: U. SEIF, *Die Gesamthand als Konstruktion der Germanistik*, ZRG GA 118 (2001) 302–320; F.-ST. MEISSEL, *Miteigentum und ABGB-Gesellschaft*, in: GS H. Hofmeister (1996) 419–442; G. KOHL, *Stockwerkseigentum* (2007); H. HOFMEISTER, *Familiengebundenes Eigentum*, in: P. Néve ua (Hg), Vorträge gehalten auf dem 28. Deutschen Rechtshistorikertag in Nimwegen (1992) 227–232; J. ECKERT, *Der Kampf um die Familienfideikommisse in Deutschland* (1992); B. SCHMIDT, *„Pflugwende" und Anwenderecht im Westfälischen* (1989); N. KOCH, *Die Entwicklung des deutschen privaten Immissionsschutzrechts seit Beginn der Industrialisierung* (2004). – **Eigentumserwerb u -verlust:** H. D. MEYER, *Anwachs und Insel im hochmittelalterlichen Recht der Grafschaft Flandern*, ZRG GA 113 (1996) 333–344; ST. SCHULZ, *Die historische Entwicklung des Rechts an Bienen* (1990); H. HOFMEISTER, *Die Grundsätze des Liegenschaftserwerbes in der österreichischen Privatrechtsentwicklung seit dem 18. Jahrhundert* (1977); H. WIELING, *Wie Kaiser Konstantin die germanische Auflassung erfand*, ZRG GA 124 (2007) 287–295; A. VÖLKL, *Der Verkauf der fremden Sache im Westgotenrecht*, ZRG RA 110 (1993) 427–500; W. HINZ, *Die Entwicklung des gutgläubigen Fahrniserwerbs in der Epoche des usus modernus und des Naturrechts* (1991); T. GÖHLERT, *Der Erwerb unterschlagener bzw. gestohlener Sachen vom Nichtberechtigten* (2007); F.-ST. MEISSEL / P. OBERHAMMER, *Die Entwicklung des Enteignungsrechts in Österreich seit dem 18. Jahrhundert*, RSJB LXVII (2000) 237–267. – **Beschränkte dingliche Rechte:** M. STEPPAN, *Das bäuerliche Recht an der Liegenschaft* (1995); F. THEISEN, *Studien zur Emphyteuse* (2003); W. BRAUNEDER, *Stillschweigende Hypotheken im „Ius Romano Germanicum"*, in: ders, Studien II (1994) 315–327; W. SCHUBERT, *Die Diskussion über eine Reform des Rechts der Mobiliarsicherheiten in der späten Kaiserzeit und in der Weimarer Zeit*, ZRG GA 107 (1990) 132–187; K. ANDOVÁ, *Das Mobiliarpfandrecht in Österreich, Ungarn, Tschechien und der Slowakei* (2004); M. HEGER, *Der Nießbrauch in usus modernus und Naturrecht* (2004); TH. FINKENAUER, *Der Eintragungszwang für Grunddienstbarkeiten*, ZNR 2001, 220–239; W. OGRIS, *Der mittelalterliche Leibrentenvertrag* (1961); H. HOFMEISTER, *Das Baurechtsgesetz 1912 aus rechtsgeschichtlicher und aktueller Sicht*, in FS H. Baltl (1988) 289–318.

Schuldrecht (Rz 3501–3539)

Allgemeines: Eine rechtsvergleichende u rechtshistorische Zusammenschau bietet F. RANIERI, *Europäisches Obligationenrecht* (^{2}2003); zu den Wandlungen des Schuldrechts im 20. Jh: K. W. NÖRR, *Zwischen den Mühlsteinen* (1988). Zur Schuld-Haftungslehre vgl O. V. GIERKE, *Schuld und Haftung im älteren deutschen Recht* (1910) u dazu den gleichnamigen Artikel von W. OGRIS in der 1. Aufl des HRG sowie einen interessanten rechtsvergleichenden Ansatz bei F. H. STEWARD,

Schuld and Haftung in Bedouin Law, ZRG GA 107 (1990) 393–407. Ferner: ST. BRESSLER, *Schuldknechtschaft und Schuldturm* (2004); V. T. HALBWACHS, *Ipso iure compensatur,* in: A. Thier ua (Hg), Kontinuitäten und Zäsuren in der Europäischen Rechtsgeschichte (1999) 63–77. – **Vertragsrecht:** H. SIEMS, *Handel und Wucher im Spiegel frühmittelalterlicher Rechtsquellen* (1992); K.-P. NANZ, *Die Entstehung des allgemeinen Vertragsbegriffs im 16. bis 18. Jahrhundert* (1985); J. RÜCKERT, *Zur Legitimation der Vertragsfreiheit im 19. Jahrhundert,* in: D. Klippel (Hg), Naturrecht im 19. Jahrhundert (1997) 135–183; K. LUIG, *Von Savignys Irrtumslehre zu Jherings culpa in contrahendo,* ZNR 1990, 68–76; H. KALB, *Laesio enormis im gelehrten Recht* (1992); M. WELTI, *Der Gerechte Preis,* ZRG GA 113 (1996) 424–433; M. BAUER, *Periculum emptoris* (1998); J. HEIL /B. WACKER (Hg), *Shylock? Zinsverbot und Geldverleih in jüdischer und christlicher Tradition* (1997); J. DILCHER, *Die Zins-Wucher-Gesetzgebung in Deutschland im 19. Jahrhundert* (2002); M. STAMPFER, *Die Anfänge des Mieterschutzes in Österreich* (1995); J.-U. PETERSEN, *Die Vorgeschichte und die Entstehung des Mieterschutzgesetzes von 1923* (1991); H.-P. BENÖHR, *Arbeitssuche und Arbeitszwang in der Neuzeit,* in: GS H. Hofmeister (1996) 43–71; W. OGRIS, *Geschichte des Arbeitsrechts vom Mittelalter bis in das 19. Jahrhundert,* in: ders, Elemente Europäischer Rechtskultur (2003) 575–607; DERS, *Die persönlichen Sicherheiten im Spätmittelalter,* ebd 499–546. – **Außervertragliches Schuldrecht**: D. WILLOWEIT (Hg), *Die Entstehung des öffentlichen Strafrechts* (1999); eigenwillig: I. EBERT, *Pönale Elemente im deutschen Privatrecht* (2004); M. IMMENHAUSER, *Das Dogma von Vertrag und Delikt* (2006); N. JANSEN, *Die Struktur des Haftungsrechts* (2003); S. WÜRTHWEIN, *Zur Schadenersatzpflicht wegen Vertragsverletzung im Gemeinen Recht des 19. Jahrhundert* (1990); U. WALTER, *Geschichte des Anspruchs auf Schmerzensgeld bis zum Inkrafttreten des bürgerlichen Gesetzbuches* (2004); J. SCHEEL, *Die Entwicklung des Rechtsgrundbegriffes bei den Leistungskondiktionen* (1989); F. ST. MEISSEL, *Geschäftsführung ohne Auftrag* (1993).

Personenverzeichnis

Accursius, Franciscus 1414
Adenauer, Konrad 1212; 1221; 2208
Adler, Friedrich 1157
Adler, Viktor 1154
Alarich II., Kg d Westgoten 1407
Aleksandr II., Ks v Russland 1156; 3103
Alfonso XIII., Kg v Spanien 1226
Amira, Karl v 1440
András II., Kg v Ungarn 2115; 2303
Andropow, Jurij 1228
Aquin ⇨ Thomas v Aquin
Aristoteles 1109; 2144
Arius 2320
Atatürk ⇨ Kemal, Mustafa
Athanasius 2320
Auersperg, Adolph 1154
Auersperg, Karl 1154
Augustinus, Aurelius 1422
Azo Portius 1414; 1418
Bach, Alexander 2107
Badeni, Kasimir 1153; 2138
Bagehot, Walter 2151
Baillet-Latour, Theodor 1141
Baldus de Ubaldis 1414
Bartolus de Sassoferrato 1414
Beccaria, Cesare 1424; 2344
Belcredi, Richard 1147; 1148
Benedikt XV., Papst 1463
Bentham, Jeremy 1425
Bernatzik, Edmund 1441
Beust, Ferdinand v 1148
Bismarck, Otto v 1146; 1150; 1152; 1155; 2143
Bodin, Jean 2116; 2122
Boleyn, Anne 1118
Bonaparte ⇨ Napoléon
Bonifatius VIII., Papst 2120
Brandt, Willy 1223
Brauneder, Wilhelm 1302; 2137; 3240
Breschnjew, Leonid 1223; 1228
Briand, Aristide 2202
Broda, Christian 1464
Brunner, Heinrich 1440
Brunner, Otto 2103
Buch, Johann v 1419
Bürckel, Josef 1317
Bydlinski, Franz 1450
Calvin, Jean 2323
Carlo Alberto, Kg v Sardinien 1144
Carlo I., Kg v Sizilien 1114
Carlos (V.), span Gegenkönig 1150
Carmer, Johann H. C. v 1428
Carpzov, Benedict 1419
Ceaușescu, Nicolae 1229

Charles I., Kg v England 1121
Charles X., Kg v Frankreich 1137; 2426
Charles v Anjou
⇨ Carlo I., Kg v. Sizilien
Chlodwig I., Kg d Franken 1102; 1407; 2321
Chotek, Sophie 3235
Chruschtschow, Nikita 1217; 1221
Churchill, Winston 1210; 2203
Cohen, Hermann 1452
Coing, Helmut 1450
Colbert, Jean-Baptiste 2129
Colomb, Christobal 1116
Colombo, Emilio 1227
Conring, Hermann 1415; 1419
Coudenhove-Kalergi, Richard 2202
Cromwell Oliver 1121; 3216
Curtius, Julius 1311
Darwin, Charles 1448
David, israelitischer Kg 2119
Davignon, Etienne 2208
Deák, Ferenc 1147
Delors, Jacques 1227; 1234; 1235; 2207
Dicey, Albert Venn 2402; 2418
Dinghofer, Franz 1302
Diocletian, röm Ks 2119; 3511
Dollfuss, Engelbert 1312; 1314; 1315; 2182
Dreyfus, Alfred 2165
Dubček, Alexander 1223
Dubois, Pierre 2201
Dunant, Henry 1144
Ebert, Friedrich 1205
Eckhardt, Karl August 1459
Ehrenzweig, Armin 1449
Ehrlich, Eugen 1446
Eichhorn, Karl Friedrich 1437; 1439
Eike v. Repgow 1411
Eleonore v Aquitanien 2317
Elizabeth I., Kgn v England 1118
Engels, Friedrich 1454; 1457; 2158
Engisch, Karl 1450
Ernst August I., Kg v Hannover 2132
Ferdinand I., röm-dt Ks 1115; 1125; 2325; 3215
Ferdinand II., röm-dt Ks 2325; 3457
Ferdinand III., röm-dt Ks 1430
Ferdinand I. (V.), Ks v Österreich 1141
Feuerbach, Anselm v 1426
Fiedler, Franz 1326
Figl, Leopold 1321; 1323; 1324
Firmian, Leopold Anton v 2325
Fraenkel, Ernst 2170
Franco, Francisco 1207; 1226
Frank, Hans 1461

Franz I. Stephan, röm-dt Ks   1127; 1128
Franz II./I., röm-dt Ks,
  Ks v Österreich   1133; 1432; 2111
Franz Ferdinand, Ehz v Österreich
  1155; 1157; 3235
Franz Joseph I., Ks v Österreich
  u Kg v Ungarn   1141–43; 1145;
  1147; 1157; 2136; 2425
Friedrich I. Barbarossa, röm-dt Ks
  1105; 1415; 2108
Friedrich II., röm-dt Ks   1110; 1112;
  1114; 1411
Friedrich III., röm-dt Ks   2120
Friedrich I., Kg von Preußen   1120
Friedrich II., Kg von Preußen   1126;
  1127; 1428; 2125;
  2127; 2326; 2344
Friedrich Wilhelm II.,
  Kg v Preußen   1428; 2125
Friedrich Wilhelm IV.,
  Kg v Preußen   1141; 1142
Friedrich Wilhelm,
  Kfst v Brandenburg   1120
Gaius (röm Jurist)   1403
Garibaldi, Giuseppe   1144
Gaulle, Charles de   1211; 1222;
  1225; 2208
Geissmayr, Michael   2106
Genscher, Hans Dietrich   1227; 1234
Gerber, Carl   2406
Gierke, Otto v   1442; 3116; 3505
Giscard d'Estaing, Valéry   1239
Glaser, Julius   1445
Gneist, Rudolf v   2131; 2403
Gobineau, Joseph Arthur de   2165
Gołuchowski, Agenor   1145
Gorbach, Alfons   1324
Gorbatschow, Michail S.   1228–29; 1232
Gratian (Kanonist)   1413
Gregor VII., Papst   2120
Gregor IX., Papst   1413
Gregor XI., Papst   1411
Grimm, Jacob   1439; 2132
Grimm, Wilhelm   2132
Grotius, Hugo (Huigh de Groot)
  1419; 1423; 3446; 3531
Gschnitzer, Franz   1462
Guillaume v. d. Normandie ⇨
  William I., Kg v England
Gusenbauer, Alfred   1325
Gutenberg, Johannes   2332
Habsburg-Lothringen, Otto
  1324; 2182
Haider, Jörg   1325
Hallstein, Walter   1221; 1223
Hamilton, Alexander   2146
Haslauer, Wilfried   2427
Hassenpflug, Ludwig   2426
Haugwitz, Friedrich Wilhelm   1127

Havel, Václav   1229
Hecht, Robert   1312; 1313
Heck, Philipp   1449; 1460
Hegel, Georg W. F.   1455
Heinrich III., röm-dt Ks   1108
Heinrich VI., röm-dt Ks   1105; 1107;
  1109–10
Heinrich XII. d Löwe,
  Hz v Bayern   1105–06; 2108
Heinrich II., Hz v Österreich   1106
Heise, Georg   3116
Henri IV. v Bourbon, Kg v Frank-
  kreich u Navarra   1118; 2324
Henry II., Kg v England   1107
Henry VIII., Kg v England   1118; 2324
Herzog, Roman   1239
Hindenburg, Paul v.   1205; 1206
Hitler, Adolf   1205–1209; 1315; 1316;
  2164–2170; 2179; 2182
Hobbes, Thomas   2122; 2127; 2145
Honecker, Erich   1212; 1229
Horten, Johann Bernhard   1431
Horthy, Miklós   1201
Huber, Ernst R.   1459; 2166; 2168
Huber, Eugen   1443
Hume, David   1452; 2141
Hus, Jan   1113
Hye v Glunek, Anton   1445; 1464
Irnerius (Legist)   1414; 1415
Isabella II., Kg von Spanien   1150
István [Stephan] I. d Heilige,
  Kg v Ungarn   1108
Iustinian I., oström Ks
  1404–05; 3308; 3336; 3535
Iwan III. dGr, russ Zar   1119
James I. (VI.), Kg v England
  u Schottland   1118
James II. (VII.), Kg v England
  u Schottland   1121
Jay, John   2146
Jeanne d'Arc   1112
Jellačić, Josip   1142
Jellinek, Georg   2302
Jelzin, Boris   1232
Jhering, Rudolph v   1448; 1449, 3503
João I., Kg v Portugal   3252
Johann, Ehz v Österreich   1140
Johannes XXIII., Papst   1463; 2177
Johannes Paul II., Papst   1228;
  1463; 2177
John, Kg v England   1112, 2303
Joseph I., röm-dt Ks   1430
Joseph II., röm-dt Ks   1128–29; 1431
  2106; 2123; 2127; 2130; 2144;
  2326–27; 2333; 2344; 3105;
  3208; 3212; 3217; 3231; 3253
Juan Carlos I., Kg v Spanien   1226
Kádár, János   1229
Kadečka, Ferdinand   1311

Personenverzeichnis

Kálman I., Kg v Ungarn 1108
Kant, Immanuel 2127
Karl I. dGr, röm Ks, Kg d Franken
    1102; 1104; 1107; 1407; 1409
Karl III. d Dicke, röm Ks,
    Kg d Franken 1103
Karl IV., röm-dt Ks 1110–11; 1412
Karl V., röm-dt Ks, Kg v Spanien
    1115; 1117; 1417; 2323; 2325
Karl VI., röm-dt Ks 1123–24; 1127
Karl VII., röm-dt Ks 1127
Karl I. (IV.), Ks v Österreich u
    Kg v Ungarn 1157; 1201; 1301; 1302
Karl XII., Kg v Schweden 2412
Karolyi IV. v Ungarn ⇨
    Karl I., Ks v Österreich
Kasimir III., Kg v Polen 1412
Katharina II., Ksn v Russland 1129
Kaunitz, Wenzel Anton Fürst 1127
Kelsen, Hans 0003; 1305–06;
    1310; 1451–53; 1459; 2134;
    2147–48; 2155; 2183; 2310;
    2417; 2422; 3116
Kemal, Mustafa („Atatürk") 1201
Kennedy, John F. 1221
Kerenskij, Aleksandr 1204
Klang, Heinrich 1462
Klaus, Josef 1324
Klaus, Václav 1233
Klecatsky, Hans 1464
Klein, Franz 1447
Klestil, Thomas 1325
Klima, Viktor 1325
Kohl, Helmut 1230; 1234; 2151
Konstantin II., Kg v Griechenland 1226
Körner, Theodor 2152
Kossuth, Lajos 1142
Kreisky, Bruno 1323; 1324
Kreittmayr, Wiguläus X. A. v 1427
Kroeschell, Karl 3203
Kübeck v Kübau, Carl Friedrich 1143
Kudlich, Hans 2107
Laband, Paul 1441
Lajos I. dGr, Kg v Ungarn u Polen
    1114
Larenz; Karl 1459; 1460
Lassalle, Ferdinand 2142
Leibniz, Gottfried Wilhelm 1430
Lemayer, Karl 2407
Lenin, Wladimir Iljitsch 1156;1204
Leo XIII., Papst 1154; 2177
Leon VI., ostrom Ks 1405
Leopold I., röm-dt Ks 1122; 1124
Leopold II., röm-dt Ks
    (Pietro Leopoldo di Toscana)
    1128; 1432; 2106; 2131
Leopold I., Mgf v Österreich 1106
Liebknecht, Karl 1205
Liechtenstein, Johann Adam v 2114

Limnaeus, Johannes 2116
Liutprand, Kg d Langobarden 1406
Locke, John 2127; 2134;
    2145; 2303; 2334
Lothar III., röm-dt Ks 1415
Louis XIV. d Sonnenkönig,
    Kg v Frankreich 1120; 1122; 1123;
    1429; 2126; 2324
Louis XVI., Kg v Frankreich 1130–31
Louis XVII., Kg v Frankreich 1131
Louis XVIII., Kg v Frankreich 1137
Louis Capet ⇨ Louis XVI.
Louis Philippe, Kg d Franzosen
    1137; 1139
Ludwig IV. d Bayer, röm-dt Ks
    1110; 1411
Lueger, Karl 1154
Luther Martin 1117; 2323
Madison, James 2146
Maizière, Lothar de 1229
Mancini; Pasquale Stanislao 2167
Margarete „Maultasch",
    Gräfin v Tirol 1111
Margeaux de Valois, Kgn v. Frankr. 1118
Maria Theresia, röm-dt Ksn
    1127–28; 1308; 1430; 1431;
    2106; 2122–23; 2125; 2126;
    2130; 2333; 2344; 2401
Marshall, George C. 1214
Marsilius v Padua 2145
Martini, Carl Anton v 1432–33; 2125
Marx, Karl 1154; 1204; 1454–55;
    2158; 2163; 2177; 2330
Mary II., Kgn v England 1121
Mary I. Stuart, Kgn v Schottland 1118
Maximilian I., röm-dt Ks 1117; 1125;
    3215
Maximilian II., röm-dt Ks 2325
Maximillian III. Joseph,
    Kurfürst v Bayern 1427
Mayr, Michael 1305
Mazarin, Jules 1120
Mečiar, Vladimir 1233
Mehmed VI., türkischer Sultan 1201
Meinhard II. v. Görz-Tirol,
    Hz v Kärnten 1111
Menger, Anton 1442; 1446; 1447
Merkl, Adolf J. 1316; 1451–52; 2422
Mesić, Stjepan („Stipe") 1233
Metternich, Clemens Wenzel
    1135–36; 1140; 2336
Miklas, Wilhelm 1314; 1316
Mill, John Stuart 2147
Milosevic, Slobodan 1233
Milton, John 2334
Mitteis, Heinrich 0001, 2108
Mitterand, François 1234
Monnet, Jean 1215–16

Montesquieu, Charles de
    2124; 2131; 2134–35
Monzambano, Servinus de
  ⇨ Pufendorf, Samuel
Morus, Thomas 2324
Mussolini, Benito 1207; 1209; 1211;
    1315; 2164; 2168; 2169
Napoléon I., Ks d Franzosen
    1132–35; 1138–39; 1429; 2335
Napoléon II., Ks d Franzosen 1134
Napoléon III., Ks d Franzosen
    1139; 1144; 1146; 1151
Nietzsche, Friedrich 2165
Nightingale, Florence 1144
Nikolaj II., Ks v Russland 1156;1204
Ofner, Julius 1444; 2338; 3524
Ogris, Werner 0001, 3505
Olah, Franz 1321
Oppenheimer, Samuel 2327
Otto I. dGr, röm-dt Kaiser
    1105; 1106; 1108
Otto IV., röm-dt Ks 1107; 1110; 1112
Ottokar II., Kg v. Böhmen 1111
Ottokar IV., Hz d Steiermark 1106
Papadópoulos, Georgios 1226
Paulus (röm Jurist) 1404
Penn, William 2201
Pétain, Henri 1208; 1211
Peter I. dGr, Ks v Russland
    1123; 2413
Petrus (Apostel) 2120
Philippe II. Augustus, Kg v
  Frankreich 1112; 2110
Philippe IV. le Bel, Kg v
  Frankreich 1112
Pietro Leopoldo di Toscana ⇨
  Leopold II, röm-dt Ks
Pillersdorf, Franz v 1141
Pippin d Jüngere, Kg d Franken
    1103; 1104
Pius X., Papst 1463
Pius XI., Papst 2177–79; 2330
Pius XII., Papst 2330
Planck, Gottlieb 1442
Platon 1422
Polignac, Jules 2426
Pompidou, Georges 1225
Portalis, Jean-Etienne Marie 1429
Pothier, Robert-Joseph 1429
Pratobevera v Wiesborn, Carl 1434
Puchta, Georg Friedrich 1440
Pufendorf, Samuel 1424; 2116; 2144
Raab, Julius 1323; 1324
Radbruch, Gustav 1459; 1460
Radetzky, Johann v 1142; 1144
Ramek, Rudolf 1312
Raymund v. Wiener Neustadt 1419
Reinkingk, Theodor 2116

Renner, Karl 1301; 1304–05;
    1312; 1316; 1319; 1321; 1446
Reumann, Jakob 2427
Ricardo, David 3525
Richard I. Lionheart,
  Kg v England 1107; 1109
Richelieu, Armand Kardinal de 1120
Rivera, Miguel Primo de 1150
Robespierre, Maximilien 1131
Röhm, Ernst 2170
Rousseau, Jean Jacques 2134;
    2145–2147; 2168
Rudigier, Franz Josef 2143
Rudolf I. v. Habsburg, röm-dt Kg
    1110; 1111
Rudolf IV. d Stifter, Hz v
  Österreich 1111; 1412
Salazar, António de Oliveira 1226
Salomon, israelitischer Kg 2119
Sassoferrato, Bartolus ⇨
  Bartolus de Sassoferrato
Savigny, Friedrich Carl v. 1437–40;
    3116; 3419
Schärf, Adolf 1323
Scheidemann, Philipp 1205
Schmerling, Anton v 1145; 1147
Schmidt, Helmut 2151
Schmitt, Carl 1459; 2166; 2170; 2417
Schnitzler, Arthur 2427
Schober, Johann 1311
Schönerer, Georg v. 1154
Schuman, Robert 1215
Schuschnigg, Kurt 1315–16; 2182
Schüssel, Wolfgang 1325
Schwarzenberg, Felix zu 1141–43
Schwarzenberg, Johann v 1417
Seilern, Johann Friedrich 2125
Seipel, Ignaz 1305; 1307; 1310; 2179
Seitz, Karl 1304
Sever, Albert 3232
Seyß-Inquart, Arthur 1316; 1317
Siems, Harald 3510
Sieyès, Emmanuel 2137
Sinowatz, Fred 1324
Smith, Adam 2141
Solana, Javier 2208
Sonnenfels, Joseph v 1433; 2344
Spaak, Paul-Henri 1219
Spann, Othmar 2178
Stalin, Josef 1204; 1217; 1319; 1320;
    1323; 2159; 2161; 2164
Stanislaus II., Kg v Polen 1129
Starhemberg, Ernst Rüdiger 2182
Stolleis, Michael 0001
Straffner, Sepp 1312
Strafford, Thomas 1121; 2425
Stryk, Samuel 1419
Stürgkh, Karl v 1157

Sylvester II., Papst	1108
Taaffe, Eduard	1154
Tassilo III., Hz v Bayern	1102
Theodosius I. dGr, röm Ks	2320
Thibaut, Anton	1437
Thomas v Aquin	1422
Thomasius, Christian	1424
Thun-Hohenstein, Leo	1444
Tiso, Jozef	2179
Tito, Josip	1214; 1233
Tocqueville, Alexis de	2147
Tribonian	1404
Tschernenko, Konstantin	1228
Ubaldis ⇨ Baldus de Ubaldis	
Ulbricht, Walter	1212
Ulpianus, Domitius	1404
Unger, Joseph	1444; 2407
van Swieten, Gerard	1436
Verdross, Alfred	1451
Vittorio Emanuele I., Kg v Italien	1144
Vittorio Emanuele III., Kg v Italien	2168
Vogelsang, Karl v	2178
Vranitzky, Franz	1325
Wałęsa, Lech	1228; 1229
Walter, Robert	0002, 1453
Weber, Max	0002, 2152
Werböczy, István	1419
Werner, Christian	2207
Weyr, František	1451
Wilburg, Walter	1450
Wilhelm I., Dt Ks u Kg v Preußen	1150; 1151
Wilhelm II., Dt Ks u Kg v Preußen	1152
William I., Kg v England	1107
William III. (II.), Kg v England u Schottland	1121
Wilson, Woodrow	1157; 1202; 1303
Windisch-Graetz, Alfred v	1142
Windscheid, Bernhard	1442
Wolff, Christian	1424
Würth, Joseph v	1445
Zasius, Udalricus (Ulrich Zäsi)	1416
Zeiller, Franz v	1433–34; 1436; 3532
Zöllner, Erich	1307

Sachverzeichnis

2+4-Verhandlungen	1230
IV. Laterankonzil	2342
14 Punkte-Plan	1157; 1202
31 Gesetzesartikel	1141; 1143; 1147
Abessinien-Krise	1207; 1315
Abgeordnetenhaus	1148; 1302; 2137–38
Abschichtung	3251
Absolutismus	1120–30; 1426; 2116; 2121–31; 2303; 2425
Achsenmächte	1208
Acht	3107
Act of Supremacy	2324
Action Française	2164
Adel	2313
Administrativjustiz	2405; 2407
Adoption	3256–59; 3311; 3319
Aftervasallen	2110; 2112; 2115
agnatische Verwandtschaft	3203
Akademie für Deutsches Recht	1461
Aktiengesellschaft	3104; 3122
Allgemeine Erklärung der Menschenrechte	2308
Allgemeine Gerichtsordnung	1431
Allgemeine Geschäftsbedingungen	3508
Allgemeine Wählerkurie	2117
Allgemeines Bürgerliches Gesetzbuch	1431–36; 1444; 1462
Allgemeines Handelsgesetzbuch	1442; 1461
Allgemeines Landrecht für die preuß Staaten	1428
Allgemeines Verwaltungsverfahrensgesetz	1308; 2408
Alliierte; - Kontrolle	1208; 1212; 1320; 1321; 1323; 1461; 1463
Allod, Allodifikation	2109; 2111
Allographes Testament	3322
Alpenslawen	1102
Ältere Satzung	3454–57
Altersstufen	3109–10
Altkatholiken	2328
Amsterdam, Vertrag v	1237; 2209
Amt der Landesregierung	1308
Amtshaftung	2306; 3534
Amtsvormundschaft	3262
Aneignung	3412; 3434
Anerbenrecht	3317
Anerkennungsgesetz	2329
Angestelltengesetz	3523
Anhaltelager	2182
Anklageprozess	1445
Annexionsthese	1316; 1318
„Anschluss", -gedanke, -gesetz	1302–03; 1315–17; 1323; 1461; 2168; 2172
Anstalten	3123

Sachverzeichnis

Antiklerikalismus	1154
Antimarxismus	2165
Antimodernismus	2143
Antisemitismus	1154; 2165
Anwachsung	3118; 3301
Arbeiterkammern	2117
Arbeiterräte	1204; 1205
Arbeitsrecht, -vertrag	3508; 3522–26
Arbeitsstrafen	1431
Arbeitsverfassungsgesetz	3523
Ärgere Hand	3249
Arianer, Arianismus	2320–21
„Arier", „Arisierung"	2167, 2172
Aristokratie	2144–45
arrha, Arrhalvertrag	3507; 3509
assemblée nationale	1131; 1429
Aszendenten	3202; 3308; 3325
Athanasianer	2320
Aufgebot	3215
Aufhebung der Ehe	3224; 3228–29
Aufklärung	1423; 1437; 2125; 2127; 2344
Auflassung	3440
„Augen auf, Kauf ist Kauf"	3512
Augsburger Bekenntnis	2323
Augsburger Religionsfrieden	1117; 2303; 2325
Augusterlässe	1143; 2426
Ausgleich	1147
Auslobung	3537
Ausnahmezustand	1142; 1143
Ausstattung, Aussteuer	3250
Austrofaschismus	2182
Austromarxismus	1304
Authentische Interpretation	1435
Autoritärer Ständestaat	1312–15; 2177–82
Babenberger	1105–06; 1111
Badenische Wahlrechtsreform	2138
Badisches Landrecht	1429
Baiern ⇨ Bayern	
Bambergische Halsgerichtsordnung	1417; 2343
Bartholomäusnacht	1118
Basiliken	1405
Bauer, -befreiung, -kriege	1141; 2103; 2106; 2314
Bauernlegen	2106
Bayern (Baiern)	1102; 1105–06; 1406
Beamte	2111; 2123
Becksche Wahlrechtsreform	2138
Begriffsjurisprudenz	1440; 1446; 3501
behördlich genehmigte Anlage	3433
Beilager	3210; 3214
beneficium emigrationis	2303
beneficium inventarii	3336
Benelux (Zollunion)	1218
Berchtesgaden, Unterredung von (1938)	1316
Bereicherungsrecht	3538
Bergregal	2109
Berlin, -klausel, -er Mauer	1212; 1221, 1229
Berliner Kongress	1155
Berufsstände	2178; 2180; 2312
Besitz	3418–19; 3463
Bestandvertrag ⇨ Miete; Pacht	
Bewegliches System	1450
Beweislastumkehr	3533
Beweisregeln	2344
Bezirksgemeinden	2150
Bezirksgericht	2107
Bezirkshauptmannschaft	1308; 2107
Bigamie	3223; 3226; 3227
Bill of Rights (1689)	1121; 2303
Bill of Rights (1776, 1791)	2304
Binnenmarkt	1235
Bizone	1212
Blockparteien	2158
Blutgerichtsbarkeit	2105
Blutsverschiedene Ehe	1461; 2167; 3209; 3223
Blutsverwandtschaft	3201; 3202; 3221; 3307
Bodenleihe	3447–53
Böhmische Fundamentalartikel	1153
Böhmische Hofkanzlei	1125; 1127; 2401
Böhmisch-Österreichische Hofkanzlei	1127
Bolschewisten	1156; 1204; 2164
Börsenkrach (1873)	2142
Bosnien-Herzgowina	1155
Brautkinder	3252
Brest-Litowsk, Frieden v	1201
Briefwahl	2153
Brünner rechtstheor Schule	1451
Buchsche Glosse	1419
Bundesexekution	1136
Bundesgerichtshof	2408; 2416
Bundesintervention	1136
Bundeskulturrat	2181
Bundespräsident	1314; 1325; 2152; 2181
Bundespreßgesetz	2336; 2337
Bundesrat [D]	1146; 1326
Bundesrat [Ö]	1310; 1313; 1321; 1326
Bundesstaat	1146; 1319
Bundestag [D] ⇨ Bundesversammlung	
Bundestag [Ö]	2181
Bundesverfassungsgericht	2423

Sachverzeichnis

Bundes-Verfassungsgesetz 1304–06; 2148–52
Bundesversammlung 1135; 1140
Bundeswirtschaftsrat 2181
Burgenland 1301; 1303; 1433
Bürger 2315
Bürgerkrieg (1934) ⇨ Februaraufstand (1934)
Bürgerlicher Tod 3107
Bürgerliches Gesetzbuch 1442; 1463
Burgrecht 3448; 3471
Bürgschaft 2317; 3527–29
Buße 2316; 3210; 3530–31; 3536
Byzantinisches Recht 1405
Caesaropapismus 2119; 2120
Calvinismus 2323–2326
case law 1421; 2420; 2421
Cassis-de-Dijon-Urteil 2206
Charte constitutionelle 1137
checks and balances 2134; 2425
cinq codes 1429
Cisleithanien 1141; 1155
civil right 2403
Code Civil 1429
Code Napoléon ⇨ Code Civil
Codex Euricianus 1406; 1407
Codex Iuris Canonici 1463
Codex Iustinianus 1404
Codex Maximilianeus Bavaricus Civilis 1427
Codex Theodosianus 1403
Codex Theresianus 1430
Codice civile 1461
cognatische Verwandtschaft 3203
common law 1420–21; 1438
Commonwealth of Nations 1203; 1211; 1218
Conseil d'Etat 2404
consensus facit nuptias 3206; 3215
Constitutio Criminalis Carolina 1417; 2343
Constitutio Criminalis Theresiana 1430
Constitution ⇨ Verfassung
Constitutiones Regni Siciliae 1411
contractus mohatrae 3518
contrados ⇨ Widerlage
copula carnalis 3211
corpus Catholicorum 2114
corpus Evangelicorum 2114
Corpus Iuris Canonici 1413; 1463
Corpus Iuris Civilis 1404; 1414; 1415; 1418; 1439
Costa/E.N.E.L. 2218
Council for Mutual Economic Assistance (COMECON) 1214; 1231
Court of King's (Queen's) Bench 1421; 2402

„cuius regio, eius et religio" ⇨ Religionsbann
culpa in contrahendo 3503
cum viribus-Haftung 3337
Damnationslegat 3321
Danske Lov 1420
Darlehen 3507; 3517–18
„Das Kind folgt d Busen", „Das Kind folgt d ärgeren Hand" 3249
Davignon-Bericht 2208
Decretum Gratiani 1413
Decretum tametsi (1563) 3215
Dekretisten, Dekretalisten 1413
Delegationsgesetz 1149
Delikt 3530
Demokratie 1306; 1462; 2144–57; 2183
Denunziationsfolter 2344
„Der Ältere teilt, der Jüngere wählt" 3339
„Der Tote erbt den Lebenden" 3330
Deszendenten 3202; 3308; 3325
Deutschböhmen 1303
Deutsche Arbeitsfront 2169
Deutsche Bundesakte 1135
Deutsche Reichsverfassung (1849) 1142
Deutsche Wiedervereinigung (1990) 1230; 1234
Deutscher Bund 1135; 1140; 1142; 1146
Dezemberverfassung ⇨ Staatsgrundgesetze (1867)
Dezennalrezesse 2122
„Die Tat tötet den Mann" 3533
Dienstbarkeit 3464–68
Digesten 1404
Diktatur d Proletariats 1156; 2158
Diözesanregulierung 2130
Directorium in publicis et cameralibus 1127
Direktorium (Frankreich) 1131
Dispens 3219; 3232
Dispensehen 2416; 3232
„Divini redemptoris" 2179; 2330
Dominikalland 2104; 2106
Donaukonföderation 1320
Doppelehe 3223
Doppelgleisigkeit der Verwaltung 1127; 1308
Doppelstaat 2170
dos ⇨ Mitgift
Dreiklassenwahlrecht 2138
Drei-Linien-System 3308
Dreißigjähriger Krieg 1122; 2325
Dreißigster 3313
Dritter Stand 2137
Drittes Reich 1206
droit intermédiaire 1429

Sachverzeichnis

Dualistische Angelegenheiten 1147
Dualistischer Ständestaat 2112–16
EAG (Euratom) 1219
Ebenburt 1410; 1415; 2312
„ecclesia vivit lege Romana" 1409
EFTA 1218; 1220; 1324
EGKS 1215; 2204; 2210
EGMR 2308; 2403; 2410
Ehe linker Hand ⇨
 Standesungleiche Ehe
Ehe, Eherecht 3205–3243
Eheauflösung 3224–34
Ehegattenerbrecht
 3243; 3304; 3312
Ehegesetz (1938) 1461; 3209
Ehegüterrecht 3238–43; 3312
Eheherrliche Munt 3204; 3236
Ehehindernisse 3206; 3219–23
Eheliche Kindschaft
 3244–45; 3248–51
Ehemündigkeit 3222
Ehepakt 3238
Ehepatent 2130; 3208
Ehescheidung ⇨ Scheidung d Ehe
Ehre, Ehrenbeleidigung 2316; 3532
Eigenkirchenwesen 2119
Eigentum 3402; 3423–46
Einheitliche Europäische Akte
 1227; 2215
Einrede des Mehrverkehrs 3246
Eintragungsgrundsatz
 3422; 3440; 3442
Eintrittsrecht 3305
Einwerfung 3340
Eiserner Ring 1154
Eiserner Vorhang 1210
Elegante Jurisprudenz ⇨
 Humanistische Jurisprudenz
Elterliche Obsorge 3248
Engerer Reichsrat 1145
Enteignung 3445–46
Entente 1152; 1157; 1201
Enterbung 3323; 3325
Entmündigung 3114
Entnazifizierung 1322
Entstalinisierung 1217; 1223
Entwurf Horten 1431
Enumerationsprinzip 3531
EPG 1216;2205
EPZ 1227; 2208
Erbengemeinschaft 3338
Erbenhaftung 3333–37
Erbenklassen 3308
Erbenkreis 3304
Erbenlaub 3430
Erbfähigkeit, -würdigkeit 3325–28
Erbfolgepatent 3306; 3307
Erbgrenze 3301; 3307
Erbleihe 3452

Erbrecht 3301–40
Erbrente 3471
Erbschaftserwerb 3329–32
Erbschaftsreserve 3324
Erbuntertänigkeit 2314; 3450
Erbvertrag 3319
Ermächtigungsgesetz, deutsches
 (1933) 1206; 1316
Ermächtigungsgesetz, österreichi-
 sches (1934) 1314; 1316; 2181
Errungenschaftsgemeinschaft 3239
Ersitzungsbesitz 3418
estate 3453
états généraux 1112; 1120;
 1131; 2115; 2137
EU 1227; 1234–39; 2208
EU-Grundrechtscharta 1237; 1239;
 2301; 2309; 2340; 2345
Europäische Integration 2201–2218
Europäischer Rat 1227; 2208;
 2210; 2212; 2214
Europäischer Verfassungsvertrag
 1239
Europäisches Parlament
 2208; 2210; 2215
Europarat 1324; 2203; 2308
Euthanasiebefehl 2170
Evangelische Kirchen 2326; 2328
EVG 1216; 2205
EWG 1219–20; 1222; 1225;
 1227; 1234; 2205–2207
Ewigrente 3472
Ewigsatzung 3456
EWR 1235
EWS 2207
Exegetik 1434–36; 3240
Fahrnis 3239; 3423; 3425; 3463
Fahrnisgemeinschaft 3239
Familie, Familienrecht 3201–62
Familienfideikommiss 3316; 3338;
 3428; 3431
Faschismus 1309; 2164–70; 2179
Faustpfandprinzip 3463
Februaraufstand (1934) 1313
Februarpatent (1861) ⇨
 Februarverfassung (1861)
Februarrevolution (1848) 1139
Februarrevolution (1917) 1204
Februarverfassung (1861) 1145–48;
 2338; 2415
Federalist Papers 2146
Fehde 3210; 3230; 3530
Fehlerkalkül 2422
Felonie 2108
Ferdinandea (1656) 1430
Feudalismus 1455; 2101–2120;
 3423
fideikommissar Substitution 3323
Fiktionstheorie 3116

Sachverzeichnis 413

Fingierter Tod 3107
Folter 1126; 1128; 1430; 2341–45
Fontainebleau, Edikt v 1120; 2324
Formalvertrag 3507; 3509
formelle Beweismittel 2342
formelle Diskontinuität 1301
Formularbücher 1410
Französische Menschenrechtserklärung (1789) 2335
Französische Revolution (1789–1799) 1131; 2111
Frauen im Recht 2139; 2153; 2317–18; 3526
Freiburger Stadtrecht (1520) 1416
Freies Mandat 2140; 2155; 2162
Freihandelszone 1218; 1219
Freirechtsschule 1446
Freistift 3452
Freiteil 3320; 3324; 3430
Friedelehe 3205; 3243
Friedensrichter 2402
Friedlosigkeit 3107
Fristenlösung 1464; 2149
Fronde 1120; 2124
Frondienste 2104; 2106; 3450; 3452
Früchte 3413; 3437
Frührezeption 1415
Führer, -prinzip 1206; 2168
Fundrecht 3435
Fusionsvertrag 1219; 2211
Ganerbschaft 3338
GASP 1234; 1326; 2208
gebundenes Mandat 2162
Geburtsstände 2178; 2312
Gefährdungshaftung 3533; 3535
Gegenreformation 2323; 2325
Gegenzeichnungspflicht 1149; 2135
Geheime Ehe 3211
Gehilfenhaftung 3534
Geisteskrankheit 3113
Gemeinderschaft 3117–19
Gemeine Substitution 3323
Gemeines Recht 1415–16; 1419
Gemeinsame Obsorge 3255
Gemeinsamer Markt 1218–19; 2205–06
Gemeinschaft der Unabhängigen Staaten 1232
Gendarmerie 2107
General Agreement on Tariffs and Trade 1214
Generalhypothek 3403; 3460–62
Generalklauseln 1460; 2407; 3531
Genfer Konvention (1864) 1144
Genfer Protokolle (1922) 1307; 1311
Genossenschaft 3121–22
Gerade 3316; 3335
Gesamtänderung der Verfassung 1310; 1326; 2149
Gesamthand 3117–18; 3339; 3426
Geschäftsfähigkeit 3108–14
Geschäftsführung ohne Auftrag 3539
Geschlechtsvormundschaft 2317; 3260
Geschworene 1154; 2135; 2334
Gesellschaft bürgerlichen Rechts 3119
Gesellschaft mit beschränkter Haftung 3122
Gesellschaftsvertrag 2122; 2127; 2145; 2303
Gesetzespositivismus 1441
Gesetzliche Erbfolge 3304–18
Gesetzlicher Güterstand 3238
Gesetzliches Pfandrecht 3520
Gestapo 2170; 2409
Geteiltes Eigentum 3428
Gewährleistung 3512–13; 3516
Gewaltenteilung 1149; 2134; 2146; 2148; 2151; 2161; 2182
Gewerbeordnung (1859) 2141
Gewere 3414–19; 3455; 3458; 3463; 3513
Gewillkürte Erbfolge 3319–25
Gewohnheitsrecht 1401; 1410; 1414; 1438
Gilde 3115
Glaubens- und Gewissensfreiheit 2320–31; 3217
Gleichheitsgrundsatz im Eherecht 3237
Gleichheitssatz 2302; 2305; 2311–19
Glorious Revolution (1688/89) 1121; 2334
Glossatoren, Glossen, glossa ordinaria 1414–15; 1418
Goldene Bulle (1222) 2115; 2303
Goldene Bulle (1356) 1110
Gottespfennig 3507
Gottesurteil 2342; 3305
Göttinger Sieben ⇨ Hannoverscher Verfassungskonflikt
„graeca non leguntur" 1414
Grágás 1402
Großdeutsche Lösung 1140
Großdeutsches Reich 1317
Große Freihandelszone 1218; 1220
Großgrundbesitzer 2117
Grundbuch 1410; 3420–22
Grundentlastung 2107; 2304; 3453
Grundgesetz über die Reichsvertretung (1861) 1145; 1148–49
Grundherrschaft 2103–08; 2124; 2313–14; 3103; 3428

Sachverzeichnis

Grundnorm 1453
Grundrechte 1149; 1305; 1317; 2133; 2182; 2301–45; 2406
Grundrechte des Deutschen Volkes (1848) 1140; 2304
Grundrechtspatent (1849) 1142–43; 2304
Grundruhrrecht 3434
Gütergemeinschaft 3238; 3239
Gütertrennung 3238; 3241; 3242
Gutglaubenserwerb 3444
Gutsherrschaft 2104
Haager Landkriegsordnung (1907) 1152
Habeas Corpus Act (1679) 2303
habitatio 3467
Habsburg, Habsburg-Lothringen 1110; 1115; 1116; 1123; 1127
Habsburgergesetz 1302; 1323–24
Haftung 3505; 3535
Hallstein-Doktrin 1221; 1223
Hambacher Fest 1137
Hand wahre Hand 3443
Handels- und Gewerbekammern 2117
Handelsgesellschaften 1463
Handelsgesetzbuch (1897) 1442; 1461
Hannoverscher Verfassungskonflikt 2132
Haus-, Hof- und Staatskanzlei 1127
Hausmachtpolitik 1110; 1111
Heerfahrtspflicht 1106; 2108
Heergewäte 3316; 3335
Heerschildordnung 2110
Heilige Allianz 1136
Heilung 3219; 3226; 3228
Heimatblock 1309; 2169
Heimfall 3307
Heimwehren 1309; 1310; 2164; 2169; 2182
Heinzenland ⇨ Burgenland
Heirat macht mündig 3111; 3251
Heiratserlaubnis, -zwang 2104; 3103; 3205; 3248
Heiratsgaben 3205; 3238; 3243
Heiratsgut ⇨ Mitgift
Helvetisches Bekenntnis 2323; 2325
„Heredis institutio est caput et fundamentum intelligitur totius testamenti" 3321
„Herren der Verträge" 2218
Herrenhaus 2137–38; 1302
herrenlose Sache 3412
Herrenstand 2113
Hexabiblos 1405
Hexen, Hexerei 1113; 1430
Hinkendes Rechtsgeschäft 3110
Hirtenbrief (1783) 2123

Historische Rechtsschule 1437–40; 1444
Hitler-Putsch (1923) 1205
Hoffahrtspflicht 1106; 2108; 2112; 2114
Hofkammer 1125; 1127; 2401
Hofkriegsrat 1125
Hofrecht 1409; 2105
Hofstellen 1141
Hoftage 2114
Hohe Behörde 1215; 2211; 2212
Holländische Schule 1419
Holographes Testament 3322
Homosexuelle 2171
Hörigkeit 3103
House of Commons 2115; 2137; 2151; 2425
House of Lords 2115; 2137; 2425
Hugenotten 1118; 2324
Human Rights Act (1998) 2418
Humanistische Jurisprudenz 1418
Hussiten, -kriege 1113; 2328
„Hüter der Verfassung" 2417
Hypothek 3460–61
ideelle Auflassung ⇨ Auflassung
ideelle Gewere ⇨ Gewere
Illyrische Provinzen 1429
immaterielle Schäden 3532
immediat ⇨ Mediatisierung
Immissionen 3433
Immunität 2140; 2148
Imperialismus 1152
Implied Powers 2218
Impotenz 3223
Index librorum prohibitorum 2333
Individualantrag 2423
Individualarbeitsrecht 3523
Indizienlehre 1417; 2343
Industrielle Revolution 2101; 2141; 2177; 3525
Inflation 1307
Inkapazität 3328
Inquisitionsprozess 1417; 1445; 2342
Instrumentum Pacis Monasteriense / Osnabrugense ⇨ Westfälischer Frieden
Intabulationsprinzip ⇨ Eintragungsgrundsatz
Integrationskonferenz der Länder 1326
Intelligenzwahlrecht 2138
Interessenjurisprudenz 1449–50; 1460
intergouvernementale Zusammenarbeit 1234; 2208
Internationaler Gerichtshof 1213
Interpolation 1404; 1418
Interregnum 1110

Sachverzeichnis

Interzessionsverbot 2317; 3528
Intestaterbfolge ⇨
 gewillkürte Erbfolge
Investitur, -streit 1105; 2119–20
Ioannina, Kompromiss v 2213
ipso iure compensatur 3504
iura circa sacra 2128
ius ad rem 2174; 3404; 3502
ius appellandi 2110
ius commune ⇨ Gemeines Recht
ius emigrationis 2326
ius mercatorum 3104
ius reformandi 2325; 2326
ius romano-germanicum
 1419; 1424; 1426
Jahr und Tag 2315
Jalta, Konferenz v 1209
Jesuiten 2128; 2323
Josephina (1707) 1430
Josephinisches Gesetzbuch (1786)
 1431
Josephinisches Strafgesetz (1787)
 1431; 2130
Josephinismus 1128; 1431; 2130
Juden 1113; 2109; 2145; 2167;
 2171–72; 2316; 2320; 2322;
 2327; 2330
Juliabkommen (1936) 2182
Juliputsch (1934) 1315
Julirevolution (1830) 1137; 2426
Jüngere Satzung 3458–59
Juristische Person 3101; 3116
Justizpalastbrand 1309
Justizstaatsmodell 2403
Kabinettsjustiz ⇨ Machtspruch
Kaiser 1104–05; 1110; 1115; 1117;
 1127; 1133; 1201
Kaiserliches Land- und Lehn-
 rechtsbuch ⇨ Schwabenspiegel
Kalif, Kalifat 1119; 1201; 2120
Kapitalgesellschaft 3122
Kapitalismus 1455; 2177
Kapitulariengesetzgebung 1409
Karlsbader Beschlüsse 1136; 2336
Kassationsprinzip 2306; 2407–08
Kathedersozialisten 1446; 1457
Katholische Kirche 2177;
 2320–2324; 2326; 2328
Katholische Soziallehre 1310; 1314;
 2177; 2179; 2218
Kauf 3509–14
„Kauf bricht Miete" 3502; 3521
Kaufbücher 1410
Kaufgut 3308; 3430
Kebse 3205
Kieler Schule 1459; 1460
Kind [Handlungsfähigkeit] 3110
Kinderarbeit 3526
Kinderehen 3210

„Kinderzeugen bricht
 Ehestiftung" 3240
„Kindsgut ist eisern Gut" 3250
Kindschaftsrecht 3244–62
Kirchenregiment 2128
Kirchenstaat 1104; 1135; 1144
Klasse (Marxismus) 1456; 2158;
 2160; 2178
Klassensystem, justinianisches
 3308
Kleindeutsche Lösung 1140; 1146
Kleine Entente 1315
Kleine Freihandelszone 1220
Kleines Kaiserrecht ⇨
 Rechtsbücher
Klerikerjuristen 1420
Koalitionskriege 1132
Kodifikation 1425–33; 1442–45;
 1462–64
Kodizill 3320; 3321
Kolchosen 2163
Kollegialbehörden mit richter-
 lichem Einschlag 2410
Kollektivarbeitsrecht
 2180; 3508; 3524
Kommanditgesellschaft 3119
Kommentatoren 1408; 1414–15
Kommorientenpräsumption 3106
Kommunismus 1318; 1455; 2158;
 2164; 2179
Kompensation 3504
Kompetenzverteilung,
 -gerichtsbarkeit 1305; 1308;
 2218; 2414–15
KSZE 1224; 1231
König 1103; 1110
Konkordanzliteratur 1419
Konkordat (1122) 2109; 2120
Konkordat (1855) 1143; 2143;
 2328; 3208
Konkordat (1933) 1314; 1318; 2156;
 2179; 3208; 3216
Konsensualvertrag
 3460; 3507; 3509
Konsiliatoren ⇨ Kommentatoren
Konstituierende
 Nationalversammlung 1304–05
Konstitutionalismus 1137–57;
 2131–43
Konsumentenschutzgesetz
 3104; 3508; 3511
Kontrahierungszwang 3508
Konzentrationslager 2166–67
Konzession 3116; 3122
Korneuburger Eid (1930) 1309
Körperschaft 3116; 3120–22
Kreisamt 2106
Kremsierer Reichstag, - Entwurf
 1141–43; 2304; 2306

Kreuzzüge 1109; 1113; 3518
Kriegswirtschaftliches Ermächtigungsgesetz (1917) 1312
Kroatischer Ausgleich (1868) 1153
Kulturkampf 2143
Kunkellehen 1111
Kurfürsten, -kollegium
　　1110; 1111; 1117; 1124; 2114
Kuriatsstimmen 2114
Kurien, -wahlrecht 1301; 2112;
　　2117; 2138
„La recherche de la paternité est interdite" 3246
laesio enormis 3511
Laieninvestitur 2120
Länder- und Ständerat
　　1310; 1314; 1321
Länderrat 2181; 2416
Landesausschuss 1127
Landesherrlichkeit, -hoheit
　　1122; 2113; 2121
Landesverwaltungsgericht
　　1306; 2408
Landrecht 1409
Landständische Verfassungen 1137
Landtafeln 3420
Landtag, Landstandschaft
　　1137; 1145; 1157; 1212; 1301; 1306;
　　1312; 1319; 2104; 2113; 2117; 2122;
　　2137-39; 2180; 2313
Langobarden 1102; 1104; 1414
Lassersche Wahlrechtsreform 2137
Lateinisches Kaiserreich 1109
Lateranverträge 1151
Lausanner Protokoll (1932) 1311
Lebendgeburt, -sfähigkeit 3105
Legalhypothek 3460; 3462
Legalitätsprinzip 2150; 2160; 2408
Legalservituten 3432
Legat 3321; 3323
Legistik 1414
Legitimation v Kindern 3247; 3310
Lehnswesen 2108-11; 2313;
　　3428; 3449
Leibeigenschaft 1156; 2106; 2130;
　　2314; 3101; 3103; 3450
Leibgedinge 3452
Leibrente 3469; 3471; 3472
Leihe ⇨ Bodenleihe
Leistungskondition 3538
Lex Alamannorum, lex Baiuvariorum, Lex Romana Visigothorum, Lex Salica, lex Saxonum, lex Visigothorum 1406-07
lex Ofner 2139; 2338; 2340; 3524
Liberalismus 2141; 2143; 3525
life estate 3453
Linzer Länderkonferenz 1305
Lotharische Legende 1415

Lübisches Recht 1409
lucidum intervallum 3113
lucrum cessans 3532
Lutheraner 2323; 2326
Luxemburger Kompromiss 2213
Maastricht, Vertrag v
　　1234; 1237; 2207-09; 2215
Machtspruch 1428; 2125; 2135;
　　2401; 2405
Magdeburger Recht 1409
Magna Charta 1112; 2115; 2303
Magnatentafel 2115
Maigesetze (1868, 1874) 1154;
　　2143; 3208; 3249
Mairevolution (1848) 1141
Maiverfassung (1934) 1314; 1317;
　　2179-81; 2307
Malbergische Glossen 1406
Malefizordnungen 1416
Mängelrüge 3104; 3512
Marbury vs. Madison 2419
mare liberum 1423
Marshall-Plan 1214
Marxismus 1454-58; 2158; 2160
Märzrevolution (1848) 1140
Märzverfassung (1849) 1142; 1143;
　　2306; 2426
materielle Beweismittel 2342
materielle Kontinuität 1301
matrimonium clandestinum 3211
Mediatisierung 1132
Mediengesetz 2338; 2340
Mehrfachverpfändung 3459
Mehrheitswahlrecht 2154
Menschenrechte, -würde
　　2203; 2301-45
Merkantilismus 2129
Messina, Konferenz v (1955) 1219
Miete, -vertrag 3519-21; 3523
Minderbelastete 1322
Minderjährige 3110; 3111
Minister, -verantwortlichkeit 1141;
　　1149; 2135; 2151; 2425-26
„Mit brennender Sorge" 2179; 2330
Miteigentum 3338; 3426
Mitgift 3235; 3243
Monarchie, Monarchische Legitimität 2131; 2144; 2145
Montanunion ⇨ EGKS
Moralische Person 3116
Morganatische Ehe 3235
Morgengabe 3236; 3243; 3312
mortgage ⇨ Ewigsatzung
mos gallicus 1418; 1419
mos italicus 1418
Moskauer Deklaration 1320; 2173
Moskauer Memorandum 1323
MRK 2203; 2308-2311; 2331;
　　2340; 2345; 2403; 2410-11

Müller-Arnold-Prozess	2125	Notariatsakt	3238; 3516
München, Konferenz v	1208	Notarielles Testament	3322
Mündel ⇨ Vormundschaft		Noterbrecht	3303; 3324; 3325
Münster, Frieden von ⇨		Nottestament	3322
Westfälischer Frieden		Notverordnungsrecht	1143; 1310;
Munt	3109; 3204; 3205; 3248		1312; 2135; 2136; 2152
Muntehe	3205; 3206; 3243	Notwegerecht	3432
Muntwalt	3109; 3204	Notzivilehe	3217
Mutterstadt	1409	Novation	3503
Nachbarrecht	3432	Novellen Iustinians	1405
Nachlass, -verfahren	3302; 3332	Noxalhaftung	3535
Nachtwächterstaat	2142	„nulla poena sine lege"	1426; 1460; 3531
Näherrechte	3473		
Namensehe	3223; 3227	nulle terre sans seigneur	2109
Nantes, Edikt v	1118; 1120; 2324	Nullitätsprozess	3206; 3226
nasciturus	3105	Nürnberger Prozesse	1209
Nationalgarde	1141	Nürnberger Rassengesetze	1206; 2167
Nationalismus; Nationalitäten	1143; 1153; 2165	Nutzungseigentum	3428
Nationalrat	1306; 1310; 1312; 1314; 1321; 1324–25	Oberbayrisches Landrecht ⇨ Rechtsbücher	
Nationalsozialismus	1316–17; 1319; 1322; 1459–61; 2164–76; 2179	Obereigentum	3428; 3451
		Oberste Justizstelle	1127; 2401
		Oberster Sowjet	2162
Nationalversammlung, deutsche ⇨ Paulskirchenversammlung		Obligationenrecht ⇨ Schuldrecht	
		Obligationenrecht (Schweiz) ⇨ Schweizerisches ZGB	
NATO	1214; 1216–17; 1224; 1231	Obsorge	3255; 3262
Naturalrestitution	2174; 3530; 3536	Ochlokratie	2144
natürliche Person	3101	Oder-Neiße-Linie	1209; 1230
Naturrecht	1422–1436; 1450; 1453; 2301	OEEC	1214; 1220
		Offene Handelsgesellschaft	3119
negotium claudicans ⇨ Hinkendes Rechtsgeschäft		Okkupationsthese	1316; 1318
		Oktoberdiplom (1860)	1145; 1147
„nemo plus iuris transferre potest quam ipse habet"	3443	Oktoberrevolution (1848)	1141
		Oktoberrevolution (1917)	1204; 2162
„nemo pro parte testatus, pro parte intestatus decedere potest"	3321	Oktroyierte Märzverfassung ⇨ Märzverfassung (1849)	
Neoabsolutismus	1143; 1433; 2337; 2425	Ombudsman	2412
		Opferthese	2173
Neukantianismus	1452	Orthodoxe Kirche	2326; 2328
Neuständisches System	2117	Österreich-Konvent	1326
Neutralität, -sgesetz (1955)	1138; 1217; 1323; 1326	Österreichische Hofkanzlei	1125; 1127; 2401
Nicaea, Konzil v	2320; 2332	Österreichischer Erbfolgekrieg	1127
Nichtigerklärung der Ehe	3224; 3226–28	Österreichisches Landrecht	1411
		Ostmarkgesetz	1317
Nichtigkeitsklage (EuGH)	2217	OSZE	1231
Nießbrauch	3468	Pacht	3519–21
Nizza, Vertrag v	1237; 2211	paktierte Gesetzgebung	1147; 1316
Nominationsrecht	2120; 2156	Pandektistik	1439; 1440; 1442
Norddeutscher Bund	1146	Paneuropa-Bewegung	2202
Norderweiterung	1225	Parentelenordnung	3306
Normaljahr (1624)	2325	Paris, Friedensverträge (1947)	1209; 1211
Normannen	1102; 1107; 1109; 2110		
Normativsystem	3122	Pariser Kommune (1871)	1151
Normenkontrolle	1313; 2414; 2417–24	Pariser Verträge (1954)	1216; 1323
Normenstaat	2170		

Sachverzeichnis

Pariser Vororteverträge (1919/20)
    1201–03
Parlamentarische Monarchie 2148
parlements 2122; 2124; 2404
Parteiendemokratie 2155
Partikularrechte 1409; 1415
Partito Nazionale Fascista
    1207; 2164
„pater est, quem nuptiae
  demonstrant" 3245
Patriarchalische Hausfrauenehe
    3235
Patrimonialgerichtsbarkeit
    2105; 2314
Patrizier 2145; 2315
Paulskirchenversammlung
    1140; 1142, 2405
pays du droit coutumier 1408; 1429
pays du droit écrit 1408; 1429
peers 2115
Perchtoldsdorfer Abkommen 1326
periculum est emptoris 3514
Personaldienstbarkeit 3467–68
Personalfolie 3421
Personalunion 1118; 1123
Personengesellschaften 3117; 3119
Personenstandsbücher 3105
Persönliche Dienstbarkeiten 3467
petitorisches Verfahren 3418
Pfaffenkinder ⇨
  Uneheliche Kindschaft
Pfandrecht 3454–63
Pfarrregulierung 2130
Pfeilkreuzler 2164
Pflichtexemplar 2337
Pflichtteilsrecht 3303; 3325
Physiokratismus 2129
Pillersdorfsche Verfassung
    1141; 2304
placet, placetum regium 1125; 2128
Plantagenet 1107; 1112
Planwirtschaft 2163
Plebiszit 2152
Pogrom 1113
Policey; Policeyordnungen 1416;
    2105; 2121; 2129
Politie 2144
„Politik d leeren Stuhls" 1222; 2213
politische Grundrechte 2302
Politische Parteien 2139; 2155
Politischer Ehekonsens 3219
Politischer Kabinettsrat 1319
Polizei 2107; 2123; 2129
Polizeiliche u Justizielle
  Zusammenarbeit in Strafsachen
    1237; 2209
Pollizitationstheorie 3537
Polnische Verfassung (1791) 1129
Polygamie 3205; 3206

Porto, Vertrag v 1235
positive Diskriminierung 2318
positiver Schaden 3532
possessorisches Verfahren 3418
Postglossatoren ⇨ Kommentatoren
Potsdam, Edikt v 1120; 2325
Potsdam, Konferenz v 1209
praesumptio Muciana 3241; 3242
praetor 1403
(2.) Prager Fenstersturz (1618)
    1122; 2121
Prager Frühling (1968) 1223
Pragmatische Angelegenheiten
    1147; 1155
Pragmatische Sanktion (1713)
    1124; 1127; 1145
Prälaten 2113
Präsidentielle Demokratie
    2150; 2152
precarium 2102
Preisausschreiben 3537
Preisgefahr 3514
Pressefreiheit 1137; 1141; 1154;
    2332–40
Preußenschlag 1206
Primärrecht 1239; 2206; 2217
Primat des Papstes 2120; 2324
Primogenitur 1124
„princeps legibus solutus est" 2122
Prioritätsprinzip 3403; 3422;
    3459; 3462
Privatautonomie 3303
Privatfürstenrecht 2313; 3431
Privatpfändung 3535
Privileg 2303; 3122
Privilegium maius 1111
Privilegium minus 1106
pro viribus-Haftung 3336
Produktionsmittel 1458; 1463; 2163
Produktionsprinzip 3437
Prokuratursystem 2413
Proportionalwahlrecht ⇨
  Verhältniswahlrecht
Protestanten 2323
Protestantenpatent (1861) 2328
Provisorische
  Landesversammlungen 1301
Provisorische National-
  versammlung 1301; 1304
Provisorische Staatsregierung
    1319; 1320; 1321
Publizität 3403; 3461
„Quadragesimo anno" 2177–79
quattuor doctores 1415
„quidquid non agnoscit glossa,
  non agnoscit curia" 1418
Quoteneigentum ⇨ Miteigentum
Radbruchsche Formel 1460
Rangprivileg 3403; 3462

Sachverzeichnis

Rassismus 2165
Rat der EU 2210; 2212; 2214
Ratenkauf 3511
Rätesystem 2162
reale Auflassung ⇨ Auflassung
Reale Verbandspersönlichkeit 3116
Realfolie 3421
Reallast 3466; 3469–72
Realunion 1123; 1135; 1420
Realvertrag 3507
Rechtsbücher 1411
Rechtsfähigkeit 3101–07; 3116; 3120–24; 3252
Rechtsgermanistik 1402; 1439; 3116
Rechtsgeschäftsbücher 1410
Rechtskreise 1409
Rechtspositivismus 1441; 1451; 1453; 1460
Rechtsromanistik 1439; 3116
Rechtssubjekt 3101
Rechtssubjektivität 3119
Rechts-Überleitungsgesetz 1319
Reconquista 1109; 1116
Reformation 1117; 2323
Regalien 2109; 2118; 3405
Registerpfand 3463
Reichsdeputationshauptschluss 1132; 2156
Reichserzkanzler 1125
Reichsfluchtsteuer 2172
Reichsfürsten 2114
Reichsfürstenrat 2114
Reichsgaue 1317; 2166
Reichsgericht [D] 2421
Reichsgericht [Ö] 2306; 2406–07; 2415–16
Reichshofkanzlei 1125
Reichshofrat 1125; 2116
Reichskammergericht 1117; 1415; 2114; 2116
Reichskommissar für die Wiedervereinigung Österreichs mit dem Deutschen Reich 1317
„Reichskristallnacht" 2167; 2172
Reichspräsident 1205–06; 2152; 2168
Reichspublizistik 2116
Reichsrat [D] 1205–06
Reichsrat [Ö] 1143; 1145; 1148; 2137
Reichsrecht 1409
Reichsreform (1495) 1117
Reichsstädte 2114; 2325
Reichsstandschaft 2114; 2313
Reichstag [HlRR] 1117; 2114
Reichstag [D] 1205–06; 2137–38
Reichstag [Ö] 1141–42; 1145

Reichstagsbrandverordnung (1933) 1206; 2307
Reichsverfassung (1849) ⇨ Märzverfassung (1849)
Reichsverfassung (1861) ⇨ Februarverfassung (1861)
Reichsverwaltungsgericht 2409
Reine Rechtslehre 1451–53
Religionsausübung 2326; 2328–29
Religionsbann 1117
Religionsfonds 2130; 2156
Religionsfreiheit ⇨ Glaubens- u Gewissensfreiheit
Religionsgesellschaft 0003; 2328
Religiöse Kindererziehung 3248–49
Renaissance 1418
renovatio imperii 1104
Rentenbrief, -kauf 3471–72
Repräsentantentafel 2115
Repräsentation und Kammern 1127
Repressalienbürge 3527
Republik 2148
Republikanischer Schutzbund 1309; 1312–13
„Rerum novarum" 1154; 2177
Revokatikonsrecht 3473
Rezeption 1415
Rheinbund 1133
Richterliches Prüfungsrecht 2421
Risorgimento 1144
Ritterstand 2113
Robotdienste, -patente 2106; 3450; 3452
Roma und Sinti 2171; 2316
Romzug 1105; 1110
Römische Protokolle 1207; 1315
Römische Verträge 1219; 2215
Roncaglia, Reichstag v 1415
Rückfallsrecht 3308
Rückstellungsgesetze 2174–75; 3404
Rumpfparlament 1314
Rustikalland 2104; 2106
Saarfrage 1219
Sache, Sachenrecht 3401–74
Sachhaftung 3505
Sachsenspiegel 1411; 2110; 2120
Sächsisches BGB 1440
Sachwalterschaft 3111
Saint Germain, Vertrag v 1201; 1303; 2305; 2329
Sakralkönigtum 2119
Sakramentscharakter d Ehe 3206–07
Säkularisierung 1132
Salvatorische Klausel 1417
Salzregal 2109
Satzung 3120
Säumnisbeschwerde 2408

Schadenersatz	3512; 3530–36
Schattendorfer Prozess	1309
Schatzfund	3436
Scheidung der Ehe	3208–09; 3219; 3224–25; 3230–34
Scheinkonstitutionalismus	1142
Schengener Abkommen	2209
Schenkung	3515–16
Schlüsselgewalt	3236; 3237
Schöffen	1410; 1411
Scholastik	1413; 1414; 1419
Schollengebundenheit	2104; 3103
Schuld-Haftungs-Lehre	3505
Schuldrecht	3501–39
Schuman-Plan	1215
Schwabenspiegel	1411
Schwägerschaft	3221
Schweizerisches ZGB	1443; 1461
Sechs gesippteste Hände	3304
Seelenheilsschenkungen	3320, 3123
sektorale Integration	2205; 2206
„Selbstausschaltung des Nationalrates" (1933)	1312; 1319
Selbstmündige	3109
„semel heres, semper heres"	3323
sententia de iure statuum terrae (1231)	2113
Septennial Act	2418
servitus iuris Germanici	3469
Servitut ⇨ Dienstbarkeit	
Sever-Ehen ⇨ Dispensehen	
Sicherungsübereignung	3463
Siebenbürgische Ehen	3232
Singularsukzession	3302
Sippe	3115; 3201; 3203
Sistierungspatent (1865)	1147
Sklaverei	1455; 2341; 3101; 3102
Solange I, Solange II	2309
Soldatenräte	1204; 1205
Solidaritätsprinzip	2177
Solidarność	1228
„solus deus heredem facere potest, non homo"	3304
Sonderverwaltungsgerichtsbarkeit	2407; 2410; 2415; 2423
Souveränität	2122; 2218
„So viel Mund, so viel Pfund"	3305
Sowchosen	2163
Sowjetisch Besetzte Zone	1212
Sozialdarwinismus	1448
soziale Grundrechte	2302
Sozialismus	1455; 2142; 2158; 2177
Sozialistische Gesetzlichkeit	2160
Sozialrecht	2157; 3243; 3524
Spaak-Bericht	1219
Spill-over-Effekt	2205
Spiritualia	2119; 2120
sponsalia de futuro	3206; 3211
sponsalia de praesenti	3206
staatsbürgerliche Rechte	2301, 2315
Staatsbürgerschaft	2315, 2319
Staatsbürgerschaftsehe	3223; 3227
Staatsgerichtsbarkeit, -hof	2414–15; 2425–27
Staatsgrundgesetze (Dezemberverfassung; 1867)	1148–49; 1445; 2305; 2406
Staatsgründungsbeschluss (1918)	1301
Staatskirchentum	2128; 2156
Staatsrat	1127; 1301; 1304; 2181; 2416
Staatsregierung	1301; 1304
Staatsvertrag v Wien-Belvedere (1955)	1217; 1323; 2175
Stadtbücher	3420
Städtekurie	2114, 2117
Städtische Grundrente	3471–72
„Stadtluft macht frei"	2315
Stadtrecht, -sreformation	1409, 1416
Stammgüter	3431
Stamp Act Crisis	2419
Stände, Ständeordnung	2178; 2312–16; 3101
Ständeparlament	2179
Ständestaat	2182
standesungleiche Ehe	2312
Ständeversammlung	1310; 2112; 2179
Ständiger Internationaler Gerichtshof	1202; 1311
Stein-Hardenbergsche Reformen	2107
Steuer- und Urbarialpatent (1789)	2106; 2130
Stiftungen	3116; 3123; 3124
Stockwerkseigentum	3427
Strafgesetzbuch (1803)	1433
Strafgesetzbuch (1974)	1464
Strafprozessordnung (1850)	1445
Strafprozessordnung (1853)	1445
Strafprozessordnung (1873)	1445
Stufenbau der Rechtsordnung	1452
Sturmpetition (1848)	1141; 2137
subjektives öffentliches Recht	2306; 2406
Subsidiaritätsprinzip	2177; 2218
Sudetenländer	1208; 1209; 1303
Südtirol	1201; 1303
Summa legum brevis levis et utilis	1419
Summepiskopat	2128
„superficies solo cedit"	3427; 3474
supranational	1234; 2208; 2217
Suspension von Grundrechten	1157
Sylvesterpatente (1851)	1143; 2304; 2311
Synallagma	3506; 3511; 3518

Sachverzeichnis

Taaffesche Wahlrechtsreform 2138
Täler und Gerichte 2113; 2117
Taschengeldparagraph 3111
Tausendmarksperre 1315
Teilnovellen zum ABGB 1444
Teilung mit Verzicht 3339
Teilung nach Stämmen 3305
Testament 3320–22
Testamentsbücher 1410
Testierfreiheit 3303; 3324
Theresianische Staatsreform 2124
Thronfolge 1103; 1105
Thunsche Studienreform 1444
Tiere, -halterhaftung 3407; 3535
Titel und Modus 3403; 3442
Tod, Todeserklärung 3106
Todesstrafe 1322; 1431; 2344
Toleranz, Toleranzpatent 1126; 2127; 2325–26
Totsatzung 3456
Trabrennplatzrede 1314
Tractatus de iuribus incorporalibus 1416
Transleithanien 1141; 1155
Trauung, -sverbote 3215; 3219
Trennung v Tisch u Bett 3230–31
Trennungsgesetz 1306
Treuhandeigentum 3429
Trialismus 1155
Tridentinische Eheschließungsform 3215
Trient, Konzil v 2323; 3215
Tripartitum opus iuris 1419
Troyes, Konzil v 2120
Typenzwang 3403; 3508
Tyrannei 2144
Überbau [Marxismus] 1455; 1456
Übereignung 3439
Überfalls-, Überhangsrecht 3432
Unabhängige Verwaltungssenate 2411
Unabhängigkeitserklärung (1945) 1318
Uneheliche Kindschaft 2316; 3244; 3246; 3252–55; 3309
Unfehlbarkeitsdogma 2143
Universalkodifikation 1425; 1426
Universalsukzession 3302; 3316; 3320–21; 3336
Universitäten 1412; 2332; 3115
Unmündige 3109
UNO 1213; 1324
UN-Menschenrechtsdeklaration (1948) 2345
Untereigentum 3452
Unterhaltsanspruch, -pflicht 3234; 3249; 3255
Unternehmensrecht; UGB 1462; 3104
Urbar 2104

ususfructus 3437
usus modernus pandectarum 1419
Vasallität 2108; 2112; 2123
Vaterländische Front 1314
Väterliche Gewalt 3204; 3248
Vaterschaftsvermutung 3245; 3246
Vatikanstaat 1151
Venediger Protokoll 1303
Verbotsgesetz 1322; 2183
Verdun, Vertrag v 1102
Vereinsgesetz 2155
Verfassung 2131; 2417; 2424
Verfassungsgerichtsbarkeit; VfGH 1313; 1317; 2306; 2182; 2414–27
Verfassungsgrundsätze (1852) ⇨ Sylvesterpatente (1851)
Verfassungsnovelle (1925) 1308
Verfassungsnovelle (1929) 1310
Verfassungsoktroi 2132
Verfassungssenat 2416
Verfassungs-Überleitungsgesetz (1945) 1319
Verfassungsversprechen (1848) 1141
Vergabungen 3320
Verhältniswahlrecht 2154; 2215
Verliegenschaftung 3410; 3425
Verlöbnis 3208; 3210–12
Vermächtnis 3321
Vernunftrecht 1422–37
Versailles, Vertrag v 1201; 1205–06; 1303
Verschollenheit 3106
Verschuldensprinzip 3233; 3533; 3535
Verstärkte Zusammenarbeit 1237
Verstärkter Reichsrat 1145
Verteilungstestament 3320
Vertragsrecht 3506–29
Verwaltungsgemeinschaft 3238; 3241
Verwaltungsgerichtsbarkeit, VwGH 1149; 2404–11
Verwaltungsstrafrecht, -verfahren 1433; 2408; 2411
Verwandtschaft 3202
Verwirkungstheorie 1143
Vetorecht 1141; 1306; 1310; 2135; 2137; 2148; 2212
Vindikationslegat 3321
Virilstimmen 2114; 2117; 2138
vogelfrei 3107
Vogteirechte 2113
Völkerbund 1202; 1206; 2168; 2202
Völkermanifest (1918) 1157; 1301
Völkerwanderung 1101; 1406
Volksabstimmung 1304; 1310; 1316; 2149; 2153; 2168

Volksanwalt	2412
Volksbefragung	1316; 2149; 2168
Volksbegehren	2149
Volksgeist	1438
Volksgesetzbuch	1461
Volksrechte	1406–09; 2341; 3530–31
Volkssouveränität	2131; 2145
Volljährigkeit	3110–11; 3251
volonté générale	2145; 2168
Voraus	3313
Vorkaufsrecht	3473
Vorläufige Verfassung (1945)	1319
Vormärz	1135–38
Vormundschaft	3108; 3260–62
Vulgarrecht	1403
Wahlkapitulationen	1117; 1124
Wahlrecht	1154; 2138; 2153; 2158
Währungsunion	1232; 2207
Wannsee-Konferenz	2167
Warschauer Pakt	1217; 1231
Wartburgfest	1137
Wechselarrest	3505
Weimarer Nationalversammlung	1302
Weimarer Reichsverfassung	1205; 1212; 1306; 2159; 2313
Weinkauf	3507
Weistümer	1410; 2105
Weisungsrecht	2150
Weiterer Reichsrat	1145; 1147
Welthandelsorganisation	1214
Weltwirtschaftskrise (1929)	1307; 1311
Werkvertrag	3522; 3523
Wertungsjurisprudenz	1450; 1460
Westeuropäische Union	1216; 2208
Westfälischer Frieden	1122; 2121; 2325
Westgalizien	1432
Westgalizisches Gesetzbuch	1432; 2303
Westminster, Statut v	1203
Widerlage	3243
Wiener Kongress	1135
Wiener rechtstheoretische Schule ⇨ Reine Rechtslehre	
Wiener Schlussakte (1820)	1136
Willebrief	3472
Wittum	3243; 3312
Wohnrecht	3467
Wohnungseigentum	3427
Wucher	3511; 3518
Zeillersche Studienreform	1436
Zensur	1143; 1312; 2130; 2332–38
Zensus; -wahlrecht	1301; 2138
Zerrüttungsprinzip	3234
Zession	3503
Zigeuner ⇨ Roma u Sinti	
Zinsverbot	3518
Zivildienst	2308; 2331
Zivilehe	3209; 3216
Zivilgesetzbuch (Schweiz) ⇨ Schweizerisches ZGB	
Zivilgesetzbuch der DDR	1458
Zivilprozessordnung (1895)	1447
Zollunion	1218; 1232; 1311; 2206
Zubehör	3409; 3425; 3451
Zugewinngemeinschaft	3242
Zunft, Zunftwesen	3115; 3524
Zusammenarbeit in den Bereichen Justiz und Inneres	1234; 2209
Zweckjurisprudenz	1448
Zweikaiserproblem	1105
Zweikammernsystem	1310; 2137; 2146
Zweikampf	2313; 2342
Zweischwerterlehre	1411; 2120